les Cahiers du Programmeur

Swing

Chez le même éditeur

C. Porteneuve, préface T. Nitot – **Bien développer pour le Web 2.0** – *Bonnes pratiques Ajax.* – N°12028, 2007, 580 p.

M. Plasse. – **Développez en Ajax.** – N°11965, 2006, 314 p.

J. Dubois, J.-P. Retaille, T. Templier. – **Spring par la pratique.** *Java/J2EE, Spring, Hibernate, Struts, Ajax.* – N°11710, 2006, 518 p.

R. Goetter. – **CSS 2. Pratique du design web.** – N°11570, 2005, 324 p.

T. Ziade. – **Programmation Python.** – N°11677, 2006, 530 p.

J Battelle, trad. D. Rueff, S. Blondeel – **La révolution Google.** – N°11903, 2006, 280 p.

Collection « Cahiers du programmeur ! »

Java 1.4 et 5.0. E. Puybaret. – N°11916, 3e édition 2006, 400 p.

J2EE. J. Moliere. – N°11574, 2e édition 2005.

Java/XML. R. Fleury. – N°11316, 2004.

XUL. J. Protzenko, B. Picaud. – N°11675, 2005, 320 p.

UML 2. P. Roques. – N°11770, 2006, 236 p.

PHP/MySQL et JavaScript. P. Chaleat, D. Charnay, J.-R. Rouet. – N°11678, 2005, 212 p.

Collection « Connectez-moi ! »

Partage et publication… Quel mode d'emploi pour ces nouveaux usages de l'Internet ?

Wikipédia. Comprendre et participer. S. Blondeel. – N°11941, 2006, 168 p.

Peer-to-peer. Comprendre et utiliser. F. Le fessant. – N°11731, 2006, 168 p.

Les podcasts. Écouter, s'abonner et créer. F. Dumesnil. – N°11724, 2006, 168 p.

Créer son blog en 5 minutes. C. Bechet. – N°11730, 2006, 132 p.

Collection « Accès Libre »

Pour que l'informatique soit un outil, pas un ennemi !

PGP/GPG - Confidentialité des mails et fichiers. M. Lucas, ad. par D. Garance , contrib. J.-M. Thomas. N°12001-X, 2006, 248 p.

Réussir son site web avec XHTML et CSS. M. Nebra. N°11948, 2007, 306 p.

La 3D libre avec Blender. O. Saraja. N°11959, 2006, 370 p. avec CD et cahier couleur.

Débuter sous Linux avec Mandriva. S. Blondeel, D. Cartron, J. Risi. – N°11689, 2006, 530 p. avec CD-Rom.

Ubuntu efficace. – L. Dricot *et al.* – N°12003, 2e édition 2007, 360 p. avec CD-Rom.

Gimp 2 efficace. C. Gemy. – N°11666, 2005, 360 p. avec CD-Rom.

OpenOffice.org 2 efficace. S. Gautier, C. Hardy, F. Labbe, M. Pinquier. – N°11638, 2006, 420 p. avec CD-Rom.

Réussir un projet de site Web, 4e édition. N. Chu. N°11974, 2006, 230 pages.

Home cinéma et musique sur un PC Linux. V. Fabre. – N°11402, 2004, 200 p.

Collection « Poches Accès Libre »

Premiers pas en CSS et HTML – Guide pour les débutants. F. Draillard – N°12011, 2006, 232 p.

Mozilla Thunderbird. Le mail sûr et sans spam. D. Garance, A.-L. et D. Quatravaux. – N°11609, 2005, 320 p., avec CD-Rom.

Firefox. Un navigateur web sûr et rapide. T. Trubacz, préface de T. Nitot. – N°11604, 2005, 250 p.

Gimp 2.2. Débuter en retouche photo et graphisme libre. D. Robert. – N°11670, 2006, 296 p.

OpenOffice.org 2 Calc. S. Gautier, avec la contribution de J.-M. Thomas. – N°11667, 2006, 220 p.

OpenOffice.org 2 Writer. S. Gautier, avec la contribution de G. Veyssiere. – N°11668, 2005, 248 p

Emmanuel **Puybaret**

les Cahiers du Programmeur

Swing

Remerciements à Vincent Brabant

EYROLLES

ÉDITIONS EYROLLES
61, bd Saint-Germain
75240 Paris Cedex 05
www.editions-eyrolles.com

Remerciements à Vincent Brabant et Patrick Tonnerre.

 ISBN : 2-212-12019-2, ISBN 13 : 978-2-212-12019-6

Avant-propos

Cet ouvrage va vous permettre d'apprendre Swing, Java 3D, Eclipse, CVS et la méthode eXtreme Programming à travers le développement d'une étude de cas concrète architecturée avec soin et distribuée en mode Open Source sur Internet.

Ce que cet ouvrage est et ce qu'il n'est pas

Ce livre met en pratique les fonctionnalités proposées par Swing en montrant comment a été développée une application réelle, sélectionnée ici pour son recours quasi exhaustif aux possibilités de cette bibliothèque. Les concepts de Swing y sont expliqués de façon détaillée afin de mieux comprendre leur mise en œuvre concrète et pour justifier les choix effectués dans l'implémentation de cette application.

Comme la programmation d'un logiciel ne repose pas uniquement sur une bibliothèque, cet ouvrage aborde aussi les sujets suivants :

- les nouvelles fonctionnalités de Java 5 et particulièrement les améliorations que cette version a apporté aux classes de collection ;
- la bibliothèque Java 3D qui permet de créer en quelques lignes des scènes en 3 dimensions ;
- la présentation des fonctionnalités de SWT/JFace, la bibliothèque concurrente de Swing sur laquelle est basé Eclipse ;
- la conception objet et les diagrammes de classes UML ;
- les design patterns, exploités ici pour concevoir certaines classes de l'application et la façon dont ils sont mis en œuvre dans certaines parties de la bibliothèque Java ;

- la méthode eXtreme Programming appliquée pour programmer des tests unitaires avec JUnit et Abbot, répartir le travail parmi les membres de l'équipe virtuelle et structurer les différentes étapes du développement de l'étude de cas ;
- la description de l'environnement de développement Eclipse, accompagnée de nombreuses astuces qui, nous l'espérons, vous rendront plus productif en tant que programmeur ;
- le recours à un référentiel comme CVS, choisi ici pour archiver les sources de l'application développée en mode Open Source sur SourceForge.net (http://sf.net/).

Pour vous permettre de compléter votre information sur les sujets abordés dans cet ouvrage, de nombreuses références à des sites web francophones et anglophones vous sont proposées. Veuillez nous excuser d'avance si certains de ces liens n'existent plus au moment où vous lirez ces lignes.

À l'opposé, comme il est impossible de tout aborder dans un livre traitant un sujet aussi vaste que Swing, voilà ce que vous n'y trouverez pas :

- Une introduction au langage Java : si vous ne connaissez rien à Java, formez-vous d'abord à ce langage et programmez quelques cas d'école. Nous espérons vous retrouver ensuite...
- Une étude de cas basée sur des technologies Java Enterprise Edition : aucune des fonctionnalités que propose Java EE en complément de la version standard de Java n'est abordée ici.
- Une description détaillée de toutes les classes de Swing : il y en a tout simplement trop et la documentation javadoc de Java nous semble plus pratique ! Néanmoins, nous avons pris soin d'éviter toute zone d'ombre sur les classes utilisées dans l'étude de cas de cet ouvrage, en décrivant leurs fonctionnalités avant de les mettre en œuvre.

À qui s'adresse cet ouvrage ?

Pour débuter en Java

Du même auteur et dans la même collection, *Le Cahier du Programmeur Java* est dédié à l'apprentissage de la programmation Java. En quelque sorte, *Le Cahier du Programmeur Java Swing* en est la suite dans le sens où de nombreux sujets abordés dans *Le Cahier du Programmeur Java* y sont développés plus en détail ici...

📖 *Le Cahier du Programmeur Java*, Emmanuel Puybaret, Eyrolles 2006

Écrit par un développeur passionné par la conception d'interfaces utilisateur, ce livre est la synthèse d'une dizaine d'années d'expérience en programmation et en formation Java. En tant que tel, il s'adresse avant tout aux développeurs Java qui désirent s'initier ou se perfectionner à Swing, notamment :

- les étudiants en fin de cycle qui désirent approfondir leur apprentissage de Java et maîtriser la création d'interfaces utilisateur graphiques ;
- les programmeurs qui connaissent Swing et qui sont à la recherche d'une méthode de développement d'applications basée sur une étude de cas réelle ayant recours à cette technologie ;
- les programmeurs Java dotés d'une expérience significative de ce langage mais qui ne connaissent pas Swing ou AWT.

Par la méthodologie de développement qui y est appliquée et sa présentation qui met en valeur l'information essentielle en reléguant les compléments d'informations sous forme d'apartés, ce livre s'adresse aussi :

- aux chefs de projets à la recherche d'une étude de cas réaliste mettant en œuvre la méthode XP, surtout du point de vue de la programmation ;
- aux architectes qui désirent approfondir leurs connaissances en conception objet grâce à des exemples concrets d'implémentation des design patterns les plus utilisés ;
- aux développeurs Java intéressés par la programmation Open Source désirant créer un nouveau projet ou s'intégrer à un projet existant.

Organisation de l'ouvrage

Après une présentation de l'étude de cas et des outils nécessaires à sa mise en œuvre, cet ouvrage montre comment utiliser la bibliothèque Swing :

- Le **chapitre 1** présente l'étude de cas développée dans cet ouvrage, son cahier des charges, ses spécifications générales ainsi que le rôle de chacun des membres de l'équipe chargée de la développer.
- Le **chapitre 2** présente les outils nécessaires à l'étude de cas et leur installation, comme le JDK et Eclipse, puis la création d'un référentiel sur SourceForge.net et son intégration dans Eclipse.
- Le **chapitre 3** compare les fondements des bibliothèques Swing et SWT par le biais de la réalisation de la maquette de l'étude de cas. Si vous ne connaissez pas ou peu ces deux bibliothèques, ce sera l'occasion de mettre le pied à l'étrier grâce à quelques exemples simples.
- À partir du **chapitre 4** sont développées les classes réelles de l'étude de cas. Après la présentation de l'architecture en trois couches retenue pour l'étude de cas, ce chapitre expose comment créer un arbre avec Swing en utilisant un modèle. Si vous préférez rentrer dans le vif du sujet, vous pouvez lire le chapitre 1 puis passer directement au chapitre 4.
- Le **chapitre 5** aborde la mise en œuvre des tableaux Swing, en ayant recours à un modèle de données et des classes de rendu des cellules.
- Après une revue des principes de l'architecture modèle vue contrôleur, le **chapitre 6** détaille comment appliquer cette architecture dans l'étude de cas.
- Le **chapitre 7** expose comment intégrer dans une application le gestionnaire d'opérations annulables proposé dans Swing, et comment

organiser les actions d'une application mises à disposition dans les menus et les boutons d'une barre d'outils.

- Le **chapitre 8** est consacré à la création d'un nouveau composant graphique Swing basé sur l'architecture MVC, dont le contenu est dessiné avec Java 2D et peut être modifié grâce à la souris et au clavier.
- Le **chapitre 9** montre comment mettre en œuvre la bibliothèque Java 3D et intégrer une vue 3D dans une application Swing.
- Le **chapitre 10** présente comment utiliser la sérialisation pour enregistrer et relire le document créé par l'utilisateur dans des fichiers. Ces fonctionnalités sont ensuite rendues accessibles dans l'étude de cas par l'intermédiaire de menus et de boîtes de dialogue appropriées.
- Le **chapitre 11** est consacré à l'intégration des fonctionnalités de copier-coller et glisser-déposer dans l'étude de cas.
- Finalement, le **chapitre 12** aborde la création d'une boîte de dialogue personnalisée qui permettra de modifier les préférences utilisateur, puis se termine par le déploiement de l'étude de cas avec Java Web Start.

Code source de l'étude de cas

Le code source de l'étude de cas peut être téléchargé sur SourceForge.net ou sur le site d'accompagnement, aux adresses :

- http://sf.net/projects/sweethome3d/
- http://www.editions-eyrolles.com

Si vous avez des remarques à faire ou si vous recherchez des informations complémentaires sur les sujets abordés dans cet ouvrage, n'hésitez pas à utiliser le forum prévu à cet effet à l'adresse :

- http://www.eteks.com

Les lignes de code réparties sur plusieurs lignes en raison de contraintes de mise en pages sont signalées par la flèche ➡.
Les portions de texte écrites avec une police de caractères à chasse fixe et en italique, comme *`VERSION`*, signalent des informations à remplacer par un autre texte.

Organisation des chapitres 4 à 12

Les chapitres 4 à 12 présentent le développement d'une fonctionnalité particulière de l'étude de cas, sous la forme d'un ou de plusieurs scénarios qui s'inspirent de la méthodologie eXtreme Programming. Chacun de ces scénarios est découpé de la façon suivante :

- un énoncé littéraire du scénario et des fonctionnalités qui y sont développées ;
- une analyse de l'architecture des classes à créer pour le scénario ;
- la programmation d'un test équivalent au scénario ;
- l'implémentation des classes nécessaires au scénario ;
- l'amélioration de l'architecture (ou *refactoring*) et l'optimisation éventuelles des classes développées.

Suivant votre penchant personnel pour l'analyse ou la programmation, cette structure devrait vous aider à orienter vos recherches dans cet ouvrage, voire votre façon de l'aborder. Par exemple, les lecteurs à la recherche d'informations sur l'architecture objet d'un logiciel, s'intéresseront probablement plus aux parties « analyse de l'architecture » et « refactoring », tandis que les lecteurs à la recherche d'astuces techniques passeront plus de temps sur les parties « implémentation » et « refactoring et optimisation ».

Remerciements

Merci tout d'abord à Diem My pour sa patience infinie et ses capacités d'analyste objet. Tous mes remerciements aussi à l'équipe des éditions Eyrolles pour avoir cru en ce projet, et en particulier à Muriel.

Merci à Vincent Brabant et Farid Salah pour leur relecture technique attentive et leur soutien au cours de la rédaction de cet ouvrage.

Merci finalement à Matthieu, Margaux, Thomas et Sophie pour avoir prêté leur nom aux protagonistes de l'étude de cas décrite dans cet ouvrage.

Table des matières

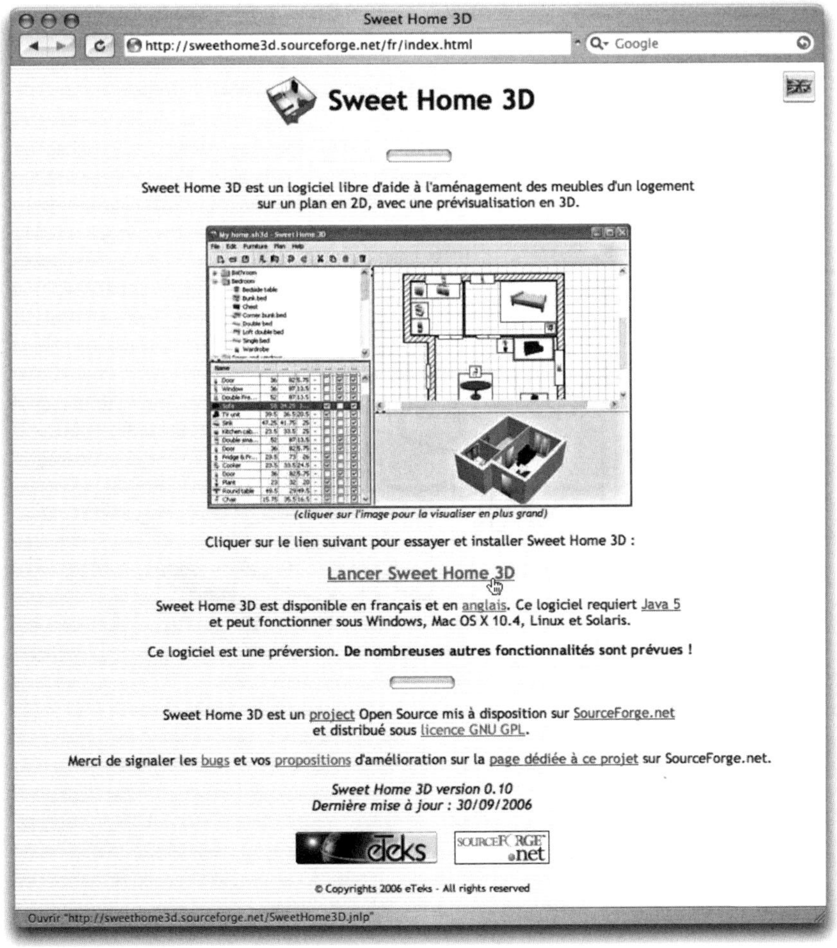
Sweet Home 3D
http://sweethome3d.sourceforge.net/fr/index.html
Google
Sweet Home 3D
Sweet Home 3D est un logiciel libre d'aide à l'aménagement des meubles d'un logement sur un plan en 2D, avec une prévisualisation en 3D.
(cliquer sur l'image pour la visualiser en plus grand)
Cliquer sur le lien suivant pour essayer et installer Sweet Home 3D :
Lancer Sweet Home 3D
Sweet Home 3D est disponible en français et en anglais. Ce logiciel requiert Java 5 et peut fonctionner sous Windows, Mac OS X 10.4, Linux et Solaris.
Ce logiciel est une préversion. De nombreuses autres fonctionnalités sont prévues !
Sweet Home 3D est un project Open Source mis à disposition sur SourceForge.net et distribué sous licence GNU GPL.
Merci de signaler les bugs et vos propositions d'amélioration sur la page dédiée à ce projet sur SourceForge.net.
Sweet Home 3D version 0.10
Dernière mise à jour : 30/09/2006
eTeks
SOURCEFORGE.net
© Copyrights 2006 eTeks - All rights reserved
Ouvrir "http://sweethome3d.sourceforge.net/SweetHome3D.jnlp"

chapitre 1

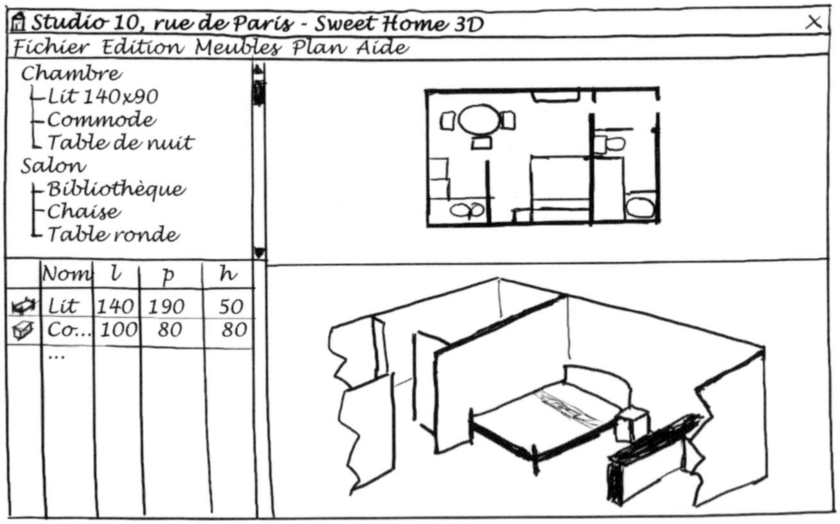

Studio 10, rue de Paris - Sweet Home 3D
Fichier Edition Meubles Plan Aide
Chambre
Lit 140x90
Commode
Table de nuit
Salon
Bibliothèque
Chaise
Table ronde
Nom l p h
Lit 140 190 50
Co... 100 80 80
...

L'étude de cas : Sweet Home 3D

Ce premier chapitre présente le cahier des charges de l'application Sweet Home 3D, notre étude de cas. Y sont décrits les fonctionnalités, le mode de développement et de distribution de ce logiciel qui nous accompagnera tout au long de cet ouvrage, ainsi que les rôles des membres de l'équipe chargée de créer ce projet.

SOMMAIRE

MOTS-CLÉS

- Open Source
- Cas d'utilisation
- eXtreme Programming

Les circonstances

Matthieu, Margaux, Thomas et Sophie sont des informaticiens convaincus de l'intérêt de l'Open Source. Particulièrement intéressés par le développement des interfaces utilisateurs graphiques et par l'ergonomie logicielle, ils décident de lancer un nouveau projet qui leur permettra de comprendre le fonctionnement de cet univers.

REGARD DU DÉVELOPPEUR L'Open Source, nouvel eldorado de l'informatique ?

La contribution au très riche gisement de l'Open Source peut se faire de différentes façons, depuis le volontariat dans ce qu'il a de gratuit voire d'idéaliste, au développement selon un modèle économique donné. Chaque individu ou société n'a pas les mêmes contraintes au même moment ; chacun peut tenter sa chance et trouver des contreparties économiques, publicitaires ou de réputation adaptées.

Sweet Home 3D

Sweet Home 3D est un logiciel d'agencement des meubles dans un logement. Il offre à l'utilisateur la possibilité de dessiner le plan de son logement, d'y disposer des meubles et de visualiser finalement le résultat en 3D.

B.A.-BA MVC

L'architecture MVC (Modèle Vue Contrôleur) sépare les classes d'une application dotée d'une interface utilisateur en 3 catégories :

- celles du *modèle*, qui structurent et gèrent les données du programme ;
- celles de la *vue*, qui affichent les données du modèle dans l'interface utilisateur ;
- celles du *contrôleur*, qui gèrent les actions de l'utilisateur sur la vue pour mettre à jour le modèle.

Ce type d'architecture permet notamment de réutiliser les classes du modèle dans des vues différentes.

REGARD DU DÉVELOPPEUR Pourquoi choisir une telle étude de cas ?

Bien qu'il existe de nombreux logiciels pour aménager les meubles dans un logement, ce type de programme a été retenu comme étude de cas pour les raisons suivantes :

- Il n'en existe apparemment aucun d'abouti en Open Source, et probablement pas écrit en langage Java.
- Il permet de se concentrer sur le développement d'une application côté client sans se soucier des aspects serveur.
- Ce type d'application permet de montrer comment créer un composant graphique dans lequel l'utilisateur dessine.
- Il permet de montrer un cas concret de mise en œuvre de l'architecture MVC en offrant notamment une vue 2D et une vue 3D d'un même modèle.
- L'organisation thématique des meubles d'un logement justifie la mise en œuvre des composants graphiques affichant des arbres et des tableaux. Comme ces types de composants sont généralement parmi les plus complexes des bibliothèques graphiques, ce sera l'occasion d'étudier leur utilisation.

Cahier des charges

L'utilisateur type du logiciel est une personne en cours de déménagement qui n'a que peu de temps à sa disposition. Tout sera donc mis en œuvre pour l'aider à dessiner le plus rapidement possible le plan de son logement et à y disposer ses meubles. Pour atteindre ce but, l'équipe décide des grandes fonctionnalités de l'application et des étapes que l'utilisateur devra suivre :

1. Choisir ses meubles dans un catalogue affiché dans une liste organisée par catégories (meubles de cuisine, de salle d'eau...), avec saisie de leurs dimensions si les valeurs proposées par défaut ne conviennent pas.
2. Dessiner en 2D les murs du plan de son logement réalisés à l'aide de la souris. L'utilisateur n'étant pas a priori architecte, des guides visuels, comme l'affichage d'une grille ou de certaines dimensions, devront l'aider à accélérer la saisie des pièces de son logement à partir d'un plan existant.
3. Placer ses meubles sur le plan de son logement, soit à partir de la liste des meubles constituée au cours de la première étape, soit à partir de la liste thématique des meubles. Chaque meuble pourra être déplacé ou pivoté autour de lui-même n'importe où dans les pièces du logement. Pour obtenir un rendu réaliste, sera affichée une vue en 3D reflétant l'aménagement des pièces avec leurs meubles. Elle sera également mise à jour à chaque manipulation dans la vue 2D du logement.
4. Enregistrer son travail dans un fichier afin d'y revenir plus tard. Les fichiers créés devront pouvoir être lus par n'importe quelle personne qui aura installé le logiciel sur son ordinateur.

Le logiciel disposera d'un catalogue de base de meubles, constitué de fichiers 3D existants et libres de droits. L'utilisateur pourra enrichir ce catalogue à partir de fichiers 3D qu'il créera avec le modeleur de son choix ou qu'il aura récupéré sur le Web.

L'application devra fonctionner au minimum sous Windows, GNU/Linux et Mac OS X. Son interface utilisateur sera disponible en français et en anglais, en fonction de la langue de l'utilisateur, avec la possibilité d'ajouter facilement le support d'autres langues ultérieurement.

Spécifications générales

Les spécifications générales sont synthétisées sous la forme du diagramme UML des cas d'utilisation de la figure 1-1 : ce schéma résume les actions que peut effectuer l'utilisateur du logiciel.

DANS LA VRAIE VIE
Choisir le nom d'une application

Le choix d'un nom pour un projet ou une application est toujours une épreuve. Faut-il un nom évoquant ou non la fonction du logiciel ou la technologie qu'il utilise (par exemple, *Home Planer ou JHome*) ? Est-ce préférable de choisir un nom en français ou en anglais pour espérer toucher un public plus large ? Les noms auxquels vous pensez sont-ils déjà utilisés ? Si oui, concernent-ils une activité informatique ? Es-ce que tel ou tel nom est une marque déposée ou un nom de domaine ? Voilà en tout cas un beau sujet pour un *brainstorming* ! Une fois que vous aurez déterminé une liste de noms, soumettez-la à votre entourage et recevez leurs critiques comme autant de bonnes idées à exploiter...
Pour en savoir plus sur le brainstorming :
- http://egov.wallonie.be/boite_outils_methodes/pa0305.htm

Pour vérifier l'existence d'une marque :
- http://www.icimarques.com/

B.A.-BA **Modeleur 3D**

Un modeleur est un logiciel qui permet de créer des formes en trois dimensions, soit à partir de formes simples (parallélépipède, sphère...), soit à partir de courbes et de surfaces dessinées par l'utilisateur.

CONVENTIONS **Linux et GNU/Linux**

Il ne faut pas oublier que Linux représente uniquement le noyau du système d'exploitation GNU/Linux, bâti autour des outils du projet GNU. L'usage courant veut actuellement que Linux désigne ce système d'exploitation. Par commodité, nous adopterons cette convention dans la suite de l'ouvrage.

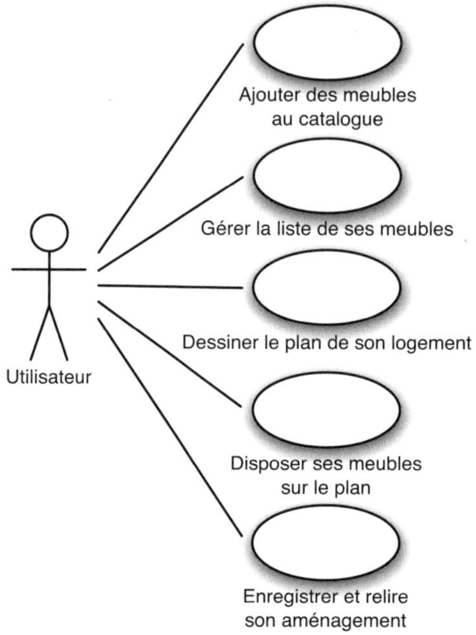

Figure 1–1
Cas d'utilisation de l'application

Maquette papier du logiciel

L'équipe dessine ensuite grossièrement sur papier une maquette du logiciel et aboutit à la figure 1-2. L'application se présente sous la forme d'une fenêtre, avec menus, découpée en 4 zones librement redimensionnables les unes par rapport aux autres :

1. En haut à gauche, le catalogue des meubles disponibles.
2. En bas à gauche, le tableau des meubles de l'utilisateur qu'il enrichit à partir de la liste précédente.
3. En haut à droite, le plan de son logement que l'utilisateur dessine et dans lequel il place ses meubles.
4. En bas à droite, une vue en trois dimensions du logement aménagé dans lequel l'utilisateur peut uniquement naviguer.

Cette présentation a pour avantage de présenter sur un seul écran, toutes les données manipulées par l'utilisateur ; aussi bien celles préexistantes comme le catalogue de meubles, que celles qu'il crée, comme la liste de ses meubles et le plan du logement. S'il a besoin d'agrandir une zone particulière, il lui suffira d'agir sur les barres de division qui séparent les quatre zones à l'écran ou d'utiliser le menu correspondant. Par exemple, s'il veut agrandir le plan du logement pour bénéficier de plus d'espace pendant la saisie du plan, il pourra temporairement faire disparaître les trois autres zones ou uniquement la zone de la vue en 3D.

ERGONOMIE Wizard ou fenêtre avec menus

Un *wizard* (quelque fois traduit par assistant ou expert) est un enchaînement de boîtes de dialogue auxquelles l'utilisateur répond étape par étape pour effectuer une tâche prédéfinie, comme pour le programme d'installation d'un logiciel. Ce système a pour avantage de montrer explicitement les différentes étapes à effectuer pour atteindre un but, mais n'est conseillé que pour réaliser des tâches simples et courtes que l'utilisateur doit réaliser dans un ordre déterminé. Comme le choix des meubles et le dessin du logement sont des opérations assez longues, nous choisirons une fenêtre avec des menus, ce qui permettra à l'utilisateur d'enregistrer son travail et d'y revenir plus tard, quelles que soient les actions déjà réalisées. Il faudra donc prévoir un système d'aide qui lui suggérera les différentes étapes à effectuer.

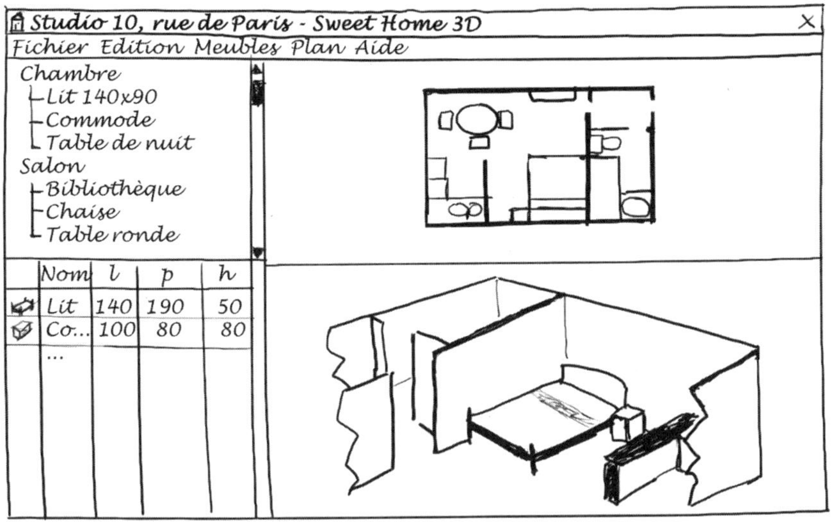

Figure 1–2
Maquette papier de l'application

Principaux menus de l'application

L'équipe complète la maquette précédente avec une première liste des premiers menus qui seront offerts par l'application.

Menu (anglais / français)	Élément (anglais / français)	Description
File / Fichier	New / Nouveau	Création d'un nouveau logement.
	Open... / Ouvrir...	Ouvrir un logement / aménagement existant.
	Close / Fermer	Ferme le logement ouvert.
	Save / Enregistrer	Enregistre le logement en cours d'édition avec l'aménagement de ses meubles.
	Save as... / Enregistrer sous...	
	Preferences / Préférences...	Modifie les préférences (catalogue des meubles, unité de longueur...).
	Exit / Quitter	Quitte l'application
Edit / Édition	Undo / Annuler	Annule / Refait la dernière opération effectuée sur le logement en cours d'édition.
	Redo / Refaire	
	Cut / Couper	Coupe / Copie / Colle la sélection courante.
	Copy / Copier	
	Paste / Coller	
	Delete / Supprimer	Supprime la sélection en cours.
Furniture / Meubles	Add / Ajouter	Ajoute le meuble sélectionné dans le catalogue à la liste des meubles du logement.
Plan / Plan	Create walls / Créer les murs	Passe en mode création de murs.
	Import image... / Importer image...	Importe l'image affichée sous le plan.
Help / Aide	Sweet Home 3D help / Aide de Sweet Home 3D	Lance les pages d'aide.
	About... / À propos de...	Boîte de dialogue des copyrights.

Intégration du logiciel dans le système d'exploitation

Plutôt que d'offrir de nombreuses fonctionnalités peu utilisées, l'équipe de développement propose de mettre surtout l'accent sur l'ergonomie du logiciel. Par ailleurs, un utilisateur apprécie surtout un logiciel pour les fonctionnalités qu'il offre et son intégration dans le système. Il ne se soucie guère du fait que l'application qu'il utilise soit disponible sous plusieurs systèmes, et n'excusera pas les défauts d'un programme pour la simple raison que, développé en Java, il soit portable et donc disponible sous un autre système. L'équipe s'attachera donc à assurer la portabilité de son programme mais aussi son intégration correcte dans le système. Ils devront par exemple prendre en compte le fait que la barre de menus sous Mac OS X est toujours en haut de l'écran, ou que la plupart des utilisateurs Windows s'attendent à pouvoir naviguer dans les menus d'une application uniquement au clavier.

ERGONOMIE Critères d'ergonomie d'une interface utilisateur

Le document mentionné ci-dessous regroupe en détail les différents critères d'ergonomie qui doivent guider la conception d'une interface utilisateur. Il est en anglais, suivi d'une version en français.

- ftp://ftp.inria.fr/INRIA/publication/publi-pdf/RT/RT-0156.pdf

Choix du langage

Il existe très peu d'outils pour développer facilement une application graphique portable recourant à de la 3D : on peut citer Java et REALbasic®, pour les plus connus. Les membres de l'équipe choisissent Java pour sa maturité, la richesse de sa bibliothèque et la gratuité de ses outils de développement. Ce choix leur permettra aussi d'améliorer leurs compétences sur un des langages de programmation les plus utilisés sur le marché.

Le choix entre les bibliothèques graphiques Java Swing et SWT, sera décidé suite à une évaluation des avantages et des inconvénients de ces deux outils (voir le chapitre 3, « Choix techniques : Swing ou SWT »).

Distribution

Afin de faciliter son installation et sa diffusion, Sweet Home 3D sera mis à disposition sur un site web sous forme d'une application Java Web Start.

B.A.-BA Java Web Start

Java Web Start offre un mode de diffusion qui simplifie l'installation et les mises à jour d'applications Java sur des postes client. Cette technologie se met simplement en place en diffusant sur un site web un fichier d'extension `jnlp` qui décrit en XML les composants nécessaires à l'application.

- http://java.sun.com/products/javawebstart/

Méthodologie XP

Trop souvent, de bonnes idées de logiciels n'aboutissent pas, du fait d'une mauvaise organisation. Pour améliorer leurs chances de réussite, l'équipe choisit la méthode de développement de logiciels XP (eXtreme Programming). Cette dernière leur semble mieux adaptée à leur projet qu'une organisation qui débute par une phase d'analyse suivie d'une phase de programmation, et ce pour les raisons suivantes :

- XP permet de produire des logiciels plus fiables, notamment grâce aux tests unitaires.
- Le développement par itération, prôné par XP, permet d'obtenir régulièrement des versions fonctionnelles.

- Les rôles XP attribués aux membres d'une équipe favorisent la communication entre eux et leur permettent d'être occupés dès le démarrage du projet.
- XP semble bien adapté aux projets basés sur le bénévolat qui, par essence, ne permet pas de garantir une disponibilité à 100 % des membres de l'équipe.

B.A.-BA eXtreme Programming

XP est une méthodologie de développement de logiciels surtout connue pour sa notion de tests unitaires. Ces derniers sont des programmes simples, développés pour tester les fonctionnalités d'une classe ou d'un programme. Lancés automatiquement de façon régulière, ils évitent à un logiciel de subir d'éventuelles régressions au cours de son évolution.
Mais XP propose en fait d'aller plus loin, notamment en prônant le développement d'un logiciel par itérations successives. Chaque itération débute par l'écriture d'un scénario qui décrit la fonctionnalité ajoutée. Ce scénario est traduit ensuite sous la forme d'un programme de test qui fait appel à des classes et des méthodes développées en dernier. Ce mode de programmation assure que les programmes de tests sont développés systématiquement et minimise le développement de fonctionnalités non demandées dans les classes. Au cours du développement, les programmeurs doivent organiser aussi des séances de revue de code qui aboutissent, si nécessaire, à un *refactoring* des classes dans le but d'en améliorer la qualité (par exemple, en factorisant du code dupliqué dans des méthodes ou en introduisant des super-classes regroupant des concepts communs à plusieurs classes).
En ce qui concerne l'organisation d'une équipe, XP définit six rôles différents qui, idéalement, doivent être assurés par des membres différents. Au rôle de programmeur, assuré par binômes, s'ajoutent les rôles de client, de testeur, de tracker, de manager et de coach :

- Le *client* rédige et ordonne les scénarios et les tests de recette prévus à chaque itération.
- Le *testeur* met en place les tests et les outils qui s'y rattachent.
- Le *tracker* suit le travail des programmeurs, afin de prendre les dispositions nécessaires au plus tôt en cas de difficulté.
- Le *manager* s'occupe de l'organisation humaine et matérielle de l'équipe.
- Le *coach* coordonne et aide les membres de l'équipe tout en veillant à la mise en place correcte de la méthode XP.

Enfin, XP propose d'organiser régulièrement des réunions de planification et d'avancement pour favoriser l'échange d'informations. Le développement par binômes de programmeurs et les rencontres fréquentes entre membres d'une équipe qui applique la méthode XP implique par conséquent que ceux-ci doivent travailler dans un même lieu, ouvert si possible. Cette contrainte ne pourra pas s'appliquer à l'équipe de Sweet Home 3D dont les membres sont répartis sur plusieurs sites, mais ceux-ci feront de leur mieux pour communiquer le plus souvent possible entre eux, par exemple grâce à des outils de messagerie instantanée.

📖 *L'eXtreme Programming* - J.-L. Bénard, L. Bossavit, R. Médina et D. Williams, Eyrolles 2002

Répartition des rôles de l'équipe

Les quatre personnes de l'équipe se répartissent les rôles comme décrit dans le tableau suivant.

Tableau 1–1 Rôles des membres de l'équipe

	Rôle XP	Mission particulière
Matthieu	Manager / Coach	Choisit les outils de développement et le référentiel. Supervise et conseille les développeurs pour la conception du logiciel. Gère la communication entre les membres de l'équipe et avec l'extérieur.
Margaux	Programmeur / Tracker	Développe les classes liées à l'interface utilisateur. Gère la configuration du référentiel et des versions.
Thomas	Programmeur / Tracker	Développe les classes du modèle et les tests automatisés.
Sophie	Client / Testeur	Prend en charge l'infographie 2D et 3D du logiciel, rédige les pages d'aide. Rédige les scénarios des itérations. Teste et fait tester l'application par des bêta testeurs.

Planification des scénarios

Sophie et Matthieu décomposent les fonctionnalités du logiciel décrites dans le cahier des charges et les cas d'utilisation, puis définissent les titres des scénarios associés à chaque itération du développement. Ils attribuent ensuite à chacun d'eux un numéro d'ordre, en tenant d'abord compte de leur importance pour obtenir le plus vite possible une version fonctionnelle de Sweet Home 3D, puis de l'intérêt de la fonctionnalité qui leur est associée dans la version finale du logiciel.

B.A.-BA **Référentiel**

À la base, un référentiel (*repository*) est un outil permettant d'archiver et de partager les fichiers d'un projet entre les membres d'une équipe. Par extension, les référentiels de projets sur Internet proposent aussi d'autres outils nécessaires à la gestion d'un projet : outils de diffusion (documents présentant le projet, flux RSS, gestion des téléchargements), de suivi de projet (mailing list, forums, gestion de bogues)...

À RETENIR **Découper un projet en scénarios**

Voici quelques critères qui vous aideront à découper et ordonner en scénarios les fonctionnalités à développer dans un logiciel :

- Difficulté : si la conception d'une fonctionnalité est complexe ou nécessite une mise à niveau importante des connaissances, isolez-la dans un scénario séparé autant que possible, pour ne pas augmenter la durée et la difficulté de réalisation du scénario.
- Intérêt : intégrez dans les scénarios les tâches moins intéressantes comme la localisation.
- Architecture : prévoyez dans les premiers scénarios les fonctionnalités qui ont une influence importante sur l'architecture du logiciel.
- Nombre de programmeurs : si l'équipe est composée de plusieurs binômes de programmeurs, créez si possible des scénarios qui peuvent être développés en parallèle.
- Compétences : répartissez les tâches dans les scénarios en fonction des compétences disponibles.
- Dépendance : programmez en premier les scénarios dont la fonctionnalité est nécessaire pour débuter un autre.
- Degré d'importance : reléguez dans les dernières itérations les fonctionnalités qui ne permettent pas d'obtenir le plus vite possible une version fonctionnelle du logiciel.

Bien que ce ne soit pas généralement le cas dans un vrai projet, le critère pédagogique peut rentrer aussi en compte, ce qui est bien entendu le cas pour le développement de l'application développée dans cet ouvrage.

Cet ouvrage traite uniquement les scénarios 1 à 10 : ceux-ci couvrent la plus grande partie des besoins des développeurs pour créer une application dotée d'une interface graphique.

D'après ce tableau, l'équipe devrait obtenir une application en grande partie fonctionnelle à la dixième itération.

Tableau 1–2 Scénarios de développement

Titre du scénario	Itération	Localisation	Annuler / refaire
Création de l'arbre du catalogue des meubles	1	x	
Ajout / suppression de meubles au catalogue	17	x	
Création du tableau des meubles du logement	2	x	
Ajout / suppression des meubles du logement	3		
Mise en place des opérations Annuler / refaire	4	x	x
Tri des meubles du logement	11	x	
Modification du nom, des dimensions et de la couleur des meubles	12		x
Ajout / suppression des meubles par copier-coller et glisser-déposer	**9**		x
Dessin du plan du logement	5	x	x
Modification de l'épaisseur et de la couleur des murs	13	x	x
Choix de l'image affichée sous le plan	15	x	x
Gestion du zoom et des guides visuels pour le dessin	14	x	
Disposition des meubles dans le plan	6		x
Vue 3D de l'aménagement	7		
Déplacement de l'observateur dans la vue 3D	16	x	
Enregistrement / lecture d'un aménagement	8	x	
Modification des préférences utilisateur	**10**	x	
Intégration des pages d'aide	18	x	

Par ailleurs, Matthieu a inclus dans ce tableau les tâches transversales de gestion de la localisation et des opérations annulables. Si ces tâches sont effectuées tardivement, il craint qu'elles n'entraînent la modification de trop nombreuses classes et provoquent ainsi des régressions. Comme ces deux tâches sont assez répétitives, il conseille les développeurs de les intégrer au fur et à mesure à chaque itération quand cela est nécessaire. Chaque fois que les tests d'un scénario *x* seront validés, le logiciel sera marqué d'un numéro de version `0.`*x* avant de passer aux développements du scénario suivant.

B.A.-BA Localisation et internationalisation

La localisation et l'internationalisation (aussi désignées respectivement par les sigles L10N et I18N) consistent à adapter l'interface utilisateur d'un logiciel en fonction de sa langue ou de son pays. La bibliothèque standard Java dispose de classes qui facilitent grandement la mise en place d'un tel système.

- http://java.sun.com/j2se/corejava/intl/reference/faqs/

En résumé...

Ce premier chapitre nous a permis de présenter Sweet Home 3D, l'étude de cas étudiée dans cet ouvrage, ainsi que l'équipe qui prend en charge le développement de ce projet. Ce type d'application nous permettra tout au long de ces pages d'aborder la plupart des composants graphiques Swing disponibles, des plus simples aux plus complexes, la création d'un composant de toute pièce et l'assemblage de ces composants pour former l'interface utilisateur de l'application.

chapitre 2

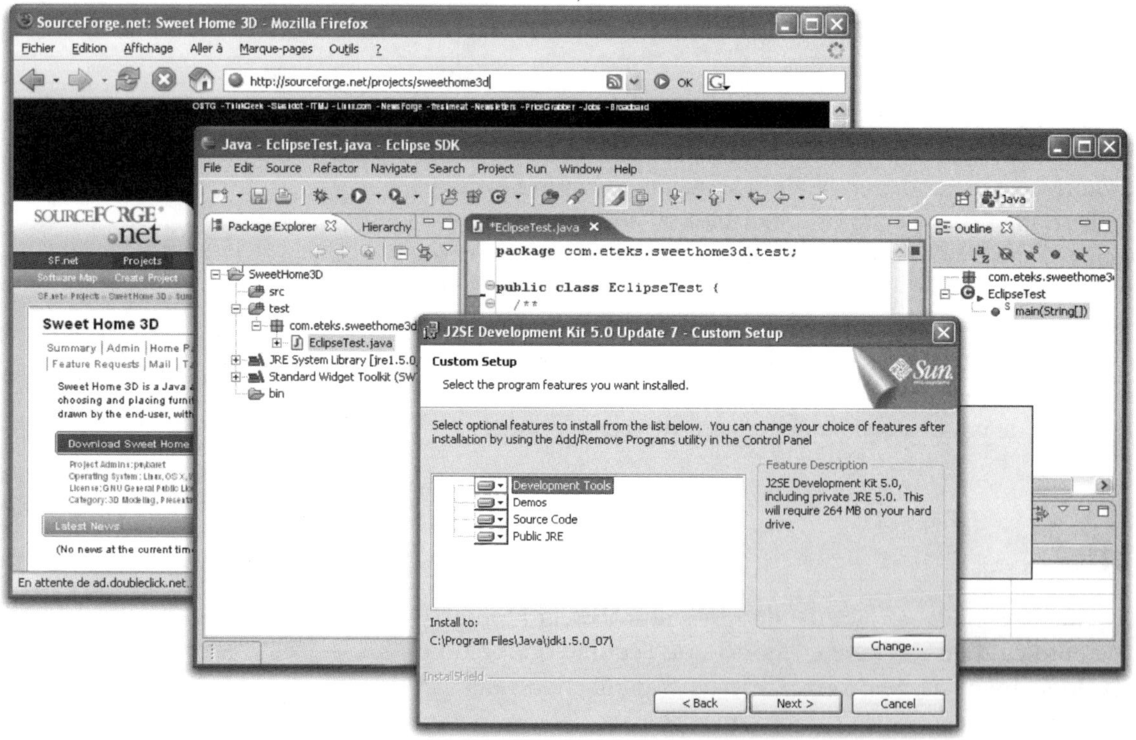
SourceForge.net: Sweet Home 3D - Mozilla Firefox
Fichier Edition Affichage Aller à Marque-pages Outils ?
http://sourceforge.net/projects/sweethome3d
OK
SOURCEFORGE.net
SF.net
Projects
Software Map
Create Project
Sweet Home 3D
Summary | Admin | Home P
Feature Requests | Mail
Download Sweet Home
Latest News
En attente de ad.doubleclick.net...
Java - EclipseTest.java - Eclipse SDK
File Edit Source Refactor Navigate Search Project Run Window Help
Java
Package Explorer
Hierarchy
SweetHome3D
src
test
com.eteks.sweethome3d
EclipseTest.java
JRE System Library [jre1.5.0
Standard Widget Toolkit (SW
bin
*EclipseTest.java
package com.eteks.sweethome3d.test;
public class EclipseTest {
/**
Outline
com.eteks.sweethome3d
EclipseTest
main(String[])
J2SE Development Kit 5.0 Update 7 - Custom Setup
Custom Setup
Select the program features you want installed.
Sun
Select optional features to install from the list below. You can change your choice of features after installation by using the Add/Remove Programs utility in the Control Panel
Development Tools
Demos
Source Code
Public JRE
Feature Description
J2SE Development Kit 5.0, including private JRE 5.0. This will require 264 MB on your hard drive.
Install to:
C:\Program Files\Java\jdk1.5.0_07\
Change...
InstallShield
< Back
Next >
Cancel

Mise en place de l'environnement de développement

Quitte à créer un projet Open Source, autant utiliser des outils Open Source pour le réaliser ! Découvrons donc quel éditeur et quel outil de gestion de projet va choisir l'équipe de développement pour la réalisation du logiciel Sweet Home 3D...

SOMMAIRE

- Choix des outils
- Installation du JDK et d'Eclipse
- Création du référentiel
- Intégration du référentiel dans Eclipse

MOTS-CLÉS

- JDK
- Eclipse
- SourceForge.net
- CVS

Choix des outils de développement

L'équipe désire ardemment se mettre au travail et part tout d'abord à la recherche de l'IDE (*Integrated Development Environment*) adapté à leur mode de développement. Travaillant en équipe, ils ont besoin d'un outil capable de :

- fonctionner sous Linux (système utilisé par Matthieu), Windows (utilisé par Margaux) et Mac OS X (utilisé par Thomas et Sophie) ;
- gérer une base de code Java partagée entre plusieurs personnes distantes ;
- construire interactivement l'interface utilisateur de leur application ;
- compiler leur application ;
- tester leur application.

N'ayant aucunement l'intention de dépenser une fortune pour créer un logiciel qui ne leur rapportera pas d'argent, cet IDE devra être de préférence gratuit et pourquoi pas Open Source comme leur projet. Ils se décident pour Eclipse.

B.A.-BA L'IDE, l'outil de base du développeur

Un environnement de développement intégré (ou *IDE*) n'est pas qu'un éditeur de texte agrémenté de quelques menus pour compiler et exécuter un projet. Pour améliorer la productivité des développeurs, il doit être adapté à un langage particulier en offrant notamment la complétion automatique et une mise en couleur syntaxique. Il doit également intégrer tous les outils de gestion de projet, de la création des différents types de fichiers nécessaires au logiciel développé, en passant par leur archivage dans un référentiel.

La liste suivante présente les principaux IDE Java actuellement disponibles sur le marché :

- Borland JBuilder (http://www.borland.fr/products/jbuilder/)
- Eclipse (http://www.eclipse.org/)
- IBM WSAD (http://www.ibm.com/software/awdtools/studioappdev/)
- JetBrains IntelliJ IDEA (http://www.jetbrains.com/idea/)
- NetBeans (http://www.netbeans.org/)
- Oracle JDeveloper 10*g* (http://otn.oracle.com/products/jdev)
- Sun Java Studio (http://wwws.sun.com/software/sundev/jde/)

REGARD DU DÉVELOPPEUR Une équipe = un IDE ?

Rien n'empêche les membres d'une même équipe d'utiliser un IDE différent. Mais si vous vous engagez sur cette voie, pensez qu'il faudra gérer pour chaque IDE son propre fichier de projet et qu'il sera difficile de partager entre vous les nombreuses astuces que l'on découvre au fur et à mesure de l'utilisation d'un IDE.

Installation des outils

Comme Eclipse requiert la présence des outils de développement Java de base pour fonctionner (notamment la commande `java`), il faut d'abord installer le JDK (*Java ou J2SE Development Kit*).

Installation du JDK

Téléchargez la version la plus récente du JDK 5.0 fournie par Sun Microsystems à l'adresse http://java.sun.com, puis lancez son installation en suivant, si besoin est, les instructions d'installation proposées sur leur site. Sous Linux, mettez à jour la variable d'environnement `PATH` en y ajoutant le dossier `bin` du JDK ; sous Windows, vous pouvez faire de même mais Eclipse ne vous y oblige pas.

VERSIONS Java 1.4 ou Java 5 ?

Afin de bénéficier des dernières nouveautés proposées par Java, comme la généricité, notre projet sera développé avec Java 5 et ne fonctionnera donc pas avec une version de Java plus ancienne, ce qui obligera probablement certains utilisateurs à mettre à jour leur JRE installé.

Téléchargez aussi la documentation du JDK (J2SE 5.0 Documentation) qui comprend l'indispensable référence aux API de la bibliothèque Java standard. Décompressez-la par exemple dans le dossier d'installation du JDK.

> OUTILS **Java SE, Java EE, Java ME, JDK, SDK, JRE & Co**
>
> Dans la jungle des dénominations marketing tournant autour de Java, il faut d'abord choisir entre Java SE (Standard Edition), Java EE (Entreprise Edition) et Java ME (Micro Edition), suivant le type de développement que vous voulez effectuer. Java EE est une version Java SE enrichie de classes destinées au marché des serveurs d'applications ; en revanche, Java ME, destinée au marché des téléphones portables et PDA, est incompatible avec les éditions Java SE et Java EE. Pour chacune de ces éditions, Sun Microsystems propose aux programmeurs des outils de développement (JVM, compilateur...) appelés SDK (*Software Development Kit*) ou JDK (*Java Development Kit*). La version de Java SE destinée aux utilisateurs finaux de vos programmes est le JRE (*Java Runtime Environment*) que Sun Microsystems propose pour les systèmes Windows, Linux et Solaris.

Installation d'Eclipse

Téléchargez la version la plus récente d'Eclipse à l'adresse http://www.eclipse.org/. Eclipse n'a pas de programme d'installation à proprement parler. Le fichier que vous obtiendrez est juste un fichier différent d'un système à l'autre, qu'il faut décompresser avec l'outil correspondant sur votre système.

Figure 2–1
Décompression du fichier d'Eclipse sous Windows XP

Lancement d'Eclipse

Dans le dossier `eclipse` créé, lancez le programme Eclipse. À la première exécution d'Eclipse, indiquez le dossier de travail (*workspace*) où seront rangés par défaut vos projets, puis sélectionner la boîte à cocher *Use this as the default* (voir figure 2-3). Un écran *Welcome to Eclipse* vous est finalement présenté.

Figure 2–2
Icône d'Eclipse

> ASTUCE **Installation du JRE**
>
> Pour simplifier la tâche d'installation du JRE, orientez vos utilisateurs vers le site http://java.com qui propose sur sa page d'accueil un installateur en ligne du JRE.

> SOUS MAC OS X **Java préinstallé**
>
> Java 5 est préinstallé sous Mac OS X et les commandes `java` et `javac` sont déjà incluses dans les chemins définis par la variable d'environnement PATH. Comme Java 5 n'est disponible qu'à partir de la version 10.4 de Mac OS X, Sweet Home 3D ne pourra fonctionner sous des versions plus anciennes de Mac OS X.

> VERSIONS **Versions Windows, Linux et Mac OS X testées**
>
> Les instructions d'installation et les captures d'écran présentées dans cet ouvrage ont été réalisées sous Windows XP Home Edition Service Pack 2, Linux Ubuntu 6.0.6 ou Mac OS X 10.4.7, configurés le plus simplement possible avec le JDK 5.0 et Eclipse 3.1. Des versions ultérieures du JDK ou d'Eclipse pourraient avoir des résultats légèrement différents suivant l'évolution de ces logiciels. Par ailleurs, si vous avez installé plusieurs JDK sur votre système, vous devrez probablement procéder à des configurations supplémentaires.

> ATTENTION **Eclipse et Java 5**
>
> La syntaxe de Java 5 n'est supportée qu'à partir de la version 3.1 d'Eclipse.

> ASTUCE **Raccourci Eclipse**
>
> L'installation d'Eclipse étant sommaire, rangez le dossier `eclipse` avec vos applications, puis créez un raccourci facilement accessible pour lancer Eclipse (ou ajoutez-le dans le dock sous Mac OS X).

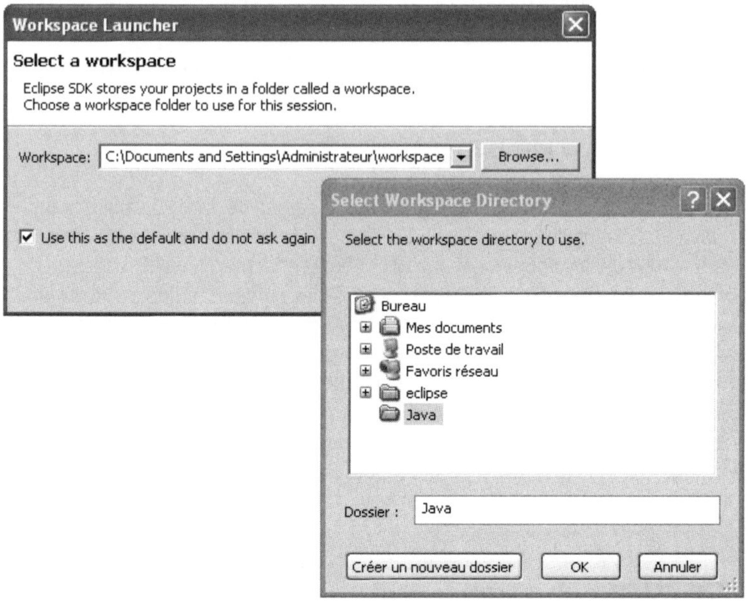

Figure 2–3
Choix du workspace

Installation des plug-ins

Pour effectuer des tests AWT/Swing et SWT, et réaliser une maquette de notre application, il est plus aisé de créer une interface graphique avec des outils interactifs. Comme Eclipse ne fournit pas en standard un tel outil, il faut installer un plug-in comme Visual Editor en suivant les instructions suivantes :

1 Sélectionnez le menu *Help>Software Updates>Find and Install...* dans Eclipse.

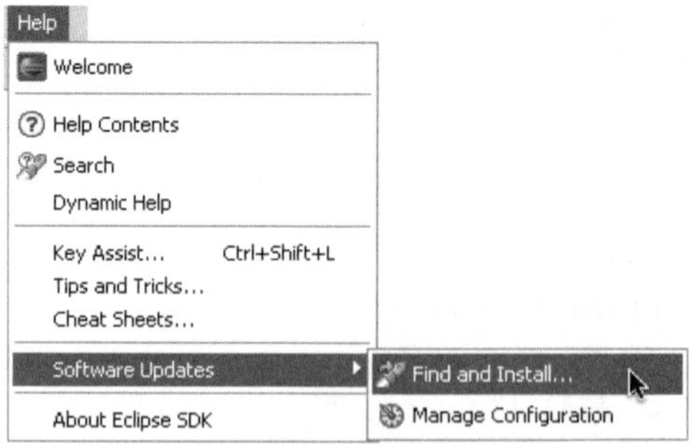

Figure 2–4
Menu d'installation des plug-ins

2 Dans la boîte de dialogue qui s'affiche, cochez *Search for new features to install*, puis cliquez sur le bouton *Next*.

3 Dans l'écran qui suit, vérifiez que l'élément *Eclipse.org update site* est bien coché, puis cliquez sur *Finish*. Si une boîte de dialogue propose

un site miroir, choisissez celui qui vous convient et confirmez pour terminer la recherche.

4 Une fois la recherche terminée, cochez dans la liste *Select the features to install* les éléments *VE*, *EMF* et *GEF*, comme indiqué dans la figure 2-5. Les plug-ins EMF et GEF sont nécessaires au fonctionnement de Visual Editor. Cliquez sur *Next*.

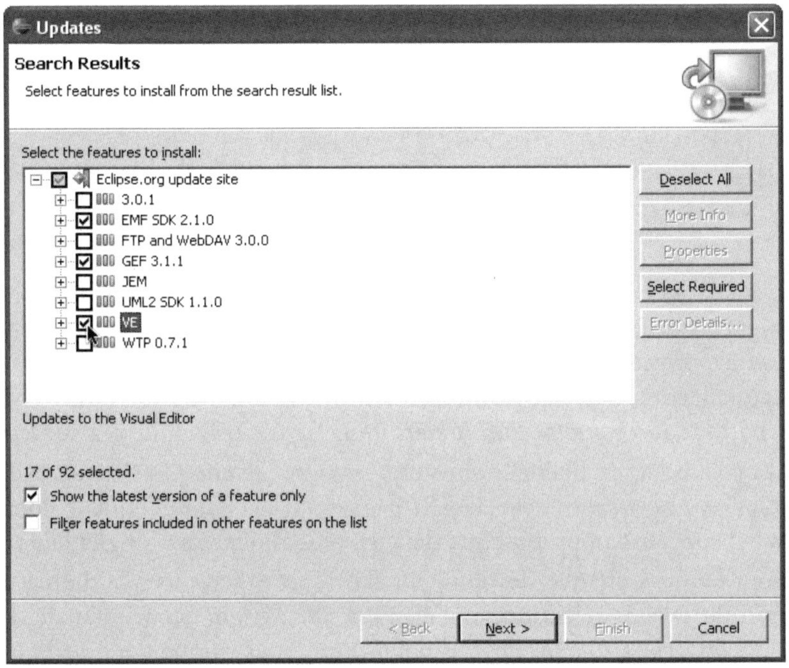

Figure 2–5
Choix des plug-ins EMF, GEF et Visual Editor

5 Dans l'écran qui suit, acceptez la licence puis cliquez sur le bouton *Next*.

6 Le dernier écran propose d'installer les plug-ins sélectionnés dans le dossier de votre choix. Laissez le choix proposé par défaut et cliquez sur *Finish*.

7 Le téléchargement des plug-ins et leur installation s'effectuent ensuite automatiquement. À la fin, vous n'avez plus qu'à redémarrer Eclipse.

Création du projet

Eclipse propose de nombreux assistants comme celui de création de projet dont nous allons nous servir pour démarrer Sweet Home 3D. Pour cela :

1 Sélectionnez le menu *File>New>Project...* dans Eclipse.

2 Dans la boîte de dialogue qui s'ouvre, Eclipse propose de choisir entre différents types de projet. Choisissez *Java Project* et cliquez sur *Next*.

B.A.-BA **Constructeur d'IHM**

Un constructeur d'IHM (*GUI builder*) permet de générer automatiquement le code Java correspondant à une IHM (*Interface Homme-Machine*) construite à l'aide de la souris. Notez que suivant les IDE, le recours à ce type d'outils peut vous interdire de transposer un projet construit dans un IDE sur un autre.

B.A.-BA **plug-ins Eclipse**

Eclipse est un IDE dont les fonctionnalités peuvent être enrichies grâce à de très nombreux plug-ins disponibles sur Internet. En sélectionnant le menu *Help>About Eclipse Platform* puis en cliquant sur le bouton *plug-in Details*, vous pourrez voir la liste des très nombreux plug-ins fournis en standard.

OUTILS **Visual Editor**

Visual Editor est un projet de plug-in Eclipse qui permet de créer interactivement des interfaces graphiques basées sur AWT/Swing ou SWT ; d'autres solutions plus performantes mais payantes comme Jigloo s'intègrent aussi dans Eclipse. Du fait d'incompatibilités entre Swing et SWT, Visual Editor ne permet pas à ce jour de créer une IHM Swing sous Mac OS X.

- http://www.eclipse.org/vep/
- http://cloudgarden.com/jigloo/

L'article suivant présente des tests de différents constructeurs d'IHM Swing :

- http://www.fullspan.com/articles/java-gui-builders.html

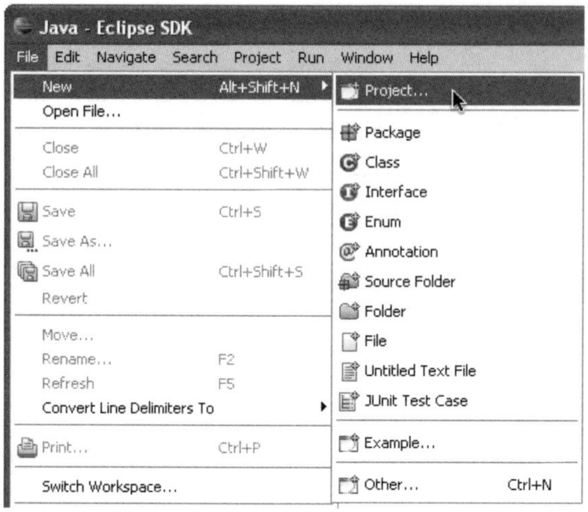

Figure 2–6
Menu de création d'un projet

3 Dans l'écran suivant, vous devez renseigner le nom du projet `SweetHome3D`, choisir la compatibilité avec Java 5 avec le bouton radio *Use a project specific compliance*, et séparer les fichiers sources des fichiers compilés par bonne conduite avec le bouton radio *Create separate source and output folders* (voir figure 2-7). Cliquez sur *Next*.

4 Dans la boîte de dialogue suivante, modifiez le chemin *Default output folder* en saisissant `SweetHome3D/classes` (plus habituel que le chemin `SweetHome3D/bin` proposé par défaut), puis cliquez sur l'onglet *Libraries*.

5 Pour éviter à chaque développeur d'utiliser exactement la même version de Java 5, sélectionnez l'élément *JRE System Library* dans la liste *JARs and class folders on the build path*, puis cliquez sur le bouton *Edit...*. Dans la boîte de dialogue *Edit Library*, sélectionnez l'option *Workspace default JRE* puis confirmez votre choix.

VERSIONS **Version du JRE utilisée par le projet**

Un projet Eclipse peut être lié à une version particulière de Java ou à celle par défaut utilisée par Eclipse. Il est bien sûr préférable que tous les membres d'une équipe utilisent exactement la même version majeure et mineure de Java pour un projet (par exemple 5.0_04 ou 5.0_05). Mais si ce projet utilise la version la plus récente possible de Java, tous les développeurs n'auront pas forcément à disposition la même version sur leur système (par exemple, la version Mac OS X de Java étant développée par Apple et non par Sun Microsystems, les versions correctives de Java sont disponibles avec un certain temps de retard sous ce système). Par ailleurs, il peut être compliqué d'imposer une version mineure de Java aux utilisateurs d'un logiciel diffusé sur Internet. Pour éviter d'imposer ces contraintes, choisissez la version Java par défaut d'Eclipse. Dans le cas contraire, notez que si, sur une machine, vous n'avez pas exactement la même version Java que celle spécifiée pour le projet, Eclipse refusera de construire le projet.

6 Comme nous allons effectuer des tests avec la bibliothèque SWT au chapitre suivant, ajoutez celle-ci au projet en cliquant sur le bouton *Add Library...* puis en sélectionnant dans liste qui s'affiche *Standard Widget Library (SWT)*. Cliquez ensuite sur *Next*.

7 Dans la boîte de dialogue *Add Library*, ajoutez le support de JFace en cliquant sur la boîte à cocher *Include support for JFace library*. Finalement, cliquez sur *Finish* dans cet écran, et à nouveau sur *Finish* sur l'autre boîte de dialogue.

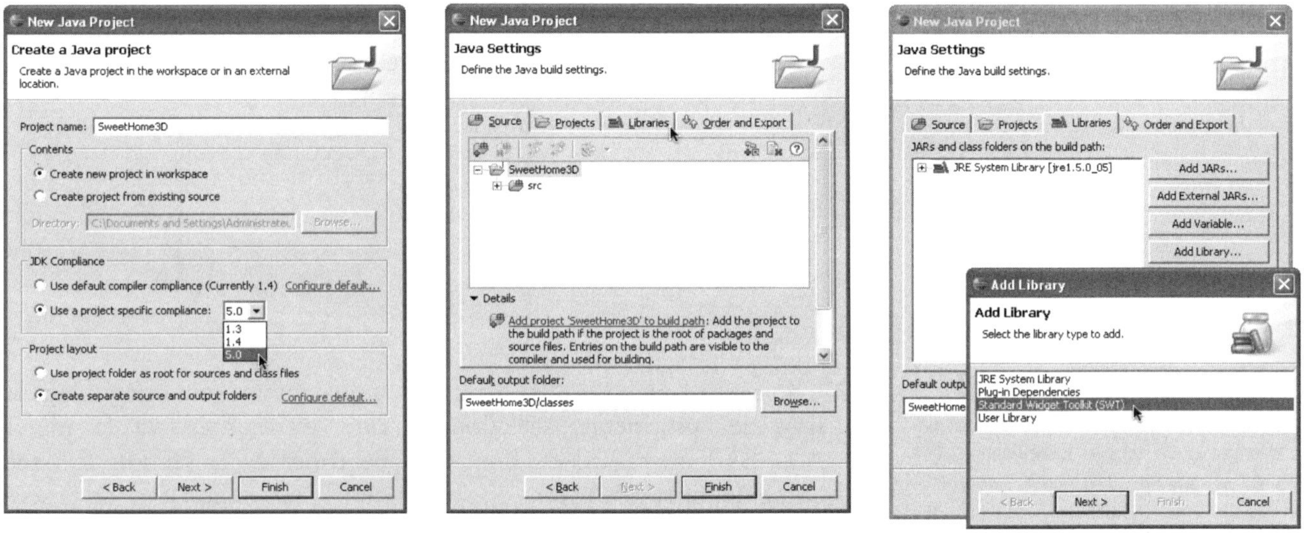

Figure 2–7 Assistant de création de projet

Configuration du projet

Pour développer correctement, il nous reste à effectuer encore les quelques configurations suivantes sur le projet dans Eclipse. Tout d'abord, ouvrez la boîte de dialogue des propriétés du projet avec le menu *Project> Properties* (si le menu n'est pas sélectionnable, vérifiez que le projet *SweetHome3D* est sélectionné dans l'onglet *Package Explorer*), puis :

1 Ajoutez un dossier `test` où seront rangées les fichiers sources destinés aux tests (unitaires ou autres) et qui ne seront pas livrées dans le produit final. Dans la liste des propriétés, sélectionnez *Java Build Path* puis dans l'onglet *Source*, cliquez sur le bouton *Add folder* pour ajouter le dossier `test` qu'il faut créer (voir figure 2-8).

OUTILS JUnit

Pour notre projet, les tests unitaires pour vérifier le bon fonctionnement d'une classe individuelle ou d'un ensemble de classes seront réalisés avec la version 3.8.1 de JUnit intégrée à Eclipse 3.1. Cet outil très utilisé en Java a pour avantage de permettre de lancer une batterie de tests en une seule commande, pour vérifier régulièrement la non-régression de fonctionnalités existantes pendant le développement.

▸ http://www.junit.org

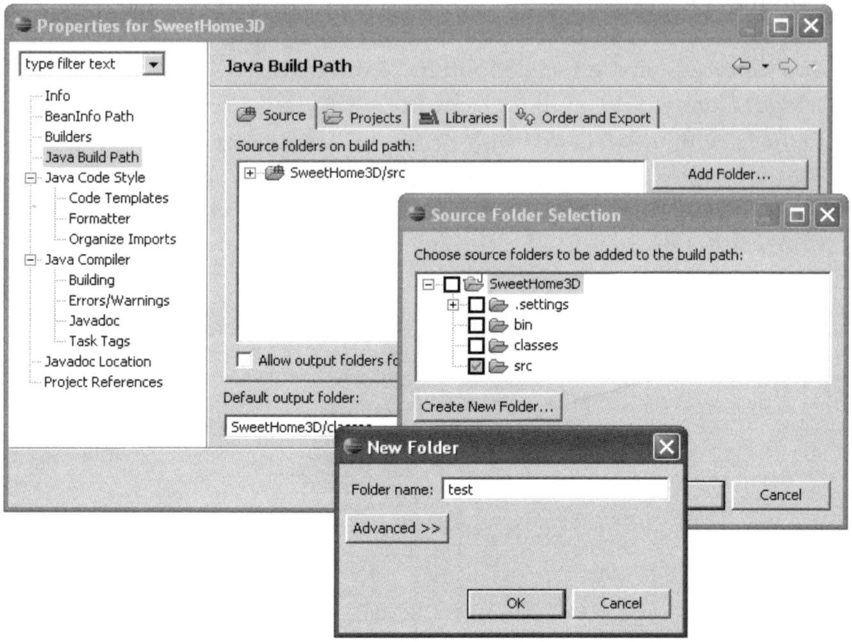

Figure 2–8
Ajout du dossier source test

PORTABILITÉ **Langue de développement**

Afin de mieux capter de nouveaux développeurs une fois le projet lancé, tous les identificateurs et les textes du programme développés seront en anglais. L'équipe choisit l'encodage ISO-8859-1 car c'est le seul supporté par les fichiers de propriétés Java utilisés pour la localisation. Comme cet encodage inclut le code ASCII anglais commun à presque tous les systèmes, et une grande partie des lettres accentuées occidentales, il leur évitera d'écrire les codes Unicode des lettres accentuées dans les fichiers français.

▸ http://fr.wikipedia.org/wiki/ISO_8859-1

2 Choisissez l'encodage des caractères et des retours à la ligne. Dans la liste des propriétés, sélectionnez *Info*, puis choisissez la valeur *ISO-8859-1* en regard du bouton radio *Other* de la section *Text file encoding*, et la valeur *Unix* en regard du bouton radio *Other* de la section *New text file line delimiter* (voir figure 2-9).

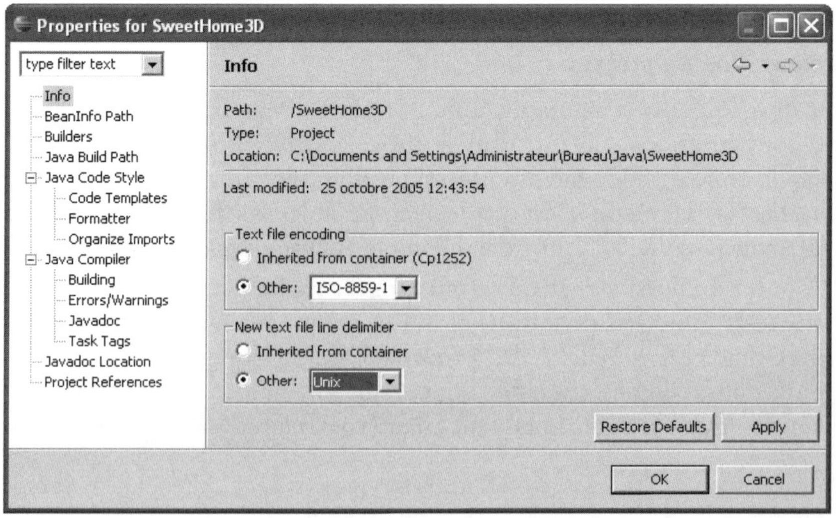

Figure 2–9
Choix de l'encodage et
du type des retours à la ligne

3 Définissez les conventions d'écriture de code utilisées par l'équipe. Dans la liste des propriétés, choisissez la section *Java Code Style> Formatter*, puis cochez l'option *Enable project specific settings* qui permet de créer un nouveau formatage pour votre projet, fondé sur les conventions Java ou celles retenues pour Eclipse. Vous pouvez choisir parmi de très nombreux paramètres vos préférences de formatage de code : par exemple, nous utiliserons pour ce projet une indentation de deux espaces pour des contraintes de mise en page (voir figure 2-10).

ASTUCE Application du formatage

L'outil de formatage d'Eclipse est d'autant plus intéressant que le menu *Source>Format* permet d'appliquer à vos classes le formatage choisi. Il est possible aussi de partager un formatage donné grâce aux boutons *Import...* et *Export...* de la propriété *Java Code Style>Formatter* d'un projet.

POUR ALLER PLUS LOIN
Autres propriétés du projet

Ne sont présentées ici que les propriétés nécessaires pour le projet Sweet Home 3D, mais notez que de nombreuses options pourraient vous intéresser, comme le choix des warnings (propriété *Java Compiler>Errors/Warnings*) ou l'organisation des clauses `import` (propriété *Java Code Style>Organize Imports*).

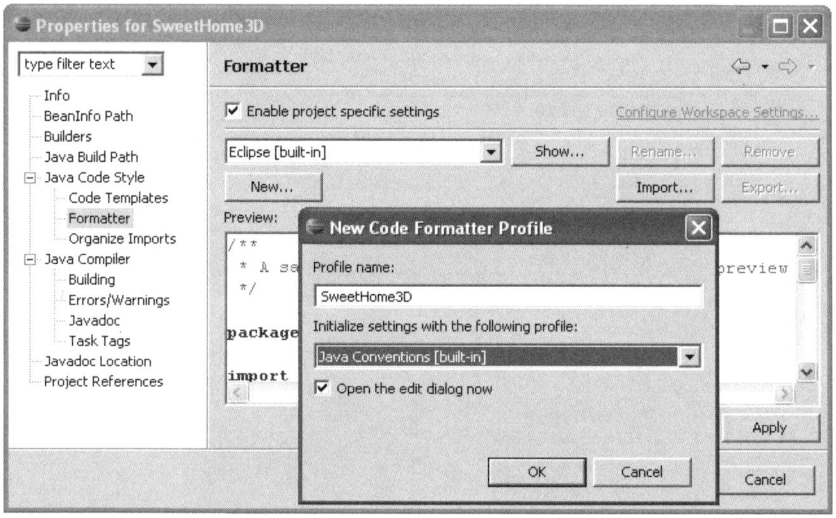

Figure 2–10
Choix du formatage appliqué au code

Validation de l'installation

Pour valider l'installation d'Eclipse, nous allons créer une simple application de test qui affiche le classique *Hello world*. Ce sera l'occasion de découvrir comment créer avec Eclipse une nouvelle classe, la compiler et l'exécuter :

1 Sélectionnez le menu *File>New>Class...* dans Eclipse.

2 Dans la boîte de dialogue qui s'affiche comme dans la figure 2-11, saisissez `SweetHome3D/test` pour le répertoire source *Source folder*, `com.eteks.sweethome3d.test` comme package et nommez la classe `EclipseTest`. Sélectionnez la boîte à cocher qui permet de générer automatiquement une méthode `main` dans la section *Which method stubs would you like to create ?*, puis cliquez sur *Finish*.

3 Le fichier `com/eteks/sweethome3d/test/EclipseTest.java` est créé dans le dossier `test` du projet avec l'arborescence qui correspond à son package, puis il est ouvert dans Eclipse pour l'édition (fermer éventuellement l'écran *Welcome* s'il est toujours à l'écran). Pour accélérer la saisie, utilisez la complétion automatique disponible tout

B.A.-BA Warning

En plus des erreurs de compilation, le compilateur d'Eclipse peut signaler des warnings, c'est-à-dire des avertissements, que vous n'êtes pas obligé de prendre en compte. Un warning correspond à une instruction superflue comme une clause `import` inutile, ou peut révéler un problème potentiel comme le fait de laisser un type de retour devant un constructeur, ce qui en fait une méthode.

CONVENTIONS Noms des packages

Par convention, les packages (aussi appelés « paquetages ») s'écrivent tout en minuscules et débutent par le nom de domaine inversé de l'entreprise éditrice de la classe. `eteks.com` a été choisi ici car c'est tout simplement le nom de domaine de l'auteur.

autant pour compléter les identificateurs des variables ou des classes (avec génération automatique des clauses `import` si besoin), que pour accéder aux modèles de code Java (*templates*). Par exemple, pour générer une instruction `System.out.println()`, tapez `sys`, activez la complétion avec le raccourci clavier *Ctrl+Espace*, puis choisissez `sysout` dans la liste affichée.

POUR ALLER PLUS LOIN **Liste des templates Eclipse**

La liste des modèles de codes Java disponibles par défaut dans Eclipse est accessible dans la section *Java>Editor>Templates* de la boîte de dialogue *Preferences* affichée par le menu *Window>Preferences...*

ATTENTION **Import automatique**

Lors de la complétion automatique d'une classe, faites attention au package à importer dans la liste qui est proposée, lorsqu'il y a plusieurs possibilités. Par exemple, pour la classe `Connection`, il ne s'agit probablement pas de la première classe de cette liste, `com.sun.corba.se.spi.legacy.connection.Connection`, qui vous intéressera.

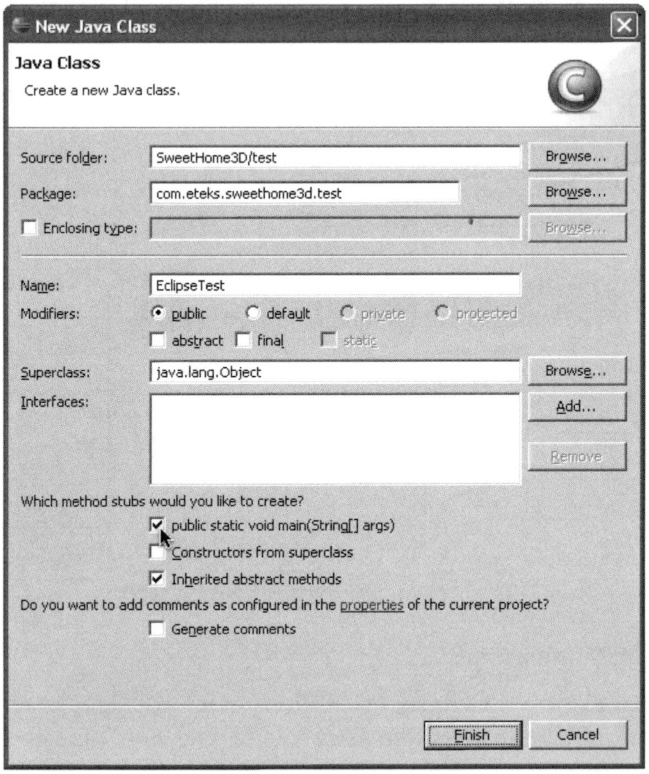

Figure 2–11
Assistant de création de classe

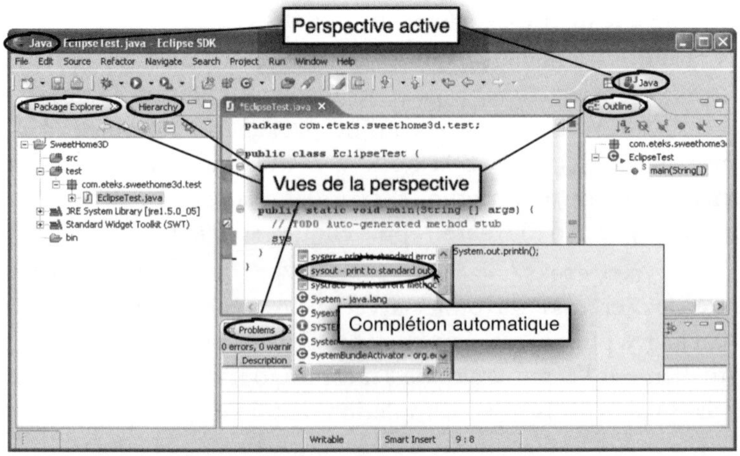

Figure 2–12
Perspective Java et édition du code à l'aide de la complétion

B.A.-BA Vues et perspectives Eclipse

Grâce aux menus *Window>Open Perspective* et *Window>Show View*, Eclipse propose d'afficher différentes perspectives et vues utilisables pendant les différentes phases de votre projet. Une perspective est un assemblage des vues favorites pour une activité donnée, comme l'écriture des classes (perspective *Java*) ou leur mise au point (perspective *Debug*) ; il vous est possible de compléter à tout moment la perspective en cours avec la vue de votre choix en la sélectionnant dans le menu *Window>Show View*. Notez que la perspective en cours d'affichage est rappelée au début du titre de la fenêtre d'Eclipse.

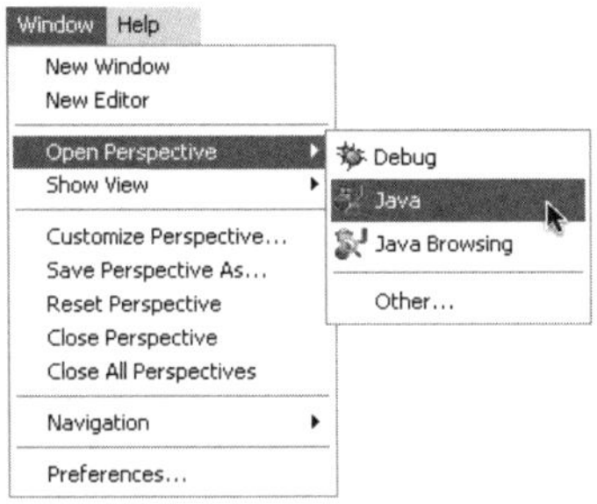

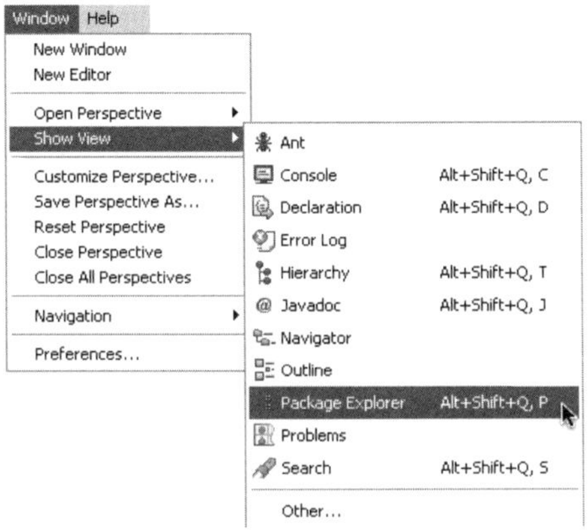

ASTUCE Complétion avec javadoc

Pour bénéficier de la complétion automatique sur les classes du JDK avec un encart javadoc automatiquement généré à côté de la liste de complétion, il faut spécifier où se trouve le fichier `src.zip` du JDK qui contient toutes les sources des classes de la bibliothèque standard. Le plus simple est de positionner le curseur de saisie sur une classe standard comme `String` ou `System`, de choisir le menu *Navigate>Open Declaration*, de cliquer sur le bouton *Attach Source...* qui s'affiche, puis de donner le chemin du fichier `src.zip` dans la boîte de dialogue *Source Attachment Configuration*. Vous pouvez aussi installer le plug-in World Of Java qui vous permettra d'accéder à la javadoc et aux sources d'autres projets Open Source.

▸ http://www.worldofjava.org/

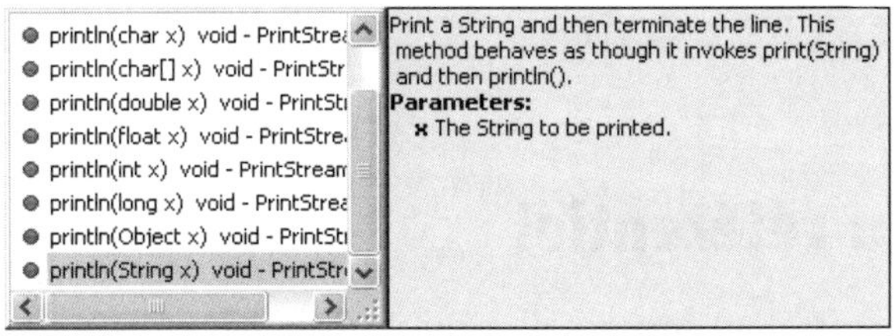

> **ATTENTION Erreurs de compilation**
>
> Certaines erreurs peuvent apparaître parce que vous faites appel à des méthodes d'une autre classe que vous n'avez pas enregistrée et donc pas compilée. Dans ce cas, pensez à enregistrer toutes vos classes avec le menu *File>Save All*.

4 La compilation d'une classe s'effectue automatiquement chaque fois qu'elle est enregistrée, sauf si le menu *Project>Build Automatically* n'est pas coché. En cas d'erreurs ou de warnings, ceux-ci s'affichent dans la vue *Problems* en bas de la fenêtre de l'IDE.

> **B.A.-BA Affichage et correction des warnings et des erreurs**
>
> Eclipse signale les erreurs et les warnings dans la vue Problems et dans la marge gauche du fichier édité, à l'aide de deux types d'icônes différentes :
>
> - Pour les erreurs, avec une icône en forme de croix :
>
> 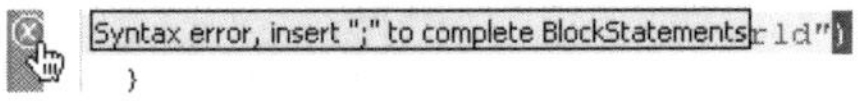
>
>
> - Pour les warnings, avec une icône en forme de point d'exclamation :
>
> 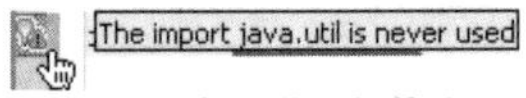
>
>
> Notez qu'au survol de ces icônes, une infobulle s'affiche avec un message correspondant à l'erreur ou au warning. En cliquant sur ces icônes (ou en sélectionnant le menu *Edit>Quick Fix*), Eclipse propose même une liste des corrections qu'il est éventuellement capable d'opérer de lui-même : vous n'avez alors qu'à choisir la correction la plus adéquate !
>
> 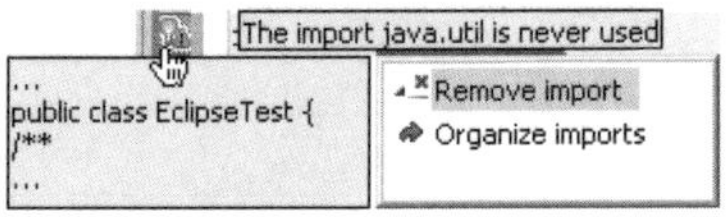
>

5 Le lancement de l'application s'effectue grâce au menu *Run>Run As> Java Application* ou grâce à l'icône symbolisant une flèche sur un disque vert dans la barre d'outils, le texte `Hello World` s'affichant ici dans la vue *Console* en bas de la fenêtre de l'IDE.

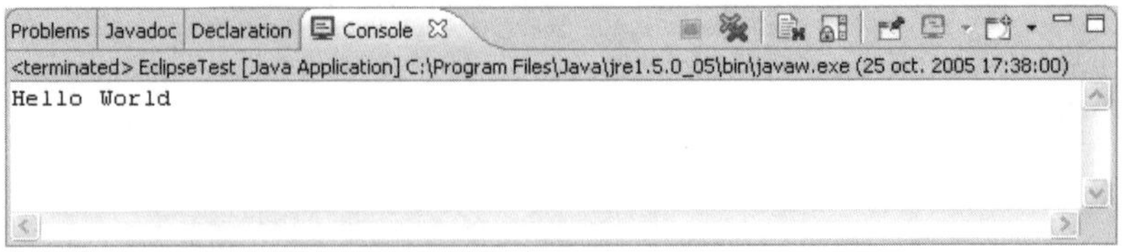

Figure 2–13
Console d'exécution du programme

> **POUR ALLER PLUS LOIN Référentiels**
>
> SourceForge.net et java.net sont actuellement les principaux référentiels de projets Java. Il en existe aussi d'autres comme l'Apache Software Foundation, CodeHaus, Open Symphony... mais ces derniers ont un jury plus sélectif pour la création des nouveaux projets qu'ils hébergent.
>
> - http://sourceforge.net/
> - http://java.net/
> - http://apache.org/
> - http://codehaus.org/
> - http://opensymphony.com/

Choix du référentiel

L'équipe a besoin d'un serveur disponible 24h/24, utilisé comme référentiel (*repository*) pour partager le fichiers source Java et les autres documents que les membres du groupe vont produire. Ils ont le choix soit d'héberger ce serveur sur une des machines de l'équipe, soit de faire appel à un système existant sur Internet. La première solution donne une liberté totale de choix pour la mise en place des outils sur un tel serveur, mais oblige à un des membres de l'équipe de laisser son ordinateur continuellement en ordre de marche, d'obtenir si possible une adresse IP fixe, et de prendre le temps d'installer et de maintenir les outils sur son serveur. Cette solution est intéressante surtout pour les entreprises car ces dernières peuvent mobiliser les moyens pour la mettre en œuvre, ou pour des projets qui ne sont pas Open Source. Matthieu penche plutôt pour la seconde solution et mène son enquête sur Internet. Il connaît SourceForge.net™ où il a déjà téléchargé de nombreux outils, mais se demande si d'autres types de serveur ne proposent pas le même genre de service. Après quelques recherches, il décide de retenir soit SourceForge.net, soit java.net.

B.A.-BA Subversion

Subversion est une évolution du référentiel CVS qui permet d'effectuer des modifications atomiques sur plusieurs fichiers d'un projet, de renommer ou de déplacer des fichiers dans un référentiel et de leur attacher des métadonnées.

▸ http://subversion.tigris.org/

SourceForge.net ou java.net

Matthieu décide de soumettre un comparatif de ces deux services à son équipe, pour qu'elle prenne une décision. Il détermine un ensemble de critères de sélection qu'il enrichit au fur et à mesure de sa prise de connaissance du sujet, pour finalement présenter le tableau suivant aux membres de son équipe.

B.A.-BA Wiki

Wiki est un système d'édition de pages web qui permet à une communauté d'utilisateurs de publier facilement des informations à l'aide d'une syntaxe plus simple que celle du langage HTML.

▸ http://wiki.org/

B.A.-BA Flux RSS

Un flux RSS (*RDF Site Summary* ou *Rich Site Summary*), ou Atom suivant les versions, est un flux XML d'informations qui représentent des nouvelles d'un site web, avec titre, résumé, auteur... La plupart des navigateurs intègrent la gestion de ces flux dans leur interface utilisateur pour présenter les nouvelles récentes des sites web proposant cette fonctionnalité.

▸ http://www.xml.com/pub/a/2002/12/18/dive-into-xml.html

B.A.-BA CVS

CVS (Concurrent Versions System) est le référentiel le plus connu pour partager les fichiers d'un projet entre développeurs et leur attribuer des numéros de versions. C'est un serveur accessible en ligne de commande mais aussi avec des outils disposant d'une interface graphique. Ces outils sont soit des applications indépendantes, soit intégrés à certains IDE comme Eclipse ou JBuilder.

▸ http://www.nongnu.org/cvs/

Critère	Sourceforge.net	java.net
Type de référentiel de fichiers	CVS / Subversion	CVS
Espace alloué au référentiel	100 Mo	non précisé
Jury de sélection des nouveaux projets	oui	oui
Sauvegarde du référentiel par l'hébergeur	oui	oui
Gestion des membres de l'équipe	oui avec alias e-mail	oui avec alias e-mail
Accès sécurisé	oui avec SSL	non précisé
URL par défaut du site web dédié au projet	http://*projet*.sf.net	http://*projet*.java.dev.net
Dédié à Java	non	oui, organisé par thèmes
Forums	oui	oui
Gestionnaire de bogues et des améliorations (RFE)	oui	oui

Critère	Sourceforge.net	java.net
Gestionnaire de mailing-list	oui	oui
Gestionnaire de nouvelles avec flux RSS	oui	oui
Gestionnaire de partage de documentation wiki	non précisé	oui
Gestionnaire de blog	non	oui
Gestionnaire de téléchargement du projet	oui	oui
Construction du projet sur le serveur de l'hébergeur	via Compile Farm et `ssh`	non
Référencement du projet	sur `sf.net` avec classement	sur `java.net` et `sun.com`
Statistiques de fréquentation	oui	non
Donations	oui avec PayPal	non
Suivi du temps consommé par les membres de l'équipe	non	non
Interface en français	non	non

Après délibération, l'équipe se décide pour SourceForge.net qui offre plus de services et est plus connu. Leur développement devant aboutir à un logiciel et non à une bibliothèque de classes, le fait que SourceForge.net ne soit pas dédié à Java n'a pas beaucoup d'importance.

Création du référentiel

Margaux qui se charge de la gestion du référentiel du projet, va sur le site web de SourceForge.net à l'adresse http://sf.net afin d'y créer le référentiel de Sweet Home 3D.

Inscription sur SourceForge.net

À SAVOIR SourceForge.net en anglais

Bien que SourceForge.net propose le français dans le choix des langues, son interface utilisateur reste en anglais actuellement.

Il lui faut tout d'abord y créer un compte d'administrateur de projet, en cliquant sur le lien *New User via SSL*. Aussi étrange que cela puisse paraître, on ne lui demande pas de choisir d'identificateur, mais juste de saisir un mot de passe et un e-mail. C'est une procédure utilisée par SourceForge.net pour vérifier la validité de son adresse électronique. Margaux se rend ensuite sur l'URL indiquée dans le courrier électronique qu'elle a reçu de la part de SourceForge.net pour terminer son inscription et choisir un identificateur privé (équivalent à un login Unix), un identificateur public, la langue de son choix et son fuseau horaire.

DANS LA VRAIE VIE
Identité du projet Sweet Home 3D

Le projet Sweet Home 3D existe réellement sur SourceForge.net mais a été inscrit sous le nom de l'auteur de cet ouvrage (sans pour autant dévoiler le but final du projet de livre au moment de sa création afin que la démarche soit la plus réaliste possible), preuve aussi que l'on peut lancer seul un projet Open Source.

Création du référentiel sur SourceForge.net

Après validation de ses identificateurs, Margaux s'identifie en cliquant sur le lien *Login via SSL*, puis clique sur le lien *Register a new project* dans la section *My Projects*. Comme la création d'un projet est réservée aux utilisateurs complètement identifiés avec leur nom et prénom, elle passe à la page *True Identity* en cliquant sur le lien *Set your true identity details*.

Après avoir donné ces renseignements, arrive une longue suite de pages permettant de créer le projet à proprement dit :

1 **Hosting information** : cette page présente l'Open Source et SourceForge.net, puis dans la section *Project Type,* demande à l'utilisateur de choisir un type de projet (logiciel, documentation, site web...) dans une liste. Margaux choisit *Software* puis clique sur le bouton *Next Page*.

2 **Registering a project** : cette page résume les neuf étapes de création d'un projet sur SourceForge.net et les informations requises pour cette procédure, comme le choix d'un nom, d'une description rédigée en anglais et d'un type de licence.

3 **Terms of Use Agreement** : Margaux lit la licence relative à la gestion d'un projet sur SourceForge.net présentée à cette page puis clique sur *I AGREE*.

4 **Hosting requirements** : il faut ensuite accepter les termes relatifs au service d'hébergement de site web proposé par SourceForge.net et aux types de licences Open Source acceptées pour un projet. Il est notamment interdit d'ajouter des publicités rémunératrices sur un tel site web.

5 **Project license details** : vient ensuite le choix d'une licence. Dans la longue liste des licences reconnues, l'équipe hésite essentiellement entre les licences GNU GPL et GNU LGPL. Leur développement devant aboutir à un logiciel fini, ils décident de choisir une licence GNU GPL, qui autorise l'utilisation de leur logiciel à des fins commerciales ou non, mais interdit à d'autres développeurs de réutiliser leurs classes dans un autre logiciel non libre sans autorisation.

ASTUCE En-tête d'un fichier GNU GPL

Comme mentionné à la page citée ci-dessous, les fichiers sources d'un logiciel distribué sous licence GNU GPL doivent comporter un commentaire en en-tête résumant la licence. Pour ajouter automatiquement un tel commentaire à la création d'une classe dans Eclipse, il faut, dans la section *Java Code Style>Code Templates* des propriétés du projet, activer l'option *Enable project specific settings*, puis sélectionner l'élément *Comments>Files* dans la liste *Configure generated code and comments* et cliquer sur le bouton *Edit...*. Dans la boîte de dialogue *Edit Template* affichée, recopier le commentaire d'en-tête et confirmer votre saisie. Pour insérer dans le commentaire certaines informations variables comme la date ou le nom du fichier, utilisez le bouton *Insert Variable...*. À la création d'une nouvelle classe, n'oubliez pas de cocher l'option *Generate comments* pour que le commentaire spécifié soit bien ajouté.

▸ http://www.gnu.org/copyleft/gpl.html#SEC4

6 **Project description details** : dans cette page, il faut décrire succinctement le projet, en précisant notamment les fonctionnalités du logiciel développé et le langage dans lequel il est écrit. En s'inspirant du

À RETENIR Définition de l'OSI

SourceForge.net vous invite à consulter la définition de l'Open Source selon l'OSI (*Open Source Initiative*) à l'adresse indiquée ci-dessous. Si le monde de l'Open Source est un peu flou pour vous, lisez ce court document, il résume bien ses principes et ses buts.

▸ http://opensource.org/docs/definition.php

B.A.-BA Licence logiciel

Dans le monde du logiciel Open Source, il existe globalement les trois grandes catégories de licence suivantes, de la moins à la plus restrictive :

- Domaine public : tout logiciel du domaine public peut être utilisé, modifié et distribué librement dans sa totalité, leurs auteurs ayant abandonné leurs droits d'auteur.
- Licence de type GNU LGPL ou Apache : un logiciel distribué sous ce type de licence peut être utilisé, modifié et redistribué sous des conditions peu contraignantes, qui permettent notamment de réutiliser sous forme de bibliothèque tout ou partie de ses classes dans des logiciels qui ne sont pas Open Source.
- Licence GNU GPL : contrairement aux licences précédentes, un logiciel distribué sous licence GNU GPL ne peut être réutilisé sous forme de bibliothèque dans des logiciels qui ne sont pas distribués sous le même type de licence.

▸ http://www.gnu.org/licenses/license-list.fr.html

À RETENIR Public / Registration Description

La description publique (*public description*) est le texte affiché en résumé d'un projet dans de nombreuses pages de SourceForge.net. Limitée à 255 caractères, il faut plutôt la concevoir comme une accroche commerciale destinée à être lue par d'autres développeurs.
La description pour l'inscription (*registration description*) ne sera pas publiée : c'est l'argumentaire principal utilisé par l'équipe de SourceForge.net pour accepter ou non un nouveau projet. Soyez le plus concret possible dans cette description qui doit faire au moins 200 caractères ; détaillez-y les fonctionnalités du projet et les technologies utilisées, sans tergiverser.

cahier des charges défini au premier chapitre et du résumé des projets existants, voici le texte que Margaux saisit comme *Public Description* :

```
Sweet Home 3D is a Java application for quickly choosing and
placing furniture on a house 2D plan drawn by the end-user,
with a final 3D preview.
```

Dans la même page, SourceForge.net demande de renseigner le champ *Registration Description*, qui doit décrire en anglais le projet de façon plus concrète, en incluant notamment des détails techniques sur les technologies choisies. Margaux choisit pour cette description de traduire le cahier des charges en le simplifiant et d'y ajouter les technologies qui seront probablement utilisées :

```
The typical Sweet Home 3D end-user is a moving person with
little time at its disposal. The major steps of the user
will be :
1.Choosing its furniture and their size among a list
  organized by themes.
2.Drawing the 2D plan of its home with the mouse, using
  visual guides.
3.Placing its furniture on the 2D plan, with the ability of
  moving and rotating each piece. A realistic rendering will
  be also displayed in a 3D view.
4.Saving its work to reload it later.
A default library of furniture, made of 3D existing and free
files, will be provided. The user will also be able to add
other files to this library.
Sweet Home 3D will be a Java cross-platform software,
localized in English and French, with a Graphical User
Interface developed with Swing and Java3D.
Unit tests will be made with JUnit and Abbot frameworks.
```

7 **Project name details** : cette étape permet de spécifier le nom du projet `Sweet Home 3D` et son nom « Unix », c'est-à-dire un nom en minuscules et sans espace, `sweethome3d` en l'occurrence pour notre projet.

8 **Final review** : comme présenté dans la figure 2-14, l'avant-dernière étape présente tous les éléments saisis sur les écrans précédents pour une dernière revue.

9 **Submission completed** : voilà c'est fini ! Margaux reçoit un e-mail confirmant la soumission de son nouveau projet. Il ne lui reste plus qu'à espérer qu'il sera accepté, ce qui lui sera confirmé quelques heures plus tard à la vue de la page de résumé du projet https://sourceforge.net/projects/sweethome3d/, présentée dans la figure 2-15.

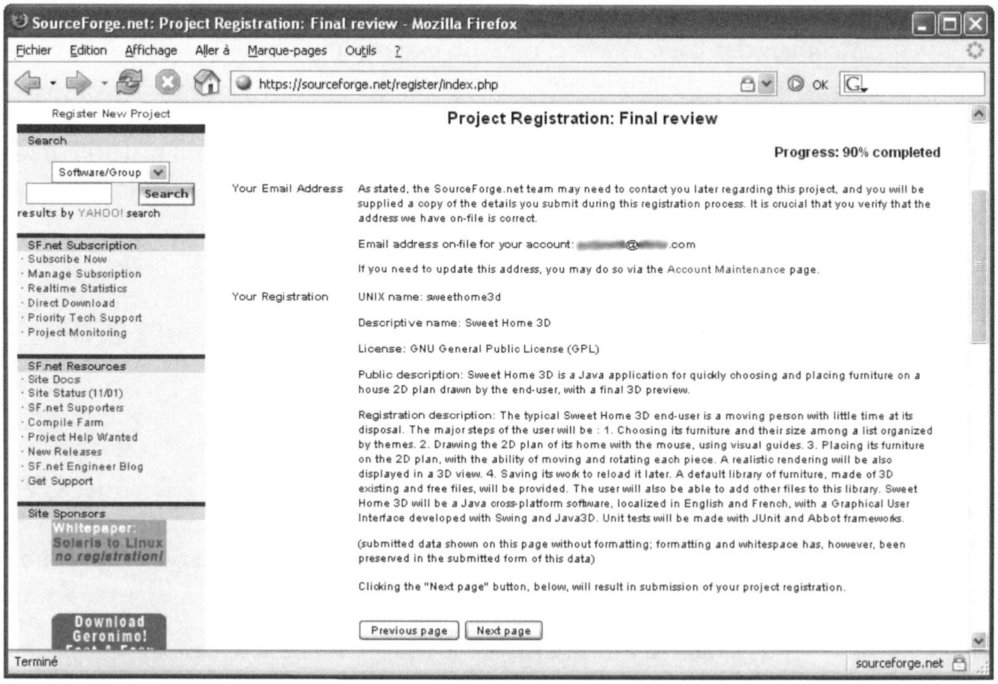

Figure 2–14
Final review d'un projet sur SourceForge.net

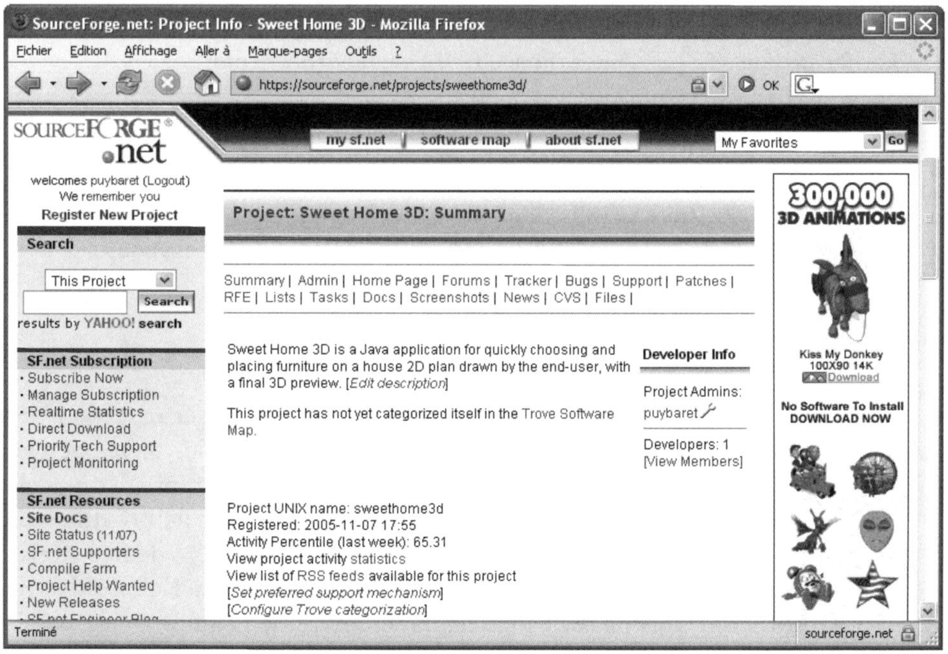

Figure 2–15
Page de présentation du projet sur SourceForge.net

Cette page lui permet de découvrir les services de base offerts sur SourceForge.net, comme les forums, les suivis de bogues et CVS. En tant qu'administratrice du projet, elle peut notamment gérer la liste des membres qui participent au projet, en cliquant sur le lien *Admin* puis sur le lien *Members*. La page affichée, dont un extrait est visible à la figure 2-16, liste les membres du projet ainsi que leurs droits et leurs rôles. Après avoir demandé aux autres membres de l'équipe de s'inscrire à leur tour sur SourceForge.net, il suffit à Margaux de renseigner leur nom d'utilisateur (*username*) dans la page accessible par le lien *Add a developer to this project*.

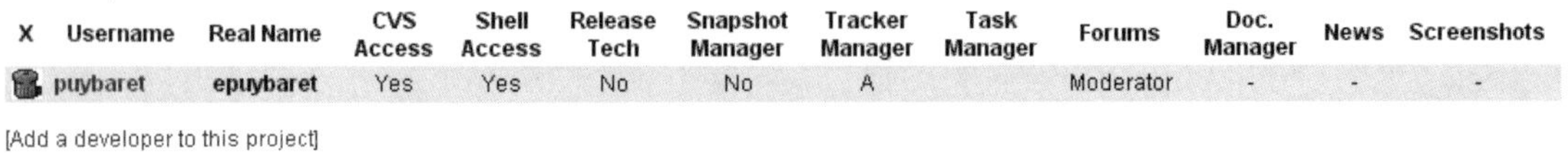

X	Username	Real Name	CVS Access	Shell Access	Release Tech	Snapshot Manager	Tracker Manager	Task Manager	Forums	Doc. Manager	News	Screenshots
	puybaret	epuybaret	Yes	Yes	No	No	A		Moderator	-	-	-

[Add a developer to this project]

Figure 2–16 Liste des membres du projet sur SourceForge.net

ATTENTION Droit d'accès CVS des utilisateurs anonymes

Toute personne peut avoir accès aux sources d'un projet archivées dans le serveur CVS de SourceForge.net, ce qui est normal car un tel projet est par essence Open Source. Dans les faits, SourceForge.net dispose de deux serveurs CVS différents l'un pour les développeurs, l'autre pour les accès anonymes, le second serveur étant un miroir du premier avec un délai de latence d'actuellement 5 heures. L'accès anonyme au serveur CVS ne peut se faire qu'en lecture.

Intégration du référentiel dans Eclipse

Il faut maintenant configurer dans Eclipse l'accès au référentiel CVS disponible sous SourceForge.net. Les coordonnées du serveur CVS, résumées dans le tableau 2-1, sont présentées dans la section *Connection Information* de la page http://sourceforge.net/docs/E04.

Tableau 2–1 Coordonnées du serveur CVS de SourceForge.net

	Accès SSH par les développeurs	Accès anonyme
Nom de machine (*hostname*)	`projectname.cvs.sourceforge.net`, c'est-à-dire ici `sweethome3d.cvs.sourceforge.net`	
Port	22	2401
Protocole	`:ext:`	`:pserver:`
Chemin du référentiel (*repository path*)	`/cvsroot/projectname`, c'est-à-dire ici `/cvsroot/sweethome3d`	
Nom d'utilisateur	nom d'utilisateur SourceForge.net	`anonymous`
Mot de passe	mot de passe SourceForge.net	aucun

Génération des clés SSH

L'accès au référentiel CVS de SourceForge.net étant sécurisé pour les développeurs, il faut générer pour chacun d'entre eux des paires de clés SSH, publiques et privées. Ensuite, chaque développeur enregistre sa clé publique générée sur son compte SourceForge.net. Au lieu d'utiliser la procédure présentée à la page https://sourceforge.net/docs/F02/, dédiée à cette tâche, nous allons lui préférer la solution intégrée dans Eclipse décrite ci-après. Pour plus de sécurité, chaque membre de l'équipe doit générer lui-même sa paire de clés.

ASTUCE Filtrage des préférences

La boîte de dialogue *Preferences* offre un filtre pour retrouver plus rapidement un élément parmi tous ceux disponibles dans la liste initialement affichée. Par exemple, la figure 2-17 ne montre dans la liste des préférences que celles relatives à SSH.

1. Dans Eclipse, sélectionnez le menu *Window>Preferences*.
2. Dans la boîte de dialogue qui s'affiche, sélectionnez dans la liste de gauche la section *Team>CVS>SSH2 Connection*.

3 Sélectionnez l'onglet *Key Managment*, puis cliquez sur le bouton *Generate DSA Key...*. Les spécialistes du chiffrement préconisent en effet d'utiliser le protocole 2 de SSH associé à des clés de type DSA, plus robustes que les clés de type RSA.

4 Entrez votre nom d'utilisateur SourceForge.net directement suivi (sans espace) de `@shell.sourceforge.net` dans le champ *Comment*.

5 Saisissez un mot de passe dans les champs *Passphrase* et *Confirm passphrase* ; cliquez sur le bouton *Save Private Key* et enregistrez la clé privée dans le fichier `SourceForge-Shell.ppk`.

6 Copiez la clé publique affichée dans le champ *You can paste this public key [...]*.

7 Rendez-vous à la page https://sourceforge.net/account/editsshkeys.php où vous devrez vous identifier à nouveau et collez le texte de cette clé dans le champ *Authorized keys*. Confirmez votre saisie en cliquant sur le bouton *Update*.

8 Fermer la boîte de dialogue *Preferences*.

À RETENIR Passphrase

Le mot de passe saisi dans le champ *Passphrase* protège l'accès au fichier de la clé privée générée si vous avez besoin de le relire ultérieurement en cliquant sur le bouton *Load Existing Key*.

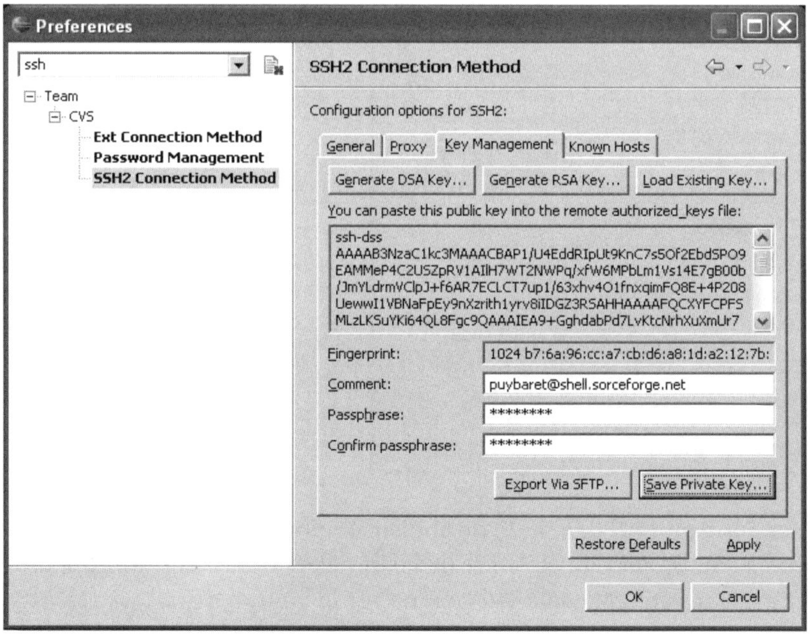

Figure 2–17
Génération de clés SSH dans Eclipse

B.A.-BA Commandes principales de CVS

Voici les trois commandes les plus utilisées dans CVS et intégrées dans Eclipse :

- `commit` : enregistrement d'un fichier sur le serveur ;
- `checkout` : récupération initiale d'un référentiel à partir du serveur ;
- `update` : mise à jour ultérieure à partir du référentiel.

▸ http://cvsbook.red-bean.com/

Validation du référentiel CVS dans Eclipse

Pour valider le référentiel CVS de SourceForge.net, Margaux va y enregistrer le projet créé dans la section « Installation d'Eclipse » de ce même chapitre, qui comprend notamment l'application `com.eteks.sweethome3d.test.EclipseTest`, puis demander aux autres membres de l'équipe de télécharger les fichiers du référentiel.

POUR ALLER PLUS LOIN
Travailler avec plusieurs référentiels

Si vous avez déjà ajouté d'autres référentiels CVS dans Eclipse avant celui de votre nouveau projet, Eclipse vous proposera d'abord une boîte de dialogue présentant ces référentiels existants. Sélectionnez l'option *Create a new repository location* et reprenez au point 2.

Enregistrement initial du projet dans le référentiel

Pour enregistrer (*commit* dans le vocabulaire CVS) le projet Sweet Home 3D dans le référentiel CVS avec Eclipse, Margaux sélectionne la perspective *Java* dans le menu *Window>Open Perspective* si la perspective active n'est pas celle-là, puis exécute la procédure suivante :

1 Dans la vue *Package Explorer*, elle ouvre un menu contextuel sur le projet *SweetHome3D* puis sélectionne le menu *Team>Share Project...*.

2 Dans la boîte de dialogue *Share Project* affichée, Margaux reproduit à l'identique les coordonnées du serveur CVS du tableau 2-1 sauf pour le champ *Connection Type* où il faut choisir *extssh*, puis clique sur le bouton *Next*.

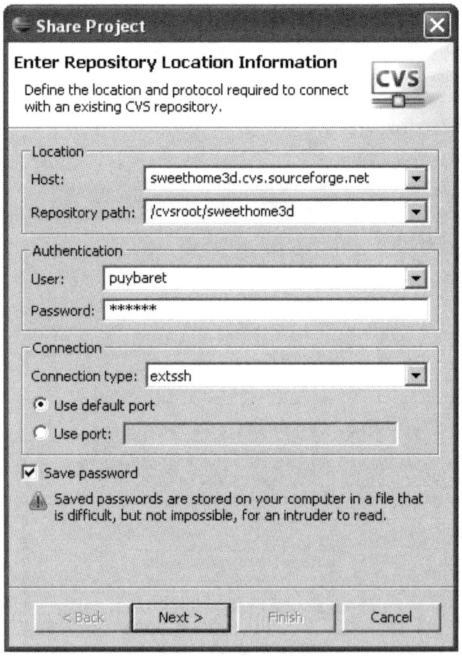

Figure 2–18
Enregistrement dans un référentiel CVS

3 L'écran suivant lui demande de choisir un nom de module qui correspond à son projet dans CVS. Elle laisse sélectionnée l'option *Use project name as module name* puis clique sur le bouton *Next*.

4 Eclipse tente alors de se connecter au serveur CVS et affiche à la première connexion un message signalant que l'authenticité de l'hôte `cvs.sourceforge.net` ne peut être établie. Ce message est accompagné d'un long numéro séparé représentant l'empreinte de la clé DSA (*DSA key fingerprint*) de l'hôte (voir figure 2-19). Après avoir vérifié que ce numéro fait bien partie de ceux listés dans la section *Fingerprint Listing* de la page http://sourceforge.net/docs/G04/, elle clique

sur *Yes* et confirme ensuite si nécessaire la création du fichier `know_hosts` qui contient la liste des hôtes reconnus par Eclipse.

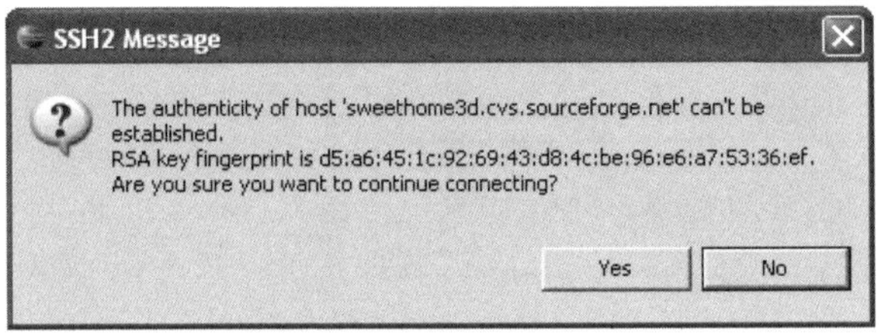

Figure 2–19 Confirmation de l'authenticité

5 Après une analyse des fichiers existants dans le projet, Eclipse affiche une boîte de dialogue proposant de choisir les fichiers que l'équipe de développement partage. Pour en retirer un définitivement de la liste, il faut sélectionner le menu *Add to .cvsignore...* dans le menu contextuel d'un fichier ou d'un dossier. Margaux clique simplement sur le bouton *Finish*.

6 L'assistant *Commit Files* lui propose finalement d'ajouter un commentaire à chaque fichier enregistré (voir figure 2-21). Pour leur affecter le même commentaire, Margaux sélectionne tous les fichiers et dossiers affichés dans la liste *Changes*, puis saisit le texte `Project start` dans la zone de texte. Un dernier clic sur *Finish* et les fichiers s'enregistrent sur le serveur CVS !

Téléchargement des fichiers du référentiel

Pour télécharger (*check out* dans le vocabulaire CVS) le projet Sweet Home 3D à partir du référentiel CVS avec Eclipse, les autres membres de l'équipe exécutent la procédure suivante, après avoir généré leurs clés SSH :

1 Sélectionnez le menu *Fichier>Importer...*.

2 Dans la boîte de dialogue *Import* affichée, sélectionnez *Check Out Projects from CVS* puis cliquez sur le bouton *Next*.

3 Dans la boîte de dialogue *Check Out from CVS*, reproduisez à l'identique les coordonnées du serveur CVS du tableau 2-1, sauf pour le champ *Connection Type* où il faut choisir *extssh* (voir figure 2-18), puis cliquez sur le bouton *Next*.

4 Dans l'écran suivant, sélectionnez l'option *Use an existing module*. Eclipse tente alors de se connecter au serveur CVS, et affichera probablement les mêmes avertissements que ceux signalés au point 4 de la section précédente. Sélectionnez le module *SweetHome3D* puis cliquez sur le bouton *Finish*.

5 Eclipse télécharge le projet. Vous voilà prêt à l'utiliser.

ASTUCE Choix des fichiers partagés

Faut-il archiver dans CVS certains fichiers spéciaux comme ceux générés par Eclipse (`.project`, `.classpath` et ceux du dossier `.settings`) ? Le fichier `.classpath` est nécessaire pour compiler un projet car il énumère les bibliothèques utilisées dans celui-ci. Pour les autres, c'est à vous de voir en fonction de leur utilité pour les autres membres de l'équipe. Pour vous décider, le plus simple est d'analyser le contenu de ces fichiers simples à lire, car soit ils sont en XML, soit ils décrivent une liste de propriétés. Au passage, il est rappelé que Linux et Mac OS X masquent par défaut les fichiers et les dossiers commençant par un point.

POUR ALLER PLUS LOIN Fichiers ignorés par CVS

La liste des types de fichiers ignorés par Eclipse pendant l'enregistrement du projet dans un référentiel CVS est visible dans la section *Team>Ignored Resources* des préférences. Vous y découvrirez par exemple que sont ignorés les fichiers `.class`, les fichiers `.DS_Store` (créés dans chaque dossier par Mac OS X pour mémoriser les informations concernant l'affichage du contenu d'un dossier)...

ATTENTION Dossiers CVS

Dans chaque dossier d'un projet enregistré dans un référentiel CVS, un sous-dossier CVS est créé automatiquement sur la machine de chaque client CVS. Ce sous-dossier stocke des informations relatives à l'organisation d'un dossier dans CVS. En Java, cette architecture provoque la création d'un grand nombre de sous-dossiers CVS dans les dossiers des packages !

ASTUCE Mettre à jour un projet déjà créé

Si vous avez déjà démarré de votre côté le même projet dans Eclipse, la procédure la plus simple pour s'intégrer au projet existant est de le supprimer d'Eclipse (sans supprimer les fichiers associés bien sûr), de déplacer les fichiers ailleurs sur votre disque dur, d'effectuer un premier *check out* du projet en suivant la procédure décrite ici, de recopier dans le nouveau projet vos fichiers sauvegardés et d'effectuer finalement un *commit* sur ces derniers.

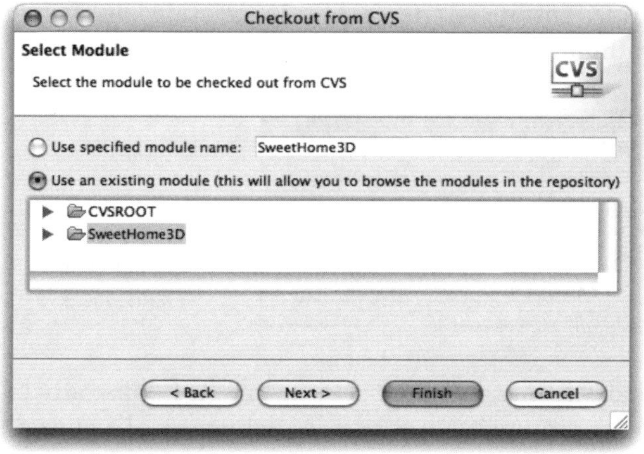

Figure 2–20
Check out du projet dans Eclipse sous Mac OS X

Mise à jour du référentiel

Pendant le développement du projet, chaque membre de l'équipe va créer de nouveaux fichiers et en actualiser d'autres. Il leur faut donc mettre à jour régulièrement l'environnement de leur machine pour que celui-ci reflète au mieux le référentiel CVS. Deux types de mise à jour peuvent survenir :

- enregistrer (*commit*) dans le référentiel les modifications effectuées sur le poste d'un membre de l'équipe ;
- mettre à jour (*update*) le poste d'un membre de l'équipe pour récupérer les modifications éventuelles effectuées dans le référentiel.

OUTILS Notification des modifications

SourceForge.net propose l'outil syncmail pour notifier par e-mail toute modification dans le référentiel CVS aux personnes intéressées.
▸ http://sourceforge.net/docs/E04/

REGARD DU DÉVELOPPEUR Quand synchroniser ?

N'enregistrez pas dans le référentiel des fichiers qui ne compilent pas, sinon vous risquez de bloquer les autres membres de l'équipe ! Mise à part cette règle de bonne conduite, vous pouvez enregistrer quand bon vous semble vos modifications, voire vous servir du référentiel comme *backup* (sauvegarde). Travaillez le plus souvent possible sur des groupes de fichiers distincts, pour éviter d'avoir à effectuer des différentiels lors des mises à jour. Par exemple, répartissez-vous à l'avance les packages du projet.

VERSIONS Version des fichiers du référentiel

Remarquez qu'à chaque modification d'un fichier, CVS augmente son numéro de version. Eclipse juxtapose ce numéro au nom d'un fichier dans les vues où le fichier (ou la classe) est visible. En plus de ces versions, vous pouvez aussi poser une balise sur un ou plusieurs fichiers pour vous aider à repérer une version cohérente du logiciel en cours de développement. Cette opération s'effectue grâce au menu *Team>Tag as Version...* dans le menu contextuel des fichiers à baliser. Pour récupérer un ensemble de fichiers sur lesquels vous avez posé une balise donnée, il suffit de répéter les opérations décrites dans la section « Téléchargement des fichiers du référentiel » précédente, et de continuer à cliquer sur *Next* dans la boîte de dialogue *Check Out from CVS*, jusqu'à ce qu'Eclipse vous propose de choisir une balise (*Select a tag*).

Enregistrement des modifications

Pour enregistrer une modification d'un fichier dans le référentiel, il suffit dans Eclipse d'afficher le menu contextuel associé à la classe, le groupe d'éléments modifiés ou même le projet, dans une des vues *Package Explorer* ou *Navigator*, puis d'y sélectionner le menu *Team>Commit...*. Ce menu provoque l'affichage d'une boîte de dialogue qui permet d'associer un commentaire à la classe avant d'enregistrer finalement les modifications. La figure 2-21 montre par exemple, comment Sophie a rempli cette boîte de dialogue sous Mac OS X après avoir complété la javadoc de la classe `com.eteks.sweethome3d.test.EclipseTest` et changé le texte affiché en `"Hello future Sweet Home 3D user"`.

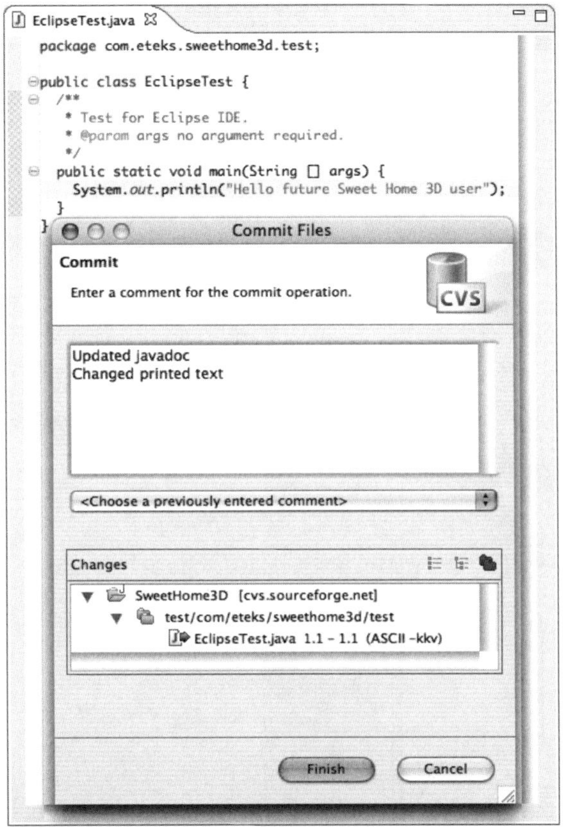

Figure 2–21
Commit d'un fichier modifié dans Eclipse

Mise à jour des modifications

Pour mettre à jour le projet sur la machine d'un développeur à partir du référentiel, il faut dans Eclipse sélectionner le menu *Team>Update* dans le menu contextuel associé au projet dans une des vues *Package Explorer* ou *Navigator*.

> ATTENTION **Conflits pendant la mise à jour**
>
> Pour résoudre des conflits apparus sur un fichier pendant la mise à jour à cause de modifications effectuées en local comme dans le référentiel, repérez ce fichier dans la console puis sélectionnez le menu *Team>Synchronize with Repository* dans le menu contextuel associé à ce fichier. Une nouvelle fenêtre qui vous montre les différences entre les deux versions du fichier s'ouvre alors pour vous aider à les résoudre. Si vous voulez recharger un fichier du référentiel en ignorant des modifications effectuées en local sur un fichier (suite à des tests par exemple), sélectionnez le menu *Override and Update* dans le menu contextuel associé à ce fichier dans la vue *Synchronize*.

En résumé...

Ce chapitre vous a montré comment démarrer un projet avec Eclipse et le partager entre plusieurs membres d'une équipe grâce à SourceForge.net. Après sa lecture, nous espérons que vous vous sentirez mieux préparé pour le jour où vous aussi, vous désirerez vous lancer dans un nouveau projet Open Source ou en intégrer un existant.

chapitre 3

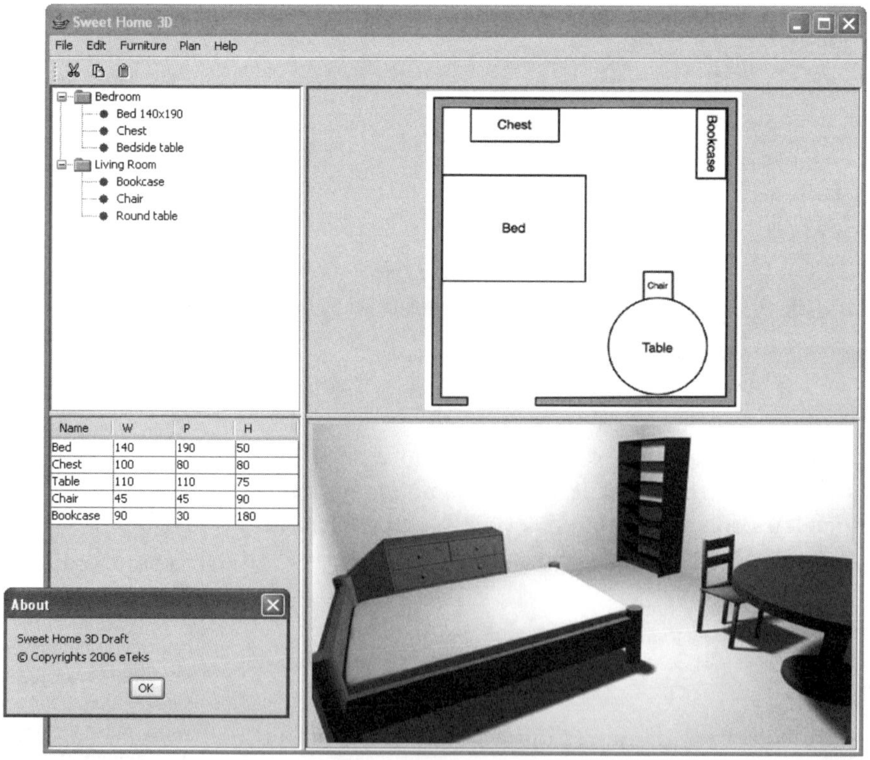

Sweet Home 3D
File Edit Furniture Plan Help
Bedroom
Bed 140x190
Chest
Bedside table
Living Room
Bookcase
Chair
Round table
Chest
Bookcase
Bed
Chair
Table
Name W P H
Bed 140 190 50
Chest 100 80 80
Table 110 110 75
Chair 45 45 90
Bookcase 90 30 180
About
Sweet Home 3D Draft
© Copyrights 2006 eTeks
OK

Choix techniques : Swing ou SWT ?

Deux technologies sont offertes actuellement pour réaliser une interface graphique en Java : d'un côté, le couple AWT/Swing inclus en standard dans Java, de l'autre, le couple SWT/JFace, l'outsider utilisé par l'interface utilisateur d'Eclipse. Sur la base d'une maquette du projet réalisée avec ces deux technologies, voyons comment l'équipe de développement va faire son choix.

SOMMAIRE

- Architectures d'AWT, Swing et SWT
- Composants, layouts et listeners
- Maquettes Swing et SWT
- Bibliothèque retenue

MOTS-CLÉS

- Client riche
- AWT
- Swing
- SWT
- JFace
- Visual Editor

Une interface utilisateur graphique pour quoi faire ?

Comme l'application Sweet Home 3D doit pouvoir fonctionner sur un poste isolé et nécessite beaucoup d'interactions entre l'utilisateur et sa machine pour dessiner le plan de son logement et y placer les meubles, il va de soi qu'elle doit être développée sous la forme d'une application avec une interface utilisateur graphique.

Néanmoins, dans les nombreuses applications qui nécessitent de partager des informations, il est nécessaire de mettre en place une architecture client / serveur et de choisir entre autres les technologies de l'interface utilisateur des postes clients. Depuis l'avènement d'Internet, deux solutions sont le plus souvent mises en œuvre :

- l'utilisation d'une application web avec un serveur web capable de générer des pages et des formulaires HTML visualisés par un navigateur web ;
- le recours à un autre type de serveur dont les données sont affichées et mises à jour grâce à une interface utilisateur riche, à base de composants graphiques plus élaborés, comme ceux proposés par les bibliothèques Swing en Java ou MFC en C++.

Client riche vs client web

B.A.-BA VS

VS est une abréviation du mot latin *versus*, signifiant « contre » ou « en face de ». Il présente généralement une opposition fonctionnelle (cru vs cuit, Linux vs Windows, KDE vs Gnome...). Ici par exemple, il sert à présenter le choix à faire entre un client riche et un client web.

Le recours à l'une ou l'autre de ces technologies n'est pas une décision triviale, plusieurs critères les différenciant :

- Ergonomie : les interfaces utilisateur graphiques ont été créées pour améliorer l'*expérience utilisateur* et sa productivité. Le couple HTML / JavaScript ne réussit pas à atteindre le niveau des interfaces graphiques, autant par la pauvreté de ses fonctionnalités que par le manque de contrôle d'un navigateur sur la mise en page de ses fenêtres et l'enchaînement des actions de l'utilisateur.
- Interaction : certains types d'interactions entre l'utilisateur et sa machine, comme par exemple le dessin à la souris d'un schéma, nécessitent des outils que ne peut pas fournir un serveur web.
- Délai de latence : l'utilisation judicieuse de composants tels que des arbres ou des tableaux dans une interface graphique permet de mettre à disposition de l'utilisateur de nombreuses informations sur son poste en réduisant les allers-retours client / serveur.
- Simplicité du développement : la simplicité de mise en forme des pages web et la disponibilité de nombreux outils facilitant leur rédaction leur assurent un prix de développement moins élevé, tout en per-

mettant à des non-programmeurs d'intervenir sur la conception et la mise à jour de ces pages.

- Déploiement : même si le déploiement sur les postes client d'une application graphique peut être simplifié grâce à des technologies comme les applets ou Java Web Start, une application web est plus simple à diffuser car elle ne nécessite aucune installation sur ces postes à part celle d'un navigateur.
- Portabilité : si l'application est prévue pour être utilisée sur les postes client dotés de différents systèmes d'exploitation, il faudra vérifier son bon fonctionnement avec chacun de ces systèmes, que ce soit avec une application web enrichie de JavaScript ou une application avec une interface graphique.
- Prix : le prix de développement d'une application varie en fonction des critères précédents, l'avantage allant probablement aux applications web pour un niveau de fonctionnalités donné. Mais le prix global d'une application doit aussi tenir compte du coût du déploiement, du prix de la maintenance et du prix d'utilisation pour les utilisateurs finaux. Si vous dépensez plus dans une interface utilisateur plus élaborée, il est fort probable que les utilisateurs seront plus productifs avec leur application...

REGARD DU DÉVELOPPEUR **Vers un renouveau des clients riches ?**

Depuis le début des années 2000, les applications web se sont largement développées, même si elles offrent moins de possibilités que les applications graphiques. Cependant les utilisateurs habitués aux autres applications riches disponibles sur leur poste (traitement de texte, tableur...) semblent de plus en plus enclins à demander aux programmeurs le même niveau de fonctionnalités pour les applications développées dans leur entreprise. Seront-ils prêts à y mettre le prix ? Est-ce que le balancier entre les applications web et les applications riches évoluera du coup à l'avantage de ces dernières ? Bien que cette tendance s'exprime un peu partout actuellement, personne ne peut prédire si elle va réellement se confirmer...

Architecture d'AWT, Swing et SWT

Les trois bibliothèques AWT, Swing et SWT sont fondées sur des concepts différents. AWT et SWT exploitent le plus souvent possible les fonctionnalités graphiques existantes du système d'exploitation, tandis que Swing y recourt le moins possible (voir figure 3-1).

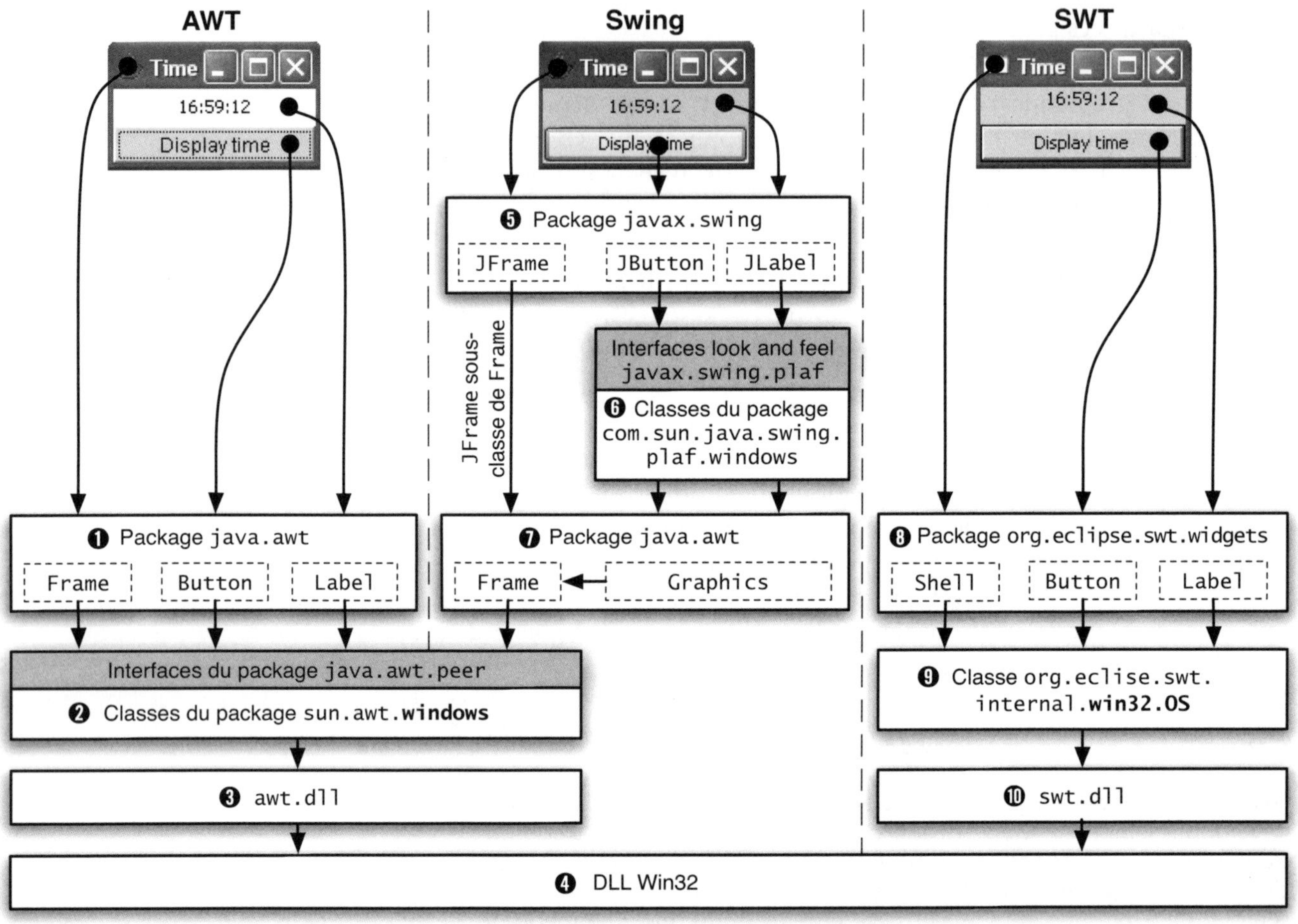

Figure 3–1 Architectures AWT/Swing/SWT sous Windows

> B.A.-BA
> **Composants et containers d'une IHM**
>
> Une IHM (*Interface Homme Machine*) graphique ou *GUI* (*Graphical User Interface*) est composée de composants, appelés aussi contrôles ou widgets, affichés dans une fenêtre ou un container.

Architecture d'AWT

AWT (*Abstract Window Toolkit*) est la première bibliothèque de composants graphiques créée pour Java. Disponibles dès Java 1.0 et enrichis par la suite, les composants AWT se fondent sur ceux qui existent dans le système d'exploitation sur lequel tourne la JVM (*Java Virtual Machine*), c'est-à-dire que chaque composant graphique du package `java.awt` ❶ (fenêtre, bouton...), visualisé à l'écran, est un composant existant réellement dans le système d'exploitation ❹. AWT expose les composants du système par l'intermédiaire de la librairie dynamique `awt` ❸ écrite en langage C, à laquelle font appel avec JNI des classes ❷ qui implémentent les interfaces spécifiées dans le package `java.awt.peer`. Ces classes ❷ et la librairie dynamique `awt` ❸ sont implémentées différemment d'un système à l'autre.

Le principal inconvénient d'AWT est de mettre à disposition du programmeur Java le plus petit dénominateur commun des fonctionnalités graphiques proposées sous Windows, Mac OS X et Motif (le système graphique de base d'Unix plutôt pauvre). De ce fait, la liste des composants et ses méthodes ne permet pas de couvrir la richesse des fonctionnalités proposées par les systèmes graphiques plus évolués et requises pour notre étude de cas.

B.A.-BA JNI

JNI (*Java Native Interface*) permet de faire appel en Java à des bibliothèques dynamiques (DLL ou *Dynamic Link Library*) écrites en C ou en C++, pour réutiliser par exemple des fonctionnalités existantes du système d'exploitation. Pour implémenter une méthode Java en C/C++ avec JNI, il faut pour résumer :

1. précéder cette méthode du modificateur `native` ;
2. faire appel à l'utilitaire du JDK `javah` pour générer le fichier header C/C++ correspondant à la méthode native ;
3. implémenter en C/C++ la fonction qui est déclarée dans le fichier header généré et qui correspond à la méthode `native` ;
4. générer une DLL à partir du fichier C/C++ ;
5. charger en Java la DLL grâce à la méthode `loadLibrary` de la classe `java.lang.System`.

▸ http://www.jmdoudoux.fr/java/dej/chap030.htm

Architecture de Swing

Pour ajouter des fonctionnalités supplémentaires au package `java.awt`, comme des composants représentant des tableaux ou des arbres, Sun Microsystems avait le choix entre deux solutions :

- soit implémenter ces fonctionnalités dans la bibliothèque dynamique `awt` en faisant directement appel à celles du système qui existaient, ou en écrivant en C ou en C++ les fonctionnalités qui manquaient ;
- soit écrire ces fonctionnalités en Java en faisant appel aux méthodes de dessin existantes d'AWT, par exemple en créant des sous-classes de `java.awt.Canvas`.

SWING Architecture de Swing

Dessiner tous les composants et reproduire leur comportement pour chaque *look and feel* permet aux concepteurs de Swing de contrôler complètement chacun des composants et aux autres développeurs de personnaliser éventuellement ces composants par dérivation. Mais cette architecture comporte aussi quelques inconvénients :

- Développer toutes les classes d'un *look and feel* nécessite beaucoup d'efforts, et ne profite pas des fonctionnalités optimisées équivalentes dans le système.
- Il faut développer un nouveau *look and feel* ou en adapter un existant, quand celui du système évolue, comme au moment où Windows XP est apparu avec des composants dont l'esthétique a été modifiée.
- L'ensemble des classes gérant un *look and feel* particulier représente beaucoup d'informations qui doivent être chargées par la JVM au lancement du programme et qui occupent ensuite une grande quantité de mémoire. Le partage de classe (*Class Data Sharing*) a été justement introduit dans Java 5 pour réduire le temps de lancement d'un programme Java et la quantité de mémoire nécessaire au fonctionnement simultané de plusieurs programmes Java.

Finalement, est-ce que la possibilité dans Swing de changer de *look and feel* est vraiment utile pour les utilisateurs ? Pas si sûr ! En privilégiant la réutilisation des composants du système, les concepteurs de SWT ont en tout cas fait le choix de ne pas offrir cette fonctionnalité dans leur bibliothèque...

B.A.-BA Pluggable Look and Feel

Comme chaque composant Swing est dessiné et contrôlé par des classes écrites entièrement en Java, l'architecture de Swing permet de créer différents look and feel et même d'en changer au cours de l'exécution d'un programme Java, d'où la notion de Pluggable Look and Feel (PLAF), le plus connu étant le Java look and feel (appelé aussi Metal puis Ocean depuis Java 5), actif par défaut sous Windows. Le site suivant propose une liste de look and feel Swing :

▸ http://www.javootoo.com/

Dans le cadre du projet JFC (*Java Foundation Classes*), Sun Microsystems a préféré s'engager sur la seconde voie, mais plutôt que d'enrichir le package `java.awt`, les concepteurs de la bibliothèque Swing ont choisi de recréer toutes les classes de composants graphiques dans le package `javax.swing` ❺ en réutilisant AWT, pour permettre notamment une interopérabilité entre ces deux bibliothèques. Les composants Swing d'une fenêtre sont de ce fait entièrement dessinés à l'intérieur d'une fenêtre vide ❼ à l'aide des fonctionnalités graphiques offertes par AWT. L'implémentation du dessin et de la gestion événementielle des composants Swing est déléguée à des classes ❻ qui implémentent les interfaces spécifiées dans le package `javax.swing.plaf`, et un package de classes a été écrit pour chaque système d'exploitation afin d'imiter l'apparence et le comportement (*look and feel*) des composants d'un système.

SWING Interface graphique des IDE

D'autres éditeurs d'IDE, comme Borland avec JBuilder, JetBrains avec IntelliJ IDEA, Sun Microsystems avec NetBeans... ont préféré utiliser Swing pour développer l'interface graphique de leur produit, et ont réussi à obtenir des performances tout à fait raisonnables à l'époque des premières versions d'Eclipse. Par ailleurs, ce choix leur a fait profiter avec le temps des améliorations et des corrections apportées à Swing au cours des versions successives de Java.

Architecture de SWT

Au début des années 2000, les créateurs d'Eclipse n'étaient pas satisfaits par les performances des composants Swing et par leur intégration dans le système d'exploitation (gestion du glisser-déposer insatisfaisante, non respect du thème en cours d'utilisation...). En réponse à ces problèmes, ils ont choisi pour Eclipse de créer SWT, une bibliothèque de composants complètement nouvelle qui fait appel le plus souvent possible aux fonctionnalités existantes du système et qui est enrichie de fonctionnalités supplémentaires si nécessaire. Suivant le système d'exploitation, les composants graphiques du package `org.eclipse.swt.widgets` ❽ affichés dans une application SWT peuvent donc soit effectivement exister ❹, soit provenir d'une implémentation faite en Java ❽ ou en C/C++ dans la bibliothèque `swt` ❿.

SWT Architecture de SWT

Contrairement à AWT et Swing qui exposent les fonctionnalités de chaque composant grâce à des classes et des interfaces indépendantes du système d'exploitation, chaque méthode des classes `Shell`, `Button`... du package `org.eclipse.swt.widgets` ❽ est réécrite pour chaque système d'exploitation en faisant appel à des méthodes natives de classes propres à ce système ❾. Chaque version de ces classes (Windows, Linux...) ne peut donc être exécutée que sur le système pour lequel elle a été conçue, même si elle expose les mêmes méthodes pour assurer la portabilité d'une application SWT. Cette solution est optimale car elle réduit le nombre d'indirections à l'appel d'une méthode des classes SWT. Cependant, outre les problèmes de gestion dans le projet SWT des fichiers de classes homonymes (avec le même nom et le même package), ce choix d'architecture est peu pratique pour la distribution multi-plates-formes d'une application SWT : comme le *classpath* ne permet pas de gérer les classes homonymes, une distribution différente de l'application doit être proposée pour chaque système d'exploitation avec la version des classes SWT dédiée à ce système. Néanmoins, dans le monde de l'entreprise où beaucoup d'applications sont déployées sur un seul type de système, ces questions de portabilité n'ont souvent aucun intérêt.

La base d'une interface graphique : composants, layouts et listeners

Bien que fondées sur des classes différentes, les bibliothèques AWT, Swing et SWT proposent les mêmes concepts nécessaires à la mise en œuvre d'une interface graphique :

- des composants AWT ou Swing et leurs équivalents SWT, les *widgets* et les *contrôles*, qui permettent à l'utilisateur de visualiser et/ou de saisir des informations ;
- des containers AWT ou Swing et leurs équivalents SWT, les *composites*, qui contiennent les composants affichés ; ces containers sont soit des fenêtres ou des boîtes de dialogue, soit des containers intermédiaires comme des panneaux à onglets ;
- des gestionnaires de mise en page, ou *layouts*, qui déterminent la position logique des composants dans un container ;
- un système de gestion des événements pour associer des traitements aux actions de l'utilisateur sur les composants et les containers.

Exemple comparatif Swing/SWT : quelle heure est-il ?

Pour vous permettre de constater les similarités d'utilisation des bibliothèques Swing et SWT, voici présentées, côte à côte, deux applications qui permettent toutes deux d'afficher l'heure courante dans un label, à chaque clic sur un bouton (voir figure 3-1). Les différences majeures y sont imprimées en gras.

REGARD DU DÉVELOPPEUR **Quelle heure est-il avec AWT ?**

La bibliothèque AWT n'offrant pas assez de fonctionnalités pour programmer l'étude de cas, nous ne mentionnerons cette bibliothèque dans la suite de l'ouvrage qu'en cas de nécessité (par exemple, pour expliquer certains des concepts de la bibliothèque Swing qui est basée sur AWT). Vous pourrez néanmoins constater les différences mineures entre l'application `SwingTime` et l'application `AwtTime` équivalente en AWT, en consultant sa classe dans les sources du livre.

Classe com.eteks.sweethome3d.test.SwingTime

```
package com.eteks.sweethome3d.test;
import java.util.Date;
import java.awt.*; ❶
import java.awt.event.*;
import javax.swing.*;


public class SwingTime {
  public static void main(String [] args) {
    try {
      UIManager.setLookAndFeel(UIManager.
          getSystemLookAndFeelClassName()); ❸
    } catch (Exception e) {
    }
    JFrame frame = new JFrame("Time"); ❺

    frame.setLayout(new GridLayout(2, 1)); ❼

    final JLabel timeLabel =
        new JLabel("", JLabel.CENTER); ❾
    frame.add(timeLabel); ⓫
    JButton timeButton =
        new JButton("Display time"); ⓬
    frame.add(timeButton);

    timeButton.addActionListener( ⓮
      new ActionListener() {
        public void actionPerformed
                        (ActionEvent ev) {
          timeLabel.setText(String.format(
              "%tT", new Date()));
        }
      });
    frame.pack();
    frame.setVisible(true); ⓰
    frame.setDefaultCloseOperation(
        JFrame.EXIT_ON_CLOSE); ⓲
  }
}
```

Classe com.eteks.sweethome3d.test.SwtTime

```
package com.eteks.sweethome3d.test;
import java.util.Date;
import org.eclipse.swt.SWT; ❷
import org.eclipse.swt.events.*;
import org.eclipse.swt.layout.*;
import org.eclipse.swt.widgets.*;

public class SwtTime {
  public static void main(String [] args) {
    Display display = new Display(); ❹

    Shell shell = new Shell(display); ❻
    shell.setText("Time");
    shell.setLayout(new FillLayout(SWT.VERTICAL)); ❽

    final Label timeLabel =
        new Label(shell, SWT.CENTER); ❿

    Button timeButton =
        new Button(shell, SWT.PUSH); ⓭
    timeButton.setText("Display time");

    timeButton.addSelectionListener( ⓯
      new SelectionAdapter() {
        public void widgetSelected
                       (SelectionEvent ev) {
          timeLabel.setText(String.format(
              "%tT", new Date()));
        }
      });
    shell.pack();
    shell.open(); ⓱
    while (!shell.isDisposed()) { ⓳
      if (display.readAndDispatch()) {
        display.sleep();
      }
    }
    display.dispose(); ⓴
  }
}
```

Ces applications créent toutes deux une fenêtre ❺❻ à laquelle sont associés un layout ❼❽ qui dispose le label ❾❿ et le bouton ⓫⓬ ajoutés à la fenêtre. Un listener, dont l'implémentation provoque la mise à jour du label avec l'heure courante, est ensuite ajouté au bouton ⓭⓮. Finalement, la fenêtre est affichée ⓯⓰, prête à être utilisée par l'utilisateur.

JAVA 5 Méthodes setLayout et add

Java 5 ne nécessite plus de faire appel explicitement au `contentPane` d'une instance de `javax.swing.JFrame`, pour en modifier son layout ❼ ou y ajouter des composants ⓫.

ASTUCE Implémenter un listener dans Eclipse

Apprenez à implémenter rapidement un listener dans Eclipse grâce à la complétion automatique. Voici par exemple, en quelques touches du clavier, comment programmer la structure du listener du bouton `timeButton` :

1. tapez `ti` puis *Ctrl+Espace* pour compléter `timeButton` ;
2. tapez `.adda` puis *Entrée* pour choisir dans la liste proposée l'appel à la méthode `addActionListener()` ;
3. tapez `new A` puis *Ctrl+Espace* pour compléter `ActionListener` ;
4. tapez `() {}`, ajoutez un point virgule à la fin de la ligne et repositionnez le curseur entre les accolades ;
5. activez le menu *Edit>Quick Fix* avec le raccourci clavier *Ctrl+1* (ou *Cmd+1* sous Mac OS X) et sélectionnez l'option *Add unimplemented method*. La méthode `actionPerformed` est ajoutée.

Remarquez au passage que les classes `ActionListener` et `ActionEvent` ont été importées automatiquement. Pour simplifier encore plus cette procédure qui demande d'enfoncer quand même une trentaine de touches du clavier, vous pouvez aussi ajouter un modèle de code Java dans la section *Java>Editor>Templates* des préférences d'Eclipse.

JAVA 5 Méthode format de la classe String

N'hésitez pas à recourir aux nouvelles méthodes de formatage ajoutées à Java 5. D'une utilisation plus simple que les sous-classes de `java.text.Format`, elles s'inspirent de la fonction `printf` du langage C et recourent aux listes d'arguments variables, autre nouvelle fonctionnalité de Java 5. La syntaxe de la chaîne de formatage, utilisée ici pour obtenir la représentation textuelle de l'heure courante grâce à l'appel de la méthode `format` de la classe `java.lang.String`, est décrite dans la documentation de la classe `java.util.Formatter`.

▸ http://java.sun.com/j2se/1.5/docs/api/java/util/Formatter.html

JAVA Classes anonymes

Une classe anonyme ⓮⓯ est un moyen pratique pour redéfinir les méthodes d'une super-classe ou d'une interface, dans une classe qui n'est instanciée qu'à un seul endroit du programme. Ce type de classe, définie au sein d'une méthode, permet de faire appel aux champs, aux méthodes de la classe englobante et aux variables locales `final` de la méthode où elle est définie.

Différences entre Swing et SWT

D'après les exemples précédents, voici les principales différences d'utilisation des bibliothèques Swing et SWT :

- Dès les clauses `import`, il ressort que Swing est basé sur AWT ❶ tandis que SWT ❷ est une bibliothèque complètement indépendante d'AWT et Swing.
- Comme le *look and feel* actif par défaut dans Swing n'est pas celui du système (sauf sous Mac OS X), il faut faire appel aux méthodes de la classe `UIManager` pour l'activer ❸.
- Dans SWT, il faut obtenir une instance de la classe `Display` ❹ pour pouvoir créer des fenêtres ❻ et lancer une boucle d'événements ⓳.
- La classe de fenêtre Swing `JFrame` ❺ s'appelle `Shell` ❻ dans SWT ; par contre la plupart des autres classes portent le même nom ❾❿.
- L'ajout d'un composant à son container s'effectue explicitement avec Swing ⓫ tandis qu'avec SWT ce lien de parenté est programmé dès la création d'un composant ❿.
- Swing propose des constructeurs qui permettent d'initialiser les propriétés les plus communément utilisées d'un composant, comme le titre d'une fenêtre ❺, le texte d'un label ❾ ou d'un bouton ⓬. Les constructeurs des composants SWT sont quant à eux, presque toujours les mêmes avec le container parent du nouveau composant en premier paramètre et le *style* du composant en second paramètre ❻❿⓭ ; les propriétés indispensables au composant doivent du coup être initialisées dans un deuxième temps.

- La programmation du traitement d'un clic sur un bouton s'effectue grâce à l'implémentation de l'interface `ActionListener` ⑬ sous Swing et de l'interface `SelectionListener` ⑭ sous SWT. Comme l'interface `SelectionListener` déclare deux méthodes, l'application `SwtTime` a recours à une sous-classe anonyme de la classe `SelectionAdapter` et ne redéfinit que la méthode `widgetSelected` appelée quand l'utilisateur clique sur le bouton.
- Par défaut, dans Swing, une fenêtre n'est pas fermée quand l'utilisateur clique sur son bouton de fermeture ; le moyen le plus simple de changer ce comportement, consiste à faire appel à la méthode `setDefaultCloseOperation` ⑱.
- Une fois les fenêtres affichées à l'écran, une boucle d'événements est lancée sous SWT en recourant aux méthodes `readAndDispatch` et `sleep` appelées sur une instance de la classe `Display`. Cette boucle, active ici ⑲ tant que la fenêtre n'est pas fermée par l'utilisateur, récupère une à une les interactions que l'utilisateur effectue avec la souris ou le clavier sur les composants à l'écran, puis les transmet (*dispatch*) aux composants concernés sous forme d'événements. Sous Swing, cette boucle est lancée automatiquement dans un thread dénommé le *dispatch thread*.
- Les ressources du système, associées aux composants graphiques, aux objets de couleur, aux objets de police de caractères... **doivent** être explicitement libérées sous SWT grâce à leur méthode `dispose` ⑳. Sous Swing, cette opération est effectuée automatiquement quand le ramasse-miettes libère les objets liés à des ressources graphiques du système.

JAVA Différences AWT/Swing

Transformer un programme basé sur AWT en un programme basé sur Swing est généralement simple : il suffit d'ajouter les clauses `import javax.swing.*;` et de préfixer les classes de composants par la lettre `J`. La classe `SwingTime` applique en plus le *look and feel* du système ③ et fait appel à la méthode `setDefaultCloseOperation` ⑱, plus simple à programmer qu'un `WindowListener` dont la méthode `windowClosing` quitte la JVM. Notez l'utilisation de la lettre `x` à la fin de `javax` dans le package `javax.swing`; ce suffixe exprime qu'un package est une extension de la bibliothèque standard, comme c'était le cas pour Swing dont les premières versions étaient compatibles avec Java 1.1. Swing a été définitivement intégrée à la bibliothèque standard à partir de Java 1.2.

SWT Styles des composants

Le style d'un composant permet de différencier le type d'un composant d'un autre pour les composants regroupés sous une même classe. Par exemple, un bouton ⑬ est une instance de la classe `Button` de style `PUSH`, et une boîte à cocher est une instance de la même classe `Button` mais de style `CHECK`. Le style d'un composant est une constante (ou une combinaison de constantes) de la classe `org.eclipse.swt.SWT` passée en paramètre au constructeur d'une classe de composant. Ce paramètre sert aussi à spécifier des propriétés propres à chaque type de composant graphique (alignement ⑩, boutons actifs de la barre de titre d'une fenêtre...). Les styles applicables à chaque classe de composant sont indiqués dans leur javadoc.

JAVA Classes Adapter

Pour la plupart des interfaces `Listener` qui spécifient plus d'une méthode, Swing comme SWT proposent une classe `Adapter` qui implémente à vide toutes les méthodes de l'interface de même préfixe. Ces classes simplifient le développement des classes de listener qui n'ont pas besoin d'implémenter toutes les méthodes d'une interface. Par exemple, l'implémentation du listener de type `SelectionListener` ⑮ dans la classe `SwtTime` est une sous-classe de `SelectionAdpater`, qui ne redéfinit que la méthode `widgetSelected` dont nous avons besoin pour réagir au clic sur le bouton `timeButton`.

REGARD DU DÉVELOPPEUR Swing vs SWT, vers une nouvelle guerre de religion ?

Au fur et à mesure que grandit la part de marché d'Eclipse, la principale application basée sur SWT, la concurrence entre Swing et SWT a tendance à tourner à la guerre de religion, comme en témoignent les nombreux articles sur le Web comparant ces deux bibliothèques. Pour vous fabriquer votre propre opinion, n'hésitez pas à en lire plusieurs, car ils sont souvent très partisans.

Hiérarchie des classes de composants Swing et SWT

Les bibliothèques Swing et SWT organisent les classes de composants graphiques avec des hiérarchies similaires mais différentes, comme le montre la figure 3-2 où sont représentées quelques unes des classes les plus utilisées de ces deux bibliothèques.

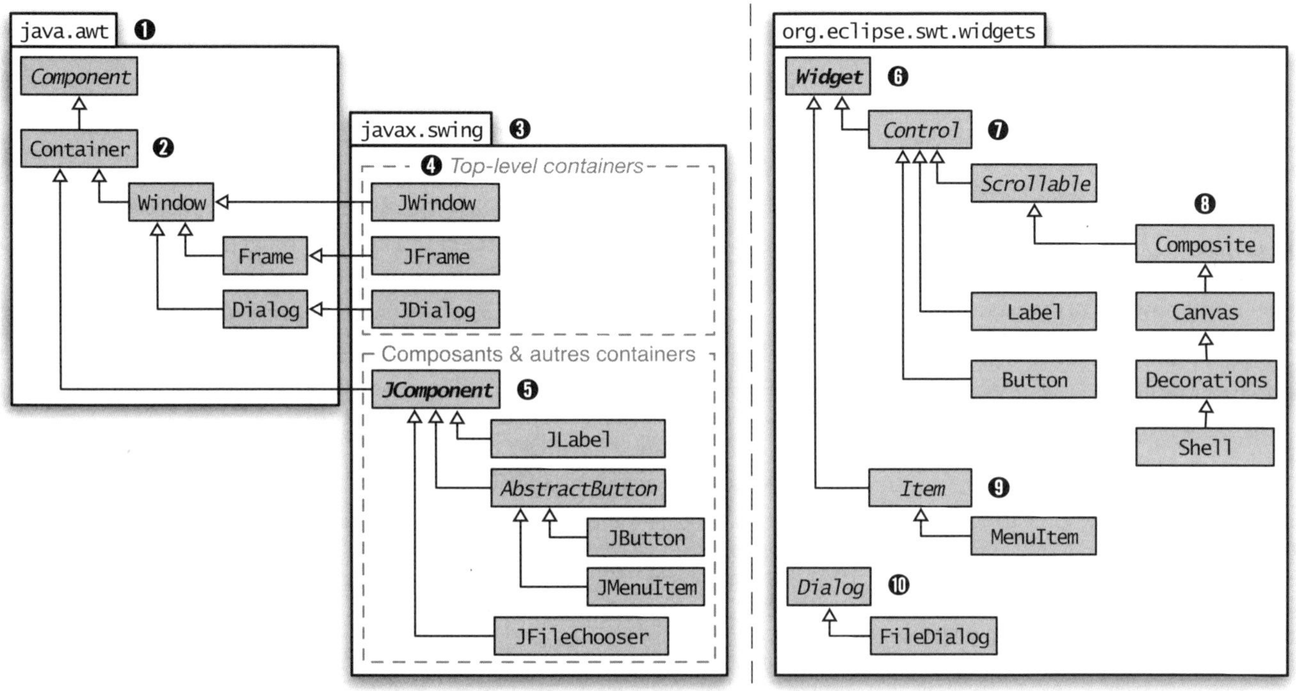

Figure 3–2 Hiérarchie des classes Swing et SWT

Cette figure montre notamment que toutes les classes Swing ❸ héritent des classes AWT ❶. Swing distingue parmi ces classes deux types principaux de composants et de containers :

- les containers de premier niveau (*top-level containers*) de classe `JWindow`, `JFrame` et `JDialog` ❹ qui représentent une fenêtre ou une boîte de dialogue intégrées au système et qui héritent de leur classe AWT respective (la classe `JApplet` non représentée ici est aussi un container de premier niveau) ;
- les classes des composants et des autres types de containers qui héritent toutes de la classe `javax.swing.JComponent` ❺, sous-classe de `java.awt.Container` ❷.

Côté SWT, toutes les classes de composants et de containers héritent de la classe `org.eclipse.swt.widget.Widget` ❻, sauf les classes de boîtes de

JAVA **Application graphique AWT et Swing**

Bien que cela n'arrive pas souvent, l'organisation hiérarchique des classes AWT et Swing permet d'afficher dans une même application des composants de ces deux bibliothèques, en respectant certaines conditions notamment pour les menus. Nous reviendrons sur ce point au moment d'intégrer dans l'étude de cas le composant Java 3D, basé sur la classe AWT `Canvas`.

dialogue standards, comme celles de choix de fichier, qui sont des sous-classes de `Dialog` ⑩. Parmi les sous-classes de `Widget`, SWT distingue :

- les containers, sous-classes de `Composite` ❽, que ce soit des fenêtres ou des containers intermédiaires ;
- les composants, sous-classes de `Control` ❼, qui sont affichés dans un container ;
- les éléments graphiques intégrés à d'autres, comme les éléments de menus, les onglets..., qui sont des sous-classes d'`Item` ❾.

B.A.-BA Boîte de dialogue modale

Il existe deux types de boîtes de dialogue : les modales et les non modales. Contrairement aux boîtes de dialogue non modales qui sont comparables à des fenêtres, une boîte de dialogue modale bloque toute saisie dans la fenêtre parente à partir de laquelle elle a été lancée, comme c'est par exemple le cas pour un dialogue de choix de fichier. Sous Swing comme sous SWT, le choix de rendre une boîte de dialogue modale ou non s'effectue à l'instanciation de leur classe respective : pour la classe `JDialog` en spécifiant la valeur `true` pour le paramètre `modal`, et pour la classe `Shell` en spécifiant par exemple la constante de style `APPLICATION_MODAL`.

Composants AWT, Swing et SWT

Le tableau 3-1 présente les différentes classes de composants et de containers AWT, Swing et SWT. Même si cette liste ne compare pas toutes les fonctionnalités des classes dans le détail, elle permet de constater que les bibliothèques Swing et SWT proposent des composants similaires, mise à part l'absence de support des applications MDI et des applets dans SWT. Vous remarquerez au passage que certaines des classes SWT comme les classes `Shell` ou `Button`, sont utilisées pour des catégories de composants similaires, mais de styles différents.

B.A.-BA Application MDI

Une application MDI (*Multiple Document Interface*) affiche dans la fenêtre principale d'une l'application un ensemble de sous-fenêtres qui ne peuvent jamais déborder des limites de cette fenêtre. SWT 3.1 ne propose pas de composants pour créer une application MDI ; si vous suivez les recommandations émises par Microsoft et Apple de ne pas recourir à cette solution, vous ne vous en trouverez pas gêné...

SWT Package des composants SWT

Contrairement au package `javax.swing` qui contient toutes les classes de composants Swing, les classes de composants SWT sont réparties principalement sur les deux packages `org.eclipse.swt.widgets` et `org.eclipse.swt.custom`.
Ce dernier contient notamment les classes `SashForm` ❶, `ScrolledComposite` ❷ et `StyledText` ❹. La classe `Browser` ❸ appartient quant à elle au package `org.eclipse.swt.browser`.

Astuce API Java et SWT

Il est parfois pratique d'accéder directement aux API des classes du JDK et de SWT dans un navigateur web, même si elles sont visibles via l'aide d'Eclipse. Ajoutez donc dans vos signets/favoris les deux URL suivantes :

- http://java.sun.com/j2se/1.5/docs/api/
- http://help.eclipse.org/help31/nftopic/org.eclipse.platform.doc.isv/reference/api/index.html

Tableau 3–1 Composants AWT, Swing et SWT

Catégorie	Description	AWT	Swing	SWT
Généralité	Package principal	`java.awt`	`javax.swing`	`org.eclipse.swt.widgets`
	Classe de base des composants	`Component`	`JComponent`	`Control`
	Classe de base des containers	`Container`	`JComponent` (containers intermédiaires)	`Composite`
	Classe de base des composants personnalisés	`Canvas`	`JComponent`	`Canvas`
	Toolkit	`java.awt.Toolkit` (instancié automatiquement)		`Display` (instancié par le programmeur)

Tableau 3–1 Composants AWT, Swing et SWT (suite)

Catégorie	Description	AWT	Swing	SWT
Containers fenêtres	Fenêtre	`Frame`	`JFrame` et `JRootPane`	`Shell` de style `SHELL_TRIM`
	Boîte de dialogue	`Dialog`	`JDialog` et `JRootPane`	`Shell` de style `DIALOG_TRIM`
	Fenêtre sans décoration	`Window`	`JWindow` et `JRootPane`	`Shell` de style `NO_TRIM`
	Applet d'un navigateur	`Applet`	`JApplet` et `JRootPane`	
	Fenêtres internes d'une application MDI		`JInternalFrame` et `JRootPane`	
Containers intermédiaires	Panneau d'une application MDI		`JDesktopPane` et `JLayeredPane`	
	Panneau	`Panel`	`JPanel`	`Composite` de style `NONE`
	Panneau à onglets		`JTabbedPane`	`TabFolder` et `TabItem`
	Panneau partagé		`JSplitPane`	`SashForm` ❶
	Panneau à ascenseurs	`ScrollPane`	`JScrollPane` et `JViewport`	`ScrolledComposite` ❷
Boîtes de dialogue standards	Dialogue de choix de fichier	`FileDialog`	`JFileChooser`	`FileDialog` ou `DirectoryDialog`
	Dialogue de choix de couleur		`JColorChooser`	`ColorDialog`
	Dialogue de choix de police			`FontDialog`
	Dialogue de message		`JOptionPane`	`MessageBox`
Composants de présentation	Label	`Label`	`JLabel`	`Label`
	Infobulle		`JToolTip`	`setToolTipText` dans la classe `Control`
	Séparateur		`JSeparator`	`Label` de style `SEPARATOR`
	Barre de progression		`JProgressBar`	`ProgressBar`
Composants de saisie	Champ de saisie simple	`TextField`	`JTextField`	`Text` de style `SINGLE`
	Champ de saisie pour mots de passe	`TextField` et `setEchoCharacter`	`JPasswordField`	`Text` de style `SINGLE` et `setEchoChar`
	Champ de saisie multiligne	`TextArea`	`JTextArea`	`Text` de style `MULTI`
	Champ de saisie formaté			`JFormattedTextField`
	Texte HTML		`JEditorPane`	`Browser` ❸
	Texte avec feuille de styles		`JTextPane`	`StyledText` ❹
Composants de choix	Bouton	`Button`	`JButton`	`Button` de style `PUSH`
	Bouton à bascule		`JToggleButton`	`Button` de style `TOGGLE`
	Boîte à cocher	`CheckBox`	`JCheckBox`	`Button` de style `CHECK`
	Bouton radio	`CheckBox` et `CheckBoxGroup`	`JRadioButton` et `ButtonGroup`	`Button` de style `RADIO`
	Liste déroulante	`Choice`	`JComboBox`	`Combo`

Tableau 3–1 Composants AWT, Swing et SWT (suite)

Catégorie	Description	AWT	Swing	SWT
Composants de choix	Liste	`List`	`JList`	`List` de style `SINGLE` ou `MULTI`
	Toupie -/+		`JSpinner`	`Spinner`
	Ascenseur	`Scrollbar`	`JScrollBar`	`Slider`
	Glissière		`JSlider`	`Scale`
Arbre et tableau	Arbre hiérarchique		`JTree`	`Tree` et `TreeItem`
	Tableau		`JTable`	`Table` et `TableItem`
Composants de menu	Barre de menu	`MenuBar`	`JMenuBar`	`Menu` de style `BAR`
	Menu contextuel	`PopupMenu`	`JPopupMenu`	`Menu` de style `POP_UP`
	Menu	`Menu`	`JMenu`	`MenuItem` de style `CASCADE` et `Menu` de style `DROP_DOWN`
	Élément de menu	`MenuItem`	`JMenuItem`	`MenuItem` de style `PUSH`
	Élément de menu coché	`CheckboxMenuItem`	`JCheckBoxMenuItem`	`MenuItem` de style `CHECK`
	Élément de menu radio		`JRadioButtonMenuItem` et `ButtonGroup`	`MenuItem` de style `RADIO`

JFace, le complément indispensable de SWT

Swing est dans le détail une bibliothèque plus riche que SWT, notamment grâce à son architecture MVC, très utile pour gérer les données affichées dans des composants riches comme les listes, les arbres et les tableaux. Mais s'en tenir à la comparaison précédente serait injuste envers SWT, qui peut être enrichie de la bibliothèque JFace fournie avec Eclipse. Basée sur SWT, JFace offre de nombreux packages de classes supplémentaires, parmi lesquels :

- le package `org.eclipse.jface.viewers` qui permet d'offrir une architecture MVC aux composants SWT, grâce notamment aux classes `TreeViewer` pour les arbres et `TableViewer` pour les tableaux ;
- le package `org.eclipse.jface.window` qui simplifie la création des fenêtres d'une application, grâce notamment à la classe `ApplicationWindow`, mise en œuvre ci-dessous ;
- les packages `org.eclipse.jface.dialogs`, `org.eclipse.jface.wizard` et `org.eclipse.jface.preference` qui facilitent la gestion des boîtes de dialogues standards, de *wizard* et de préférences ;
- le package `org.eclipse.jface.text` et ses sous-packages qui gèrent les documents de type texte ;
- le package `org.eclipse.jface.resource` qui facilite la gestion des ressources graphiques SWT (souvenez-vous que les objets représentant une couleur, une police de caractères ou une image doivent être libérés sous SWT).

À RETENIR

Modèle des composants Swing et JFace

L'architecture MVC des composants Swing et JFace permet aux développeurs de mémoriser les données affichées par les composants dans des classes *modèle* organisées à leur guise. Un composant graphique obtient les données à afficher par le biais de méthodes spécifiées dans une interface que doit implémenter la classe *modèle*. Par exemple, le composant `JList` affiche les valeurs issues d'une classe *modèle* qui implémente l'interface `ListModel`, tandis que la classe `ListViewer` affiche celles d'une classe qui implémente l'interface `IStructuredContentProvider`.

REGARD DU DÉVELOPPEUR AWT/Swing vs SWT/JFace

Si JFace et Swing sont indispensables pour réaliser des interfaces graphiques professionnelles, ne peut-on pas dire alors que le couple AWT/Swing est l'équivalent du couple SWT/JFace ? Même si JFace est de prime abord plus simple à mettre en œuvre que Swing, les composants Swing sont, grâce à leur architecture, incontestablement plus personnalisables que leurs équivalents JFace. En effet, comme toute classe de composant JFace délègue son affichage au composant SWT qu'il enrichit, il est intrinsèquement plus difficile de la personnaliser. D'ailleurs, comme pour leur pair SWT, il est déconseillé de dériver d'une classe de composant JFace. Ces choix, motivés par des raisons de performance, tiendront-ils au fur et à mesure que de nouveaux besoins apparaîtront au cours du développement d'applications SWT / JFace ? Ne serait-ce que pour assurer correctement la portabilité de ces bibliothèques, cela n'est pas si sûr...

Quelle heure est-il avec JFace ?

L'application suivante est une adaptation avec la bibliothèque JFace de l'application `com.eteks.sweethome3d.test.SwtTime` décrite dans la section « Exemple comparatif Swing/SWT : quelle heure est-il ? » de ce même chapitre. Elle met en œuvre la classe `org.eclipse.jface.window.ApplicationWindow` qui simplifie la création des fenêtres d'une application et évite la programmation d'une boucle d'événements. Cette classe propose un modèle de programmation qui impose les conditions suivantes :

- La classe d'une instance de fenêtre d'application ❹ doit dériver de la classe `ApplicationWindow` ❶.
- Cette classe doit redéfinir les méthodes `protected` ❷❸ de la classe `ApplicationWindow` qui l'intéressent pour configurer les objets SWT créés par JFace.
- Il faut requérir le lancement d'une boucle d'événements SWT ❺ avant l'ouverture de la fenêtre de l'application ❻.

POUR ALLER PLUS LOIN Configuration d'une fenêtre d'application

La classe `ApplicationWindow` propose de nombreuses méthodes qu'un développeur redéfinit pour créer les composants, les menus, la barre d'outils, la ligne d'état... d'une fenêtre suivant ses besoins.

Classe com.eteks.sweethome3d.test.JFaceTime

```
package com.eteks.sweethome3d.test;

import java.util.Date;

import org.eclipse.jface.window.ApplicationWindow;
import org.eclipse.swt.SWT;
import org.eclipse.swt.events.*;
import org.eclipse.swt.layout.*;
import org.eclipse.swt.widgets.*;

public class JFaceTime extends ApplicationWindow { ❶
```

◂ Importation des packages de JFace et SWT.

◂ Sous-classe de `ApplicationWindow`.

Constructeur qui spécifie le parent de cette fenêtre. Ce constructeur est obligatoire car la classe `ApplicationWindow` n'a pas de constructeur sans paramètre.

Configure la fenêtre SWT créée par la classe `ApplicationWindow`.

Crée le label et le bouton visualisés dans la fenêtre.

```
  public JFaceTime(Shell parentShell) {
    super(parentShell);
  }

  protected void configureShell(Shell shell) { ❷
    shell.setText("Time");
    shell.setLayout(new FillLayout(SWT.VERTICAL));
  }

  protected Control createContents(Composite parent) { ❸
    final Label timeLabel = new Label(parent, SWT.CENTER);
    Button timeButton = new Button(parent, SWT.PUSH);
    timeButton.setText("Display time");
    timeButton.addSelectionListener(new SelectionAdapter() {
      public void widgetSelected(SelectionEvent ev) {
        timeLabel.setText(String.format("%tT", new Date()));
      }
    });
    return parent;
  }

  public static void main(String [] args) {
```

Création d'une fenêtre de l'application sans parent.

Lance la boucle d'événements à l'ouverture de la fenêtre.

Calcule les dimensions préférées de la fenêtre, l'affiche à l'écran et lance la boucle d'événements.

Libération des ressources associées à l'objet `Display` courant.

```
    JFaceTime window = new JFaceTime(null); ❹

    window.setBlockOnOpen(true); ❺

    window.open(); ❻

    Display.getCurrent().dispose();
  }
}
```

Layouts

Que ce soit avec Swing ou avec SWT, la disposition des composants dans une fenêtre ou dans un container s'effectue généralement à l'aide d'un gestionnaire de *layout*. Un layout calcule les coordonnées et les dimensions en pixels de chacun des composants d'un container à partir de critères qui définissent leur position logique (en haut, en bas, à la suite les uns des autres...), plutôt que leur position exacte à l'écran. Les layouts AWT/Swing implémentent l'interface `java.awt.LayoutManager` tandis que les layouts SWT sont des sous-classes de `org.eclipse.swt.widgets.Layout`.

B.A.-BA Taille préférée d'un composant

Avec la notion de layout, vient celle de taille préférée des composants. La taille préférée d'un composant, renvoyée par sa méthode `getPreferredSize` sous AWT/Swing et `computeSize` sous SWT, renvoie les dimensions optimales d'un composant, en fonction de sa police de caractères, du look and feel... D'autres paramètres peuvent rentrer en jeu comme le nombre de caractères pour un label ou le nombre de colonnes pour un champ de saisie.

Tableau 3–2 Layouts AWT/Swing

Classe	Description
`java.awt.FlowLayout`	Dispose les composants d'un container les uns derrière les autres en ligne et à leur taille préférée, en retournant à la ligne si le container n'est pas assez large.
`java.awt.GridLayout`	Dispose les composants d'un container dans une grille dont toutes les cellules ont les mêmes dimensions.
`java.awt.BorderLayout`	Dispose cinq composants maximum dans un container, deux au bords supérieur et inférieur à leur hauteur préférée, deux au bords gauche et droit à leur largeur préférée, et un au centre qui occupe le reste de l'espace.
`java.awt.CardLayout`	Affiche un composant à la fois parmi l'ensemble des composants d'un container (pratique pour créer des panneaux comme ceux de la boîte de dialogue de *Preferences* d'Eclipse).
`javax.swing.BoxLayout`	Dispose les composants en ligne à leur hauteur préférée ou en colonne à leur largeur préférée.
`java.awt.GridBagLayout`	Dispose les composants d'un container dans une grille dont les cellules peuvent avoir des dimensions variables. La position et les dimensions de la cellule d'un composant varient en fonction de sa taille préférée et des contraintes de classe `java.awt.GridBagConstraints` qui lui sont associées.
`javax.swing.SpringLayout`	Dispose les composants d'un container en fonction de leur taille préférée et de contraintes qui spécifient comment ces composants sont rattachés les uns par rapport aux autres.

SWT **Package des classes de layout SWT**

Les classes de layout SWT appartiennent au package `org.eclipse.swt.layout`, exceptée la classe `org.eclipse.swt.custom.StackLayout`.

À RETENIR **Spécifier les contraintes d'un composant**

Avec AWT/Swing, la contrainte de layout d'un composant se spécifie si nécessaire au moment où il est ajouté à son container avec la méthode `add` de `Container`. Par exemple, l'instruction suivante ajoute un composant en bas d'un panneau mis en page avec un layout de classe `BorderLayout` :

```
panel.add(c, BorderLayout.SOUTH);
```

Avec SWT, l'opération équivalente s'effectue avec la méthode `setLayoutData` de la classe `Control`, comme dans l'exemple suivant :

```
c.setLayoutData(new GridData(
   GridData.FILL_BOTH));
```

Tableau 3–3 Layouts SWT

Classe SWT	Équivalent Swing	Description
`FillLayout`	`GridLayout` avec une seule ligne ou une seule colonne	Dispose les composants d'un container les uns derrière les autres en ligne ou en colonne, de façon à ce qu'ils aient tous les mêmes dimensions.
`RowLayout`	`BoxLayout` ou `FlowLayout`	Dispose les composants d'un container les uns derrière les autres en ligne ou en colonne et à la taille spécifiée par leur contrainte `RowData`.
`StackLayout`	`CardLayout`	Affiche un composant à la fois parmi l'ensemble des composants d'un container.
`GridLayout`	`GridBagLayout`	Dispose les composants d'un container dans une grille dont les cellules peuvent avoir des dimensions variables. Les dimensions de la cellule d'un composant varient en fonction des contraintes de classe `GridData` qui lui sont associées.
`FormLayout`	`SpringLayout`	Dispose les composants d'un container en fonction de contraintes de classe `FormData` qui spécifient comment ces composants sont rattachés les uns par rapport aux autres.

Quand un layout ne convient pas pour disposer tous les composants d'une fenêtre, il est possible d'ajouter ces composants à des panneaux intermédiaires de layout différent, et d'assembler ces panneaux dans le panneau principal de la fenêtre. Les classes `JPanel` Swing et `Composite` SWT servent d'ailleurs souvent pour ces panneaux intermédiaires.

> REGARD DU DÉVELOPPEUR **Éditeur de ressources vs layouts**
>
> L'apprentissage des layouts est généralement une tâche ardue pour les débutants en Java habitués à d'autres langages comme Visual Basic ou C++ avec les MFC : l'utilisation d'un éditeur de ressources pour disposer à la souris les composants d'une fenêtre est tellement plus simple ! Mais ce type d'outil s'avère limité car il ne permet généralement pas d'adapter correctement les dimensions des composants dans de nombreuses circonstances parmi lesquelles :
> - le choix d'une police de caractères plus grande par l'utilisateur ;
> - le recalcul de la taille des composants d'une fenêtre capable d'être redimensionnée ;
> - l'adaptation des dimensions des labels en fonction de la longueur de leur texte qui est différente d'une langue à une autre.
>
> La possibilité de rendre une application portable proposée en Java a imposé une contrainte supplémentaire : les composants graphiques tels que les boutons ou les listes déroulantes n'ont pas toujours les mêmes dimensions d'un système d'exploitation à un autre ! En proposant d'organiser de façon logique les composants à l'écran, les layouts Java répondent à toutes ces contraintes mais obligent en contrepartie les développeurs à en comprendre le fonctionnement et s'adapter au style de programmation qui l'accompagne.

Listeners

Les classes de listeners AWT/Swing et SWT implémentent l'interface `java.util.EventListener`, et leurs classes d'événement associées dérivent de la classe `java.util.EventObject`, ce qui est bien un des seuls points communs entre ces deux bibliothèques. Nous étudierons la plupart de ces listeners au fur et à mesure de notre étude de cas.

Création des maquettes Swing et SWT avec Visual Editor

Pour faire leur choix entre Swing et SWT, l'équipe de développement décide de tester ces bibliothèques en créant deux maquettes logicielles de leur application qui les mettent en œuvre. Pour réaliser le plus rapidement possible ces maquettes et ne pas avoir de scrupules à les « jeter » au moment du démarrage du développement de leur projet, Margaux utilise Visual Editor, l'éditeur graphique qu'elle a installé avec Eclipse.

Maquette Swing

Margaux s'attelle tout d'abord à la maquette à base de composants Swing.

Création de la fenêtre

L'éditeur VE est directement associé à la création de classes graphiques, sous différents intitulés qui se terminent par *Visual Class*. Pour créer avec VE une classe de type fenêtre Swing, il faut :

1. Choisir le menu *File>New>Other...*
2. Sélectionner l'élément *Java>Swing>JFrame Visual Class*, dans l'arborescence des *Wizards* affichés.
3. Saisir le nom de la classe et de son package puis choisir le style de fenêtre à créer (*Frame* pour une simple sous-classe de `JFrame` ou *Application* pour une classe plus complète avec des menus par défaut).

DANS LA VRAIE VIE Utilisation d'un éditeur d'IHM graphique

Un constructeur d'IHM comme Visual Editor est particulièrement pratique pour les débutants en conception graphique Java, car il permet en quelques clics de tester les différentes possibilités de chaque composant sans avoir besoin de connaître le code qui correspond. Mais comme la construction d'une interface graphique s'effectue de façon programmatique en Java, que la bibliothèque utilisée soit Swing ou SWT, la plupart des programmeurs expérimentés préfèrent coder à la main cette construction en utilisant leur style de programmation, plutôt que de se laisser imposer le style de code de l'éditeur graphique (surtout que certains IDE ne permettent même pas de retoucher au code Java généré par l'outil graphique).

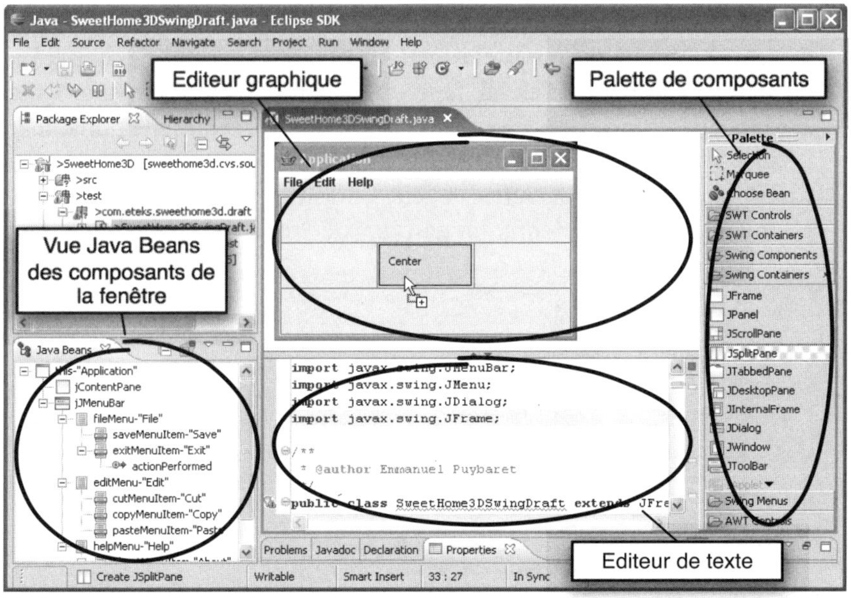

Figure 3–3
Ajout d'une instance de JSplitPane à la fenêtre avec Visual Editor

Margaux crée ainsi la classe d'application `com.eteks.sweethome3d.draft.SweetHome3DSwingDraft`. Une fois cette classe créée, Eclipse lance automatiquement VE et active la vue *JavaBeans* qui permet d'explorer l'arborescence des composants qui dépendent de la fenêtre. Comme le montre la figure 3-3, la zone d'édition de la classe `SweetHome3DSwingDraft` est finalement divisée en 3 parties :

- un éditeur graphique montrant l'aspect de la fenêtre avec ses composants et ses menus ;
- une palette énumérant tous les composants graphiques qu'il est possible d'intégrer à la fenêtre ;
- un éditeur de texte où s'affiche le code de la classe générée par VE.

Ajout des composants

Margaux ajoute ensuite les composants à la fenêtre, en sélectionnant dans la palette le composant qui l'intéresse, puis en cliquant dans la zone adéquate de la fenêtre affichée dans l'éditeur graphique. À chaque ajout, il lui est proposé de choisir le nom du champ associé au nouveau composant. Pour construire l'interface graphique de Sweet Home 3D décrite au premier chapitre, elle déroule d'abord la palette *Swing Containers* et crée les containers suivants :

B.A.-BA Content pane

Le *content pane* d'une fenêtre Swing (et plus généralement d'un container de premier niveau) représente le panneau intérieur d'une fenêtre hors bord et barre de menus. C'est en fait un container intermédiaire où sont effectivement ajoutés les composants d'une fenêtre. Jusqu'à Java 1.4 inclus, l'ajout d'un composant à une fenêtre s'effectuait en l'ajoutant explicitement au panneau intérieur de sa fenêtre, par exemple en l'ajoutant au container renvoyé par la méthode `getContentPane` de la classe `JFrame`. Même si depuis Java 5, on peut ajouter directement un composant à une fenêtre directement avec sa méthode `add`, ce panneau intérieur existe toujours.

1 Une instance de `JSplitPane` ajoutée dans la zone `CENTER` de la fenêtre (la classe `JFrame` utilise un `BorderLayout` par défaut) qu'elle nomme `mainSplitPane`.

2 Deux autres instances de `JSpitPane`, nommées `leftSplitPane` et `rightSplitPane` qu'elle ajoute à gauche et à droite de l'instance `mainSplitPane`. Comme la classe `JSplitPane` ne permet de diviser une zone qu'en deux parties, il faut en fait manipuler 3 instances de `JSplitPane` imbriquées pour obtenir 4 zones redimensionnables à l'écran. Pour que les deux panneaux `leftSplitPane` et `rightSplitPane` soient partagés dans la verticale, elle choisit la valeur `VERTICAL_SPLIT` pour leur propriété *orientation* dans la vue *Properties* (voir figure 3-4).

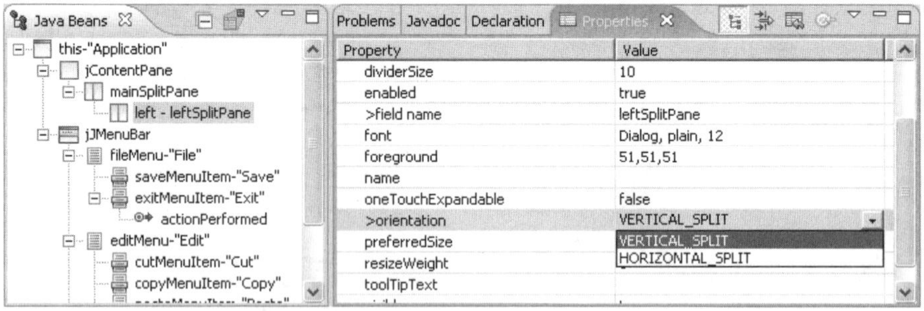

Figure 3–4 Modification de la propriété orientation d'une instance de JSplitPane

3 Une instance de `JToolBar`, nommée `toolBar`. Comme l'ajout du container `mainSplitPane` au centre de la fenêtre ne laisse plus visibles les autres zones `NORTH`, `WEST`, `EAST` et `SOUTH` disponibles dans son layout, Margaux ajoute la barre d'outils en cliquant sur le composant `jContentPane` de la fenêtre dans la vue *JavaBeans* (voir figure 3-5), puis s'assure que la propriété *constaint* de la barre d'outils est bien égale à `North`.

CONVENTIONS
Nom des composants graphiques

La plupart des développeurs nomment une variable désignant un composant graphique en la suffixant du nom de sa classe. Cette convention permet de distinguer facilement le type de composant par le nom de sa variable et de reprendre le même préfixe pour des composants qui appartiennent à un même groupe, comme par exemple `firstNameLabel` pour un label affiché à côté d'un champ de saisie `firstNameTextField` qui permettrait de saisir le prénom d'une personne.

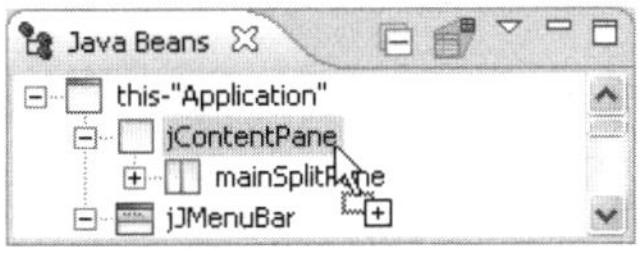

Figure 3–5
Ajout d'une instance de JToolBar au panneau intérieur

> **ASTUCE Renommer le nom du champ d'un composant**
>
> Si vous désirez modifier le nom du champ d'un composant après sa création (par exemple pour renommer les champs `jContentPanejJMenuBar` créés par défaut), dans l'éditeur graphique ou dans la vue *JavaBeans*, puis modifiez sa propriété *fieldName* dans la vue *Properties*. VE se charge alors de changer l'identificateur du champ et celui de l'accesseur privé qui lui est associé. Faites attention à ne pas renommer le champ de façon à ce que son accesseur redéfinisse une méthode, sinon la classe risque de ne pas compiler. Par exemple, si vous renommez `jContentPane` en `contentPane`, l'accesseur `getJContentPane` sera renommé en `getContentPane` qui existe déjà dans la classe `JFrame`.
>
> 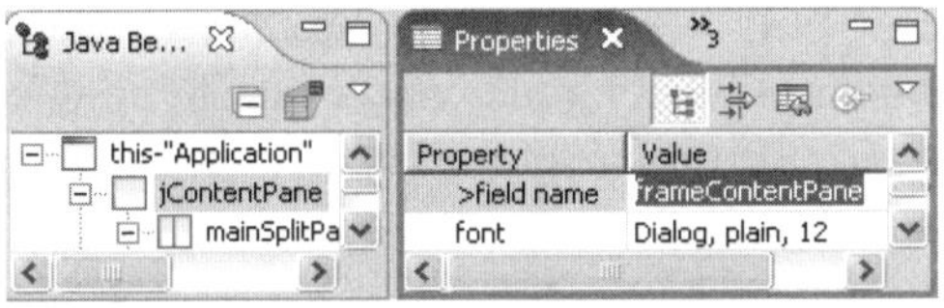
>

> **À RETENIR Ajout d'un composant au container**
>
> L'ajout d'un composant à son container peut s'effectuer soit en cliquant dans la zone voulue de l'éditeur graphique (voir figure 3-3), soit en cliquant sur son container parent dans la vue *JavaBeans* (voir figure 3-5). Dans ce dernier cas, n'oubliez pas si besoin est, d'affecter la bonne contrainte de placement du nouveau composant mémorisée dans la propriété *constraint* de la vue *Properties*.

Il faut maintenant placer les composants dans les différentes zones des panneaux partagés et ajouter quelques boutons dans la barre d'outils pour obtenir une interface graphique présentable. Chacune des quatre zones de la fenêtre étant susceptible de ne pas être assez grande pour laisser apparaître entièrement le composant qu'elle contient, Margaux ajoute d'abord à chacune de ces zones une instance de `JScrollPane`, ce qui permettra à l'utilisateur de faire défiler le contenu des composants à l'aide d'ascenseurs. Puis elle déroule la palette *Swing Components* et crée les composants suivants :

1 une instance de `JTree` placée en haut à gauche de la fenêtre et nommée `catalogTree` ;

2 une instance de `JTable` placée en bas à gauche de la fenêtre et nommée `furnitureTable` ;

3 deux instances de `JLabel` nommées `planLabel` et `view3DLabel` dans les deux zones à droite de la fenêtre. Ces labels afficheront des images que Sophie a préparées pour la maquette ;

4 trois boutons de class `JButton` placés dans la barre d'outils et nommés `cutButton`, `copyButton` et `pasteButton`.

> **ATTENTION**
> **Composants Swing avec ascenseurs**
>
> Aucun composant Swing n'est affiché par défaut dans un panneau avec ascenseurs. Néanmoins, l'ajout des ascenseurs aux composants susceptibles d'en avoir besoin (pour l'essentiel les listes, les zones de saisie multilignes, les arbres, et les tableaux) s'effectue très simplement : il suffit de les ajouter à un container intermédiaire de classe `JScrollPane` qui fera apparaître les ascenseurs de défilement en cas de besoin. Programmatiquement, ceci donne une instruction du style :
>
> ```
> container.add(
>    new JScrollPane(composant));
> ```
>
> Sous VE, il faut d'abord ajouter une instance de `JScrollPane` dans la zone voulue du container puis ajouter le nouveau composant au panneau à ascenseurs. Comme l'en-tête des colonnes d'un tableau n'apparaît pas si ce tableau n'est pas inclus dans un panneau à ascenseurs, VE propose d'ailleurs le composant *JTable on JScrollPane* qui crée un tableau dans une instance de `JScrollPane`.

Ajout des menus

Margaux enrichit ensuite le système de menus de l'application. Aux menus *File>Save/Exit*, *Edit>Cut/Copy/Paste* et *Help>About* créés par défaut par VE dans une application, elle va ajouter les menus suivants :

- dans le menu *File*, les éléments *New*, *Open...*, *Close*, *Save as...* et *Preferences* ;
- dans le menu *Edit*, les éléments *Undo*, *Redo* et *Delete* ;
- dans le nouveau menu *Furniture*, l'élément *Add* ;
- dans le nouveau menu *Plan*, les éléments *Create walls* et *Import image....*

Figure 3–7 Arborescence des menus dans la vue JavaBeans

L'ajout des menus avec VE s'effectue à partir de la palette *Swing Menus*. Pour créer les menus `furnitureMenu` et `planMenu`, Margaux clique sur la classe `JMenu` dans la palette puis sur la zone libre de la barre de menus dans l'éditeur graphique. Pour chaque élément de menu, elle clique sur la classe `JMenuItem` puis sur les menus auxquels l'élément se rattache dans la vue *JavaBeans*. Pour chaque menu ou élément créé, on lui propose de choisir le nom du champ qui lui est associé, comme pendant la création de composants.

Une fois tous ces menus et leurs éléments créés, Margaux leur attribue un intitulé en modifiant leurs propriétés *text* puis replace le menu *Help* en dernier, en le déplaçant à la fin de la barre de menus (voir figure 3-6). Si l'ordre d'apparition d'un élément de menu est incorrect, elle déplace son champ dans la vue *JavaBeans*.

SWING Arbre et tableau par défaut

Remarquez au passage dans la figure 3-8 que par défaut, un composant de classe `JTable` n'affiche aucun tableau tandis qu'un composant de classe `JTree` affiche un arbre fictif de valeurs.

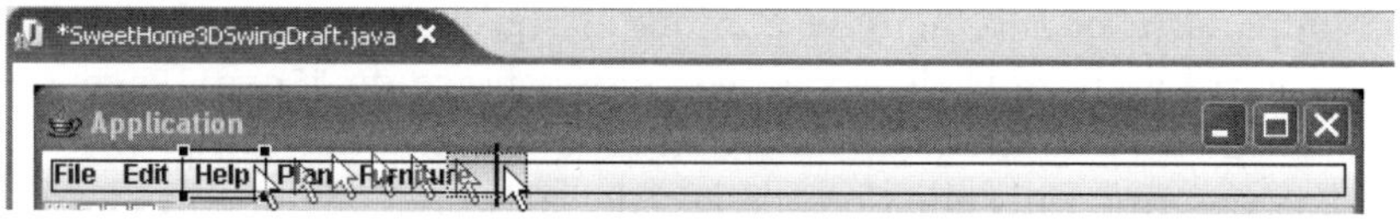

Figure 3–6 Déplacement du menu Help dans l'éditeur graphique

Une fois qu'elle a obtenu l'arborescence de menus qu'elle voulait (voir figure 3-7), elle lance l'application pour la tester : elle affiche le menu contextuel de la classe `SweetHome3DSwingDraft` dans la vue *Package Explorer*, sélectionne le menu *Run As>Java Application* et obtient une fenêtre comme celle de la figure 3-8.

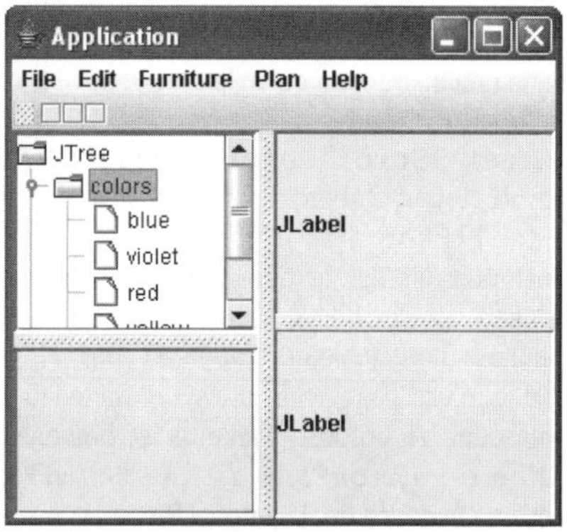

Figure 3–8 Application SweetHome3DSwingDraft

Configuration des composants

Il faut maintenant initialiser les propriétés des composants de la fenêtre, comme les textes affichés par l'arbre et le tableau, les images des labels et des boutons ainsi que les positions par défaut des séparateurs. Margaux effectue ces changements en choisissant le composant à modifier dans la vue *JavaBeans* puis en modifiant ses propriétés dans la vue *Properties* ou en éditant le code de la classe dans l'éditeur de texte.

Images des labels

Pour les labels `planLabel` et `view3DLabel`, Sophie a créé les deux fichiers d'images `plan.png` et `view3D.jpg` qu'il faut intégrer au projet. Pour faciliter la distribution de ces deux fichiers avec les fichiers `.class` du projet, Margaux choisit d'y faire référence sous forme de ressources qui seront chargées grâce à la méthode `getResource` de la classe `Class` :

> OUTILS **Art Of Illusion**
>
> L'image `view3D.jpg` de la scène en 3D utilisée dans la maquette a été réalisée grâce au logiciel *Art Of Illusion* développée par Peter Eastman et distribuée sous licence GNU GPL. Cette application, programmée en Java, est un des seuls outils gratuits et portables qui permettent de créer des images et des animations en 3D. C'est au cours de la création de cette scène 3D que Sophie découvre d'ailleurs qu'elle va devoir créer elle-même des fichiers 3D des meubles fournis par défaut dans Sweet Home 3D. En effet, après une recherche approfondie sur le Web, elle n'a trouvé aucun fichier 3D de meubles dont les auteurs autorisent la redistribution !
> Bien que non écrite en Java, notons aussi dans le domaine de la 3D l'application Open Source Blender, très prisée des graphistes.
> ▸ http://www.artofillusion.org/
> ▸ http://www.blender.org/

1 Pour ne pas mélanger les fichiers sources avec les images, elle crée tout d'abord un sous-dossier `resources` dans le dossier `test/com/eteks/sweethome3d/draft` en sélectionnant le menu *New>Folder* dans le menu contextuel du package `com.eteks.sweethome3d.draft` de la vue *Package Explorer*.

2 Elle sélectionne les icônes des fichiers `plan.png` et `view3D.jpg` sur le bureau de son système et effectue un glisser-déposer de ces deux fichiers dans le nouveau dossier `com.eteks.sweethome3d.draft.resources` d'Eclipse pour les y copier (voir figure 3-9).

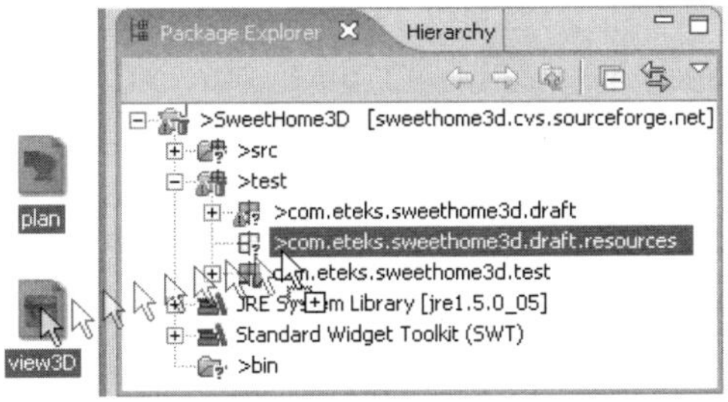

Figure 3–9
Copie de fichiers externes dans Eclipse

> JAVA **Propriétés JavaBeans**
>
> Les propriétés des composants que vous modifiez dans la vue *Propriété* sont traduites par VE en appel aux méthodes de modification qui leur correspondent. Par défaut, ces méthodes sont préfixées par `set` mais les spécifications JavaBeans autorisent de les nommer autrement en passant par des classes `BeanInfo`.
> ▸ http://java.sun.com/products/javabeans/docs/

> JAVA **Chargement des ressources**
>
> La méthode `getResource` de la classe `java.lang.Class` permet d'obtenir une forme d'URL qui référence un fichier de *ressource* relativement au `classpath` de la JVM. Y recourir est très pratique pour stocker avec les fichiers `.class` d'une application les fichiers d'images et textes nécessaires à sa configuration, que l'ensemble de ces fichiers soient dans un dossier `classes` ou dans un fichier JAR. Eclipse recopie automatiquement les fichiers de ressources du dossier des sources dans le dossier des classes du `classpath`.

3 Comme indiqué dans la figure 3-10, elle clique sur le champ `planLabel` ❶ dans la vue *JavaBeans*, efface la valeur de sa propriété *text* ❷, sélectionne la valeur `CENTER` pour sa propriété *horizontal-Alignment* ❸, puis clique sur le bouton qui apparaît dans sa propriété *icon* ❹. Dans la boîte de dialogue *Select an image file* qui s'affiche, elle ouvre le nœud *test - SweetHome3D* de l'arborescence affichée dans la zone *Location* et y sélectionne la feuille `com.eteks.sweethome3d.draft.resources` ❺. Eclipse affiche alors les fichiers de ce dossier dans la liste *Files*, où elle sélectionne le fichier `plan.png` ❻. Finalement, Margaux confirme son choix en cliquant sur le bouton *Ok*.

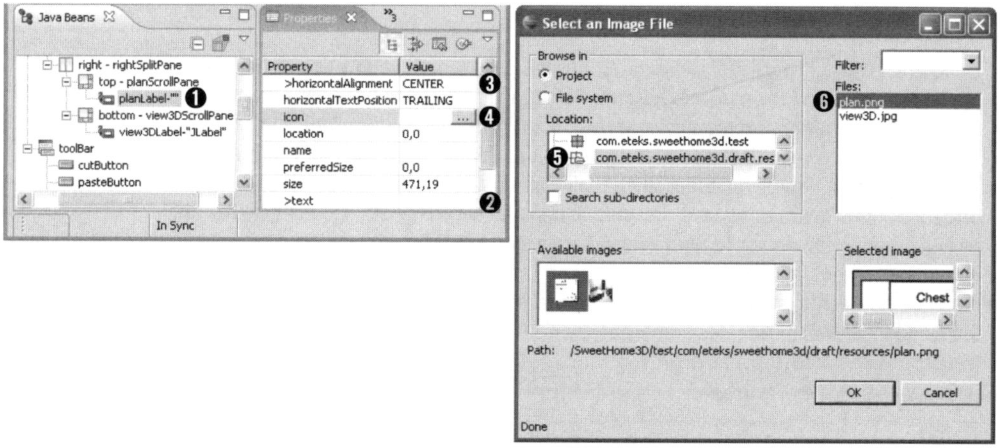

Figure 3–10
Choix des propriétés du label planLabel

4 Elle renouvelle l'opération précédente pour le champ `view3DLabel` pour lequel elle choisit l'image `view3D.jpg` comme icône.

L'effet des deux dernières opérations a modifié l'implémentation des méthodes `getPlanScrollPane` et `getView3DScrollPane` où sont créés les labels `planLabel` et `view3DLabel`. Dans l'éditeur de texte, la méthode `getPlanScrollPane` apparaît comme suit :

```
private JScrollPane getPlanScrollPane() {
  if (planScrollPane == null) {
    planLabel = new JLabel();
    planLabel.setText("");
    planLabel.setIcon(new ImageIcon(getClass().getResource(
        "/com/eteks/sweethome3d/draft/resources/plan.png")));
    planLabel.setHorizontalAlignment(
        javax.swing.SwingConstants.CENTER);

    planScrollPane = new JScrollPane();
    planScrollPane.setViewportView(planLabel);
  }
  return planScrollPane;
}
```

Modification de l'icône du label avec l'image `plan.png`.

Modification de l'alignement horizontal du label.

Ce code pourrait être simplifié (suppression des packages javax.swing et des appels à setText("") inutiles) mais nous avons préféré vous le montrer tel quel, pour que vous ayez un aperçu réaliste du code généré par VE.

SWING Icône d'un label ou d'un bouton

La méthode setIcon des classes JLabel et JButton prend en paramètre une référence de type javax.swing.Icon. Pour utiliser une image comme icône, le plus simple revient à utiliser la classe ImageIcon qui implémente l'interface Icon. Cette classe propose de nombreux constructeurs qui permettent de charger une image à partir d'un fichier, d'une URL ou d'un tableau de byte. Ici, VE utilise le constructeur avec une URL en paramètre qui référence un fichier d'image en ressource.

Icônes des boutons de la barre d'outils

Pour les icônes des boutons de la barre d'outils de la maquette, Margaux a recours à celles proposées par Sun Microsystems à l'adresse http://java.sun.com/developer/techDocs/hi/repository/. Dans le fichier jlfgr-1_0.zip qu'elle télécharge, elle prend les fichiers Cut16.gif, Copy16.gif et Paste16.gif qui appartiennent au dossier toolbarButtonGraphics/general et comme pour les images des labels planLabel et view3DLabel, les copie dans le dossier com.eteks.sweethome3d.draft.resources d'Eclipse. Elle modifie ensuite la propriété *icon* des champs cutButton, copyButton et pasteButton, pour leur affecter leurs icônes respectives.

Arbre des meubles

Pour l'arbre du catalogue des meubles représenté par le champ catalogTree, Margaux modifie l'implémentation de la méthode getCatalogTree qui apparaît dans l'éditeur de texte, pour que l'instance de JTree affiche un arbre avec des meubles définis comme suit (les intitulés dans les menus étant en anglais, les valeurs dans l'arbre sont eux aussi en anglais par souci d'homogénéité) :

```
private JTree getCatalogTree() {
  if (catalogTree == null) {
    DefaultMutableTreeNode bedroom =
        new DefaultMutableTreeNode ("Bedroom"); ❶
    bedroom.add(new DefaultMutableTreeNode("Bed 140x190")); ❷
    bedroom.add(new DefaultMutableTreeNode("Chest"));
    bedroom.add(new DefaultMutableTreeNode("Bedside table"));
    DefaultMutableTreeNode livingRoom =
      new DefaultMutableTreeNode("Living Room");
    livingRoom.add(new DefaultMutableTreeNode("Bookcase"));
    livingRoom.add(new DefaultMutableTreeNode("Chair"));
    livingRoom.add(new DefaultMutableTreeNode("Round table"));
    DefaultMutableTreeNode furnitureRoot =
        new DefaultMutableTreeNode ();
    furnitureRoot.add(bedroom); ❸
    furnitureRoot.add(livingRoom);

    catalogTree = new JTree (furnitureRoot); ❹
    catalogTree.setRootVisible(false);
    catalogTree.setShowsRootHandles(true);
  }
  return catalogTree;
}
```

◂ Début de la modification : création du nœud des feuilles représentant les meubles de la chambre.

◂ Création du nœud et des feuilles représentant les meubles de salon.

◂ Création de la racine de l'arbre.

◂ Ajout des nœuds précédents à la racine.

◂ Affichage des poignées d'ouverture des catégories de meubles sans le nœud de la racine.

◂ Fin de la modification.

Tableau des meubles

Pour le tableau des meubles représenté par le champ `furnitureTable`, Margaux modifie la méthode `getFurnitureTable` qui apparaît dans l'éditeur de texte, pour que l'instance de `JTable` affiche un tableau de meubles comme suit :

Début de la modification : création du tableau des titres des colonnes.

Création du tableau des valeurs des cellules.

Fin de la modification.

```
private JTable getFurnitureTable() {
  if (furnitureTable == null) {
    Object [] columnsTitle = {"Name", "W", "D", "H"}; ❶

    Object [][] furnitureData = {{"Bed",      140, 190, 50},
                                 {"Chest",    100, 80, 80},
                                 {"Table",    110, 110, 75},
                                 {"Chair",     45, 45, 90},
                                 {"Bookcase", 90, 30, 180}}; ❷

    furnitureTable = new JTable(furnitureData, columnsTitle); ❸
  }
  return furnitureTable;
}
```

SWING

Spécification des valeurs d'un tableau

La classe `JTable` propose plusieurs constructeurs pour spécifier les valeurs des cellules d'un tableau : le plus simple à utiliser ❸ est celui qui prend en premier paramètre un tableau Java à deux dimensions spécifiant ces valeurs ❷, et en second paramètre un tableau Java simple spécifiant le titre des colonnes ❶. Notez que les valeurs des cellules peuvent être de différentes classes et qu'ici nous recourons à l'*autoboxing* de Java 5 pour simplifier la création des objets de classe `Integer` ❷.

JAVA 5

Autoboxing

L'*autoboxing* permet de créer une instance de classe d'emballage (`Integer`, `Double`...) en affectant une valeur de type primitif à une référence de type de la classe d'emballage. Ainsi, l'instruction :

```
Integer longueur = 140;
```

est, pour le compilateur, l'équivalent de :

```
Integer longueur =
    new Integer(140);
```

Par extension, il est même possible d'utiliser l'*autoboxing* pour des références de classe `Object` ou `Number` comme le montre le tableau `furnitureData` ❷.

Boîte de dialogue About

Au cours du premier test de la maquette, Margaux a repéré que le listener du menu *Help>About* affichait une boîte de dialogue vide. En cliquant sur l'élément `actionPerformed` du champ `aboutMenuItem` dans la vue *JavaBeans* (voir figure 3-7), s'affiche dans l'éditeur de texte l'implémentation de l'interface `ActionListener` que VE a ajoutée au menu `aboutMenuItem` à la création de l'application. Elle modifie sa méthode `actionPerformed` pour afficher une boîte de dialogue avec un message, comme suit :

```
private JMenuItem getAboutMenuItem() {
  if (aboutMenuItem == null) {
    aboutMenuItem = new JMenuItem();
    aboutMenuItem.setText("About");
    aboutMenuItem.addActionListener(new ActionListener() {
      public void actionPerformed(ActionEvent e) {
        JOptionPane.showMessageDialog(SweetHome3DSwingDraft.this,
            "Sweet Home 3D Draft\n© Copyrights 2006 eTeks",
            "About", JOptionPane.PLAIN_MESSAGE);
      }
    });
  }
  return aboutMenuItem;
}
```

◄ Implémentation du listener avec une classe anonyme

◄ Début de la modification : affichage d'une boîte de dialogue avec un message.

◄ Fin de la modification.

POUR ALLER PLUS LOIN **Implémenter les listeners avec VE**

VE permet aussi d'implémenter les listeners associés à un composant graphique en quelques clics : il suffit d'afficher le menu contextuel du champ d'un composant dans la vue *JavaBeans* et de choisir dans le sous-menu *Events* la méthode de l'événement qui vous intéresse, ou l'élément *Add Events...* si celui que vous recherchez n'est pas dans le sous-menu. VE implémente alors à vide la méthode choisie dans une classe anonyme qu'il vous suffit de compléter.

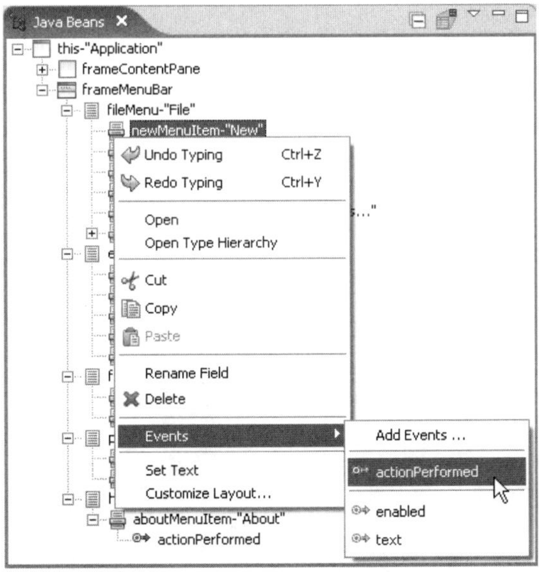

Figure 3–11 Choix des listeners d'un menu

Fenêtre

Pour la fenêtre représentée par la racine de l'arborescence de la vue *JavaBeans*, Margaux change sa propriété *title* avec la valeur `Sweet Home 3D`.

SWING **Positions des diviseurs de panneaux partagés**

Les barres de division des panneaux partagés peuvent être initialement positionnées à une valeur arbitraire en pixels ou à une valeur qui est calculée en fonction de la propriété `resizeWeight` et des dimensions minimales des composants affichés.

Afin que chacune des zones des panneaux partagés soient de dimensions comparables en vertical au lancement de l'application, elle modifie ensuite la propriété *resizeWeight* des trois champs `mainSplitPane`, `leftSplitPane` et `rightSplitPane` en leur affectant les valeurs `0.3`, `0.5` et `0.5` respectivement (saisies avec des virgules comme séparateur de décimale).

Pour terminer, elle édite la méthode `main` pour utiliser dans l'application le look and feel du système en cours et donner une dimension à la fenêtre de 800 × 700 pixels :

Application du look and feel du système.

Ne peut survenir (le look and feel du système existe forcément) !

Modification de la taille de la fenêtre.

```
public static void main(String [] args) {
  try {
    UIManager.setLookAndFeel(
       UIManager.getSystemLookAndFeelClassName());
  } catch (Exception ex) {
  }
  SweetHome3DSwingDraft application = new SweetHome3DSwingDraft();
  application.setSize(800, 700);
  application.show();
}
```

ASTUCE Dimension de la fenêtre

Renseignez la taille finale de la fenêtre de l'application dans la méthode `main` plutôt qu'en modifiant sa propriété *size*, pour éviter que la fenêtre dans l'éditeur graphique n'occupe trop d'espace.

Margaux lance l'application et obtient la maquette représentée figure 3-12. Elle archive son travail dans le référentiel CVS, pour le mettre à la disposition des autres membres de l'équipe.

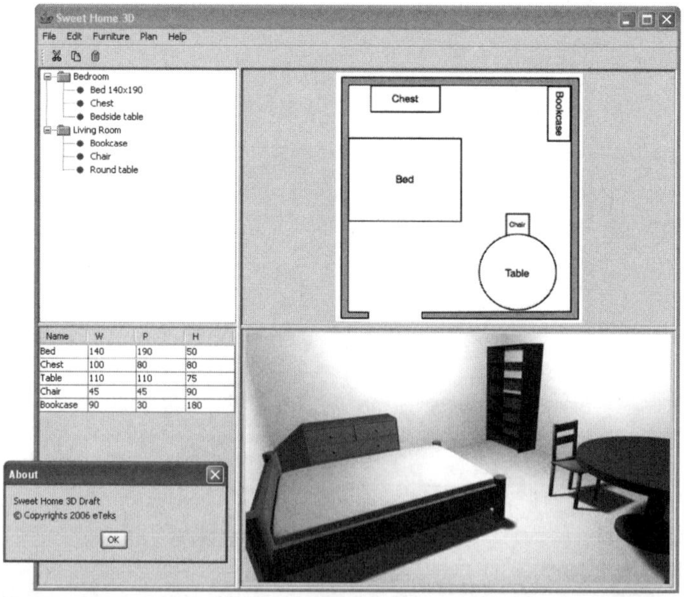

Figure 3–12 Application finale SweetHome3DSwingDraft sous Windows

Maquette SWT

Margaux s'attache maintenant à la création de la maquette à base de composants SWT/JFace.

Création de la fenêtre

Pour créer avec VE la classe `com.eteks.sweethome3d.draft.SweetHome3DSwtDraft` de type fenêtre SWT, il lui faut :

1 Choisir le menu *File>New>Other...*

2 Sélectionner l'élément *Java>Visual Class*, dans l'arborescence des *Wizards* affichés.

3 Saisir le nom de la classe et de son package puis choisir le style de fenêtre *SWT>Shell*. Avant de cliquer sur le bouton *Finish*, Margaux choisit d'ajouter une méthode `main` à cette classe en cochant l'option adéquate pour en faire une application. VE implémente cette méthode pour créer une instance de la fenêtre, l'afficher et lancer une boucle d'événements SWT.

Une fois cette classe créée, Eclipse lance automatiquement VE, qui permet d'éditer de manière interactive les composants de cette fenêtre de la même façon que pour les fenêtres Swing (voir figure 3-3).

Comme la création d'une interface graphique avec Visual Editor s'effectue de façon similaire avec Swing et SWT, cette section est simplifiée pour éviter de nombreuses répétitions inutiles. Reportez-vous si nécessaire à la section précédente « Maquette Swing » pour plus d'informations.

Ajout des composants

Pour construire l'interface graphique de Sweet Home 3D, Margaux sélectionne d'abord dans la liste *layout* de la vue *Properties* un layout de classe `GridLayout` pour la fenêtre et affecte la valeur `0` aux propriétés *marginHeight* et *marginWidth* de ce layout (voir figure 3-13), pour que les composants affichés par la fenêtre soient collés au bords. Elle déroule ensuite la palette *SWT Containers* et crée les containers suivants, en les sélectionnant dans la palette puis en cliquant sur son container parent dans la vue *JavaBeans* :

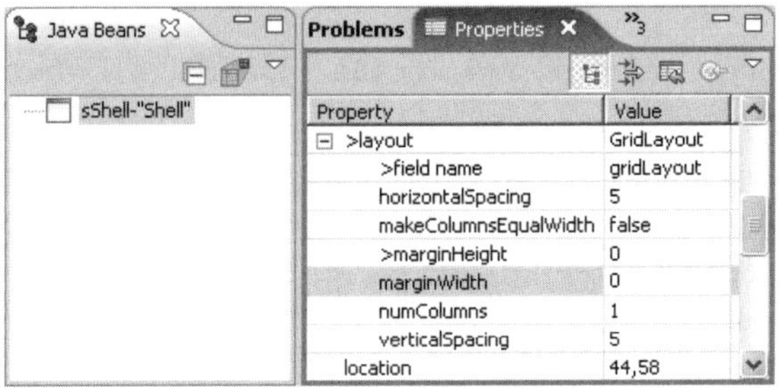

Figure 3–13
Modification de la propriété layout de la fenêtre

1 une instance de CoolBar ajoutée à la fenêtre qu'elle nomme coolBar ;

2 une instance de SashForm ajoutée à la fenêtre qu'elle nomme mainSashForm. Pour que ce panneau partagé occupe tout l'espace sous la barre d'outils, Margaux modifie dans la vue *Properties* la propriété *LayoutData* en affectant aux propriétés *grabExcessHorizontalSpace*, *grabExcessVerticalSpace*, *horizontalAlignment* et *verticalAlignment* qui lui sont associées les valeurs true, true, FILL et FILL ;

3 deux autres instances de SashForm, nommées leftShashForm et rightShashForm qu'elle ajoute à l'instance mainShashForm, pour obtenir 4 zones redimensionnables à l'écran. Pour que les deux panneaux leftShashForm et rightShashForm soient partagés dans la verticale, elle choisit la valeur VERTICAL pour leur propriété *orientation* dans la vue *Properties*.

SWT Panneaux partagés

La classe SashForm permet de créer un panneau partagé qui affiche plus de deux composants, mais dont les barres de division sont toutes, soit verticales ou horizontales. Pour créer comme ici quatre zones redimensionnables dans des directions différentes, il faut donc combiner trois instances de SashForm comme pour la classe JSplitPane en Swing.

Il faut maintenant placer les composants dans les différentes zones des panneaux partagés et ajouter quelques boutons dans la barre d'outils pour obtenir une interface graphique similaire à la maquette Swing. Comme les deux zones qui affichent les images du plan et de la vue 3D sont susceptibles de ne pas être assez grandes pour les laisser apparaître entièrement, Margaux ajoute d'abord à ces deux zones une instance de classe ScrolledComposite, pour permettre de faire défiler le contenu de ces zones à l'aide d'ascenseurs. Sur ces deux instances qu'elle nomme planScrolledComposite et view3DScrolledComposite, elle affecte ensuite les valeurs H_SCROLL et V_SCROLL à leurs propriétés horizontalScroll et verticalScroll. Puis, elle déroule la palette *SWT Controls* et crée les composants suivants :

1 une instance de Tree placée en haut à gauche de la fenêtre et nommée catalogTree ;

2 une instance de Table placée en bas à gauche de la fenêtre et nommée furnitureTable ;

3 deux instances de Label nommées planLabel et view3DLabel dans les deux zones à droite de la fenêtre pour afficher les images du plan et de la vue 3D ;

4 une instance de ToolBar nommée editToolBar ajoutée à l'objet coolBar ;

5 trois instances de classe ToolItem placées dans la barre d'outils editToolBar et nommées cutToolItem, copyToolItem et pasteToolItem. Pour créer ces 3 boutons de barre d'outils, elle sélectionne l'élément ToolItem.Push dans le sous-ensemble ToolBar de la palette *SWT Controls* (voir figure 3-14).

SWT Panneaux à ascenseurs

Si avec Swing, l'obligation de recourir à la classe JScrollPane pour faire apparaître des ascenseurs peut sembler un peu lourde au premier abord, cette démarche, une fois acquise, simplifie la conception d'une interface graphique : pas de JScrollPane = pas d'ascenseurs. Avec SWT, la gestion des ascenseurs est intégrée dans certains composants comme ceux de classes Tree ou Table, mais pas pour d'autres comme les labels. Pour afficher un composant dans un panneau à ascenseurs avec SWT, il faut ajouter ce composant à une instance de ScrolledComposite avec les styles H_SCROLL et V_SCROLL qui permettent d'afficher les ascenseurs si nécessaire.

SWT Gestion des barres d'outils

SWT propose une gestion très aboutie des barres d'outils avec la possibilité de créer des sous-groupes de composants, mais leur mise en œuvre nécessite de manipuler de nombreuses classes : la classe `CoolBar` pour la barre d'outils et la classe `CoolItem` pour chaque sous-groupe, chaque instance de `CoolItem` (créée automatiquement par VE) devant être associée à une instance de `ToolBar` qui contient des objets `ToolItem` de style `PUSH` (pour les boutons) ou autre. Pour le sous-groupe `editToolBar` avec ses trois boutons, ceci donne par exemple le code suivant :

```
CoolBar coolBar = new CoolBar(sShell, SWT.NONE);

ToolBar editToolBar = new ToolBar(coolBar, SWT.NONE);
ToolItem cutToolItem = new ToolItem(editToolBar, SWT.PUSH);
ToolItem copyToolItem = new ToolItem(editToolBar,SWT.PUSH);
ToolItem pasteToolItem = new ToolItem(editToolBar, SWT.PUSH);

CoolItem coolItem = new CoolItem(coolBar, SWT.NONE);
coolItem.setControl(editToolBar);
```

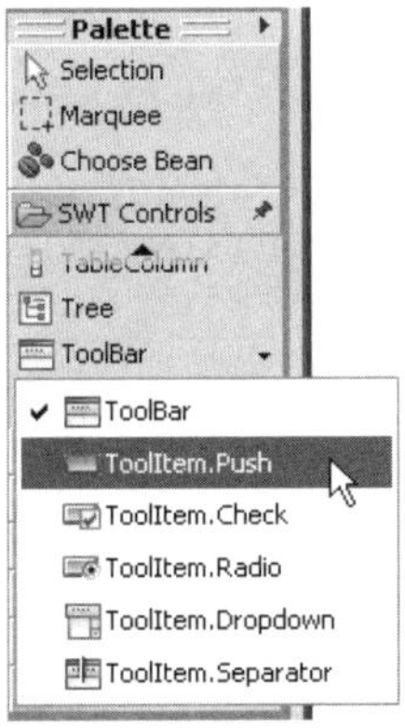

Figure 3–14 Sous-ensemble des éléments de barre d'outils

Ajout des menus

Margaux doit créer entièrement le système de menus de l'application car VE n'a créé aucun menu par défaut. Elle affiche la palette *SWT Menus* et ajoute d'abord une barre de menus nommée `shellMenu` à la fenêtre en sélectionnant l'élément `MenuBar` dans la palette. Elle enrichit ensuite la barre de menu en sélectionnant alternativement les éléments `MenuItem.SubMenu` et `MenuItem.Push` du sous-ensemble `MenuItem` (voir figure 3-15), et en cliquant dans la vue *JavaBeans* sur les menus auxquels les éléments se rattachent, pour construire les menus suivants :

- le sous-menu *File* et ses éléments *New*, *Open...*, *Close*, *Save...*, *Save as...*, *Preferences* et *Exit* ;
- le sous-menu *Edit* et ses éléments *Undo*, *Redo*, *Cut*, *Copy*, *Paste* et *Delete* ;

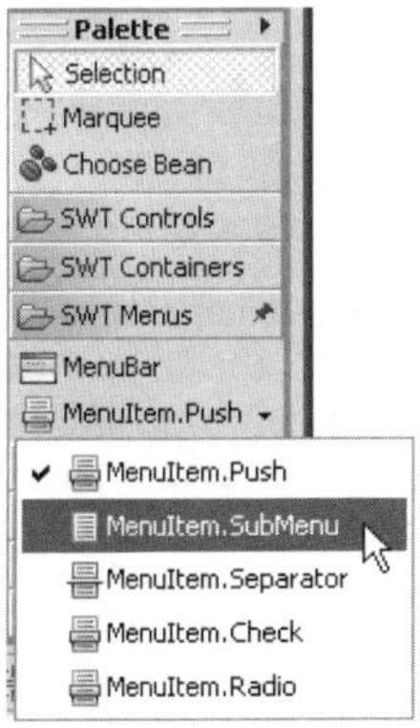

Figure 3–15 Sous-ensemble des menus de la palette SWT Menus

- le sous-menu *Furniture* et son élément *Add* ;
- le sous-menu *Plan* et ses éléments *Create walls* et *Import image...* ;
- le sous-menu *Help* et son élément *About*.

Une fois tous ces menus et leurs éléments créés, Margaux leur attribue un intitulé en modifiant leur propriété *text*.

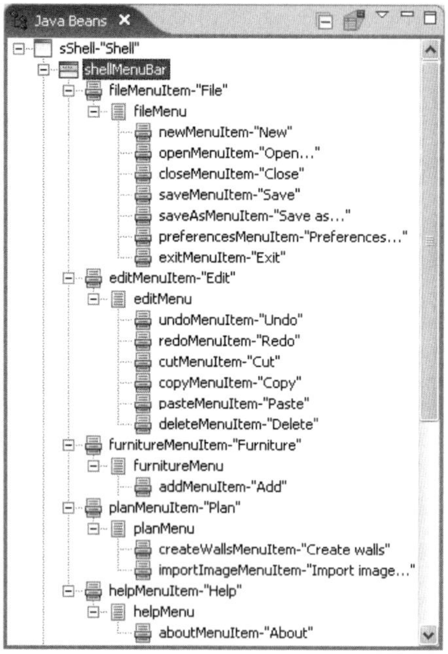

Figure 3–16 Arborescence des menus SWT dans la vue JavaBeans

SWT Menus, sous-menus et éléments de menus

Un système de menus SWT se construit uniquement à l'aide des classes `Menu` et `MenuItem`, auxquelles on affecte des styles différents à leur instanciation. La classe `Menu` sert aux barres de menus (style BAR) et aux menus contextuels (style POP_UP), tandis que la classe `MenuItem` sert aux éléments visualisés à l'écran : style PUSH pour un élément de menu normal, style CHECK pour un élément de menu coché... Seule la création d'un sous-menu est un peu compliquée car elle nécessite de recourir à ces deux classes en même temps : une instance de `MenuItem` de style CASCADE pour l'intitulé du sous-menu et une instance de `Menu` de style DROP_DOWN (style par défaut) à laquelle sont rattachés les éléments du sous-menu. Pour le sous-menu *File* avec un élément *New*, ceci donne par exemple le code suivant :

```
MenuItem fileMenuItem =
  new MenuItem(shellMenuBar, SWT.CASCADE); ❶
fileMenuItem.setText("File");
Menu fileMenu = new Menu(fileMenuItem); ❷
MenuItem newMenuItem = new MenuItem(fileMenu, SWT.PUSH);
newMenuItem.setText("New");
```

VE gère cette subtilité parfaitement et c'est pourquoi il vous demande de saisir le nom de deux variables à la création d'un élément `MenuItem.SubMenu` : l'une pour l'instance de `Menu` ❷ puis l'autre pour l'instance de `MenuItem` ❶.

Une fois qu'elle a obtenu l'arborescence de menus qu'elle voulait (voir figure 3-16), elle lance l'application pour la tester en sélectionnant *Run As>SWT Application* dans le menu contextuel de la classe `SweetHome3DSwtDraft`.

Configuration des composants

Il faut maintenant initialiser les propriétés des composants de la fenêtre, comme les textes affichés par l'arbre et le tableau, les images des labels et des boutons. Margaux effectue ces changements en choisissant le composant à modifier dans la vue *JavaBeans* puis en modifiant ses propriétés dans la vue *Properties* ou en éditant le code dans l'éditeur de texte.

SWT Labels avec texte et image

Notez que, contrairement à la classe `javax.swing.JLabel`, la classe `org.eclipse.swt.widgets.Label` ne permet de créer des labels qui affichent une image et un label en même temps, ce qui fait que l'appel à `setText` ❶ n'a pas d'effet si le label a une image qui lui est associée ❷. Pour obtenir un label avec un texte et une image, il faut recourir à la classe `org.eclipse.swt.custom.CLabel`.

Images des labels

Pour les labels `planLabel` et `view3DLabel`, Margaux utilise les mêmes fichiers d'images `plan.png` et `view3D.jpg` que pour la maquette Swing, qui sont déjà intégrés dans le projet sous forme de ressources. Similairement aux opérations représentées figure 3-10, elle clique donc sur le champ `planLabel` dans la vue *JavaBeans*, puis sur le bouton qui apparaît dans sa propriété *image* pour sélectionner l'image com.eteks.sweethome3d.draft.resources.plan.png dans la boîte de dialogue *Select an image file*. Elle renouvelle la même opération pour le champ view3DLabel pour lequel elle choisit l'image view3D.jpg comme image. Finalement, pour centrer ces deux labels d'image dans leur panneau à ascenseurs lorsque celui-ci est plus grand que le label qu'il contient, elle affecte la valeur true aux propriétés expandHorizontal et expandVertical aux deux instances planScrolledComposite et view3DScrolledComposite qui contiennent les labels planLabel et view3DLabel.

L'effet des deux dernières opérations a modifié l'implémentation des méthodes createPlanScrolledComposite et createView3DScrolledComposite où sont créés les labels planLabel et view3DLabel. Margaux édite ces méthodes pour y ajouter le calcul de la taille minimale des panneaux à ascenseurs en fonction du label affiché, ce qui pour la méthode createPlanScrolledComposite donne :

```
private void createPlanScrolledComposite() {
  planScrolledComposite = new ScrolledComposite(rightSashForm,
                                   SWT.V_SCROLL | SWT.H_SCROLL);
  planScrolledComposite.setExpandHorizontal(true);
  planScrolledComposite.setExpandVertical(true);
  planLabel = new Label(planScrolledComposite, SWT.CENTER);
  planLabel.setText("Label");
  planLabel.setImage(new Image(Display.getCurrent(),
      getClass().getResourceAsStream(
      "/com/eteks/sweethome3d/draft/resources/plan.png")));
  Point size = planLabel.computeSize(SWT.DEFAULT, SWT.DEFAULT);
  planLabel.setMinSize(size.x, size.y);

  planScrolledComposite.setContent(planLabel);
}
```

Modification : calcul de la taille minimum du panneau à ascenseurs.

Images des boutons de la barre d'outils

Pour les images des boutons de la barre d'outils, Margaux réutilise les images Cut16.gif, Copy16.gif et Paste16.gif du dossier com.eteks.sweethome3d.draft.resources, en modifiant respectivement la propriété *image* des champs cutToolItem, copyToolItem et pasteToolItem. Elle clique ensuite sur l'objet coolBar et modifie comme suit la méthode createCoolBar pour affecter des dimensions correctes à l'élément coolItem qui affiche la barre d'outils editToolBar.

> REGARD DU DÉVELOPPEUR **Dimensions par défaut des composants**
>
> Certains composants comme les barres d'outils ou ceux visualisés par des panneaux à ascenseurs n'ont pas de dimensions correctes par défaut, ce qui vous oblige malheureusement à programmer ce calcul. Espérons qu'il s'agit de quelques erreurs de jeunesse de SWT et/ou de VE !

Modification : calcul de la taille de l'élément `coolItem` qui contient la barre d'outils.

```
private void createCoolBar() {
  coolBar = new CoolBar(sShell, SWT.NONE);
  createEditToolBar();
  CoolItem coolItem = new CoolItem(coolBar, SWT.NONE);
  coolItem.setControl(editToolBar);
  Point size = editToolBar.computeSize(SWT.DEFAULT, SWT.DEFAULT);
  coolItem.setSize(coolItem.computeSize(size.x, size.y));
}
```

Arbre des meubles

Pour l'arbre du catalogue des meubles représenté par le champ `catalogTree`, Margaux modifie l'implémentation de la méthode `createCatalogTree` qui apparaît dans l'éditeur de texte pour créer un arbre d'objets de classe `TreeItem` pour les meubles, défini comme suit :

Début de la modification : création du nœud des feuilles représentant les meubles de la chambre.

Création du nœud et des feuilles représentant les meubles de salon.

Fin de la modification.

```
private void createCatalogTree() {
  catalogTree = new Tree(leftSashForm, SWT.NONE);
  TreeItem bedroom = new TreeItem(catalogTree, SWT.NONE);
  bedroom.setText("Bedroom");
  TreeItem bed140x190 = new TreeItem(bedroom, SWT.NONE);
  bed140x190.setText("Bed 140x190");
  TreeItem chest = new TreeItem(bedroom, SWT.NONE);
  chest.setText("Chest");
  TreeItem bedsideTable = new TreeItem(bedroom, SWT.NONE);
  bedsideTable.setText("Bedside table");

  TreeItem livingRoom = new TreeItem(catalogTree, SWT.NONE);
  livingRoom.setText("Living Room");
  TreeItem bookcase = new TreeItem(livingRoom, SWT.NONE);
  bookcase.setText("Bookcase");
  TreeItem chair = new TreeItem(livingRoom, SWT.NONE);
  chair.setText("Chair");
  TreeItem roundTable = new TreeItem(livingRoom, SWT.NONE);
  roundTable.setText("Round table");
}
```

Tableau des meubles

Margaux crée les 4 colonnes *Name*, *W*, *D* et *H* du tableau des meubles en cliquant alternativement sur l'élément `TableColumn` de la palette *SWT Controls* et sur le champ `furnitureTable`, puis modifie leur titre et leur largeur dans leur vue *Properties*, comme indiqué dans la figure 3-17.

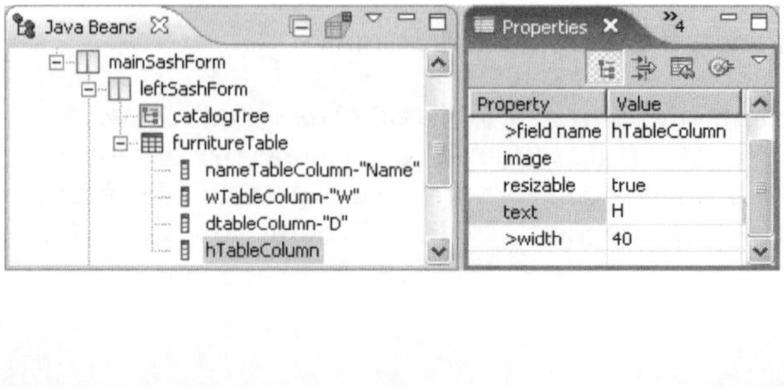

Figure 3–17
Ajout des colonnes au tableau des meubles

Pour ajouter cinq lignes de données dans le tableau, elle édite la méthode `createFurnitureTable` pour créer les objets de classe `TableItem` adéquats et obtient :

```
private void createFurnitureTable() {
  furnitureTable = new Table(leftSashForm, SWT.NONE); ❶
  furnitureTable.setHeaderVisible(true);
  furnitureTable.setLinesVisible(true);
  TableColumn nameTableColumn =
      new TableColumn(furnitureTable, SWT.NONE); ❷
  nameTableColumn.setWidth(60);
  nameTableColumn.setText("Name");
  TableColumn lTableColumn =
      new TableColumn(furnitureTable, SWT.NONE);
  lTableColumn.setWidth(40);
  lTableColumn.setText("W");
  TableColumn dTableColumn =
      new TableColumn(furnitureTable, SWT.NONE);
  dTableColumn.setWidth(40);
  dTableColumn.setText("D");
  TableColumn hTableColumn =
      new TableColumn(furnitureTable, SWT.NONE);
  hTableColumn.setWidth(40);
  hTableColumn.setText("H");
  TableItem item = new TableItem(furnitureTable, SWT.NONE); ❸
  item.setText(new String [] {"Bed", "140", "190", "50"});
  item = new TableItem(furnitureTable, SWT.NONE);
  item.setText(new String [] {"Chest", "100", "80", "80"});
  item = new TableItem(furnitureTable, SWT.NONE);
  item.setText(new String [] {"Chest", "100", "80", "80"});
  item = new TableItem(furnitureTable, SWT.NONE);
  item.setText(new String [] {"Table", "110", "110", "75"});
  item = new TableItem(furnitureTable, SWT.NONE);
  item.setText(new String [] {"Chair", "45", "45", "90"});
  item = new TableItem(furnitureTable, SWT.NONE);
  item.setText(new String [] {"Bookcase", "90", "30", "180"});
}
```

SWT Construction d'un tableau

Un tableau SWT se construit à l'aide des classes `Table` ❶, `TableColumn` ❷ qui décrivent chacune des colonnes, et `TableItem` ❸ qui renseigne les valeurs affichées dans chaque ligne.

Début de la modification : ajout des lignes avec leurs données.

Fin de la modification.

Boîte de dialogue About

Margaux implémente le listener du menu *Help>About* en sélectionnant l'élément *Events>Add Events...* dans le menu contextuel associé au champ `aboutMenuItem` (voir figure 3-11). Dans la boîte de dialogue *Add Event* qui s'affiche, représentée figure 3-18, elle sélectionne l'événement *Selection>widgetSelected* puis clique sur le bouton *Finish*. VE crée l'implémentation à vide du listener de cet évènement et l'affiche dans l'éditeur de texte pour lui permettre de la modifier. Margaux modifie alors la méthode `widgetSelected` pour afficher une boîte de dialogue avec un message, comme suit :

Implémentation du listener avec une classe anonyme ▸

Début de la modification : affichage d'une boîte de dialogue avec un message. ▸

Fin de la modification. ▸

```
aboutMenuItem.addSelectionListener(
    new org.eclipse.swt.events.SelectionListener() {
      public void widgetSelected(
                     org.eclipse.swt.events.SelectionEvent e) {
        MessageBox aboutMessageBox =
            new MessageBox(sShell, SWT.OK);
        aboutMessageBox.setMessage(
            "Sweet Home 3D Draft\n© Copyrights 2006 eTeks");
        aboutMessageBox.setText("About");
        aboutMessageBox.open();
      }
      public void widgetDefaultSelected(
                     org.eclipse.swt.events.SelectionEvent e) {
      }
    });
```

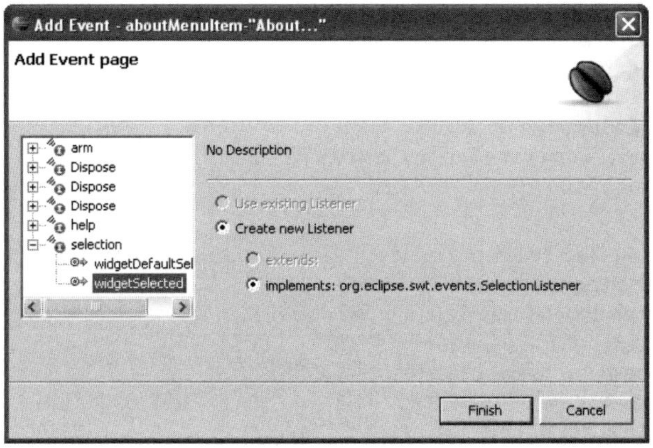

Figure 3–18
Implémentation du listener SelectionListener

Margaux renouvelle l'opération précédente pour le menu `exitMenuItem` en implémentant son listener avec l'instruction `System.exit(0);`.

Fenêtre

Pour la fenêtre représentée par la racine de l'arborescence de la vue *JavaBeans*, Margaux change ses propriétés *text* et *size* avec les valeurs `Sweet Home 3D` et `800,700`. Afin que la zone à droite du panneau partagé principal `mainSashForm` occupe plus d'espace dès le lancement de l'application, elle ajoute finalement à la fin de la méthode `createMainSashForm` la ligne suivante qui donne 30 % de l'espace disponible en largeur à la zone de gauche et 70 % à la zone de droite :

```
mainSashForm.setWeights(new int [] {30, 70});
```

Margaux lance l'application, obtient la maquette représentée figure 3-19 puis archive son travail dans le référentiel CVS.

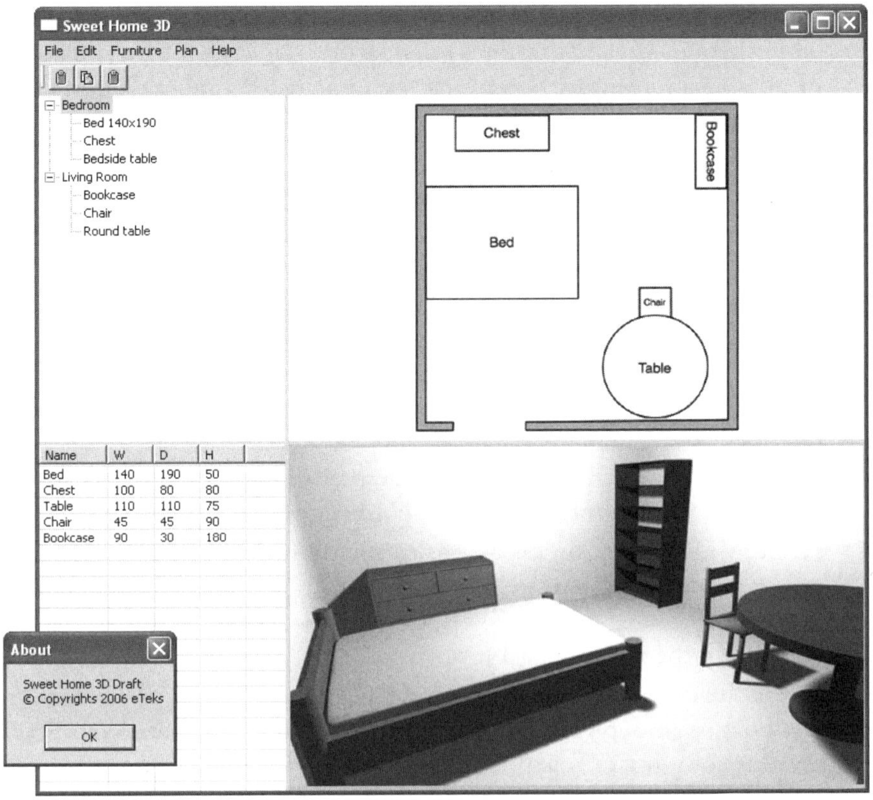

Figure 3–19
Application finale SweetHome3DSwtDraft

Choix de la bibliothèque de composants graphiques

Les maquettes Swing et SWT donnent des résultats comparables autant en termes d'apparence que de difficulté à développer ; mais il existe d'autres arguments que l'équipe doit prendre en compte pour le développement réel de leur application :

- L'homogénéité de la bibliothèque : bien que très homogène dans sa conception, la bibliothèque Swing est basée sur AWT, ce qui nécessite de connaître autant les classes des packages `javax.swing` que celles des packages `java.awt`, pour recourir par exemple aux layouts et aux fonctionnalités des super-classes `Component` et `Container` des composants Swing . Conçues sur des bases entièrement nouvelles, les bibliothèques SWT/JFace semblent plus hétérogènes avec leurs packages `org.eclipse.swt.widgets`, `org.eclipse.swt.custom` et `org.eclipse.jface.viewer` et les nombreuses classes qu'elles contiennent qui font doublons.

POUR ALLER PLUS LOIN Quelques tutoriaux

Le tutorial Swing de Sun Microsystems est disponible à l'adresse suivante :
- http://java.sun.com/docs/books/tutorial/uiswing/

Quelques tutoriaux SWT pour débuter :
- http://www.cs.umanitoba.ca/~eclipse/
- http://www.jmdoudoux.fr/java/dej/chap015.htm

- La quantité et la qualité des documentations dédiées à ses deux bibliothèques (livres, tutoriaux) : la partie consacrée à Swing dans le tutorial Java fourni par Sun n'a par exemple pas vraiment d'équivalent aussi complet pour SWT/Jface.
- La disponibilité de support online comme des FAQ maintenues à jour, des forums ou des archives de newsgroups, pour faciliter la recherche sur des points délicats : la relative jeunesse de SWT et son côté non « standard » joue ici clairement en sa défaveur.
- Les performances des deux bibliothèques : ce thème hautement sujet à polémique puisqu'il est l'une des raisons principales pour lesquelles SWT a été créé, donne probablement l'avantage à SWT, ne serait-ce que pour son architecture plus légère ; mais depuis 2000, l'amélioration des performances tant des processeurs que de la JVM avec notamment le *Class Data Sharing*, permet d'obtenir des applications Swing qui fonctionnent tout à fait correctement.
- La durée de formation ou de mise à niveau des membres de l'équipe qui, comme la plupart des développeurs, ont une formation plus avancée sur Swing que sur SWT, car la bibliothèque Swing fait partie de la bibliothèque standard Java.
- La facilité de déploiement : comme une application SWT fait appel à des DLL, son déploiement sous forme d'application Java Web Start est plus compliquée que pour une application Swing.
- La disponibilité et l'intégration de la 3D : c'est finalement ici l'argument qui donne l'avantage définitif au couple Swing/Java 3D, car SWT n'apporte actuellement pas d'aide pour le développement en 3D ; il existe bien différentes bibliothèques 3D pour SWT comme LWJGL qui est en cours de finalisation, mais la maturité de la bibliothèque Java 3D et sa simplicité de mise en œuvre semble mieux convenir à notre étude de cas !

REGARD DU DÉVELOPPEUR Performances d'une application graphique Java

Les mauvaises performances apparentes d'une application ne sont pas toujours dues à la bibliothèque graphique ou au langage utilisés. Elles peuvent provenir aussi de son architecture. Avec une application nécessitant l'accès à un serveur, des ralentissements peuvent par exemple, survenir suite à une disponibilité insuffisante du serveur ou des requêtes trop complexes sur une base de données. Une programmation non optimale du modèle d'un composant fondé sur une architecture MVC peuvent aussi ralentir fortement l'application quand ce modèle doit manipuler de nombreuses données.

Finalement, ces arguments et l'envie de l'équipe de développement d'aboutir à un résultat correct d'intégration d'une application Swing dans le système poussent l'équipe à choisir les bibliothèques Swing et Java 3D. Néanmoins, Matthieu charge Thomas de concevoir un modèle qui puisse s'adapter à une autre bibliothèque graphique afin de minimiser les changements à opérer, s'il s'avère qu'à l'avenir Swing ou Java 3D doivent être remplacées.

B.A.-BA Java 3D

Java 3D est une bibliothèque d'extension de haut niveau basée sur AWT et OpenGL (ou DirectX) qui permet de représenter des scènes 3D. Par haut niveau, il faut comprendre que Java 3D simplifie la programmation d'une application prévue pour afficher un ensemble de formes en 3 dimensions.

▸ https://java3d.dev.java.net/

En résumé...

Ce chapitre vous a présenté les différents éléments qui composent les bibliothèques graphiques Swing et SWT/JFace. À travers quelques exemples simples et la création de la maquette de l'étude de cas avec Visual Editor dans Eclipse, vous avez pu vous rendre compte que ces bibliothèques utilisent des concepts très proches, ce qui facilitera votre transition si un jour vous devez passer de l'une vers l'autre pour vos développements.

chapitre 4

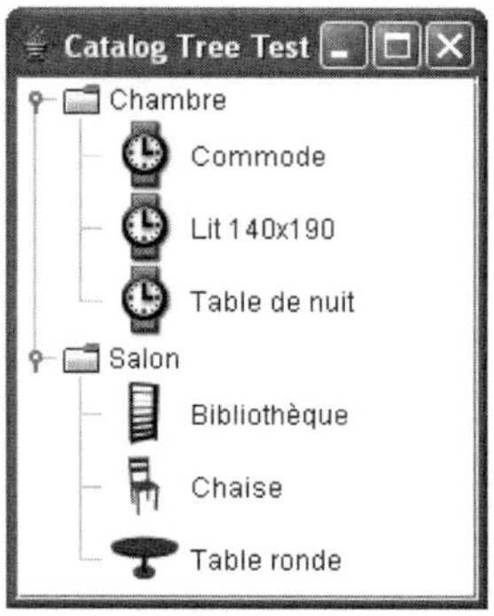
Catalog Tree Test
Chambre
Commode
Lit 140x190
Table de nuit
Salon
Bibliothèque
Chaise
Table ronde

Arbre du catalogue des meubles

Le choix des outils et des bibliothèques graphiques étant fixé, l'équipe peut maintenant s'atteler au développement de leur projet. Ils débutent par le scénario qui doit aboutir à la création de l'arbre du catalogue des meubles présenté à l'utilisateur.

SOMMAIRE

MOTS-CLÉS

- Design pattern
- Singleton
- Décorateur
- Proxy virtuel
- Diagramme de classes
- Diagramme de séquence
- JUnit
- JTree
- TreeModel
- TreeCellRenderer
- Localisation
- Refactoring

B.A.-BA **Refactoring**

S'inspirant du principe de factorisation mathématique, le refactoring (quelque fois traduit en français par *refactorisation* ou *remaniement*) consiste à modifier le code source d'un programme pour en améliorer la lisibilité et la maintenabilité sans y ajouter de fonctionnalité. Le menu *Refactor* d'Eclipse propose certaines opérations automatisables de refactoring comme le renommage d'une classe, d'une méthode... ou la création d'une méthode à partir d'une portion de code.

▸ http://fr.wikipedia.org/wiki/Refactorisation

Scénario n° 1

Le premier scénario établi par Sophie qui joue le rôle de cliente a pour but de créer le catalogue des meubles mis à disposition par défaut à l'utilisateur. Les programmeurs Thomas et Margaux vont traduire ce scénario sous forme d'un programme de test, puis développer les classes qui lui permettront de compiler et de fonctionner finalement sans erreur. Techniquement, le développement de ce scénario nous permettra d'aborder les sujets suivants :

- la création de tests à l'aide de la bibliothèque JUnit intégrée à Eclipse ;
- la génération des classes citées dans un programme de test ;
- la séparation des classes en couches logicielles indépendantes ;
- l'utilisation de la classe `javax.swing.JTree` avec un modèle de données ;
- la mise en place de la localisation pour adapter automatiquement les textes présentés à l'utilisateur dans l'interface graphique en fonction de sa langue ;
- le refactoring pour améliorer la conception des classes.

Spécifications de l'arbre du catalogue

Au cours de la rédaction de ce premier scénario, Sophie décrit d'abord les principales caractéristiques du catalogue des meubles :

- Le logiciel proposera un catalogue de meubles par défaut, qui pourra évoluer d'une version à l'autre du logiciel.
- Ce catalogue sera organisé par catégories qualifiées par leur nom.
- Chaque meuble du catalogue sera caractérisé par son nom, son icône, ses dimensions, s'il est déménageable ou non, et s'il constitue une porte ou une fenêtre.
- Les noms des meubles et des catégories seront localisés en français et en anglais.
- Les meubles du catalogue seront présentés à l'écran dans un arbre qui listera dans l'ordre alphabétique le nom de chaque catégorie ainsi que l'icône et le nom des meubles de chaque catégorie.

Scénario de test

À partir des spécifications précédentes, Sophie rédige le scénario de test suivant :

1. Lire le catalogue des meubles fourni par défaut à partir du fichier de configuration **anglais** et récupérer les noms de la première catégorie et du premier meuble.

2 Lire le catalogue des meubles fourni par défaut à partir du fichier de configuration **français** et vérifier que les noms de la première catégorie et du premier meuble de cette liste sont différents de ceux récupérés au premier point.

3 Construire à partir du catalogue français un arbre organisé par catégories et affichant les icônes et les noms des meubles de chaque catégorie.

4 Vérifier que les catégories et les meubles dans chaque catégorie sont listés par ordre alphabétique dans l'arbre.

Les fichiers de configuration contiendront les six meubles organisés en deux catégories qui ont été cités dans la maquette, c'est-à-dire les meubles représentant un lit, une commode et une table de nuit pour la catégorie « chambre », et les meubles représentant une bibliothèque, une chaise et une table ronde pour la catégorie « salon ». Sophie fournira aux programmeurs les fichiers d'images utilisés pour représenter les meubles sous forme d'icône. Enfin, elle demande aux développeurs d'ajouter à leur programme de test une application qui affichera dans une fenêtre l'arbre créé, pour qu'elle puisse visualiser graphiquement le résultat.

> ATTENTION **Pas de modification de la liste**
>
> Il est rappelé que ce premier scénario ne s'attache qu'à proposer une liste initiale de meubles qui aidera l'utilisateur à démarrer. La modification de cette liste et la sauvegarde de ces modifications ne seront traitées qu'au cours du scénario n° 17.

Architecture des classes du scénario

Avant de se lancer dans la programmation de ce scénario, Thomas et Margaux réfléchissent aux différents concepts qui y sont exprimés pour en déduire l'architecture des classes qu'ils auront besoin de créer.

Concepts du logiciel

À la lecture du scénario n° 1, Thomas identifie les concepts suivants :

- la notion de *meuble* identifié par son nom et une icône ;
- le concept de *catégorie* regroupant un ensemble de meubles ;
- la notion de *catalogue* de meubles par défaut ;
- le concept d'*arbre* visualisant un catalogue.

Classes associées aux concepts

La liste précédente laisse apparaître des concepts associés les uns aux autres, comme celui de catégorie ou de catalogue lié à celui de meuble. D'autres n'en forment a priori qu'un seul, comme la notion d'arbre qui peut être regroupée avec celle de catalogue. Thomas en déduit ainsi un premier diagramme UML de classes présenté figure 4-1, qui symbolise les classes et les liens suivants.

- Une catégorie (instance de `Category`) contient un ensemble de meubles (instances de `CatalogPieceOfFurniture`).
- L'arbre du catalogue (instance de `CatalogTree`) contient un ensemble de catégories de meubles.

DANS LA VRAIE VIE Identificateur de la classe de meuble

Tout d'abord sachez qu'en anglais, *furniture* signifie le mobilier ou un ensemble de meubles et *a piece of furniture* signifie un meuble. En tenant compte uniquement des concepts du scénario n° 1, Thomas aurait pu appeler la classe de meuble simplement `PieceOfFurniture`, et la renommer éventuellement au cours des autres scénarios, s'il s'avérait nécessaire de différencier les meubles du *catalogue* et les meubles du *logement*. Même si la classe `PieceOfFurniture` avait déjà été référencée dans d'autres classes, cette opération de renommage aurait été simple à effectuer en recourant au menu *Refactor>Rename...* d'Eclipse. Nous avons préféré préfixer immédiatement la classe `PieceOfFurniture` par `Catalog` pour éviter cette opération de renommage et faciliter une lecture non linéaire de l'ouvrage.

B.A.-BA Associations dans un diagramme UML de classes

En UML, une association entre deux classes est représentée par une ligne qui les relie et où figure une information de multiplicité à chaque extrémité. Dans la figure 4-1, l'intervalle 0..* (noté aussi *) à l'extrémité de la ligne reliant les classes `Category` et `CatalogPieceOfFurniture`, indique qu'une catégorie de meubles peut contenir entre 0 et un nombre quelconque de meubles, tandis que la valeur 1 à l'autre extrémité indique qu'un meuble appartient à une catégorie. Un losange vide à l'extrémité des lignes représente une relation d'*agrégation* et exprime que la classe à côté du losange contient des objets d'une autre classe, tandis qu'un losange plein représente une relation de *composition* qui est une relation plus forte que celle d'agrégation dans le sens où tout meuble appartient ici à une catégorie. Si besoin est, une association peut être aussi nommée pour préciser la relation entre deux classes qu'elle représente.

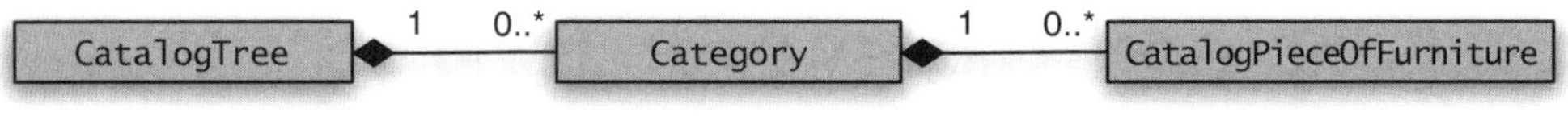

Figure 4–1 Diagramme des classes associées aux concepts du scénario n° 1

REGARD DU DÉVELOPPEUR Agrégation vs composition

La nuance entre une association d'agrégation et une association de composition est surtout importante pour gérer ces liens dans un langage comme le C++, qui ne dispose pas de ramasse-miettes (*garbage collector*). Comme c'est alors au programmeur de supprimer tous les objets qui ne sont plus utiles, autant lui donner quelques pistes à l'issue de l'analyse qui l'aideront à déterminer quand un objet n'est plus utile. La relation de composition simplifie la programmation de la suppression de certains objets puisqu'elle exprime qu'un objet dépend exclusivement d'un autre objet par la relation *à un* ; par exemple, l'association de composition dans la figure 4-1 montre que tout meuble appartient à une catégorie, ce qui permet de programmer en C++ la suppression de toutes les instances de `CatalogPieceOfFurniture` dans le destructeur de la classe `Category`. Basée aussi sur la relation *à un*, une association d'agrégation est moins forte car elle n'implique pas qu'un objet dépende exclusivement d'un autre objet ; dans ce cas, un programmeur C++ ne pourra plus supprimer d'office l'objet qui dépend d'un autre, et devra programmer autrement cette suppression...

Architecture à trois couches

Même si les classes `CatalogTree`, `Category` et `CatalogPieceOfFurniture` pourraient suffire en l'état pour débuter la programmation du scénario, Thomas et Margaux ne sont pas satisfaits par leur première idée. Matthieu leur a demandé notamment de concevoir des classes capables de s'adapter à une autre bibliothèque graphique comme SWT ; s'ils s'en tiennent à cette première solution, ce changement impliquera de profondes modifications de la classe `CatalogTree` avec tous les risques de régression que cela comporte. Ils savent aussi d'après les spécifications du projet, qu'ils devront enregistrer les modifications faites par l'utilisateur sur l'arbre du catalogue quand ils en arriveront au scénario n° 17 « Ajout/suppression de meuble au catalogue ». La programmation de la lecture et de l'enregistrement du catalogue nécessitera par conséquent elle aussi de modifier la classe `CatalogTree` et peut-être aussi les autres classes. Cette intervention risque d'être d'autant plus complexe à programmer si Thomas a besoin d'adapter la lecture d'un système de fichiers de configuration fournis en ressource (qui est le moyen qu'il veut utiliser pour lire le catalogue par défaut), à un autre système de sauvegarde qui permette les modifications (base de données, fichier simple...).

L'équipe préfère concevoir dès maintenant une solution qui les guidera pour la programmation de tous les scénarios, et qui leur permettra de limiter les régressions au cours des modifications successives apportées aux classes. Ils se tournent donc vers une architecture classique qui sépare en trois couches (*layers* en anglais) les classes d'un logiciel suivant leur fonction :

- la couche *présentation* qui prend en charge l'interface utilisateur ;
- la couche *métier* (ou *business layer*) implémentée à partir de l'analyse des tâches que l'utilisateur doit accomplir avec le logiciel par le biais de l'interface utilisateur ;
- la couche *persistance* qui s'occupe de gérer l'enregistrement et la lecture des données des objets de la couche métier sur le disque dur ou un autre support.

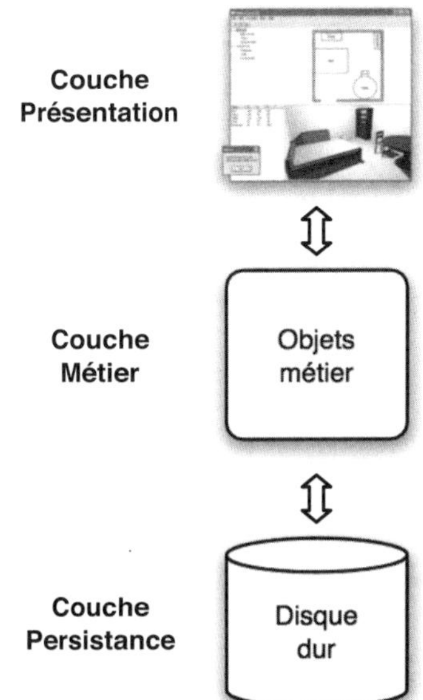

Figure 4–2 Architecture trois couches

Cette architecture a l'avantage de ne pas soumettre les *objets métier* issus de la couche métier à des contraintes issues des changements du côté de l'interface utilisateur (par exemple, par l'ajout d'un composant Swing supplémentaire présentant différemment les données de ces objets, le passage de Swing à SWT ou l'ajout d'une interface web) ou du côté du système de persistance (par exemple, par le recours à une base de données au lieu d'un simple système de fichiers). Pour la mettre en œuvre correctement, il est préférable de ne créer aucune interdépendance entre les classes de chacune de ces couches, en ne concevant que des liens de dépendance unidirectionnelle entre ces trois couches. Pour mieux contrôler ces liens de dépendance en Java, Thomas décide de créer un package pour chaque couche et de n'ajouter à chacun de ces packages que des classes dédiées à la couche qui lui correspond, à savoir :

- le package `com.eteks.sweethome3d.model` pour les classes de la couche métier ;
- le package `com.eteks.sweethome3d.swing` pour les classes de l'interface utilisateur ;
- le package `com.eteks.sweethome3d.io` pour les classes de la couche persistance.

CONVENTIONS Nommage des packages

Si les conventions d'usage conseillent de débuter les packages par le nom de domaine inversé de l'entreprise éditrice du logiciel, il n'en existe pas pour le nommage des couches. Les suffixes `model`, `swing` et `io` ont été choisis pour leur brièveté, parce que la couche présentation retenue pour Sweet Home 3D est programmée en Swing, et que la couche métier représentera le modèle de l'architecture MVC mise en place dans le second scénario.

JAVA Une couche = un package

En Java, l'utilisation des packages est un bon moyen pour séparer les différentes couches de classes. Comme toute classe d'un package différent du package courant doit être importée en Java, une clause `import` crée dans le code source une dépendance explicite envers les classes d'une autre couche. Si vous voulez contrôler que les classes de la couche métier ne dépendent pas des classes de la couche présentation, il suffit alors de vérifier ici qu'aucune clause d'importation des classes du package `com.eteks.sweethome3d.swing` n'apparaît dans les classes du package `com.eteks.sweethome3d.model`. Vous pouvez même automatiser cette tâche grâce des outils comme JDepend ou JMetra.

▸ http://clarkware.com/software/JDepend.html

▸ http://hypercision.com/jmetra/

La notation UML exprime une dépendance unidirectionnelle entre deux packages ou deux classes grâce à une flèche pointillée les reliant comme dans la figure 4-3.

Diagramme UML des classes du scénario n° 1

Suite à la décision de recourir à une architecture à trois couches, Thomas repense la conception de ses premières classes et décide en conséquence de diviser en trois la classe `CatalogTree` :

- la classe abstraite `com.eteks.sweethome3d.model.Catalog` dans la couche métier pour représenter un catalogue de meubles ;
- sa sous-classe concrète `com.eteks.sweethome3d.io.DefaultCatalog` dans la couche persistance pour gérer la lecture de la liste des meubles par défaut à partir d'un fichier de configuration ;
- la classe `com.eteks.sweethome3d.swing.CatalogTree` sous-classe de `javax.swing.JTree` dans la couche présentation pour gérer l'affichage du catalogue dans un arbre.

Il représente les classes des trois couches dans le diagramme des classes de la figure 4-3, avec pour chacune d'elles les méthodes et les constructeurs dont il aura besoin pour le programme de test du scénario :

- les méthodes `getCategories` et `getFurniture` des classes `Catalog` et `Category` qui renverront les catégories du catalogue et les meubles d'une catégorie classés par ordre alphabétique ;

- les méthodes `getName` des classes `Category` et `CatalogPieceOfFurniture` qui renverront le nom d'une catégorie et d'un meuble.

Il a ajouté par ailleurs à la classe `CatalogPieceOfFurniture` les autres méthodes qui permettront d'obtenir les caractéristiques des meubles lues dans un fichier de configuration de catalogue.

Le diagramme UML de la figure 4-21 située en fin de chapitre présente la version finale des classes et des méthodes `public` développées dans ce chapitre. Référez-vous y en cas de besoin.

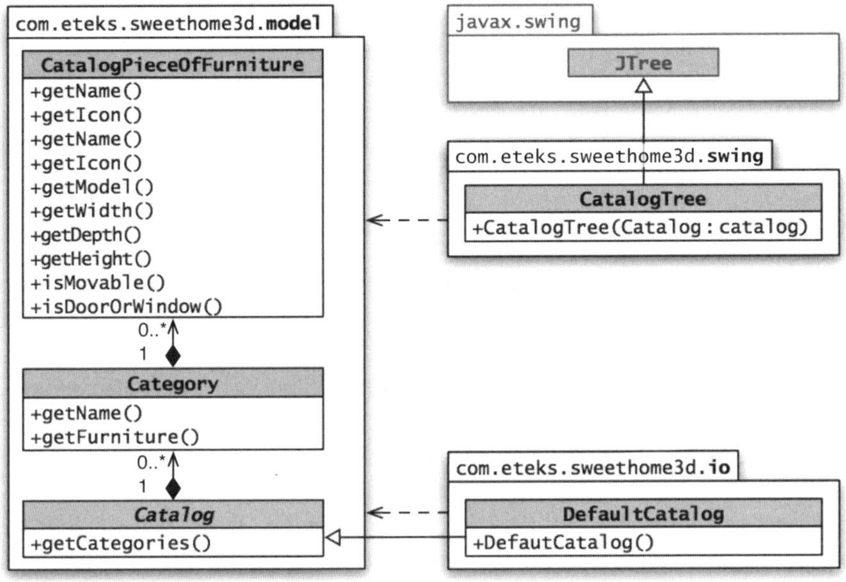

Figure 4–3
Diagramme des classes du scénario n° 1

B.A.-BA
Notation UML des modificateurs d'accès

Le tableau ci-dessous résume la signification des symboles des modificateurs d'accès de la notation UML.

Notation UML	Modificateur d'accès
-	`private`
~	protégé package
#	`protected`
+	`public`

Tous les diagrammes UML de cet ouvrage sont basés sur la norme UML 2 développée par l'OMG.
▸ http://www.uml.org/

REGARD DU DÉVELOPPEUR
Ajouter des classes dans un projet

L'ajout de classes en réponse à des problèmes d'architecture doit être avant tout motivé par une clarification de celle-ci en vue de sa maintenance, ou l'amélioration de l'organisation des classes en vue d'anticiper de futurs changements. Pour atteindre cet objectif, il vaut mieux chercher à résoudre votre problème à l'aide d'un design pattern ou d'une solution d'architecture connue (comme MVC ou aussi une architecture à trois couches), plutôt que d'essayer de concevoir une nouvelle solution. Non seulement, les solutions éprouvées que les design patterns proposent vous guideront pour aboutir à une bonne solution, mais ils vous permettront aussi de communiquer plus facilement sur la solution retenue avec les autres développeurs, grâce à un vocabulaire que nombre d'entre eux comprennent à force d'avoir été confronté aux mêmes problèmes de conception. À l'opposé, n'en abusez pas car, pour toute personne appelée à maintenir un logiciel, plus de classes signifie aussi souvent plus de temps consacré à comprendre comment est programmé un logiciel, et ce, particulièrement pour les développeurs débutants qui ne disposent pas d'une expérience significative en programmation leur permettant de mesurer l'intérêt et la portée des design patterns.

B.A.-BA
Design patterns

Les *design patterns* sont un ensemble de modèles de conception de classes qui répondent aux problèmes les plus courants rencontrés en programmation objet. Par exemple, le design pattern *itérateur*, présent dans la bibliothèque standard Java sous la forme de l'interface `java.util.Iterator`, propose un moyen unique d'énumérer les éléments d'une collection quelle que soit la façon dont ils sont organisés en mémoire.

📖 *Design Patterns Tête la première*, Éric et Élisabeth Freeman, O'Reilly 2005

Programme de test de l'arbre du catalogue

Après l'analyse sur laquelle s'est accordée l'équipe, Thomas doit traduire de la façon la plus directe possible le scénario n° 1 sous la forme d'un programme de test. Ce type de programme comportera des instructions pour créer les objets et appeler leurs méthodes correspondantes aux comportements suggérés dans le scénario. Ce scénario contient aussi des tests que ces objets doivent subir pour vérifier leur bon comportement, comme ici la prise en compte de la langue de l'utilisateur ou la sélection des meubles dans l'arbre. En cas d'échec d'un de ces tests, l'exécution du programme de test devra reporter l'erreur au programmeur.

VERSIONS Junit 4

Junit 4, intégré à Eclipse 3.2, impose moins de contraintes pour l'écriture de classes de test : une classe de test ne doit plus obligatoirement dériver de la classe `junit.framework.TestCase` ; le préfixe `test` qui distingue les méthodes de test est remplacé par l'annotation `@Test` qui peut précéder n'importe quelle méthode. Enfin, les méthodes `setUp` et `tearDown` sont remplacées par les méthodes qui sont précédées des annotations `@Before` et `@After`.

JUnit

JUnit est le standard de facto utilisé en Java pour réaliser les programmes de test. Très simple à mettre en place et intégré à Eclipse, il consiste à écrire une ou plusieurs méthodes sans paramètre et sans valeur de retour, en les préfixant par `test` dans une sous-classe de `junit.framework.TestCase`. À l'intérieur de chaque méthode `test...`, un programmeur écrit l'ensemble des instructions formant un test cohérent en les alternant avec des appels aux méthodes `assertTrue`, `assertFalse`, `assertEquals`... héritées de `TestCase`, pour vérifier la validité d'une condition ou la valeur d'une variable.

JAVA 5 Annotations

Les annotations introduites dans Java 5 permettent d'ajouter des informations déclaratives avant la déclaration d'une classe, d'un champ, d'une méthode ou d'un constructeur grâce à des balises qui débutent par le symbole @ comme dans les commentaires javadoc. À la différence de ces derniers, les annotations sont écrites en dehors de tout commentaire et sont enregistrées dans les fichiers `.class`, ce qui permet éventuellement de les exploiter à l'exécution de la JVM sans les programmes sources.

▸ http://adiguba.developpez.com/tutoriels/java/tiger/annotations/

Test JUnit du scénario n° 1

La création d'une classe de test dans Eclipse n'est qu'un cas particulier de création de classe :

1. Thomas sélectionne le menu *File>New...>JUnit Test Case* ; au premier appel à ce menu, Eclipse lui propose d'ajouter la bibliothèque `junit.jar` au `classpath` de votre projet, option qu'il accepte pour que les classes de test puissent compiler.
2. En plus des informations liées à la création d'une nouvelle classe, la boîte de dialogue *New JUnit Test Case* qui s'affiche ensuite lui propose des options propres à JUnit, comme la génération des méthodes `setUp`, `tearDown` et du constructeur de la classe. Comme indiqué dans la figure 4-4, Thomas crée la classe `com.eteks.sweethome3d.junit.CatalogTreeTest` dans le dossier source `test` du projet.
3. Il implémente ensuite le scénario de test dans la méthode `testCatalogTreeCreation` de cette classe, à laquelle il ajoute aussi une méthode `main` pour tester visuellement l'arbre du catalogue des meubles.

POUR ALLER PLUS LOIN Méthodes setUp et tearDown

Les méthodes `setUp` et `tearDown` sont exécutées respectivement avant et après l'exécution de chaque méthode de test d'une classe JUnit. L'implémentation de ces méthodes peut être utile par exemple dans une classe de test, dont les méthodes `test...` ont toutes besoin d'une connexion, `setUp` se chargeant alors de l'ouverture de la connexion et `tearDown` de sa fermeture.

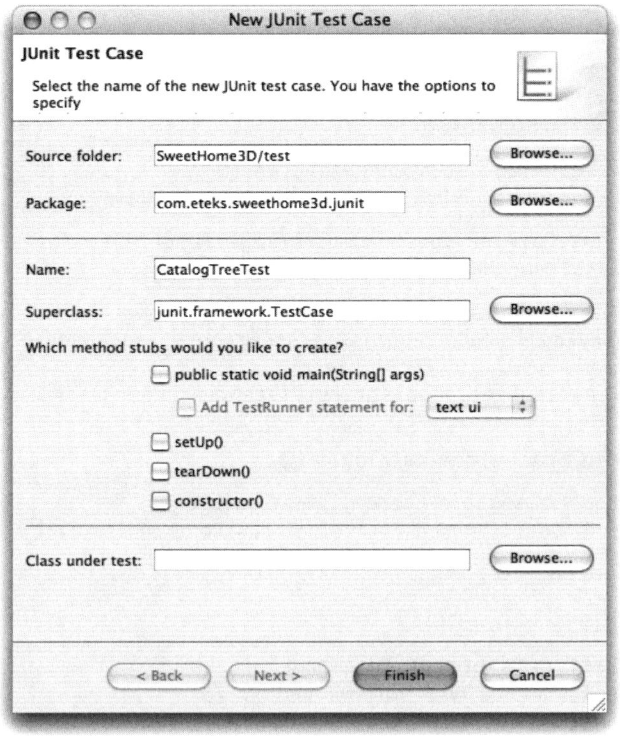

Figure 4–4
Création d'une classe de test JUnit

Classe com.eteks.sweethome3d.junit.CatalogTreeTest

```
package0com.eteks.sweethome3d.junit;

import0java.util.n;
import0javax.swing.n;
import0com.eteks.sweethome3d.model.Catalog;0❶
import0com.eteks.sweethome3d.model.Category;
import0com.eteks.sweethome3d.model.CatalogPieceOfFurniture;
import0com.eteks.sweethome3d.swing.CatalogTree;
import0com.eteks.sweethome3d.io.DefaultCatalog;
import junit.framework.TestCase;

public0class0CatalogTreeTest0extends TestCase0{
00public0void0testCatalogTreeCreationil0{
0000Locale.setDefaultiLocale.USl;0❷
0000Catalog0catalog0=0new0DefaultCatalogil;0❸

0000List<Category>0categories0=0catalog.getCategoriesil;
0000Category0firstCategory0=0categories.geti0l;0❹
0000String0firstCategoryEnglishName0=0firstCategory.getNameil;
0000List<CatalogPieceOfFurniture>0categoryFurniture0=
00000000firstCategory.getFurnitureil;0❺
```

◂ Importations des futures classes du logiciel.

◂ Super-classe des tests JUnit.

◂ Méthode testant le scénario n° 1.

◂ Création d'un catalogue des meubles lu à partir de fichiers de ressources en anglais.

◂ Obtention du nom anglais de la première catégorie.

◂ Obtention du nom anglais du premier meuble de la première catégorie.

```
    CatalogPieceOfFurniture firstPiece =
        categoryFurniture.get(0); ❻
    String firstPieceEnglishName = firstPiece.getName();
```

> Création d'un catalogue des meubles en français.

```
    Locale.setDefault(Locale.FRENCH); ❼
    catalog = new DefaultCatalog();
```

> Obtention du nom français de la première catégorie.

```
    firstCategory = catalog.getCategories().get(0);
    String firstCategoryFrenchName = firstCategory.getName();
```

> Obtention du nom français de son premier meuble.

```
    firstPiece = firstCategory.getFurniture().get(0);
    String firstPieceFrenchName = firstPiece.getName();
```

> Comparaison des noms des catégories et des meubles.

```
    assertFalse("Same name for first category",
       firstCategoryEnglishName.equals(firstCategoryFrenchName));
    assertFalse("Same name for first piece",
        firstPieceEnglishName.equals(firstPieceFrenchName)); ❽
```

> Création d'un arbre à partir du catalogue.

```
    JTree tree = new CatalogTree(catalog); ❾
```

> Vérification que le nœud racine est invisible et que les poignées des catégories sont présentes.

```
    assertFalse("Root is visible", tree.isRootVisible());
    assertTrue("Handles not showed", tree.getShowsRootHandles());❿
```

> Vérification de l'ordre alphabétique dans l'arbre.

```
    assertTreeIsSorted(tree); ⓫
  }
```

> Vérifie l'ordre alphabétique des catégories et des meubles dans l'arbre.

```
  public void assertTreeIsSorted(JTree tree) {
    fail("assertTreeIsSorted not implemented"); ⓬
  }
```

> Point d'entrée de l'application pour tester visuellement le résultat.

```
  public static void main(String [] args) {
```

> Création d'un arbre à partir du catalogue de meubles dans la langue par défaut et affichage de celui-ci dans une fenêtre.

```
    CatalogTree tree = new CatalogTree(new DefaultCatalog());
    JFrame frame = new JFrame("Catalog Tree Test");
    frame.add(new JScrollPane(tree));
    frame.pack();
    frame.setDefaultCloseOperation(JFrame.EXIT_ON_CLOSE);
    frame.setVisible(true);
  }
}
```

Dans la méthode `testCatalogTreeCreation`, les appels aux méthodes `assertFalse` et `assertTrue` ❽ ❿ permettent de vérifier une condition particulière ; la chaîne (optionnelle) en premier paramètre de ces méthodes représente le texte d'erreur qui sera affiché à l'exécution du test si la condition testée par une méthode `assert...` n'est pas vérifiée. Pour ne pas provoquer d'erreur, la condition citée en second paramètre de `assertTrue` doit être vraie et inversement pour la méthode `assertFalse`. Thomas programmera ultérieurement la méthode `assertTreeIsSorted` ⓫ une fois que lui et Margaux auront programmé le tri dans l'ordre alphabétique et la classe `CatalogTree`. En attendant, il implémente cette méthode en appelant la méthode `fail` ⓬ de JUnit avec un message qui lui rappelle qu'il doit implémenter cette méthode.

JAVA Interfaces de collections

Les classes de collections du package `java.util` sont basées sur une hiérarchie d'interfaces dont la liste des méthodes expriment leurs concepts fondamentaux, comme le fait de pouvoir en énumérer les éléments avec un itérateur. Par exemple, l'interface `java.util.List` implémentée par la classe `ArrayList` représente un ensemble d'objets ordonné par indice, tandis que l'interface `java.util.SortedSet` implémentée par la classe `TreeSet` représente un ensemble trié d'objets uniques. Il est rappelé qu'en UML, les classes abstraites et les interfaces se notent en italique et qu'un lien d'implémentation se distingue d'un lien d'héritage par un trait pointillé.

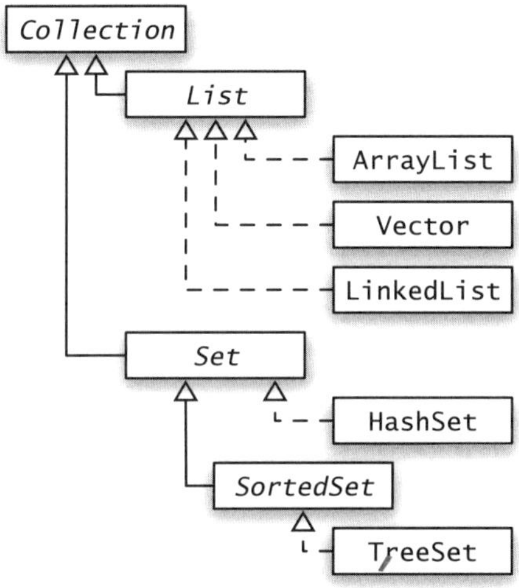

Thomas a introduit dans ce programme les cinq classes ❶ prévues pour ce scénario :

- la classe `com.eteks.sweethome3d.model.CatalogPieceOfFurniture` ❻ qui représente un meuble du catalogue ;
- la classe `com.eteks.sweethome3d.model.Category` ❹ qui représente une catégorie de meubles ;
- la classe `com.eteks.sweethome3d.model.Catalog` ❸ pour le catalogue des meubles ;
- sa sous-classe `com.eteks.sweethome3d.io.DefaultCatalog` ❸ capable de lire ❹ le catalogue des meubles par défaut ;
- la classe `com.eteks.sweethome3d.swing.CatalogTree` ❾, sous-classe de `javax.swing.JTree`, pour le composant graphique de l'arbre qui affichera le catalogue de meubles.

JAVA Langue par défaut

Une instance de la classe `java.util.Locale` représente une langue, ou une langue spécifique d'un pays, qui doivent être spécifiées à l'instanciation de cette classe sous la forme d'un code respectant les normes ISO-639 pour la langue et ISO-3166 pour le pays (par exemple `"en"` et `"US"` pour l'anglais américain). Les langues les plus utilisées sont représentées sous forme de constantes de type `Locale`, comme `Locale.US` ❷ pour l'anglais américain ou `Locale.FRENCH` ❼ pour le français. La classe `Locale` est utilisée notamment pour les fonctionnalités de localisation de Java comme le format des dates, des nombres. La langue en cours d'utilisation par défaut dans la JVM peut être changée grâce à la méthode `setDefault` de cette classe.

JAVA 5 Généricité

La généricité, introduite dans Java 5, permet de spécifier la classe (notée entre < et >) des éléments qu'une collection accepte de stocker. Par exemple, le type `ArrayList<String>` représente une collection de classe `java.util.ArrayList` dans laquelle seuls des objets de classe `String` pourront être ajoutés. La généricité peut être aussi bien utilisée pour les classes de collection que pour les interfaces `List`, `Set`... qu'elles implémentent. Ainsi, le type `List<CatalogPieceOfFurniture>` ❺ exprime précisément une *liste ordonnée de meubles*.

Ces classes n'existent pas encore et doivent donc être développées pour que le programme de test puisse fonctionner. Là encore, il va s'aider d'Eclipse pour créer rapidement ces classes et leurs méthodes.

> **REGARD DU DÉVELOPPEUR Test de scénario et POO**
>
> Au regard de la programmation orientée objet, l'écriture de tests de scénario a l'avantage de forcer le programmeur à concevoir d'abord l'interface des classes de son application, puisqu'il programme d'abord des créations d'objets et des appels à leurs méthodes, qu'il implémente concrètement dans un second temps.

Création des classes avec Eclipse

Thomas va d'abord s'occuper de créer les classes et les méthodes manquantes qui sont citées dans la classe `com.eteks.sweethome3d.junit.CatalogTreeTest`, afin que cette classe de test puisse au minimum compiler.

Création de la classe de meuble

> **ASTUCE Raccourci clavier des corrections**
>
> Le clic sur l'icône en forme de croix a le même effet que le menu *Edit>Quick Fix* dont le raccourci clavier est *Ctrl+1* (ou *Cmd+1* sous Mac OS X). Mémorisez-le, car l'utilisation systématique de ce raccourci clavier ainsi que celui de la complétion automatique (*Ctrl+Espace*), vous permettra de taper votre programme beaucoup plus vite, en recourant beaucoup moins souvent à la souris.

À partir du programme de test, Thomas crée la classe `com.eteks.sweethome3d.model.CatalogPieceOfFurniture` et sa méthode `getName` à l'aide des suggestions que propose Eclipse pour corriger une erreur :

1 Il clique sur l'icône en forme de croix dans la colonne à gauche de la ligne où est citée la classe `CatalogPieceOfFurniture`, et choisit l'option *Create class 'CatalogPieceOfFurniture'* dans la liste des corrections proposées (voir figure 4-5).

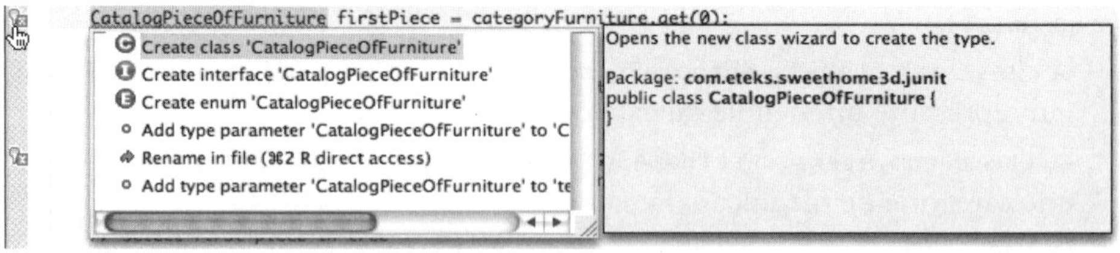

Figure 4–5
Corrections proposées par Eclipse pour une classe inconnue

2 Le choix de cette option provoque l'apparition d'une boîte de dialogue *New* de création de classe. Il la complète en spécifiant le dossier `SweetHome3Dysrc` dans le champ de saisie *Source folder* et le package `com.eteks.sweethome3d.model`.

3 Pour la méthode `getName` appelée à la ligne suivante dans le programme de test, il choisit cette fois-ci la correction *Create method 'getName()' in type 'CatalogPieceOfFurniture'*.

Il obtient ainsi la classe `CatalogPieceOfFurniture` suivante :

Classe com.eteks.sweethome3d.model.CatalogPieceOfFurniture

```
package com.eteks.sweethome3d.model;

public class CatalogPieceOfFurniture {
  public String getName() {
    // TODO Auto-generated method stub ❶
    return null;
  }
}
```

Cette classe est bien sûr incomplète, mais les opérations que Thomas a effectuées permettent de ne plus avoir d'erreur de compilation relative à la classe `CatalogPieceOfFurniture` dans la classe de test. Par ailleurs, Eclipse a ajouté un commentaire `TODO` ❶ dans la méthode `getName` qui lui rappelle que son implémentation générée automatiquement ne convient probablement pas.

ASTUCE Liste des TODO dans Eclipse

Sous Eclipse, la liste de tous les commentaires TODO est disponible dans la vue *Tasks*. Pour afficher cette vue, sélectionnez le menu *Window>Show View>Other...* puis dans la boîte de dialogue *Show View* qui s'affiche, choisissez la vue *Tasks* dans la catégorie *Basic*.

Création des classes de catégorie et du catalogue

Thomas reproduit les mêmes opérations que précédemment pour créer les classes `Category` et `Catalog` du package `com.eteks.sweethome3d.model` ainsi que leurs méthodes.

Pour la classe `Category` et ses méthodes `getName` et `getFurniture`, il obtient la classe suivante :

Classe com.eteks.sweethome3d.model.Category

```
package com.eteks.sweethome3d.model;

import java.util.List;

public class Category {
  public String getName() {
    // TODO Auto-generated method stub
    return null;
  }

  public List<CatalogPieceOfFurniture> getFurniture() {
    // TODO Auto-generated method stub
    return null;
  }
}
```

Pour la classe `Catalog` (qu'il rend abstraite en cochant le modificateur *abstract* dans la boîte de dialogue *New* de création de classe) et sa méthode `getCategories`, il obtient la classe suivante.

ASTUCE Type de retour des méthodes

Décomposez dans le programme de test les instructions qui permettront à Eclipse de déduire le type de retour des méthodes. Par exemple, l'instruction :

```
List<Category> categories =
  catalog.getCategories();
```

dans la méthode `testCatalogTreeCreation` a permis à Eclipse de deviner que le type de retour de la méthode `getCategories` devait être `List<Category>`.
En programmant la recherche de la première catégorie de façon plus courte, par exemple avec l'instruction :

```
String firstCategory =
  catalog.getCategories().get(0);
```

Eclipse aurait choisi `Object` comme type de retour de la méthode `getCategories` faute de pouvoir le deviner.

DANS LA VRAIE VIE Commentaires javadoc

Il va de soi que l'équipe de développement a pris un soin particulier à documenter leur code source à l'aide notamment de commentaires javadoc `/** */`, écrits en anglais puisque l'équipe a choisi de développer leur logiciel en anglais. Si aucun de ces commentaires n'apparaît dans cet ouvrage, c'est uniquement pour ne pas faire doublon avec les commentaires en marge et les explications du texte.

Classe com.eteks.sweethome3d.model.Catalog

```
package com.eteks.sweethome3d.model;

import java.util.List;

public abstract class Catalog {
  public List<Category> getCategories() {
    // TODO Auto-generated method stub
    return null;
  }
}
```

Création des classes de lecture du catalogue et de l'arbre

Comme Thomas a écrit dans le programme de test la ligne :

```
Catalog catalog = new DefaultCatalog();
```

Eclipse en a déduit que la classe `DefaultCatalog` dérive de `Catalog`. Pour créer la sous-classe `DefaultCatalog`, il n'a donc qu'à spécifier son dossier source `SweetHome3D/src` et son package `com.eteks.sweethome3d.io` dans la boîte de dialogue *New* de création de classe (voir figure 4-6).

Classe com.eteks.sweethome3d.io.DefaultCatalog

```
package com.eteks.sweethome3d.io;

import java.util.Locale;
import com.eteks.sweethome3d.model.Catalog;

public class DefaultCatalog extends Catalog {
}
```

Finalement, Thomas crée la classe `com.eteks.sweethome3d.swing.CatalogTree` sous-classe de `javax.swing.JTree` et lui ajoute son constructeur grâce à la correction *Create constructor 'CatalogTree(Catalog)'*.

Classe com.eteks.sweethome3d.swing.CatalogTree

```
package com.eteks.sweethome3d.swing;

import java.util.List;
import javax.swing.JTree;
import com.eteks.sweethome3d.model.Catalog;
```

```
public class CatalogTree extends JTree {
  public CatalogTree(Catalog catalog) {
    // TODO Auto-generated constructor stub
  }
}
```

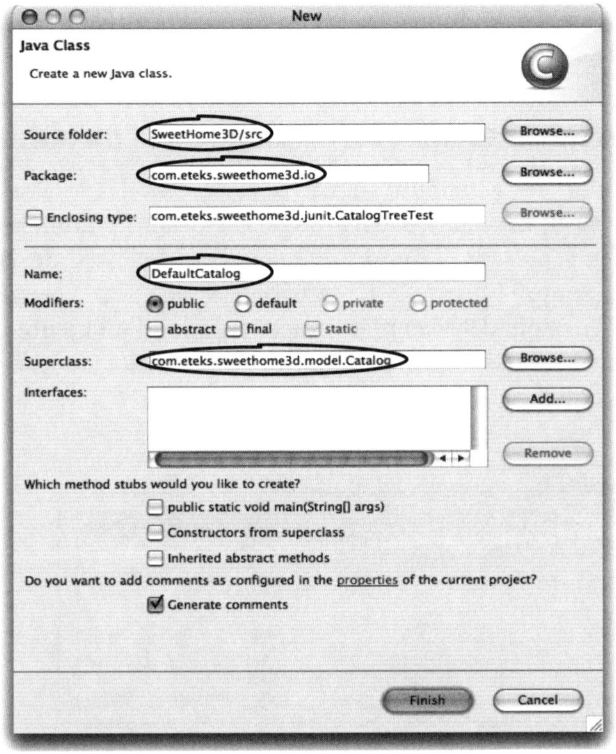

Figure 4–6 Création de la classe DefaultCatalog dans Eclipse

Exécution du programme de test

La classe `DefaultFurnitureTest` compile enfin ! Même si la méthode `testDefaultFurnitureTreeCreation` ne peut s'exécuter correctement pour le moment, Thomas décide de lancer ce test pour observer comment Eclipse gère les tests JUnit. Pour cela, il affiche le menu contextuel associé à la classe `DefaultFurnitureTest` dans la vue *Package Explorer* puis y sélectionne le menu *Run As>JUnit Test*. La vue *JUnit* qui s'affiche alors (voir figure 4-7) lui confirme qu'il reste en effet du travail à l'équipe pour que ce premier scénario puisse fonctionner...

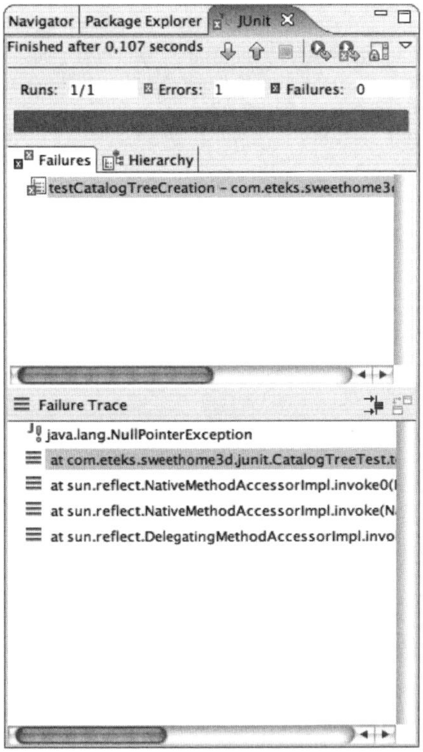

Figure 4–7 Vue JUnit dans Eclipse

Implémentation des classes de la couche métier

Comme les classes `CatalogPieceOfFurniture`, `Category` et `Catalog` appartiennent à la couche métier de Sweet Home 3D dont dépendent les classes des autres couches, Thomas s'occupe d'abord d'implémenter les méthodes de ces trois classes.

B.A.-BA Attribut ≈ champ

Les attributs UML sont les équivalents des champs des classes Java.

Attributs des classes associées au catalogue des meubles

Thomas doit spécifier les attributs dont ont besoin les classes `CatalogPieceOfFurniture`, `Category` et `Catalog` pour stocker les données de leurs objets, et les représente dans le diagramme de classes de la figure 4-8. Il y note tous les attributs de la classe `CatalogPieceOfFurniture` qui décrivent les caractéristiques d'un meuble, même ceux qui ne seront pas utiles pour assurer la réussite du programme de test du premier scénario.

DANS LA VRAIE VIE Genèse des classes avec la méthode XP

En suivant la méthode XP, Thomas ne devrait ajouter à la classe `CatalogPieceOfFurniture` que les attributs nécessaires au bon fonctionnement du scénario n° 1, c'est-à-dire `name` et `icon` (ces deux attributs étant nécessaires pour afficher un meuble dans l'arbre). L'équipe a préféré ici spécifier immédiatement tous les attributs d'un meuble lus dans un fichier de configuration pour éviter des modifications ultérieures trop importantes de ce fichier et de la classe qui le lit.

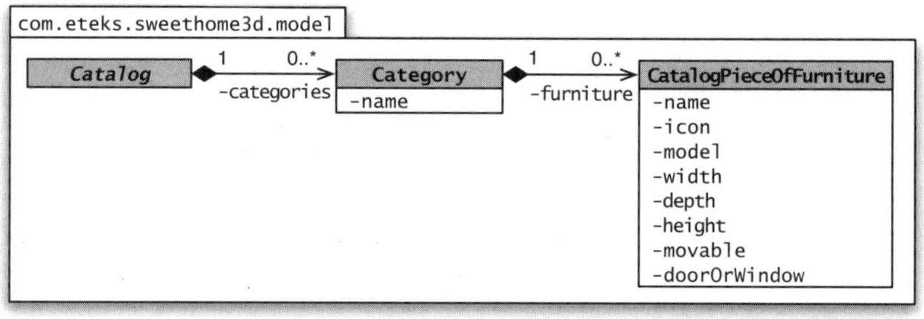

Figure 4–8 Diagramme des classes de la couche métier avec leurs attributs

Type des attributs

En partant du diagramme précédent, Thomas crée le tableau 4-1 qui donne une description de chaque attribut ainsi que son type. Parmi ces attributs, seuls les types des champs `icon` et `model` posent problème : comment représenter dans la couche métier une icône ou un modèle 3D, sans présumer d'où viennent leurs données (d'un fichier, d'un champ d'une base de données...) ou comment ils seront utilisés dans la couche présentation ?

Thomas pense tout d'abord à attribuer aux champs `icon` et `model` le type `java.net.URL`, qui permet de représenter en Java autant un fichier du système local ou un fichier contenu dans un fichier au format ZIP, et dont le contenu peut être facilement exploité dans l'interface utilisateur pour créer une image Swing ou SWT. Mais ce type ne permet pas d'accéder au contenu d'un champ dans une base de données. En se basant sur le concept de la classe `java.io.InputStream` utilisée en Java pour accéder à n'importe quelle source de données (fichier, URL, données en mémoire), il décide finalement de typer les champs `icon` et `model` avec une nouvelle interface `Content` (*contenu* en français). De façon similaire à la classe `URL`, cette interface contiendra une méthode `InputStream openStream()` capable d'ouvrir un flux de lecture sur une source de données et dont l'implémentation par les classes de gestion de la persistance pourra varier en fonction du système de sauvegarde retenu. Les classes de l'interface utilisateur appelleront cette méthode pour lire les données d'une icône ou d'un modèle 3D, et en créer une représentation exploitable à l'écran.

JAVA List vs Set

Pourquoi les ensembles `furniture` et `categories` des classes `Category` et `Catalog` sont-ils des collections de type `List` ? Des collections de type `SortedSet` qui représentent des ensembles triés d'objets uniques ne conviendraient-elles pas mieux, puisque les meubles comme les catégories doivent être triés par ordre alphabétique ? En comparant ces deux types de collections, Thomas s'est décidé pour le type `List` pour les raisons suivantes :

- Assurée intrinsèquement avec des collections de type `Set`, l'unicité des catégories et des meubles d'une catégorie dans leur ensemble est une fonctionnalité intéressante car elle évitera à l'utilisateur de confondre un meuble ou une catégorie avec un autre. Vérifier cette unicité dans une liste n'est néanmoins pas une opération très compliquée à mettre en place avec un autre type de collection.
- La possibilité de trier une collection de type `List` grâce aux méthodes `sort` de la classe `java.util.Collections`, ne donne pas spécialement l'avantage à une collection de type `SortedSet` qui est triée d'office.
- La classe `TreeSet`, seule implémentation de l'interface `SortedSet` dans la bibliothèque Java, ne propose aucune méthode qui permette de retrier une collection, si le changement d'état d'un de ses éléments affecte son ordre de tri. La seule alternative pour recalculer l'ordre d'un élément modifié est de le retirer puis de l'ajouter à nouveau à son ensemble ! Si la modification par l'utilisateur du nom des meubles ou des catégories affecte leur ordre, Thomas trouve plus logique de retrier explicitement une liste avec la méthode `sort` de la classe `Collections`.
- La plupart des méthodes disponibles dans les classes relatives aux arbres Swing référencent les nœuds qui y sont affichés avec un indice entier. Si les ensembles `furniture` et `categories` sont de type `SortedSet`, il faudra alors programmer la recherche d'un `i`ᵉ élément dans ces ensembles en effectuant `i` itérations, puisque le seul moyen d'obtenir les éléments d'un ensemble de type `SortedSet` est de recourir à un itérateur. Cette solution semble peu performante par rapport à la possibilité d'accéder directement au `i`ᵉ élément dans une liste de classe `ArrayList`.

Tableau 4–1 Attributs des classes de la couche métier

Classe	Attribut	Type	Description
`CatalogPieceOfFurniture`	`name`	`String`	Nom du meuble
	`icon`	`Content`	Image représentant le meuble
	`model`	`Content`	Modèle 3D du meuble
	`width`	`float`	Largeur du meuble exprimée en cm
	`depth`	`float`	Profondeur du meuble exprimée en cm
	`height`	`float`	Hauteur du meuble exprimée en cm
	`movable`	`boolean`	Si faux, meuble non déménageable comme une baignoire ou des W.C.
	`doorOrWindow`	`boolean`	Si vrai, meuble de type porte ou fenêtre incrustable dans un mur
`Category`	`name`	`String`	Nom de la catégorie
	`furniture`	`List<CatalogPieceOfFurniture>`	Liste des meubles de la catégorie
`Catalog`	`categories`	`List<Categories>`	Liste des catégories de meuble du catalogue

Création de l'interface de contenu

Thomas crée l'interface `com.eteks.sweethome3d.model.Content` avec l'assistant *New Java Interface* qu'il affiche en sélectionnant le menu *File>New>Interface*. Il ajoute ensuite la méthode `openStream` à cette interface pour obtenir l'interface voulue.

Interface com.eteks.sweethome3d.model.Content

```
package com.eteks.sweethome3d.model;

import java.io.*;

public interface Content {
  InputStream openStream() throws IOException;
}
```

Ajout des champs à la classe de meuble

B.A.-BA Accesseurs et mutateurs

Un accesseur est une méthode qui renvoie la valeur d'un champ d'une classe, tandis qu'un mutateur modifie la valeur d'un champ avec celle reçue en paramètre. En Java, les identificateurs d'un accesseur et d'un mutateur reprennent par convention le nom du champ manipulé préfixé respectivement par `get` (ou `is`, si la méthode renvoie un booléen) et `set`, d'où leur nom *getter* et *setter* utilisés quelquefois en anglais à la place de *accessor* et *mutator*.

Thomas édite la classe `com.eteks.sweethome3d.model.CatalogPieceOfFurniture` dans Eclipse, puis :

1 Il ajoute à cette classe les huit champs privés `name`, `icon`, `model`, `width`, `depth`, `height`, `movable` et `doorOrWindow` avec leur type respectif.

2 Il modifie le corps de la méthode `getName` pour y renvoyer le nom du meuble.

3 Il sélectionne le menu *Source>Generate Getters and Setters...* pour générer automatiquement tous les autres accesseurs de la classe.

4 Dans la boîte de dialogue *Generate Getters and Setters* qui s'affiche comme dans la figure 4-9, il clique sur le bouton *Select Getters* et confirme son choix.

5 Il sélectionne le menu *Source>Generate Constructor using Fields...* pour générer automatiquement un constructeur qui permet d'initialiser tous les champs d'un meuble.

6 Dans la boîte de dialogue *Generate Constructor using Fields* qui s'affiche comme dans la figure 4-10, il clique sur le bouton *Select All* et confirme son choix.

7 Il efface finalement le commentaire `// TODO` généré dans le constructeur.

ASTUCE Ordre des paramètres du constructeur

Ne générez pas un constructeur avec des paramètres dans un ordre incohérent. Pour réordonner un paramètre d'un nouveau constructeur dans la boîte de dialogue *Generate Constructor using Fields*, sélectionnez-le dans la liste *Select fields to initialize* puis cliquez sur les boutons *Up* et *Down*.

Gestion des meubles dans la classe de catégorie

Thomas édite la classe `com.eteks.sweethome3d.model.Category` dans Eclipse, puis :

1 Il ajoute à cette classe les deux champs privés `name` et `furniture` avec leur type respectif.

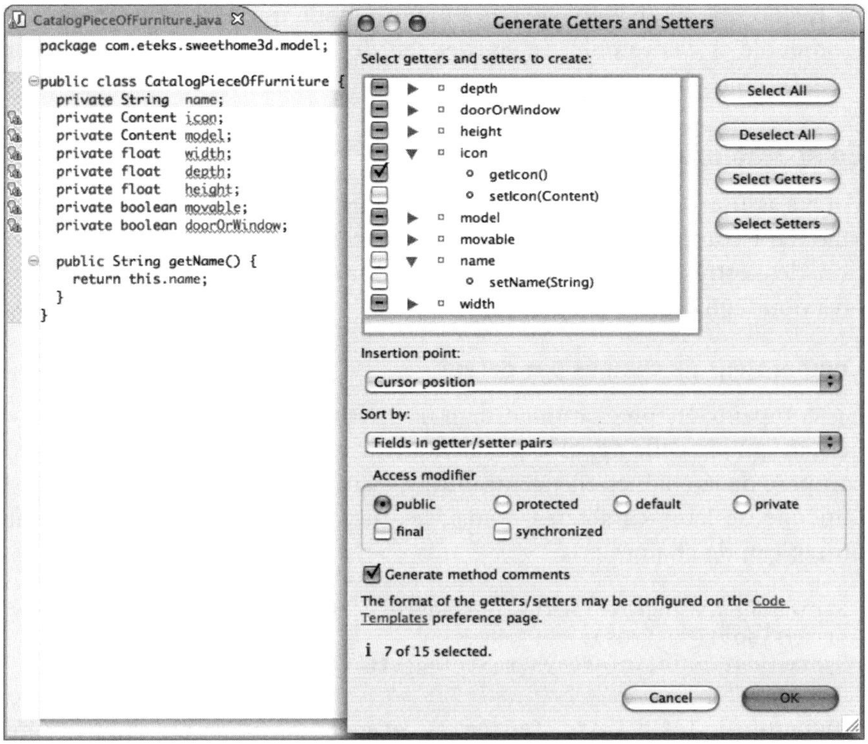

Figure 4–10 Génération des accesseurs dans Eclipse

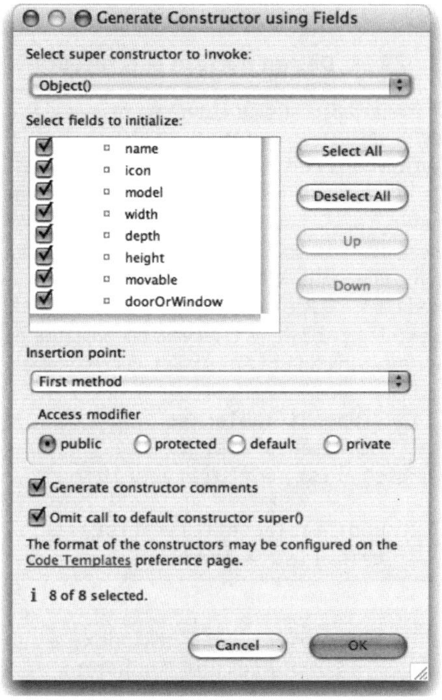

Figure 4–9 Génération d'un constructeur dans Eclipse

2 Il modifie le corps des méthodes `getName` et `getFurniture` pour y renvoyer le nom d'une catégorie et un ensemble non modifiable de ses meubles.

3 Il génère un constructeur dans la classe qui prend en paramètre le nom d'une catégorie.

4 Il initialise à la fin du constructeur le champ `furniture` avec une instance de la classe `ArrayList<CatalogPieceOfFurniture>`.

ATTENTION **Modification d'une collection renvoyée**

Les méthodes `add`, `remove`, `clear`... de l'interface `java.util.List` permettent *a priori* de modifier la collection renvoyée par la méthode `getFurniture`. Pour empêcher qu'un utilisateur de la classe `Category` puisse modifier ces collections, Thomas a décidé d'inhiber les méthodes de modification proposées par l'interface `List`, en renvoyant des exemplaires non modifiables de l'ensemble des meubles d'une catégorie. Pour obtenir de telles collections, il a appelé la méthode `static unmodifiableList` de la classe `java.util.Collections`, qui comme toutes les méthodes préfixées par `unmodifiable` de cette classe renvoie une instance d'une collection non modifiable. Cette collection spéciale est un décorateur de l'ensemble original qui ne supprime pas les méthodes `add, remove`... de l'interface `List` mais implémente ces méthodes pour y déclencher une exception de classe `java.lang.UnsupportedOperationException`, qui empêchera toute modification de la collection à l'exécution.

5 Il s'occupe finalement de créer une méthode qui permet d'ajouter un meuble à l'ensemble `furniture` et de retrier les meubles de cet ensemble.

Comparateur de chaînes localisé

Pour s'assurer que le tri des meubles se fera dans l'ordre alphabétique sans tenir compte ni de la casse (majuscule/minuscule) ni de l'accentuation des lettres, Thomas explore les différentes possibilités offertes en Java pour comparer des chaînes.

Comparateur de chaînes par défaut

La comparaison programmée dans la méthode `compareTo` de la classe `String` qui est celle appelée par défaut sur un ensemble trié de chaînes, compare deux chaînes en tenant uniquement compte du code numérique Unicode de leurs caractères. Ainsi, les instructions suivantes qui trient un tableau de chaînes :

```
String [] strings = {"Lit", "étagère", "fauteuil"};
Arrays.sort(strings);
System.out.println(Arrays.toString(strings));
```

afficheront le texte `[Lit, fauteuil, étagère]` c'est-à-dire dans l'ordre des codes Unicode des caractères `'L'`, `'f'` et `'é'`.

Comparateur de chaînes ignorant la casse

Si l'implémentation de la méthode `compareTo` des objets triés ne convient pas, les classes et les méthodes de tri de la bibliothèque Java proposent d'effectuer leur tri grâce à une méthode `compare(Object obj1, Object obj2)` implémentée dans une classe qui implémente l'interface `java.util.Comparator`. Comme pour `compareTo`, cette méthode `compare` est utilisée pour comparer deux à deux les objets d'un ensemble, et doit être programmée pour renvoyer une valeur entière négative, nulle ou positive, suivant que `obj1` est plus petit, égal ou plus grand que `obj2`. Pour trier le tableau de chaînes de l'exemple précédent dans l'ordre alphabétique sans tenir compte des majuscules/minuscules, on obtiendra donc les instructions suivantes :

```
String [] strings = {"Lit", "étagère", "fauteuil"};
Arrays.sort(strings, new Comparator<String>() {
  public int compare(String s1, String s2) {
    return s1.compareToIgnoreCase(s2);
  }
});
System.out.println(Arrays.toString(strings));
```

B.A.-BA Design pattern décorateur

Le design pattern *décorateur*, mis en œuvre dans les méthodes `unmodifiable...` et `synchronized...` de la classe `Collections`, les classes de filtres du package `java.io`,... a pour rôle de modifier le comportement des méthodes d'un objet en l'encapsulant dans une autre classe qui définit les mêmes méthodes. Par exemple, la méthode `unmodifiableList` renvoie une instance de la classe `UnmodifiableList` qui ressemble à ceci :

```
class UnmodifiableList
    implements List {
  List list; // Liste originale

  UnmodifiableList(List list) {
    this.list = list;
  }

  public Object get(int index) {
    // Comportement inchangé
    return list.get(index);
  }

  public boolean add(Object o) {
    // Opération interdite
    throw new
    UnsupportedOperationException();
  }
  // Autres méthodes de List...
}
```

JAVA Interface java.lang.Comparable

L'interface `java.lang.Comparable` et son unique méthode `int compareTo(Object obj)` sont implémentées dans une classe pour comparer un objet de cette classe avec un autre. La valeur entière négative, nulle ou positive renvoyée par `compareTo` est utilisée par les méthodes et les classes de tri de la bibliothèque Java pour établir l'ordre des éléments d'un ensemble, en les comparant deux à deux.

Mais cette façon d'effectuer le tri ne convient toujours pas pour notre étude de cas : les instructions précédentes afficheront le texte [fauteuil, Lit, étagère], car la méthode compareIgnoreCase n'a pas considéré que le premier caractère 'é' du mot étagère devait être traité comme équivalent du caractère 'E'.

Comparateur de chaînes ignorant la casse et l'accentuation des lettres

La comparaison de chaînes sans tenir compte ni de la casse ni de l'accentuation des lettres s'effectue avec les méthodes equals(String s1, String s2) et compare(String s1, String s2) de la classe java.text.Collator, dont on obtient une instance grâce à sa méthode static getInstance. Pour trier correctement le tableau de chaînes de l'exemple précédent, il suffit donc d'y remplacer l'appel à compareToIgnoreCase par un appel à la méthode compare de la classe Collator, de la façon suivante :

```
String [] strings = {"Lit", "étagère", "fauteuil"};
final Collator stringsComparator = Collator.getInstance();
Arrays.sort(strings, new Comparator<String>() {
  public int compare(String s1, String s2) {
    return stringsComparator.compare(s1, s2);
  }
});
System.out.println(Arrays.toString(strings));
```

ATTENTION Force de la comparaison

L'instance renvoyée par la méthode getInstance de la classe Collator est suffisante pour effectuer un tri de chaînes, mais si vous voulez utiliser cette classe pour déterminer si deux chaînes sont égales aux majuscules/minuscules et aux accents près, il vous faudra spécifier la « force » de la comparaison avec la méthode setStrength de Collator. En fonction de la force choisie parmi l'une des constantes suivantes, les méthodes equals et compare de la classe Collator donneront un résultat différent :

- avec les forces Collator.IDENITICAL et Collator.TERTIARY, tout caractère formé différemment est considéré comme différent, c'est-à-dire que la comparaison de "E" et "e" ou de "é" et "e" avec equals renverra false ;
- avec la force Collator.SECONDARY, les caractères accentués différemment sont considérés comme différents, c'est-à-dire que la comparaison de "E" et "e" avec equals renverra true, mais la comparaison de "é" et "e" renverra false ;
- avec la force Collator.PRIMARY, seuls les caractères de base sont considérés comme différents, c'est-à-dire que la comparaison de "E" et "e" ou de "é" et "e" avec equals renverra true.

Comme des mots tels *Étagère* et *étagère* sont visuellement différents, Thomas choisit ici la force par défaut TERTIARY pour l'instance de Collator utilisée pour comparer les meubles et les catégories, afin de ne pas forcer l'utilisateur à faire attention à la casse et aux accents lors de la saisie de leur nom.

JAVA 5 Généricité avec les comparateurs

La généricité ajoutée aux interfaces java.lang.Comparable et java.util.Comparator simplifie grandement l'implémentation de leur méthode compareTo et compare car cette fonctionnalité permet de déclarer les objets reçus en paramètre directement dans leur type, ce qui évite d'effectuer des opérations de conversion sur ces références.

Ces instructions afficheront le texte [étagère, fauteuil, Lit], preuve que le tri s'est effectué comme voulu. Comme les concepteurs de la classe Collator ont eu la bonne idée de lui faire implémenter l'interface Comparator, l'opération de tri peut être simplifiée ce qui permet de transformer finalement l'exemple précédent en :

```
String [] strings = {"Lit", "étagère", "fauteuil"};
Arrays.sort(strings, Collator.getInstance());
System.out.println(Arrays.toString(strings));
```

Tri des meubles

La classe java.util.Collections propose deux méthodes sort pour trier une collection de type List, ce qui laisse à Thomas le choix de trier la collection désignée par le champ furniture d'une des deux façons suivantes :

- soit en appelant la méthode void sort(List list) et d'implémenter l'interface Comparable<CatalogPieceOfFurniture> dans la classe CatalogPieceOfFurniture ;
- soit en appelant la méthode void sort(List list, Comparator comp) et d'implémenter l'interface Comparator<CatalogPieceOfFurniture> dans une autre classe.

Comparaison de meubles

Pour permettre d'effectuer la recherche d'un meuble dans l'ensemble renvoyé par getFurniture, que ce soit avec les méthodes de l'interface List ou plus efficacement avec la méthode binarySearch de la classe Collections qui ne prend pas de comparateur en paramètre, Thomas choisit la solution d'implémenter l'interface Comparable<CatalogPieceOfFurniture> dans la classe CatalogPieceOfFurniture :

1. Il ajoute d'abord la clause implements Comparable<CatalogPieceOfFurniture> à la suite de la déclaration de la classe.
2. Il sélectionne le menu *Source>Override/Implement Methods...* pour implémenter la méthode compareTo et redéfinir les méthodes equals et hashCode.
3. Dans la boîte de dialogue *Override/Implement Methods* qui s'affiche comme dans la figure 4-11, il sélectionne les méthodes compareTo, equals et hashCode et confirme son choix.
4. Il ajoute un champ static final COMPARATOR de type Collator et l'initialise pour obtenir finalement la classe CatalogPieceOfFurniture suivante :

JAVA Recherche dans une collection

La recherche d'un objet dans une collection avec leurs méthodes contains, indexOf... s'effectue différemment d'une classe de collection à une autre :

- une collection de type List a recours à la méthode equals de l'objet recherché pour le comparer aux autres éléments de la collection ;
- une collection de classe HashSet appellent les méthodes hashCode puis equals de l'objet recherché ;
- une collection de classe TreeSet sans comparateur particulier ou une recherche dans une liste triée avec la méthode binarySearch de la Collections, ont recours à la méthode compareTo de l'interface Comparable implémentée par l'objet recherché.

Pour assurer un bon fonctionnement d'une classe quelle que soit la collection dans laquelle elle sera utilisée, redéfinissez-y toujours la méthode hashCode si vous y avez redéfini la méthode equals ; si vous voulez autoriser le tri sur les objets de cette classe sans recourir à un comparateur, implémentez-y en plus l'interface Comparable et sa méthode compareTo.

JAVA 5 Annotation @Override

L'annotation standard @Override qu'Eclipse a placé avant les méthodes redéfinies equals et hashCode force javac à vérifier leur signature.

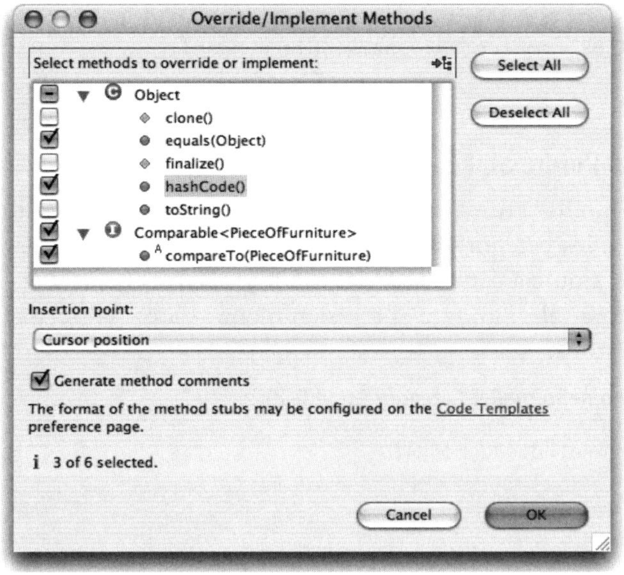

Figure 4–11
Redéfinition des méthodes avec Eclipse

Classe com.eteks.sweethome3d.model.CatalogPieceOfFurniture (modifiée)

```
package com.eteks.sweethome3d.model;

import java.text.Collator;

public class CatalogPieceOfFurniture
    implements Comparable<CatalogPieceOfFurniture> {
  private String name;
  private Content icon;
  private Content model;
  private float   width;
  private float   depth;
  private float   height;
  private boolean movable;
  private boolean doorOrWindow;
  private static final Collator COMPARATOR = Collator.getInstance();

  // Constructeur et accesseurs

  @Override
  public boolean equals(Object obj) {
    return obj instanceof CatalogPieceOfFurniture
           && COMPARATOR.equals(
                this.name, ((CatalogPieceOfFurniture)obj).name);
  }

  @Override
  public int hashCode() {
    return this.name.hashCode();
  }
```

```
  public int compareTo(CatalogPieceOfFurniture piece) {
    return COMPARATOR.compare(this.name, piece.name);
  }
}
```

Tri des meubles dans l'ordre alphabétique

Thomas termine les modifications de la classe `Category` pour trier la liste des meubles. Comme les catégories doivent être elles-mêmes triées par ordre alphabétique, il ajoute à cette classe les méthodes `equals`, `hashCode` et `compareTo` comme il l'a fait précédemment dans la classe `CatalogPieceOfFurniture`.

Classe com.eteks.sweethome3d.model.Category (modifiée)

```
package com.eteks.sweethome3d.model;

import java.text.Collator;
import java.util.*;

public class Category implements Comparable<Category> {
  private String name;
```

Liste des meubles.

```
  private List<CatalogPieceOfFurniture> furniture;
```

Marqueur pour le tri.

```
  private boolean sorted; ❶
```

Comparateur localisé de chaînes.

```
  private static final Collator COMPARATOR =
      Collator.getInstance();

  public Category(String name) {
    this.name = name;
```

Initialisation de la liste des meubles avec une instance de la classe `ArrayList`.

```
    this.furniture = new ArrayList<CatalogPieceOfFurniture>();
  }

  public String getName() {
    return this.name;
  }
```

Renvoie la liste des meubles de cette catégorie.

```
  public List<CatalogPieceOfFurniture> getFurniture() {
```

Si la liste n'est pas triée, la trier maintenant.

```
    if (!this.sorted) {
      Collections.sort(this.furniture); ❷
      this.sorted = true;
    }
```

Renvoie une liste non modifiable de meubles.

```
    return Collections.unmodifiableList(this.furniture);
  }
```

Ajoute un meuble à cette catégorie. Si un meuble de même nom que celui de `piece` existe déjà dans cette catégorie, une exception est déclenchée.

```
  void add(CatalogPieceOfFurniture piece) {
    if (this.furniture.contains(piece)) {
      throw new IllegalArgumentException(
        piece.getName() + " already in category " + this.name); ❸
    }
    this.furniture.add(piece);
```

Marque l'ensemble des meubles comme non trié.

```
    this.sorted = false; ❹
  }
```

```
  @Override
  public boolean equals(Object obj) {
    return obj instanceof Category
           && COMPARATOR.equals(this.name, ((Category)obj).name);
  }
  @Override
  public int hashCode() {
    return this.name.hashCode();
  }
  public int compareTo(Category category) {
    return COMPARATOR.compare(this.name, category.name);
  }
}
```

Redéfinition de `equals` : deux catégories sont égales si elles ont le même nom.

Redéfinition de `hashCode`.

Comparaison des noms de deux catégories.

Pour éviter de trier la liste des meubles à chaque ajout d'un meuble, Thomas a ajouté un marqueur ❶ qui permet de repérer si la liste a été modifiée ❹ et de ne la trier qu'au dernier moment ❷. Par ailleurs, il s'est assuré qu'un meuble est unique dans sa catégorie ❸.

Gestion des catégories dans la classe du catalogue

Pour la dernière classe `com.eteks.sweethome3d.model.Catalog` de la couche métier, Thomas n'a qu'à gérer l'ensemble des catégories de meubles, car la lecture du mobilier par défaut est effectuée par sa sous-classe `com.eteks.sweethome3d.io.DefaultCatalog`. Il opère donc les modifications suivantes sur la classe `Catalog` :

1. Il y ajoute le champ privé `categories` de type `List<Category>` qu'il initialise avec une instance de la classe `ArrayList<Category>`.
2. Il modifie le corps de la méthode `getCategories` pour y renvoyer un ensemble trié et non modifiable de ses catégories.
3. Il ajoute une méthode `private add(Category c)` pour gérer l'ajout d'une catégorie.
4. Il joint finalement à cette classe une méthode `protected void add(Category category, CatalogPieceOfFurniture piece)` pour gérer l'ajout d'un meuble dans sa catégorie à partir des sous-classes de `Catalog`.

JAVA Modificateurs d'accès par défaut, private et protected

Les méthodes `add` des classes `Category` et `Catalog` ont un modificateur d'accès qui n'est pas `public`, pour empêcher comme prévu dans le scénario, toute modification du catalogue ou d'une catégorie une fois initialisés. Il sera toujours possible de leur affecter un modificateur d'accès moins restrictif, si c'est nécessaire pour les scénarios suivants. Ces trois méthodes ont par ailleurs un modificateur d'accès différent l'une de l'autre pour les raisons suivantes :

- la méthode `add` de la classe `Category` n'en a pas, ce qui la rend accessible par toutes les classes de son package et notamment par `Catalog` qui en a besoin pour ajouter un meuble à une catégorie ;
- le modificateur d'accès de la méthode `void add(Category category)` de la classe `Catalog` est `private` car seule son autre méthode `add` en a besoin ;
- celui de l'autre méthode `add` de la classe `Catalog` est `protected` pour pouvoir être appelée des sous-classes de `Catalog` en charge d'initialiser un catalogue.

Classe com.eteks.sweethome3d.model.Catalog (modifiée)

```
package com.eteks.sweethome3d.model;

import java.util.*;

public abstract class Catalog {
  private List<Category> categories = new ArrayList<Category>();
  private boolean        sorted;
```

Liste des catégories.

Marqueur pour le tri.

Renvoie l'ensemble des catégories de meubles, trié dans l'ordre alphabétique.

```
  public List<Category> getCategories() {
    if (!this.sorted) {
      Collections.sort(this.categories);
      this.sorted = true;
    }
    return Collections.unmodifiableList(this.categories);
  }
```

Ajoute une catégorie à ce catalogue. Si une catégorie de même nom que celle en paramètre existe déjà dans cette catégorie, une exception est déclenchée.

```
  private void add(Category category) {
    if (this.categories.contains(category)) {
      throw new IllegalArgumentException(
          category.getName() + " already exists in catalog");
    }
    this.categories.add(category);
    this.sorted = false;
  }
```

Méthode utilitaire d'ajout d'un meuble pour les sous-classes.

Si la catégorie n'existe pas encore, ajout de la nouvelle catégorie à la liste des catégories.

Ajout du meuble à sa catégorie.

```
  protected void add(Category category,
                     CatalogPieceOfFurniture piece) {
    int index = this.categories.indexOf(category);
    if (index == -1) {
      add(category);
    } else {
      category = this.categories.get(index);
    }
    category.add(piece);
  }
}
```

Lecture du catalogue par défaut

Le catalogue des meubles par défaut est créé à partir de différents fichiers de configuration qui permettront d'adapter le nom des meubles à la langue de l'utilisateur. Thomas a recours à la classe `java.util.ResourceBundle` qui fournit un moyen simple de lire un fichier de propriétés fourni en ressource, en fonction de la langue de l'utilisateur courante.

Format des propriétés des meubles par défaut

Thomas fixe le format des fichiers de propriétés de la façon la plus simple possible. Chaque valeur nécessaire à l'initialisation d'un meuble aura pour clé le nom du champ correspondant suivi d'un caractère # et d'un numéro d'ordre, comme dans l'exemple qui suit.

Fichier com/eteks/sweethome3d/io/DefaultCatalog.properties

```
name#1=Bed 140x190
category#1=Bedroom
icon#1=/com/eteks/sweethome3d/io/resources/bed140x190.png
model#1=/com/eteks/sweethome3d/io/resources/bed140x190.obj
width#1=152
depth#1=202
height#1=70
movable#1=true
doorOrWindow#1=false

name#2=Chest
category#2=Bedroom
icon#2=/com/eteks/sweethome3d/io/resources/chest.png
model#2=/com/eteks/sweethome3d/io/resources/chest.obj
width#2=100
depth#2=80
height#2=80
movable#2=true
doorOrWindow#2=false
```

JAVA **Fichiers de traduction**

La classe `java.util.ResourceBundle` permet d'accéder aux propriétés (ensemble de clés/valeurs écrites sous la forme *clé=valeur*) d'un fichier sélectionné en fonction de la langue de l'utilisateur. Le nom de ces fichiers doit respecter le format *prefixe_langue_pays*`.properties`, où *prefixe* est le nom d'une famille de propriétés, *langue* un code de la norme ISO-639 comme `fr`, `en` ou `de` et *pays* un code de la norme ISO-3166 comme US, FR ou CA. Si aucun fichier ne correspond au pays ou à la langue voulue, le fichier lu est celui nommé *prefixe*`.properties` qui correspond en fait à celui de la langue par défaut. Les deux méthodes les plus utiles de la classe `ResourceBundle` sont la méthode `static getBundle(String` *prefixe*`)` qui renvoie une instance de cette classe pour accéder à un fichier de propriétés en fonction de la langue en cours d'utilisation dans la JVM, et la méthode `getString(String key)` qui renvoie la valeur de la propriété de clé `key`. Les fichiers de propriétés doivent être accessibles par le `classpath`, ce qui permet de les ranger avec les classes d'une application. Comme le seul encodage de caractères supportés par ces fichiers est l'encodage ISO-8859-1, tout caractère non géré par cet encodage doit être écrit sous la forme `\u`*xxxx*, où *xxxx* est le code Unicode d'un caractère en hexadécimal (comme par exemple `\u20ac` pour le symbole de l'euro €).

▸ http://www.unicode.org/charts/

Ce fichier qui définit les valeurs par défaut des champs de deux meubles est placé dans le répertoire `src/com/eteks/sweethome3d/io`, le dossier du package de la classe `DefaultCatalog`. Notez qu'il a choisi de référencer l'icône et le modèle 3D d'un meuble sous forme de fichiers rangés dans le dossier `/com/eteks/sweethome3d/io/resources`, auxquels il accédera en tant que ressources.

Il crée ensuite le fichier `DefaultCatalog_fr.properties` dans lequel il traduit en français le nom et la catégorie des deux meubles à l'aide des mêmes clés.

Fichier com/eteks/sweethome3d/io/resources/DefaultCatalog_fr.properties

```
name#1=Lit 140x190
category#1=Chambre

name#2=Commode
category#2=Chambre
```

POUR ALLER PLUS LOIN **Fichier de configuration**

Bien que le format des fichiers retenu soit particulièrement sommaire, Thomas respecte ici un des principes de la méthode XP, qui consiste à ne programmer que le strict nécessaire pour assurer une fonctionnalité. Il aurait pu aussi concevoir un format de fichier XML pour spécifier la liste des meubles dont les noms et les catégories auraient été des clés des fichiers de propriétés, comme par exemple :

```
<?xml version="1.0"?>
<catalog>
<category name="category#1">
  <pieceOfFurniture name="name#1" icon="..." model="..."
    width="152" depth="202" height="70" movable="true"
    doorOrWindow="false" />
  <pieceOfFurniture name="name#2" icon="..." model="..."
    width="100" depth="80" height="80" movable="true"
    doorOrWindow="false" />
  </category>
</catalog>
```

Ce format de données qui organise les meubles par catégorie est sûrement plus propre, mais entraîne une surcharge de travail pour l'analyser. Notez aussi que le format retenu est tellement simple qu'un non informaticien peut facilement l'enrichir. Le format XML est un peu plus compliqué, ne serait-ce que par le fait qu'il ne faut ajouter aucun caractère avant le prologue ou ne pas oublier de fermer les balises.

Lecture des propriétés

Thomas complète maintenant la classe `com.eteks.sweethome3d.io.DefaultCatalog` pour lire dans son constructeur les meubles décrits dans les fichiers de propriétés.

Classe com.eteks.sweethome3d.io.DefaultCatalog (modifiée)

```
package com.eteks.sweethome3d.io;

import java.net.URL;
import java.util.*;
import com.eteks.sweethome3d.model.*;
import com.eteks.sweethome3d.tools.URLContent;

public class DefaultCatalog extends Catalog {
  public DefaultCatalog() {
    ResourceBundle resource = ResourceBundle.getBundle(
        DefaultCatalog.class.getName()); ❶
    for (int i = 1; ; i++) { ❷
      String name = null;
      try {
        name = resource.getString("name#" + i); ❸
      } catch (MissingResourceException ex) {
        break; ❹
      }
      String category = resource.getString("category#" + i);
      Content icon = getContent(resource, "icon#" + i); ❺
      Content model = getContent(resource, "model#" + i);
      float width = Float.parseFloat(
          resource.getString("width#" + i));
      float depth = Float.parseFloat(
          resource.getString("depth#" + i));
      float height = Float.parseFloat(
          resource.getString("height#" + i));
      boolean movable = Boolean.parseBoolean(
          resource.getString("movable#" + i));
      boolean doorOrWindow = Boolean.parseBoolean(
          resource.getString("doorOrWindow#" + i));
      add(new Category(category),
          new CatalogPieceOfFurniture(name, icon, model,
              width, depth, height, movable, doorOrWindow)); ❻
    }
  }

  private Content getContent(ResourceBundle resource, String key) {
    String file = resource.getString(key);
    URL url = getClass().getResource(file); ❼
    if (url == null) {
     throw new IllegalArgumentException("Unknown resource " + file);
    } else {
      return new URLContent(url); ❽
    }
  }
}
```

❶ Lecture du fichier de propriétés.

❷ Boucle de lecture des meubles.

❸ Lecture du nom du i^e^ meuble.

❹ Arrêt de la boucle si le nom du i^e^ meuble n'existe pas.

❺ Lecture des autres valeurs des champs.

❻ Ajout du nouveau meuble au catalogue.

❼ Renvoie un objet de type `Content` pour accéder au contenu du fichier en ressource désigné par la clé `key`.

Si le fichier en ressource n'existe pas, déclenchement d'une exception...

❽ ...sinon création d'une instance de `URLContent` pour accéder au contenu du fichier.

Le constructeur de la classe `DefaultCatalog` ajoute ❻ au catalogue en cours d'initialisation, des meubles instanciés avec les valeurs lues dans les fichiers de propriétés de la famille qui porte le même nom que la classe `DefaultCatalog`, c'est-à-dire le fichier `com/eteks/sweethome3d/io/DefaultCatalog.properties` ❶ pour la langue par défaut. À chaque tour de la boucle de lecture des meubles ❷, le programme tente de lire un i^e^ nom de meuble ❸ ; si la clé `name#i` n'existe pas dans le fichier de propriétés, la méthode `getString` déclenche une exception interceptée ici pour arrêter la boucle ❹. Pour permettre l'accès au contenu des fichiers de l'icône et du modèle 3D d'un meuble disponibles en ressource, Thomas construit tout d'abord des URL ❼ à partir de leurs propriétés `icon#i` et `model#i` ❺, en recourant à la méthode `getResource` de la classe `java.lang.Class` qui renvoie une URL vers une ressource accessible par le `classpath` de la JVM. Ensuite, il adapte ces instances de classe `java.net.URL` au type `com.eteks.sweethome3d.model.Content` demandé en paramètre par le constructeur de la classe `CatalogPieceOfFurniture`, grâce à la nouvelle classe `URLContent` ❽. Cette classe implémente la méthode `openStream` de l'interface `Content` très simplement puisqu'il suffit d'y rappeler la méthode `openStream` de la classe `URL`. En s'aidant des outils d'Eclipse évoqués précédemment, Thomas crée donc la classe `com.eteks.sweethome3d.tools.URLContent` suivante.

REGARD DU DÉVELOPPEUR **Package de URLContent**

Thomas a choisi de placer la classe `URLContent` dans le package `com.eteks.sweethome3d.tools`. S'il l'avait placé dans le package `com.eteks.sweethome3d.io`, toute utilisation de la classe `URLContent` par celles du package `com.eteks.sweethome3d.swing` (par exemple pour gérer les icônes propres à l'interface utilisateur, comme c'est le cas à la fin de ce chapitre) créerait une dépendance supplémentaire entre ces packages, qui semble inappropriée pour maintenir une bonne séparation des couches présentation/métier/persistance. Ce nouveau package contiendra des classes générales d'outils pour les classes de l'interface utilisateur et de persistance, comme ici la classe `URLContent`.

Classe com.eteks.sweethome3d.tools.URLContent

```
package com.eteks.sweethome3d.tools;

import java.io.*;
import java.net.URL;
import com.eteks.sweethome3d.model.Content;

public class URLContent implements Content {
  private URL url;
```

```
  public URLContent(URL url) {
    this.url = url;
  }

  public URL getURL() {
    return this.url;
  }

  public InputStream openStream() throws IOException {
    return this.url.openStream();
  }
}
```

Une fois que Thomas a ajouté dans le dossier `src/com/eteks/sweethome3d/io/resources` les fichiers de l'icône et du modèle 3D des deux meubles mentionnés dans le fichier de propriétés, il obtient l'organisation représentée figure 4-12 dans la vue *Navigator* d'Eclipse.

POUR ALLER PLUS LOIN Séparer les sources des ressources

Mélanger dans un même dossier les fichiers sources Java avec les fichiers en ressources dont ils ont besoin n'est probablement la meilleure solution pour préparer la localisation d'une application. Mais rien ne vous empêche à tout moment de créer un nouveau dossier `resources` dans le projet en éditant ses propriétés (voir le chapitre « Mise en place de l'environnement de développement »), et d'y déplacer tous les fichiers `.properties`, `.obj`, `.png`... déjà créés dans les mêmes sous-dossiers que ceux où ils sont rangés actuellement. Vous pourrez alors transmettre uniquement ce dossier aux personnes en charge de la localisation, sans risque qu'ils altèrent les fichiers sources Java.

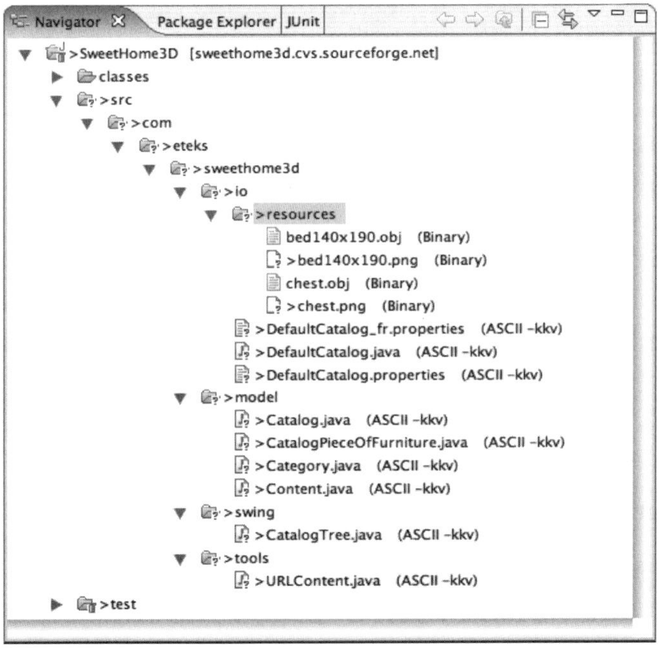

Figure 4–12
Organisation des fichiers sources et ressources

Pour que la JVM puisse accéder aux fichiers ressources à l'exécution, ceux-ci doivent être accessibles dans le même sous-dossier du dossier `classes`, ce qui implique qu'il faut les recopier du dossier `src` dans le dossier `classes`. Thomas n'a pas à faire cette copie lui-même car Eclipse s'en occupe tout seul.

> **ATTENTION**
> **Archivage des fichiers d'extension .obj**
>
> Les fichiers `.obj` (extension par défaut des fichiers de modèles 3D au format Wavefront) ne sont pas archivables par défaut avec Eclipse car cette extension est aussi utilisée pour les fichiers objets non archivés générés par un compilateur C (visuellement, vous pouvez vous en apercevoir par l'absence de signe > devant les fichiers `bed140x190.obj` et `chest.obj` dans la figure 4-12). Pour forcer l'enregistrement de ces fichiers dans le référentiel CVS, il faut soit sélectionner le menu *Team>Add to Version Control* dans le menu contextuel associé à un fichier OBJ, soit désélectionner l'élément `*.obj` dans la liste *Ignored Patterns* affichée dans la section *Team>Ignored Resources* des préférences d'Eclipse.

Vérification de la première partie du test

Comme les quatre classes `CatalogPieceOfFurniture`, `Category`, `Catalog` et `DefaultCatalog` ont été programmées, Thomas peut vérifier si la première partie du programme de test du scénario n° 1 passe ou non. À cette étape du développement, l'exécution du test de la classe `CatalogTreeTest` ne provoque plus d'erreur au niveau des deux premières instructions `assertFalse`, ce qui confirme que les noms de la première catégorie et du premier meuble sont bien différents en anglais et en français. Il archive son travail dans CVS pour que Margaux puisse développer la classe de l'arbre.

Conception de la classe d'arbre

La classe `com.eteks.sweethome3d.swing.CatalogTree` doit afficher dans un arbre la liste des meubles par défaut, organisée par catégories. Chaque meuble doit être affiché sous la forme de son nom juxtaposé à son icône. Par ailleurs, il faut que les catégories, ainsi que les meubles dans chaque catégorie, soient triés dans l'ordre alphabétique. Margaux va donc programmer le constructeur de la classe `CatalogTree` pour :

1. créer l'arborescence des objets de l'arbre à partir du catalogue reçu en paramètre ;
2. spécifier que l'arbre doit afficher les meubles avec leur icône et leur nom.

Création de la hiérarchie des nœuds affichée par l'arbre

Dans une première version du constructeur de la classe `CatalogTree`, Margaux crée une hiérarchie de nœuds qui correspond au catalogue reçu en paramètre, puis transmet à l'arbre la racine de cette hiérarchie.

Classe com.eteks.sweethome3d.swing.CatalogTree (modifiée)

```
package com.eteks.sweethome3d.swing;

import java.util.List;
import javax.swing.JTree;
import javax.swing.tree.*;
import com.eteks.sweethome3d.model.*;

public class CatalogTree extends JTree {
  public CatalogTree(Catalog catalog) {
    DefaultMutableTreeNode root = new DefaultMutableTreeNode(); ❶
    for (Category category : catalog.getCategories()) { ❷
      DefaultMutableTreeNode categoryNode =
          new DefaultMutableTreeNode (category); ❸
```

❶ Création de la racine de la hiérarchie.

❷ Boucle itérative sur les catégories du catalogue.

❸ Ajout d'un nœud représentant une catégorie à la racine.

```
      root.add(categoryNode); ❹
      for (CatalogPieceOfFurniture piece :
              category.getFurniture()) { ❺
        categoryNode.add(
            new DefaultMutableTreeNode (piece, false)); ❻
      }
    }
    setModel(new DefaultTreeModel (root)); ❼

    setRootVisible(false);
    setShowsRootHandles(true);
  }
}
```

◂ Boucle itérative sur les meubles d'une catégorie.

◂ Ajout d'une feuille représentant un meuble au nœud de sa catégorie.

◂ Modification du modèle de l'arbre avec la nouvelle hiérarchie de nœuds.

◂ Affichage des poignées d'ouverture des catégories de meubles sans le nœud de la racine.

Chaque nœud, instance de la classe `javax.swing.tree.DefaultMutableTreeNode` ❶ ❸ ❻, est créé en parcourant dans des boucles imbriquées les listes de catégories ❷ et de meubles ❺ du catalogue, puis est ajouté à la hiérarchie en appelant la méthode `add` sur son nœud parent ❹ ❻. Une fois générée la hiérarchie, Margaux modifie le modèle de l'arbre en cours de création en lui passant une instance de la classe `javax.swing.tree.DefaultTreeModel` créée à partir de la racine de la hiérarchie ❼. Les nœuds qui représentent les catégories et leurs meubles dans l'arbre sont créés directement à partir des instances des classes `Category` ❸ et `CatalogPieceOfFurniture` ❻ du catalogue, ce qui aidera Margaux dans la suite du développement à retrouver les objets de la couche métier de Sweet Home 3D qui sont manipulés dans l'arbre.

JAVA 5 **Boucle itérative**

Java 5 a introduit la possibilité de simplifier la syntaxe de l'instruction `for` pour parcourir l'un après l'autre les éléments contenus dans un tableau ou une collection. Ces boucles itératives se présentent sous la forme :

```
for(Type el : tableauOuCollection)
  instructionOuBloc
```

où *Type* doit être du type des éléments contenus dans l'ensemble *`tableauOuCollection`*.
Pour un tableau, la boucle itérative précédente est équivalente à :

```
for (int i = 0;
     i < tableau.length; i++) {
  Type el = tableau [i];
  instructionOuBloc
}
```

Pour une collection ou une classe qui implémente l'interface `java.lang.Iterable<Type>`, la même boucle itérative est équivalente à :

```
for (Iterator<Type> it =
        collection.iterator();
     it.hasNext(); ) {
  Type el = it.next();
  instructionOuBloc
}
```

SWING **TreeModel et DefaultTreeModel**

Comme la plupart des classes de composants Swing, la classe `JTree` ne stocke pas elle-même les données des nœuds qu'elle affiche, mais elle les recherche dans un modèle d'arbre dont la classe implémente l'interface `javax.swing.tree.TreeModel`. La façon la plus simple de créer un modèle d'arbre passe par les classes `DefaultTreeModel` et `DefaultMutableTreeNode`, utilisées dans cette première version de la classe `CatalogTree`. Nous verrons dans la suite de ce chapitre comment créer un modèle d'arbre à partir de l'interface `TreeModel` pour réutiliser de façon plus optimale les classes `Catalog`, `Category` et `CatalogPieceOfFurniture` de la couche métier.
Le diagramme de classes de la figure 4-13 présente les quatre interfaces du package `javax.swing.tree` sur laquelle est basée la classe `JTree`.

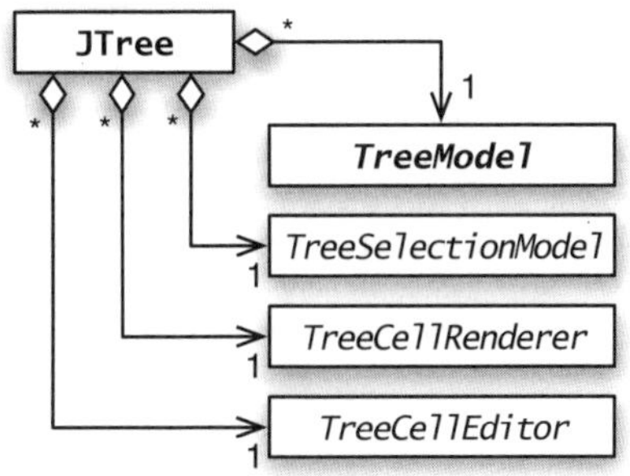

Figure 4–13 Diagramme de la classe JTree et ses quatre interfaces

Modification de l'apparence des nœuds de l'arbre

Après avoir créé les nœuds de l'arbre dans le constructeur de `CatalogTree`, Margaux vérifie si la hiérarchie qu'elle a générée est correcte en lançant l'application `com.eteks.sweethome3d.junit.CatalogTreeTest`, et obtient à l'écran l'arbre représenté figure 4-14.

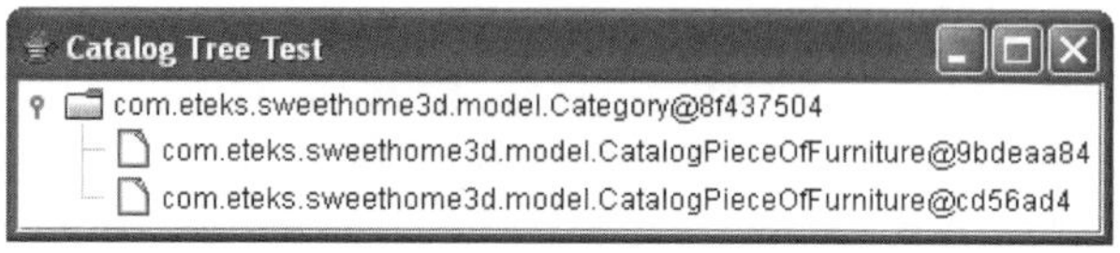

Figure 4–14
Apparence par défaut de l'arbre des meubles

Il ne manque aucun nœud dans l'arbre, mais les noms associés aux catégories et aux meubles qui y sont affichés sont de la forme *`Classe@numéro`* ! Comme Margaux n'a pas fourni le moyen à son arbre de représenter les instances des classes `Category` et `CatalogPieceOfFurniture` associées aux nœuds, la classe `JTree` utilise par défaut la chaîne renvoyée par la méthode `toString` de ces classes héritée de `java.lang.Object`. Pour corriger cette erreur, elle pourrait redéfinir `toString` dans les classes `Category` et `CatalogPieceOfFurniture`, mais cette solution ne conviendrait pas pour les meubles car l'arbre doit afficher l'icône associée à chaque meuble. Il lui faut donc associer à l'arbre un *renderer*, capable de fournir un composant graphique personnalisé pour l'affichage des nœuds d'un arbre.

Création du composant de rendu

Un *renderer*, ou composant de rendu, est un objet dont la classe doit implémenter l'interface `javax.swing.tree.TreeCellRenderer` et son unique méthode `getTreeCellRendererComponent` déclarée ainsi :

```
interface TreeCellRenderer {
  public java.awt.Component getTreeCellRendererComponent(
     javax.swing.JTree tree, Object value, boolean selected,
     boolean expanded, boolean leaf, int row, boolean hasFocus);
}
```

La longue liste de paramètres de la méthode `getTreeCellRendererComponent` a de quoi rebuter tout développeur qui crée son premier renderer ! Mais il suffit en fait de se concentrer sur le type de retour `java.awt.Component` de cette méthode et sur son second paramètre `value` pour en comprendre le principe : cette méthode doit renvoyer un composant graphique capable de dessiner le nœud `value` de l'arbre `tree`. Ainsi, la classe `JTree` dessine les nœuds d'un arbre en obtenant pour chacun d'eux leur composant graphique avec la méthode `getTreeCellRendererComponent` du renderer de l'arbre, puis en dessinant

B.A.-BA Diagramme UML de séquence

Un diagramme de séquence montre comment les objets interagissent entre eux pour effectuer une opération particulière. Comme le montre la figure 4-15, chaque objet y est symbolisé par un rectangle sous lequel démarre un trait en pointillés vertical qui représente sa ligne de vie. Un appel de méthode y est représenté par une flèche pleine horizontale nommée qui relie l'objet appelant à l'objet sur lequel la méthode est appelée. L'ensemble de flèches lues du haut vers le bas représente la séquence d'appels que nécessite l'opération décrite par le diagramme. L'encadré intitulé *loop* symbolise une boucle d'exécution effectuée ici sur tous les nœuds de l'arbre.

ce composant graphique, ce qu'exprime le diagramme de séquence de la figure 4-15.

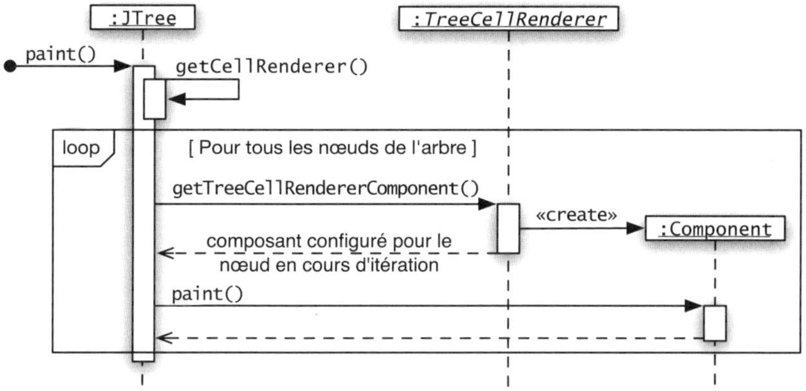

Figure 4–15
Diagramme de séquence du rendu des nœuds d'un arbre

> **DANS LA VRAIE VIE Fonctionnement des renderers**
>
> La figure 4-15 présente le fonctionnement *de principe* des renderers. Dans les faits, la classe `JTree` délègue le dessin de l'arbre à la classe dédiée à la gestion des arbres dans le look and feel en cours, et le composant renvoyé par `getTreeCellRendererComponent` est dessiné indirectement par une instance de `javax.swing.CellRendererPane` (si ça vous intéresse, jetez un œil au code source de la classe `javax.swing.plaf.basic.BasicTreeUI`). De plus, il est rare qu'un nouveau composant graphique soit instancié à chaque appel à `getTreeCellRendererComponent` ; pour améliorer les performances du dessin de l'arbre, on renvoie plutôt toujours le même composant configuré en fonction du nœud en paramètre. Comme les nœuds sont dessinés l'un après l'autre dans le même thread, il n'y a pas de risque à partager un même composant.

Les autres paramètres `selected`, `expanded`, `leaf`, `row` et `hasFocus` représentent l'état courant du nœud `value` et sont redondants ; ils sont cités pour simplifier la configuration du composant retourné par la méthode `getTreeCellRendererComponent`, en évitant d'aller chercher toutes ces informations avec les méthodes de `JTree`.

Pour simplifier la création d'une classe de renderer et du composant que doit retourner la méthode `getTreeCellRendererComponent`, on recourt la plupart du temps à une sous-classe de `javax.swing.tree.DefaultTreeCellRenderer`. Dans cette nouvelle classe, il suffit alors de redéfinir la méthode `getTreeCellRendererComponent` pour y personnaliser le label proposé par `DefaultTreeCellRenderer`. Margaux implémente donc le renderer de l'arbre dans une sous-classe de `DefaultTreeCellRenderer`, qu'elle nomme `CatalogCellRenderer` et qu'elle ajoute comme classe interne à la classe `CatalogTree`.

> **SWING Paramètres de rendu selected, expanded, leaf, row, hasFocus**
>
> Si `selected` est vrai, le nœud `value` est sélectionné dans l'arbre : ce paramètre est généralement utilisé pour changer la couleur de fond du nœud, et montrer ainsi à l'utilisateur quels sont les nœuds sélectionnés dans l'arbre. De façon similaire, `hasFocus` indique si le nœud `value` est celui qui a le focus ou non pour le dessiner différemment. `expanded` et `leaf`, qui indiquent si le nœud `value` est développé ou si c'est une feuille de l'arbre, sont le plus souvent utilisés comme critères pour associer des icônes différentes au nœuds de l'arbre. Finalement, `row`, qui représente le numéro de ligne du nœud `value`, peut servir par exemple pour alterner les couleurs de fond des lignes dans l'arbre.

REGARD DU DÉVELOPPEUR Encapsulation des classes

La classe `CatalogCellRenderer` n'a pas vocation à être réutilisée à l'extérieur de la classe `CatalogTree` (pour l'instant en tout cas). Il faut donc l'encapsuler le plus possible comme pour un champ privé ou une variable locale. Margaux aurait pu recourir à une classe anonyme à l'appel de `setCellRenderer` ❶, mais elle a préféré ici créer une classe interne privée pour ne pas alourdir le code du constructeur. Comme elle a besoin de conserver un lien avec l'instance courante de la classe englobante `CatalogTree` pour obtenir la hauteur des lignes de l'arbre ❿, elle n'a pas rendu cette classe interne `static`.

JAVA Lecture d'un flux contenant une image

La classe `javax.swing.ImageIcon`, qui implémente l'interface `javax.swing.Icon`, propose différents constructeurs capables de lire une image à partir d'une URL, d'un fichier ou d'un tableau de `byte`, mais étonnamment aucun constructeur capable de lire une image à partir d'un flux de données. C'est pourquoi, Margaux a utilisé la méthode `static read` ❾ de la classe `javax.imageio.ImageIO` qui renvoie l'instance d'une image lue à partir d'un flux de données contenant une image au format JPEG, GIF, PNG, BMP ou WBMP. L'objet que renvoie cette méthode `read` est de classe `java.awt.image.BufferedImage`, une sous-classe de `java.awt.Image` qui représente une image en mémoire. Pour permettre à Sophie de créer des images de n'importe quelles dimensions, Margaux redimensionne ensuite l'image lue avec la méthode `getScaledInstance` ⓫ de la classe `Image`, pour que la hauteur de cette image corresponde à la hauteur d'une ligne de l'arbre. Le dernier paramètre `Image.SCALE_SMOOTH` de cette méthode est une indication (*hint* en anglais) représentant l'algorithme que doit utiliser la méthode pour redimensionner l'image. Avec la constante `Image.SCALE_FAST`, le redimensionnement sera plus rapide mais de moins bonne qualité avec un effet de crénelage (*aliasing*) visuellement moins agréable, ce que montre la figure 4-17.

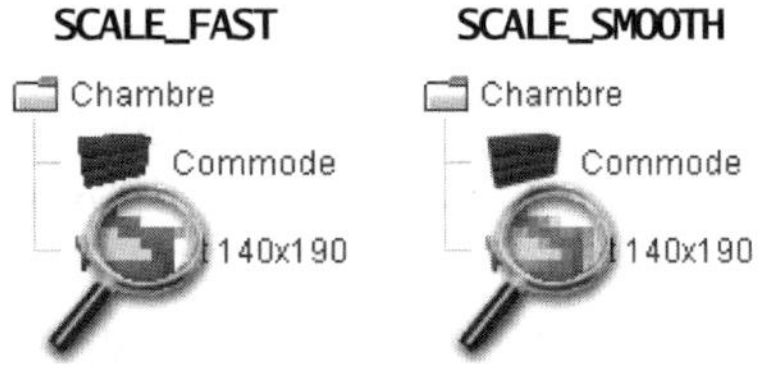

Figure 4–16 Différences de qualité de la méthode getScaledIntance

Classe com.eteks.sweethome3d.swing.CatalogTree (modifiée)

```
package com.eteks.sweethome3d.swing;

import java.awt.*;
import java.awt.image.BufferedImage;
import java.io.*;
import java.util.List;
import javax.imageio.ImageIO;
import javax.swing.*;
import javax.swing.tree.*;
import com.eteks.sweethome3d.model.*;
```

```
public class CatalogTree extends JTree {
  public CatalogTree(Catalog catalog) {
    // Première partie du constructeur inchangée
    setCellRenderer(new CatalogCellRenderer()); ❶
  }
  private class CatalogCellRenderer
      extends DefaultTreeCellRenderer {
    private static final int DEFAULT_ICON_HEIGHT = 32;
    @Override
    public Component getTreeCellRendererComponent(JTree tree,
        Object value, boolean selected, boolean expanded,
        boolean leaf, int row, boolean hasFocus) {
      JLabel label = (JLabel)super.getTreeCellRendererComponent(
          tree, value, selected, expanded, leaf, row, hasFocus); ❷
      DefaultMutableTreeNode node = (DefaultMutableTreeNode)value;

      if (node.getUserObject() instanceof Category) { ❸
        Category category = (Category)node.getUserObject();
        label.setText(category.getName()); ❹
      }
      else if (node.getUserObject()
               instanceof CatalogPieceOfFurniture) { ❺
        CatalogPieceOfFurniture piece =
            (CatalogPieceOfFurniture)node.getUserObject();
        label.setText(piece.getName()); ❻
        label.setIcon(getLabelIcon(piece.getIcon())); ❼
      }
      return label; ❽
    }
    private Icon getLabelIcon(Content content) {
      try {
        InputStream contentStream = content.openStream();
        BufferedImage image = ImageIO.read(contentStream); ❾
        contentStream.close();
        if (image != null) {
          int rowHeight = isFixedRowHeight()
                          ? getRowHeight()
                          : DEFAULT_ICON_HEIGHT; ❿
          int imageWidth = image.getWidth() * rowHeight
                                / image.getHeight();
          Image scaledImage = image.getScaledInstance(
              imageWidth, rowHeight, Image.SCALE_SMOOTH); ⓫
          return new ImageIcon (scaledImage);
        }
      } catch (IOException ex) {
      }
      return new ImageIcon();
    }
  }
}
```

◄ Sous-classe interne de `DefaultTreeCellRenderer`.

◄ Redéfinition de la méthode de la super-classe pour personnaliser le rendu des nœuds.

◄ Récupération du label par défaut avec sa couleur de sélection et son icône.

◄ Conversion du type de la valeur dans le type des nœuds de l'arbre.

◄ Si l'objet associé au nœud est une catégorie, on change le texte du label avec le nom de la catégorie.

◄ Si l'objet associé au nœud est un meuble, on change le texte et l'icône du label avec le nom et l'icône du meuble.

◄ Renvoi du label modifié pour le nœud en paramètre.

◄ Renvoie l'icône correspondant aux données accessibles par `content`.

◄ Lecture de l'image associée au meuble.

◄ Si l'image a été chargée, changement de taille de l'image pour qu'elle corresponde à la hauteur voulue des lignes de l'arbre.

◄ Si l'image n'a pas pu être chargée, on renvoie une icône vide.

Une fois récupéré le label configuré par l'implémentation de la méthode `getTreeCellRendererComponent` dans la super-classe `DefaultTreeCellRenderer` ❷, Margaux modifie le texte ❹ ❻ de ce label en fonction du type `Category` ❸ ou `CatalogPieceOFFurniture` ❺ de la valeur associée au nœud rendu en cours. Si le nœud représente un meuble ❺, elle change l'icône du label ❼ avec celle associée à ce meuble, à l'aide de la méthode `getLabelIcon` qui lit l'image ❾ de l'icône puis la redimensionne ⓫ pour qu'elle s'affiche correctement dans la hauteur d'une ligne de l'arbre ❿. Finalement, elle renvoie de la méthode `getTreeCellRendererComponent` le label modifié ❽ que la classe `JTree` va utiliser pour dessiner le nœud rendu en cours. Une fois modifié le renderer de l'arbre ❶, elle obtient le résultat de la figure 4-16.

SWING Hauteur des lignes d'un arbre

La hauteur des lignes dans un arbre peut être fixée de deux façons, soit avec une hauteur unique pour toutes les lignes données en paramètre à la méthode `setRowHeight` de `JTree`, soit avec une hauteur différente pour chaque ligne en passant 0 à la même méthode `setRowHeight`. Dans ce dernier cas, la hauteur de chaque ligne est fixée par la hauteur préférée de son renderer.

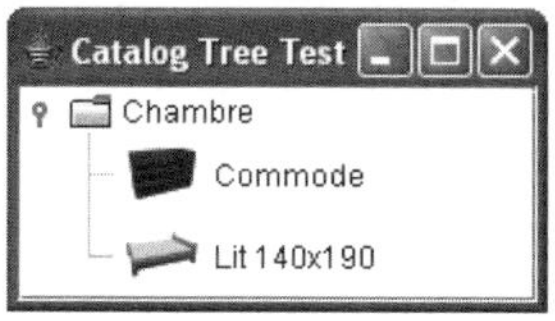

Figure 4–17
Arbre du catalogue avec un renderer

Vérification de l'ordre d'affichage des nœuds de l'arbre

Pour que le test du scénario n° 1 puisse passer avec succès, il reste à Margaux à implémenter la méthode `assertTreeIsSorted` de la classe `CatalogTreeTest`, en comparant deux à deux les textes affichés par les labels de rendu des catégories et des meubles de l'arbre. Pour obtenir ces labels, elle programme cette méthode en parcourant les nœuds de l'arbre à partir du modèle de l'arbre, de façon similaire aux opérations qu'effectue la classe `JTree` pour afficher ses nœuds à l'écran.

SWING Interface TreeModel

Une instance de `JTree` parcourt les nœuds de son modèle grâce à quatre des méthodes de l'interface `TreeModel` :

```
Object getRoot()
Object getChild(Object parent,
                int index)
int getChildCount(Object parent)
boolean isLeaf(Object node)
```

Méthode assertTreeIsSorted de la classe CatalogTreeTest

Récupération du modèle et de la racine de l'arbre.

Pour tous les nœuds enfants de la racine...

...vérification de l'ordre alphabétique entre une catégorie et la suivante.

Pour tous les nœuds enfants d'une catégorie...

```
public void assertTreeIsSorted(JTree tree) {
  TreeModel model = tree.getModel();
  Object    root = model.getRoot(); ❶
  Collator comparator = Collator.getInstance();
  for (int i = 0, n = model.getChildCount(root); i < n; i++) { ❷
    Object rootChild = model.getChild(root, i);
    if (i < n - 1) {
      Object nextChild = model.getChild(root, i + 1);
      assertTrue("Categories not sorted", comparator.compare(
          getNodeText(tree, rootChild),
          getNodeText(tree, nextChild)) <= 0); ❸
    }
    for (int j = 0, m = model.getChildCount(rootChild) - 1;
         j < m; j++) { ❹
```

```
      Object child = model.getChild(rootChild, j);
      if (j < m - 1) {
        Object nextChild = model.getChild(rootChild, j + 1);
        assertTrue("Furniture not sorted", comparator.compare(
            getNodeText(tree, child),
            getNodeText(tree, nextChild)) <= 0); ❺
      }
      assertTrue("Piece not a leaf", model.isLeaf(child)); ❻
    }
  }
}

private String getNodeText(JTree tree, Object node) {
  TreeCellRenderer renderer = tree.getCellRenderer();
  Component childLabel = renderer.
      getTreeCellRendererComponent(tree, node,
         false, true, false, 0, false);
  return ((JLabel)childLabel).getText(); ❼
}
```

◂ ...vérification de l'ordre alphabétique entre un meuble et le suivant.

◂ Vérification qu'aucun nœud d'un meuble n'a d'enfant.

◂ Renvoie le texte affiché par le composant de rendu d'un nœud.

◂ Récupération du composant de rendu associé au nœud dans l'arbre.

Margaux programme ainsi une première boucle ❷ sur tous les enfants de la racine ❶ du modèle de l'arbre, qui représentent ici les catégories. Une fois vérifié l'ordre alphabétique ❸ entre le texte d'une catégorie et la suivante, elle débute une boucle ❹ qui parcourt les enfants d'un nœud catégorie, qui représentent quant à eux les meubles de cette catégorie. Dans cette seconde boucle, elle vérifie l'ordre alphabétique des meubles ❺ et si chaque meuble est bien une feuille de l'arbre.

REGARD DU DÉVELOPPEUR Type de nœuds de l'arbre

Dans ce test, Margaux n'a pas fait apparaître les classes effectives `DefaultTreeModel` et `DefaultMutableTreeNode` du modèle et des nœuds qui sont manipulés dans l'arbre du catalogue. Cette programmation permet au test de fonctionner quel que soit le modèle d'arbre utilisé par `CatalogTree`, afin de vérifier par exemple que le changement de modèle au cours de la section suivante n'introduira pas de régression. Par ailleurs, la méthode `getNodeText` teste au passage le bon fonctionnement de la classe `CatalogCellRenderer`, car l'ordre alphabétique est vérifié ❸ ❺ sur des textes obtenus à partir des labels de rendu ❼.

Margaux exécute finalement le test du scénario n° 1 qui passe maintenant sans problème, puis archive ses modifications dans CVS.

Refactoring et optimisation

Thomas et Margaux organisent entre eux une séance de revue de code pour essayer d'améliorer la conception de leurs classes et optimiser leurs performances ou leur gestion de la mémoire.

> DANS LA VRAIE VIE **Refactoring et méthode XP**
>
> Des opérations de refactoring interviennent souvent en fin de mise au point d'un scénario de test, mais aussi au cours du développement même du scénario. Si ce chapitre présente une première version des classes suivie du refactoring de certaines d'entre elles, il va de soi que ce découpage n'a été imaginé qu'à des fins pédagogiques. Pour ne rien vous cacher, il est arrivé plusieurs fois que certaines classes de ce premier scénario soient renommées pour plus de clarté et que certains types de leurs champs ou de leurs méthodes soient modifiés pour mieux correspondre aux besoins du scénario. En exploitant cette attitude naturelle à programmer par itération qu'ont les développeurs pour affiner petit à petit une première idée, la méthode XP semble particulièrement bien adaptée pour obtenir un résultat optimal en peu de temps. En effet, la mise au point d'un seul scénario à la fois, prônée par cette méthode, permet aux programmeurs de se concentrer d'autant mieux sur la conception et l'optimisation des classes mises en jeu dans ce scénario, sans avoir l'esprit pollué par toutes les fonctionnalités développées pour les scénarios précédents ou à venir.

Utilisation d'un modèle optimal pour l'arbre

Thomas et Margaux constatent tout d'abord que l'organisation en mémoire de la liste des meubles programmée dans l'arbre n'est pas optimale. En associant à chaque nœud de l'arbre l'instance de `Category` ou de `CatalogPieceOfFurniture` qui lui correspond, l'arbre est capable de manipuler directement des objets de la couche métier sans dupliquer des informations, ce qui est déjà une bonne chose. Mais les ensembles des catégories et de meubles occupent eux aussi de l'espace mémoire et en l'état, ils existent en deux exemplaires : d'une part, l'ensemble mémorisé par les champs `categories` et `furniture` des classes `Catalog` et `Category`, et d'autre part, les listes associées aux nœuds de l'arbre de classe `CatalogTree`. En effet, la classe `DefaultMutableTreeNode` utilisée ici pour les nœuds de l'arbre stocke ses enfants dans une liste de type `java.util.Vector` qui fait doublon avec les ensembles `categories` et `furniture` des classes `Catalog` et `Category`.

Classe de modèle de l'arbre

Pour éviter les doublons des ensembles gérés par les classes `DefaultMutableTreeNode`, `Catalog` et `Category`, Margaux ajoute à la classe `CatalogTree` la classe interne `CatalogTreeModel` qui implémente l'interface `javax.swing.tree.TreeModel` en adaptant le modèle des classes de la couche métier à celui requis par un arbre de classe `JTree`. En sélectionnant l'interface `TreeModel` et l'option *Inherited abstract methods* dans la boîte de dialogue *New Java Class* de création de classe (voir figure 4-19), elle obtient la classe `CatalogTreeModel` avec les huit méthodes de `TreeModel` qu'elle implémente comme suit :

SWING Modèles d'un arbre JTree

Suivant ses besoins et l'organisation d'un ensemble de données qu'il veut afficher dans un arbre, un utilisateur de la classe `JTree` a principalement quatre options pour créer et afficher un arbre à partir de ses données.

- Si toutes ses données ne sont que des chaînes de caractères, il peut construire l'arborescence des nœuds de l'arbre avec des instances de `DefaultMutableTreeNode`, puis créer une instance de `JTree` à partir de la racine de cette arborescence (comme dans la méthode `getCatalogTree` développée pour la maquette Swing de Sweet Home 3D dans le chapitre précédent). Le modèle qu'utilise cette instance de `JTree` est alors implicitement ou explicitement de classe `DefaultTreeModel` et s'il ne change pas le renderer par défaut, les nœuds de l'arbre sont dessinés avec une instance de `DefaultTreeCellRenderer`.
- Si certaines de ses données ne sont pas des chaînes, il construit son arborescence de la même façon puis fournit un renderer à l'instance de `JTree` dont la méthode `getTreeCellRendererComponent` renvoie un composant capable de dessiner ces données (comme dans la première version de `CatalogTree`).
- S'il veut réutiliser directement l'arborescence de ses données sans instancier la classe `DefaultMutableTreeNode` (comme ici, pour exploiter les listes gérées par les classes `Catalog` et `Category`), le programmeur peut créer des classes de nœuds qui s'adaptent à son organisation. Pour que la classe `DefaultTreeModel` accepte ces nouvelles classes comme des nœuds, elles doivent alors implémenter l'interface `javax.swing.tree.TreeNode`. Les sept méthodes que compte cette interface :

```
TreeNode getChildAt(int childIndex)
int getChildCount()
TreeNode getParent()
int getIndex(TreeNode node)
boolean getAllowsChildren()
boolean isLeaf()
Enumeration children()
```

sont utilisées par un arbre pour connaître les enfants d'un nœud (`getChildAt`, `getChildCount`...), son parent (`getParent`), etc. Comme Margaux dispose de toutes ces informations dans les classes `Catalog`, `Category` et `CatalogPieceOfFurniture`, elle pourrait donc créer des classes `CatalogNode`, `CategoryNode` et `PieceOfFurnitureNode` qui implémenteraient l'interface `TreeNode` et les utiliser en remplacement de la classe `DefaultMutableTreeNode`.
- Le programmeur peut aussi ne pas recourir à la classe `DefaultTreeModel` en créant son propre modèle d'arbre avec une classe qui implémente l'interface `javax.swing.tree.TreeModel`. À la différence de `TreeNode`, les méthodes de cette interface :

```
Object getRoot()
Object getChild(Object parent, int index)
int getChildCount(Object parent)
int getIndexOfChild(Object parent, Object child)
boolean isLeaf(Object node)
void valueForPathChanged(TreePath path,
                         Object newValue)
void addTreeModelListener(TreeModelListener l)
void removeTreeModelListener(TreeModelListener l)
```

n'obligent pas les nœuds à être d'un type particulier, puisque ses méthodes `getChild`, `getChildCount`, `getRoot`... manipulent des références de type `Object`. En passant, par cette solution Margaux n'a donc qu'à créer une classe qui adapte les classes `Catalog`, `Category` et `CatalogPieceOfFurniture` de la couche métier de Sweet Home 3D au modèle d'arbre que requiert la classe `JTree`.

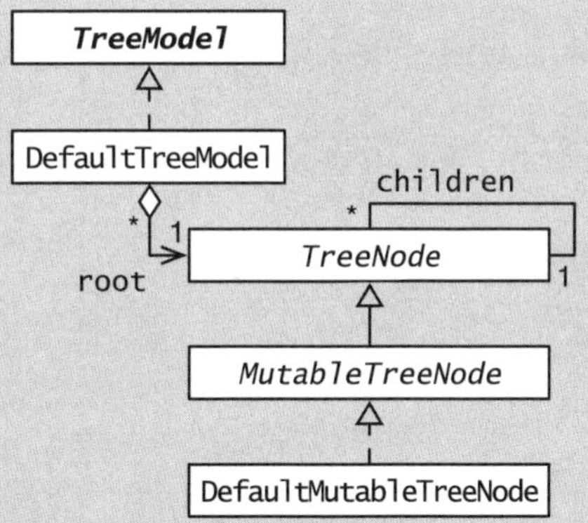

Figure 4–18 Diagramme des classes dépendantes de TreeModel

ASTUCE Raccourcis sur les noms des types dans Eclipse

Eclipse simplifie grandement la saisie d'une classe ou d'une interface dans la sous-boîte de dialogue *Implemented Interfaces Selection*. En se basant sur la convention de nommage d'une classe ou d'une interface qui doit être formée d'une suite de mots débutant par une majuscule (notation appelée *Camel*, car elle fait penser aux bosses d'un chameau), il suffit de citer les initiales de ces mots pour qu'Eclipse vous propose une liste réduite de types correspondants. Par exemple, Margaux n'a qu'à saisir TM pour obtenir une liste plus courte dans laquelle elle retrouve rapidement l'interface `TreeModel` (voir figure 4-19). Cette fonctionnalité est utilisable à d'autres endroits d'Eclipse, comme par exemple dans la boîte de dialogue de sélection d'un type affiché par le menu *Navigate>Open Type...*.

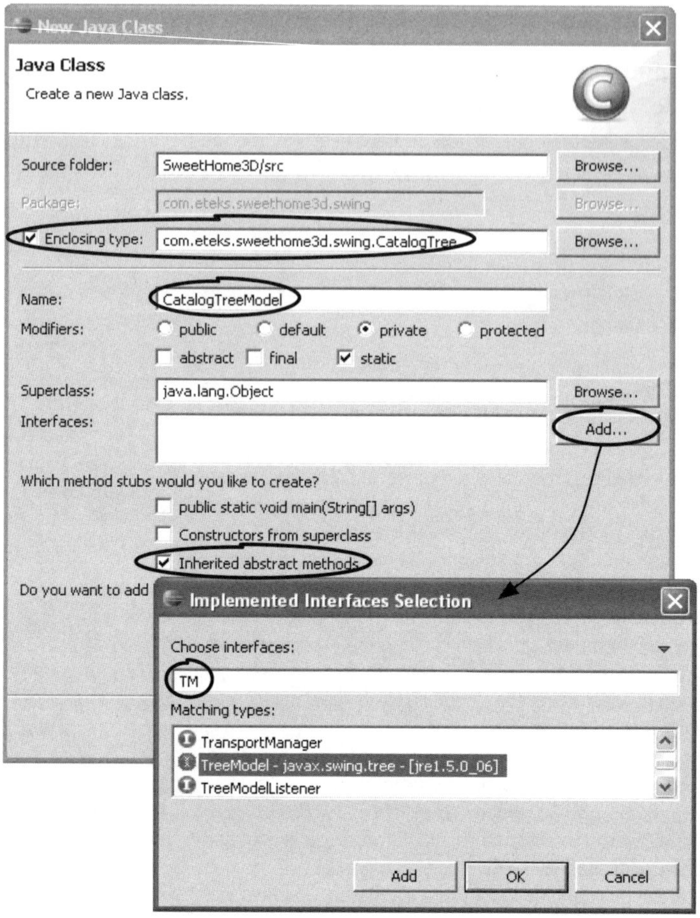

Figure 4–19
Création de la classe interne CatalogTreeModel dans Eclipse

Classe interne CatalogTreeModel de la classe CatalogTree

- Classe interne privée `static` de modèle d'arbre. (1)
- Catalogue de meubles adapté par ce modèle.
- Renvoie la racine de l'arbre. (2)
- Renvoie le i^e enfant d'un nœud parent.
- Si le nœud parent est le catalogue, renvoyer la i^e catégorie... (3)

```
private static class CatalogTreeModel implements TreeModel { ❶

  private Catalog catalog;

  public CatalogTreeModel(Catalog catalog) {
    this.catalog = catalog;
  }

  public Object getRoot() {
    return this.catalog; ❷
  }

  public Object getChild(Object parent, int index) {

    if (parent instanceof Catalog) {
      return ((Catalog)parent).getCategories().get(index); ❸
```

```
    } else {
      return ((Category)parent).getFurniture().get(index); ❹
    }
  }

  public int getChildCount(Object parent) {
    if (parent instanceof Catalog) {
      return ((Catalog)parent).getCategories().size(); ❺
    } else {
      return ((Category)parent).getFurniture().size(); ❻
    }
  }

  public int getIndexOfChild(Object parent, Object child) {
    if (parent instanceof Catalog) {
      return Collections.binarySearch(
         ((Catalog)parent).getCategories(), (Category)child); ❼
    } else {
      return Collections.binarySearch(
          ((Category)parent).getFurniture(),
          (CatalogPieceOfFurniture)child); ❽
    }
  }

  public boolean isLeaf(Object node) {
    return node instanceof CatalogPieceOfFurniture; ❾
  }

  public void valueForPathChanged(TreePath path,
                                  Object   newValue) { ❿
  }

  public void addTreeModelListener(TreeModelListener l) { ⓫
  }

  public void removeTreeModelListener(TreeModelListener l) { ⓬
  }
}
```

◂ ...sinon, renvoyer le i^e meuble de la catégorie.

◂ Renvoie le nombre d'enfants d'un nœud parent.

◂ Si le nœud parent est le catalogue, renvoyer le nombre de catégories...

◂ ...sinon renvoyer le nombre de meubles de la catégorie.

◂ Renvoie l'indice d'un enfant parmi ceux d'un nœud parent.

◂ Si le nœud parent est le catalogue, rechercher l'indice de la catégorie...

◂ ...sinon rechercher l'indice du meuble dans sa catégorie.

◂ Renvoie `true` si le nœud en paramètre est une feuille, c'est-à-dire ici un meuble.

◂ Méthodes inutiles si les nœuds et la structure de l'arbre ne peuvent changer.

À chacun des trois niveaux de l'arbre (racine/catégories/meubles), Margaux manipule ici directement des objets de la couche métier de Sweet Home 3D, avec une instance de `Catalog` pour la racine ❷, parents ❸ ❺ ❼ des nœuds de classe `Category`, eux-mêmes parents ❹ ❻ ❽ des feuilles de classe `CatalogPieceOfFurniture` ❾. Les meubles et les catégories visualisés par l'arbre n'étant pas modifiables dans ce premier scénario, elle implémente à vide les méthodes `valueForPathChanged` ❿, `addTreeModelListener` ⓫ et `removeTreeModelListener` ⓬, car ces

> **ATTENTION Unicité des nœuds d'un arbre**
>
> La javadoc de l'interface `TreeModel` avertit que les classes `JTree` et `TreePath` ont recours à la méthode `equals` des nœuds d'un arbre pour identifier le chemin vers un nœud de façon unique : pour qu'une instance de `JTree` fonctionne correctement, il faut donc éviter que deux enfants d'un nœud parent renvoyés par la méthode `getChild` de son modèle d'un arbre soient égaux par `equals`. Ici, cela implique que chaque catégorie et chaque meuble dans sa catégorie doit être nommé différemment, ce que Thomas a vérifié dans les méthodes `add` des classes `Catalog` et `Category`.

méthodes sont utilisées par une instance de `JTree` pour suivre les modifications intervenues dans le modèle de son arbre. Finalement, comme la classe interne n'a besoin d'aucune des méthodes de `CatalogTree`, elle rend `static` la classe `CatalogTreeModel` ❶.

Utilisation de la classe de modèle d'arbre

Une fois la classe `CatalogTreeModel` implémentée, Margaux remplace dans `CatalogTree` les classes `DefaultTableModel` et `DefaultMutableTreeNode` par `CatalogTreeModel` et les classes `Catalog`, `Category` et `CatalogPieceOfFurniture` :

1 Elle simplifie le constructeur de `CatalogTree` en remplaçant la création d'une arborescence d'instances de `DefaultMutableTreeNode` par une simple instanciation de la nouvelle classe de modèle :

```
public CatalogTree(Catalog catalog) {
  setModel(new CatalogTreeModel (catalog));
  setRootVisible(false);
  setShowsRootHandles(true);
  setCellRenderer(new CatalogCellRenderer());
}
```

2 Elle remplace les instructions suivantes de la méthode `getTreeCellRendererComponent` :

```
DefaultMutableTreeNode node = (DefaultMutableTreeNode)value;
if (node.getUserObject() instanceof Category) {
  Category category = (Category)node.getUserObject();
  label.setText(category.getName());
}
else if (node.getUserObject()
           instanceof CatalogPieceOfFurniture) {
  CatalogPieceOfFurniture piece =
      (CatalogPieceOfFurniture)node.getUserObject();
  label.setText(piece.getName());
  label.setIcon(getLabelIcon(piece.getIcon()));
}
```

par celles-ci :

```
if (value instanceof Category) {
  label.setText(((Category)value).getName());
}
else if (value instanceof CatalogPieceOfFurniture) {
  CatalogPieceOfFurniture piece = (CatalogPieceOfFurniture)value;
  label.setText(piece.getName());
  label.setIcon(getLabelIcon(piece.getIcon()));
}
```

Margaux vérifie finalement que ces modifications n'ont pas introduit de régressions en exécutant le test `CatalogTreeTest`.

Gestion du cache des icônes

Margaux passe maintenant à la création d'un cache des icônes des meubles affichées par l'arbre, pour éviter que la classe `CatalogCellRenderer` n'ait à recréer une image dans sa méthode `getLabelIcon`, chaque fois qu'un nœud est réaffiché. Même si la classe `javax.imageio.ImageIO` gère déjà un cache des images qu'on lui demande de charger (la méthode `getUseCache` de cette classe renvoie `true` par défaut), Margaux cherche en plus à ne pas redimensionner à chaque fois les icônes des meubles à la hauteur voulue et à gérer visuellement l'attente pendant le chargement des images.

> REGARD DU DÉVELOPPEUR **Refactoring vs optimisation**
>
> Ne confondez pas refactoring et optimisation : l'objectif du refactoring est de simplifier la future maintenance d'un programme par des opérations qui en améliorent la lisibilité, comme le renommage d'identificateurs, le respect de conventions de programmation, la factorisation de code ou la refonte de l'organisation des classes. L'objectif de l'optimisation est d'améliorer les performances d'un programme, en réduisant soit l'espace mémoire qu'il occupe, soit sa rapidité d'exécution. Le refactoring et l'optimisation peuvent quelquefois intervenir ensemble, comme ici au cours du changement de modèle de l'arbre, qui a permis d'exprimer de façon plus explicite que la classe `CatalogTree` est basée sur l'organisation hiérarchique des classes `Catalog`, `Category` et `CatalogPieceOfFurniture`, tout en éliminant des ensembles d'objets redondants. La gestion d'un cache pour les icônes est quant à elle une pure opération d'optimisation, qui vise à accélérer le dessin de l'arbre.

Singleton du cache des icônes

Comme la gestion en cache des icônes affichées à l'écran sera utile pour d'autres composants graphiques de l'application, Margaux décide d'appliquer le design pattern singleton à la classe `com.eteks.sweethome3d.swing.IconManager` qu'elle va créer, pour que les icônes chargées puissent être aisément partagées entre les composants. Elle ajoute ensuite à cette classe un champ `icons` qui contiendra les icônes déjà chargées. Pour retrouver aisément dans cet ensemble une icône d'une certaine hauteur à partir d'un objet de type `Content`, elle choisit de l'organiser sous la forme d'un dictionnaire de type `java.util.Map`, dont les clés seront de classe `ContentHeightKey` (une classe simple qui associe un objet `Content` et une hauteur) et les valeurs de type `Icon`. Finalement, elle implémente le chargement des images dans la classe `IconManager` en s'inspirant de la méthode `getLabelIcon` développée précédemment.

> B.A.-BA **Design pattern singleton**
>
> Le design pattern *singleton* propose un modèle de conception qui garantit qu'une seule instance d'une classe ne peut exister. Pour assurer cette unicité, un programmeur rend privés tous les constructeurs de la classe pour empêcher toute instanciation de cette classe en dehors de celle-ci. Il ajoute ensuite à la classe une méthode `static getInstance` qui renvoie l'unique instance de la classe mémorisée dans un champ `static` de la classe. Cette instance est généralement créée dans un bloc synchronisé et de façon différée (*lazily* en anglais), c'est-à-dire le plus tard possible, ce qui donne un modèle de classe du type :

```
public class Singleton {
  private static
    Singleton instance;

  private Singleton () {
  }

  public static synchronized
       Singleton getInstance() {
    if (instance == null) {
      instance = new Singleton();
    }
    return instance;
  }
}
```

> La synchronisation s'effectue ici sur le verrou associé à la classe `Singleton`.

JAVA Dictionnaire d'objets

Les classes de collection de la bibliothèque standard qui implémentent l'interface `java.util.Map`, comme `java.util.HashMap` et `java.util.TreeMap`, gèrent des ensembles d'entrées associant une clé à un élément, de façon similaire à un dictionnaire où des mots sont associés à leur définition. L'accès à chaque élément de ce type de collection s'effectue grâce à sa clé, qui est comparable à l'indice qui permet d'accéder à un élément d'un tableau. Comme pour les autres classes de collection, il est possible d'utiliser la généricité pour spécifier le type des clés et des éléments de chaque entrée d'un dictionnaire. `HashMap<String,String>` représente par exemple un dictionnaire dont les clés et les valeurs sont de types `String`.

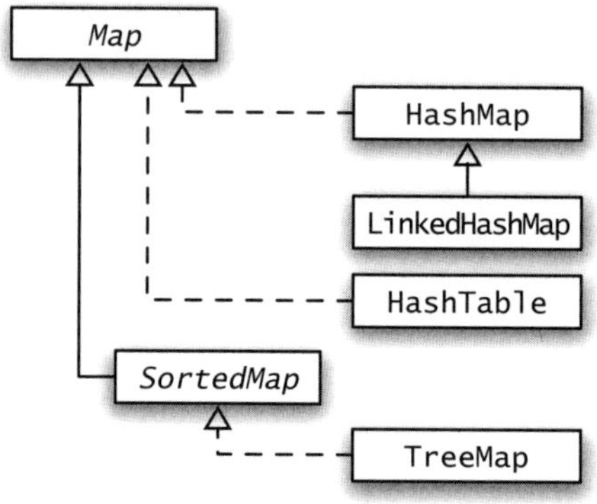

Classe com.eteks.sweethome3d.swing.IconManager

```
package com.eteks.sweethome3d.swing;

import java.awt.*;
import java.awt.image.BufferedImage;
import java.io.*;
import java.util.*;
import javax.imageio.ImageIO;
import javax.swing.*;
import com.eteks.sweethome3d.model.Content;
import com.eteks.sweethome3d.tools.URLContent;

public class IconManager {
  private static IconManager instance; ❶

  private Content errorIconContent;

  private Map<ContentHeightKey,Icon> icons;

  private IconManager() { ❷
    this.errorIconContent = new URLContent(
        getClass().getResource("resources/error.png")); ❸
    this.icons = new HashMap<ContentHeightKey,Icon>();
  }
```

- Instance unique de la classe.
- Contenu de l'icône renvoyée en cas d'erreur de chargement.
- Ensemble des icônes.
- Constructeur privé contrôlant l'instanciation de la classe.

```
public static IconManager getInstance() { ❹
  if (instance == null) {
    instance = new IconManager(); ❺
  }
  return instance;
}
```

Retourne l'instance unique de la classe instanciée si elle n'existe pas encore.

```
public Icon getIcon(Content content, int height,
                    Component waitingComponent) {
```

Renvoie l'icône de hauteur `height` contenue dans l'objet `content`.

```
  ContentHeightKey contentKey =
      new ContentHeightKey(content, height);
  Icon icon = this.icons.get(contentKey); ❻
```

Recherche de l'icône dans l'ensemble `icons`.

```
  if (icon == null) {
```

Si l'icône n'existe pas encore dans l'ensemble `icons`...

```
    Cursor currentCursor = waitingComponent.getCursor();
    waitingComponent.setCursor(
        Cursor.getPredefinedCursor(Cursor.WAIT_CURSOR)); ❼
```

...modification du curseur affiché par le composant en attente de l'icône avec un curseur d'attente.

```
    if (content == this.errorIconContent) {
      icon = createIcon(content, height, waitingComponent,
                        null); ❽
    } else {
```

Si l'icône d'erreur est celle demandée, création de l'icône à la hauteur demandée.

```
      icon = createIcon(content, height, waitingComponent,
          getIcon(this.errorIconContent, height,
                  waitingComponent));
    }
```

Sinon création de l'icône demandée qui sera remplacée par l'icône d'erreur si l'icône demandée n'a pu être chargée.

```
    this.icons.put(contentKey, icon); ❾
```

Ajout de l'icône créée à l'ensemble `icons`.

```
    waitingComponent.setCursor(currentCursor);
  }
  return icon;
}
```

Rétablissement du curseur précédemment affiché.

```
private Icon createIcon(Content content, int height,
                        Component waitingComponent,
                        Icon      errorIcon) {
  try {
```

Charge et redimensionne l'icône contenue dans l'objet `content`.

```
    InputStream contentStream = content.openStream();
    BufferedImage image = ImageIO.read(contentStream);
    contentStream.close();
```

Lecture de l'image associée à `contentKey`.

```
    if (image != null) {
     int width = image.getWidth() * height / image.getHeight();
      Image scaledImage = image.getScaledInstance(
          width, height, Image.SCALE_SMOOTH);
      return new ImageIcon (scaledImage);
    }
```

Si l'image a été chargée, redimensionnement de l'image pour qu'elle ait la hauteur voulue.

```
  } catch (IOException ex) {
  }
  return errorIcon; ❿
}
```

Si l'image n'a pas pu être chargée, on renvoie l'icône d'erreur.

Classe des clés de l'ensemble `icons`.

Redéfinition de la méthode `equals` pour établir une relation d'égalité entre des clés contenant le même objet de type `Content` et la même hauteur.

Redéfinition de la méthode `hashCode` pour que deux clés égales aient le même code de hachage (code utilisé par la classe `HashMap` pour optimiser la recherche d'une clé).

```
  private static final class ContentHeightKey { ⓫
    private final Content content;
    private final int     height;

    public ContentHeightKey(Content content, int height) {
      this.content = content;
      this.height = height;
    }

    @Override
    public boolean equals(Object obj) { ⓬
      ContentHeightKey key = (ContentHeightKey)obj;
      return this.content == key.content
             && this.height == key.height;
    }

    @Override
    public int hashCode() {
      return this.content.hashCode() + this.height;
    }
  }
}
```

Pour faire de la classe `IconManager` un singleton, Margaux y ajoute un champ `static instance` ❶ initialisé ❺ dans la méthode `getInstance` ❹, seule méthode capable de renvoyer une instance de `IconManager` puisque le constructeur ❷ de cette classe est privé. Elle n'utilise ici aucune synchronisation dans `getInstance` car la classe `IconManager` ne sera utilisée qu'à partir du *dispatch thread* de Swing qui prend en charge toutes les opérations de dessin des composants et de gestion des événements. Dans la méthode `createIcon`, adaptation de la méthode `getLabelIcon` de la classe `CatalogCellRenderer`, elle choisit de renvoyer l'icône d'une croix rouge contenue dans le fichier `error.png` ❸, en cas d'erreur lors du chargement d'une icône ❿. Cette icône d'erreur est elle-même stockée à la hauteur voulue dans l'ensemble `icons`, ce qui permet de la retrouver en réutilisant la méthode `getIcon` ❽ qui renvoie une icône gérée par le cache. Pour faire patienter l'utilisateur pendant le chargement d'une icône, elle encadre la création de l'icône dans la méthode `getIcon`, avec la gestion d'un curseur de souris d'attente affiché ❼ jusqu'au moment où l'icône créée a été ajoutée à l'ensemble `icons` ❾.

JAVA Manipulation des valeurs d'un dictionnaire d'objets

L'ajout d'une entrée dans un dictionnaire de type `java.util.Map` s'effectue grâce à la méthode `put(key, value)` ❾, où *key* est la clé associée à sa valeur *value*. S'il existe déjà dans le dictionnaire une entrée dont la clé est égale à l'objet *key* par sa méthode `equals` ⓬, la valeur de cette entrée est remplacée par la nouvelle valeur. La méthode `get(key)` ❻ permet quant à elle d'obtenir la valeur du dictionnaire associée à la clé *key*. S'il n'existe pas dans le dictionnaire une entrée dont la clé est égale à l'objet *key*, la méthode `get` renvoie `null`, ce qui permet ici de déterminer si une icône aux bonnes dimensions a déjà été chargée. Notez que comme l'organisation interne d'un dictionnaire ne peut être mise à jour si la clé d'une de ses entrées est modifiée, la classe `ContentHeightKey` et ses champs sont `final` ⓫ pour assurer l'immutabilité des clés de l'ensemble `icons`.

SWING Modification du curseur de la souris

La méthode `static getPredefinedCursor` de la classe `java.awt.Cursor` permet de récupérer une instance prédéfinie de `Cursor` en lui passant en paramètre l'une des constantes `..._CURSOR` ❼. Le curseur d'un composant graphique est spécifié avec à la méthode `setCursor` dont il hérite par la classe `java.awt.Component`, ce qui laisse la possibilité au programmeur d'affecter des curseurs personnalisés aux différents composants d'une même fenêtre.

Utilisation de la classe de chargement des icônes

Margaux simplifie la méthode `getLabelIcon` de la classe `CatalogCellRenderer` pour y utiliser la méthode `getIcon` de la nouvelle classe `IconManager`, en spécifiant en dernier paramètre que le composant en attente de chargement est l'instance de la classe d'arbre `CatalogTree` (répétée ici devant `this` pour obtenir une référence sur l'objet courant de la classe `CatalogTree` qui englobe la classe interne `CatalogCellRenderer`).

> **ATTENTION Le composant du renderer est temporaire**
>
> N'utilisez pas le label renvoyé par la méthode `getTreeCellRendererComponent` du renderer de l'arbre comme composant en attente. Ce composant n'est utilisé par la classe `JTree` que pour dessiner un nœud et il n'appartient pas vraiment à l'organisation hiérarchique des composants affichés à l'écran. Par ailleurs, l'implémentation de `getTreeCellRendererComponent` dans la classe `DefaultTreeCellRenderer` utilisée ici par héritage renvoie toujours la même instance de label !

Méthode getLabelIcon de la classe interne CatalogCellRenderer

```
private Icon getLabelIcon(Content content) {
  int rowHeight = isFixedRowHeight()
                    ? getRowHeight()
                    : DEFAULT_ICON_HEIGHT;
  return IconManager.getInstance().getIcon(
      content, rowHeight, CatalogTree.this);
}
```

Gestion de l'attente du chargement avec un proxy virtuel

La gestion de l'attente du chargement avec un curseur de souris ne satisfait pas l'équipe. Au premier clic sur la poignée d'une catégorie dans l'arbre, la classe `IconManager` doit charger les icônes des meubles ; tant que cette opération n'est pas terminée, l'interface utilisateur reste complètement bloquée car ce chargement s'effectue pour l'instant dans le *dispatch thread* de gestion des événements. Quand les catégories contiendront de nombreux meubles, ce blocage risque de prendre quelques secondes sur une configuration matérielle limitée, ce qui est inacceptable, même si on avertit l'utilisateur avec un curseur d'attente.

> **B.A.-BA Design patterns proxy et proxy virtuel**
>
> Le design pattern *proxy* a pour rôle de contrôler l'accès à un objet par le biais d'un autre objet qui le remplace. Comme dans le design pattern *décorateur* qui a pour but de modifier le comportement d'un objet, l'objet remplaçant est une instance d'une classe qui définit les mêmes méthodes que l'objet remplacé. Le design pattern proxy a plusieurs variantes, comme le pattern *proxy distant* utilisé pour représenter localement sur un client un objet disponible sur un serveur, le pattern *proxy de protection* utilisé pour interdire l'accès à certaines méthodes d'un objet suivant les droits attribués à son appelant, ou le pattern *proxy virtuel* utilisé pour représenter temporairement un objet dont la création est coûteuse.
>
> ▸ http://www.javaworld.com/javaworld/jw-02-2002/jw-0222-designpatterns.html

En s'inspirant du design pattern *proxy virtuel*, Margaux décide de créer une classe d'icône capable de prendre en charge la lecture d'une image dans un thread séparé, ce qui permettra d'afficher les noms des meubles d'une catégorie immédiatement à l'ouverture de sa poignée. Cette classe qui implémentera l'interface `javax.swing.Icon` représentera une icône d'attente en forme de montre pendant le chargement de l'image qui lui sera associée, puis l'icône définitive une fois ce chargement terminé. Elle ajoute cette classe nommée `IconProxy` à la classe `IconManager` puis effectue les modifications nécessaires pour l'utiliser dans la méthode `getIcon`.

Classe com.eteks.sweethome3d.swing.IconManager (modifiée)

```
package com.eteks.sweethome3d.swing;

import java.awt.*;
import java.awt.image.BufferedImage;
import java.io.*;
import java.util.*;
import java.util.concurrent.*;
import javax.imageio.ImageIO;
import javax.swing.*;
import com.eteks.sweethome3d.model.Content;
import com.eteks.sweethome3d.tools.URLContent;

public class IconManager {
  private static IconManager instance;
  private Content errorIconContent;
```

Icône d'attente renvoyée pendant le chargement d'une image.

```
  private Content waitIconContent;
```

Exécuteur de tâches utilisé par la classe `IconProxy` pour charger les images dans des threads différents.

```
  private Executor iconsLoader;
  private Map<ContentHeightKey,Icon> icons;

  private IconManager() {
    this.errorIconContent = new URLContent(
        getClass().getResource("resources/error.png"));
    this.waitIconContent = new URLContent(
        getClass().getResource("resources/wait.png")); ❶
```

Obtention d'un pool de cinq threads, capable de réutiliser ses threads une fois qu'ils ont terminé leur tâche.

```
    this.iconsLoader = Executors.newFixedThreadPool(5); ❷
    this.icons = new HashMap<ContentHeightKey,Icon>();
  }

  // Méthodes getInstance et createIcon inchangées

  public Icon getIcon (Content content, int height,
                       Component waitingComponent) {
    ContentHeightKey contentKey =
        new ContentHeightKey(content, height);
    Icon icon = this.icons.get(contentKey); ❸
```

Si l'icône n'existe pas encore dans l'ensemble `icons`, on charge immédiatement l'icône d'erreur et l'icône d'attente si c'est l'une de celles qui est demandée, ou on renvoie une instance de la classe `IconProxy` pour gérer le chargement de l'image de l'icône

```
    if (icon == null) {
      if (content == this.errorIconContent ||
          content == this.waitIconContent) {
        icon = createIcon(content, height,
                          waitingComponent, null); ❹
      } else {
        icon = new IconProxy(content, height, waitingComponent,
                 getIcon(this.errorIconContent, height, null),
```

```
                getIcon(this.waitIconContent, height, null)); ❺
      }
      this.icons.put(contentKey, icon); ❻
    }
    return icon;
  }

  private class IconProxy implements Icon {
    private Icon icon;

    public IconProxy(final Content content, final int height,
                     final Component waitingComponent,
                     final Icon errorIcon, Icon waitIcon) {
      this.icon = waitIcon; ❼
      iconsLoader.execute(new Runnable () { ❽
          public void run() {
            icon = createIcon(content, height, waitingComponent,
                                 errorIcon); ❾
            waitingComponent.repaint(); ❿
          }
        });
    }

    public int getIconWidth() { ⓫
      return this.icon.getIconWidth();
    }

    public int getIconHeight() {
      return this.icon.getIconHeight();
    }

    public void paintIcon(Component c, Graphics g, int x, int y) {
      this.icon.paintIcon(c, g, x, y);
    }
  }
  // Classe ContentHeightKey inchangée
}
```

Proxy d'icône affichant l'icône d'attente `waitIcon` tant que le chargement de l'icône contenue dans le paramètre `content` du constructeur n'est pas chargée.

Utilisation de l'icône d'attente.

Lancement dans un thread séparé du chargement de l'icône, puis redessin du composant en attente.

Renvoie la largeur de l'icône courante.

Renvoie la hauteur de l'icône courante.

Dessine dans le composant `c` l'icône courante aux coordonnées x,y.

Margaux implémente dans la classe `IconProxy` les trois méthodes ⓫ de l'interface `Icon` en déléguant le travail aux méthodes de l'instance `icon` de cette classe ; ce champ `icon` peut être soit égal à l'icône d'attente ❼, soit à l'icône voulue une fois chargée ❾. Elle programme le lancement ❽ du chargement d'une icône directement dans le constructeur de la classe `IconProxy` et ajoute un appel à la méthode `repaint` sur le composant en attente ❿, pour qu'il puisse se redessiner quand le chargement asynchrone de son icône est terminé. Vu que la classe `IconProxy` représente elle-même une icône, elle n'a plus qu'à remplacer l'appel à `createIcon` programmé précédemment par une instanciation de la classe `IconProxy` ❺. Comme précédemment pour l'icône d'erreur, Margaux réutilise la méthode `getIcon` ❺ de la classe

POUR ALLER PLUS LOIN Test unitaire du gestionnaire d'icônes

La complexité des cas gérés par une classe comme `IconManager` mérite le développement d'un test unitaire prouvant son bon fonctionnement, d'autant plus qu'il est difficile de vérifier visuellement son comportement sur une machine puissante. C'est pourquoi les fonctionnalités de cette classe ont été testées dans la classe `com.eteks.sweethome3d.junit.IconManagerTest`. Comme la prise de contrôle sur les threads de chargement des icônes est une tâche complexe qui sort du propos de cet ouvrage, nous ne détaillons pas ici cette classe mais si le sujet vous intéresse, vous pouvez consulter son code source fourni avec ceux du livre.

JAVA 5 Exécuteurs du package java.util.concurrent

Les classes du package `java.util.concurrent` ajoutées à Java 5 simplifient la création et le contrôle de pools de threads. Pour obtenir une instance d'un tel pool, le plus simple est de recourir à l'une des méthodes `static` de la classe `Executors` qui renvoie une instance de type `Executor` ②. L'unique méthode `execute` de cette interface est utilisée ici ⑥ pour gérer le chargement des icônes dans des threads séparés. Au passage, si vous voulez avoir le temps de voir l'icône d'attente pendant le chargement de l'icône d'un meuble comme dans la figure 4-20, il vous suffit d'ajouter temporairement un appel à la méthode `sleep` de la classe `Thread` au début de la méthode `run`.

▸ http://lroux.developpez.com/article/java/tiger/

`IconManager` pour obtenir des instances de l'icône d'erreur et de la nouvelle icône d'attente ① à la hauteur voulue, en les chargeant immédiatement ④. Remarquez aussi que, bien qu'elle a introduit de nouveaux threads, elle n'a pas eu besoin d'ajouter de synchronisation pour accéder à l'ensemble `icons`. En restant sur le principe que la méthode `getIcon` ne sera utilisée dans le projet qu'à partir du *dispatch thread*, elle a simplement pris soin de n'accéder au contenu de la collection `icons` ③ ⑥ qu'à l'intérieur de cette méthode, et de ne pas appeler `getIcon` dans d'autres méthodes d'`IconManager`.

Une fois intégré les fichiers créés par Sophie pour les quatre autres meubles prévus dans le scénario, Margaux lance l'application `CatalogTreeTest` et obtient l'arbre représenté figure 4-20. Elle exécute finalement le test du scénario n° 1 pour vérifier qu'aucune de ses modifications n'a introduit de régression, puis archive ses modifications dans CVS. Pour baliser la fin du premier scénario avec un numéro de version, elle sélectionne dans Eclipse les fichiers que l'équipe a créés puis sélectionne le menu *Team>Tag as Version...* dans leur menu contextuel. Dans la boîte de dialogue *Tag Resources* qui s'affiche, il lui suffit alors de saisir la valeur `V_0_1` puis de confirmer son choix.

REGARD DU DÉVELOPPEUR Programmation multithread avec le dispatch thread

Le *dispatch thread* est le thread qui prend en charge toutes les opérations de dessin des composants et l'appel des listeners AWT en réponse à un événement souris ou clavier reçu dans l'interface utilisateur. Tant qu'une opération occupe ce thread, il ne lui est pas possible de répondre à d'autres interactions de l'utilisateur, ce qui pour les opérations longues, donne l'impression que l'application est figée alors qu'elle est seulement occupée à autre chose.

Comme les méthodes des composants Swing n'ont pas été conçues pour être exécutées dans un autre thread que le dispatch thread, l'encapsulation de tout long traitement dans un autre thread n'est pas une bonne solution, si une partie de ce traitement doit agir sur un composant Swing. Néanmoins, il existe des exceptions à cette règle et des solutions pour exécuter une partie d'un long traitement dans un thread séparé :

- Il est possible de créer et d'afficher une seule fenêtre à la fin du thread principal, c'est-à-dire dans les dernières instructions de la méthode `main` d'une application Java.
- Les méthodes `repaint`, `revalidate` et `invalidate` peuvent être appelées sur des composants Swing depuis n'importe quel thread, comme c'est le cas ⑩ par exemple dans la seconde version de la classe `IconManager`.
- Les méthodes `invokeAndWait` et `invokeLater` de la classe `java.awt.EventQueue` permettent de transmettre au dispatch thread un traitement à exécuter, sous la forme d'un objet de type `Runnable`. Ces deux méthodes peuvent être appelées de n'importe quel thread. `invokeAndWait` provoque un arrêt du thread qui appelle cette méthode, jusqu'à ce que l'exécution du traitement passé en paramètre soit terminé dans le dispatch thread. `invokeLater` rend la main immédiatement et lance un traitement asynchrone dans le dispatch thread.

En dehors des deux premiers cas d'exception, aussitôt que vous voulez manipuler l'interface utilisateur à partir d'un autre thread, il vous faut donc programmer ce traitement de la façon suivante :

```
Executor executor =
    Executors.newSingleThreadExecutor();
executor.execute (new Runnable () {
    public void run() {
      // Traitement sans appel à Swing
      EventQueue.invokeLater(new Runnable() {
        public void run() {
          // Mise à jour de l'interface
          // utilisateur Swing
        }
      });
  }
});
```

Pour éviter de découper un long traitement avec plusieurs appels à `invokeAndWait` ou `invokeLater`, l'idéal consiste bien sûr à décomposer ce traitement en seulement deux sous-traitements comme dans le code précédent. Le recours à un exécuteur de tâche est conseillé ici, car il est réutilisable et le type de thread qu'il crée par défaut a une priorité plus faible que celle du dispatch thread, ce qui rend l'interface utilisateur plus réactive.

▸ http://java.sun.com/products/jfc/tsc/articles/threads/threads1.html

▸ http://java.sun.com/developer/JDCTechTips/2005/tt0727.html

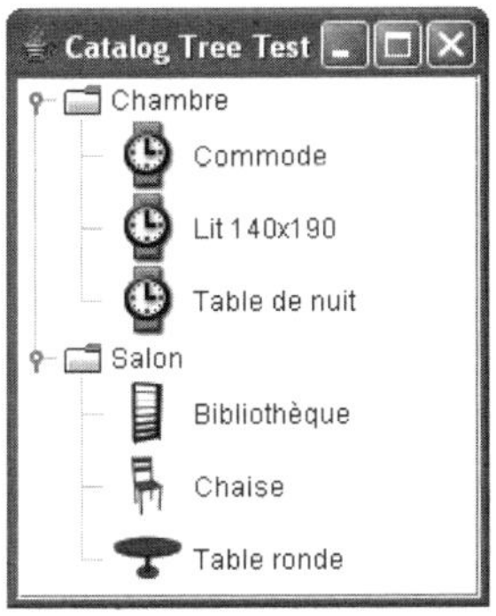

Figure 4–20
Arbre du catalogue dont trois meubles sont en cours de chargement

> POUR ALLER PLUS LOIN **Autres opérations d'optimisation ou de refactoring**
>
> Voici quelques-unes unes des opérations d'optimisation ou de refactoring que Thomas et Margaux auraient pu aussi mettre en œuvre pour améliorer leur programme :
> - ajouter une méthode `getCategory(int index)` dans `Catalog` et une méthode `getPieceOfFurniture(int index)` dans `Category` pour éviter la création d'une instance de liste non modifiable à chaque appel de `getChild` dans la classe `CatalogTreeModel` ;
> - créer une interface `Named` et sa méthode `String getName()` pour exprimer qu'un objet est nommé, puis créer une classe `NamedList` dont les méthodes permettrait de gérer le tri d'une liste d'objets nommés avec une instance de `Collator` : implémentée par les classes `Category` et `CatalogPieceOfFurniture` qui ont toutes deux un attribut `name`, ces nouveaux types permettraient de factoriser le code des opérations de tri sur les ensembles `categories` et `furniture` des classes `Catalog` et `Category` ;
> - créer une interface `Parent` et sa méthode `List getChildren()` pour exprimer qu'un objet parent a des enfants : implémentée par les classes `Catalog` et `Category`, cette interface `Parent` permettrait de simplifier le code des méthodes `getChild`, `getChildCount` et `getIndexOfChild` de `CatalogTreeModel`, en évitant des tests sur la classe du nœud `parent` (la présence de tests recourant à l'opérateur `instanceof` est souvent signe d'une mauvaise conception objet qui peut être corrigée en recourant au polymorphisme).

Diagramme UML final des classes de l'arbre

Le diagramme de classes de la figure 4-21 présente toutes les classes et les méthodes `public` créées au cours de ce chapitre, avec les liens de dépendance entre les classes sous forme de flèches simples. À la lecture de ce diagramme, on peut constater qu'aucune des classes de la couche métier de Sweet Home 3D représentées à gauche ne dépend des classes d'autres packages de l'application, et qu'aucune interdépendance n'a été créée entre les classes du package `com.eteks.sweethome3d.swing` utilisées pour l'interface utilisateur et la classe du package `com.eteks.sweethome3d.io` utilisée pour la persistance, ce qui assure une flexibilité optimale entre les couches logicielles de l'application.

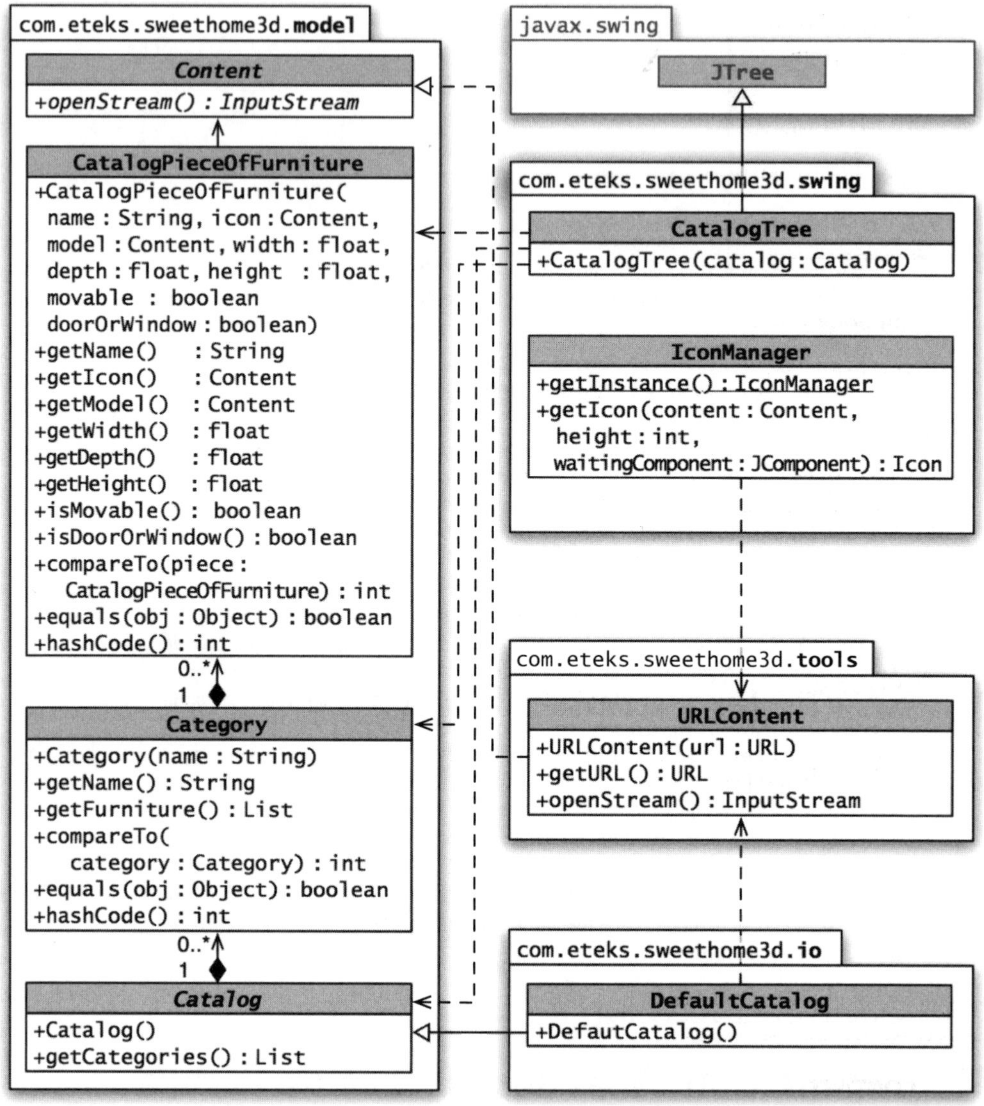

Figure 4–21
Diagramme des API publiques des classes de gestion de l'arbre des meubles

En résumé...

Des spécifications d'un scénario à sa programmation effective, ce chapitre vous a exposé comment créer les premières classes de notre étude de cas en se basant sur la méthode eXtreme Programming. Ce fut l'occasion notamment de mettre en œuvre la classe Swing `JTree` et de vous exposer les choix que Swing propose aux programmeurs pour gérer les nœuds affichés dans un arbre. Nous avons vu aussi comment organiser en couches les classes d'une application afin de mieux séparer les objets métier des objets dédiés à la gestion de l'interface utilisateur et à la persistance.

JFACE **Version SWT/JFace de l'arbre**

Le tableau suivant présente les classes et interfaces du package `org.eclipse.jface. viewers` équivalentes à celles de Swing relatives à la gestion d'un arbre.

Swing	JFace
`JTree`	`TreeViewer`
`TreeModel`	`ITreeContentProvider`
`TreeSelectionModel`	`ISelectionProvider`
`TreeCellRenderer`	`IBaseLabelProvider`
`DefaultTreeCellRenderer`	`LabelProvider`
`TreeCellEditor`	`CellEditor`

Les six méthodes de l'interface `ITreeContentProvider` (comme par exemple `getChildren`, `getParent` et `hasChildren`) s'implémentent de façon très similaire à celles de `TreeModel`, tandis que les deux méthodes à redéfinir `getText` et `getImage` de la classe `LabelProvider` correspondent à la méthode `getTreeCell RendererComponent` de `DefaultTreeCellRenderer`. Pour vous en convaincre, consultez le code source de la classe `com.eteks.sweethome3d.jface. CatalogTree` qui est une implémentation JFace équivalente à celle de la classe Swing `CatalogTree` : enregistrée dans le dossier `test`, cette classe peut être testée à l'aide de l'application `com.eteks.sweethome3d.test.JFaceCatalogTreeTest`, qui donne le résultat de la figure 4-22. Grâce à la séparation mise en place entre les classes de la couche métier de Sweet Home 3D et celles de la couche présentation, ces deux classes ne recourent à aucune classe d'AWT ou de Swing, ce qui a facilité d'autant plus leur développement.

Figure 4–22 Version JFace de l'arbre du catalogue

chapitre 5

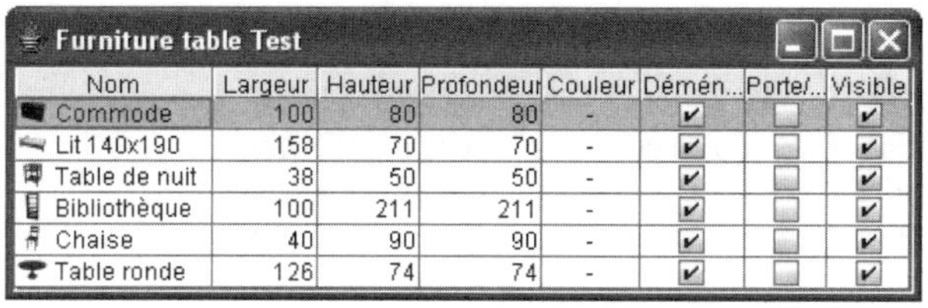

Nom	Largeur	Hauteur	Profondeur	Couleur	Démén...	Porte/...	Visible
Commode	100	80	80	-	✔		✔
Lit 140x190	158	70	70	-	✔		✔
Table de nuit	38	50	50	-	✔		✔
Bibliothèque	100	211	211	-	✔		✔
Chaise	40	90	90	-	✔		✔
Table ronde	126	74	74	-	✔		✔

Tableau des meubles du logement

En se fondant sur les quelques classes de la couche métier créées précédemment, nous allons développer dans ce chapitre les classes du logiciel dédiées au tableau des meubles du logement, grâce à la classe JTable de Swing.

SOMMAIRE

MOTS-CLÉS

- JTable
- TableModel
- TableCellRenderer
- Test d'intégration

Scénario n° 2

Le second scénario doit permettre de gérer la liste des meubles du logement et d'afficher les caractéristiques de chacun d'entre eux dans un tableau. Techniquement, le développement de ce scénario nous permettra d'aborder les sujets suivants :

- l'utilisation de la classe `javax.swing.JTable` avec un modèle de données ;
- la personnalisation de la présentation des cellules d'un tableau en fonction du type des valeurs affichées.

Spécifications du tableau des meubles

Au cours de la rédaction du second scénario, Sophie met en avant les points suivants :

- L'utilisateur dispose d'une seule liste de meubles pour l'aménagement d'un logement.
- Cette liste de meubles regroupe à la fois les « vrais » meubles du logement, c'est-à-dire ceux que l'utilisateur peut déménager, et les meubles propres au logement qui ne se déménagent pas, comme une baignoire et un lavabo, ou les portes et fenêtres.
- Pour permettre à l'utilisateur de naviguer plus facilement dans cette liste, elle sera organisée à l'écran sous la forme d'un tableau.
- Les colonnes du tableau afficheront pour chaque meuble les informations suivantes : son nom juxtaposé à son icône, ses dimensions, sa couleur, s'il est déménageable, s'il constitue une porte ou une fenêtre, et s'il est visible ou non dans le plan.
- Les noms des colonnes du tableau seront localisés.
- Les dimensions des meubles devront s'afficher dans l'unité de longueur, habituellement utilisée dans la région de l'utilisateur (par exemple, en pouces pour les Américains et en centimètres pour les Français).

Scénario de test

À partir des spécifications précédentes, Sophie rédige le scénario de test suivant :

1. Lire le catalogue de meubles par défaut pour une région dont l'unité usuelle de longueur est le pouce.
2. Créer un logement qui contient un exemplaire correspondant à chaque meuble du catalogue.

3 Créer un tableau des meubles du logement et vérifier que le tableau contient autant de lignes que de meubles dans le logement.

4 Vérifier que les dimensions affichées du premier meuble ont changé quand le système d'unité est en centimètre.

Comme pour le premier scénario, Sophie demande aux développeurs d'ajouter à leur programme de test une application qui affichera dans une fenêtre le tableau des meubles du logement créé dans le scénario de test, afin de pouvoir tester graphiquement ces fonctionnalités. Pour vérifier l'affichage des colonnes *Déménageable* et *Porte/Fenêtre*, elle enrichira de son côté le catalogue avec des meubles non déménageables ainsi qu'avec des portes et des fenêtres.

> ATTENTION **Pas de modification du tableau**
>
> Ce scénario ne s'attache qu'à implémenter les classes correspondantes à une liste fixe de meubles d'un logement. La modification de cette liste sera traitée au chapitre suivant.

Identification des nouvelles classes

À la lecture du scénario n° 2, Thomas identifie les concepts suivants :

- La notion de *logement* qui contient des meubles.
- Le concept de *meuble* du logement décrit par son nom, son icône, ses dimensions, sa couleur, le fait qu'il soit ou non déménageable, visible et qu'il constitue une porte ou une fenêtre.
- La notion de *tableau* visualisant les meubles du logement.
- La notion d'*unité* qui influe sur les dimensions affichées d'un meuble dans le tableau.

Réutilisation du concept de meuble

Cette liste fait apparaître des concepts qui ont déjà été programmés dans le premier scénario, comme la notion de meuble ou de catalogue. Thomas aimerait bien réutiliser la classe `CatalogPieceOfFurniture` pour le second scénario, en y ajoutant des attributs propres à un meuble du logement, comme sa couleur ou le fait qu'il soit visible ou non dans le plan.

Problème de conception objet

Son premier réflexe consiste à créer une sous-classe `HomePieceOfFurniture` de `CatalogPieceOfFurniture` et d'associer l'ensemble des instances de `HomePieceOfFurniture` du logement à une classe `Home`, ce qui donne le diagramme de classes de la figure 5-1.

En laissant une multiplicité de 1 sur l'association entre les classes `CatalogPieceOfFurniture` et `Category`, ce diagramme n'exprime pas le fait que seules les instances de `CatalogPieceOfFurniture` font partie d'une catégorie, et par enchaînement, du catalogue ! En effet, la relation d'héritage qui lie les classes `HomePieceOfFurniture` et `CatalogPieceOfFurniture` implique que tout meuble du logement *est* aussi *un* meuble, et le catalogue contiendra ainsi **toutes** les instances de ces deux classes ! D'un autre côté, si Thomas utilise une multiplicité de 0..1 à la place de 1, il n'exprime plus que tout meuble doit appartenir à l'une des deux listes.

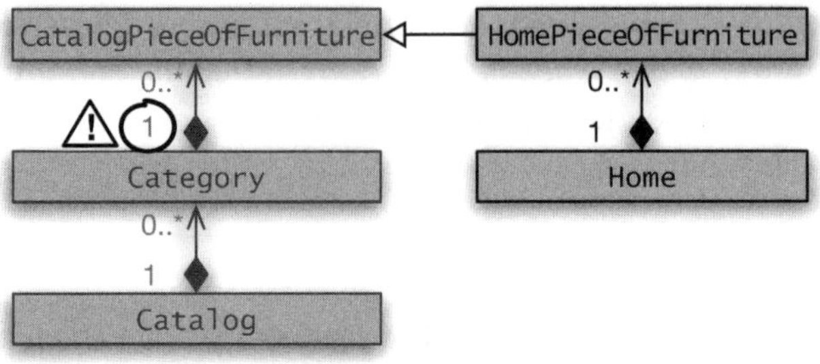

Figure 5–1
Diagramme des classes liées à la classe CatalogPieceOfFurniture

REGARD DU DÉVELOPPEUR **Ne pas utiliser d'association ?**

L'expression d'une association de composition est surtout intéressante quand les classes sont implémentées dans un langage qui ne dispose pas de ramasse-miettes. Comme en Java, tous les objets qui ne sont plus référencés sont automatiquement récupérés par le ramasse-miettes, Thomas pourrait se passer des associations de composition représentées dans la figure 5-1 et les remplacer par des associations d'agrégation, voire des flèches de dépendances. Il n'empêche qu'il vaut mieux recourir à la composition quand c'est possible, car ce type d'association exprime de façon claire *qui possède quoi* dans un diagramme de classes.

Solution proposée

Thomas et Matthieu conviennent qu'il vaut mieux introduire dans le diagramme le nouveau type abstrait `PieceOfFurniture` dont hériteront les classes `CatalogPieceOfFurniture` et `HomePieceOfFurniture`. Comme le montre le diagramme de la figure 5-2, ils préfèrent créer une interface qui déclarera uniquement les accesseurs en commun entre les classes `CatalogPieceOfFurniture` et `HomePieceOfFurniture`, car la modification d'un meuble du logement, puis d'un meuble du catalogue ne sont pas programmées pour les mêmes scénarios. Après le développement de ces scénarios, ils factoriseront, si c'est possible, les champs et une partie des méthodes de ces deux classes dans une classe abstraite, qui remplacera alors cette interface.

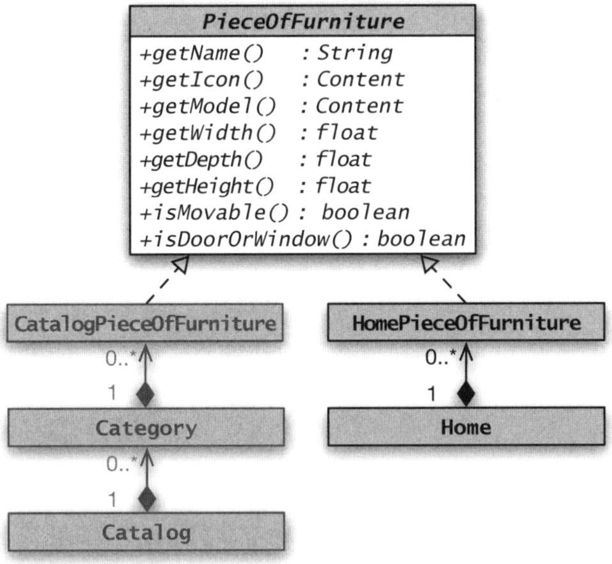

Figure 5–2
Diagramme des classes de la couche métier

REGARD DU DÉVELOPPEUR **Pourquoi ne pas dissocier les deux types de meubles ?**

Si un meuble du logement n'*est* pas aussi *un* meuble du catalogue, pourquoi ne pas dissocier complètement les deux classes `HomePieceOfFurniture` et `CatalogPieceOfFurniture` ? Outre le fait qu'en implémentant la même interface `PieceOfFurniture`, ces deux classes expriment qu'elles représentent le même concept, l'introduction de cette interface apporte quelques avantages côté programmation. Quelques exemples : on peut créer un constructeur dans la classe `HomePieceOfFurniture` qui prendra en paramètre un objet de type `PieceOfFurniture`, on peut programmer des méthodes capables de calculer le volume d'un meuble ou d'afficher le modèle 3D d'un meuble dans un composant graphique...

Diagramme UML des classes du scénario

Thomas intègre la solution retenue dans le diagramme de la figure 5-3, à laquelle il ajoute les autres classes de base nécessaires au scénario n° 2. Il obtient donc les nouveaux types suivants :

- l'interface `com.eteks.sweethome3d.model.PieceOfFurniture` qui représente un meuble ;
- la classe `com.eteks.sweethome3d.model.HomePieceOfFurniture` qui implémente l'interface `PieceOfFurniture` à laquelle il ajoute les méthodes `getColor` et `isVisible` ;

- la classe `com.eteks.sweethome3d.model.Home` qui contient l'ensemble des instances de `HomePieceOfFurniture` du logement ;
- la classe `com.eteks.sweethome3d.swing.FurnitureTable` sous-classe de `javax.swing.JTable` pour afficher dans un tableau les meubles du logement ;
- la classe abstraite `com.eteks.sweethome3d.model.UserPreferences` dans la couche métier pour représenter les préférences de l'utilisateur en cours (celles-ci stockeront pour l'instant le catalogue de meubles et l'unité de longueur en cours d'utilisation) ;
- sa sous-classe concrète `com.eteks.sweethome3d.io.DefaultUserPreferences` dans la couche persistance pour gérer la lecture de la liste des meubles et de l'unité par défaut à partir d'un fichier de configuration.

Le diagramme de la figure 5-3 ne reproduit ni les méthodes de l'interface `PieceOfFurniture`, ni leur implémentation dans la classe `HomePieceOfFurniture`.

JAVA 5 Énumération

Le mot-clé `enum` introduit avec Java 5 permet de déclarer une liste homogène de constantes, par exemple :

```
enum Unit {CENTIMETER, INCH};
```

pour le type `Unit` ajouté à la classe `UserPreferences`, qui décrit les unités de longueur supportées dans le logiciel. Dans les faits, `Unit` est une vraie classe qui définit des constantes nommées CENTIMETER et INCH de type `Unit`, et qui peut être complétée de méthodes de conversion d'une unité dans l'autre, par exemple.

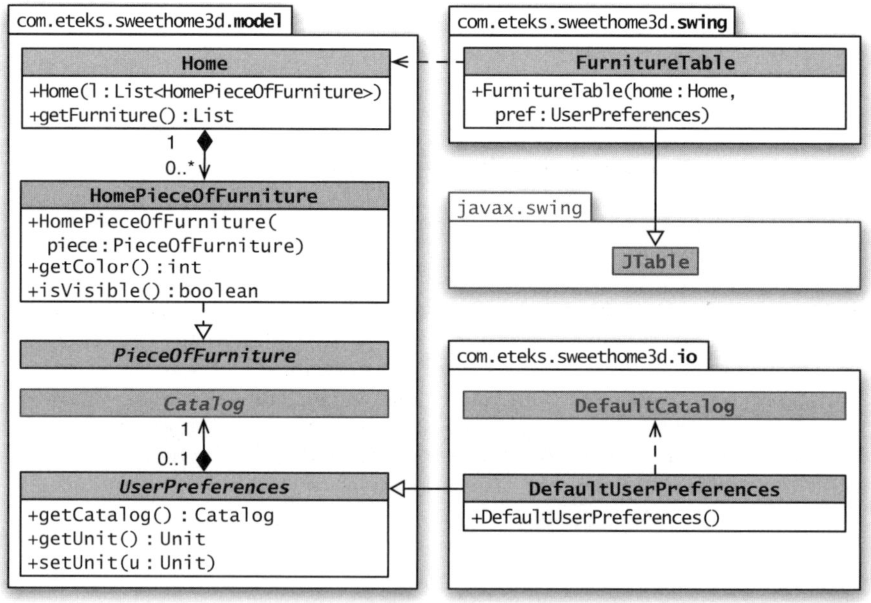

Figure 5–3
Diagramme des nouvelles classes du scénario n° 2

Programme de test du tableau des meubles

Thomas crée maintenant la classe `com.eteks.sweethome3d.junit.FurnitureTableTest` avec les outils d'Eclipse, puis y ajoute une méthode `testFurnitureTableCreation` dans laquelle il implémente le scénario n° 2 avec les classes spécifiées dans le diagramme de la figure 5-3.

Classe com.eteks.sweethome3d.junit.FurnitureTableTest

```
package com.eteks.sweethome3d.junit;

import java.util.*;
import javax.swing.*;
import junit.framework.TestCase;
import com.eteks.sweethome3d.io.DefaultUserPreferences;
import com.eteks.sweethome3d.model.*;
import com.eteks.sweethome3d.swing.FurnitureTable;

public class FurnitureTableTest extends TestCase {
  public void testFurnitureTableCreation() {
    Locale.setDefault(Locale.US);

    UserPreferences preferences = new DefaultUserPreferences();

    UserPreferences.Unit currentUnit = preferences.getUnit();
    assertFalse("Unit is in centimeter",
        currentUnit == UserPreferences.Unit.CENTIMETER);

    Catalog catalog = preferences.getCatalog();

    List<HomePieceOfFurniture> homeFurniture =
        createHomeFurnitureFromCatalog(catalog); ❶
    Home home = new Home(homeFurniture);

    assertEquals("Different furniture count in list and home",
        homeFurniture.size(), home.getFurniture().size());

    JTable table = new FurnitureTable(home, preferences);

    assertEquals("Different furniture count in home and table",
        home.getFurniture().size(), table.getRowCount());

    String widthInInch = getRenderedDepth(table, 0); ❷

    preferences.setUnit(UserPreferences.Unit.CENTIMETER);
    String widthInMeter = getRenderedDepth(table, 0); ❸

    assertFalse(widthInInch.equals(widthInMeter));
  }

  private static List<HomePieceOfFurniture>
      createHomeFurnitureFromCatalog(Catalog catalog) { ❹
    List<HomePieceOfFurniture> homeFurniture =
        new ArrayList<HomePieceOfFurniture>();
    for (Category category : catalog.getCategories()) {
      for (CatalogPieceOfFurniture piece : category.getFurniture()) {
        homeFurniture.add(new HomePieceOfFurniture(piece));
      }
    }
    return homeFurniture;
  }
```

◄ Choix d'une région où l'unité de longueur préférée est le pouce.

◄ Lecture des préférences par défaut.

◄ Vérification que l'unité en cours d'utilisation n'est pas le centimètre.

◄ Lecture du catalogue des meubles.

◄ Création d'un logement qui contient un exemplaire correspondant à chaque meuble du catalogue.

◄ Vérification que les nombres de meubles dans la liste et le logement sont égaux.

◄ Création d'un tableau des meubles du logement.

◄ Vérification que le nombre de meubles dans le logement est égal au nombre de lignes dans le tableau.

◄ Récupération de la profondeur du premier meuble affichée en pouce.

◄ Récupération de la profondeur du premier meuble affichée en cm.

◄ Vérification que les deux textes affichés sont différents.

◄ Renvoie une liste de meubles du logement créée à partir des meubles du catalogue.

Renvoie le texte affiché par le renderer de la colonne qui affiche la profondeur d'un meuble à la ligne `row` dans le tableau `table`.

Point d'entrée de l'application pour tester visuellement le résultat

Création des objets du modèle.

Création d'un tableau à partir des meubles du logement et affichage de celui-ci dans une fenêtre.

```
  private String getRenderedDepth(JTable table, int row) { ❺
    // TODO Return the value displayed in a depth cell of table
    return null;
  }

  public static void main(String [] args) {

    UserPreferences preferences = new DefaultUserPreferences();
    List<HomePieceOfFurniture> homeFurniture =
      createHomeFurnitureFromCatalog(preferences.getCatalog()); ❻
    Home home = new Home(homeFurniture);
    JTable table = new FurnitureTable(home, preferences);
    JFrame frame = new JFrame("Furniture table Test");
    frame.add(new JScrollPane(table));
    frame.pack();
    frame.setDefaultCloseOperation(JFrame.EXIT_ON_CLOSE);
    frame.setVisible(true);
  }
}
```

Thomas a factorisé une partie du code du test avec les méthodes :

- `createHomeFurnitureFromCatalog` ❹ appelée ❶ ❻ pour obtenir la liste initiale des meubles du logement à partir de ceux du catalogue ;
- `getRenderedDepth` ❺ appelée ❺ ❻ pour récupérer la chaîne visualisée dans la colonne qui affiche la profondeur d'un meuble ; cette méthode sera développée à la suite de la programmation de la classe `FurnitureTable`.

Création des classes manquantes du scénario

Vu qu'il est habitué aux outils de correction d'Eclipse et à la programmation de test, Thomas a corrigé son programme au fur et à mesure qu'il l'a écrit : il a donc créé les classes et les méthodes manquantes aussitôt qu'il a programmé une instanciation ou un appel de méthode qui provoquait une erreur. Pour informer Margaux des tâches à effectuer et se les remémorer, il a rédigé aussi les commentaires `// TODO` qu'Eclipse génère pour tout ajout de constructeur avec paramètres ou de méthode, et dont la vue *Tasks* donne la liste complète (voir figure 5-4). Cette technique présente les avantages suivants :

- Cela permet de recourir à la complétion automatique pour appeler les méthodes héritées d'une nouvelle classe, par exemple pour appeler la méthode `getRowCount` de la classe `FurnitureTable` qui hérite de `JTable`.
- Cela permet de varier le travail d'un programmeur, en alternant les tâches de programmation, et celles de correction d'erreurs et de rédaction des commentaires qui ne sont guère passionnantes.

À RETENIR Programmation des tests de scénario

Pour que les avantages que procure la programmation de test ne deviennent pas des inconvénients, il faut que le scénario soit clair et complet, et réfléchir un tant soit peu à l'architecture des nouvelles classes, avant de commencer à programmer un test. Les écrire à quatre mains comme le prône la méthode XP, c'est-à-dire par binôme de programmeurs, contribue très probablement à un meilleur résultat dès le premier jet.

- Le programme de test peut compiler même s'il n'est pas terminé. Ceci permet à tout moment d'archiver les nouvelles classes dans le référentiel sans gêner les autres membres de l'équipe de programmation (à la limite près que ce test échouera avec JUnit).

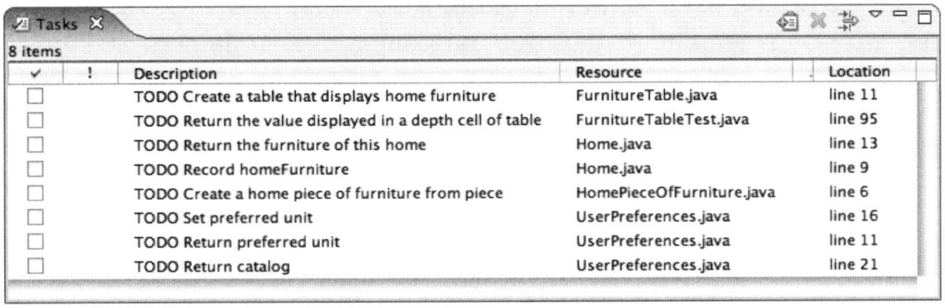

Figure 5–4
Liste partielle des TODO dans la vue Tasks d'Eclipse

Gestion de la liste des meubles du logement

Thomas s'occupe tout d'abord de compléter les classes des couches métier et persistance, nécessaires au bon fonctionnement de celles de la couche présentation.

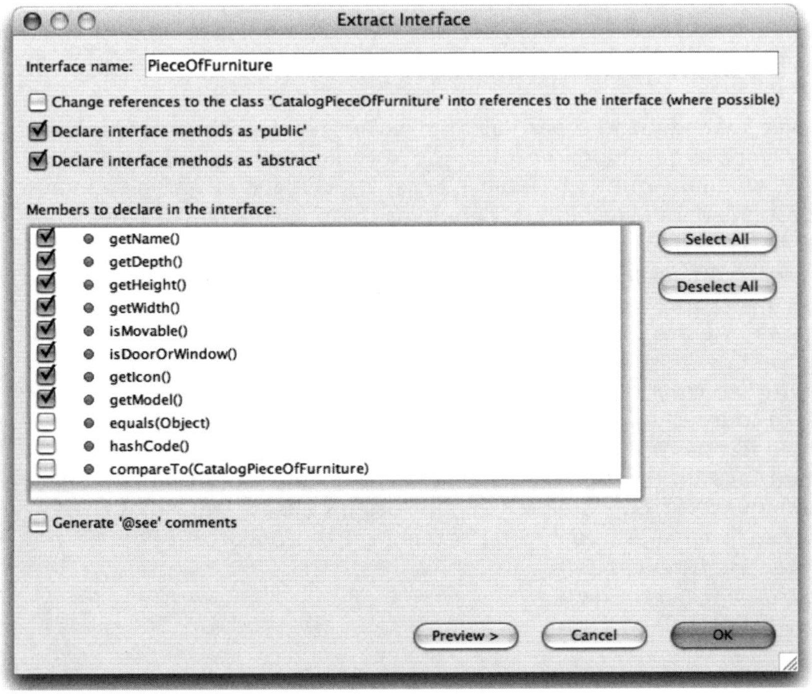

Figure 5–5
Extraction d'une interface
à partir d'une classe dans Eclipse

Interface commune aux classes de meubles

Thomas crée tout d'abord l'interface `PieceOfFurniture` qui représente n'importe quel type de meuble dans l'application. Pour cela, il ouvre le fichier source de la classe `CatalogPieceOfFurniture` dans Eclipse, clique sur le nom de la classe puis sélectionne le menu *Refactor>Extract Interface...*. Dans la boîte de dialogue qui s'ouvre, il saisit le nom de l'interface, sélectionne tous les accesseurs qui seront présents dans l'interface, puis confirme son choix.

À la suite de cette opération, la classe `CatalogPieceOfFurniture` implémente l'interface `PieceOfFurniture`.

Classe de meuble du logement

Thomas implémente ensuite l'interface `PieceOfFurniture` dans la classe `HomePieceOfFurniture` à laquelle il ajoute tous ses champs et leur accesseur. Il modifie le type du paramètre du constructeur en `PieceOfFurniture` pour accepter de créer un meuble du logement autant à partir d'un meuble du catalogue que d'un autre meuble de classe `HomePieceOfFurniture` (par exemple pour en faire une copie). Dans le constructeur de cette classe, Thomas utilise le meuble en paramètre pour recopier tous ses attributs dans les champs du nouvel objet, sans conserver de trace de l'original, car les attributs de chaque meuble du logement devront être personnalisables dans le scénario n° 12.

REGARD DU DÉVELOPPEUR Type de l'attribut color

L'objet `Integer` stocké par l'attribut `color` représente la combinaison des composantes Rouge Vert Bleu de la couleur du meuble, une valeur `null` indiquant que le meuble n'a pas de couleur et garde le même aspect que dans le catalogue. L'équipe a choisi ici le type `Integer` plutôt que la classe `java.awt.Color` parce qu'elle ne souhaite utiliser aucune classe d'AWT ou de Swing dans la couche métier pour faciliter le passage à SWT/JFace, en cas de besoin. Si c'est possible, essayez, vous aussi, de rester neutre dans les types de votre modèle, vis-à-vis des technologies utilisées dans les couches présentation et persistance, même si cela aboutit à recréer des classes dans la couche métier similaires à celles des autres couches. Il faut savoir par exemple que jusqu'à Java 1.4 inclus, le simple fait de recourir à la classe `java.awt.Color` empêchait une application Java de fonctionner sur une machine Unix où les bibliothèques graphiques X11 du système n'étaient pas installées ! Pour plus d'informations à ce sujet, voir la bibliothèque PJA Toolkit développée par l'auteur de cet ouvrage.

▸ http://www.eteks.com/pja/

Classe com.eteks.sweethome3d.model.HomePieceOfFurniture

```
package com.eteks.sweethome3d.model;

public class HomePieceOfFurniture implements PieceOfFurniture {
  private String name;
  private Content icon;
  private Content model;
  private float   width;
  private float   depth;
  private float   height;
  private boolean movable;
  private boolean doorOrWindow;
  private Integer color;
  private boolean visible;

  public HomePieceOfFurniture(PieceOfFurniture piece) {
    this.name = piece.getName();
    this.icon = piece.getIcon();
    this.model = piece.getModel();
    this.width = piece.getWidth();
    this.depth = piece.getDepth();
    this.height = piece.getHeight();
    this.movable = piece.isMovable();
    this.doorOrWindow = piece.isDoorOrWindow();
    this.visible = true;
  }

  // Accesseurs...
}
```

Classe du logement

Thomas complète maintenant la classe `com.eteks.sweethome3d.model.Home` en créant dans son constructeur une copie de la liste des meubles reçus en paramètre qu'il affecte au champ `furniture` de la classe. Il implémente ensuite la méthode `getFurniture` pour y renvoyer une version non modifiable de la liste `furniture`.

Classe com.eteks.sweethome3d.model.Home

```
package com.eteks.sweethome3d.model;

import java.util.*;

public class Home {
  private List<HomePieceOfFurniture> furniture;

  public Home(List<HomePieceOfFurniture> furniture) {
    this.furniture =
      new ArrayList<HomePieceOfFurniture>(furniture);
  }
```

◂ Liste des meubles et des listeners.

◂ Copie de la liste des meubles.

Renvoie une liste non modifiable des meubles.

```
  public List<HomePieceOfFurniture> getFurniture() {
    return Collections.unmodifiableList(this.furniture);
  }
}
```

Préférences utilisateur par défaut

JAVA 5 Créer une valeur d'énumération à partir d'une chaîne

Toute énumération définit une méthode `static valueOf` capable de convertir une chaîne de caractères sous la forme d'une des constantes de l'énumération ❶.

La gestion des préférences ressemble à celle du catalogue par défaut programmée dans le premier scénario, en plus simple car pour l'instant les seules préférences utilisateur sont le catalogue et l'unité par défaut :

1. Thomas ajoute un constructeur sans paramètre à la classe `com.eteks.sweethome3d.io.DefaultUserPreferences`.
2. Il y crée une instance de `DefaultCatalog` qu'il communique à la classe `UserPreferences`.
3. Il lit l'unité par défaut à partir du fichier localisé de propriétés de même préfixe que la classe.

Classe com.eteks.sweethome3d.io.DefaultUserPreferences

Lecture du catalogue de meubles par défaut.

Lecture de l'unité par défaut dans le fichier préfixé par `DefaultUserPreferences`.

```
package com.eteks.sweethome3d.io;

import java.util.ResourceBundle;
import com.eteks.sweethome3d.model.UserPreferences;

public class DefaultUserPreferences extends UserPreferences {
  public DefaultUserPreferences() {
    setCatalog(new DefaultCatalog());
    ResourceBundle resource = ResourceBundle.getBundle(
        DefaultUserPreferences.class.getName());
    Unit defaultUnit = Unit.valueOf(
        resource.getString("unit").toUpperCase()); ❶
    setUnit(defaultUnit);
  }
}
```

4. Thomas crée le fichier de propriétés `DefaultUserPreferences.properties` qui établit le centimètre comme unité par défaut, et le fichier `DefaultUserPreferences_en_US.properties` qui spécifie le pouce comme unité pour les américains.

Fichier com.eteks.sweethome3d.io.DefaultUserPreferences.properties

```
unit=centimeter
```

Fichier com.eteks.sweethome3d.io.DefaultUserPreferences_en_US.properties

```
unit=inch
```

5 Thomas corrige les accesseurs et les mutateurs qu'Eclipse a ajoutés à la super-classe `com.eteks.sweethome3d.model.UserPreferences`, pour y manipuler des champs de la classe.

6 Il spécifie le modificateur d'accès `protected` devant la méthode `setCatalog` pour que cette méthode puisse être appelée de sa sous-classe `DefaultUserPreferences`.

Classe com.eteks.sweethome3d.io.UserPreferences

```
package com.eteks.sweethome3d.model;

public abstract class UserPreferences {
  public enum Unit {
    CENTIMETER, INCH;
    public static float centimerToInch(float length) { ❶
      return length / 2.54f;
    }

    public static float inchToCentimer(float length) { ❷
      return length * 2.54f;
    }
  }

  private Catalog catalog;
  private Unit    unit;

  public Catalog getCatalog() {
    return this.catalog;
  }

  protected void setCatalog(Catalog catalog) {
    this.catalog = catalog;
  }

  public Unit getUnit() {
    return this.unit;
  }

  public void setUnit(Unit unit) {
    this.unit = unit;
  }
}
```

> ATTENTION **UserPreferences vs java.util.prefs.Preferences**
>
> Les classes `UserPreferences` et `DefaultUserPreferences` ne font pas doublon avec celles du package `java.util.prefs` de la bibliothèque standard Java. Les classes de ce package spécifient des classes relatives à la gestion de l'enregistrement et la lecture des préférences d'une application. Sur un ordinateur équipé d'un système multi-utilisateur, ces préférences sont soit propres à chaque utilisateur, soit propres au système lui-même et donc partagées par tous les utilisateurs. Thomas a créé des classes supplémentaires de préférences pour les représenter dans la couche métier et gérer les valeurs initiales des préférences de l'utilisateur qui dépendent de sa langue et son pays. Les classes du package `java.util.prefs` seront utilisées dans la couche persistance au cours du scénario n° 10 pour enregistrer ces préférences et les relire quand l'utilisateur lancera l'application les fois suivantes.

Comme Margaux aura besoin de convertir dans le tableau les dimensions des meubles mémorisées, Thomas a ajouté aussi des méthodes `centimeterToInch` ❶ et `inchToCentimeter` ❷ dans la classe de l'énumération `Unit`.

Les classes de la couche métier et des contrôleurs étant terminées, il enregistre ses modifications dans CVS pour que Margaux puisse prendre le relais.

Conception de la classe du tableau

Afin d'obtenir rapidement une version fonctionnelle du scénario n° 2, Margaux décide de compléter la classe du tableau des meubles le plus simplement possible, quitte à améliorer son implémentation une fois que le test de la classe `FurnitureTableTest` passera.

REGARD DU DÉVELOPPEUR **Mise en œuvre de la classe JTable**

La classe `JTable` est de loin la classe Swing qui offre le plus de fonctionnalités et mériterait un ouvrage à elle seule. La solution mise en œuvre dans cette première implémentation puis au cours du refactoring (où il sera abordé comment adapter un modèle de la `JTable` à la classe `Home`), ne représentent qu'un aperçu des nombreuses possibilités de configuration de cette classe, dont le diagramme de classes de la figure 5-6 donne une idée.

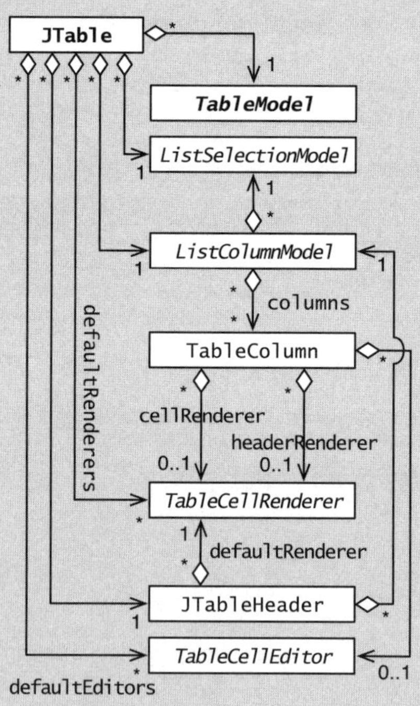

Figure 5–6 Diagramme des classes et des interfaces dépendantes de la classe JTable

Elle découpe la configuration d'une nouvelle instance de la classe `com.eteks.sweethome3d.swing.FurnitureTable`, sous la forme de différentes méthodes et de classes `private` appelées dans le constructeur qu'elle va implémenter l'une après l'autre.

Elle obtient ainsi les tâches suivantes :

1. Lire les noms des colonnes du tableau à partir d'un fichier de propriétés localisé, de même préfixe que la classe `FurnitureTable`.
2. Affecter au tableau un modèle qui exploitera la liste des meubles gérée par la classe `Home`.
3. Modifier les *renderers* de chaque colonne du tableau pour afficher notamment les dimensions des meubles en fonction de l'unité active dans les préférences.

Classe com.eteks.sweethome3d.swing.FurnitureTable

```
package com.eteks.sweethome3d.swing;

import java.awt.*;
import java.util.List;
import java.util.*;
import javax.swing.*;
import javax.swing.table.*;
import com.eteks.sweethome3d.model.*;
import static com.eteks.sweethome3d.model.UserPreferences.Unit.*;

public class FurnitureTable extends JTable {
  public FurnitureTable(Home home, UserPreferences preferences) {
    String [] columnNames = getColumnNames();
    setModel(new FurnitureTableModel(home, columnNames));
    setColumnRenderers(preferences);
  }

  private String [] getColumnNames() {
    // TODO Read localized column names
    return null;
  }

  private void setColumnRenderers(UserPreferences preferences) {
    // TODO Set cell renderer of each column
  }

  private static class FurnitureTableModel
                       extends DefaultTableModel {
    public FurnitureTableModel(Home home, String [] columnNames) {
      // TODO Create a model that displays home furniture
    }
  }
}
```

REGARD DU DÉVELOPPEUR Encapsulez le plus possible

Ne faites pas des champs d'une classe l'équivalent des variables globales de la programmation procédurale ! Dans ce sens, souvenez-vous que les paramètres et les variables locales d'une méthode représentent aussi une forme d'encapsulation qui facilite grâce à leur portée limitée, la relecture et la maintenance d'une classe. Essayez d'ajouter des paramètres aux méthodes plutôt qu'un champ à la classe à chaque fois que vous voulez partager une information entre des méthodes d'une même classe et ce, particulièrement pour les méthodes `private`. Si le nombre de paramètres devient trop grand, envisagez éventuellement d'en regrouper certains dans une classe intermédiaire (par exemple, une classe `Point` pour des coordonnées `x` `y`). N'abusez pas non plus de cette solution : elle est plus coûteuse en temps d'exécution, puisqu'elle nécessite de créer l'objet en paramètre, et complique la maintenance, car toute classe ajoutée à un projet représente un concept supplémentaire à appréhender pour les nouveaux programmeurs. Ici, Margaux a réussi à ne créer pour l'instant aucun champ dans la classe `FurnitureTable` sans pour autant obtenir des listes de paramètres interminables dans ses méthodes.

Lecture du nom des colonnes du tableau

JAVA Commentaires des fichiers de propriétés

Dans un fichier `.properties`, toute ligne qui débute par le symbole dièse, « # », est considérée par Java comme une ligne de commentaires.

La lecture des noms des colonnes s'effectue dans la méthode `getColumnNames` à partir du fichier en ressource passé en paramètre. Margaux crée donc le fichier `FurnitureTable.properties` des couples de (clé, valeur) pour chaque nom de colonne en anglais, et lit ce fichier dans la méthode `getColumnNames` pour remplir le tableau des noms localisés des colonnes.

Méthode getColumnNames de la classe FurnitureTable

```
private String [] getColumnNames() {
  ResourceBundle resource = ResourceBundle.
      getBundle(FurnitureTable.class.getName());
  String [] columnNames = {
    resource.getString("nameColumn"),
    resource.getString("widthColumn"),
    resource.getString("heightColumn"),
    resource.getString("depthColumn"),
    resource.getString("colorColumn"),
    resource.getString("movableColumn"),
    resource.getString("doorOrWindowColumn"),
    resource.getString("visibleColumn")};
  return columnNames;
}
```

Fichier FurnitureTable.properties

```
# Column names
nameColumn=Name
widthColumn=Width
heightColumn=Height
depthColumn=Depth
colorColumn=Color
movableColumn=Movable
doorOrWindowColumn=Door/Window
visibleColumn=Visible
```

Margaux traduit ensuite en français toutes les valeurs des propriétés dans le fichier `FurnitureTable_fr.properties`, puis modifie le constructeur de la classe interne `FurnitureTableModel` pour passer à sa super-classe `DefaultTableModel` les noms des colonnes du tableau.

Constructeur de la classe interne FurnitureTableModel

```
public FurnitureTableModel(Home home, String [] columnNames) {
  super(columnNames, 0);
  // TODO Add rows matching home furniture to model
}
```

Créer un modèle avec les colonnes `columnNames` et aucune ligne.

Grâce à l'application `TableFurnitureTest`, Margaux peut tester ainsi visuellement si les noms de colonnes apparaissent bien à l'écran, et vérifier notamment si leur nombre ne va pas créer un tableau trop large dans l'application finale. Comme le montre la figure 5-7, elle obtient un tableau dont tous les noms (ou presque) de colonnes s'affichent dans une fenêtre de 500 pixels de large, même en donnant une largeur assez généreuse à la colonne *Nom*, qui doit afficher le nom d'un meuble avec son icône. En considérant que de nos jours, tout utilisateur est équipé d'un moniteur d'une résolution au moins égale à 1024 × 768 pixels, il restera donc autant de pixels pour les composants du plan et de la vue 3D à droite, ce qui semble raisonnable au départ de l'application (une fois accoutumé au logiciel, l'utilisateur pourra de toute façon redimensionner comme il le souhaite les différentes zones de l'écran à l'aide des barres de division).

ERGONOMIE Attention à la taille de l'écran !

Pour toucher une audience d'utilisateurs maximale, fixez de façon raisonnable la résolution minimale d'écran avec laquelle votre application pourra s'afficher correctement, et limitez le nombre d'informations affichées en même temps à l'écran au premier lancement d'une application. Si par exemple, celle-ci est capable d'afficher de très nombreuses colonnes dans un tableau, n'en affichez au départ qu'un nombre minimum, et mettez en place un système de filtre qui permettra à l'utilisateur de choisir les colonnes qu'il veut voir apparaître.

Figure 5–7
Tableau des meubles avec ses colonnes

Création du modèle du tableau

Margaux passe ensuite à l'implémentation de la classe interne `FurnitureTableModel` qui gère les données affichées dans les cellules du tableau. Elle choisit ici d'en faire une sous-classe de `javax.swing.table.DefaultTableModel`, pour lui permettre d'ajouter les lignes du tableau l'une après l'autre.

Classe interne FurnitureTableModel de la classe FurnitureTable

```
private static class FurnitureTableModel
               extends DefaultTableModel {
  public FurnitureTableModel(Home home, String [] columnNames) {
    super(columnNames, 0); ➊

    for (HomePieceOfFurniture piece : home.getFurniture()) { ➋

      Object [] rowValues = {piece, ➌
          piece.getWidth(), piece.getHeight(), piece.getHeight(),
          piece.getColor(), piece.isMovable(),
          piece.isDoorOrWindow(), piece.isVisible()}; ➍
```

Classe de modèle de tableau interne à la classe `FurnitureTable`.

➊ Création d'un modèle avec les noms des colonnes et aucune ligne.

➋ Ajout des meubles existants à ce modèle.

➌ Création d'un tableau d'objets avec les valeurs du meuble affichées dans la nouvelle ligne.

Ajout d'une nouvelle ligne à ce modèle.

```
        addRow(rowValues); ⑤
      }
    }
}
```

Une fois établie, la liste des colonnes affichées ❶, le constructeur de la classe `FurnitureTableModel` ajoute au modèle ❺ chaque meuble du logement ❷. Comme la classe `DefaultTableModel` mémorise les données affichées par un tableau avec une liste d'objets (celle-ci étant de classe `java.util.Vector` pour des raisons historiques), il est possible de passer les valeurs d'une nouvelle ligne ❺ à sa méthode `addRow`, soit sous la forme d'une instance de `Vector` contenant ces valeurs, soit sous la forme d'un tableau Java. Margaux choisit cette seconde solution ❹, plus simple à implémenter. Notez par ailleurs que dans la première colonne, elle ne mémorise pas le nom du meuble mais une instance de `HomePieceOfFurniture` ❸, car elle aura besoin d'afficher dans cette colonne un label contenant le nom du meuble et son icône.

SWING TableModel et DefaultTableModel

Comme pour la classe `JTree`, la classe `JTable` ne stocke pas elle-même les données qu'elle affiche dans les cellules d'un tableau, mais va les prendre dans un modèle de tableau dont la classe implémente l'interface `javax.swing.table.TableModel`. La façon la plus simple de créer un modèle de tableau dont le nombre de lignes et/ou de colonnes peut être modifié, passe par la classe `DefaultTableModel` utilisée dans cette première version de la classe `FurnitureTable`. Nous verrons ensuite dans ce chapitre comment créer un modèle d'arbre à partir de l'interface `TableModel` et de la classe squelette `AbstractTableModel`, afin de réutiliser de façon plus optimale les classes `Home` et `HomePieceOfFurniture` de la couche métier de Sweet Home 3D.

Test du modèle

Margaux peut maintenant tester l'affichage par défaut des meubles dans l'application `TableFurnitureTest`. Comme le montre la figure 5-8, la colonne *Nom* affiche la chaîne renvoyée par la méthode `toString` de `HomePieceOfFurniture` héritée de la classe `Object`, et les colonnes *Déménageable*, *Porte / Fenêtre* et *Visible* affichent *true* ou *false*. Cet affichage est normal puisque Margaux ne s'est pas encore occupée de positionner des renderers sur le tableau.

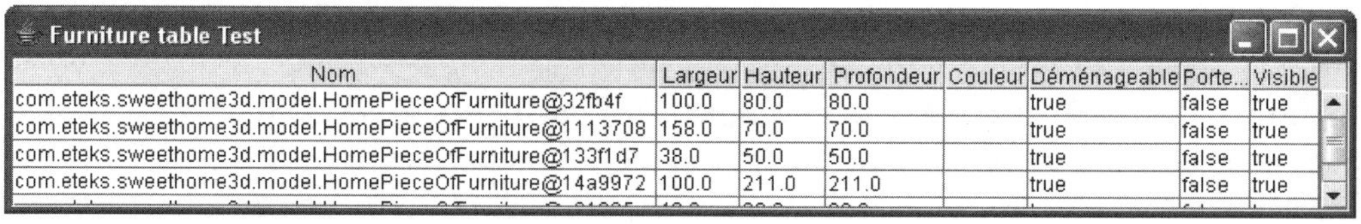

Figure 5–8 Tableau des meubles sans renderer

Modification de l'apparence des cellules du tableau

De façon similaire aux arbres Swing, les tableaux dessinent le contenu de chaque cellule à l'aide d'un renderer de type `javax.swing.table.TableCellRenderer`. La classe `JTable` en propose par défaut un certain nombre, et les associe aux classes des objets les plus souvent visualisés dans un tableau.

Pour choisir un renderer, vous pouvez :

- soit en créer un de toutes pièces en implémentant l'interface `TableCellRenderer` et sa méthode `getTableCellRendererComponent` ;

- soit en créer un en sous-classant la classe `javax.swing.table.DefaultTableCellRenderer` qui est la classe de base des renderers du tableau 5-1 qui renvoient un label ;
- soit en récupérer un de ceux cités dans le tableau 5-1 en passant à la méthode `getDefaultRenderer` une classe d'objet connue par le tableau ;
- soit combiner les différentes solutions, par exemple en réutilisant le renderer par défaut d'un objet de type `Float` dans une classe qui implémente l'interface `TableCellRenderer`, pour convertir en pouces les dimensions du meuble quand c'est nécessaire.

SWING **Attribution des renderers aux cellules**

La classe `JTable` propose différentes options pour configurer les renderers des cellules d'un tableau :
- en redéfinissant sa méthode `getCellRenderer` ;
- en attribuant un renderer par colonne ;
- en redéfinissant la méthode `getColumnClass` dans le modèle du tableau pour renvoyer la classe de la colonne qu'associera le tableau à un de ses renderers par défaut.

Il est possible de combiner ces options, mais même si vous maîtrisez parfaitement l'algorithme de recherche du renderer d'une cellule programmé dans la classe `JTable`, évitez-le pour plus de clarté.

Tableau 5–1 Configuration des renderers par défaut de la classe JTable

Classe de l'objet affiché	Composant renvoyé par le renderer	Alignement dans la cellule	Valeur affichée
`Float` ou `Double`	`JLabel`	Droite	Objet du modèle formaté avec une instance localisée de `NumberFormat`
Autres sous-classes de `Number`	`JLabel`	Droite	Résultat de l'appel de `toString` sur l'objet du modèle
`java.util.Date`	`JLabel`	Gauche	Objet du modèle formaté avec une instance localisée de `DateFormat`
`Boolean`	`JCheckBox`	Centré	Coché ou non suivant la valeur de l'objet du modèle
`Icon` ou `ImageIcon`	`JLabel`	Centré	Objet du modèle sous forme d'icône
Autres classes	`JLabel`	Gauche	Résultat de l'appel de `toString` sur l'objet du modèle

Attribution des renderers des colonnes

Parmi les choix que propose la classe `JTable` pour positionner les renderers d'un tableau, Margaux choisit d'affecter un renderer à chacune de ses colonnes. Elle implémente donc la méthode `setColumnRenderers` en créant un tableau de renderers pour les huit colonnes de l'instance de `JTable` qu'elle utilise ensuite pour modifier le renderer de chaque colonne.

Méthode setColumnRenderers de la classe FurnitureTable

- Renderer pour les dimensions.
- Renderer par défaut pour les colonnes booléennes.
- Renderers des 8 colonnes.
- Renderer de la colonne *Nom*.
- Renderer des colonnes *Largeur*, *Hauteur*, *Profondeur*.
- Renderer de la colonne *Couleur*.
- Renderer des colonnes *Déménageable*, *Porte / Fenêtre*, *Visible*.
- Attribution de son renderer à chaque colonne.

```
private void setColumnRenderers(UserPreferences preferences) {
  TableCellRenderer sizeRenderer = getSizeRenderer(preferences); ❶
  TableCellRenderer checkBoxRenderer =
      getDefaultRenderer(Boolean.class);
  TableCellRenderer [] columnRenderers = {
    getNameWithIconRenderer(), ❷
    sizeRenderer,
    sizeRenderer,
    sizeRenderer,
    getColorRenderer(), ❸
    checkBoxRenderer,
    checkBoxRenderer,
    checkBoxRenderer};

  for (int i = 0, n = getColumnCount(); i < n; i++) {
    getColumn(getColumnName(i)).
        setCellRenderer(columnRenderers [i]); ❶
  }
}
```

Pour attribuer un renderer à chaque colonne, Margaux doit appeler la méthode `setCellRenderer` ❹ sur l'objet de classe `javax.swing.table.TableColumn` qui représente une colonne d'un tableau Swing. Pour récupérer cet objet, elle appelle ici la méthode `getColumn` en lui passant le nom de la colonne. Par ailleurs, elle a ajouté à la classe `FurnitureTable` les méthodes `getNameWithIconRenderer` ❷, `getSizeRenderer` ❶ et `getColorRenderer` ❸ qu'elle doit implémenter pour créer les renderers des colonnes où sont affichés le nom, les dimensions et la couleur d'un meuble.

Renderer du nom d'un meuble

Le renderer renvoyé par la méthode `getNameWithIconRenderer` doit fournir un composant capable d'afficher l'icône d'un meuble accolée à son nom.

Méthode getNameWithIconRenderer de la classe FurnitureTable

- Renvoie le renderer de la colonne *Nom*.
- Renvoie un composant qui affiche le nom du meuble `value` accolé à son icône.

```
private TableCellRenderer getNameWithIconRenderer() {
  return new DefaultTableCellRenderer() { ❶
    @Override
    public Component getTableCellRendererComponent(JTable table,
          Object value, boolean isSelected, boolean hasFocus,
          int row, int column) {
      HomePieceOfFurniture piece = (HomePieceOfFurniture)value; ❶
```

```
        JLabel label = (JLabel)super.getTableCellRendererComponent(
            table, piece.getName(),
            isSelected, hasFocus, row, column); ❷
        Content iconContent = piece.getIcon(); ❸
        label.setIcon(IconManager.getInstance().getIcon(
            iconContent, getRowHeight(), table)); ❹
        return label;
      }
    };
  }
```

Récupération du composant configuré par la super-classe.

Récupération du contenu de l'icône du meuble.

Modification de l'icône du label avec celle du meuble redimensionnée à la bonne hauteur.

Comme la valeur de la cellule qu'affiche ce renderer est un meuble, Margaux convertit tout d'abord la référence `value` reçue en paramètre dans le type `HomePieceOfFurniture` ❶ pour pouvoir accéder aux méthodes `getName` ❷ et `getIcon` ❸ du meuble affiché. Elle appelle ensuite la méthode `getTableCellRendererComponent` ❷ héritée de `DefaultTableCellRenderer` ❶ qui se charge de configurer le label de rendu avec le nom du meuble, et finalement attribue à ce label ❹ l'icône du meuble ❸. Pour obtenir cette icône, elle a recours à la classe `IconManager` développée à la fin du scénario n° 1, en requérant une icône de même hauteur que les lignes du tableau.

Renderer des dimensions d'un meuble

Le renderer renvoyé par la méthode `getSizeRenderer` doit fournir un label dont le texte varie en fonction de l'unité en cours dans les préférences utilisateur.

Méthode getSizeRenderer de la classe FurnitureTable

```
private TableCellRenderer getSizeRenderer(
                            final UserPreferences preferences) {
  final TableCellRenderer floatRenderer =
      getDefaultRenderer(Float.class); ❶
  return new TableCellRenderer () { ❷
    public Component getTableCellRendererComponent(JTable table,
        Object value, boolean isSelected, boolean hasFocus,
        int row, int column) {
      if (preferences.getUnit() == INCH) {
        value = centimerToInch((Float)value); ❸
      }
      return floatRenderer.getTableCellRendererComponent(
          table, value, isSelected, hasFocus, row, column); ❹
    }
  };
}
```

Renvoie le renderer des colonnes affichant des dimensions.

Récupération du renderer par défaut associé à la classe `Float`.

Renvoie un composant qui affiche la dimension `value` convertie dans une autre unité si nécessaire.

Si l'unité dans les préférences est le pouce, conversion du nombre `value` dans cette unité.

Récupération du composant configuré avec le renderer par défaut associé à la classe `Float`.

Margaux renvoie une instance d'une classe qui implémente l'interface `TableCellRenderer` ❷ dont la méthode `getTableCellRendererComponent` convertit en pouces la valeur reçue en paramètre ❸ quand c'est l'unité requise, puis laisse au renderer associé à la classe `Float` ❶ terminer la configuration du composant de rendu ❹.

JAVA 5 import static

Java 5 permet d'importer un ou tous les membres `static` d'une classe avec la clause `import static`, ce qui évite alors de répéter le nom de leur classe pour les utiliser. Par exemple, l'ajout de la clause :

```
import static java.lang.Math.*;
```

permet ensuite de faire directement appel aux méthodes `sin`, `cos`, `log`... de la classe `Math`. Cette possibilité qui apporte très peu syntaxiquement (et très peu aussi en rapidité de codage si on utilise correctement la complétion dans un IDE), est l'une des nouveautés de Java 5 les plus controversées, car elle obscurcit le code. À la lecture de la `centimerToInch` ❸ comment est-il possible de deviner d'où vient cette méthode ? Est-ce une méthode de la classe `FurnitureTable`, d'une de ses super-classes ou une méthode `static` importée ? Si cette méthode n'était pas définie quelques pages auparavant, voilà un mystère qu'il vous faudrait résoudre... Nous ne l'utiliserons donc plus dans la suite de cet ouvrage.

Renderer de la couleur d'un meuble

Finalement, le renderer renvoyé par la méthode `getColorRenderer` doit fournir un composant qui représente la couleur du meuble, si elle existe. Margaux choisit un label dont le texte affichera un carré coloré ou un tiret.

Méthode getColorRenderer de la classe FurnitureTable

Renvoie le renderer de la colonne *Couleur*.

Renvoie un composant qui affiche un carré dans la couleur représentée par `value`.

Récupération du composant configuré par la super-classe.

Si la couleur existe, modification du texte du label avec un symbole représentant un carré dans la couleur représentée par `value`.

Sinon, modification du texte du label avec un tiret dans la couleur d'affichage du tableau.

Alignement du texte au centre du label.

```
private TableCellRenderer getColorRenderer() {
  return new DefaultTableCellRenderer() { ❶
    @Override
    public Component getTableCellRendererComponent(JTable table,
         Object value, boolean isSelected, boolean hasFocus,
         int row, int column) {
     JLabel label = (JLabel)super.getTableCellRendererComponent(
          table, value, isSelected, hasFocus, row, column);
      if (value != null) {
        label.setText("\u25fc"); ❷
        label.setForeground(new Color((Integer)value)); ❸
      } else {
        label.setText("-"); ❹
        label.setForeground(table.getForeground()); ❺
      }
      label.setHorizontalAlignment(JLabel.CENTER);
      return label;
    }
  };
}
```

Margaux renvoie une instance d'une sous-classe de `DefaultTableCellRenderer` (1) dont la méthode `getTableCellRendererComponent` attribue au label par défaut soit le caractère de code Unicode `25FC` (2) avec la couleur que représente `value` (3), soit un tiret (4) dans la couleur du tableau (5).

> ASTUCE **Couleur de sélection et de focus**
>
> Notez que pour chacun des trois renderers, Margaux a toujours pris soin de récupérer un composant déjà configuré par une classe de renderer existante, ce qui lui évite de gérer les couleurs de sélection et de focus.

Test des renderers

Margaux teste ses renderers avec l'application `TableFurnitureTest`, une première fois avec la langue par défaut, puis en choisissant l'anglais comme langue et les États-Unis comme pays avec le look and feel Windows à la place du look and feel Ocean. Elle constate ainsi de visu que les noms des colonnes et du mobilier par défaut sont bien localisés, ainsi que l'unité de longueur dans les colonnes qui affichent les dimensions des meubles (voir la figure 5-9).

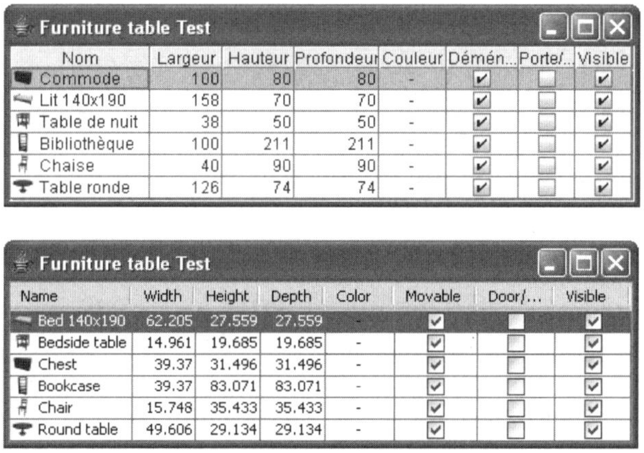

Figure 5–9
Application TableFurnitureTest
sous look and feel Ocean et Windows

Pour choisir le look and feel Windows et l'américain comme langue par défaut, Margaux n'a pas modifié le programme de l'application `TableFurnitureTest`. Elle a plutôt choisi de changer, au lancement de l'application, les valeurs par défaut des propriétés de la classe `java.lang.System` qui correspondent au look and feel, à la langue et à la région, en recourant à l'option `-D` de la commande `java`. Pour donner les valeurs adéquates de ces options dans Eclipse, elle a d'abord sélectionné le menu *Run>Run...*. Puis dans la boîte de dialogue *Run* qui s'est affichée comme dans la figure 5-10, elle a sélectionné son application (1) dans la liste *Configurations*, cliqué sur l'onglet *Arguments* (2), saisi le texte suivant dans la zone de saisie *VM arguments*, et finalement cliqué sur le bouton *Run* (4) :

```
-Duser.language=en -Duser.country=US
➥ -Dswing.defaultlaf=com.sun.java.swing.plaf.windows.WindowsLookAndFeel
```

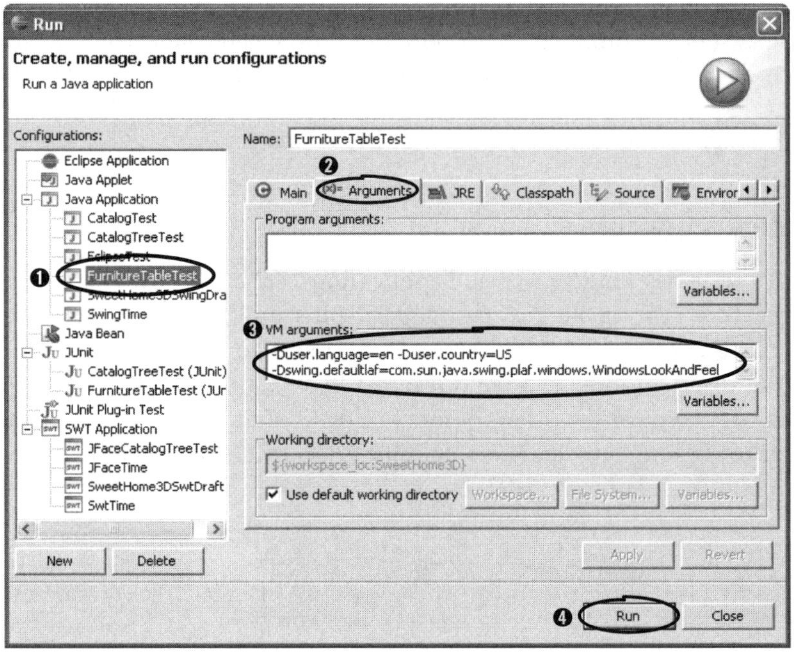

Figure 5–10
Configuration d'une application lancée par Eclipse

Vérification des textes affichés dans le tableau

Il ne reste plus à Margaux qu'à programmer la méthode `getRenderedDepth` dans la classe `TableFurnitureTest` pour que la méthode de test `testFurnitureTableCreation` s'exécute sans erreurs.

Méthode getRenderedDepth de la classe TableFurnitureTest

- Renvoie la largeur du meuble affichée à la colonne `row`.
- Récupération du nom localisé de la colonne *Profondeur*.
- Recherche de l'indice de la colonne *Profondeur* dans le modèle.
- Récupération de la valeur de la cellule testée.
- Recherche de l'indice de la colonne *Profondeur* dans le tableau.
- Récupération du renderer de la cellule testée.
- Obtention du composant de rendu de la cellule.
- Renvoi du texte affiché par le composant de rendu.

```
private String getRenderedDepth(JTable table, int row) {

  ResourceBundle resource =
    ResourceBundle.getBundle(table.getClass().getName());
  String columnName = resource.getString("depthColumn");

  int modelColumnIndex =
      table.getColumn(columnName).getModelIndex(); ❶

  TableModel model = table.getModel();
  Object cellValue = model.getValueAt(row, modelColumnIndex); ❷

  int tableColumnIndex =
      table.convertColumnIndexToView(modelColumnIndex); ❸

  TableCellRenderer renderer =
      table.getCellRenderer(row, tableColumnIndex);

  Component cellLabel = renderer.getTableCellRendererComponent(
      table, cellValue, false, false, row, tableColumnIndex); ❹

  return ((JLabel)cellLabel).getText(); ❺
}
```

Une fois que Margaux a récupéré l'indice de la colonne *Profondeur* d'un meuble ❶, elle recherche la profondeur du meuble à la ligne donnée en paramètre ❷. Elle passe ensuite cette valeur à la méthode `getTableCellRendererComponent` du renderer de la cellule qui l'affiche ❹. Elle renvoie finalement le texte du label de rendu ❺.

> SWING **Indices de colonnes dans la vue et dans le modèle**
>
> Les colonnes d'un tableau Swing peuvent être réordonnées par l'utilisateur en effectuant un simple glisser-déposer sur les en-têtes de colonne. Cette fonctionnalité est active par défaut sauf si vous appelez avec la valeur `false`, la méthode `setResizingAllowed` sur l'objet renvoyé par `getTableHeader` de la classe `JTable` (`getTableHeader` renvoie l'instance de la classe `javax.swing.table.JTableHeader` qui représente le composant d'en-tête d'un tableau). Pour vous éviter dans le modèle du tableau de tenir compte du numéro d'ordre d'une colonne à l'écran, la classe `JTable` maintient en fait deux indices par colonne : un dans le modèle et un dans la vue. Toutes les méthodes dans le modèle d'un tableau, qui ont besoin d'un numéro de colonne, manipulent un indice de colonne dans le modèle. Toutes les méthodes de la classe `JTable` qui font référence à un numéro de colonne manipulent l'indice d'une colonne dans la vue. Parmi celles de `JTable`, seules les deux méthodes `convertColumnIndexToView` ❸ et `convertColumnIndexToModel` qui permettent de passer d'un système de numérotation à l'autre, font exception.

Exécution des tests JUnit

Margaux vérifie que le test du scénario n° 2 passe sans problème. Avant d'archiver ses modifications dans CVS, elle effectue un test d'intégration pour vérifier que toutes les modifications effectuées dans les classes du projet n'ont pas altéré le bon fonctionnement des autres tests. Pour lancer avec Eclipse tous les tests JUnit présents dans le projet, elle choisit tout simplement le menu *Run As>JUnit Test* dans le menu contextuel du dossier du projet.

Refactoring de la classe du tableau

Maintenant que le programme de test du scénario n° 2 fonctionne sans erreurs, Thomas et Sophie tentent d'améliorer l'organisation des informations affichées dans le tableau des meubles avec un modèle adapté au logement.

Utilisation d'un modèle de tableau adapté aux meubles

La première version du modèle du tableau programmée par Margaux est simple mais elle n'est pas optimale, car la liste de listes d'objets, où la classe `DefaultTableModel` stocke les données affichées par le tableau, fait doublon avec la liste de meubles maintenue par la classe `Home`. Par ailleurs, toutes les cellules du tableau sont éditables, ce qui n'est pas l'objet du scénario n° 2. Elle pourrait bien sûr redéfinir la méthode isCellEditable dans la classe FurnitureTableModel pour y renvoyer false, mais elle préfère partir sur une autre voie, en créant une classe de modèle qui adaptera l'organisation des classes Home et HomePieceOfFurniture à celle requise par l'interface TableModel.

Pour faciliter sa tâche, Margaux remplace la super-classe de FurnitureTableModel par la classe javax.swing.table.AbstractTableModel, ce qui l'oblige à n'implémenter que les méthodes getRowCount, getColumnCount, getValueAt de l'interface TableModel et à redéfinir la méthode getColumnName.

SWING Modèle d'un tableau JTable

Un utilisateur de la classe JTable a globalement trois choix pour organiser les données des cellules d'un tableau :

- Ranger dans un tableau Java, à deux dimensions, les objets que doit afficher un tableau Swing et créer une instance de JTable à partir de ce tableau (comme dans la méthode getCatalogTable développée pour la maquette Swing de Sweet Home 3D dans le troisième chapitre). Le modèle qu'utilise cette instance de JTable est alors implicitement une sous-classe d'AbstractTableModel ; les cellules de ce type de tableau sont éditables mais aucune ligne ni aucune colonne ne peuvent y être ajoutées.
- Créer une instance de DefaultTableModel dont les cellules sont null au départ ou qui est initialisée avec les objets d'un tableau Java à deux dimensions passé en paramètre. Ce type de modèle gère une liste de listes d'objets où sont enregistrées les références des objets affichés par le tableau, et autorise à ajouter ou à retirer des lignes et des colonnes.
- Créer une classe qui implémente l'interface TableModel et ses méthodes, dont voici la liste :

```
public int getRowCount();
public int getColumnCount();
public Object getValueAt(int rowIndex,
          int columnIndex);
public String getColumnName(int columnIndex);
public Class<?>
          getColumnClass(int columnIndex);
public boolean isCellEditable(int rowIndex,
          int columnIndex);
public void setValueAt(Object value,
         int rowIndex, int columnIndex);
public void addTableModelListener(
         TableModelListener l);
public void removeTableModelListener(
         TableModelListener l);
```

Les trois premières méthodes de cette liste sont les plus importantes et laissent entrevoir l'algorithme utilisé par la classe JTable pour afficher les données de son modèle dans les cellules. Celui-ci est basé sur la boucle suivante :

```
for (int row = 0;
         row < model.getRowCount(); row++) {
  for (int col = 0; col <
         model.getColumnCount(); col++) {
    Object value = model.getValueAt(
         row, col);
    // Afficher value avec son renderer
  }
}
```

Pour éviter d'implémenter toutes les autres méthodes de TableModel qui ne sont pas toujours nécessaires, on crée plutôt une sous-classe d'AbstractTableModel qui implémente toutes les méthodes de TableModel, à l'exception de ces trois-là (l'implémentation de la méthode isCellEditable renvoie false). Cette classe est très intéressante car elle offre de nombreuses méthodes fireTable... qui servent à notifier à un tableau Swing ou à tout autre listener enregistré auprès du modèle, qu'un changement est survenu dans ce modèle. Nous utiliserons ces méthodes au cours du prochain chapitre.

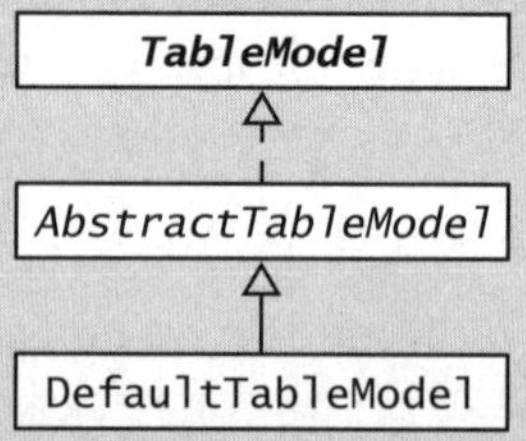

Figure 5–11 Diagramme des classes dépendantes de TableModel

Classe interne FurnitureTableModel de la classe FurnitureTable (modifiée)

```
private static class FurnitureTableModel
                      extends AbstractTableModel {
  private Home       home; ❶
  private String [] columnNames;

  public FurnitureTableModel(Home home, String [] columnNames) {
    this.home = home; ❷
    this.columnNames = columnNames;
  }

  @Override
  public String getColumnName(int columnIndex) {
    return this.columnNames[columnIndex]; ❸
  }

  public int getColumnCount() {
    return this.columnNames.length; ❹
  }

  public int getRowCount() {
    return this.home.getFurniture().size(); ❺
  }

  public Object getValueAt(int rowIndex, int columnIndex) {

    HomePieceOfFurniture piece =
        this.home.getFurniture().get(rowIndex); ❻
    switch (columnIndex) { ❼
      case 0 : return piece;
      case 1 : return piece.getWidth();
      case 2 : return piece.getHeight();
      case 3 : return piece.getDepth();
      case 4 : return piece.getColor();
      case 5 : return piece.isDoorOrWindow();
      case 6 : return piece.isMovable();
      case 7 : return piece.isVisible();
      default : throw new IllegalArgumentException(
                          "Unknown column " + columnIndex);
    }
  }
}
```

- Sous-classe d'`AbstractTableModel`.
- Nom des colonnes.
- Renvoie le nom de la colonne d'indice `columnIndex`.
- Renvoie le nombre de colonnes dans le modèle.
- Renvoie le nombre de lignes dans le modèle.
- Renvoie la valeur de la cellule `rowIndex`, `columnIndex`.
- Récupération du meuble d'indice `rowIndex`.
- Renvoie de la propriété du meuble qui correspond à la colonne `columnIndex`.
- Ne devrait pas arriver.

Dans le constructeur, Margaux mémorise ❷ dans des champs ❶ le logement et le nom des colonnes, pour renvoyer le nombre de lignes ❺ et les valeurs ❻ du tableau, ainsi que le nom des colonnes ❸ et leur nombre ❹, dans les méthodes qu'appellera l'instance de `JTable` sur son modèle. La valeur d'une cellule s'obtient en faisant correspondre le numéro de colonne ❼ avec l'accesseur du meuble recherché à une ligne donnée ❻.

Intégration de meubles supplémentaires

Pendant le développement du scénario, Sophie a créé quelques meubles supplémentaires, notamment des meubles non déménageables, comme ceux des salles d'eau, ainsi que quelques portes et fenêtres. À la vue des captures d'écran de la figure 5-9, elle constate aussi que les décimales des dimensions affichées en pouces ne sont pas des valeurs simples (comme ½ ou ¼ ou leurs multiples). Pour corriger ce défaut, elle ajoute donc un fichier `DefaultFurniture_en_US.properties`, dans lequel elle change les dimensions des meubles par défaut pour que leur conversion en pouces permette d'obtenir un nombre simple.

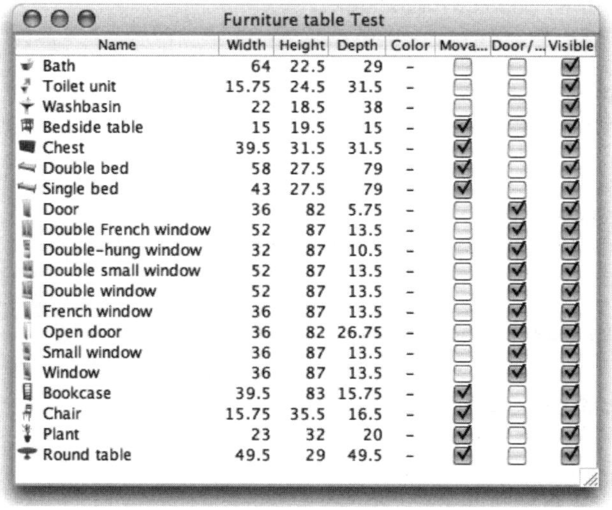

Name	Width	Height	Depth	Color	Mova...	Door/...	Visible
Bath	64	22.5	29	-	☐	☐	☑
Toilet unit	15.75	24.5	31.5	-	☐	☐	☑
Washbasin	22	18.5	38	-	☐	☐	☑
Bedside table	15	19.5	15	-	☑	☐	☑
Chest	39.5	31.5	31.5	-	☑	☐	☑
Double bed	58	27.5	79	-	☑	☐	☑
Single bed	43	27.5	79	-	☑	☐	☑
Door	36	82	5.75	-	☐	☑	☑
Double French window	52	87	13.5	-	☐	☑	☑
Double-hung window	32	87	10.5	-	☐	☑	☑
Double small window	52	87	13.5	-	☐	☑	☑
Double window	52	87	13.5	-	☐	☑	☑
French window	36	87	13.5	-	☐	☑	☑
Open door	36	82	26.75	-	☐	☑	☑
Small window	36	87	13.5	-	☐	☑	☑
Window	36	87	13.5	-	☐	☑	☑
Bookcase	39.5	83	15.75	-	☑	☐	☑
Chair	15.75	35.5	16.5	-	☑	☐	☑
Plant	23	32	20	-	☑	☐	☑
Round table	49.5	29	49.5	-	☑	☐	☑

Figure 5–12
Application TableFurnitureTest en américain

Un fois ces modifications effectuées, Margaux balise la fin du second scénario avec le numéro de version `V_0_2`.

En résumé...

Ce chapitre vous a montré comment mettre en œuvre la classe de tableau `JTable`, l'une des classes les plus riches de la bibliothèque Swing, en récupérant les données affichées par le tableau à partir des classes du modèle de votre application.

JFACE Version SWT/JFace du tableau

Le tableau suivant présente les classes et interfaces du package `org.eclipse.jface.viewers` équivalentes à celles de Swing relatives à la gestion d'un tableau.

Swing	JFace
`JTable`	`TableViewer`
`TableModel`	`IStructuredContentProvider`
`ListSelectionModel`	`ISelectionProvider`
`TableCellRenderer`	`ITableLabelProvider`
`TableCellEditor`	`CellEditor`

L'interface `ITableContentProvider` ne contient qu'une seule méthode `Object[] getElements(Object inputElement)` : cette méthode doit renvoyer les objets affichés dans le tableau, sous la forme d'un tableau Java d'éléments qui correspond à l'ensemble des lignes visualisées. Il faut implémenter les deux méthodes `getColumnTest` et `getColumnImage` de `ITableLabelProvider` pour renvoyer le texte et/ou l'image affiché(s) dans une cellule donnée. Pour comparer les différences d'implémentation entre les tableaux Swing et JFace, consultez le code source de la classe `com.eteks. sweethome3d.jface.FurnitureTable` qui est une implémentation JFace équivalente à celle de la classe Swing `FurnitureTable` : enregistrée dans le dossier `test`, cette classe peut être testée à l'aide de l'application `com.eteks.sweethome3d. test.JFaceFurnitureTableTest`, qui donne le résultat de la figure 5-13.

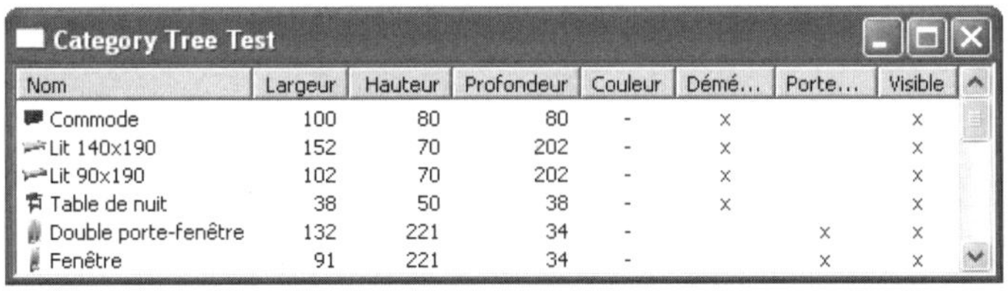

Figure 5–13 Version JFace du tableau de meubles

chapitre 6

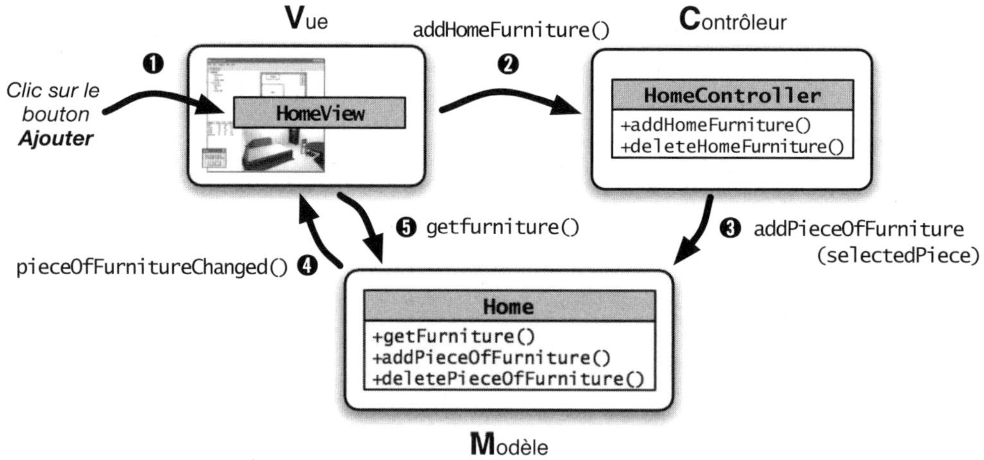

Vue
Contrôleur
Modèle
Clic sur le bouton Ajouter
HomeView
addHomeFurniture()
HomeController
+addHomeFurniture()
+deleteHomeFurniture()
addPieceOfFurniture (selectedPiece)
getfurniture()
pieceOfFurnitureChanged()
Home
+getFurniture()
+addPieceOfFurniture()
+deletePieceOfFurniture()

Modification du tableau des meubles avec MVC

En réutilisant les classes de l'arbre et du tableau des meubles créées au cours des premiers scénarios, nous allons développer dans ce chapitre les classes du logiciel dédiées à la modification du tableau des meubles du logement que l'utilisateur pourra enrichir à partir du catalogue des meubles.

SOMMAIRE

MOTS-CLÉS

- MVC
- Listener
- JRootPane
- JSplitPane
- UI
- Stratégie
- Composite
- Observateur
- Fabrique abstraite

Scénario n° 3

Le troisième scénario doit permettre de gérer les modifications de la liste des meubles du logement à l'exécution. Techniquement, le développement de ce scénario nous permettra d'aborder les sujets suivants :

- l'application de l'architecture Modèle Vue Contrôleur ;
- l'intégration de listeners dans les objets du modèle pour en suivre les modifications ;
- la gestion des modifications du modèle d'un tableau de classe `javax.swing.JTable`.

Scénario de test

À l'issue de ce troisième scénario, l'utilisateur pourra :

- ajouter au tableau des meubles du logement un ou plusieurs meubles à partir du catalogue ;
- supprimer tout meuble du tableau.

Pour tester ces deux fonctionnalités, Sophie rédige le scénario de test suivant :

1. Créer un arbre contenant le catalogue des meubles par défaut et un tableau vide des meubles du logement.
2. Sélectionner les deux premiers meubles dans l'arbre et ajouter les meubles sélectionnés du catalogue au logement, puis vérifier que le tableau des meubles contient bien deux meubles et qu'ils sont sélectionnés.
3. Sélectionner le premier meuble dans le tableau et supprimer le meuble correspondant sélectionné dans le logement, puis vérifier que le tableau ne contient plus qu'un meuble non sélectionné.

Comme pour les autres scénarios, Sophie demande aux développeurs d'ajouter à leur programme de test une application qui affichera dans une fenêtre l'arbre du catalogue et un tableau de meubles l'un en dessous de l'autre, avec des boutons *Ajouter* et *Supprimer* pour qu'elle puisse tester graphiquement ces fonctionnalités.

Gestion des modifications dans la couche métier

À la lecture du scénario n° 3, Thomas identifie de nouveaux concepts associés aux classes existantes de la couche métier :

- les notions d'*ajout* et de *suppression* de meubles dans le logement ;

- le concept de *sélection* de meubles dans le catalogue et le logement.

Il ajoute aux classes de la couche métier les méthodes correspondantes et les représente dans le diagramme de la figure 6-1 :

- les méthodes `addPieceOfFurniture` et `deletePieceOfFurniture` de la classe `Home` pour ajouter ou supprimer un meuble du logement ;
- les méthodes `getSelectedItems` et `setSelectedItems` de la classe `Home` pour gérer la sélection des objets du logement ;
- les méthodes `getSelectedFurniture` et `setSelectedFurniture` de la classe `Catalog` pour gérer la sélection des meubles dans le catalogue.

REGARD DU DÉVELOPPEUR Gestion de la sélection dans la couche métier

L'ajout de méthodes relatives à la sélection dans les classes `Home` et `Catalog` est nécessaire à l'actualisation des composants graphiques concernés par cette sélection, comme l'arbre et le tableau des meubles, les menus de l'application qu'il faut activer ou désactiver, ou une barre d'états qui affiche des informations variant avec la sélection en cours. Comme le concept de sélection concerne plutôt la couche présentation, Thomas a choisi de limiter aux classes `Home` et `Catalog` l'intrusion de cette fonctionnalité dans la couche métier, en évitant d'ajouter un état sélectionné ou non dans les classes `HomePieceOfFurniture` et `CatalogPieceOfFurniture`.

DANS LA VRAIE VIE Identificateurs des méthodes de sélection

À cette étape du développement, la sélection ne peut contenir que des meubles ; les méthodes relatives à la sélection de la classe Home auraient donc dû s'appeler `setSelectedFurniture` et `getSelectedFurniture`. Comme cette sélection pourra contenir aussi des murs au cours des scénarios suivants, nous avons préféré leur donner immédiatement leur nom définitif `getSelectedItems` et `setSelectedItems` pour faciliter la lecture de l'ouvrage.

La programmation de ce scénario nécessite une modification des classes existantes. Pour vous aider à repérer ces changements dans les diagrammes de classes, nous avons noté en gris les méthodes implémentées précédemment, et en noir les méthodes développées dans ce scénario. Cette différentiation ne fait pas partie de la norme UML.

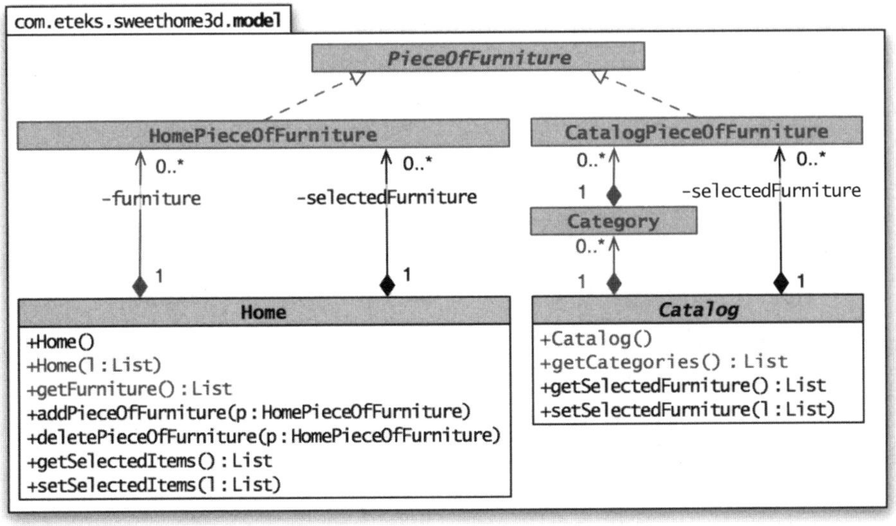

Figure 6–1
Diagramme de séquence d'ajout d'un meuble

Architecture Modèle Vue Contrôleur

Les nouvelles fonctionnalités du scénario n° 3 obligent Thomas et Margaux à s'intéresser de plus près à l'architecture MVC (Modèle Vue Contrôleur). En séparant en couches les classes au cours des deux premiers scénarios, ils ont adopté une démarche que reprend en partie l'architecture MVC, avec un modèle et une vue qui correspondent aux couches métier et présentation. Mais comme ces scénarios ne permettaient pas de modifier l'arbre du catalogue ou le tableau des meubles du logement, ils n'ont pas eu encore à appliquer complètement l'architecture MVC.

Cette fois-ci, le scénario n° 3 les oblige à programmer dans les classes de la couche métier des méthodes qui modifieront le tableau des meubles du logement et la liste des meubles sélectionnés dans le catalogue et le logement. Il leur faut donc comprendre les solutions proposées par MVC pour contrôler ces modifications et mettre à jour la vue ou les vues d'un modèle après sa modification.

Principe du MVC

Quand l'utilisateur agit sur un composant affiché dans la vue d'une application pour en modifier le modèle, sa requête fait intervenir les différents objets d'un logiciel architecturé avec MVC suivant un cycle symbolisé par la figure 6-2. Par exemple, pour ajouter un meuble sélectionné dans le catalogue à la liste de ceux du logement :

❶ L'utilisateur actionne le bouton *Ajouter*.

❷ Son action sur la vue provoque un appel à la méthode `addHomeFurniture` sur l'instance de la classe `HomeController` du contrôleur de la vue.

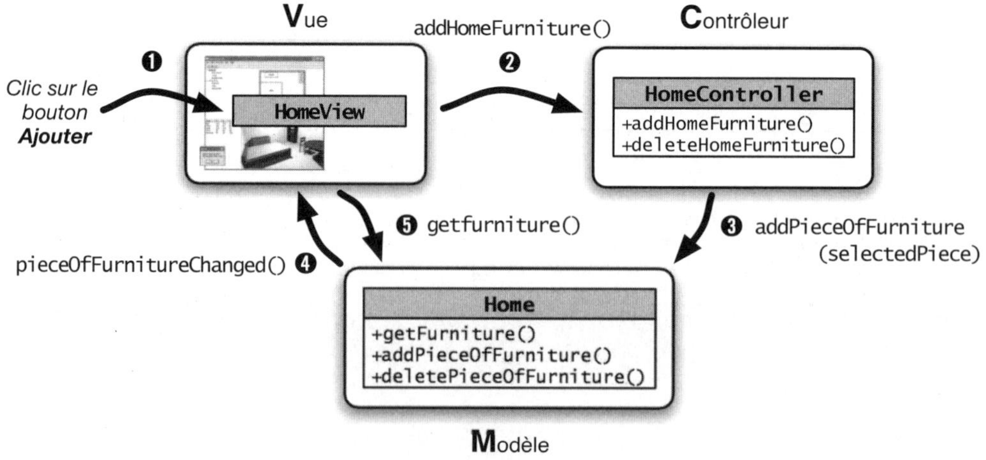

Figure 6–2 Cycle d'une requête de l'utilisateur

❸ Si toutes les conditions sont remplies (il faut qu'il y ait au moins un meuble sélectionné dans le catalogue), le contrôleur appelle la méthode `addPieceOfFurniture` sur l'instance de la classe `Home` du modèle, pour y ajouter les meubles sélectionnés.

❹ L'instance de `Home` modifiée notifie le composant graphique de classe `FurnitureTable` de la vue que le modèle a changé.

❺ Finalement, le composant de classe `FurnitureTable` met à jour le tableau affiché à partir de la liste que lui renvoie la méthode `getFurniture` de l'instance de `Home`.

Architecture MVC

La mise en œuvre de l'architecture MVC est basée en théorie sur un design pattern *composé*, ce qui signifie qu'elle a recours à plusieurs patterns dont voici la liste :

- le pattern *composite* pour organiser les composants graphiques de la vue sous forme d'une arborescence qui lie les composants avec leur parent container et dont la racine est une fenêtre ;
- le pattern *stratégie* pour encapsuler dans le contrôleur les requêtes de modifications du modèle que l'utilisateur lance en agissant sur la vue ;
- le pattern *observateur* pour mettre à jour les composants de la vue quand l'objet du modèle qu'ils représentent graphiquement leur notifie qu'il a changé d'état.

REGARD DU DÉVELOPPEUR

Rôle du pattern observateur dans MVC

Le rôle du design pattern *observateur* est fondamental dans l'architecture MVC :

- Il évite d'introduire une dépendance des classes du modèle vers les classes de la vue.
- Il permet de multiplier facilement les vues différentes sur un même modèle.
- Il évite aux classes du contrôleur ou de la vue de gérer la liste des vues qu'il faut mettre à jour quand le modèle change.

JAVA **AWT, Swing et le design pattern composite**

Malgré les apparences, le pattern composite n'est pas appliqué dans AWT: la classe `java.awt.Component` spécifie des méthodes comme `paint`, `getPreferredSize`... qui s'adressent à tous les composants dans une arborescence de composants, que ceux-ci soient des feuilles (comme des boutons ou des labels), des nœuds (comme des panneaux) ou la racine (comme une fenêtre). Mais sa sous-classe `java.awt.Container` propose des méthodes propres aux containers (comme `add` ou `getComponent`) absentes de sa super-classe `java.awt.Component`. Il est donc impossible d'appeler la méthode `add` sur un composant qui n'est pas un container, ce qui se défend puisque seuls les containers peuvent contenir des composants ! Mais le design pattern composite va plus loin et prône de ne pas distinguer dans leur interface les nœuds et les feuilles d'une hiérarchie, pour permettre de les utiliser indifféremment dans un programme. Les concepteurs de Swing se sont inspirés justement de ce pattern pour les sous-classes de `javax.swing.JComponent` dont la super-classe est `Container`.

B.A.-BA **Design pattern composite**

Le design pattern *composite* organise sous une forme arborescente des objets dont l'interface présente de façon identique une feuille et un nœud.

SWING **JRootPane et le design pattern composite**

Bien que les classes de fenêtres `JWindow`, `JFrame`, `JDialog` et `JApplet` ne dérivent pas de `JComponent`, elles sont aussi concernées par le pattern composite puisqu'elles délèguent dans les faits la gestion de tout leur contenu (y compris leur barre de menus quand elle existe) à une instance de la classe `JRootPane` qui dérive de `JComponent`. Par ce biais, il est donc possible de manipuler une instance de fenêtre sans être obligé de la distinguer des autres composants Swing. Par exemple, pour ajouter le contenu d'une fenêtre à un autre composant, il suffit d'appeler la méthode `add` sur ce composant en lui passant l'instance de `JRootPane` associée à la fenêtre.

B.A.-BA Design pattern observateur

Le design pattern *observateur* permet à un ensemble d'objets de s'abonner à un sujet pour recevoir automatiquement des notifications chaque fois que ce sujet change d'état.

JAVA Où trouve-t-on le design pattern observateur en Java ?

Le package `java.util` de la bibliothèque standard Java propose l'interface `Observer` et la classe `Observable` pour vous aider à programmer le design pattern observateur. Pour les utiliser, il faut créer la classe des sujets observés en dérivant de la classe `Observable` qui maintient une liste d'observateurs, et implémenter l'interface `Observer` et sa méthode `update` dans toute classe en attente de notification. Comme le recours à cette solution oblige à dériver de la classe `Observable`, elle n'a pas été utilisée pour la gestion des listeners des classes AWT et Swing dont la hiérarchie débute par la classe `java.awt.Component`. Les concepteurs des listeners ont préféré créer des interfaces de notification qui dérivent de l'interface vide `EventListener` et d'y déclarer des méthodes qui prennent en paramètre une sous-classe de `EventObject`. Les types `EventListener` et `EventObject` servent de base pour déclarer les listeners disponibles sur un composant réutilisable JavaBeans, c'est pourquoi ils sont utilisés si souvent en Java. Notez que comme les types `EventListener`et `EventObject` font partie du package `java.util`, vous ne créerez pas de dépendance vers un package de Swing si vous y recourez.

▸ http://java.sun.com/products/javabeans/docs/

SWING MVC Swing ≈ M / VC = MDA

Bien qu'inspirée du design pattern composite MVC, l'architecture des composants Swing est en fait fondée sur une architecture dirigée par un modèle (ou *MDA = Model Driven Architecture*), car chaque composant Swing n'est pas séparé en trois entités modèle, vue et contrôleur. Si chacune des sous-classes de `JComponent` affiche bien des données qu'elle obtient à partir d'un modèle séparé, ces classes font aussi office de contrôleur : elles modifient elles-mêmes leur modèle et de ce fait, la vue et le contrôleur d'un composant Swing sont indissociables. Au passage, ce n'est pas parce que les composants Swing ont été conçus ainsi, que vous êtes obligés d'architecturer votre logiciel de la même façon. Rien ne vous empêche de dissocier un contrôleur d'une vue à base de composants Swing, ce que nous allons vous montrer par la suite.

B.A.-BA Design pattern stratégie

Le design pattern *stratégie* encapsule une famille d'algorithmes pour les rendre interchangeables. Ce pattern est appliqué pour gérer le dessin des bords d'un composant Swing : le champ `border` de la classe `JComponent` est de type `javax.swing.border.Border`, une interface qui déclare entre autres une méthode `paintBorder` implémentée de différentes façons dans les classes du package `javax.swing.border`.

POUR ALLER PLUS LOIN Architecture UI de Swing

L'architecture de Swing a une autre caractéristique intéressante : pour que les composants puissent s'adapter au look and feel en cours d'utilisation, l'implémentation des fonctionnalités de leur vue / contrôleur est déléguée à l'objet UI de type `javax.swing.plaf.ComponentUI` qui leur est associé. La classe effective de cet objet UI varie en fonction du look and feel courant. Par exemple, la classe abstraite `javax.swing.plaf.TreeUI`, sous-classe de `ComponentUI`, spécifie l'ensemble des méthodes dont a besoin la classe `javax.swing.JTree` pour gérer le dessin d'un arbre et les mises à jour de son modèle ; sous Windows, c'est une instance de `com.sun.java.swing.plaf.windows.WindowsTreeUI`, sous-classe concrète de `TreeUI`, qui est utilisée comme objet UI par une instance de `JTree`. L'instanciation des objets UI du look and feel courant est contrôlée par les classes `javax.swing.UIManager` et `javax.swing.UIDefaults`, et un composant Swing fait appel au moment de sa création à la méthode `getUI` de `UIManager`, pour obtenir l'objet UI nécessaire à son fonctionnement.

▸ http://java.sun.com/products/jfc/tsc/articles/architecture/

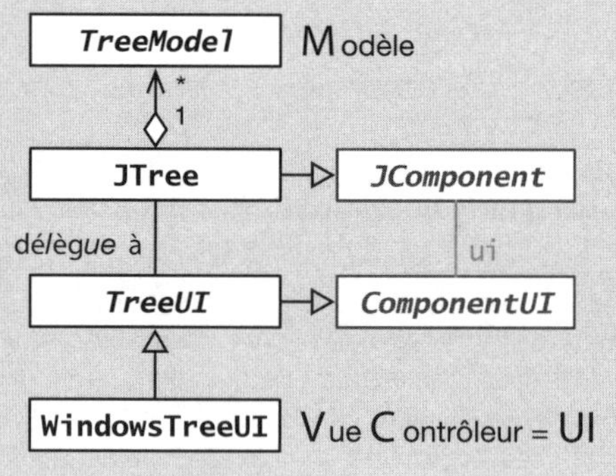

Architecture MVC idéale

Comme la programmation d'une interface utilisateur est entièrement programmatique avec Swing, un développeur dispose d'une certaine souplesse pour appliquer l'architecture MVC dans son application. Pour les aider à déterminer la meilleure solution pour leur application, Matthieu conseille à Thomas de représenter d'abord le diagramme UML de classes idéal, qu'il lui semble nécessaire de mettre en œuvre dans le scénario n° 3 pour respecter le design pattern composé MVC. Pour éviter de rendre illisible un diagramme UML déjà bien complexe, Thomas décide de se limiter à un schéma qui ne fait intervenir que les types et les méthodes nécessaires à l'ajout d'un meuble dans le tableau.

> Ne vous inquiétez pas devant la complexité du diagramme de la figure 6-3 ! Il n'est là que pour exprimer les concepts fondamentaux de l'architecture MVC, qui inspireront la solution finalement retenue par l'équipe pour l'application.

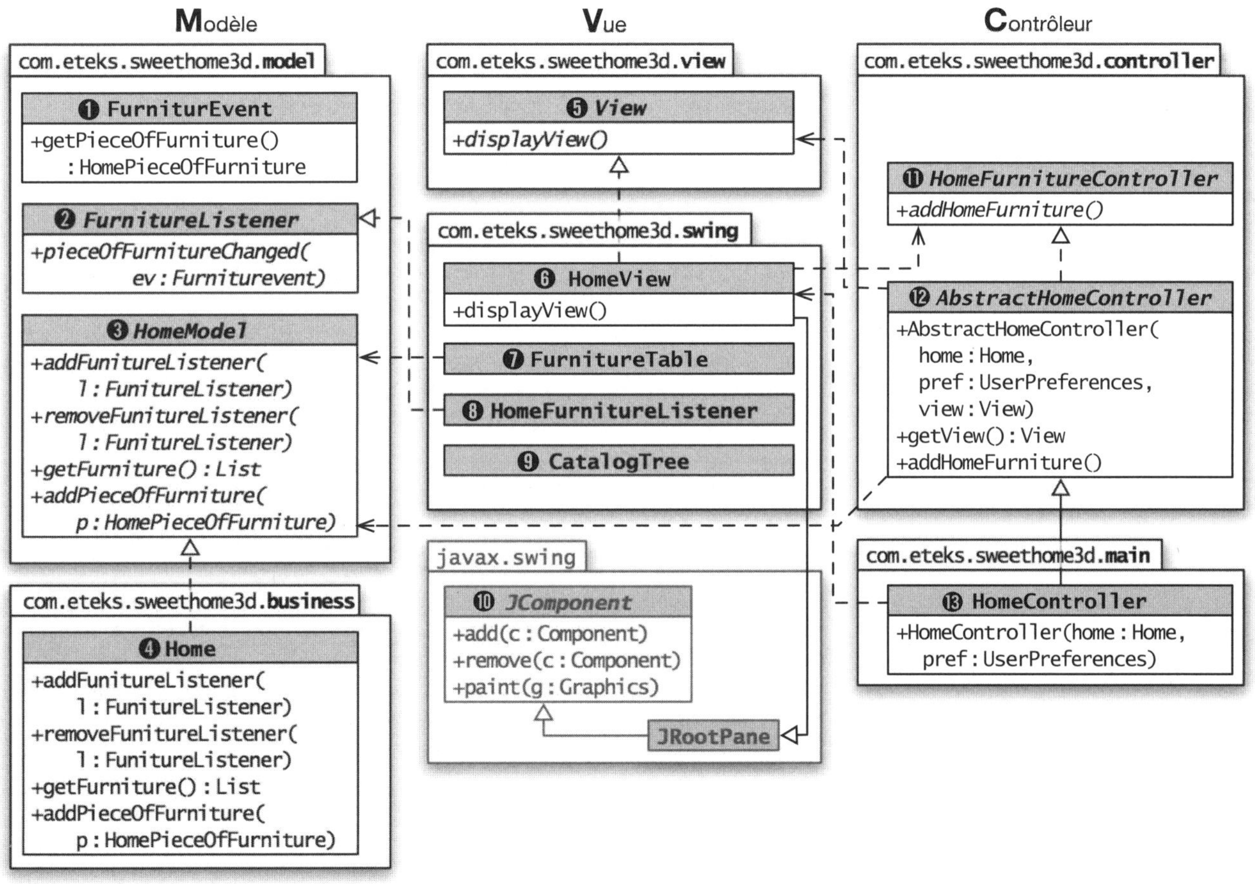

Figure 6–3 Diagramme des classes idéal avec MVC

Dans les packages de la partie supérieure du diagramme de la figure 6-3, Thomas a schématisé les types qu'implique le recours aux trois design patterns de MVC :

- les types du package `com.eteks.sweethome3d.model` pour le pattern *observateur*, dans lequel l'interface `FurnitureListener` ❷ spécifie la méthode `pieceOfFurnitureChanged` de notification ; cette méthode sera appelée avec un paramètre de classe `FurnitureEvent` ❶ à l'ajout d'un meuble dans le modèle sur tout objet enregistré auprès du modèle ❸ avec la méthode `addFurnitureListener` ;
- les sous-classes de `JComponent` ❿ du package `javax.swin` pour le pattern *composite* auquel les classes `HomeView` ❻, `FurnitureTable` ❼ et `CatalogTree` ❾ adhéreront par héritage ;
- l'interface `HomeFurnitureController` ⓫ du package `com.eteks.sweethome3d.controller` pour le pattern *stratégie*, dans laquelle la méthode `addHomeFurniture` déclare une *famille d'algorithmes* interchangeables suivant l'implémentation de cette interface.

POUR ALLER PLUS LOIN

Interface de modèle non modifiable

L'interface `HomeModel` ❸ spécifie la méthode `getFurniture` qui permet d'obtenir la liste des meubles du logement et aussi la méthode `addPieceOfFurniture` capable de modifier cette liste. Mais, selon le cycle d'une requête avec MVC, le composant `FurnitureTable` ❼ ne doit pas modifier le modèle lui-même ; pour interdire à ce composant d'appeler la méthode `addPieceOfFurniture`, il conviendrait de déplacer cette méthode dans une sous-interface `MutableHomeModel` de `HomeModel`. En plaçant l'interface `MutableHomeModel` dans un package séparé dont dépendraient uniquement les classes du contrôleur, on pourrait alors exprimer que la classe `FurnitureTable` n'aurait pas de moyen de modifier le modèle.

REGARD DU DÉVELOPPEUR **Design pattern stratégie dans la vue**

Le design pattern *stratégie* est appliqué aussi à la vue : la méthode déclarée par l'interface `View` forme en fait une *famille d'algorithmes* interchangeables dont a besoin le contrôleur. La présence de cette interface permet concrètement de changer d'implémentation dans la vue sans avoir à modifier la classe `AbstractHomeController`, par exemple pour passer d'une technologie Swing à JFace dans la vue.

ATTENTION **Implémentation des listeners Swing dans la vue**

C'est à la vue de prendre en charge la création des classes de listeners positionnés sur les composants Swing ; la plupart d'entre eux ne font alors qu'appeler la méthode du contrôleur qui correspond, comme ici pour le listener de type `ActionListener` du bouton *Ajouter* qui appellera la méthode `addHomeFurniture` du contrôleur. Le besoin de créer des classes de listeners pour répondre aux événements ou aux notifications de composants comme les arbres et les tableaux, relève en effet de la mécanique que Swing impose pour traiter les événements et ne concerne pas le contrôleur, même si celui-ci est lié à la vue qu'il contrôle (par exemple en activant ou en désactivant les menus en fonction de l'état de la vue).

Le cycle représenté figure 6-2 d'une requête d'ajout d'un meuble en cliquant sur le bouton *Ajouter* va faire interagir les instances des classes représentées dans le diagramme de la façon suivante :

1. La requête de l'utilisateur parvient tout d'abord à la vue ❻ grâce à un listener de type `ActionListener` positionné sur le bouton *Ajouter*.

2 Elle passe ensuite par la méthode `addHomeFurniture` du contrôleur `HomeFurnitureController` ⓫ implémentée ici par la super-classe `AbstractHomeController` ⓬ de `HomeController` ⓭.

3 Le contrôleur va appeler la méthode `getSelectedFurniture` implémentée par la classe `Catalog` pour obtenir la liste des meubles sélectionnés dans le catalogue ; à partir de chacun des meubles de cet ensemble, une instance de `HomePieceOfFurniture` est créée puis ajoutée au modèle en appelant la méthode `addPieceOfFurniture` sur l'instance de type `HomeModel` ❸.

4 Suite à la modification de son état, l'objet `Home` ❹ du modèle va notifier le composant `FurnitureTable` ❼ qui a enregistré auprès de lui un listener ❽ avec la méthode `addFurnitureListener` au moment de la création de la vue.

5 Ce listener va finalement demander au tableau des meubles ❼ de mettre à jour sa vue, à partir de la liste des meubles renvoyée par `getFurniture` obtenue auprès du modèle ❸.

Le diagramme de séquence de la figure 6-4 résume tout ceci, en montrant que l'appel à `repaint` sur le tableau ne provoque pas son redessin immédiatement à l'écran. Ce redessin se fait dans un second temps dans le *dispatch thread*, quand celui-ci en aura terminé avec l'exécution de `actionPerformed`.

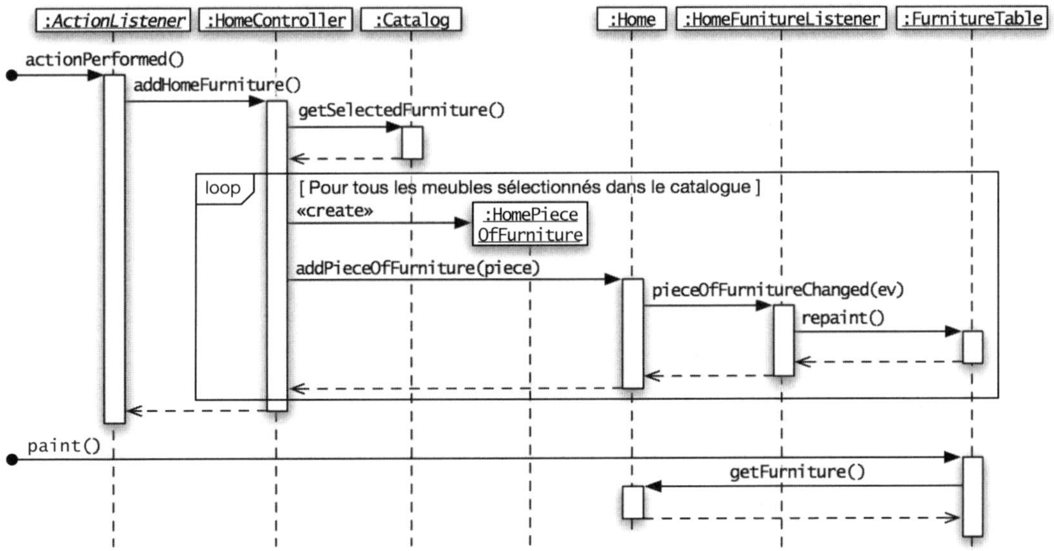

Figure 6–4
Diagramme de séquence d'ajout d'un meuble

ATTENTION **Liens de dépendance et cycle d'une requête**

Il ne faut pas confondre les liens de dépendances entre les classes du diagramme de la figure 6-3 avec les flèches du cycle d'une requête de la figure 6-2 ! Pour vous aider à visualiser ces liens d'un coup d'œil, la figure 6-5 les synthétise sous forme de liens de dépendances entre packages. Observez bien que malgré les nombreuses flèches qui y sont représentées, aucune dépendance circulaire n'a été créée entre packages ; notez aussi qu'aucun package du modèle ne dépend ni de la vue, ni du contrôleur.

ATTENTION **Dépendances circulaires**

Faites attention à ne pas créer involontairement des dépendances circulaires entre les classes de différents packages, par exemple avec des packages A et B où A dépend de B et B dépend de A. Java ne l'interdit pas, mais si vous avez mis vos classes dans des packages pour montrer qu'elles ne sont pas interdépendantes, une dépendance circulaire exprime fondamentalement que ces classes devraient appartenir au même package, et révèle probablement un problème de leur conception…

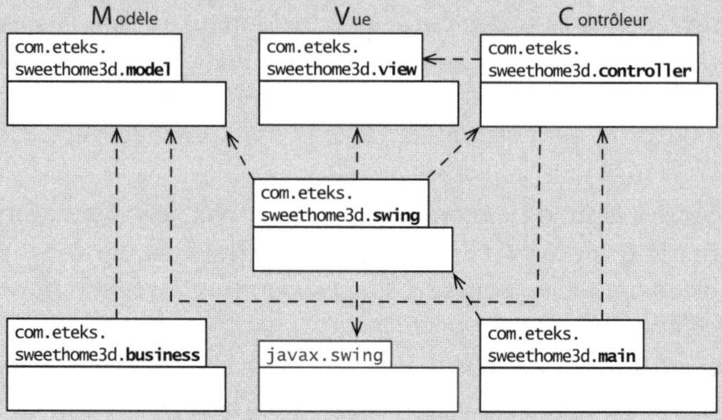

Figure 6–5 Diagramme de dépendances entre les packages

Lancement d'une application MVC

La simplicité d'une application architecturée avec MVC réside dans la façon de la mettre en route :

1 La méthode `main` de l'application crée les objets du modèle puis instancie le contrôleur de l'application :

Création des objets du modèle.

Création du contrôleur.

```
package com.eteks.sweethome3d.main;

import com.eteks.sweethome3d.model.*;
import com.eteks.sweethome3d.business.Home;
import com.eteks.sweethome3d.io.DefaultUserPreferences;

public class SweetHome3D {
  public static void main(String [] args) {
    UserPreferences preferences = new DefaultUserPreferences();
    HomeModel home = new Home();
    new HomeController(home, preferences);
  }
}
```

2 Le constructeur de `HomeController` passe à sa super-classe les objets du modèle et une instance de la vue qu'il contrôle, puis affiche la vue.

```
package com.eteks.sweethome3d.main;

import com.eteks.sweethome3d.model.*;
import com.eteks.sweethome3d.swing.HomeView;
import com.eteks.sweethome3d.controller.AbstractHomeController;

public class HomeController extends AbstractHomeController {
  public HomeController(HomeModel home,
                        UserPreferences preferences) {
    super(home, preferences,
          new HomeView(home, preferences, this));
    getView().displayView();
  }
}
```

◂ Sous-classe concrète d'`AbstractHomeController`.

◂ Passage à la super-classe du modèle et de la vue contrôlée.

◂ Affichage de la vue.

3 Finalement, le constructeur de la vue crée et configure tous les composants graphiques qui seront affichés dans une fenêtre avec sa méthode `displayView` :

```
package com.eteks.sweethome3d.swing;

import javax.swing.*;
import com.eteks.sweethome3d.model.*;
import com.eteks.sweethome3d.view.View;
import com.eteks.sweethome3d.controller.HomeFurnitureController;

public class HomeView extends JRootPane implements View {
  private CatalogTree    catalogTree;
  private FurnitureTable furnitureTable;

  public HomeView(HomeModel home, UserPreferences preferences,
                  HomeFurnitureController controller) {
    catalogTree = new CatalogTree(preferences.getCatalog());
    furnitureTable = new FurnitureTable(home, preferences);
    // Disposition des composants dans le rootPane
    // Ajout des menus, des boutons, de leur listener...
  }

  public void displayView() {
    JFrame frame = new JFrame() {
      {
        setRootPane(HomeView.this); ❶
      }
    };
    // Configuration de la fenêtre : titre, icône, listeners...
    frame.setVisible(true);
  }
}
```

◂ Sous-classe concrète implémentant l'interface `View`.

◂ Création des composants de la vue.

◂ Affiche cette vue dans une fenêtre.

◂ Création de la fenêtre dont le panneau principal est cette vue.

◂ Affichage de la fenêtre.

> JAVA **Bloc d'initialisation d'instance**
>
> Un bloc d'initialisation d'instance est un bloc d'instructions entre accolades qui se définit au niveau de la classe et qui est exécuté à la création d'un objet, juste après le constructeur de sa super-classe et avant tout constructeur de sa classe. Cette syntaxe est surtout utile pour initialiser l'instance d'une classe anonyme qui ne peut pas déclarer de constructeur. Elle est également, utilisée ❶ dans la méthode `displayView` pour appeler la méthode `setRootPane` de la classe `JFrame`. Comme cette méthode est déclarée `protected`, il faut créer une sous-classe de `JFrame` pour pouvoir l'appeler. Si c'est la seule raison qui vous pousse à sous-classer `JFrame`, l'astuce consiste alors à appeler cette méthode dans un bloc d'initialisation d'instance d'un sous-classe anonyme de `JFrame`.

Les design patterns au service des changements d'implémentation

Pourquoi Thomas considère-t-il que son diagramme représente le MVC idéal ? Dans l'esprit des design patterns, une architecture objet bien conçue doit préparer les changements d'implémentations dans une application, en séparant les parties du logiciel à même d'évoluer de celles qui ne varient pas. Les solutions proposées par la grande majorité des patterns recourent presque toujours aux interfaces, utilisées pour spécifier les services que doit rendre la partie variable du logiciel. Grâce aux interfaces `HomeModel`, `View` et `HomeFurnitureController` isolées dans leur package respectif, Thomas a représenté les parties de son architecture MVC capables de varier :

- L'implémentation du modèle peut changer sans modification des classes de la vue et du contrôleur : il suffit pour cela de créer une nouvelle classe qui implémente l'interface `HomeModel`. Il est même possible avec cette architecture d'adapter un modèle existant au modèle requis par le contrôleur et la vue, de façon similaire à ce que Thomas a programmé dans la classe `CatalogTree` au cours du scénario n° 1, quand il a adapté l'interface `javax.swing.tree.TreeModel` à la classe `Catalog`.
- L'implémentation de la vue peut être modifiée indépendamment du modèle et du contrôleur : pour créer un nouveau type de vue, il faut implémenter l'interface `View` dans une autre classe qui sera instanciée dans le constructeur du contrôleur qui lui est associé, par exemple ici en sous-classant `AbstractHomeController`. Même si la classe `AbstractHomeController` implémente déjà toute la logique du contrôleur en faisant appel aux méthodes des interfaces `View` et `HomeModel`, elle laisse à ses sous-classes le soin de décider quelle classe de vue doit être concrètement instanciée. Ce découpage du contrôleur en deux classes permet donc à la classe `AbstractHomeController` de rester indépendante des classes concrètes de la vue, et c'est pourquoi cette classe est abstraite.

Exemples de changements d'implémentations

- implémenter le modèle sous forme d'EJB entités et/ou sessions ;
- adapter le modèle à un autre modèle pour le réutiliser.

Exemples de changements d'implémentations

- changer la technologie utilisée dans la vue pour passer de AWT/Swing à SWT/JFace ;
- créer des vues pour les tests d'un scénario ;
- construire la vue principale par assemblage de sous-vues associées ou non à un contrôleur.

- L'implémentation du contrôleur peut finalement elle aussi évoluer indépendamment du modèle et des vues. L'implémentation du contrôleur peut aussi être modifiée pour ajouter de nouvelles fonctionnalités au contrôleur sans affecter les vues existantes, en créant par exemple une nouvelle classe qui implémente l'interface `HomeFurnitureController` et toutes ses méthodes, ou en sous-classant `AbstractHomeController` pour redéfinir certaines méthodes.

Exemples de changements d'implémentations

- ajouter un gestionnaire d'annulation ;
- limiter les droits d'utilisation du logiciel dans une version de démonstration ;
- construire une vue principale à partir de sous-vues associées à leur contrôleur.

Architecture MVC retenue

En suivant la méthode XP qui prône de ne créer que les classes nécessaires à la réalisation d'un scénario, Matthieu pense qu'il n'y a pas besoin d'ajouter systématiquement à l'application toutes les abstractions (que ce soit des interfaces ou des classes abstraites) associées à tel ou tel design pattern. Par ailleurs, l'organisation des classes du diagramme de la figure 6-3 ne présente que les types nécessaires à l'ajout d'un meuble dans le tableau ; si l'architecture du MVC qui y est exposée est appliquée à toutes les fonctionnalités du scénario en cours et de ceux à venir, il craint d'arriver à un logiciel bien trop complexe à maintenir. Il demande donc à Thomas de simplifier son diagramme pour qu'il ne s'applique qu'à une application Swing, puis d'intégrer son architecture MVC dans le diagramme de classes du scénario n° 3.

Ce dernier décide donc de ne pas créer les types abstraits `HomeModel`, `View`, `HomeFurnitureController` et `AbstractHomeController` du MVC idéal, et intègre la classe `HomeController` dans le package `com.eteks.sweethome3d.swing`, car ce contrôleur est désormais indissociable de la classe `HomeView`. Il conserve par contre l'interface `FurnitureListener` nécessaire pour notifier tout changement dans la liste des meubles du logement au tableau des meubles, sans créer de dépendance de la classe `Home` du modèle vers la classe `FurnitureTable` de la vue. Il obtient ainsi le diagramme de classes représenté figure 6-6.

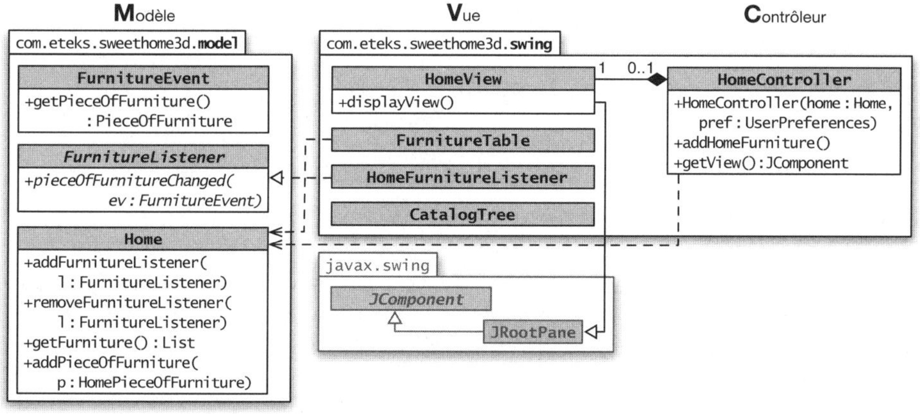

Figure 6–6
Diagramme des classes retenu avec MVC

Bien que simplifiées, les classes de ce diagramme peuvent toujours fonctionner avec le diagramme de séquence de la figure 6-4, et les seuls changements à effectuer pour le mettre en œuvre dans les classes citées dans la section « Lancement d'une application MVC », consistent à supprimer les types abstraits qui sont cités ou à les remplacer par les classes concrètes du diagramme.

Même si les classes de la vue et du contrôleur sont indissociables dans cette solution, le fait d'avoir deux classes séparées offre une grande modularité pour construire une interface utilisateur Swing par itérations ou pour la faire évoluer une fois terminée :

- Comme le type de retour de la méthode `getView` dans la classe de contrôleur est `JComponent`, il est possible de changer d'implémentation dans la vue qui lui est associée, par exemple pour y ajouter des composants, voire de changer la super-classe de la vue.
- Le contrôleur peut changer d'implémentation sans avoir besoin de modifier les classes qui l'utilisent déjà, par exemple pour ajouter des méthodes de contrôles suite à l'ajout de fonctionnalités dans la vue qui lui est associée, ou pour assembler un ensemble de vues avec leur contrôleur.

POUR ALLER PLUS LOIN **Swing et le design pattern composite**

Le pattern composite appliqué à chaque vue est très pratique pour manipuler sans distinction les vues et les sous-vues d'une interface utilisateur construite par assemblage de plusieurs vues. Bien que Swing s'en inspire, il ne l'applique pas entièrement dans le sens où il n'est pas toujours possible d'énumérer tous les composants Swing d'une arborescence à partir de leur racine, sans faire de distinction entre les types des composants que l'arborescence contient. Par exemple, le pattern composite devrait permettre de programmer une méthode `setEnabled` capable de désactiver ou activer un composant Swing et tous ses enfants (ce que ne fait pas la méthode `setEnabled` de la classe `JComponent`), de la façon suivante :

```
public static void setEnabled(JComponent c,
                              boolean enabled){
  c.setEnabled(enabled);
  for(int i = 0;
      i < c.getComponentCount(); i++) {
    setEnabled(c.getComponent(i), ❶
               enabled);
  }
}
```

En l'état, cette méthode ne compile pas car la méthode `getComponent` ❶ qui renvoie le `i`^e^ composant de `c` est héritée de la classe `java.awt.Container` et a pour type de retour `java.awt.Component`. Vous pourriez penser qu'il suffit d'ajouter une conversion dans le type `JComponent` devant l'expression `c.getComponent(i)` pour que cette méthode compile et fonctionne correctement. Mais si en effet cette conversion ne distingue pas les composants Swing qui ont des enfants de ceux qui n'en ont pas, elle ne suffit malheureusement pas ! Si vous la testez sur une instance de `CatalogTree`, vous obtiendrez une exception `ClassCastException` à l'exécution, car le renderer d'un arbre a recours à un enfant de classe `javax.swing.CellRendererPane` qui dérive directement de `Container`, pour optimiser le dessin des composants de rendu d'un nœud de l'arbre. Pour respecter le design pattern composite en ne recourant pas à l'opérateur `instanceof`, l'astuce consiste à faire appel à une seconde méthode `setEnabled` qui prend en paramètre un objet de type `Container` :

```
public static void setEnabled(JComponent c,
                              boolean enabled){
  setEnabled((Container)c, enabled);
}

private static void setEnabled(Container c,
                               boolean enabled) { ❷
  c.setEnabled(enabled);
  for(int i = 0;
      i < c.getComponentCount(); i++) {
    setEnabled((Container)c.getComponent(i),
               enabled);
  }
}
```

Cette décomposition avec une seconde méthode `private` ❷ assure qu'aucun programmeur AWT ne pourra appeler cette seconde méthode (les composants AWT ne respecte pas le design pattern composite).

- Le contrôleur et sa vue sont réutilisables par un autre contrôleur pour les assembler dans une vue plus large, ou même pour redéfinir les méthodes de contrôle du contrôleur par héritage, par exemple pour gérer l'annulation des actions sur la vue.

Diagramme UML des classes du scénario

Thomas synthétise son analyse dans le diagramme de classes de la figure 6-7 où apparaît l'ensemble des classes nécessaires à la mise en œuvre du scénario n° 3, avec leur constructeur et leurs méthodes `public`.

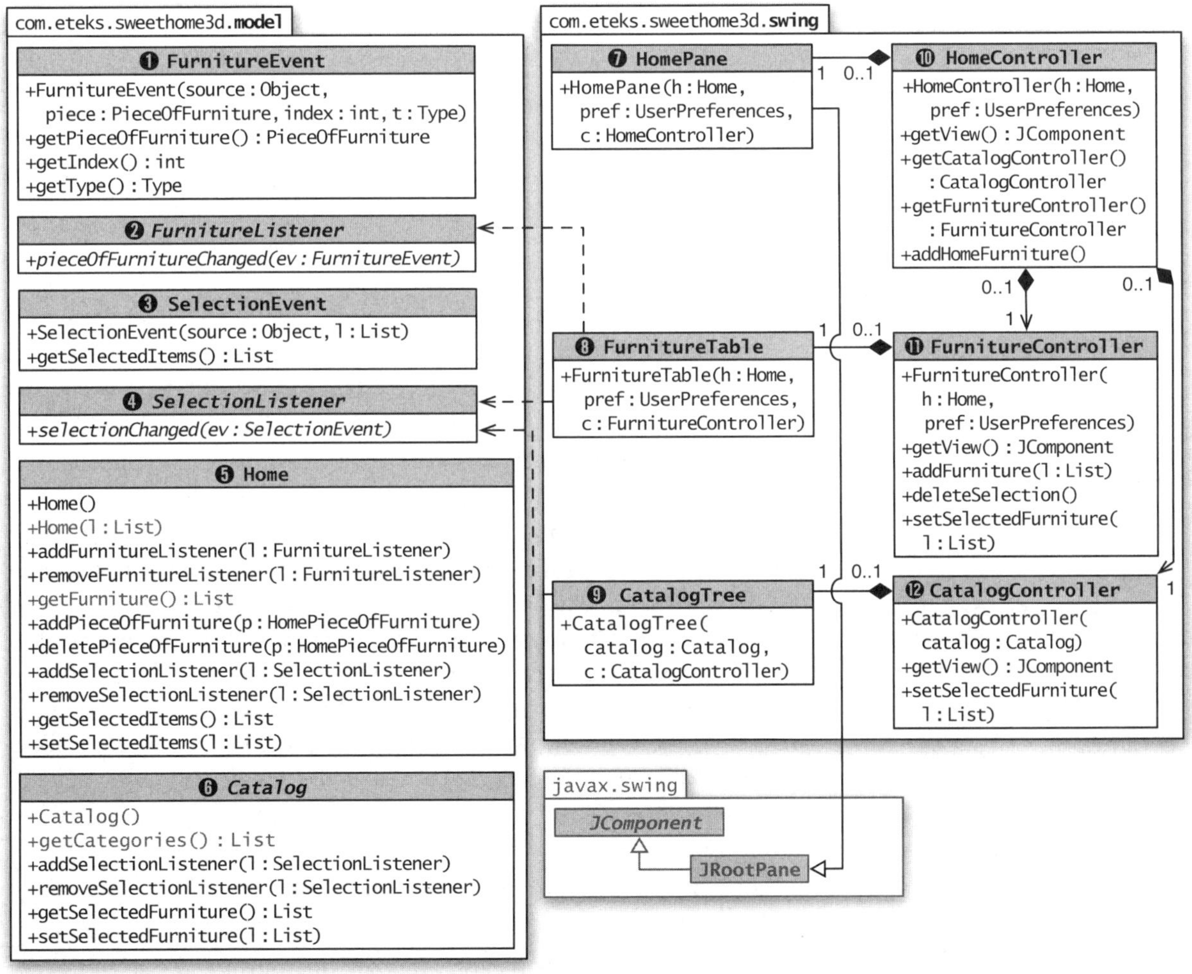

Figure 6–7 Diagramme des classes du scénario n° 3

Construit sur la base du diagramme des classes de la couche métier de la figure 6-1, ce diagramme reprend les classes de gestion du mobilier du logement ❺ et du catalogue de meubles ❻ auxquelles sont ajoutées les classes dépendantes de l'architecture MVC retenue :

- La vue principale ❼ sera composée de l'arbre du catalogue ❾ et du tableau de meubles ❽ renvoyés par la méthode `getView` de leur contrôleur ⓫ ⓬.
- Le contrôleur ❿ de la vue principale gérera sa vue ❼ mais aussi les contrôleurs ⓫ ⓬ de l'arbre du catalogue et du tableau des meubles par composition. La méthode `addHomeFurniture` de la classe `HomeController` récupérera les meubles sélectionnés dans le catalogue ❻ pour les ajouter au logement ❺. Cette méthode appartiendra à `HomeController` pour ne pas créer de dépendance entre les classes `FurnitureController` et `CatalogController`.
- La classe `FurnitureController` gérera les modifications de la liste des meubles du logement grâce aux méthodes `addFurniture` et `deleteSelection`. La méthode `addFurniture` ajoutera au logement ❺ les meubles reçus en paramètres, puis sélectionnera ces meubles. La méthode `deleteSelection` supprimera les meubles sélectionnés dans le logement et annulera toute sélection dans le logement.
- L'ajout et la suppression de meubles dans le logement seront notifiés au tableau des meubles ❽ par le listener de type `FurnitureListener` ❷ que ce dernier ajoutera au logement. La différentiation entre un ajout et une suppression d'un meuble s'effectuera grâce au type d'événement renvoyé par la méthode `getType` dans la classe `FurnitureEvent` ❶.
- La modification de la sélection des meubles dans le logement et dans le catalogue sera notifiée par le biais d'un listener de type `SelectionListener` ❹ et sa classe d'événement `SelectionEvent` ❸.
- Pour synchroniser la liste des meubles sélectionnés dans le logement et dans le tableau à l'écran, le constructeur de la classe `FurnitureTable` ❽ ajoutera un listener de type `SelectionListener` à la classe `Home` qui mettra à jour la sélection dans le tableau. Un listener de type `javax.swing.event.ListSelectionListener` sera ajouté ensuite au tableau qui transmettra à son modèle ❺ la sélection faite à la souris par la méthode `setSelectedFurniture` de son contrôleur ⓫.
- La synchronisation de la sélection dans le catalogue ❻ et dans l'arbre ❾ s'effectuera de façon similaire avec l'ajout d'un listener de type `SelectionListener` à la classe `Catalog` et d'un listener de `javax.swing.event.TreeSelectionListener` à l'arbre.

À la différence de la classe `HomeView` du diagramme de la figure 6-6, Thomas n'a pas repris la méthode `displayView` dans la classe `HomePane`. Le constructeur de `HomeController` créera bien une instance de `HomePane`

CONVENTIONS Super-type des listeners et des événements

En respect des conventions JavaBeans, les interfaces `FurnitureListener` et `SelectionListener` hériteront de `java.util.EventListener`, et les classes d'événements `FurnitureEvent` et `SelectionEvent` hériteront de `java.util.EventObject`. Le premier paramètre `source` des constructeurs de `FurnitureEvent` et `SelectionEvent` sera passé à leur super-classe ; la source représente l'objet à l'origine d'une notification, par exemple ici une instance de `Home` ou `Catalog`. Par ailleurs, notez que la classe `SelectionEvent` acceptera une liste quelconque d'objets sélectionnés (et pas seulement de meubles) pour permettre de réutiliser cette classe et le listener `SelectionListener` dans d'autres circonstances, notamment pour gérer les notifications de sélection des murs.

mais ne l'affichera pas dans une fenêtre à l'écran, notamment pour optimiser la vitesse d'exécution des tests JUnit qui mettent en œuvre ces classes. Pour la version finale de l'application, il suffira de créer un contrôleur qui affichera la vue de `HomeController` dans une fenêtre (voir chapitre « Enregistrement et lecture du logement »).

DANS LA VRAIE VIE Conception du diagramme de classes d'un scénario

Même avec une analyse très poussée, il est presque impossible de déterminer à l'avance toutes les méthodes des classes nécessaires à la programmation du test d'un scénario. Après une première réflexion qui fixe l'architecture des classes d'un scénario, ses classes et le diagramme qui les représentent évoluent en fait au fur et à mesure des besoins et des idées qui apparaissent au moment de l'écriture du programme de test. Dans ce sens, le diagramme de la figure 6-7 reflète le résultat de l'analyse initiale des besoins du scénario n° 3 et les changements qui y ont été opérés pour aboutir au programme de test qui suit. Au passage, la méthode XP conseille de faire du code source des classes la source principale de documentation technique, plutôt que de créer des diagrammes de classes qu'il faut ensuite maintenir.

Programme de test de la modification de la liste des meubles

Thomas crée maintenant la classe `com.eteks.sweethome3d.junit.HomeControllerTest` avec les outils d'Eclipse, puis y ajoute une méthode `testHomeFurniture` dans laquelle il implémente le scénario n° 3 avec les classes spécifiées dans le diagramme de la figure 6-7.

À partir de ce programme de test, les textes d'erreur optionnels en premier paramètre des méthodes `assert...` ne seront plus reproduits dans l'ouvrage pour en raccourcir la présentation.

Classe com.eteks.sweethome3d.junit.HomeControllerTest

```
package com.eteks.sweethome3d.junit;

import java.awt.*;
import java.awt.event.*;
import javax.swing.*;
import junit.framework.TestCase;
import com.eteks.sweethome3d.io.DefaultUserPreferences;
import com.eteks.sweethome3d.model.*;
import com.eteks.sweethome3d.swing.*;

public class HomeControllerTest extends TestCase {
  public void testHomeFurniture() {
    UserPreferences preferences = new DefaultUserPreferences();
    Home home = new Home();
    HomeController homeController =
        new HomeController(home, preferences);
    CatalogController catalogController =
        homeController.getCatalogController();
    CatalogTree catalogTree =
        (CatalogTree)catalogController.getView();
    FurnitureController furnitureController =
        homeController.getFurnitureController();
    FurnitureTable furnitureTable =
        (FurnitureTable)furnitureController.getView();
    catalogTree.expandRow(c);
    catalogTree.addSelectionInterval(d, e);
    homeController.addHomeFurniture(); ❶

    assertEquals(e, furnitureTable.getRowCount());
    assertEquals(e, furnitureTable.getSelectedRowCount());
```

◄ Création des objets du modèle.

◄ Création du contrôleur et de sa vue.

◄ Récupération de l'arbre et de son contrôleur gérés par le contrôleur principal.

◄ Récupération du tableau créé et de son contrôleur gérés par le contrôleur principal.

◄ Sélection des deux premiers meubles dans l'arbre du catalogue pour les ajouter au mobilier du logement.

◄ Vérification que le tableau contient bien deux meubles, et qu'ils sont sélectionnés.

Sélection du premier meuble du tableau pour le supprimer.

Vérification que le tableau ne contient plus qu'un seul meuble non sélectionné.

Point d'entrée de l'application pour tester visuellement le résultat

Création des objets du modèle.

Instanciation du contrôleur qui affiche sa vue dans une fenêtre.

Contrôleur qui affiche la vue HomePane dans une fenêtre avec les boutons d'ajout et de suppression.

```
      furnitureTable.setRowSelectionInterval(0, 0);
      furnitureController.deleteSelection(); ❷

      assertEquals(1, furnitureTable.getRowCount());
      assertEquals(0, furnitureTable.getSelectedRowCount());
    }

    public static void main(String [] args) {

      UserPreferences preferences = new DefaultUserPreferences();
      Home home = new Home();
      new ControllerTest(home, preferences); ❸
    }

    private static class ControllerTest extends HomeController {
      public ControllerTest(Home home,
                            UserPreferences preferences) {
        super(home, preferences);
        // TODO Display home controller view in a frame with buttons
      }
    }
  }
```

Pour simuler le cycle d'exécution d'une requête dans la vue, Thomas a simplement appelé les méthodes des contrôleurs `HomeController` ❶ et `FurnitureController` ❷, et vérifié leur effet sur le tableau des meubles. Par ailleurs, pour tester ❸ visuellement la vue principale dans la méthode `main`, il commence le développement d'une sous-classe de contrôleur dont le rôle sera d'afficher la vue principale dans une fenêtre avec des boutons qui appelleront les méthodes des contrôleurs quand on les actionne.

Ajout et suppression des meubles dans les contrôleurs

Pour appliquer l'architecture de classes proposée pour le scénario, l'équipe va devoir programmer plusieurs classes comme `HomePane`, `FurnitureListener`, `FurnitureEvent`, `SelectionListener`, `SelectionEvent`, et d'autres méthodes comme celles de la classe `Home` qui ne sont pas citées dans le scénario de test. Le fait que ces classes et méthodes ne soient pas testées directement dans le scénario n'est pas gênant car par enchaînement, vous allez constater que seule la méthode `removeFurnitureListener` de la classe `Home` ne sera pas appelée au cours du test de la classe `HomeControllerTest`.

DANS LA VRAIE VIE Tests unitaires des classes

Le développement de toute classe doit s'accompagner d'un test unitaire, qui vérifie toutes les fonctionnalités propres à cette classe et complète celui du scénario. Quand elles existent, ces classes de test sont mentionnées dans l'ouvrage sans les détailler car elles n'apportent que très peu aux explications déjà présentées, ou alors sortent du propos de ce livre du fait de leur complexité.

Thomas cherche le moyen de créer le plus rapidement possible avec Eclipse les classes, les constructeurs et les méthodes qui manquent, et conclut qu'en suivant le cycle d'exécution d'une requête dans une architecture MVC, il devrait atteindre ce but en commençant par la programmation des classes de contrôleurs.

Contrôleur de la vue principale

Thomas s'attelle d'abord à la programmation de la classe `com.eteks.sweethome3d.swing.HomeController` :

1. Il ajoute à la classe les champs `homeView`, `home`, `preferences`, `catalogController` et `furnitureController` pour mémoriser la vue qui lui est associée, les objets du modèle et les instances des sous-contrôleurs que ce contrôleur compose.
2. Dans son constructeur, il stocke dans les champs les valeurs reçues en paramètres et crée les instances des classes `CatalogController`, `FurnitureController` et `HomePane`.
3. Il modifie les accesseurs de la classe.
4. Il implémente la méthode `addHomeFurniture` pour appeler la méthode `addFurniture` du contrôleur du tableau des meubles.

Astuce Création des champs à la volée

Au lieu de déclarer le champ puis de l'initialiser dans le constructeur, programmez directement son initialisation puis choisissez la correction *Create field 'xxx' in type 'yyy'* proposée par Eclipse (par exemple, *Create field 'homeView' in type 'HomeController'* pour l'instruction `this.home = home;`).

Classe com.eteks.sweethome3d.swing.HomeController

```
package com.eteks.sweethome3d.swing;

import java.util.*;
import javax.swing.JComponent;
import com.eteks.sweethome3d.model.*;

public class HomeController {
  private Home                home;
  private UserPreferences     preferences;
  private JComponent          homeView;
  private CatalogController   catalogController;
  private FurnitureController furnitureController;

  public HomeController(Home home, UserPreferences preferences) {
    this.home = home;
    this.preferences = preferences;
    this.catalogController   = new CatalogController(
        preferences.getCatalog());
    this.furnitureController = new FurnitureController(
        home, preferences);
    this.homeView = new HomePane(home, preferences, this);
  }
```

◄ Création des contrôleurs du catalogue et des meubles du logement.

◄ Création de la vue.

Accesseurs.

```
  public JComponent getView() {
    return this.homeView;
  }

  public CatalogController getCatalogController() {
    return this.catalogController;
  }

  public FurnitureController getFurnitureController() {
    return this.furnitureController;
  }

  public void addHomeFurniture() {
```

Récupération des meubles sélectionnés dans le catalogue.

```
    ListoCatalogPieceOfFurniturer selectedFurniture =
        this.preferences.getCatalog().getSelectedFurniture();
```

Si la sélection n'est pas vide, création de l'ensemble des nouvelles instances de meubles.

```
    if (IselectedFurniture.isEmpty()) {
      ListoHomePieceOfFurniturer newFurniture =
          new ArrayListoHomePieceOfFurniturer();
      for (CatalogPieceOfFurniture piece : selectedFurniture) {
        newFurniture.add(new HomePieceOfFurniture(piece));
      }
```

Ajout des nouveaux meubles au logement par le biais du contrôleur du tableau des meubles.

```
      getFurnitureController().addFurniture(newFurniture);
    }
  }
}
```

Comme la vue principale n'affichera pour l'instant que l'arbre du catalogue et le tableau des meubles, son contrôleur est assez succinct, mais c'est dans cette classe qu'il faudra ajouter entre autres choses toutes les opérations qui activeront ou désactiveront les menus de l'application.

Contrôleur de la vue de l'arbre

La programmation de la classe `com.eteks.sweethome3d.swing.CatalogController` est simplissime : il suffit d'instancier la classe `CatalogTree` en lui passant le catalogue avec le contrôleur, et de transmettre la liste des meubles sélectionnés au modèle dans la méthode `setSelectedFurniture`.

Classe com.eteks.sweethome3d.swing.CatalogController

```
package com.eteks.sweethome3d.swing;

import java.util.List;
import javax.swing.JComponent;
import com.eteks.sweethome3d.model.*;

public class CatalogController {
  private Catalog    catalog;
  private JComponent catalogView;
```

```
  public CatalogController(Catalog catalog) {
    this.catalog = catalog;
    this.catalogView = new CatalogTree(catalog, this);
  }

  public JComponent getView() {
    return this.catalogView;
  }

  public void setSelectedFurniture(
           ListoCatalogPieceOfFurniturer selectedFurniture) {
    this.catalog.setSelectedFurniture(selectedFurniture);
  }
}
```

Contrôleur de la vue du tableau

De façon similaire au contrôleur de l'arbre, la classe `com.eteks.sweethome3d.swing.FurnitureController` du contrôleur du tableau des meubles doit instancier la classe `FurnitureTable`.et transmettre la liste des meubles sélectionnés au logement dans la méthode `setSelectedFurniture`. Enfin, Thomas y implémente les méthodes `addFurniture` et `deleteSelection` qui prennent en charge l'ajout et la suppression de meubles dans le logement.

Classe com.eteks.sweethome3d.swing.FurnitureController

```
package com.eteks.sweethome3d.swing;

import java.util.List;
import javax.swing.JComponent;
import com.eteks.sweethome3d.model.*;

public class FurnitureController {
  private Home       home;
  private JComponent furnitureView;

  public FurnitureController(Home home,
                             UserPreferences preferences) {
    this.home = home;
    this.furnitureView =
        new FurnitureTable(home, preferences, this);
  }

  public JComponent getView() {
    return this.furnitureView;
  }

  public void addFurniture(ListoHomePieceOfFurniturer furniture) {
```

◄ Création de la vue associée à ce contrôleur.

Ajout des nouveaux meubles au logement.

Sélection des meubles ajoutés.

Suppression des meubles parmi les éléments sélectionnés dans le logement.

Sélection des meubles dans le logement.

```
    for (HomePieceOfFurniture piece : furniture) {
      this.home.addPieceOfFurniture(piece);
    }
    this.home.setSelectedItems(furniture);
  }

  public void deleteSelection() {
    for (Object item : this.home.getSelectedItems()) {
      if (item instanceof HomePieceOfFurniture) {
        this.home.deletePieceOfFurniture(
            (HomePieceOfFurniture)item);
      }
    }
  }

  public void setSelectedFurniture(
          List<HomePieceOfFurniture> selectedFurniture) {
    this.home.setSelectedItems(selectedFurniture);
  }
}
```

Notifications des modifications dans la couche métier

La programmation des contrôleurs dans Eclipse a permis à Thomas de générer toutes les nouvelles méthodes des classes `Catalog` et `Home`, sauf leurs méthodes `add...Listener` et `remove...Listener` de gestion des listeners.

Sélection des meubles du catalogue

Thomas complète tout d'abord la classe `com.eteks.sweethome3d.model.Catalog` :

1. Il ajoute les champs `selectedFurniture` et `selectionListeners` qu'il initialise avec des listes vides.
2. Il implémente les méthodes `addSelectionListener` et `removeSelectionListener` pour ajouter ou retirer un listener de l'ensemble `selectionListeners`.
3. Il modifie la méthode `getSelectedItems` pour renvoyer la sélection courante.
4. Il ajoute la méthode `setSelectedItems` pour mémoriser la sélection et émettre une notification de changement de sélection.

Classe com.eteks.sweethome3d.model.Catalog (modifiée)

```
package com.eteks.sweethome3d.model;

import java.util.*;

public abstract class Catalog {
  private List<Category> categories = new ArrayList<Category>();
  private boolean        sorted;
  private List<CatalogPieceOfFurniture> selectedFurniture =
       Collections.emptyList(); ❶
  private List<SelectionListener>       selectionListeners =
       new ArrayList<SelectionListener>();

  // Méthodes getCategories et add inchangées

  public void addSelectionListener(SelectionListener listener) { ❷
    this.selectionListeners.add(listener);
  }

  public void removeSelectionListener(
                  SelectionListener listener) { ❸
    this.selectionListeners.remove(listener);
  }

  public List<CatalogPieceOfFurniture> getSelectedFurniture() {
    return Collections.unmodifiableList(this.selectedFurniture);
  }

  public void setSelectedFurniture(
              List<CatalogPieceOfFurniture> selectedFurniture) {
    this.selectedFurniture =
       new ArrayList<CatalogPieceOfFurniture>(selectedFurniture); ❹
    if (!this.selectionListeners.isEmpty()) { ❺
      SelectionEvent selectionEvent =
          new SelectionEvent(this, getSelectedFurniture()); ❻
      SelectionListener [] listeners =
         this.selectionListeners.toArray(
         new SelectionListener [this.selectionListeners.size()]); ❼
      for (SelectionListener listener : listeners) { ❽
        listener.selectionChanged(selectionEvent); ❾
      }
    }
  }
}
```

- Liste des meubles sélectionnés et des listeners.
- Ajoute le listener en paramètre à la liste des listeners qui seront notifiés à chaque modification de la sélection.
- Retire le listener en paramètre de la liste des listeners du catalogue.
- Renvoie une liste non modifiable des meubles sélectionnés.
- Sélectionne les éléments en paramètre.
- Stockage d'une copie de la sélection en paramètre.
- Création de l'événement correspondant à la modification.
- Création d'une copie de la liste des listeners.
- Notification des listeners.

JAVA 5 Collections.emptyList() vs Collections.EMPTY_LIST

À la différence de la constante `EMPTY_LIST`, la méthode `emptyList` de la classe `java.util.Collections` renvoie une liste générique. Le recours à cette méthode ❶ évite un warning du compilateur de Java 5 émis aussitôt qu'on utilise une classe de collection sans spécifier entre les symboles `<` `>` la classe des éléments gérée par cette collection.

Une fois mémorisée la nouvelle sélection ❹, la méthode `setSelectedFurniture` notifie à tous les listeners enregistrés dans la liste `selectionListeners` le changement de sélection ❾. Pour permettre à un listener d'ajouter ❷ ou de retirer ❸ un listener (éventuellement lui-même) pendant l'appel à la méthode `selectionChanged`, Thomas a programmé une boucle ❽ qui travaille sur une copie ❼ de la liste des listeners. Sans le recours à cette copie, l'itérateur utilisé dans la boucle déclencherait une exception `java.util.ConcurrentModificationException` si la liste itérée était modifiée. Par ailleurs, Thomas a pris soin de créer cette copie et l'instance de `SelectionEventF` ❻ uniquement si la liste des listeners n'est pas vide ❺.

Interface du listener de sélection et classe d'événement associée

La création de la classe du logement a entraîné la création de l'interface `SelectionListener` et de la classe `SelectionEvent` dont Thomas a implémenté le constructeur et l'accesseur.

Classe com.eteks.sweethome3d.model.SelectionListener

```
package com.eteks.sweethome3d.model;

import java.util.EventListener;

public interface SelectionListener extends EventListener {
  void selectionChanged(SelectionEvent selectionEvent);
}
```

Sur la base des conventions JavaBeans, l'interface `FurnitureListener` dérive de `java.util.EventListener` et la classe `FurnitureEvent` est une sous-classe de `java.util.EventObject`.

Classe com.eteks.sweethome3d.model.SelectionEvent

```
package com.eteks.sweethome3d.model;

import java.util.EventObject;
import java.util.List;

public class SelectionEvent extends EventObject {
  private List selectedItems;

  public SelectionEvent(Object source, List selectedItems) { ❶
    super(source);
    this.selectedItems = selectedItems;
  }
```

```
  public List getSelectedItems() {
    return this.selectedItems;
  }
}
```

Bien que la source soit de type `Catalog` et la liste de type `ListoCatalogPieceOfFurniturer` au moment de l'instanciation de `SelectionEvent` dans la classe `Catalog`, Thomas a utilisé les types plus généraux `Object` et `List` ❶, car il va réutiliser la classe `SelectionEvent` et l'interface `SelectionListener` pour gérer les modifications de la sélection dans le logement. Dans ce cas, la source sera de type `Home` et les éléments de la liste ne seront pas typés.

Sélection et modification des meubles du logement

Thomas s'attache maintenant à compléter la classe `com.eteks.sweethome3d.model.Home` :

1. Il ajoute tout d'abord à cette classe un constructeur sans paramètre qui appelle le constructeur existant avec une liste vide.
2. Il modifie le constructeur existant pour initialiser les nouveaux champs `selectedItems`, `furnitureListeners` et `selectionListeners` qui stockent les éléments sélectionnés et les listeners.
3. Il implémente les méthodes `addFurnitureListener`, `removeFurniture ListeneraddSelectionListener` et `removeSelectionListener` pour ajouter ou retirer un listener des ensembles `furnitureListeners` et `selectionListeners`.
4. Il modifie les méthodes `addPieceOfFurniture` et `deletePieceOf Furniture` pour ajouter et retirer de l'ensemble `furniture` le meuble qu'elles reçoivent en paramètre, avant d'émettre la notification correspondante aux listeners de la liste `furnitureListeners`.
5. Il modifie les méthodes `getSelectedItems` et `setSelectedItems` pour gérer la sélection, et émettre une notification suite au changement de sélection.

Classe com.eteks.sweethome3d.model.Home (modifiée)

```
package com.eteks.sweethome3d.model;

import java.util.*;

public class Home {
  private ListoHomePieceOfFurniturer furniture;
  private ListoObjectr               selectedItems;
  private ListoFurnitureListenerr    furnitureListeners;
  private ListoSelectionListenerr    selectionListeners;
```

Liste des meubles, des éléments sélectionnés et des listeners.

Crée un logement sans meuble.

```
public Home() {
  this(new ArrayList<HomePieceOfFurniture>());
}

public Home(List<HomePieceOfFurniture> furniture) {
  this.furniture =
      new ArrayList<HomePieceOfFurniture>(furniture);
```

Création des listes de la sélection et des listeners.

```
  this.selectedItems = new ArrayList<Object>();
  this.furnitureListeners = new ArrayList<FurnitureListener>();
  this.selectionListeners = new ArrayList<SelectionListener>();
}
```

Ajoute le listener en paramètre à la liste des listeners qui seront notifiés à chaque modification des meubles du logement.

```
public void addFurnitureListener(FurnitureListener listener) {
  this.furnitureListeners.add(listener);
}
```

Retire le listener en paramètre de la liste des listeners du logement.

```
public void removeFurnitureListener(FurnitureListener listener) {
  this.furnitureListeners.remove(listener);
}
```

Renvoie une liste non modifiable des meubles (méthode inchangée).

```
public List<HomePieceOfFurniture> getFurniture() {
  return Collections.unmodifiableList(this.furniture); ❶
}
```

Ajoute le meuble en paramètre au logement.

```
public void addPieceOfFurniture(HomePieceOfFurniture piece) {
```

Copie de la liste des meubles existante.

```
  this.furniture =
     new ArrayList<HomePieceOfFurniture>(this.furniture); ❷
```

Ajout du meuble.

```
  this.furniture.add(piece); ❸
```

Notification de l'ajout du meuble aux listeners.

```
  firePieceOfFurnitureChanged(piece, this.furniture.size() - 1,
                              FurnitureEvent.Type.ADD);
}
```

Supprime du logement le meuble en paramètre.

```
public void deletePieceOfFurniture(HomePieceOfFurniture piece) {
```

Désélection éventuelle du meuble.

```
  deselectItem(piece); ❹
```

Si le meuble est bien présent dans le logement...

```
  int index = this.furniture.indexOf(piece);
  if (index != -1) {
```

...création d'une copie de la liste des meubles.

```
    this.furniture =
      new ArrayList<HomePieceOfFurniture>(this.furniture); ❺
```

Suppression du meuble.

```
    this.furniture.remove(index); ❻
```

Notification de la suppression du meuble aux listeners.

```
    firePieceOfFurnitureChanged(piece, index,
                                FurnitureEvent.Type.DELETE);
  }
}
```

```
private void firePieceOfFurnitureChanged(
    HomePieceOfFurniture piece,
    int index, FurnitureEvent.Type eventType) { ❼
  if (!this.furnitureListeners.isEmpty()) {
    FurnitureEvent furnitureEvent =
        new FurnitureEvent(this, piece, index, eventType);
    FurnitureListener [] listeners =
        this.furnitureListeners.toArray(
       new FurnitureListener [this.furnitureListeners.size()]);
    for (FurnitureListener listener : listeners) {
      listener.pieceOfFurnitureChanged(furnitureEvent);
    }
  }
}
```

◂ Notifie les listeners sur les meubles qu'une modification a été effectuée sur le meuble `piece`.

◂ Création de l'événement correspondant à la modification.

◂ Création d'une copie de la liste des listeners.

◂ Notification des listeners.

```
public void addSelectionListener(SelectionListener listener) {
  this.selectionListeners.add(listener);
}
```

◂ Ajoute le listener en paramètre à la liste des listeners qui seront notifiés à chaque modification de la sélection.

```
public void removeSelectionListener(SelectionListener listener) {
  this.selectionListeners.remove(listener);
}
```

◂ Retire le listener en paramètre de la liste des listeners du logement.

```
public List<Object> getSelectedItems() {
  return Collections.unmodifiableList(this.selectedItems);
}
```

◂ Renvoie une liste non modifiable des éléments sélectionnés dans le logement.

```
public void setSelectedItems(
    List<? extends Object> selectedItems) { ❽
  this.selectedItems = new ArrayList<Object>(selectedItems);
  if (!this.selectionListeners.isEmpty()) {
    SelectionEvent selectionEvent =
        new SelectionEvent(this, getSelectedItems());
    SelectionListener [] listeners =
        this.selectionListeners.toArray(
      new SelectionListener [this.selectionListeners.size()]);
    for (SelectionListener listener : listeners) {
      listener.selectionChanged(selectionEvent);
    }
  }
}
```

◂ Sélectionne les éléments en paramètre.

◂ Stockage d'une copie de la sélection en paramètre.

◂ Notification du changement de sélection sur une copie de la liste des listeners de sélection.

```
private void deselectItem(Object item) {
  int pieceSelectionIndex = this.selectedItems.indexOf(item);
  if (pieceSelectionIndex != -1) {
    List<Object> selectedItems =
        new ArrayList<Object>(getSelectedItems());
```

◂ Désélectionne l'élément `item` s'il est sélectionné.

Suppression de l'élément `item` des éléments sélectionnés

```
      selectedItems.remove(pieceSelectionIndex); ⑨
      setSelectedItems(selectedItems);
    }
  }
}
```

Dans les méthodes `addPieceOfFurniture` et `deletePieceOfFurniture`, Thomas crée une copie de la liste des meubles ❷ ❺ avant d'ajouter ❸ ou de supprimer ❻ le meuble en paramètre, pour que les traitements de l'application qui utilisent une version de la liste précédemment renvoyée par `getFurniture` ne voient pas cette liste changée sans en être avertis. En effet, même si la version de la liste des meubles renvoyée par `getFurniture` ❶ est non modifiable, toute modification de cette liste à l'intérieur de la classe `Home` altérera aussi cette liste non modifiable, car la méthode `unmodifiableList` de la classe `Collections` ne crée pas une copie d'une liste, mais uniquement un décorateur qui interdit la modification de la liste. Avant de supprimer un meuble dans la `deletePieceOfFurniture`, Thomas désélectionne ❹ si besoin le meuble à supprimer pour ne pas garder des références sur des objets supprimés dans la liste des éléments sélectionnés ❾. Finalement, Thomas a factorisé les notifications de changement de la liste des meubles dans la méthode `firePieceOfFurnitureChanged` ❼.

JAVA 5 Héritage et généricité

Pour spécifier qu'une collection peut mémoriser des objets d'un type ou d'un de ses sous-types, on utilise la notation `<? extends` *Type*`>`. Par exemple, le type du paramètre de la méthode `setSelectedItems` ❽ est :
`List<? extends Object>`
ce qui signifie qu'on peut passer à la méthode n'importe quelle liste contenant des objets, que les éléments de cette liste soient de type `HomePieceOfFurniture` ou d'une autre classe à venir.

Interface du listener des meubles

La modification de la classe du logement a entraîné la création de l'interface `FurnitureListener` et de la classe `FurnitureEvent`.

Classe com.eteks.sweethome3d.model.FurnitureListener

```
package com.eteks.sweethome3d.model;

import java.util.EventListener;

public interface FurnitureListener extends EventListener {
  void pieceOfFurnitureChanged(FurnitureEvent ev);
}
```

L'interface `FurnitureListener` ne compte qu'une seule méthode pour notifier un ajout ou une suppression de meuble, et Thomas a ajouté, comme prévu, un attribut `type` à la classe `FurnitureEvent` pour distinguer ces deux types de notifications. Cet attribut pourra prendre les valeurs `ADD` ou `DELETE` de l'énumération `Type` déclarée en interne à la classe `FurnitureEvent`.

REGARD DU DÉVELOPPEUR Une ou plusieurs méthodes dans le listener ?

En observant les listeners des packages `java.awt.event` et `javax.swing.event`, vous remarquerez que ceux qui sont utilisés pour plusieurs notifications comme `TableModelListener` ou `TreeModelListener` sont pourvus quelquefois de plusieurs méthodes, tandis que d'autres n'ont qu'une seule méthode. Quand il n'y a qu'une seule méthode comme dans l'interface `TableModelListener`, la différentiation entre les types de notifications s'effectue alors par une méthode `getType` qui est spécifiée dans la classe d'événement associée au listener, comme ici pour l'interface `FurnitureListener`. Par exemple, la méthode `getType` de `TableModelListener` renvoie une des constantes `INSERT`, `UPDATE` ou `DELETE`, suivant que la notification faite par la méthode `tableChanged` de `TableModelListener` concerne une insertion, une mise à jour ou une suppression dans le modèle d'un tableau Swing. Il n'y a pas de règle absolue pour choisir telle ou telle option, mais retenez que, même si avec une seule méthode par listener on obtient un code un peu moins clair, ce choix simplifie la programmation et l'évolutivité de votre système de notification. En voici quelques raisons :

- Comme l'interface du listener ne compte qu'une seule méthode, elle est plus courte à programmer ou évite d'ajouter une classe `...Adapter` qui implémente les méthodes du listener à vide.
- Une interface Java est peu évolutive : si par exemple, vous ajoutez une méthode dans un listener pour un nouveau type de notification, vous serez obligé de modifier les classes qui l'implémentent directement pour qu'elles puissent continuer à compiler. Avec un listener qui ne comporte qu'une seule méthode, il vous suffit d'ajouter le nouveau type de notification sous la forme d'une constante de la classe d'événement.
- Avec une seule méthode par interface, l'appel de la méthode de notification sur tous les listeners enregistrés auprès d'un sujet peut être plus factorisée en seule méthode qui prendra en paramètre l'instance de l'événement (d'où par exemple la méthode `firePieceOfFurnitureChanged` dans la classe Home).

Classe com.eteks.sweethome3d.model.FurnitureEvent

```
package com.eteks.sweethome3d.model;

import java.util.EventObject;

public class FurnitureEvent extends EventObject {
  public enum Type {ADD, DELETE}
  private PieceOfFurniture piece;
  private int index;
  private Type type;

  public FurnitureEvent(Object source, PieceOfFurniture piece,   ❶
                        int index, Type type) {
    super(source);
    this.piece = piece;
    this.index = index;
    this.type = type;
  }

  // Accesseurs getPieceOfFurniture, getIndex et getType
}
```

Comme précédemment pour la classe `SelectionEvent`, Thomas a préféré utiliser les types généraux `Object` et `PieceOfFurniture` ❶ dans la classe `FurnitureEvent`, car cette classe lui resservira pour gérer les modifications dans le catalogue des meubles qu'il programmera au cours du scénario n° 17. Dans ce cas la source sera le catalogue et le meuble sera de type `CatalogPieceOfFurniture`.

Classes de la vue du logement et de la vue de test

Pour lui permettre de suivre au fur et à mesure l'effet des développements qu'elle va effectuer dans les classes `CatalogTree` et `FurnitureTable`, Margaux choisit de programmer tout d'abord la classe de la vue `HomePane` et de compléter la classe `ControllerTest` du programme de test qui doit afficher cette vue dans une fenêtre avec des boutons.

Intégration de l'arbre et du tableau dans la vue du logement

Pour l'instant, la classe `com.eteks.sweethome3d.swing.HomePane` de la vue principale ne fait qu'assembler l'arbre du catalogue et le tableau des meubles dans un panneau partagé utilisé comme panneau principal de l'instance de `HomePane`. Margaux l'enrichira petit à petit avec les autres composants qui seront développés dans les scénarios suivants.

Classe com.eteks.sweethome3d.swing.HomePane

```
package com.eteks.sweethome3d.swing;

import javax.swing.*;
import com.eteks.sweethome3d.model.*;

public class HomePane extends JRootPane {
  public HomePane(Home home,
                  UserPreferences preferences,
                  HomeController controller) {
    setContentPane(getCatalogFurniturePane(controller));
  }

  private JComponent getCatalogFurniturePane(
                        HomeController controller) {
    JComponent catalogView =
        controller.getCatalogController().getView();
    JComponent furnitureView =
        controller.getFurnitureController().getView();
    JSplitPane catalogFurniturePane =
        new JSplitPane(JSplitPane.VERTICAL_SPLIT,
                       new JScrollPane(catalogView),
                       new JScrollPane(furnitureView));
    catalogFurniturePane.setContinuousLayout(true);

    catalogFurniturePane.setOneTouchExpandable(true);
```

- Initialisation du panneau partagé comme panneau principal de la vue.
- Récupération des vues de l'arbre du catalogue et du tableau des meubles.
- Création d'un panneau partagé qui visualise les deux vues dans des panneaux à ascenseurs.
- Redimensionnement continu pendant le déplacement de la barre de division.
- Affichage en un clic d'une ou de l'autre partie du panneau.

```
    catalogFurniturePane.setResizeWeight(0.5);
    return catalogFurniturePane;
  }
}
```

Changement du poids des composants du panneau partagé pour qu'après un redimensionnement du panneau, ils gardent les mêmes proportions verticalement.

Implémentation de la vue du test

En restant sur le principe de l'architecture MVC retenue, la classe interne `ControllerTest` de `HomeControllerTest` doit créer une vue qui contiendra la vue principale développée précédemment et l'afficher dans une fenêtre.

Classe interne ControllerTest de la classe HomeControllerTest

```
private static class ControllerTest extends HomeController {
  public ControllerTest(Home home,
                        UserPreferences preferences) {
    super(home, preferences);
    new ViewTest(this).displayView();
  }
}
```

La classe `ViewTest` de la vue de test comporte la vue principale au-dessus de laquelle Margaux ajoute une barre d'outils avec des boutons qui permettront de lancer les méthodes `addHomeFurniture` et `deleteSelection` des contrôleurs.

Classe interne ViewTest de la classe HomeControllerTest

```
private static class ViewTest extends JRootPane {
  public ViewTest(final HomeController controller) {

    JButton addButton = new JButton(new ImageIcon(
        getClass().getResource("resources/Add16.gif"))); ❶
    addButton.addActionListener(new ActionListener() {
      public void actionPerformed(ActionEvent ev) {
        controller.addHomeFurniture();
      }
    });
    JButton deleteButton = new JButton(new ImageIcon(
        getClass().getResource("resources/Delete16.gif"))); ❷
    deleteButton.addActionListener(new ActionListener() {
      public void actionPerformed(ActionEvent ev) {
        controller.getFurnitureController().deleteSelection();
      }
    });
    JToolBar toolBar = new JToolBar();
    toolBar.add(addButton);
    toolBar.add(deleteButton);
```

Vue de test contrôlée par la classe `ControllerTest`.

Création d'un bouton qui affiche l'icône `Add16.gif` et dont l'action provoque l'appel à la méthode `addHomeFurniture` du contrôleur.

Création d'un bouton qui affiche l'icône `Delete.gif` et dont l'action provoque l'appel à la méthode `deleteSelection` du contrôleur du tableau.

Création d'une barre d'outils avec les 2 boutons.

Ajout de la barre d'outils et du composant de la vue principale à ce panneau.

Affiche dans une fenêtre ce panneau.

```
    getContentPane().add(toolBar, BorderLayout.NORTH);
    getContentPane().add(controller.getView(),
                                   BorderLayout.CENTER);
  }

  public void displayView() {
    JFrame frame = new JFrame("Home Controller Test") {
      {
        setRootPane(ViewTest.this);
      }
    };
    frame.pack();
    frame.setDefaultCloseOperation(JFrame.EXIT_ON_CLOSE);
    frame.setVisible(true);
  }
}
```

Margaux utilise pour les icônes des boutons de la barre d'outils les images `Add16.gif` ❶ et `Delete16.gif` ❷, du fichier `jlfgr-1_0.zip` téléchargé pour la conception de la maquette, et les place dans le dossier `test/com/eteks/sweethome3d/junit/resources`.

Même si les classes `CatalogTree` et `FurnitureTable` sont incomplètes, elle peut désormais lancer l'application programmée dans le `main` de `ViewTest` et vérifier l'effet graphique de ses développements, comme le montre la figure 6-8.

REGARD DU DÉVELOPPEUR Application de test

Il est intéressant d'accompagner un programme de test avec une application de test, surtout si le projet porte sur une application graphique comme ici. Vous pouvez faire ainsi des essais réels sur l'interface utilisateur, la montrer aux autres, voire enrichir après coup le scénario de quelques tests auxquels vous n'auriez pas pensé au cours de sa rédaction.

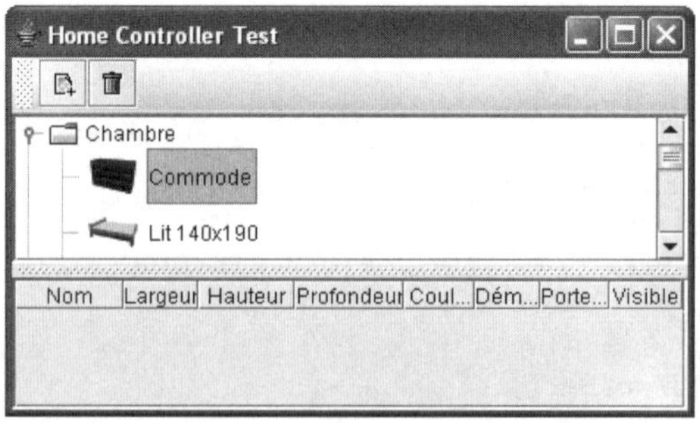

Figure 6–8
Application de test du scénario n° 3

Synchronisation de la sélection dans l'arbre

Margaux doit modifier la classe de l'arbre pour synchroniser la sélection mémorisée dans le catalogue avec celle affichée dans l'arbre. Pour implémenter cette synchronisation, elle programme à la fin du constructeur principal de la classe `CatalogTree` l'appel à une nouvelle méthode `addSelectionListeners` qui ajoute un listener de type `SelectionListener` à la classe `Catalog`, et un listener de `javax.swing.event.TreeSelectionListener` à l'arbre.

Classe com.eteks.sweethome3d.swing.CatalogTree (modifiée)

```
package com.eteks.sweethome3d.swing;

import java.awt.Component;
import java.util.*;
import javax.swing.*;
import javax.swing.event.*;
import javax.swing.tree.*;

import com.eteks.sweethome3d.model.*;

public class CatalogTree extends JTree {
  private TreeSelectionListener treeSelectionListener; ❶

  public CatalogTree(Catalog catalog) {
    this(catalog, null);
  }

  public CatalogTree(Catalog catalog, CatalogController controller) {
    setModel(new CatalogTreeModel (catalog));
    setRootVisible(false);
    setShowsRootHandles(true);
    setCellRenderer(new CatalogCellRenderer());
    if (controller != null) {
      addSelectionListeners(catalog, controller);
    }
  }

  private void addSelectionListeners(final Catalog catalog,
                        final CatalogController controller) {
    final SelectionListener catalogSelectionListener =
      new SelectionListener() {
        public void selectionChanged(SelectionEvent ev) {
          getSelectionModel().removeTreeSelectionListener(
              treeSelectionListener); ❷
          clearSelection();
```

◀ Listener de sélection dans l'arbre.

◀ Ajout des listeners de sélection dans l'arbre et le catalogue.

◀ Création du listener de sélection dans le catalogue.

◀ Suppression temporaire du listener de sélection de l'arbre.

◀ Annulation de la sélection dans l'arbre.

Sélection dans l'arbre de chaque meuble sélectionné dans le catalogue. ▸

Ajout du listener de sélection de l'arbre. ▸

Création du listener de sélection dans l'arbre. ▸

Suppression temporaire du listener de sélection du catalogue. ▸

Mise à jour de la sélection du catalogue via le contrôleur. ▸

Ajout du listener de sélection du catalogue. ▸

Ajout du listener de sélection de l'arbre. ▸

Ajout du listener de sélection du catalogue. ▸

```
        for (Object item : ev.getSelectedItems()) {
          selectPieceOfFurniture(catalog,
              (CatalogPieceOfFurniture)item); ❸
        }
        getSelectionModel().addTreeSelectionListener(
            treeSelectionListener); ❹
      }
    };
  this.treeSelectionListener = new TreeSelectionListener () {
    public void valueChanged(TreeSelectionEvent ev) {
      catalog.removeSelectionListener(
          catalogSelectionListener); ❺
      controller.setSelectedFurniture(getSelectedFurniture()); ❻
      catalog.addSelectionListener(catalogSelectionListener); ❼
    }
  };
  getSelectionModel().addTreeSelectionListener(
      this.treeSelectionListener);
  catalog.addSelectionListener(catalogSelectionListener);
}
```

Sélectionne le meuble `selectedPiece` dans l'arbre. ▸

Recherche de la catégorie du meuble. ▸

Construction du chemin d'accès au meuble. ▸

Sélection et affichage du chemin. ▸

```
private void selectPieceOfFurniture(Catalog catalog,
               CatalogPieceOfFurniture selectedPiece) { ❽
  for (Category category : catalog.getCategories()) {
    for (CatalogPieceOfFurniture piece :
                                   category.getFurniture()) {
      if (piece == selectedPiece) { ❾
        TreePath path = new TreePath(
            new Object [] {catalog, category, piece}); ❿
        addSelectionPath(path); ⓫
        scrollRowToVisible(getRowForPath(path)); ⓬
        break;
      }
    }
  }
}
```

Renvoie la liste des meubles en cours de sélection dans l'arbre. ▸

Liste des meubles sélectionnés. ▸

Récupération des chemins sélectionnés dans l'arbre. ▸

Si le chemin représente celui d'un meuble, ajout du meuble associé au dernier nœud du chemin sélectionné ▸

```
private List<CatalogPieceOfFurniture> getSelectedFurniture() { ⓭
  List<CatalogPieceOfFurniture> selectedFurniture =
      new ArrayList<CatalogPieceOfFurniture>(); ⓮
  TreePath [] selectionPaths = getSelectionPaths(); ⓯
  if (selectionPaths != null) {
    for (TreePath path : selectionPaths) {
      if (path.getPathCount() == 3) { ⓰
        selectedFurniture.add(
```

```
            (CatalogPieceOfFurniture)path.getLastPathComponent()); ⓱
        }
      }
    }
    return selectedFurniture;
  }

  // Suite inchangée
}
```

La sélection dans le catalogue mémorise uniquement une liste de meubles, tandis qu'une instance de `JTree` représente les nœuds sélectionnés dans un arbre sous forme d'instances de `TreePath` qui représentent les chemins d'accès à ces nœuds à partir de la racine. Margaux a dû donc adapter un modèle à l'autre, d'où les méthodes `selectPieceOfFurniture` ❽ et `getSelectedFurniture` ⓭ qu'elle a programmées pour sélectionner des meubles ❸ et obtenir la sélection en cours ❻ dans l'arbre :

- `selectPieceOfFurniture` construit le chemin d'accès au nœud ❿ qui correspond à un meuble puis le sélectionne ⓫ et le rend visible ⓬. Pour éviter que la recherche dans une catégorie ne renvoie un meuble de même nom que celui recherché, notez qu'elle n'a pas utilisé la méthode `contains` du type `List` mais une comparaison sur les références ❾.
- `getSelectedFurniture` renvoie la liste des meubles ⓮ qui sont associés au dernier nœud ⓱ des chemins sélectionnés ⓯ dans l'arbre.

Dans les deux listeners que Margaux a développés, elle a pris soin d'éviter que la synchronisation entre les sélections dans l'arbre et le catalogue ne provoque des appels récursifs sans fin suite au changement de la sélection. Ainsi, elle retire temporairement le listener adverse ❷ ❺, met à jour l'une ou l'autre des sélections puis repositionne le listener retiré ❹ ❼. Comme les références sur ces listeners doivent exister pour les retirer et les repositionner, elle a été obligée du coup d'en déclarer une des deux comme champ de la classe `CatalogTree` ❶.

SWING Chemin d'un nœud dans un arbre

Une instance de la classe `javax.swing.tree.TreePath` représente un chemin d'accès à un nœud dans l'arbre à partir de la racine. Comme dans l'arbre du catalogue des meubles, il est possible de sélectionner soit le nœud de sa racine (qui a été rendu ici invisible), soit le nœud d'une catégorie, soit le nœud d'un meuble, les chemins renvoyés par la méthode `getSelectionPaths` ⓯ peuvent compter un, deux ou trois nœuds. Margaux ne s'intéresse donc qu'aux chemins sélectionnés qui contiennent trois nœuds ⓰ puisque la méthode `setSelectedFurniture` ne mémorise que des meubles.

SWING Arbre dans un panneau à ascenseurs

Par défaut, la méthode `addSelectionPath` sélectionne le dernier nœud d'un chemin et déploie ses nœuds parents dans l'arbre, de telle façon que tous ces derniers soient visibles. Si l'arbre est dans un panneau à ascenseurs, il faut appeler en plus la méthode `scrollRowToVisible` ⓬ pour déplacer les ascenseurs à une position où le nœud sélectionné sera visible.

SWING Mode de sélection dans un arbre

En l'état, le mode de sélection par défaut de l'arbre convient tout à fait à l'application : il permet de sélectionner un ou plusieurs nœuds dans l'arbre, et en cas de sélection multiple, les nœuds sélectionnées peuvent former un ensemble disjoint. Pour modifier ce mode de sélection, il faut appeler la méthode `setSelectionMode` sur l'objet de type `TreeSelectionModel` que renvoie la méthode `getSelectionModel` de `JTree`, et lui passer en paramètre une des trois constantes `SINGLE_TREE_SELECTION`, `CONTIGUOUS_TREE_SELECTION` ou `DISCONTIGUOUS_TREE_SELECTION`.

Suivi des modifications de la couche métier dans le tableau

Les modifications sur la classe `FurnitureTable` doivent permettre de :

- synchroniser la sélection mémorisée dans le logement avec celle affichée dans le tableau ;
- mettre à jour à l'écran la liste des meubles suite à l'ajout ou la suppression d'un meuble dans le logement.

Margaux décide donc d'effectuer les modifications suivantes sur cette classe :

1. programmer à la fin de son constructeur principal l'appel à une nouvelle méthode `addSelectionListeners` qui ajoutera un listener de type `SelectionListener` à la classe `Home` et un listener de `javax.swing.event.ListSelectionListener` au tableau ;
2. implémenter une méthode `ensureRowIsVisible` pour rendre visible une ligne sélectionnée à partir du logement quand le tableau est dans un panneau à ascenseurs ;
3. programmer à la fin du constructeur de son modèle `FurnitureTableModel` l'appel à une nouvelle méthode `addHomeListener` qui ajoute un listener de type `FurnitureListener` à la classe `Home`.

Classe com.eteks.sweethome3d.swing.FurnitureTable (modifiée)

```
package com.eteks.sweethome3d.swing;

import java.awt.*;
import java.util.List;
import java.util.*;
import javax.swing.*;
import javax.swing.event.*;
import javax.swing.table.*;
import com.eteks.sweethome3d.model.*;
import static com.eteks.sweethome3d.model.UserPreferences.Unit.*;

public class FurnitureTable extends JTable {
  private ListSelectionListener tableSelectionListener;

  public FurnitureTable(Home home, UserPreferences preferences) {
    this(home, preferences, null);
  }

  public FurnitureTable(Home home, UserPreferences preferences,
                        FurnitureController controller) {
    String [] columnNames = getColumnNames();
    setModel(new FurnitureTableModel(home, columnNames));
    setColumnRenderers(preferences);
    if (controller != null) {
      addSelectionListeners(home, controller);
    }
  }

  private void addSelectionListeners(final Home home,
                       final FurnitureController controller) {
    // TODO Add SelectionListener and ListSelectionListener
  }
```

```
  private void makeRowVisible(int row) {
    // TODO Ensure the row in table is visible
  }

  // Autres méthodes de FurnitureTableinchangées

  private static class FurnitureTableModel
                       extends AbstractTableModel {
    private Home      home;
    private String [] columnNames;

    public FurnitureTableModel(Home home, String [] columnNames) {
      this.home = home;
      this.columnNames = columnNames;
      addHomeListener(home);
    }

    private void addHomeListener(Home home) {
      // TODO
    }

    // Autres méthodes inchangées
  }
}
```

Synchronisation de la sélection dans le tableau et le logement

La gestion de la synchronisation entre la sélection du logement et du tableau ressemble à celle programmée dans la classe `CatalogTree` en plus simple, car chaque ligne sélectionnée dans la classe `JTable` est représentée par son indice qui correspond au numéro d'ordre du meuble dans le logement.

Méthode addSelectionListeners de la classe FurnitureTable

```
private void addSelectionListeners(final Home home,
                    final FurnitureController controller) {
  final SelectionListener homeSelectionListener =
    new SelectionListener() { ❶
      public void selectionChanged(SelectionEvent ev) {
        getSelectionModel().removeListSelectionListener(
            tableSelectionListener); ❷
        List<HomePieceOfFurniture> furniture =
            home.getFurniture();
        clearSelection();
        for (Object item : ev.getSelectedItems()) {
          if (item instanceof HomePieceOfFurniture) {
            int index = furniture.indexOf(item); ❸
            addRowSelectionInterval(index, index); ❹
```

```
            makeRowVisible(index);
          }
        }
        getSelectionModel().addListSelectionListener(
            tableSelectionListener); ❺
      }
    };
  this.tableSelectionListener = new ListSelectionListener () { ❻
    public void valueChanged(ListSelectionEvent ev) {
      if (!ev.getValueIsAdjusting()) { ❼
        home.removeSelectionListener(homeSelectionListener); ❽
        int [] selectedRows = getSelectedRows(); ❾
        List<HomePieceOfFurniture> selectedFurniture = new
            ArrayList<HomePieceOfFurniture>(selectedRows.length); ❿
        List<HomePieceOfFurniture> furniture =
            home.getFurniture();
        for (int index : selectedRows) {
          selectedFurniture.add(furniture.get(index)); ⓫
        }
        controller.setSelectedFurniture(selectedFurniture);
        home.addSelectionListener(homeSelectionListener); ⓬
      }
    }
  };
  getSelectionModel().addListSelectionListener(
      this.tableSelectionListener);
  home.addSelectionListener(homeSelectionListener);
}
```

Dans le listener de type `SelectionListener` ❶, Margaux sélectionne ❹ et rend visibles les lignes du tableau dont les indices correspondent à ceux des meubles sélectionnés dans le logement ❸. Dans le listener de type `ListSelectionListener` ❻, elle construit la liste des meubles sélectionnés ❿ en recherchant dans le logement les meubles de même indice ⓫ que ceux des lignes sélectionnées ❾. Dans ce listener, elle ne prend en compte ❼ que les événements qui ne correspondent pas à des modifications intermédiaires de la sélection. Comme pour les listeners positionnés dans la classe `CatalogTree`, elle retire temporairement le listener adverse ❷ ❽, met à jour l'une ou l'autre des sélections puis repositionne le listener retiré ❺ ⓬, ce qui évite des appels récursifs sans fin. Comme les références sur ces listeners doivent exister pour les retirer et les repositionner, elle a choisi de déclarer un des deux listeners dans le champ `tableSelectionListener`.

Gestion du déplacement des ascenseurs

Contrairement à la classe `JTree`, la classe `JTable` ne propose pas de méthode pour rendre visible une ligne, une colonne ou une cellule particulière d'un tableau qui est visualisé dans un panneau à ascenseurs. Margaux doit donc recourir à la méthode `scrollRectToVisible` dont hérite

SWING

Mode de sélection dans un tableau

En l'état, le mode de sélection par défaut du tableau convient tout à fait à l'application : il permet de sélectionner une ou plusieurs lignes d'un tableau, et en cas de sélection multiple, les lignes sélectionnées peuvent former un ensemble disjoint. Pour modifier ce mode de sélection, la classe `JTable` dispose de plusieurs méthodes parmi lesquelles :

- La méthode `setCellSelectionEnabled` qui permet d'autoriser la sélection d'une ou plusieurs cellules ; si cette méthode est appelée avec une valeur `false`, la sélection de cellules n'est plus possible, mais le clic sur une cellule a pour effet de l'afficher en vidéo inverse pour signaler à l'utilisateur que le tableau a bien pris en compte son action.
- Les méthodes `setColumnSelectionAllowed` et `setRowSelectionAllowed` qui permettent d'autoriser la sélection par colonne ou par ligne dans un tableau ; notez que le fait d'appeler ces deux méthodes l'une après l'autre avec la même valeur `true` (ou `false`) a le même effet que d'appeler la méthode `setCellSelectionEnabled` avec la même valeur en paramètre.

Le mode de sélection par ligne est paramétrable par le biais du modèle de sélection associé à un tableau Swing. Pour modifier ce mode, il faut appeler la méthode `setSelectionMode` sur l'objet de type `ListSelectionModel` que renvoie la méthode `getSelectionModel` de `JTable`, et lui passer en paramètre une des trois constantes `SINGLE_SELECTION`, `SINGLE_INTERVAL_SELECTION` ou `MULTIPLE_INTERVAL_SELECTION` définies dans l'interface `ListSelectionModel`.

Le mode de sélection par colonne est paramétrable de façon similaire. Pour obtenir le modèle de sélection des colonnes, il faut appeler la même méthode `getSelection Model`, mais cette fois-ci sur le modèle de colonnes associé à chaque tableau, renvoyé par la méthode `getColumnModel`.

tout composant Swing par la classe JComponent, en lui passant en paramètre le rectangle englobant de la ligne qu'il faut rendre visible.

Méthode makeRowVisible de la classe FurnitureTable

```
private void makeRowVisible(int row) {
  Rectangle includingRectangle = getCellRect(row, 0, true); ❶
  if (getAutoResizeMode() == AUTO_RESIZE_OFF) { ❷
    int lastColumn = getColumnCount() - 1;
    includingRectangle = includingRectangle.
        union(getCellRect(row, lastColumn, true)); ❸
  }
  scrollRectToVisible(includingRectangle);
}
```

Margaux calcule le rectangle englobant de la ligne row en effectuant l'union entre sa première ❶ et sa dernière cellule ❸. Margaux teste le mode de redimensionnement en cours ❷ pour tenir compte de la cellule de la dernière colonne uniquement quand ce mode est égal à AUTO_RESIZE_OFF. Dans ce mode, elle préfère tenir compte de la première et de la dernière cellule de chaque ligne, pour éviter que l'ascenseur horizontal ne se déplace s'il est présent à l'écran. Dans un autre mode, cette prise en compte est inutile puisque toutes les colonnes du tableau sont forcément à l'écran.

SWING Répartition des colonnes dans la largeur d'un tableau

La répartition en largeur des colonnes d'un tableau Swing à son initialisation ou après le redimensionnement de l'une d'elle, se spécifie grâce à la méthode setAutoResizeMode, qui prend en paramètre l'une des 5 constantes suivantes de la classe JTable :

- AUTO_RESIZE_NEXT_COLUMN, AUTO_RESIZE_SUBSEQUENT_COLUMNS (mode par défaut), AUTO_RESIZE_LAST_COLUMN, AUTO_RESIZE_ALL_COLUMNS pour que les autres colonnes soient redimensionnées de façon à ce que le tableau continue d'occuper la largeur de son container ;
- AUTO_RESIZE_OFF pour que les autres colonnes ne soient pas redimensionnées : dans ce mode, si la largeur du tableau est plus grande que celle de son container, une partie des colonnes deviendra alors invisible, et si ce tableau est placé dans un panneau à ascenseurs, l'ascenseur horizontal apparaîtra.

Modification du modèle du tableau

Margaux termine par l'implémentation de la méthode addHomeListener de FurnitureTableModel qui positionne un listener de type FurnitureListener sur le logement pour recevoir les notifications de changements de la liste des meubles.

Méthode addHomeListener de la classe interne FurnitureTableModel

```
private void addHomeListener(Home home) {
  home.addFurnitureListener(new FurnitureListener() {
    public void pieceOfFurnitureChanged(FurnitureEvent ev) {
      int pieceIndex = ev.getIndex(); ❶
      switch (ev.getType()) { ❷
        case ADD :
          fireTableRowsInserted(pieceIndex, pieceIndex); ❸
          break;
        case DELETE :
          fireTableRowsDeleted(pieceIndex, pieceIndex); ❹
          break;
      }
    }
  });
}
```

JAVA 5 enum et switch

L'instruction `switch` ❷ permet de tester la valeur d'une variable de type `enum`, sans citer le nom de l'énumération devant chaque constante citée dans une clause `case`.

ATTENTION Appelez la méthode fireTable... adéquate

La classe `javax.swing.event.TableModelEvent` et les méthodes préfixées par `fireTable` de la classe `AbstractTableModel` permettent de décrire finement la modification opérée dans le modèle et d'optimiser en conséquence la mise à jour à effectuer à l'écran dans le tableau Swing. Prêtez-y attention car si vous appelez les méthodes `fireTableDataChanged` ou `fireTableStructureChanged` pour n'importe quel type de modification dans le modèle, un simple changement de valeur d'une cellule qui aurait dû être notifié avec `fireTableCellUpdated` provoquera un calcul complet de tout le composant graphique. Si vous cherchez un exemple concret d'utilisation de ces méthodes, consultez le code source de la classe `javax.swing.table.DefaultTableModel`.

Dans ce listener, Margaux teste le type de modification ❷ et notifie en conséquence l'ajout ❸ ou la suppression ❹ d'une ligne au modèle `AbstractTableModel` dont hérite la classe `FurnitureTableModel`. Comme le tableau ajoute un listener à son propre modèle, ces notifications provoqueront notamment le réaffichage des lignes modifiées à l'écran. Remarquez que Margaux a utilisé ici l'indice ❶ du meuble mémorisé par l'objet `FurnitureEvent` reçu en paramètre pour communiquer aux méthodes `fireTableRows...` l'indice de la ligne correspondante. Ce choix lui évite de faire une recherche du meuble dans le logement ; il est surtout nécessaire lors de la suppression d'un meuble, car le listener reçoit une notification de suppression **après** que le logement a supprimé ce meuble de sa propre liste. Sans cet indice il lui serait donc impossible de retrouver son indice dans la liste des meubles du logement pour notifier la suppression de la ligne correspondante !

Test de l'ajout de meubles

Comme le montre la figure 6-9, Margaux peut maintenant tester l'ajout d'un ou de plusieurs meubles dans l'application `TableFurnitureTest` et vérifier que le test `testHomeFurniture` du scénario n° 3 passe. Margaux marque finalement la fin du troisième scénario avec le numéro de version `V_0_3`.

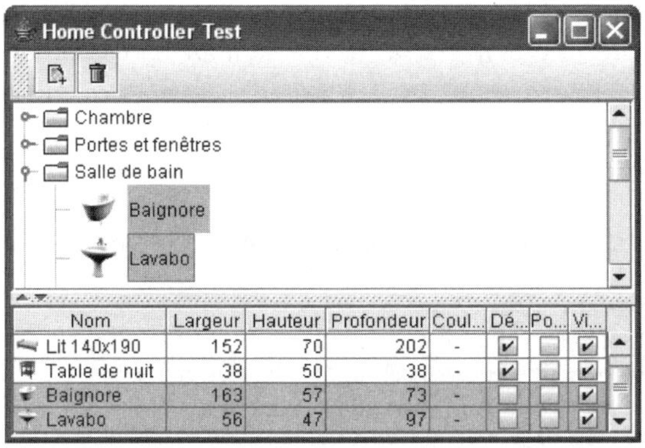

Figure 6–9
Ajout des meubles dans le tableau

SWING Mise à jour dans le modèle

Notez qu'aucun appel à la méthode `repaint` n'est nécessaire à l'ajout ou à la suppression d'une ligne dans le modèle, car le tableau ajoute un listener à son propre modèle pour mettre à jour les lignes à l'écran quand une notification de changement est émise par son modèle.

Refactoring des classes de contrôleur

Bien que pour l'instant l'équipe n'ait pas l'intention de revoir son architecture MVC, elle se demande comment rendre les classes de contrôleur indépendantes de Swing, pour éviter de modifier ces classes s'ils décident un jour d'adapter leur logiciel à SWT/JFace. En effet, les clauses `import` des classes `HomeController`, `CatalogController` et `Furniture`

`Controller` n'importent aucune autre classe de composant Swing que `javax.swing.JComponent`, et n'appellent aucune méthode de cette classe. On peut donc affirmer que les contrôleurs ne dépendent que du type `JComponent`, ce qui suffit à la classe `HomePane` pour construire la vue principale, en y intégrant les composants `CatalogTree` et `FurnitureTable` créés par leur contrôleur.

Pour ne pas voir apparaître le type `JComponent` dans une classe de contrôleur, les membres de l'équipe conçoivent le diagramme de classes de la figure 6-10 avec les modifications d'architecture suivantes :

- Ils remplacent le type renvoyé par les méthodes `getView` par un autre type abstrait comme une interface `View` ❻, et créent les sous-interfaces de `ViewHomeView` ❺, `CatalogView` ❼ et `FurnitureView` ❽ implémentées par les classes de vue `HomePane` ❸, `CatalogTree` ❷ et `FurnitureTable` ❶. Ces sous-interfaces, vides pour l'instant, déclareront les méthodes des classes de vue dont auront besoin les contrôleurs dans les scénarios suivants.
- Ils modifient l'instanciation des classes de vue `HomePane`, `CatalogTree` et `FurnitureTable` dans leur contrôleur ❿ ⓫ ⓬, pour que ces classes ne dépendent pas de classes Swing mais plutôt des interfaces `HomeView`, `CatalogView` et `FurnitureView`. Cette modification pourrait s'effectuer en mettant en place le design pattern *fabrique abstraite* avec une interface `ViewFactory` ❹ dont les méthodes `createHomeView`, `createCatalogView` et `createFurnitureView` implémentées dans la classe `SwingViewFactory` ❾ instancieraient effectivement les classes `HomePane`, `CatalogTree` et `FurnitureTable`. Une fois cette fabrique créée, il faudrait alors ajouter aux constructeurs des classes de contrôleur un paramètre de type `ViewFactory`, qui permettrait à chacun d'eux de créer l'instance de la vue qui lui est associée.
- Finalement, en plaçant ces nouvelles interfaces avec les classes de contrôleur dans un package `com.eteks.sweethome3d.viewcontroller`, on exprimerait explicitement que les classes de contrôleur ne dépendraient pas de celles du package `com.eteks.sweethome3d.swing`.

Pour changer les classes Swing par des classes SWT/JFace, il suffirait de développer des classes qui implémentent les interfaces `HomeView`, `CatalogView` et `FurnitureView` avec cette technologie, et de les instancier dans une classe qui implémente `ViewFactory`.

B.A.-BA Design pattern fabrique abstraite

Le design pattern *fabrique abstraite* (*abstract factory*) présente une interface dont les méthodes permettent de créer des objets d'une même famille sans préciser leur classe concrète. Dans le diagramme de la figure 6-10, cette interface est représentée par l'interface `ViewFactory` ❹ dont les méthodes sont capables de créer une famille de composants graphiques.

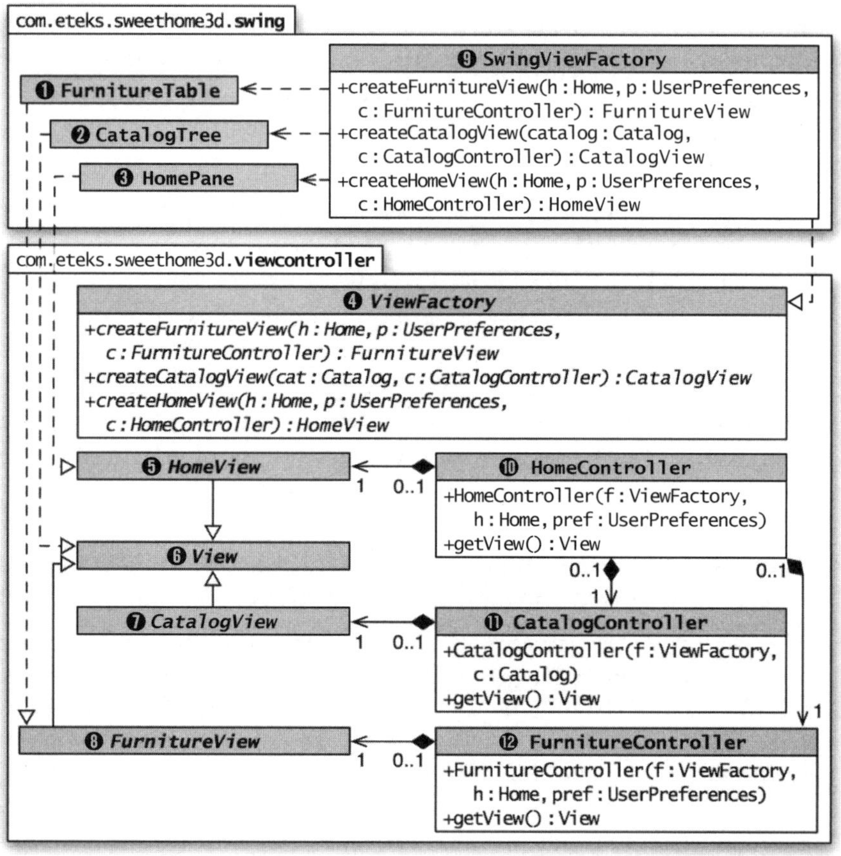

Figure 6–10
Diagramme de classes avec vues Swing et contrôleurs séparés

En résumé...

Ce chapitre vous a montré les différentes options proposées par l'architecture MVC, en l'appliquant concrètement à notre étude de cas. Nous avons abordé aussi comment les classes `JTree` et `JTable` gèrent la sélection de leurs éléments.

JFACE **Version SWT/JFace du scénario n° 3**

Les modifications à effectuer pour le scénario n° 3 sur les versions JFace des classes de l'arbre et du tableau sont plus simples à implémenter car les composants `TreeViewer` et `TableViewer` manipulent les types du modèle de l'application de façon plus directe qu'en Swing. Pour comparer les différences d'implémentation entre les versions Swing et JFace de ce scénario, consultez le code source des classes du package `com.eteks.sweethome3d.jface` enregistrées dans le dossier `test`. Ces classes peuvent être testées à l'aide de l'application `com.eteks.sweethome3d.test.JFaceHomeControllerTest` qui donne le résultat de la figure 6-11. Ce programme permet de tester aussi la validité de l'architecture de la figure 6-10 adoptée ici pour montrer comment partager les classes de contrôleur développées pour Swing (le dossier du package `com.eteks.sweethome3d.viewcotroller` a été rangé dans le dossier `test`). L'application de l'architecture MVC avec SWT/JFace offre moins de liberté d'implémentation qu'avec Swing, parce que les composants SWT/JFace ne sont pas fondés sur le design pattern composite : il est impossible de créer un composant sans fournir son parent, et il est déconseillé de sous-classer les classes de composants de ces bibliothèques. En implémentant l'interface `ViewFactory` dans une sous-classe de `org.eclipse.jface.window.ApplicationWindow`, on obtient une architecture MVC tout à fait convenable côté SWT/Face.

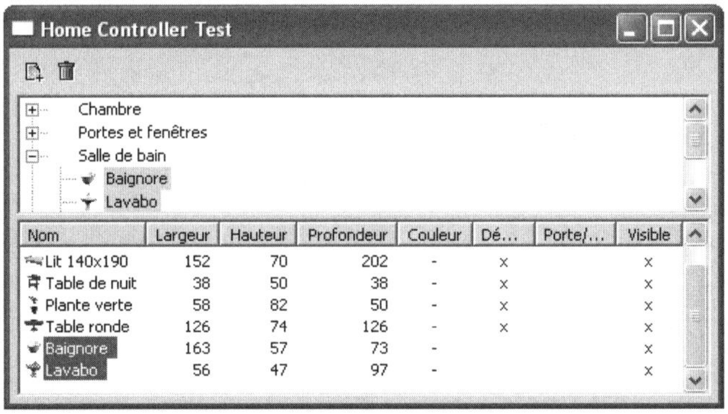

Figure 6–11 Version JFace du scénario n° 3

chapitre 7

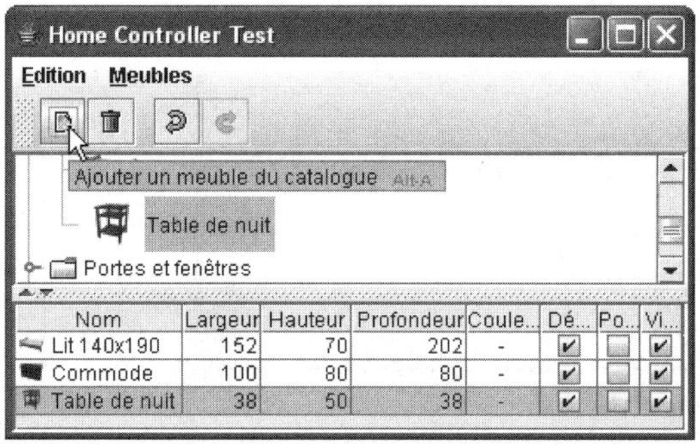

Home Controller Test
Edition
Meubles
Ajouter un meuble du catalogue Alt-A
Table de nuit
Portes et fenêtres
Nom
Largeur
Hauteur
Profondeur
Coule...
Dé...
Po...
Vi...
Lit 140x190
152
70
202
Commode
100
80
80
Table de nuit
38
50
38

Gestion des actions annulables

« C'est en se trompant qu'on apprend » : la traduction informatique de ce dicton sont les fonctions Annuler et Refaire que l'on trouve dans tout logiciel moderne. Voyons comment les intégrer à notre étude de cas.

SOMMAIRE

- Scénario de test n° 4
- Opérations annulables
- Activation et désactivation des actions
- Intégration des menus et de la barre d'outils

MOTS-CLÉS

- Commande
- UndoManager
- AbstractAction
- ActionMap
- JToolBar
- JMenuBar
- Réflexion

Scénario n° 4

Le quatrième scénario doit permettre d'annuler et de refaire les modifications programmées dans le scénario précédent. Techniquement, le développement de ce scénario nous permettra d'aborder les sujets suivants :

- l'intégration des classes Swing spécifiées par le package `javax.swing.undo` qui permettent de gérer les opérations annulables ;
- la mise en place d'actions réutilisables dans l'application pour gérer l'activation, la désactivation et la sélection de ses menus et des boutons de sa barre d'outils.

Spécifications des actions annulables

Ce scénario doit enrichir l'application de fonctionnalités qui permettront à l'utilisateur d'annuler et de refaire l'ajout et la suppression de meubles dans le logement, ainsi que les opérations annulables prévues dans les scénarios suivants. Sophie demande donc aux développeurs de créer un scénario de test qui sera basé sur une fenêtre où apparaîtra l'arbre du catalogue et un tableau de meubles l'un en dessous de l'autre, avec des boutons *Ajouter*, *Supprimer*, *Annuler* et *Refaire* et des éléments de menus correspondants. Les éléments de menus *Ajouter* et *Supprimer* appartiendront au menu *Meubles*, et les éléments *Annuler* et *Refaire* au menu *Edition*.

Par ailleurs, Sophie met en avant les points suivants :

- les boutons et les menus *Ajouter*, *Supprimer* devront être activés et désactivés en fonction de la sélection en cours dans l'arbre du catalogue et le tableau des meubles ;
- les boutons et les menus *Annuler* et *Refaire* devront être activés et désactivés en fonction de la possibilité d'annuler ou de refaire une opération ;
- les infobulles des boutons et des menus devront être localisées ;
- les menus *Ajouter*, *Annuler* et *Refaire* pourront être actionnés grâce à des raccourcis clavier.

Scénario de test

À partir des spécifications précédentes, Sophie reprend le scénario de test précédent qu'elle modifie ainsi :

1. Créer une fenêtre contenant l'arbre du catalogue des meubles et un tableau de meubles, avec des boutons et les menus *Ajouter*, *Supprimer*, *Annuler* et *Refaire* ; vérifier que tous les boutons et les menus sont désactivés.

2 Sélectionner les deux premiers meubles dans l'arbre et vérifier que seuls le bouton et le menu *Ajouter* sont activés.

3 Ajouter les meubles sélectionnés au tableau en actionnant le bouton *Ajouter* et vérifier que les boutons et les menus *Ajouter*, *Supprimer* et *Annuler* sont activés.

4 Sélectionner le premier meuble du tableau, le supprimer en actionnant le bouton *Supprimer* et vérifier que les boutons et les menus *Ajouter* et *Annuler* sont activés.

5 Annuler l'opération précédente en actionnant le bouton *Annuler* et vérifier que le logement contient le meuble supprimé précédemment, qu'il est sélectionné et que tous les boutons et les menus sont activés.

6 Annuler encore la dernière opération, vérifier que le logement n'a aucun meuble et que seuls les boutons et les menus *Ajouter* et *Refaire* sont activés.

7 Refaire la dernière opération annulée en actionnant le bouton *Refaire*, vérifier que le logement contient bien les deux meubles ajoutés au départ, qu'ils sont sélectionnés et que tous les boutons et les menus sont activés.

8 Refaire l'opération de suppression, vérifier que le tableau ne contient plus qu'un meuble non sélectionné et que les boutons et les menus *Ajouter* et *Annuler* sont activés.

Matthieu recommande aux développeurs de factoriser les instructions de création des boutons, des menus et de leur listener d'action dans le logiciel, afin d'éviter à l'avenir la répétition inutile de ce code dans les programmes de test et l'application finale.

Opérations Annuler/Refaire dans Swing

Aussitôt qu'on veut être capable d'annuler une modification faite dans une application, il est fondamental de s'intéresser à la gestion des opérations annulables, car la mise en place de cette fonctionnalité oblige de prévoir pour chaque modification annulable, une méthode et son contraire dans les classes. C'est la principale raison pour laquelle l'équipe a décidé de programmer cette fonctionnalité le plus tôt possible dans Sweet Home 3D, afin d'éviter de trop nombreuses modifications dans les classes s'ils ne s'en occupent qu'à la fin. Thomas cherche ainsi à comprendre comment mettre en œuvre le système de gestion des opérations Annuler/Refaire dans Swing, qu'il va mettre en œuvre dans Sweet Home 3D.

ERGONOMIE Avantages des opérations Annuler/Refaire

La possibilité d'annuler la dernière opération effectuée est primordiale pour aider un utilisateur à s'initier à un logiciel : un débutant peut plus facilement tester sans risque les fonctionnalités du programme en lui évitant de recourir constamment à son mode d'emploi, puisqu'il sait que toute modification opérée dans le programme est annulable. La combinaison des opérations annuler et refaire est quant à elle intéressante pour comparer visuellement l'effet d'une commande dans le logiciel.

Opération annulable

La plupart des actions qu'effectue un utilisateur dans un logiciel ont pour but de modifier l'état d'un ou plusieurs objets de la couche métier. Pour annuler l'effet d'une modification lancée par une méthode *modify*, il faut logiquement ajouter au programme une méthode *unmodify* capable de rétablir l'état initial du ou des objets modifiés. Pour mettre en œuvre cette fonctionnalité, deux options sont possibles :

- Mémoriser dans la méthode *modify* une copie de l'état des objets avant de les modifier et restaurer dans la méthode *unmodify* l'état des objets à l'aide de cette copie.
- Programmer les instructions qui modifient l'état des objets dans la méthode *modify* sans tenir compte d'une future annulation et développer une méthode *unmodify* dont les instructions ont l'effet inverse de celles de *modify*.

Par exemple, si vous voulez annuler l'ajout d'un mot à une liste avec l'une ou l'autre de ces solutions, vous obtiendrez des méthodes `addWord` et `undoAddWord` suivantes :

Classe com.eteks.sweethome3d.test.WordListWithListCopy

```
package com.eteks.sweethome3d.test;

import java.util.*;

class WordListWithListCopy {
  private List<String> list =
      new ArrayList<String>();
  private List<String> listCopy;

  public void addWord(String word) {
    // Copie de la liste avant l'ajout du mot word
    this.listCopy = new ArrayList<String>(list); ❶
    this.list.add(word);
  }

  public void undoAddWord() {
    if (this.listCopy == null)
      throw new IllegalStateException();
    // Restauration de la liste avec la copie
    this.list.clear(); ❷
    this.list.addAll(this.listCopy);
    this.listCopy = null;
  }
}
```

Classe com.eteks.sweethome3d.test.WordListWithReverseAdd

```
package com.eteks.sweethome3d.test;

import java.util.*;

class WordListWithReverseAdd {
  private List<String> list =
      new ArrayList<String>();


  public void addWord(String word) {
    // Ajout direct du mot word
    this.list.add(word); ❸
  }


  public void undoAddWord() {
    if (this.list.isEmpty())
      throw new IllegalStateException();
    // Opération inverse de add
    int endIndex = this.list.size() - 1; ❹
    this.list.remove(endIndex);
  }

}
```

La méthode `addWord` de la classe `WordListWithListCopy` crée une copie de la liste ❶ avant d'ajouter le mot en paramètre, ce qui permet à la méthode `undoAddWord` de restaurer l'état de la liste ❷ tel qu'il était avant le dernier appel à `addWord`. De son côté, la méthode `addWord` de la classe `WordListWithReverseAdd` ajoute directement le mot en paramètre à la liste ❸ et la méthode `undoAddWord` fait appel à la méthode `remove` pour supprimer le dernier mot de la liste ❹.

La solution utilisée dans `WordListWithReverseAdd` est à l'évidence plus efficace, car elle est plus simple, elle évite de mémoriser une copie de la liste et, cerise sur le gâteau, il est même possible d'annuler plusieurs appels à `addWord` ! Mais elle peut être mise en œuvre ici uniquement parce que la classe `java.util.ArrayList` a une méthode `remove` capable d'effectuer l'**opération inverse** de `add`.

À RETENIR Programmation des annulations

Si vous voulez être capable d'annuler une opération dans un logiciel, prévoyez dès le départ des méthodes dans les classes capables d'effectuer une opération de modification et son inverse. Si ça n'est pas possible ou si vous devez ajouter cette fonctionnalité après coup, vous pouvez toujours vous tourner vers la solution qui passe par la copie de l'état d'un objet avant modification. Cette solution est généralement moins efficace d'autant plus si votre programme doit être capable de gérer un historique de plusieurs annulations.

Gestionnaire de l'historique des annulations

Une fois développée l'annulation d'une opération, la programmation d'une méthode capable de refaire l'opération annulée coule de source la plupart du temps. Mais un programme moderne doit aussi offrir la possibilité d'annuler plusieurs opérations effectuées successivement, pour revenir à un état antérieur. Il faut donc être capable de gérer un historique des opérations annulables, fonctionnalité pour laquelle la classe `javax.swing.undo.UndoManager` a été conçue. Cette classe enregistre un ensemble d'opérations annulables dont la classe implémente l'interface `javax.swing.undo.UndoableEdit`. Les méthodes `undo` et `redo` de cette interface sont les plus intéressantes, car ce sont dans ces méthodes qu'un programmeur décrit comment annuler ou refaire une opération. Pour éviter d'avoir à implémenter les 9 autres méthodes de `UndoableEdit`, il suffit de créer une classe d'opération annulable en dérivant de la classe squelette `AbstractUndoableEdit` qui implémente cette interface.

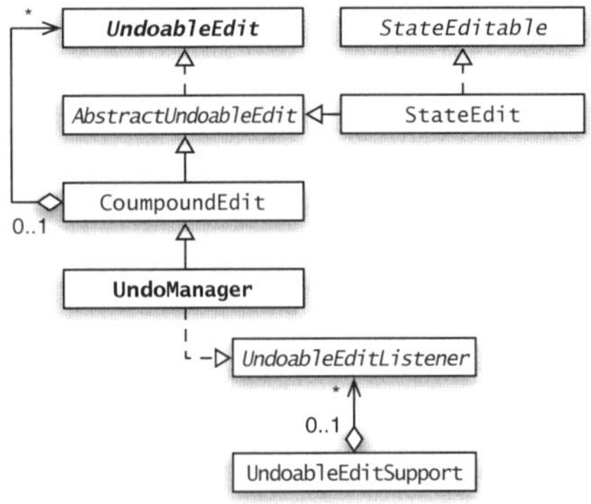

Figure 7–1 Diagramme des classes de gestion des opérations annulables

SWING Classes de gestion des opérations annulables

La figure 7-1 présente le diagramme des classes du package `javax.swing.undo` (sauf l'interface `UndoableEditListener` qui appartient au package `javax.swing.event` comme tous les types Swing relatifs à la gestion événementielle).

L'interface `javax.swing.undo.UndoableEdit` spécifie de nombreuses méthodes dont voici la liste :

```
void undo() throws CannotUndoException;
boolean canUndo();
void redo() throws CannotRedoException;
boolean canRedo();
void die();
boolean addEdit(UndoableEdit anEdit);
boolean replaceEdit(UndoableEdit anEdit);
boolean isSignificant();
String getPresentationName();
String getUndoPresentationName();
String getRedoPresentationName();
```

Dans les faits, il est rare qu'on implémente toutes ces méthodes dans une classe d'opération annulable ; on crée plutôt des sous-classes de `javax.swing.undo.AbstractUndoableEdit` où on redéfinit au moins les méthodes `undo` et `redo` dont l'implémentation par défaut dans `AbstractUndoableEdit` doit être complétée. La méthode `getPresentationName` est redéfinie pour déterminer le texte qui sera ajouté aux chaînes localisées *Annuler* et *Refaire* renvoyés par les méthodes `getUndoPresentationName` et `getRedoPresentationName`.

Test unitaire du gestionnaire d'annulation

Afin de mieux comprendre leur fonctionnement, Thomas décide de tester les classes `UndoManager` et `AbstractUndoableEdit` sous la forme d'un test unitaire où il effectue des opérations annuler et refaire sur une liste à laquelle ont été ajoutés des mots.

Classe com.eteks.sweethome3d.test.UndoManagerTest

```
package com.eteks.sweethome3d.test;

import java.util.*;
import javax.swing.undo.*;
import junit.framework.TestCase;

public class UndoManagerTest extends TestCase {
  public void testUndoManager() {
    UndoManager manager = new UndoManager(); ❶
    List<String> list = new ArrayList<String>(); ❷

    manager.addEdit(new AddWordToListEdit(list, "a")); ❸
    manager.addEdit(new AddWordToListEdit(list, "b"));
    assertEquals(Arrays.asList(new String [] {"a", "b"}), list);

    manager.undo(); ❹
    assertEquals(Arrays.asList(new String [] {"a"}), list);

    manager.addEdit(new AddWordToListEdit(list, "c")); ❺
    assertEquals(Arrays.asList(new String [] {"a", "c"}), list);

    manager.undo(); ❻
    assertEquals(Arrays.asList(new String [] {"a"}), list);

    manager.redo(); ❼
    assertEquals(Arrays.asList(new String [] {"a", "c"}), list);

    assertTrue(manager.canUndo());
    assertFalse(manager.canRedo());
  }

  private static class AddWordToListEdit
                extends AbstractUndoableEdit { ❽
    private List<String> list; ❾
    private String       word;

    public AddWordToListEdit(List<String> list, String word) {
      this.list = list;
      this.word = word;
```

❶ Création d'un gestionnaire d'annulation.

❷ Création d'une liste de mots.

❸ Ajouts de chaînes à la liste en gérant l'annulation de ces ajouts avec le gestionnaire d'annulation.

❹ Annulation du dernier ajout et vérification que la liste ne contient plus que la chaîne "a".

❺ Ajout de la chaîne "c" à la place de "b".

❻ Annulation du dernier ajout et vérification que la liste ne contient plus que la chaîne "a".

❼ Refaire la dernière annulation et vérification que la liste contient les chaînes "a" et "c".

Vérification qu'on peut toujours annuler mais qu'on a rien à refaire.

❽ Classe interne d'opération annulable.

❾ Liste sur laquelle une opération d'ajout du mot `word` intervient.

```
      doEdit(); ❿
    }

    private void doEdit() {
      this.list.add(this.word); ⓫
    }

    @Override
    public void undo() throws CannotUndoException {
      super.undo();
      int endIndex = list.size() - 1;
      this.list.remove(endIndex); ⓬
    }

    @Override
    public void redo() throws CannotRedoException {
      super.redo();
      doEdit(); ⓭
    }
  }
}
```

Ajout du mot dans la liste au moment où cette opération annulable est créée.

Ajoute le mot `word` à la liste `list`.

Redéfinition de la méthode `undo` pour supprimer le dernier mot de la liste.

Redéfinition de la méthode `redo` pour ajouter à nouveau le mot `word` à fin de la liste.

Le test `testUndoManager` de cette classe ajoute ❸ ❺ des chaînes à une liste ❷ par le biais d'opérations annulables ❽ gérées par un gestionnaire d'annulation ❶, et effectue des opérations annuler ❹ ❻ et refaire ❼. Chacune de ces opérations est ponctuée de tests `assert...` qui vérifient l'état présumé de la liste en fonction de l'opération. Chaque nouvel objet d'opération annulable créé a pour effet d'ajouter la chaîne en paramètre à la liste ❿ ⓫ et de mémoriser les informations nécessaires dans des champs ❾ de l'objet, pour que cette opération puisse être annulée ⓬ et refaite ultérieurement ⓭.

Diagramme de séquence de l'annulation d'une opération

La figure 7-2 représente le diagramme de séquence d'une opération `undo` lancée par le gestionnaire d'annulation.

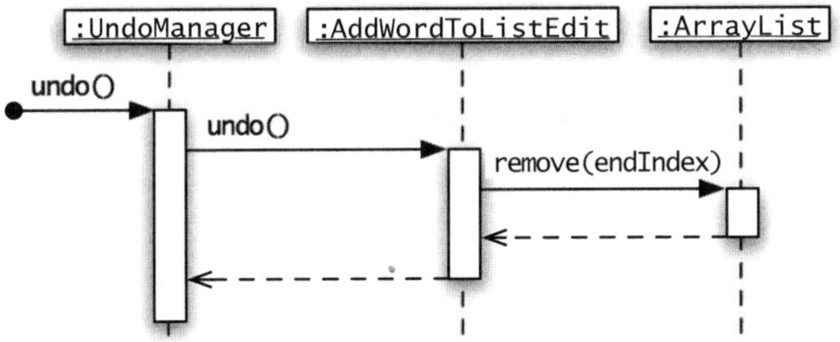

Figure 7–2
Diagramme de séquence d'une annulation

Ce diagramme montre qu'à l'appel de undo sur une instance de la classe UndoManager, celui-ci va appeler à son tour la méthode undo sur la dernière opération annulable qui lui a été ajoutée, qui appelle ici la méthode remove sur la liste. L'appel à la méthode redo fonctionne sur le même principe.

B.A.-BA Design pattern commande

Le design pattern *commande* encapsule l'appel d'une méthode sur un objet pour présenter une interface uniforme à l'objet qui y fera appel. Ceci permet d'annuler toutes sortes d'opérations avec la classe UndoManager du moment que cette opération est encapsulée dans une méthode undo.

REGARD DU DÉVELOPPEUR Design patterns dans UndoManager

La classe UndoManager met en œuvre deux design patterns :

- le pattern *commande* appliqué par l'interface UndoableEdit pour encapsuler ici l'appel de la méthode remove sur la liste ;
- le pattern *décorateur* appliqué à la classe UndoManager qui implémente elle-même l'interface UndoableEdit pour gérer un ensemble d'opérations annulables.

Gestion des notifications d'opérations annulables

La classe javax.swing.undo.UndoableEditSupport permet de notifier la création d'une nouvelle opération annulable à une liste de listeners qui implémentent l'interface javax.swing.event.UndoableEditListener. Cette fonctionnalité est intéressante par exemple pour désactiver ou réactiver les menus *Annuler* et *Refaire* d'une application en réponse à la création d'une opération annulable.

Test unitaire du gestionnaire de notification

Thomas ajoute à la classe com.eteks.sweethome3d.test.UndoManagerTest une deuxième méthode de test testUndoable EditSupport qui vérifie le fonctionnement de la classe UndoableEditSupport.

Méthode testUndoableEditSupport de la classe UndoManagerTest

```
public void testUndoableEditSupport() {
  UndoableEditSupport editSupport = new UndoableEditSupport(); ❶

  UndoManager manager = new UndoManager(); ❷
  editSupport.addUndoableEditListener(manager); ❸
  List<String> list = new ArrayList<String>();

  final UndoableEdit edit = new AddWordToListEdit(list, "a"); ❹

  editSupport.addUndoableEditListener(new UndoableEditListener() {
    public void undoableEditHappened(UndoableEditEvent ev) { ❺
      assertEquals(edit, ev.getEdit());
    }
  });
  assertFalse(manager.canUndo());
  editSupport.postEdit(edit); ❻
```

❶ Création d'un gestionnaire de notification d'opérations annulables.

❷ ❸ Création d'un gestionnaire d'annulation qui reçoit les nouvelles opérations annulables par le biais du gestionnaire de notification.

❹ Création d'une opération annulable.

❺ Ajout au gestionnaire de notification d'un autre listener qui vérifie que l'opération annulable qui sera postée sera bien l'opération annulable créée précédemment.

❻ Envoi d'une opération annulable au gestionnaire de notification.

```
    assertTrue(manager.canUndo());
}
```

◄ Vérification que le gestionnaire d'annulation a bien reçu l'opération annulable.

Quand on met en œuvre la classe UndoableEditSupport ❶, on n'ajoute plus ❻ directement les nouvelles opérations annulables ❹ à une instance d'UndoManager mais indirectement en faisant du gestionnaire d'annulation ❷ un listener du gestionnaire de notification ❸, puis en appelant la méthode postEdit ❻ qui avertit tous les listeners ❷ ❺ qu'une nouvelle opération annulable a été créé.

Bien que le package javax.swing.undo contienne d'autres classes comme CompoundEdit qui permet de regrouper plusieurs opérations annulables en une seule, Thomas arrête là l'exploration de ce package puisque les classes UndoableEditSupport, UndoManager et AbstractUndoableEdit semblent suffire à ses besoins.

POUR ALLER PLUS LOIN Vérifier l'appel du listener

Le test assertTrue programmé à l'intérieur du listener est bien exécuté parce que la classe UndoableEditSupport de la bibliothèque standard Java a bien sûr été correctement développée. Mais à la façon dont Thomas a programmé le test, rien ne prouve que ce listener (et par conséquent son test assertTrue) sera bien appelé. Une des façons de programmer cette vérification sera abordée au moment de la création du composant graphique du plan.

Gestion des opérations annulables dans le projet

Après l'étude des classes Swing de gestion des opérations annulables, Thomas décide d'intégrer un gestionnaire d'annulation dans la classe com.eteks.sweethome3d.swing.HomeController pour rendre annulables les opérations de modifications effectuées sur un logement. Dans ce scénario, ce gestionnaire sera utilisé pour permettre d'annuler et de refaire les opérations d'ajout et de suppression de meubles, effectuées par les méthodes addFurniture et deleteSelection de la classe FurnitureController. Il intègre ces modifications dans le diagramme de la figure 7-3, où il représente aussi les nouvelles méthodes qu'il va devoir ajouter à HomeController et à com.eteks.sweethome3d.model.Home :

- les méthodes undo et redo dans la classe HomeController, qui permettront d'annuler et refaire la dernière opération annulable sur un logement ;
- la méthode addPieceOfFurniture dans la classe Home dont le second paramètre spécifiera l'indice d'insertion d'un meuble dans le logement. Cette seconde méthode d'ajout de meuble sera nécessaire pour annuler la suppression d'un meuble et le réinsérer à l'indice utilisé avant sa suppression.

JFACE Gestion des annulations dans JFace

Les classes du package org.eclipse.core.commands.operations proposent un gestionnaire d'annulation équivalent à celui de Swing (à ne pas confondre avec les classes de gestion des annulations du package org.eclipse.jface.text qui ne s'adressent qu'aux contrôles textuels). Par ailleurs, notez que dans la perspective de la réutilisation de la classe HomeController dans une version SWT/JFace de l'application, la dépendance du contrôleur vers les classes Swing de gestion des opérations annulables n'est pas gênante. En effet, les types du package javax.swing.undo et la classe javax.swing.event.UndoableEditEvent ne sont pas liées aux classes de composants Swing.

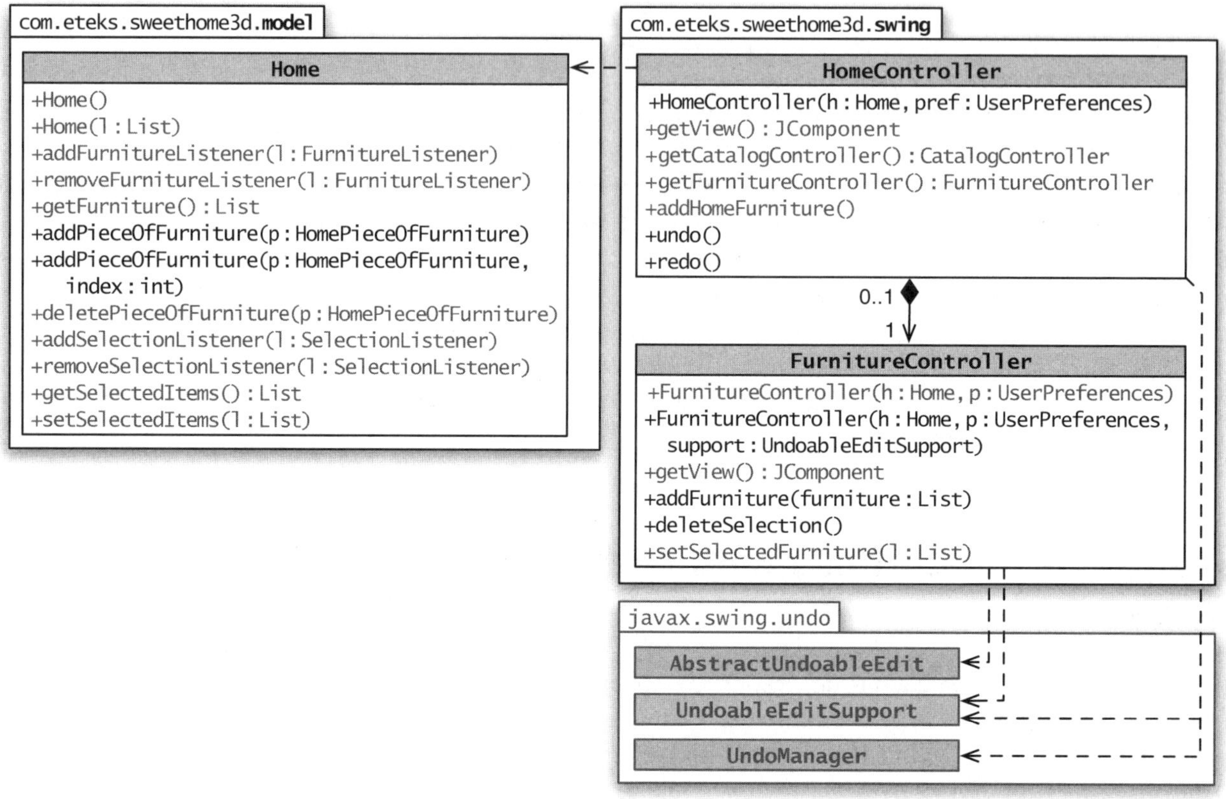

Figure 7–3 Diagramme des classes modifiées pour la gestion de l'annulation

Activation et désactivation des actions

À l'issue de ce scénario, les listeners des quatre boutons *Ajouter*, *Supprimer*, *Annuler* et *Refaire* et des menus correspondants lanceront les méthodes `addHomeFurniture`, `deleteHomeFurniture`, `undo` et `redo` de la classe `HomeController`. Ces boutons et ces menus devront par ailleurs être activés et désactivés, en fonction de la sélection en cours dans l'arbre et le tableau, ou du nombre d'opérations annulables en cours, pour informer l'utilisateur que les opérations correspondantes sont possibles ou non. Comme la programmation de ces listeners et des instructions d'activation/désactivation sont très similaires d'une opération à l'autre, Thomas et Margaux cherchent un moyen de factoriser le code de ces opérations.

Notion d'action

Il est courant dans une interface graphique de proposer à l'utilisateur plusieurs moyens pour effectuer une même opération grâce à un bouton d'une barre d'outils, un menu, un raccourci clavier ou un menu contextuel. Pour faciliter la configuration de composants qui représentent une même opération, Swing propose le concept d'*action* représenté par l'interface `javax.swing.Action` : cette sous-interface de `java.awt.event.ActionListener` associe une opération décrite dans une méthode `actionPerformed` avec son nom, son icône et son raccourci clavier, le fait que cette opération soit activée ou non... Pour vous simplifier la vie, il existe même dans les classes `JToolBar`, `JMenu` et `JPopupMenu`, des méthodes `add` qui prennent en paramètre une référence de type `Action`, dont le rôle est d'ajouter un bouton ou un élément de menu correspondant à une action dans une barre d'outils ou dans un menu.

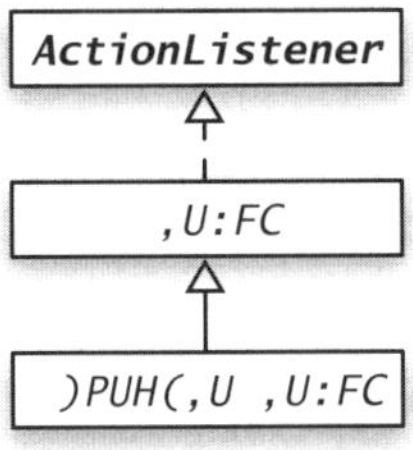

Figure 7–4 Diagramme des classes d'action

> SWING **Classe KeyStroke**
>
> Un objet de classe `javax.swing.KeyStroke` représente l'enfoncement ou le relâchement d'une touche du clavier, combinée ou non avec les touches *Majuscule*, *Ctrl*, *Alt*... Pour obtenir une instance de cette classe, il faut appeler une de ses méthodes `static getKeyStroke` en lui passant en paramètre un caractère ou le code d'une touche du clavier, et une combinaison des codes des modificateurs de touche qui correspondent aux touches *Ctrl*, *Alt*... Les codes des touches sont des constantes de la classe `java.awt.event.KeyEvent` qui débutent par VK_ (comme VK_A ou VK_F1), tandis que les codes des modificateurs de touche sont des constantes de sa super-classe `InputEvent` qui se terminent par DOWN_MASK (comme CTRL_DOWN_MASK). La classe `KeyStroke` a aussi une méthode `getKeyStroke` qui prend une chaîne en paramètre représentant une touche et ses modificateurs, comme `"control C"` ou `"alt F4"`.

L'interface `Action` propose les six méthodes décrites dans le tableau 7-1 ainsi que les huit propriétés standards du tableau 7-2 qui permettent de décrire une action dans une interface utilisateur.

Tableau 7–1 Méthodes de l'interface Action

Méthode	Description
`void putValue(String key, Object value)` `Object getValue(String key)`	Modifie ou renvoie la valeur de la propriété d'une action qui correspond à la clé `key` ; voir le tableau 7-2 qui décrit les clés prédéfinies sur une action et les types des valeurs attendues pour chaque propriété.
`void setEnabled(boolean b)` `boolean isEnabled()`	Active ou désactive une action.
`void addPropertyChangeListener( PropertyChangeListener listener)` `void removePropertyChangeListener( PropertyChangeListener listener)`	Ajoute ou retire un listener de type `PropertyChangeListener` à une action. Les boutons et les menus créés à partir d'une action ajoutent automatiquement un listener de ce type sur celle-ci pour refléter dans l'interface utilisateur les modifications d'une de ses propriétés.

Tableau 7–2 Propriétés prédéfinies de l'interface Action

Clé	Texte de la clé	Type de la propriété	Description de la propriété
NAME	"Name"	java.lang.String	Nom utilisé comme intitulé dans un menu.
SHORT_DESCRIPTION	"ShortDescription"	java.lang.String	Description courte utilisée pour l'infobulle.
LONG_DESCRIPTION	"LongDescription"	java.lang.String	Description longue pour une aide contextuelle par exemple.
SMALL_ICON	"SmallIcon"	javax.swing.Icon	Icône utilisée dans un bouton de barre d'outils.
ACTION_COMMAND_KEY	"ActionCommandKey"	java.lang.String	Clé de l'action utilisable pour associer des touches du clavier à une action dans un composant.
ACCELERATOR_KEY	"AcceleratorKey"	javax.swing.KeyStroke	Raccourci clavier.
MNEMONIC_KEY	"MnemonicKey"	java.lang.Integer	Mnémonique utilisé dans un menu pour la navigation au clavier.
DEFAULT	"Default"		Non utilisé.

Au lieu d'implémenter soi-même les méthodes de l'interface `Action`, on a recours à la classe `javax.swing.AbstractAction` qui les définit toutes. Cette classe reste abstraite car pour mettre en place une action, il vous reste à implémenter dans une classe d'action concrète la méthode `actionPerformed` héritée de l'interface `ActionListener`.

Utilisation des actions dans la vue

Thomas et Margaux choisissent d'utiliser la classe `AbstractAction` dans la classe `HomePane` pour représenter les opérations des boutons et des éléments de menu *Ajouter*, *Supprimer*, *Annuler* et *Refaire*, car ces quatre actions seront présentes dans l'application finale. Comme c'est à la classe `HomeController` d'activer ou de désactiver ces actions, ils vont ajouter à ces deux classes les méthodes représentées dans le diagramme de la figure 7-5 :

- la méthode `private createActions` qui sera appelée par le constructeur de `HomePane` ❹ et se chargera de créer les objets d'actions (par défaut, les actions seront désactivées) ;
- la méthode `setEnabled` dans la classe `HomePane` pour activer ou non une de ses actions. Le premier paramètre de cette méthode sera une constante de l'énumération `ActionType` interne de `HomePane` représentant l'action en question ;
- la méthode `setUndoRedoName` pour mettre à jour le nom et la description courte des actions *Annuler* et *Refaire* ;
- la méthode `private addListeners` qui sera appelée par le constructeur de `HomeController` ❼ pour positionner des listeners de type `SelectionListener` ❶ et `UndoableEditListener` ❽ sur le catalogue ❸, le logement ❷ et le gestionnaire d'annulation ❾ afin d'activer ou de désactiver les actions créées dans `HomePane`.

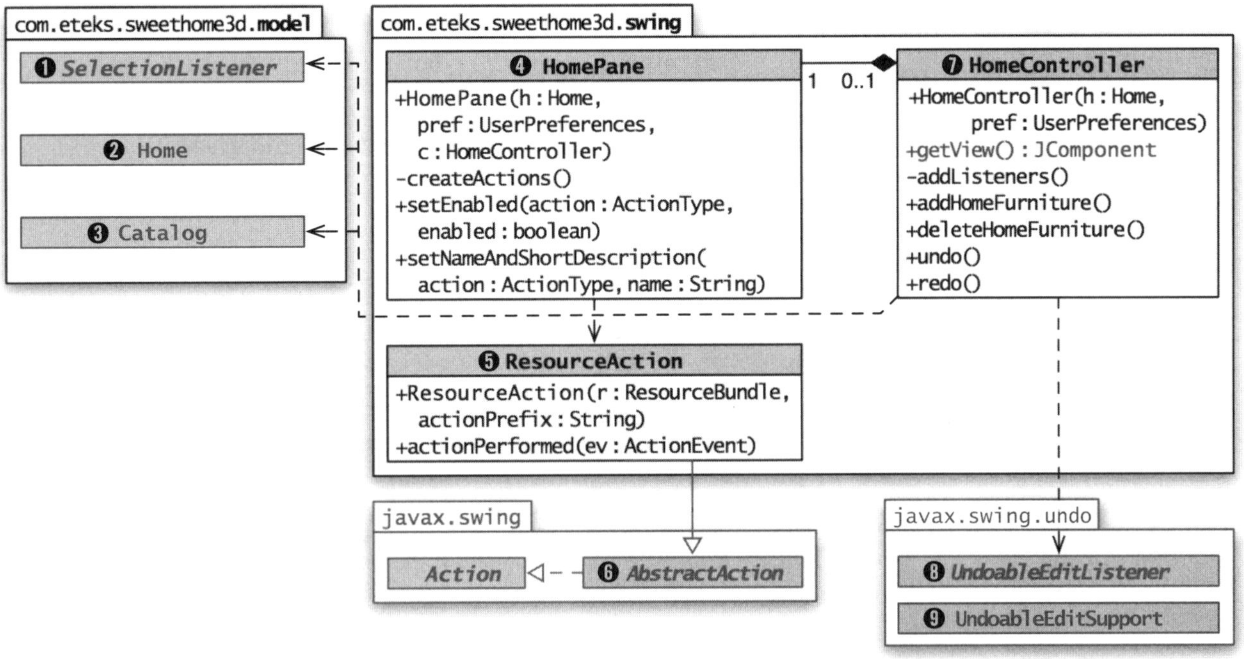

Figure 7–5 Diagramme des classes avec utilisation des actions

Les quatre objets d'actions ne seront pas des sous-classes directes d'`AbstractAction` ❻ mais de `com.eteks.sweethome3d.swing.ResourceAction` ❺, qui aura pour rôle de lire les valeurs localisées des propriétés d'une action définie avec un certain préfixe dans un fichier fourni en ressource. Ces objets seront ajoutés au dictionnaire des actions de la classe `HomePane` renvoyé par la méthode `getActionMap` héritée de `JComponent`.

SWING Dictionnaire des actions

La classe `JComponent` propose d'enregistrer les actions disponibles sur un composant dans un dictionnaire d'actions de classe `javax.swing.ActionMap` renvoyé par la méthode `getActionMap`. La méthode `put` de la classe `ActionMap` associe simplement une action de type `javax.swing.Action` à une clé de type `Object`.

Programme de test des actions annulables

Comme le programme du scénario de test n° 4 ressemble beaucoup à celui du scénario précédent, Thomas décide d'implémenter ce scénario dans une seconde méthode `testUndoableActionsOnTable` de la classe `com.eteks.sweethome3d.junit.HomeControllerTest` où il partage avec des champs les variables en commun dans les tests `testHomeFurniture` et `testHomeFurnitureUndoableActions` :

1. Il extrait la première partie de la méthode `testHomeFurniture` dans la méthode `setUp` d'initialisation de la classe `HomeControllerTest`.
2. Il transforme les variables locales `home`, `homeController`, `catalogTree`, `furnitureController` et `furnitureTable` de cette méthode en

champs, en utilisant l'outil d'Eclipse accessible par le menu *Refactor>Convert Local Variable to Field...*

3 Il implémente le scénario dans la méthode `testHomeFurnitureUndoableActions`.

Classe com.eteks.sweethome3d.junit.HomeControllerTest (modifiée)

Champs partagés entre les tests de `HomeControllerTest`.

Méthode d'initialisation de tous les tests de la classe.

Initialisation des champs partagés entre les méthodes de test `testHomeFurniture` et `testHomeFurnitureUndoableActions`.

Test du scénario n° 3.

Test du scénario n° 4.

Vérification que toutes les actions sont désactivées.

Sélection des deux premiers meubles dans l'arbre.

Vérification que seule l'action *Ajouter* est activée.

```
package com.eteks.sweethome3d.junit;

import java.util.List;
import javax.swing.*;
import junit.framework.TestCase;
import com.eteks.sweethome3d.io.DefaultUserPreferences;
import com.eteks.sweethome3d.model.*;
import com.eteks.sweethome3d.swing.*;

public class HomeControllerTest extends TestCase {
  private Home                home;
  private HomeController      homeController;
  private CatalogTree         catalogTree;
  private FurnitureController furnitureController;
  private FurnitureTable      furnitureTable;

  @Override
  protected void setUp() {
    UserPreferences preferences = new DefaultUserPreferences();

    this.home = new Home();
    this.homeController = new HomeController(home, preferences);
    CatalogController catalogController =
        homeController.getCatalogController();
    this.catalogTree = (CatalogTree)catalogController.getView();
    this.furnitureController =
        homeController.getFurnitureController();
    this.furnitureTable =
        (FurnitureTable)furnitureController.getView();
  }

  public void testHomeFurniture() {
    catalogTree.expandRow(0);
    // Suite inchangée...
  }

  public void testHomeFurnitureUndoableActions() {
    assertActionsEnabled(false, false, false, false); ❶

    catalogTree.expandRow(0);
    catalogTree.addSelectionInterval(1, 2);

    assertActionsEnabled(true, false, false, false);
```

```
    runAction(HomePane.ActionType.ADD_HOME_FURNITURE); ❷
    List<HomePieceOfFurniture> furniture =
        home.getFurniture();
    assertActionsEnabled(true, true, true, false);

    furnitureTable.setRowSelectionInterval(0, 0);
    runAction(HomePane.ActionType.DELETE_HOME_FURNITURE); ❸
    assertActionsEnabled(true, false, true, false);

    runAction(HomePane.ActionType.undo); ❹
    HomePieceOfFurniture firstPiece = furniture.get(0);
    assertEquals(firstPiece, home.getFurniture().get(0));
    assertEquals(firstPiece, home.getSelectedItems().get(0));
    assertActionsEnabled(true, true, true, true);
    runAction(HomePane.ActionType.undo);
    assertTrue(home.getFurniture().isEmpty());
    assertActionsEnabled(true, false, false, true);

    runAction(HomePane.ActionType.redo); ❺
    assertEquals(furniture, home.getFurniture());
    assertEquals(furniture, home.getSelectedItems());
    assertActionsEnabled(true, true, true, true);
    runAction(HomePane.ActionType.redo);
    assertEquals(furniture.get(1), home.getFurniture().get(0));
    assertTrue(home.getSelectedItems().isEmpty());
    assertActionsEnabled(true, false, true, false);
  }

  // Méthodes runAction, getAction, assertActionsEnabled, main
}
```

- Ajout des meubles sélectionnés au tableau.
- Récupération de la liste des meubles ajoutés.
- Vérification que les actions *Ajouter*, *Supprimer* et *Annuler* sont activées.
- Suppression du premier meuble du tableau.
- Vérification que les boutons *Ajouter* et *Annuler* sont activés.
- Annulation de l'opération précédente.
- Vérification que le logement contient le meuble supprimé, qu'il est sélectionné, et que tous les actions sont activées.
- Annulation de la première opération.
- Vérification que le logement est vide et que seules les actions *Ajouter* et *Refaire* sont activées.
- Refaire la première opération.
- Vérification que le logement contient les deux meubles ajoutés au départ, qu'ils sont sélectionnés et que toutes les actions sont activées.
- Refaire l'opération de suppression.
- Vérification que le tableau ne contient plus qu'un meuble non sélectionné, et que les actions *Ajouter* et *Annuler* sont activées.

Thomas a simulé ici l'action ❷ ❸ ❹ ❺ sur un bouton en appelant la méthode `actionPerformed` ❻ de l'instance d'`Action` à laquelle il correspond ❼, à l'aide de la méthode `runAction` qui suit :

Méthodes runAction et getAction de la classe HomeControllerTest

```
private void runAction(HomePane.ActionType actionType) {
  getAction(actionType).actionPerformed(null); ❻
}

private Action getAction(HomePane.ActionType actionType) {
  JComponent homeView = this.homeController.getView();
  return homeView.getActionMap().get(actionType); ❼
}
```

- Appelle la méthode `actionPerformed` sur l'action de clé `actionType`.
- Renvoie l'action associée à la clé `actionType` dans le dictionnaire des actions de la vue `HomePane`.

Pour vérifier l'activation ou la désactivation des boutons et des éléments de menus ❶, il a ajouté une méthode `assertActionsEnabled` qui teste si l'état activé/désactivé des actions de clés `ADD_HOME_FURNITURE`, `DELETE_HOME_FURNITURE`, `UNDO` et `REDO` correspond aux paramètres reçus.

Méthode assertActionsEnabled de la classe HomeControllerTest

Vérifie que l'état activé/désactivé des quatre actions correspond aux valeurs booléennes reçues en paramètres.

```
private void assertActionsEnabled(boolean addActionEnabled,
                                  boolean deleteActionEnabled,
                                  boolean undoActionEnabled,
                                  boolean redoActionEnabled) {
  assertTrue(getAction(HomePane.ActionType.
      ADD_HOME_FURNITURE).isEnabled() == addActionEnabled);
  assertTrue(getAction(HomePane.ActionType.
      DELETE_HOME_FURNITURE).isEnabled() == deleteActionEnabled);
  assertTrue(getAction(HomePane.ActionType.
      UNDO).isEnabled() == undoActionEnabled);
  assertTrue(getAction(HomePane.ActionType.
      REDO).isEnabled() == redoActionEnabled);
}
```

Finalement, il élimine de la classe `ViewTest` de la vue de test les instructions de création de la barre d'outils, qui seront désormais intégrées à la classe `HomePane`. Cette vue ne fait donc plus qu'afficher dans une fenêtre ❾ le panneau associé à l'instance de `HomeController` ❽.

Classe interne ViewTest de la classe HomeControllerTest

```
private static class ViewTest extends JRootPane {
  public ViewTest(final HomeController controller) {
   getContentPane().add(controller.getView()); ❽
  }

  public void displayView() {
    JFrame frame = new JFrame("Home Controller Test") {
      {
        setRootPane(ViewTest.this); ❾
      }
    };
    frame.pack();
    frame.setDefaultCloseOperation(JFrame.EXIT_ON_CLOSE);
    frame.setVisible(true);
  }
}
```

REGARD DU DÉVELOPPEUR Avantages des actions

Le recours aux actions a pour but principal de factoriser le code qu'ont en commun les composants de l'interface utilisateur. Dans les programmes de test, il permet aussi de simuler le comportement de l'application ❻ sans même savoir si la version finale du logiciel présentera ces objets d'actions sous la forme d'éléments de menus et/ou de boutons.

Gestion de l'annulation et des actions actives dans les contrôleurs

Une fois la programmation du test terminé, Thomas commence par la modification de la classe `com.eteks.sweethome3d.swing.HomeController` :

1 Il ajoute à la classe les champs `undoSupport` et `undoManager` pour mémoriser les gestionnaires d'annulation.

2 Dans son constructeur, il crée les instances des classes `UndoableEditSupport`, `UndoManager`, `ResourceBundle` et ajoute un appel à la méthode `addListeners`.

3 Il passe l'instance de `UndoableEditSupport` en paramètres au constructeur de `FurnitureController`.

4 Il implémente la méthode `addListeners` pour positionner des listeners de sélection sur le logement, le catalogue et sur le gestionnaire d'annulation.

5 Il implémente les méthodes `undo` et `redo` grâce aux méthodes du gestionnaire d'annulation.

Classe com.eteks.sweethome3d.swing.HomeController (modifiée)

```
package com.eteks.sweethome3d.swing;

import java.util.*;
import javax.swing.JComponent;
import javax.swing.event.*;
import javax.swing.undo.*;
import com.eteks.sweethome3d.model.*;

public class HomeController {
  private Home                 home;
  private UserPreferences      preferences;
  private JComponent           homeView;
  private CatalogController    catalogController;
  private FurnitureController furnitureController;
  private UndoableEditSupport undoSupport;
  private UndoManager          undoManager;

  public HomeController(Home home, UserPreferences preferences) {
    this.home = home;
    this.preferences = preferences;
    this.undoSupport = new UndoableEditSupport();
    this.undoManager = new UndoManager();
    this.undoSupport.addUndoableEditListener(this.undoManager);
    this.catalogController   = new CatalogController(
        preferences.getCatalog());
    this.furnitureController = new FurnitureController(
        home, preferences, this.undoSupport);
```

◄ Création des gestionnaires d'annulation et de notification des opérations annulables.

◄ Création des contrôleurs du catalogue et des meubles du logement.

Création de la vue.

Ajout des listeners.

Ajoute les listeners de suivi de modification de la sélection et des opérations annulables.

Annule la dernière opération annulable grâce au gestionnaire d'annulation.

Refait la dernière opération annulée grâce au gestionnaire d'annulation.

```
    this.homeView = new HomePane(home, preferences, this);
    addListeners();
  }

  // Méthodes getView, getCatalogController,
  // getFurnitureController et addHomeFurniture inchangées

  private void addListeners() {
    // TODO Add listeners on home, catalog and undo support
  }

  public void undo() {
    // TODO Undo last undoable operation
  }
  public void redo() {
    // TODO Redo last undone operation
  }
}
```

Listeners implémentés par le contrôleur

> ATTENTION **Accès aux méthodes de la vue**
>
> Un des moyens d'enrichir un couple de classes vue/contrôleur consiste à ajouter de nouvelles méthodes dans des sous-classes du contrôleur et/ou de la vue. Dans ce cas, la sous-classe du contrôleur peut redéfinir la méthode `getView` pour renvoyer l'instance de la nouvelle sous-classe de la vue. Dans cette optique, il faut appeler `getView` ❶ pour accéder aux méthodes de `HomePane` et ne pas utiliser directement le champ `homeView`.

La méthode `addListeners` a pour but de positionner des listeners qui vont activer ou désactiver les actions disponibles dans la vue. Comme la liste de ces actions s'allongera au fur et à mesure que l'application va s'enrichir de nouvelles fonctionnalités, Thomas découpe la méthode `addListeners` en trois méthodes :

- `addCatalogSelectionListener` qui positionne un listener de sélection sur le catalogue dont le rôle est d'activer l'action d'ajout de meubles quand cette sélection n'est pas vide ;
- `addHomeSelectionListener` qui ajoute un listener de sélection au logement dont le rôle est d'activer l'action de suppression de meubles quand cette sélection contient au moins un meuble ;
- `addUndoSupportListener` qui ajoute un listener au gestionnaire d'annulation pour activer l'action *Annuler*, désactiver l'action *Refaire* et mettre à jour leur intitulé.

Méthode addListeners de la classe HomeController

Ajoute au logement les listeners de mise à jour des actions.

Ajoute un listener de sélection sur le catalogue.

```
private void addListeners() {
  addCatalogSelectionListener();
  addHomeSelectionListener();
  addUndoSupportListener();
}

private void addCatalogSelectionListener() {
  this.preferences.getCatalog().addSelectionListener(
    new SelectionListener() {
      public void selectionChanged(SelectionEvent ev) {
```

```
        ((HomePane)getView()).setEnabled(
            HomePane.ActionType.ADD_HOME_FURNITURE,
            !ev.getSelectedItems().isEmpty());
      }
    });
}

private void addHomeSelectionListener() {
  this.home.addSelectionListener(new SelectionListener() {
    public void selectionChanged(SelectionEvent ev) {
      boolean selectionContainsFurniture = false;
      for (Object item : ev.getSelectedItems()) {
        if (item instanceof HomePieceOfFurniture) {
          selectionContainsFurniture = true;
          break;
        }
      }
      ((HomePane)getView()).setEnabled(
          HomePane.ActionType.DELETE_HOME_FURNITURE,
          selectionContainsFurniture);
    }
  });
}

private void addUndoSupportListener() {
  this.undoSupport.addUndoableEditListener(
    new UndoableEditListener () {
      public void undoableEditHappened(UndoableEditEvent ev) {
        HomePane view = ((HomePane)getView()); ❶
        view.setEnabled(HomePane.ActionType.undo, true);
        view.setEnabled(HomePane.ActionType.redo, false);
        view.setUndoRedoName(
            ev.getEdit().getUndoPresentationName(), null);
      }
    });
}
```

◂ Activation ou désactivation de l'action d'ajout de meubles dans le logement.

◂ Ajoute un listener de sélection sur le logement.

◂ Recherche si la sélection contient au moins un meuble.

◂ Activation ou désactivation de l'action de suppression des meubles.

◂ Ajoute un listener de suivi des opérations annulables dans le gestionnaire d'annulation.

◂ Activation de l'action *Annuler* et désactivation de l'action *Refaire*.

◂ Mise à jour de l'intitulé des actions *Annuler* et *Refaire*.

Opérations Annuler et Refaire

Thomas implémente ensuite les méthodes `undo` et `redo` de la classe `HomeController` en appelant les mêmes méthodes sur le gestionnaire d'annulation et en mettant à jour l'activation des actions correspondantes et leur libellé dans la vue.

Méthodes undo et redo de la classe HomeController

```
public void undo() {
  this.undoManager.undo();
  HomePane view = ((HomePane)getView());
```

◂ Annulation de la dernière opération.

Désactivation de l'action *Annuler* s'il n'y a plus d'opérations annulables et activation de l'action *Refaire*.

Mise à jour des libellés des actions *Annuler* et *Refaire*.

```
    boolean moreUndo = this.undoManager.canUndo();
    view.setEnabled(HomePane.ActionType.UNDO, moreUndo);
    view.setEnabled(HomePane.ActionType.REDO, true);

    if (moreUndo) {
      view.setUndoRedoName(
          this.undoManager.getUndoPresentationName(),
          this.undoManager.getRedoPresentationName());
    } else {
      view.setUndoRedoName(
          null, this.undoManager.getRedoPresentationName());
    }
  }
```

Refaire la dernière opération.

Activation de l'action *Annuler* et désactivation de l'action *Refaire* s'il n'y a plus d'opérations à refaire.

Mise à jour des libellés des actions *Annuler* et *Refaire*.

```
  public void redo() {
    this.undoManager.redo();
    HomePane view = ((HomePane)getView());

    boolean moreRedo = this.undoManager.canRedo();
    view.setEnabled(HomePane.ActionType.UNDO, true);
    view.setEnabled(HomePane.ActionType.REDO, moreRedo);

    if (moreRedo) {
      view.setUndoRedoName(
          this.undoManager.getUndoPresentationName(),
          this.undoManager.getRedoPresentationName());
    } else {
      view.setUndoRedoName(
          this.undoManager.getUndoPresentationName(), null);
    }
  }
```

Comme les méthodes `undo` et `redo` de la classe `HomeController` ne peuvent être appelées que si les actions correspondantes sont activées, Thomas n'a pas ajouté de contrôle dans ces méthodes qui vérifient si ces opérations peuvent être effectuées.

ATTENTION Fichier de propriétés des intitulés d'opérations annulables

Comme les autres éléments de l'interface utilisateur, les intitulés des opérations annulables qui compléteront les mots *Annuler* ou *Refaire* doivent être adaptés à la langue de l'utilisateur. Ces informations seront donc enregistrées dans des fichiers de propriétés localisés auxquels le programme accédera avec la classe `java.util.ResourceBundle`. Thomas crée ainsi une nouvelle famille de fichiers dont le préfixe est celui de la classe `FurnitureController`. Le fichier `FurnitureController.properties` de la langue par défaut contient pour l'instant les deux intitulés suivants :

```
undoAddFurnitureName=Add
undoDeleteSelectionName=Delete
```

Ajout et suppression de meubles dans le contrôleur du tableau

Thomas modifie ensuite la classe `com.eteks.sweethome3d.swing.FurnitureController` :

1. Il crée dans la classe un second constructeur qui prend un paramètre supplémentaire de type `UndoableEditSupport` qu'il mémorise dans un champ.
2. Il ajoute à la classe le champ `resource` qui permettra d'accéder au fichier de propriétés qui décrit les intitulés des opérations annulables.
3. Il modifie les méthodes `addFurniture` et `deleteSelection` pour enregistrer leurs opérations dans le gestionnaire d'annulation.

Classe com.eteks.sweethome3d.swing.FurnitureController (modifiée)

Les annotations optionnelles @Override des méthodes redéfinies undo et redo ont été supprimées pour raccourcir la présentation du programme.

```
package com.eteks.sweethome3d.swing;

import java.util.*;
import javax.swing.*;
import javax.swing.undo.*;
import com.eteks.sweethome3d.model.*;

public class FurnitureController {
  private Home                 home;
  private JComponent           furnitureView;
  private ResourceBundle       resource;
  private UndoableEditSupport undoSupport;

  public FurnitureController(Home home,
                             UserPreferences preferences) {
    this(home, preferences, null);
  }

  public FurnitureController(Home home,
                             UserPreferences preferences,
                             UndoableEditSupport undoSupport) {
    this.home = home;
    this.undoSupport = undoSupport;
    this.resource    = ResourceBundle.getBundle(
        FurnitureController.class.getName());
    this.furnitureView =
        new FurnitureTable(home, preferences, this);
  }

  // Méthodes getView et setSelectedFurniture inchangées

  public void addFurniture(List<HomePieceOfFurniture> furniture) {
    final List<Object> oldSelection =
        this.home.getSelectedItems(); ❶
    final HomePieceOfFurniture [] newFurniture = furniture.
        toArray(new HomePieceOfFurniture [furniture.size()]);
    final int [] furnitureIndex = new int [furniture.size()];
    int endIndex = home.getFurniture().size();
    for (int i = 0; i < furnitureIndex.length; i++) {
      furnitureIndex [i] = endIndex++; ❷
    }
    doAddFurniture(newFurniture, furnitureIndex); ❸
    if (this.undoSupport != null) {
      UndoableEdit undoableEdit = new AbstractUndoableEdit() {
        public void undo() throws CannotUndoException {
          super.undo();
          doDeleteFurniture(newFurniture); ❹
          home.setSelectedItems(oldSelection); ❺
        }
        public void redo() throws CannotRedoException {
          super.redo();
```

❶ Récupération de la sélection courante dans le logement.

❷ Création du tableau des indices auxquels seront ajoutés les meubles dans le logement.

❸ Ajout des meubles.

Création de l'opération annulable d'ajout.

❹❺ Suppression des meubles et sélection des meubles qui étaient sélectionnés avant l'ajout.

Ajout des meubles supprimés.

Renvoie le texte qui complétera les mots *Annuler* ou *Refaire* des menus d'annulation.

Envoi de l'opération annulable au gestionnaire de notification.

Ajoute au modèle un ensemble de meubles aux indices spécifiés en paramètres, puis sélectionne ces meubles.

Récupération de la liste des meubles du logement.

Création d'un dictionnaire qui classifie les meubles à supprimer dans l'ordre ascendant de leur indice dans le logement.

Récupération des meubles à supprimer dans l'ordre de leur indice.

Création du tableau des indices croissants des meubles à supprimer.

Suppression des meubles.

Création de l'opération annulable de suppression.

Ajout des meubles supprimés.

Suppression des meubles.

```
        doAddFurniture(newFurniture, furnitureIndex); ❻
      }
      public String getPresentationName() {
        return resource.getString("undoAddFurnitureName");
      }
    };
    this.undoSupport.postEdit(undoableEdit);
  }
}

private void doAddFurniture(HomePieceOfFurniture [] furniture,
                            int [] furnitureIndex) { ❼
  for (int i = 0; i < furnitureIndex.length; i++) {
    this.home.addPieceOfFurniture (furniture [i],
                                   furnitureIndex [i]);
  }
  this.home.setSelectedItems(Arrays.asList(furniture)); ❽
}

public void deleteSelection() {
  List<HomePieceOfFurniture> homeFurniture =
      this.home.getFurniture(); ❾
  Map<Integer, HomePieceOfFurniture> sortedMap =
      new TreeMap<Integer, HomePieceOfFurniture>(); ❿
  for (Object item : this.home.getSelectedItems()) {
    if (item instanceof HomePieceOfFurniture) {
      HomePieceOfFurniture piece = (HomePieceOfFurniture)item;
      sortedMap.put(homeFurniture.indexOf(piece), piece); ⓫
    }
  }
  final HomePieceOfFurniture [] furniture = sortedMap.values().
      toArray(new HomePieceOfFurniture [sortedMap.size()]); ⓬
  final int [] furnitureIndex = new int [furniture.length];
  int i = 0;
  for (int index : sortedMap.keySet()) {
    furnitureIndex [i++] = index; ⓭
  }
  doDeleteFurniture(furniture); ⓮
  if (this.undoSupport != null) {
    UndoableEdit undoableEdit = new AbstractUndoableEdit() {
      public void undo() throws CannotUndoException {
        super.undo();
        doAddFurniture(furniture, furnitureIndex); ⓯
      }
      public void redo() throws CannotRedoException {
        super.redo();
        home.setSelectedItems(Arrays.asList(furniture));
        doDeleteFurniture(furniture); ⓰
      }
```

```
        public String getPresentationName() {
          return resource.getString("undoDeleteSelectionName");
        }
      };
      this.undoSupport.postEdit(undoableEdit);
    }
  }

  private void doDeleteFurniture(
                        HomePieceOfFurniture [] furniture) { ⑰
    for (HomePieceOfFurniture piece : furniture) {
      this.home.deletePieceOfFurniture(piece);
    }
  }
}
```

◄ Renvoie le texte qui complétera les mots *Annuler* ou *Refaire* des menus d'annulation.

◄ Envoi de l'opération annulable au gestionnaire de notification.

◄ Supprime du modèle les meubles en paramètres et annule toute sélection dans le tableau.

Thomas a extrait le code des opérations annulables d'ajout et de suppression de meubles dans les méthodes `doAddFurniture` ❼ et `doDeleteFurniture` ⑰, pour factoriser leurs instructions et exprimer que l'ajout de meubles ❸ ❻ ⑮ a l'effet inverse de leur suppression ❹ ⑭ ⑯. Les indices auxquels les meubles doivent être insérés dans le logement à leur création ❸ sont simples à calculer, puisqu'ils sont ajoutés en fin de liste ❷. Pour la suppression des meubles, ces indices sont plus compliqués à déterminer. Il faut retrouver dans la liste des meubles du logement ❾ l'indice ❿ de chaque meuble à supprimer, et trier les meubles supprimés dans l'ordre croissant de leur indice, afin de les rajouter au logement dans cet ordre, au moment de l'annulation de leur suppression ⑮. Pour opérer ce tri, Thomas a recours ici à un dictionnaire de meubles trié dans l'ordre de ses clés entières ❿, dont il extrait finalement l'ensemble des meubles ⓫ ordonnés dans l'ordre de leur indice dans le logement ⓭. Notez aussi que Thomas a préféré garder l'ensemble des meubles à ajouter et leur indice dans des tableaux, plutôt que de conserver le dictionnaire trié afin de limiter la consommation de mémoire prise par ce type d'ensemble.

ERGONOMIE Gestion de la sélection

La gestion de la sélection après un ajout ou une suppression de meubles est inspirée du comportement constaté dans de nombreux logiciels, à savoir :

- Une fois créés, les nouveaux meubles sont sélectionnés ❽ et remplacent l'ancienne sélection dans le tableau ❶. À l'annulation d'un ajout, il faut donc resélectionner l'ancienne sélection ❺.
- Une fois supprimé un ensemble de meubles, la sélection dans le tableau est vide. À l'annulation d'une suppression, il faut donc resélectionner les meubles qui ont été supprimés ⑮ ❽.

Pour que l'utilisateur puisse visualiser la sélection des meubles ajoutés, il faut par ailleurs s'assurer que la plus grande partie de ceux-ci sont visibles à l'écran quand certaines lignes du tableau sont cachées, d'où l'appel à la méthode `makeRowVisible` programmé dans le listener de sélection du tableau, au cours du scénario précédent.

Indice d'insertion des meubles dans le logement

La modification dans la classe `com.eteks.sweethome3d.model.Home` est mineure : Thomas n'a qu'à reprendre le code de la méthode `addPieceOfFurniture` développée au cours du scénario précédent et utiliser l'indice en paramètre pour insérer un logement à la bonne place.

Méthodes addPieceOfFurniture de la classe Home

Ajoute le meuble `piece` à la fin de la liste des meubles du logement.

```
public void addPieceOfFurniture(HomePieceOfFurniture piece) {
  addPieceOfFurniture(piece, this.furniture.size() -1);
}
```

Ajoute à l'indice `index` le meuble `piece` dans la liste des meubles du logement.

```
public void addPieceOfFurniture(HomePieceOfFurniture piece,
                                int index) {
  this.furniture =
      new ArrayList<HomePieceOfFurniture>(this.furniture);
  this.furniture.add(index, piece);
  firePieceOfFurnitureChanged(piece, index,
      FurnitureEvent.Type.ADD);
}
```

Création des actions dans la vue du logement

Margaux choisit de compléter tout d'abord l'implémentation de la classe `com.eteks.sweethome3d.swing.HomePane` de la vue, dans laquelle les nouvelles méthodes ont été générées au cours de la rédaction de la classe `HomeController`. Elle développera ensuite la classe `com.eteks.sweethome3d.swing.ResourceAction`.

Intégration des actions dans la classe de la vue du logement

Margaux implémente dans la classe `HomePane` les méthodes `setEnabled`, `setUndoRedoName`, et lui ajoute les méthodes `private createActions`, `setNameAndShortDescription`, `getHomeMenuBar` et `getToolBar`.

Classe com.eteks.sweethome3d.swing.HomePane (modifiée)

Énumération des clés d'accès aux actions disponibles sur la vue.

```
package com.eteks.sweethome3d.swing;

import java.awt.BorderLayout;
import java.awt.event.ActionEvent;
import java.util.ResourceBundle;
import javax.swing.*;
import com.eteks.sweethome3d.model.*;

public class HomePane extends JRootPane {
  public enum ActionType {
      UNDO, REDO, ADD_HOME_FURNITURE, DELETE_HOME_FURNITURE}

  private ResourceBundle resource;
```

```
public HomePane(Home home, UserPreferences preferences,
                HomeController controller) {
  this.resource =
      ResourceBundle.getBundle(HomePane.class.getName());
  createActions(controller);
  setJMenuBar(getHomeMenuBar());
  getContentPane().add(getToolBar(), BorderLayout.NORTH);
  getContentPane().add(getCatalogFurniturePane(controller));
}
private void createActions(final HomeController controller) {

  ActionMap actions = getActionMap(); ❶
  actions.put(ActionType.UNDO,
    new ResourceAction(this.resource,
          ActionType.UNDO.toString()) {
      public void actionPerformed(ActionEvent ev) {
        controller.undo();
      }
    }); ❷
  actions.put(ActionType.REDO,
    new ResourceAction(this.resource,
          ActionType.REDO.toString()) {
      public void actionPerformed(ActionEvent ev) {
        controller.redo();
      }
    }); ❸
  actions.put(ActionType.ADD_HOME_FURNITURE,
    new ResourceAction(this.resource,
          ActionType.ADD_HOME_FURNITURE.toString()) {
      public void actionPerformed(ActionEvent ev) {
        controller.addHomeFurniture();
      }
    }); ❹
  actions.put(ActionType.DELETE_HOME_FURNITURE,
    new ResourceAction(this.resource,
          ActionType.DELETE_HOME_FURNITURE.toString()) {
      public void actionPerformed(ActionEvent ev) {
        controller.getFurnitureController().deleteSelection();
      }
    }); ❺
}
private JMenuBar getHomeMenuBar() {
  ActionMap actions = getActionMap();
  JMenu editMenu = new JMenu(
      new ResourceAction(this.resource, "EDIT_MENU")); ❻
  editMenu.setEnabled(true);
  editMenu.add(actions.get(ActionType.UNDO)); ❼
  editMenu.add(actions.get(ActionType.REDO));
```

◂ Lecture du fichier de propriétés des actions.

◂ Créations des actions de la vue.

◂ Modification de la barre de menus.

◂ Ajout de la barre d'outils et des panneaux à la vue.

◂ Crée les actions associées à cette vue, à partir des propriétés en ressource.

◂ Récupération du dictionnaire des actions.

◂ Ajout de l'action d'annulation.

◂ Ajout de l'action qui permet de refaire la dernière opération annulée.

◂ Ajout de l'action de création des meubles au logement

◂ Ajout de l'action de suppression des meubles du logement.

◂ Renvoie la barre de menus associée à cette vue.

◂ Création du menu *Edition* à partir de sa pseudo-action associée.

◂ Ajout des éléments du menu *Edition* configurés à partir de leur action.

Création du menu *Meubles*.

```
    JMenu furnitureMenu = new JMenu(
        new ResourceAction(this.resource, "FURNITURE_MENU")); ❽
    furnitureMenu.setEnabled(true);
```

Ajout des éléments du menu *Meubles* configurés à partir de leur action.

```
    furnitureMenu.add(
        actions.get(ActionType.ADD_HOME_FURNITURE)); ❾
    furnitureMenu.add(
        actions.get(ActionType.DELETE_HOME_FURNITURE));
```

Création de la barre de menus avec les deux menus *Edition* et *Meubles*.

```
    JMenuBar menuBar = new JMenuBar(); ❿
    menuBar.add(editMenu); ⓫
    menuBar.add(furnitureMenu);
    return menuBar;
  }
```

Renvoie la barre d'outils associée à cette vue.

```
  private JToolBar getToolBar() {
    JToolBar toolBar = new JToolBar();
    ActionMap actions = getActionMap();
```

Ajout des boutons à la barre d'outils dont les icônes et les listeners sont configurés à partir des actions associées à cette vue.

```
    toolBar.add(actions.get(ActionType.ADD_HOME_FURNITURE)); ⓬
    toolBar.add(actions.get(ActionType.DELETE_HOME_FURNITURE));
    toolBar.addSeparator();
    toolBar.add(actions.get(ActionType.UNDO));
    toolBar.add(actions.get(ActionType.REDO));
    return toolBar;
  }
```

Active ou désactive l'action qui correspond à la clé `actionType`.

```
  public void setEnabled(ActionType actionType,
                         boolean enabled) {
    getActionMap().get(actionType).setEnabled(enabled); ⓭
  }
```

Modifie le texte et la description courte des actions *Annuler/Refaire*.

```
  public void setUndoRedoName(String undoText, String redoText) {
    setNameAndShortDescription(ActionType.UNDO, undoText);
    setNameAndShortDescription(ActionType.REDO, redoText);
  }
```

Modifie le texte et la description courte de l'action qui correspond à la clé `actionType`.

```
  private void setNameAndShortDescription(ActionType actionType,
                                          String name) {
    Action action = getActionMap().get(actionType);
```

Si `name` est `null`, attribution du texte par défaut.

```
    if (name == null) {
      name = (String)action.getValue(Action.DEFAULT);
    }
```

Modification du texte et de la description de l'action.

```
    action.putValue(Action.NAME, name); ⓮
    action.putValue(Action.SHORT_DESCRIPTION, name);
  }
  // Méthode getCatalogFurniturePane inchangée
}
```

Dans la méthode `createActions`, Margaux récupère le dictionnaire des actions du composant ❶, puis y associe une instance de la classe `ResourceAction` à chacune des constantes de l'énumération `ActionType` ❷ ❸ ❹ ❺. Chacune de ces instances est implémentée en complétant sa méthode `actionPerformed` avec un appel à la méthode du contrôleur correspondante. Une fois ces actions enregistrées dans le dictionnaire, la création de la barre de menus s'effectue en créant une instance de

JMenuBar ⑩ à laquelle les instances de JMenu représentant les menus déroulants *Edition* et *Meubles* sont ajoutés ⑪. Comme la classe JMenu dispose d'un constructeur qui permet de configurer ses propriétés à partir d'une action, Margaux crée des menus ❻ ❽ dont l'intitulé est localisé, grâce une instance de la classe ResourceAction où elle n'implémente pas de méthode actionPerformed inutile pour la classe JMenu. Elle ajoute ensuite aux menus *Edition* et *Meubles* leurs éléments en appelant la méthode add ❼ ❾ de la classe JMenu qui prend en paramètre une référence de type Action. Cette méthode add crée une instance de JMenuItem en lui attribuant un intitulé, un mnémonique, un raccourci clavier et une icône à partir des propriétés d'une action. La création des boutons de la barre d'outils avec leur icône et leur infobulle s'effectue de façon similaire en appelant la méthode add ⑫ de la classe JToolBar.

SWING
Modification des propriétés d'une action

Les méthodes setEnabled ⑬ et putValue ⑭ de la classe AbstractAction enregistrent le changement de valeur d'une propriété d'une action, puis notifient cette modification sous la forme d'un événement de classe java.beans.PropertyChangeEvent aux listeners qui se sont enregistrés auprès d'une action. C'est grâce à cette notification que les boutons et les menus sont mis à jour quand une propriété d'une action est modifiée à l'exécution.

POUR ALLER PLUS LOIN **Menus contextuels**

La création d'un menu contextuel associé à un composant s'effectue de façon similaire à la création d'un menu de la barre de menus. Il suffit de créer une instance de JPopupMenu, d'y ajouter des actions avec la méthode add, puis d'associer un composant particulier avec ce menu avec la méthode setComponentPopupMenuMenu héritée de JComponent. Par exemple, les instructions suivantes ajoutées à la méthode getCatalogFurniturePane permettent de créer un menu contextuel contenant les éléments *Annuler*, *Refaire* et *Ajouter* pour l'arbre du catalogue :

```
JPopupMenu catalogMenu = new JPopupMenu();
ActionMap actions = getActionMap();
catalogMenu.add(actions.get(ActionType.UNDO));
catalogMenu.add(actions.get(ActionType.REDO));
catalogMenu.addSeparator();
catalogMenu.add(actions.get(ActionType.ADD_HOME_FURNITURE));
catalogView.setComponentPopupMenu(catalogMenu);
```

Lecture des propriétés d'une action

Margaux implémente finalement la classe com.eteks.sweethome3d.swing.ResourceAction qui se charge de lire les propriétés d'une action à partir d'une famille de fichiers de propriétés fournis en ressources.

Classe com.eteks.sweethome3d.swing.ResourceAction

```
package com.eteks.sweethome3d.swing;

import java.awt.event.ActionEvent;
import java.util.*;
import javax.swing.*;

public class ResourceAction extends AbstractAction {

  public ResourceAction(ResourceBundle resource,
                        String actionPrefix) {
```

◂ Crée une action dont les propriétés sont initialisées avec les valeurs des clés débutant par actionPrefix dans un fichier en ressource.

```
    String propertyPrefix = actionPrefix + ".";
    String name = resource.getString(propertyPrefix + NAME); ❶
```

Initialisation du nom de l'action et du texte par défaut.

```
    putValue(NAME, name);
    putValue(DEFAULT, name);
```

Initialisation optionnelle de la description courte de l'action.

```
    String shortDescription = getOptionalString(
        resource, propertyPrefix + SHORT_DESCRIPTION);
    if (shortDescription != null) {
      putValue(SHORT_DESCRIPTION, shortDescription);
    }
```

Initialisation optionnelle de la description longue de l'action.

```
    String longDescription = getOptionalString(
        resource, propertyPrefix + LONG_DESCRIPTION);
    if (longDescription != null) {
      putValue(LONG_DESCRIPTION, longDescription);
    }
```

Initialisation optionnelle de l'icône de l'action.

```
    String smallIcon = getOptionalString(
         resource, propertyPrefix + SMALL_ICON);
    if (smallIcon != null) {
      putValue(SMALL_ICON,
          new ImageIcon(getClass().getResource(smallIcon))); ❷
    }
```

Recherche d'un raccourci clavier spécifique au système en cours.

```
    String propertyKey = propertyPrefix + ACCELERATOR_KEY;
    String acceleratorKey = getOptionalString(resource,
        propertyKey + "." + System.getProperty("os.name")); ❸
```

Si aucun raccourci clavier n'existe pour le système en cours, lecture de la valeur par défaut.

```
    if (acceleratorKey == null) {
     acceleratorKey = getOptionalString(resource, propertyKey); ❹
    }
```

Initialisation optionnelle du raccourci clavier de l'action.

```
    if (acceleratorKey != null) {
      putValue(ACCELERATOR_KEY,
               KeyStroke.getKeyStroke(acceleratorKey));
    }
```

Initialisation optionnelle du mnémonique de l'action.

```
    String mnemonicKey = getOptionalString(
        resource, propertyPrefix + MNEMONIC_KEY);
    if (mnemonicKey != null) {
      putValue(MNEMONIC_KEY,
               Integer.valueOf(mnemonicKey.charAt(0)));
    }
```

Désactivation de l'action.

```
    setEnabled(false);
  }
```

Renvoie la valeur de la propriété correspondant à la clé `propertyKey` dans le fichier de ressource `resource` ou `null` si la propriété n'existe pas.

```
  private String getOptionalString(ResourceBundle resource,
                                   String propertyKey) {
    try {
      return resource.getString(propertyKey);
    } catch (MissingResourceException ex) {
      return null;
    }
  }
```

Déclenche une exception si `actionPerformed` n'est pas redéfinie dans une sous-classe.

```
  public void actionPerformed(ActionEvent ev) {
    throw new UnsupportedOperationException();
  }
}
```

Margaux initialise chacune des propriétés de l'action en cours de création, en exigeant uniquement que son nom ❶ soit au minimum défini dans le fichier de propriétés. Pour lire le fichier de l'icône associée à l'action ❷, elle n'utilise pas ici la classe `IconManager`, parce que cette icône est de dimension réduite et fixe, et que ce sont des éléments de l'interface utilisateur indispensables au lancement de l'application. Pour personnaliser le raccourci clavier d'une action en fonction du système d'exploitation en cours, elle accède de deux façons à sa propriété : tout d'abord avec une clé dont le suffixe dépend du système en cours ❸, puis avec une clé sans ce suffixe pour le raccourci par défaut ❹. Finalement, Margaux a implémenté la méthode `actionPerformed` dans la classe `ResourceAction` en déclenchant une exception `UnsupportedOperationException`. Cette astuce lui permet de faire de `ResourceAction` une classe concrète qu'elle peut instancier directement pour créer les instances de `JMenu` de l'application ; comme la méthode `actionPerfomed` du listener `ActionListener` d'une instance de `JMenu` n'est pas appelée, le fait que cette méthode déclenche ici une exception n'a pas d'importance.

ASTUCE Nommage des clés du fichier de propriétés

Pour éviter les fautes de frappes dans le programme, Margaux a choisi de construire les clés dans les fichiers de propriétés à partir du préfixe `actionPrefix` suivi d'un point et du texte de la clé `NAME`, `SMALL_ICON`... donnée dans la seconde colonne du tableau 7-2. Pour information, les valeurs de toutes les constantes des classes de la bibliothèque Java sont rassemblées dans le fichier `constant-values.html` de la javadoc.

- http://java.sun.com/j2se/1.5/docs/api/constant-values.html

ATTENTION Touche de base des raccourcis clavier

Sous Mac OS X, les combinaisons de touches des raccourcis clavier sont généralement basées sur la touche *Cmd* (plus communément appelée la touche Pomme et symbolisée en Java par la touche `META`), tandis que sur les autres systèmes, les raccourcis sont basés le plus souvent sur la touche *Contrôle*. Si besoin, la touche préférée de raccourci du système en cours peut être obtenue grâce à la méthode `getMenuShortcutKeyMask` de la classe `java.awt.Toolkit`.

Elle crée à la suite de la classe `ResourceAction` un fichier de propriétés `HomePane.properties` qui définit les propriétés des actions `UNDO`, `REDO`, `ADD_HOME_FURNITURE`, `DELETE_HOME_FURNITURE`, et des pseudo-actions associées aux menus *Edition* et *Meubles*.

Fichier com/eteks/sweethome3d/swing/HomePane.properties

Propriétés de l'action UNDO.

```
UNDO.Name=Can't Undo
UNDO.ShortDescription=Can't Undo
UNDO.SmallIcon=resources/undo.gif ❶
UNDO.AcceleratorKey=control Z
UNDO.AcceleratorKey.Mac\ OS\ X=meta Z
UNDO.MnemonicKey=U
```

Propriétés de l'action REDO.

```
REDO.Name=Can't Redo
REDO.ShortDescription=Can't Redo
REDO.SmallIcon=resources/redo.gif ❷
REDO.AcceleratorKey=control Y
REDO.AcceleratorKey.Mac\ OS\ X=meta shift Z
REDO.MnemonicKey=R
```

Propriétés de l'action ADD_HOME_FURNITURE.

```
ADD_HOME_FURNITURE.Name=Add
ADD_HOME_FURNITURE.ShortDescription=Add furniture from catalog
ADD_HOME_FURNITURE.SmallIcon=resources/addHomeFurniture.gif ❸
ADD_HOME_FURNITURE.AcceleratorKey=control M
ADD_HOME_FURNITURE.AcceleratorKey.Mac\ OS\ X=meta M
ADD_HOME_FURNITURE.MnemonicKey=A
```

Propriétés de l'action DELETE_HOME_FURNITURE.

```
DELETE_HOME_FURNITURE.Name=Delete
DELETE_HOME_FURNITURE.ShortDescription=Delete selected
furniture
DELETE_HOME_FURNITURE.SmallIcon=resources/
deleteHomeFurniture.gif ❹
DELETE_HOME_FURNITURE.MnemonicKey=D
```

Propriétés du menu *Edit*.

```
EDIT_MENU.Name=Edit
EDIT_MENU.MnemonicKey=E
```

Propriétés du menu *Furniture*.

```
FURNITURE_MENU.Name=Furniture
FURNITURE_MENU.MnemonicKey=U
```

SOUS MAC OS X Mnémoniques des menus

Mac OS X ne recommande pas de recourir aux mnémoniques dans une application. Si l'utilisateur a besoin de naviguer dans les menus au clavier, il doit utiliser la touche d'activation du menu (*Ctrl+F2* par défaut) puis les flèches du clavier ou les lettres qui correspondent à l'initiale d'un menu. Margaux n'a pas à filtrer ce comportement car aussitôt qu'elle aura choisi l'option qui intègre la barre de menus de l'application à celle de Mac OS X, les mnémoniques des menus seront ignorés.

Une fois ce fichier créé, elle ajoute les icônes `undo.gif` ❶, `redo.gif` ❷, `addHomeFurniture.gif` ❸ et `deleteHomeFurniture.gif` ❹ (copies des fichiers `Undo16.gif`, `Redo16.gif`, `Add16.gif` et `Delete16.gif` du fichier `jlfgr-1_0.zip`) dans le sous-dossier `resources` du fichier `HomePane.java`, puis traduit en français les propriétés suffixées par `.Name`, `.ShortDescription` et `.MnemonicKey` dans le fichier `com/eteks/sweethome3d/swing/HomePane_fr.properties`.

Test du scénario

Margaux vérifie que le test du scénario n° 4 passe sans problème, puis effectue un test d'intégration pour s'assurer que toutes les modifications effectuées dans les classes du projet n'ont pas altéré le bon fonctionnement des autres tests. En lançant l'application `HomeControllerTest`, elle obtient finalement la figure 7-6 où on voit apparaître l'infobulle associée au bouton d'ajout de meubles.

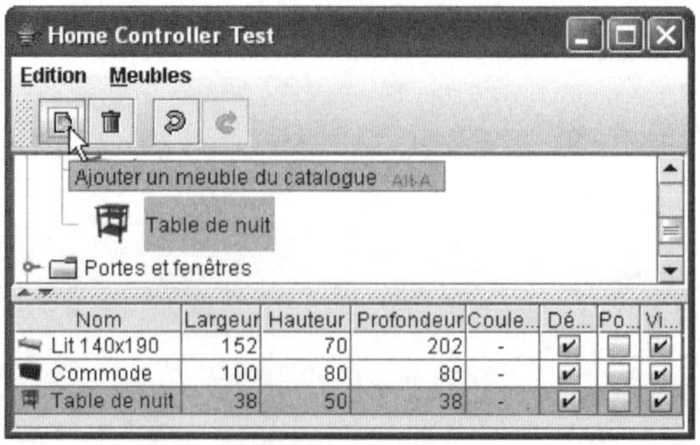

Figure 7–6
Application de test du scénario n° 4

Refactoring des actions

Chacune des méthodes `actionPerformed` des sous-classes anonymes de `ResourceAction` créées dans la classe `HomePane` est similaire : elle ne fait qu'appeler une méthode d'un contrôleur. Margaux décide donc de factoriser la création des actions et de leur méthode `actionPerformed` à l'aide d'une nouvelle sous-classe de `ResourceAction`, qui permettra de paramétrer la méthode du contrôleur appelée par le listener de l'action.

Actions paramétrables avec la réflexion

La méthode `actionPerformed` de la nouvelle classe d'action doit effectuer un appel équivalent à *`controller.method()`*, où *`controller`* et *`method`* seront paramétrables. Le seul moyen possible en Java de représenter une méthode « variable » passe par la réflexion, qui permet d'utiliser dynamiquement une classe ou un de ses membres sans en déterminer l'identificateur au moment de la compilation. Si une instance de `java.lang.Class` représente en mémoire une classe, une instance de `java.lang.reflect.Method` sert à représenter une méthode d'une classe. Pour appeler une méthode sur un objet à l'aide de la classe `Method`, il faut :

1. Récupérer l'instance correspondante de la classe `Method` à l'aide de la méthode `getMethod` de `java.lang.Class`.
2. Appeler la méthode `invoke` sur cette instance, en lui passant en paramètre l'objet sur lequel la méthode doit être appelée, suivi si besoin de la liste des paramètres à passer à la méthode.

> JAVA **Classes liées à la réflexion**
>
> À l'exception des paramètres et des variables locales, chaque type d'identificateur Java a une classe de réflexion qui lui correspond :
> - La classe `java.lang.Package` représente un package.
> - La classe `java.lang.Class` représente une classe, une interface ou une énumération.
> - La classe `java.lang.reflect.Field` représente un champ.
> - La classe `java.lang.reflect.Constructor` représente un constructeur.
> - La classe `java.lang.reflect.Method` représente une méthode.
>
> Les méthodes de ces classes permettent de programmer dynamiquement les mêmes opérations sur une instance ou une classe qu'il est possible de faire dans un programme classique Java. Comme les vérifications accomplies normalement par le compilateur pour valider un identificateur ou une opération ne peuvent plus s'effectuer à la compilation des instructions programmées avec la réflexion, les méthodes de ces classes reportent ces vérifications au moment de l'exécution, en déclenchant si nécessaire différents types d'exceptions contrôlées qu'il faut prendre en compte.

Ainsi, quand on recourt à la réflexion, l'instruction Java :

```
controller.addHomeFurniture();
```

est équivalente aux deux instructions suivantes :

```
Method method =
controller.getClass().getMethod("addHomeFurniture");
method.invoke(controller);
```

Implémentation de l'action paramétrable

Margaux implémente l'appel par réflexion à une méthode du contrôleur dans la nouvelle classe `com.eteks.sweethome3d.swing.ControllerAction`, sous-classe de `ResourceAction`. Afin de rendre paramétrable la méthode du contrôleur à appeler dans `actionPerformed`, elle ajoute au constructeur de `ControllerAction` un paramètre `controller` de type `Object` et un paramètre `method` qui représentera le nom de la méthode du contrôleur.

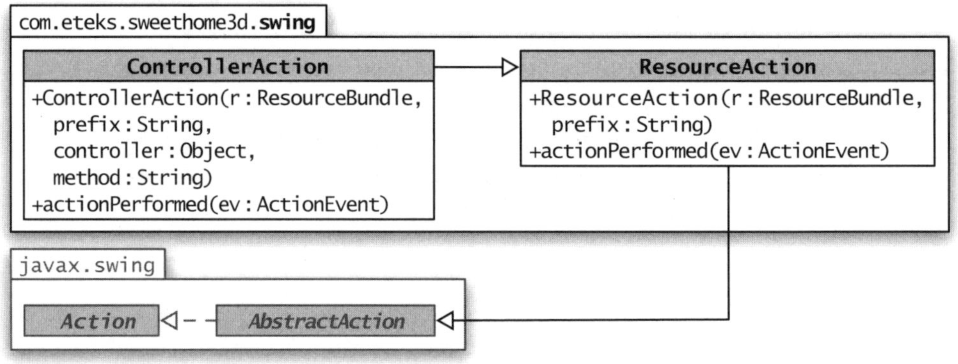

Figure 7–7 Diagramme de la classe ControllerAction

Classe com.eteks.sweethome3d.swing.ControllerAction

Contrôleur lié à l'action et sa méthode.

Crée une action dont la méthode `actionPerformed` appellera la méthode `method` sur le contrôleur `controller`.

```
package com.eteks.sweethome3d.swing;

import java.awt.event.ActionEvent;
import java.lang.reflect.*;
import java.util.ResourceBundle;

public class ControllerAction extends ResourceAction {
  private Object controller;
  private Method controllerMethod;

  public ControllerAction(ResourceBundle resource,
      String actionPrefix, Object controller, String method)
                   throws NoSuchMethodException {
```

```
    super(resource, actionPrefix);
    this.controller = controller;
    this.controllerMethod =
        controller.getClass().getMethod(method); ❶
  }

  @Override
  public void actionPerformed(ActionEvent ev) {
    try {
      this.controllerMethod.invoke(controller); ❷
    } catch (IllegalAccessException ex) {
      throw new RuntimeException(ex); ❸
    } catch (InvocationTargetException ex) {
      throw new RuntimeException(ex); ❹
    }
  }
}
```

◄ Initialisation des propriétés.

◄ Recherche par réflexion de la méthode à appeler dans `actionPerformed`.

◄ Appelle la méthode du contrôleur par réflexion.

◄ Transformation des exceptions contrôlées en exceptions non contrôlées.

En cas d'erreur d'exécution à l'appel de `invoke` ❷, Margaux a choisi d'encapsuler l'exception contrôlée qui a provoqué cette erreur avec une exception non contrôlée de classe `RuntimeException` ❸ ❹, ce qui lui permettra de retrouver les circonstances de l'erreur.

> REGARD DU DÉVELOPPEUR **Perte du contrôle de type**
>
> Le recours à la réflexion avec la classe `ControllerAction` permet de factoriser du code au détriment du contrôle du compilateur qui ne peut plus vérifier si la méthode appelée existe ou non. Comme la méthode à appeler est recherchée ici ❶ dès la création d'une instance de `ControllerAction`, cette vérification n'est en fait reportée qu'au lancement de l'application, ce qui permettra à Margaux de détecter facilement si elle a fait une erreur dans le nom d'une des méthodes appelées.

Création des actions paramétrables

Margaux modifie finalement la méthode `createActions` pour y utiliser la nouvelle classe `ControllerAction` via une méthode utilitaire `createAction`.

Méthode createActions de la classe HomePane (modifiée)

```
private void createActions(final HomeController controller) {
  createAction(ActionType.UNDO,controller, "undo");
  createAction(ActionType.REDO, controller, "redo");
  createAction(ActionType.ADD_HOME_FURNITURE,
      controller, "addHomeFurniture");
  createAction(ActionType.DELETE_HOME_FURNITURE,
      controller.getFurnitureController(), "deleteSelection");
}
```

```
private void createAction(ActionType action, Object controller,
                          String method) {
  try {
    getActionMap().put(action, new ControllerAction(
        this.resource, action.toString(), controller, method));
  } catch (NoSuchMethodException ex) {
    throw new RuntimeException(ex);
  }
}
```

Une fois ces modifications effectuées, Margaux balise la fin du second scénario avec le numéro de version V_0_4.

JFACE Gestion des actions dans JFace

La classe `org.eclipse.jface.action.Action` propose des fonctionnalités équivalentes à celles de la classe Swing `AbstractAction`. Les propriétés NAME, SHORT_DESCRIPTION, SMALL_ICON... de l'interface Swing `Action` sont remplacées dans JFace par des méthodes `setText`, `setToolTipText`, `setImageDescriptor`..., et la méthode `actionPerformed` a pour équivalent la méthode `run`. Les menus et les boutons des barres d'outils associées aux actions JFace sont créés par le biais des méthodes `add` des classes `MenuManager` et `ToolBarManager`, qui gèrent les menus et les barres d'outils d'une fenêtre d'application de classe `org.eclipse.jface.window.ApplicationWindow`. La création des menus et des boutons de barre d'outils à partir d'actions JFace est plus contraignante qu'en Swing car les instances de `MenuManager` et `ToolBarManager` qui gèrent ces créations doivent être créées dans une fenêtre d'application avant les composants de la fenêtre. Pour comparer les différences d'implémentation entre les versions Swing et JFace de ce scénario, consultez le code source des classes du package `com.eteks.sweethome3d.jface` enregistrées dans le dossier `test`. Ces classes peuvent être testées à l'aide de l'application `com.eteks.sweethome3d.test.JFaceHomeControllerTest`.

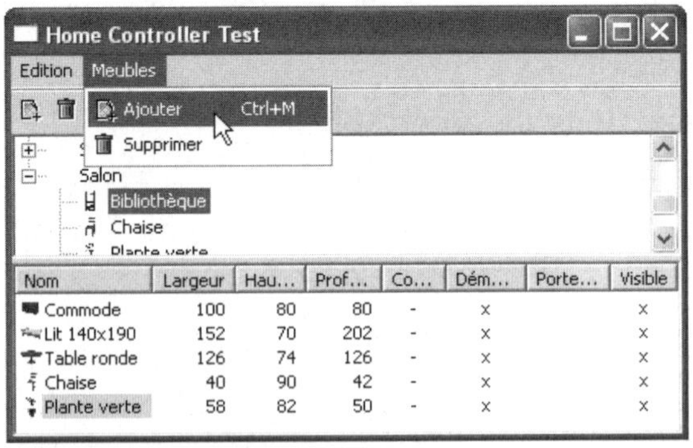

Figure 7–8 Version JFace du scénario n° 4

En résumé...

Ce chapitre vous a montré comment gérer les opérations annulables d'une application avec Swing et comment réutiliser les différentes actions disponibles sur un logiciel. Ce fut l'occasion aussi de montrer que ces types de mécanismes doivent être mis en place suffisamment en amont dans la conception de votre logiciel car ils en conditionnent souvent l'architecture.

chapitre 8

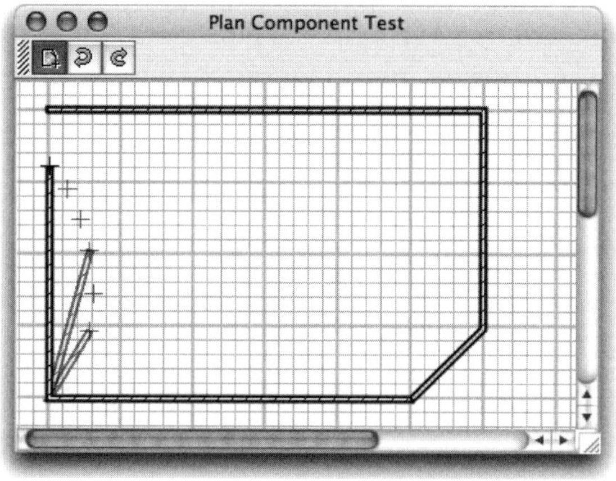

Composant graphique du plan

En se basant sur l'architecture qu'ils ont fixée au cours des quatre premiers scénarios, l'équipe va maintenant développer le composant graphique du plan où l'utilisateur dessinera les murs de son logement et placera les meubles.

SOMMAIRE

MOTS-CLÉS

- Ergonomie
- Abbot
- JComponent
- Java 2D
- paintComponent
- Graphics
- Shape
- Antialiasing
- InputMap
- Diagramme d'états-transitions
- Profiler

Scénario n° 5

Le cinquième scénario doit permettre à l'utilisateur de dessiner le plan de son logement : ajout, suppression et déplacement des murs. Techniquement, le développement de ce scénario nous permettra d'aborder les points suivants :

- la création d'un nouveau composant graphique Swing basé sur l'architecture MVC ;
- le dessin dans un composant avec les classes de Java 2D ;
- la mise en place de listeners AWT ;
- la création de tests graphiques à l'aide de la bibliothèque Abbot basée sur JUnit.

Spécifications du composant du plan du logement

La modification de l'épaisseur et des couleurs d'un mur, ainsi que la possibilité de changer d'échelle dans le plan, seront traitées dans les scénarios n° 13 et 14.

En adaptant à Sweet Home 3D le comportement de programmes de dessin existants, Sophie établit l'ensemble des règles que devra respecter le nouveau composant qui représentera le plan du logement :

- L'utilisateur dessine et déplace à la souris chaque mur dans ce composant.
- Chaque mur aura une épaisseur, par défaut égale à 3 pouces pour les Américains et à 7,5 cm pour les autres pays.
- Le plan sera représenté par défaut à une échelle de 1 pixel/2 cm ; à sa création, le plan à l'écran devra visualiser les murs qu'il contient avec une marge de 40 cm ; le plan d'un logement aura à l'écran des dimensions minimales de 10 mètres sur 10.
- Si le composant du plan est affiché dans un panneau à ascenseurs, la position et la taille de ces ascenseurs refléteront la position et les proportions de la zone visible du composant.
- Le plan sera affiché sur une grille dont la taille des carreaux variera en fonction de l'unité de longueur choisie dans les préférences.
- Toute modification du plan pourra être annulée puis refaite.
- Le composant graphique disposera d'un mode *Création de mur* et d'un mode *Sélection* qui s'excluront l'un l'autre ; le mode *Sélection* sera celui par défaut et un bouton à bascule ou un menu permettra de passer d'un état à l'autre.

Création des murs

B.A.-BA Focus et clavier

Dans une application graphique, le composant qui a le focus est celui qui reçoit les événements émis par le clavier.

Dans le mode *Création de mur*, dont la figure 8-1 représente le diagramme d'états simplifié avec ses transitions :

- Le curseur de la souris sera en forme de croix.

- Un clic ❶ désignera l'extrémité de départ d'un mur, et un double-clic ❸ son extrémité opposée.
- Tant que l'utilisateur n'aura pas double-cliqué ❸, chaque clic simple ❺ représentera l'extrémité opposée du mur en cours de création et l'extrémité de départ du mur suivant.
- Si l'utilisateur clique initialement sur l'extrémité d'un mur existant, on considérera que le nouveau mur sera joint au mur sur lequel il aura cliqué ; symétriquement, si l'utilisateur double-clique sur l'extrémité d'un mur existant, on considérera que le dernier mur sera joint au mur sur lequel il aura cliqué.
- Un système de magnétisme, désactivable dans les préférences, sera mis à disposition de l'utilisateur pour l'aider à établir l'alignement et les angles entre les murs ; l'enfoncement de la touche *Majuscule* inversera l'état actif/inactif de ce dispositif ❻.
- Le mur en cours de création s'affichera à l'écran pendant sa création ❹ pour montrer à l'utilisateur sa future position.
- Chaque ensemble de nouveaux murs créés sera sélectionné.
- Si pendant la création d'un mur, le composant graphique perd le focus ❷ ou si la touche *Esc* est enfoncée, la création du mur en cours sera perdue.

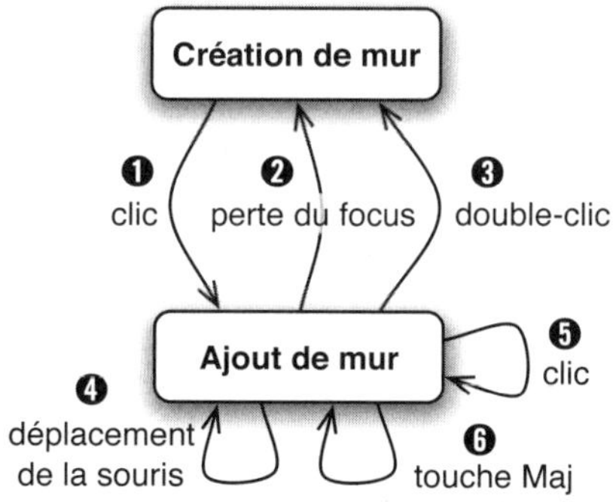

Figure 8–2
Diagramme d'états
du mode Création de mur

> **ATTENTION Clic vs enfoncement du bouton de la souris**
>
> En programmation, faites attention à ne pas confondre les événements de clic et d'enfoncement du bouton de la souris, car un événement de clic est émis à la suite des événements d'enfoncement et de relâchement du bouton de la souris. Sur certains systèmes, cet événement de clic est émis uniquement si l'utilisateur n'a pas déplacé la souris entre-temps, tandis que d'autres tolèrent un déplacement de la souris limité à une zone très réduite. Dans les spécifications du composant du plan décrites ici, le clic correspond en fait à un événement d'enfoncement du bouton gauche de la souris.

B.A.-BA Double-clic vs clic

Le système considère que des événements d'enfoncement du bouton de la souris ou de clic sont doublés, quand l'utilisateur enfonce deux fois le bouton de la souris dans un laps de temps généralement assez court. Sur certains systèmes, ce doublement est reporté uniquement si l'utilisateur n'a pas déplacé la souris entre-temps, tandis que sur d'autres, il est pris en compte même si ce déplacement s'est effectué sur une zone de quelques pixels.

ERGONOMIE

Saisie des pièces non rectangulaires

Comme les pièces d'un logement ne sont pas toujours rectangulaires, l'équipe a envisagé un mode de saisie des murs où l'utilisateur pourra créer des pièces de n'importe quelle forme. Pour créer une pièce rectangulaire, il faudra effectuer quatre clics suivis d'un double-clic final sur l'extrémité du mur de départ ; s'il est actif, le magnétisme guidera l'utilisateur pour aligner l'extrémité de fin d'un mur avec son extrémité de départ, même en cliquant approximativement. Le magnétisme programmé ici sera dédié à l'architecture, en contraignant une extrémité de fin à appartenir à l'un des rayons dont le centre sera égal à l'extrémité de départ et dont l'angle sera un multiple de 15° (voir figure 8-2).

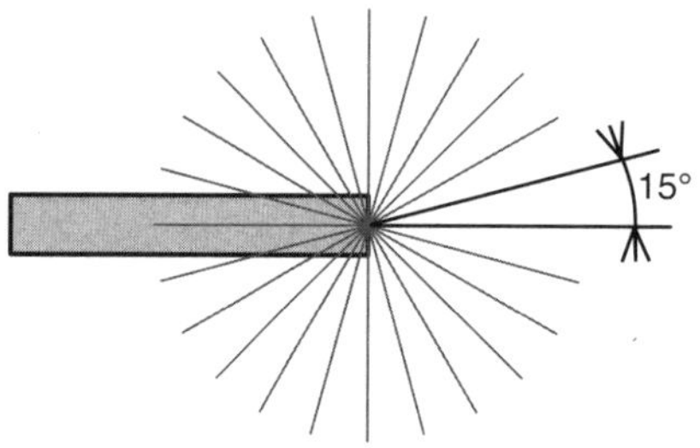

Figure 8–1 Angles entre les murs avec le magnétisme

Sélection des murs

Dans le mode *Sélection*, dont la figure 8-3 représente le diagramme d'états simplifié avec ses transitions :

- Le curseur de la souris sera celui par défaut.
- L'utilisateur pourra sélectionner un mur, en cliquant ❸ ❹ individuellement sur ceux-ci avec une tolérance de plus ou moins deux pixels.
- L'utilisateur aura aussi la possibilité de sélectionner un ou plusieurs murs, en dessinant un rectangle qui les englobe ❽ ❿ ❼ entièrement ou partiellement.
- Si la touche *Majuscule* est enfoncée pendant cette sélection, les murs choisis seront sélectionnés ou désélectionnés, suivant qu'ils appartiennent à la sélection précédente ou non.
- On distinguera un mur sélectionné d'un mur non sélectionné grâce à un trait de couleur qui l'entourera : la couleur de ce trait sera celle utilisée habituellement pour la sélection des objets dans le look and feel courant.
- Une opération de glisser-déposer sur l'un des murs sélectionnés ❸ ❾ ❹ dans le plan déplacera tous les murs sélectionnés ; si les murs déplacés sont joints à d'autres murs non sélectionnés, les extrémités de ces murs seront déplacées.
- Pendant une opération de glisser-déposer d'un mur, les murs seront déplacés à l'écran à chaque mouvement de la souris pour montrer à l'utilisateur leur future position ; si le curseur sort des limites du plan, ce dernier sera automatiquement agrandi.

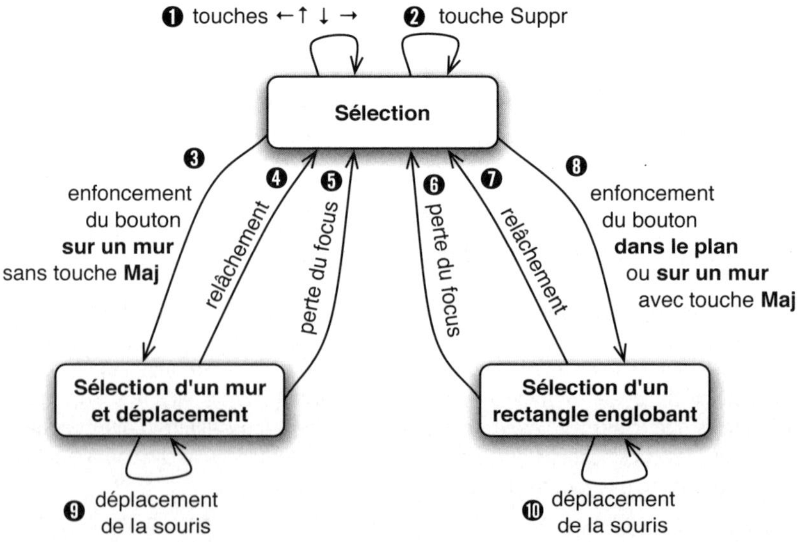

Figure 8–3
Diagramme d'états du mode Sélection

- Si pendant l'opération de glisser-déposer d'un mur, le composant graphique perd le focus ❺ ou si la touche *Esc* est enfoncée, la déplacement en cours sera abandonné.
- Si pendant la saisie d'un rectangle englobant, le composant graphique perd le focus ❻ ou si la touche *Esc* est enfoncée, le rectangle sera simplement effacé.
- Les flèches du clavier ❶ permettront de déplacer les objets sélectionnés.
- Les touches *Retour arrière* et *Suppr* ❷ supprimeront les murs sélectionnés.

REGARD DU DÉVELOPPEUR Création d'un composant

La description détaillée du comportement d'un nouveau composant est un passage obligé avant de commencer tout développement. Pour un composant graphique de dessin, cette phase passe par une analyse exhaustive du comportement de composants existants, où il vous faudra observer avec attention l'effet des différentes combinaisons possibles entre la souris et les touches de modifications *Majuscule*, *Alt*, *Ctrl*... N'oubliez pas aussi de préciser comment doit réagir le composant quand il perd le focus, ou quand le curseur de la souris sort des limites du composant pendant une opération de glisser-déposer. Les sources d'inspiration des fonctionnalités du composant du plan ont été en l'occurrence le module de dessin de Word, ainsi qu'OmniGraffle, le logiciel utilisé pour créer toutes les figures de cet ouvrage.

▸ http://www.omnigroup.com/

ERGONOMIE Pas de modification des extrémités d'un mur

Il ne sera pas possible dans cette version de manipuler individuellement les extrémités d'un mur, notamment pour raccorder l'extrémité d'un mur à un autre dans le mode *Sélection*. Si l'utilisateur veut effectuer cette opération, il lui suffira de supprimer le mur qu'il veut raccorder, puis d'en recréer un nouveau cette fois-ci joint à l'autre mur.

Scénario de test

À partir de ces nombreuses contraintes, Sophie rédige le scénario de test suivant :

1 Créer une fenêtre qui affiche le composant graphique du plan d'un nouveau logement sous une barre d'outils ; cette dernière contiendra un bouton à bascule activant le mode *Création de mur* quand il est enfoncé et le mode *Sélection* quand il est relâché, et des boutons *Annuler* et *Refaire* pour annuler ou refaire la dernière opération ; vérifier que la largeur du composant est de 540 pixels.

2 Dans le mode *Création de mur*, cliquer aux points (30, 30), (270, 31) et (269, 170) dans le composant du plan, puis double-cliquer en (30, 171) ; vérifier que trois murs joints les uns aux autres ont été créés avec des coordonnées internes (20, 20), (500, 20), (500, 300) et (20, 300) et qu'ils sont sélectionnés.

3 Cliquer au point (30, 170) puis double-cliquer en (50, 50) en maintenant la touche *Majuscule* enfoncée ; vérifier qu'un quatrième mur de

Les dimensions du composant de 540 x 540 pixels sont obtenues en appliquant l'échelle ½ aux dimensions minimales de 10 x 10 mètres d'un plan, auxquelles on ajoute une marge de 40 cm :
$(1\,000 + 2 \times 40) \times 1/2 = 540$
La conversion des coordonnées pixels en coordonnées dans le plan s'effectue grâce à l'équation suivante :
$x_{plan} = x_{pixel}$ / échelle - marge
soit avec une échelle ½ et une marge de 40 cm :
$x_{plan} = 2\ x_{pixel} - 40$

coordonnées internes (20, 300), (60, 60) a été créé, qu'il est sélectionné et qu'il est joint au troisième mur.

4 Passer en mode *Sélection*, appuyer sur la touche *Suppr* et vérifier que le plan ne contient plus que les trois premiers murs.

5 Passer en mode *Création de mur*, cliquer au point (31, 29) puis double-cliquer en (30, 170), et vérifier qu'un nouveau mur de coordonnées internes (20, 20), (20, 300) a été créé et qu'il est joint au troisième et au premier mur.

6 Cliquer sur le bouton de la souris en (200, 100) et glisser-déposer le curseur en (300, 180), puis vérifier que le deuxième et le troisième mur sont sélectionnés.

7 Appuyer deux fois sur la flèche de droite, et vérifier que les coordonnées internes des quatre murs sont en (20, 20), (504, 20), (504, 300) et (24, 300).

8 En maintenant la touche *Majuscule* enfoncée, cliquer au point (272, 40), et vérifier que le second mur a été retiré de la sélection.

9 Appuyer sur le bouton de la souris au point (50, 30), glisser le curseur en (50, 50) et enfoncer la touche de tabulation pour perdre le focus ; vérifier que le premier mur n'a pas été déplacé.

10 Annuler les six opérations (trois créations + deux déplacements + une suppression) et vérifier que le logement n'a aucun mur.

11 Refaire les six opérations annulées et vérifier que le logement contient les quatre murs joints les uns aux autres, et que les second et troisième sont sélectionnés.

ATTENTION **Coordonnées testées**

La figure 8-4 correspond aux murs créés jusqu'au point 3 compris dans le scénario de test. Référez-vous y pour mieux visualiser l'effet du test. Notez aussi que certaines des coordonnées en pixels mentionnées ne correspondent pas exactement aux coordonnées internes des murs finalement observées ; elles ont été choisies pour tester l'effet du magnétisme et la tolérance pendant la sélection, excepté pour le point 3 où le magnétisme a été désactivé temporairement en maintenant la touche *Majuscule* enfoncée.

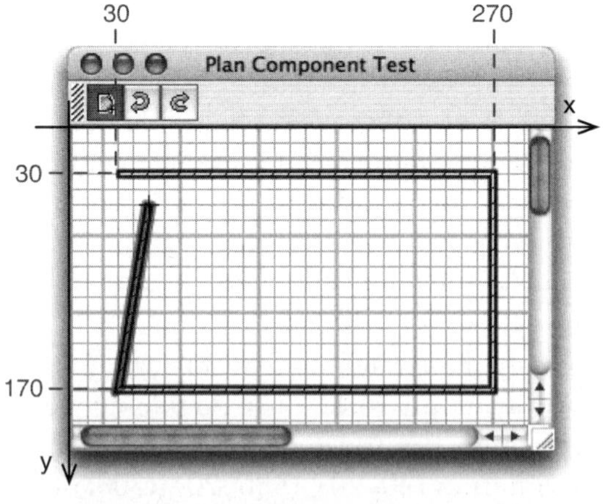

Figure 8–4
Plan créé au troisième point du scénario n° 5

Comme toujours, Sophie demande aux développeurs d'ajouter à leur programme de test une application qui affichera ici la fenêtre de test créée pour le scénario.

Architecture des classes du scénario

À la lecture du scénario n° 5, Thomas identifie les concepts suivants :

- la notion de *mur* décrit par les coordonnées de ses extrémités et son épaisseur ;
- la notion de *jointure* aux extrémités d'un mur ;
- le concept de *plan du logement* qui contient des murs ;
- la notion de *composant graphique* du plan qui visualise les murs du logement à une certaine échelle, et qui est doté d'un mode de création ou de sélection ;
- la notion de *sélection* qui peut contenir des murs ;
- le concept de *préférences utilisateur* associées aux notions d'*unité* et de *magnétisme* qui influe sur la taille des carreaux de la grille affichée et la façon de placer les extrémités des murs.

Concept de mur

Comme un logement ne peut contenir qu'un seul plan, Thomas décide de ne pas créer de classe séparée pour le plan et d'associer directement à la classe `Home` l'ensemble des murs du plan qui seront représentés par la classe `com.eteks.sweethome3d.model.Wall` (voir figure 8-5).

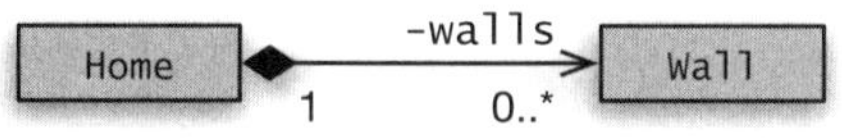

Figure 8–5
Association entre le logement et ses murs

Gestion des extrémités des murs

La gestion des murs adjacents soulève un problème que Margaux devra traiter pour obtenir un aspect graphique correct à la jointure de ces murs (voir figure 8-6) : quand l'utilisateur crée deux murs qui forment un angle entre eux ❶, la représentation de ces murs avec leur épaisseur fait apparaître en 2D ❷ comme en 3D ❸, un creux autour de leur jointure quand on considère qu'un mur est un parallélépipède. La correction de ce défaut d'aspect s'effectue en rallongeant d'une certaine distance les deux murs à leur jointure ❹ ❺. Comme cette distance varie en fonction de l'épaisseur des murs et de l'angle qu'ils forment entre eux, son calcul nécessite de connaître le mur qui suit un mur donné et celui qui le précède.

Afin d'éviter une recherche exhaustive dans tout l'ensemble des murs d'un logement à chaque fois qu'il faut effectuer ce calcul, Thomas ajoute les deux associations `wallAtStart` et `wallAtEnd` entre la classe `Wall` et elle-même, qui sont représentées dans la figure 8-7.

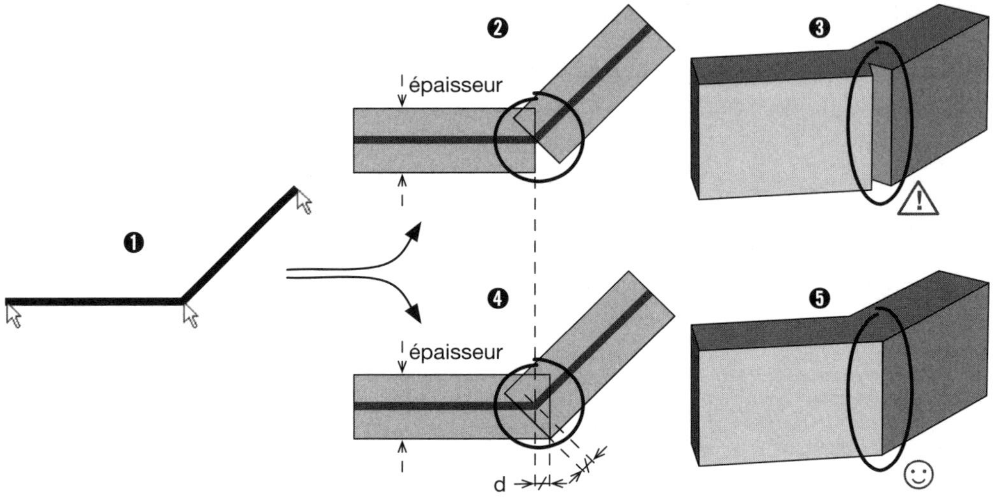

Figure 8–6
Gestion des dimensions des murs adjacents

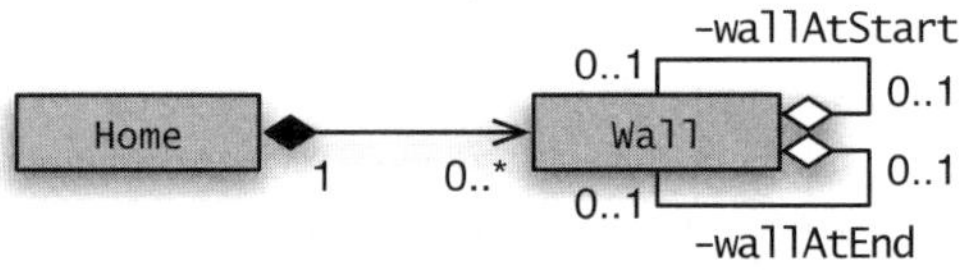

Figure 8–7
Associations de la classe Wall avec elle-même

Le principe de l'architecture MVC et la classe Home sont décrits au chapitre 6, « Modification du tableau des meubles avec MVC ».

SWING **Conception d'un composant**

Le diagramme de la figure 8-8 laisse apparaître les principales caractéristiques d'une classe de composant créée de toutes pièces ❺, à savoir qu'il hérite de `JComponent`, et qu'il implémente généralement les méthodes `paintComponent` et `getPreferredSize`. Nous reviendrons plus en détail sur ces caractéristiques et les fonctionnalités de dessin offertes par Java au cours de l'implémentation de la classe `PlanComponent`.

Composant graphique du plan

Thomas et Margaux décident d'organiser les classes nécessaires au composant graphique du plan en recourant à l'architecture MVC. Ils obtiennent ainsi les classes et les interfaces représentées dans le diagramme de la figure 8-8, à savoir :

- La classe `com.eteks.sweethome3d.swing.PlanComponent` ❺ qui dérivera de `JComponent` ❻, représentera la vue du plan.
- La classe `com.eteks.sweethome3d.swing.PlanController` ❼ sera le contrôleur associé à cette vue.
- La classe `com.eteks.sweethome3d.model.Home` ❹ représentera le modèle à partir duquel la vue dessinera le plan du logement, et que le contrôleur modifiera à chaque modification du plan.
- Les modifications opérées sur la classe `Home` seront notifiées à la classe `PlanComponent` par le biais du listener `WallListener` ❸ associé à la classe d'événement `WallEvent` ❷ et du listener `SelectionListener` ❶ développé précédemment.

Pour exprimer comment ces classes se répartiront les différents rôles, Thomas et Margaux ont représenté dans ce diagramme le nom de leurs méthodes `public`.

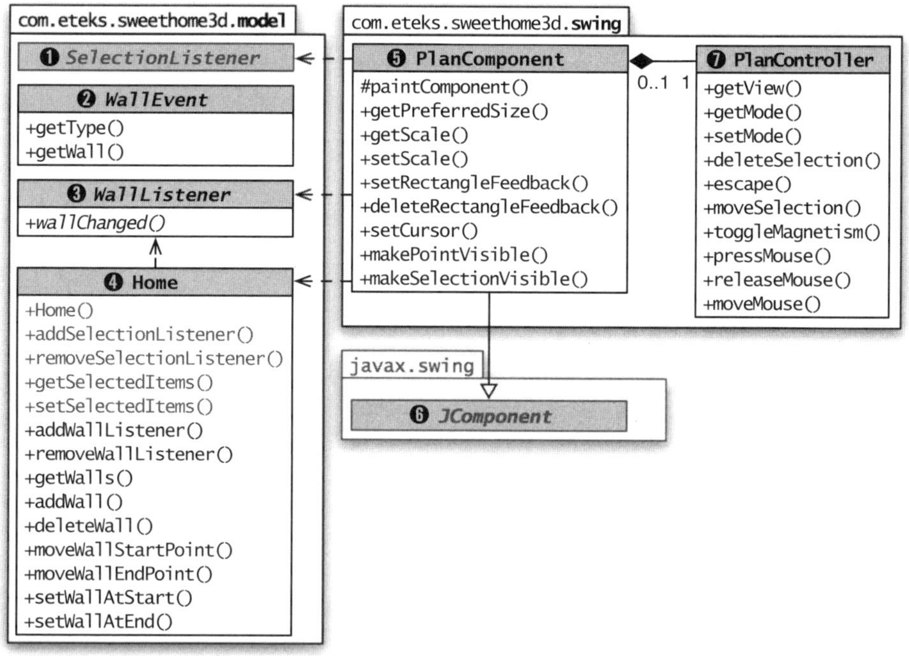

Figure 8–8
Diagramme des classes
du composant graphique du plan

- La classe `PlanComponent` ❺ prendra en charge toutes les opérations de dessin du plan à une échelle donnée et le positionnement des listeners AWT sur ce composant.
- Les listeners AWT de la souris appelleront les méthodes `pressMouse`, `releaseMouse`, `moveMouse` de la classe `PlanController` ❽, tandis que les listeners AWT associés au touches *Suppr*, *Retour arrière*, *Esc*, *Majuscule* et aux flèches appelleront les méthodes `deleteSelection`, `escape`, `toggleMagnestism` et `moveSelection` (`escape` étant appelée aussi suite à une perte de focus). L'ensemble de ces méthodes traitera les événements reçus par le composant graphique en fonction du mode *Création de mur* ou *Sélection* actif.
- La classe `Home` ❹ gérera la liste des murs ajoutés au plan et leur modification. La gestion de la sélection des murs sera effectuée grâce aux méthodes `getSelectedItems` et `setSelectedItems` développées précédemment dans cette classe.

CONVENTIONS **Nommage des méthodes**

Nommez les méthodes des classes d'après ce qu'elles font et non d'après les circonstances où elles sont appelées. Réservez les participes passés comme `mouseMoved`, `selectionChanged`... aux méthodes des listeners, pour lesquelles on ne peut savoir a priori comment le programmeur va les implémenter.

Pour gérer les mises à jour du composant du plan effectuées directement par la classe `PlanController`, Thomas et Margaux ont ajouté à la classe `PlanComponent` les méthodes suivantes :

- `setScale` et `getScale` pour gérer l'échelle à laquelle le plan sera dessiné ;
- `setRectangleFeedback` et `deleteRectanlgeFeedback` qui provoqueront la mise à jour du rectangle de sélection ;

- `setCursor` pour modifier le curseur de la souris en fonction du mode en cours ;
- `makePointVisible` et `makeSelectionVisible` pour rendre visible un point ou les murs sélectionnés dans le composant quand il est affiché dans un panneau à ascenseurs.

Modification des préférences utilisateurs

Le concept de préférences utilisateur, programmé au cours du scénario n° 2, gère déjà la notion d'unité préférée. Pour gérer le magnétisme, il suffira donc d'ajouter à la classe `com.eteks.sweethome3d.model.UserPreferences` un attribut `magnetismEnabled` avec son accesseur et son mutateur. Thomas ajoutera par ailleurs à cette classe un attribut `newWallThickness` avec son accesseur et son mutateur pour localiser l'épaisseur utilisée pour les nouveaux murs.

Diagramme UML des classes du scénario

Thomas synthétise l'analyse précédente dans le diagramme de classes de la figure 8-9, où apparaît l'ensemble des classes nécessaires à la mise en œuvre du scénario n° 5, avec leur constructeur et leurs méthodes `public`, et l'incontournable méthode `protected paintComponent` de dessin du composant `PlanComponent`. À ces classes, s'ajoutent deux énumérations internes définies dans les classes `WallEvent` et `PlanController` :

- L'énumération `Type` définie dans la classe `WallEvent` décrit les types de modifications opérées sur un mur (ajout, suppression, modification).
- L'énumération `Mode` définie dans la classe `PlanController` décrit les deux modes *Création de mur* et *Sélection*.

Thomas a ajouté à la classe `Wall` l'ensemble des accesseurs à ses propriétés et les méthodes de calcul suivantes :

- `getPoints` qui renverra les points du contour d'un mur.
- `intersectsRectangle`, `containsPoint`, `containsWallStartAt` et `containsWallEndAt` qui seront utilisées par le contrôleur pour détecter les murs et leurs extrémités à une certaine position de la souris.

Dans les scénarios précédents, il avait choisi de mémoriser dans la classe `Home` l'ensemble des meubles du logement avec une liste ordonnée, ce qui permettait d'afficher ces meubles dans le tableau Swing `FurnitureTable` dans l'ordre de leur ajout. Pour la liste des murs, il considère que cet ordre n'a pas d'importance, puisque le composant du plan (puis celui de la vue 3D) les affichera en fonction de leurs coordonnées. C'est pourquoi il choisit de ne pas spécifier d'indice dans la méthode `addWall` de la classe `Home` et d'utiliser `Collection<Wall>` comme type de retour pour la méthode `getWalls`.

> **REGARD DU DÉVELOPPEUR Gestion des listeners**
>
> Notez que les notifications de modifications sur les murs ne seront pas gérées par chaque mur mais par la classe `Home` elle-même, afin d'éviter de gérer une liste de listeners pour chaque mur du logement. Par ailleurs, les mutateurs de la classe `Wall` seront protégés package (sans modificateur d'accès), afin de forcer un programmeur à utiliser les méthodes de la classe `Home` s'il veut modifier des instances de `Wall` (sauf bien sûr, s'il travaille sur les classes du package `com.eteks.sweethome3d.model`).

> **REGARD DU DÉVELOPPEUR Type des coordonnées**
>
> Dans les méthodes `public` développées pour le scénario n° 5, tous les paramètres qui représentent des coordonnées ou des dimensions seront exprimées par souci d'homogénéité dans le même système de coordonnées du plan. Tous ces paramètres seront donc de type `float`, et la classe `PlanComponent` convertira en interne les coordonnées pixels en centimètres, quand ce sera nécessaire.

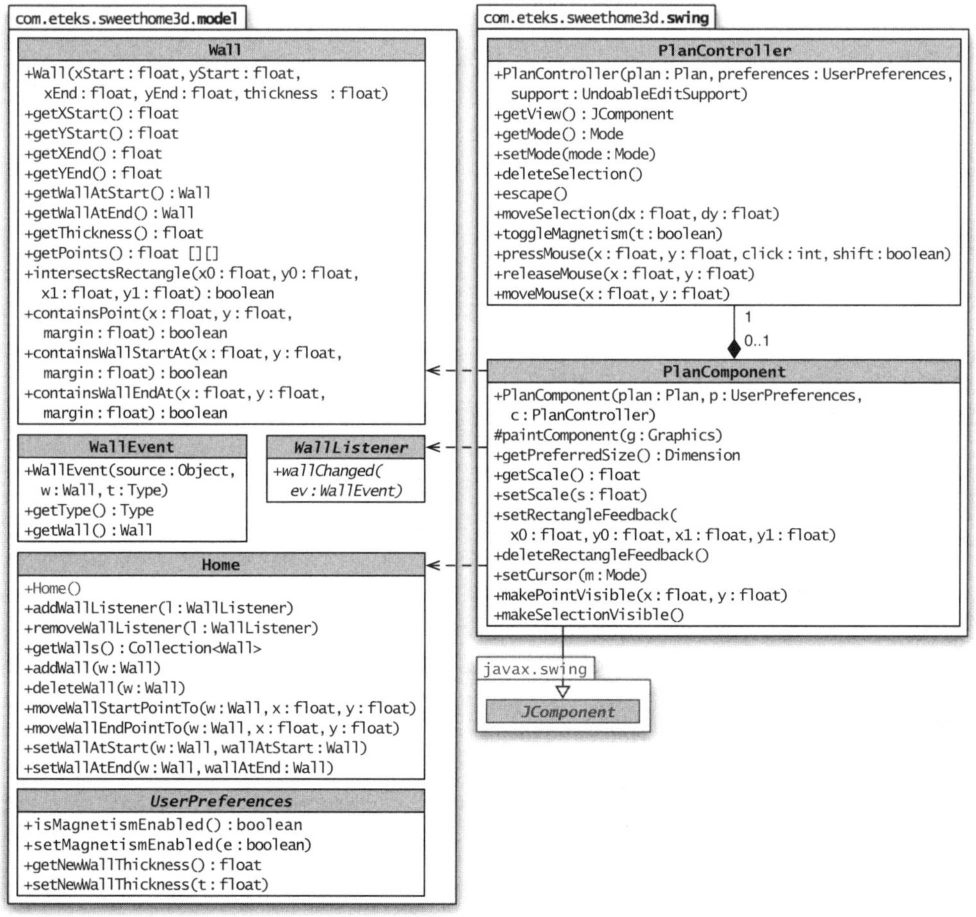

Figure 8–9
Diagramme des classes du scénario n° 5

Les classes de ce diagramme permettront à Thomas de programmer les tests du scénario n° 5, les classes du package `com.eteks.sweethome3d.model` et la classe du `PlanController`. Toutes les fonctionnalités de dessin que programmera Margaux seront effectuées par des méthodes et des classes internes non `public` de `PlanComponent`.

Programme de test graphique du composant du plan

Thomas a défini dans la classe `PlanController` toutes les méthodes pour simuler la gestion de la souris, du clavier, du focus et du changement des dimensions du composant graphique. Mais en appelant directement les méthodes de `PlanController` dans le programme du scénario, il ne pourra pas prouver que les listeners d'événements souris, clavier, etc., ont été bien positionnés sur le composant graphique. Il lui faut donc recourir à un outil capable de simuler sur une fenêtre de test à l'écran les déplacements de souris et l'enfoncement des touches du clavier, pour vérifier que ces listeners sont bien actifs.

Abbot

Thomas choisit de simuler les interactions de l'utilisateur sur une fenêtre de test grâce à Abbot. Cette bibliothèque Java permet entre autres choses, de créer des classes de tests JUnit graphiques en sous-classant la classe `junit.extensions.abbot.ComponentTestFixture`, qui est elle-même une sous-classe de `junit.framework.TestCase`. Les méthodes `showWindow`, `showFrame` et `showModalDialog` de `ComponentTestFixture` permettent d'afficher des fenêtres ou des boîtes de dialogue de test à l'écran ; une fois ces fenêtres à l'écran, il faut :

- soit créer une instance de la classe `abbot.tester.ComponentTester` et appeler ses méthodes `actionClick`, `actionKeyStroke`, `actionFocus` pour interagir sur la souris et sur le clavier ;
- soit créer des instances des sous-classes de `abbot.tester.JComponentTester` (une sous-classe de `ComponentTester`) pour appeler des méthodes de plus haut niveau sur des composants Swing. Par exemple, la classe `JButtonTester` dispose d'une méthode `actionClick` qui simule le clic sur un bouton sans spécifier de coordonnées, ce que montre la classe de test `com.eteks.sweethome3d.test.AbbotTimeTest`.

OUTILS Abbot

Abbot est un produit Java de test d'interface graphique AWT/Swing distribué sous licence CPL (*Common Public License*). Il peut s'utiliser soit pendant la conception d'un composant graphique en complément de JUnit, soit pour tester une interface utilisateur existante en rejouant un script d'exécution préalablement enregistré.

▸ http://abbot.sourceforge.net

OUTILS Autres bibliothèques de test graphique

Il existe d'autres bibliothèques de test graphique parmi lesquelles on peut citer JFCUnit, un projet Open Source similaire à Abbot et Jemmy, la bibliothèque de test de NetBeans.

▸ http://jfcunit.sourceforge.net/
▸ http://jemmy.netbeans.org/

REGARD DU DÉVELOPPEUR **Comment ça marche ?**

Les outils de test graphiques programmés en Java sont basés sur la classe `java.awt.Robot` de la bibliothèque standard Java. Cette classe interagit avec le système graphique de la machine pour déplacer réellement le curseur de la souris à l'écran et simuler l'enfoncement des touches du clavier, ce qui génère des événements réalistes qui peuvent être traités dans un programme de test. En dehors du contexte des tests, la méthode `createScreenCapture` de cette classe peut aussi vous intéresser pour effectuer en Java des captures d'écran.

Classe com.eteks.sweethome3d.test.AbbotTimeTest

```java
package com.eteks.sweethome3d.test;

import java.awt.GridLayout;
import java.awt.event.*;
import java.util.Date;
import javax.swing.*;
import junit.extensions.abbot.ComponentTestFixture;
import abbot.tester.JButtonTester;

public class AbbotTimeTest extends ComponentTestFixture {

  public void testTimeChange() {

    final JLabel timeLabel = new JLabel("", JLabel.CENTER);
    JButton timeButton = new JButton("Display time");
    timeButton.addActionListener(new ActionListener() {
      public void actionPerformed(ActionEvent ev) {
        timeLabel.setText(String.format("%tT", new Date()));
      }
    });
    JFrame frame = new JFrame("Time");
    frame.setLayout(new GridLayout(2, 1));
    frame.add(timeLabel);
    frame.add(timeButton);

    showWindow(frame, null, true);
    assertTrue(timeLabel.getText().equals(""));
    new JButtonTester().actionClick(timeButton);

    assertFalse(timeLabel.getText().equals(""));
  }
}
```

- Sous-classe de test Abbot.
- Teste le clic sur un bouton qui affiche l'heure.
- Création du label `timeLabel` qui affiche l'heure courante quand on clique sur le bouton `timeButton`.
- Modification du texte du label avec l'heure courante.
- Disposition des deux composants l'un au-dessus de l'autre dans une fenêtre.
- Affichage avec Abbot de la fenêtre à sa taille préférée.
- Déplacement du curseur de la souris sur le bouton et clic sur le bouton.
- Vérification que le texte du label a bien changé.

Test JUnit/Abbot du scénario n° 5

Pour pouvoir utiliser Abbot dans son programme de test, Thomas doit ajouter à son projet la bibliothèque de ce produit :

1 Il télécharge Abbot sur http://abbot.sourceforge.net.
2 Il extrait les fichiers `lib/abbot.jar` et `lib/jdom.jar` du dossier compressé téléchargé.
3 Dans la vue *Package Explorer* d'Eclipse, il crée un nouveau dossier `libtest` en sélectionnant le menu *New>Folder* dans le menu contextuel du projet SweetHome3D.
4 Il effectue un glisser-déposer des fichiers `abbot.jar` et `jdom.jar` dans le dossier `libtest` pour ajouter ce fichier au projet.
5 Dans le menu contextuel de ces deux fichiers, il sélectionne le menu *Build Path>Add to Build Path*.

VERSIONS Plug-in Abbot pour Eclipse

Il existe aussi une version d'Abbot qui s'installe comme plug-in d'Eclipse. Thomas a préféré ne pas y recourir pour éviter aux autres membres de l'équipe d'installer ce produit. Avec la solution retenue, il leur suffira de récupérer les fichiers `abbot.jar`, `jdom.jar` et `.classpath` via une opération CVS *update*, une fois que Thomas aura archivé ces fichiers.

Il crée ensuite la classe de test `com.eteks.sweethome3d.junit.PlanComponentTest` en sélectionnant comme pour les classes de test précédentes, le menu *File>New...>JUnit Test Case*, puis en choisissant cette fois-ci la classe `junit.extensions.abbot.ComponentTestFixture` comme super-classe de `PlanComponentTest` au lieu de `junit.framework.TestCase`.

Classe com.eteks.sweethome3d.junit.PlanComponentTest

```
package com.eteks.sweethome3d.junit;

import java.awt.*;
import java.awt.event.*;
import java.util.*;
import java.util.List;
import javax.swing.*;
import javax.swing.undo.*;
import junit.extensions.abbot.ComponentTestFixture;
import abbot.tester.*;
import com.eteks.sweethome3d.io.DefaultUserPreferences;
import com.eteks.sweethome3d.model.*;
import com.eteks.sweethome3d.swing.*;

public class PlanComponentTest extends ComponentTestFixture {
  public void testPlanComponent() { ❶
    // TODO Test plan component features on a test frame
  }

  private void assertCoordinatesEqualWallPoints(float xStart,
      float yStart, float xEnd, float yEnd, Wall wall) { ❷
    // TODO Assert wall points match coordinates in parameter
  }
```

▸ Teste les fonctionnalités du composant du plan décrites dans le scénario n° 5.

▸ Vérifie que les coordonnées des extrémités du mur `wall` sont (`xStart`, `yStart`) et (`xEnd`, `yEnd`).

```
  private void assertWallsAreJoined(
      Wall wallAtStart, Wall wall, Wall wallAtEnd) { ❸
    // TODO Assert wall is joined to wallAtStart and wallAtEnd
  }
```

◂ Vérifie que le mur au point de départ et le mur au point d'arrivée de `wall` sont `wallAtStart` et `wallAtEnd`.

```
  private void assertHomeContains(Home home, Wall ... walls) { ❹
    // TODO Assert home contains walls
  }
```

◂ Vérifie que les murs du logement sont ceux en paramètres.

```
  private void assertSelectionContains(Home home,
                                       Wall ... walls) { ❺
    // TODO Assert walls are the current selected ones in home
  }
```

◂ Vérifie que les murs sélectionnés dans le logement sont ceux en paramètres.

```
  public static void main(String [] args) {
    JFrame frame = new PlanTestFrame(); ❻
    frame.setDefaultCloseOperation(JFrame.EXIT_ON_CLOSE);
    frame.setVisible(true);
  }
```

◂ Affiche une instance de la fenêtre de test.

```
  private static class PlanTestFrame extends JFrame { ❼
    // TODO Create a frame with a plan component and buttons
  }
}
```

◂ Classe interne de la fenêtre qui affiche un composant d'un nouveau plan et des boutons *Mode*, *Annuler* et *Refaire*.

Afin de réutiliser la même fenêtre dans le programme de test ❶ et dans l'application de test ❻, Thomas crée une classe interne `PlanTestFrame` ❼ qui affichera le composant du plan et la barre d'outils spécifiés dans le scénario. Il ajoute aussi à la classe `PlanComponentTest` des méthodes préfixées par `assert` ❷ ❸ ❹ ❺ pour factoriser une partie du code de la méthode `testPlanComponent`.

Création de la fenêtre de test

Thomas implémente tout d'abord la classe `PlanTestFrame` de la fenêtre de test car il a besoin d'une instance de cette classe au début de la méthode de test `testPlanComponent`.

Classe interne PlanTestFrame de la classe PlanComponentTest

```
private static class PlanTestFrame extends JFrame {

  private final Home           home; ❶
  private final PlanController planController;
  private final JToggleButton modeButton;
  private final JButton        undoButton;
  private final JButton        redoButton;

  public PlanTestFrame() {
    super("Plan Component Test");
```

◂ Champs initialisés dans le constructeur de cette classe et utilisés dans `testPlanComponent`.

Création d'un nouveau logement et récupération des préférences utilisateur.

```
    this.home = new Home(); ❷
    UserPreferences preferences = new DefaultUserPreferences(); ❸
```

Création des gestionnaires des opérations annulables.

```
    UndoableEditSupport undoSupport = new UndoableEditSupport(); ❹
    final UndoManager undoManager = new UndoManager();
    undoSupport.addUndoableEditListener(undoManager);
```

Création du contrôleur du composant du plan.

```
    this.planController =
        new PlanController(this.home, preferences, undoSupport); ❺
```

Ajout du composant du plan à la fenêtre.

```
    add(new JScrollPane(this.planController.getView())); ❻
```

Création du bouton de gestion du mode du plan qui affiche l'icône `Add16.gif`.

```
    this.modeButton = new JToggleButton(new ImageIcon(
        getClass().getResource("resources/Add16.gif"))); ❼
```

Ajout d'un listener qui change le mode du plan suivant que le bouton est enfoncé ou non.

```
    this.modeButton.addActionListener(new ActionListener() { ❽
      public void actionPerformed(ActionEvent ev) {
        if (modeButton.isSelected()) {
          planController.setMode(
              PlanController.Mode.WALL_CREATION);
        } else {
          planController.setMode(PlanController.Mode.SELECTION);
        }
      }
    });
```

Création du bouton qui affiche l'icône `Undo16.gif` et dont l'action provoque l'appel à la méthode `undo` sur le gestionnaire de l'historique des opérations annulables.

```
    this.undoButton = new JButton(new ImageIcon(
        getClass().getResource("resources/Undo16.gif"))); ❾
    this.undoButton.addActionListener(new ActionListener() {
      public void actionPerformed(ActionEvent ev) {
        undoManager.undo();
      }
    });
```

Création d'un bouton qui affiche l'icône `Redo16.gif` et dont l'action provoque l'appel à la méthode `redo` sur le gestionnaire de l'historique des opérations annulables.

```
    this.redoButton = new JButton(new ImageIcon(
        getClass().getResource("resources/Redo16.gif"))); ❿
    this.redoButton.addActionListener(new ActionListener() {
      public void actionPerformed(ActionEvent ev) {
        undoManager.redo();
      }
    });
```

Création d'une barre d'outils avec les trois boutons.

```
    JToolBar toolBar = new JToolBar(); ⓫
    toolBar.add(this.modeButton);
    toolBar.add(this.undoButton);
    toolBar.add(this.redoButton);
```

Ajout de la barre d'outils en haut de la fenêtre et calcul de la taille préférée de la fenêtre.

```
    add(toolBar, BorderLayout.NORTH);
    pack(); ⓬
  }
}
```

Thomas crée dans le constructeur de `PlanTestFrame` les instances des classes `Home` ❷ et `UserPreferences` ❸, nécessaires pour instancier le contrôleur du composant du plan ❺. Il associe à ce contrôleur un gestionnaire de notification d'opérations annulables instancié ❹ directement dans cette classe pour montrer que le composant du plan et son contrôleur peuvent exister indépendamment d'un contrôleur de classe `HomeController`. Il ajoute ensuite au centre de la fenêtre le composant du plan à sa taille préférée ❻ en l'incluant dans un panneau à ascenseurs, avec au-dessus les trois boutons prévus ❼ ❾ ❿ dans une barre d'outils ⓫. Il configure le bouton de gestion des modes *Création de mur/Sélection* du plan pour passer d'un mode à l'autre suivant qu'il est enfoncé ou non ❽. Finalement, Thomas demande à la fenêtre de calculer sa taille préférée ⓬ pour que le composant du plan soit aux dimensions prévues.

> REGARD DU DÉVELOPPEUR **Champs private d'une classe interne**
>
> Thomas a déclaré ❶ les cinq champs dans la classe `PlanTestFrame` dont il aura besoin dans la méthode `testPlanComponent` pour programmer le test du scénario sur cette fenêtre. Même s'ils sont `private`, ces champs sont accessibles à l'intérieur de la classe `PlanComponentTest`, c'est pourquoi il a préféré ne pas créer d'accesseurs sur ces champs, ce qui aurait surchargé inutilement la classe `PlanTestFrame`. Il les a rendus par contre `final` pour suggérer que c'est uniquement cette classe qui se charge de leur initialisation.

Test du composant du plan

Thomas programme ensuite la méthode `testPlanComponent` en suivant point après point le scénario de test conçu par Sophie.

Pour mieux suivre l'effet du test, référez-vous à la figure 8-4 qui correspond aux murs créés jusqu'au point ⓬.

Méthode testPlanComponent de la classe PlanComponentTest

```
public void testPlanComponent() {
  PlanTestFrame frame = new PlanTestFrame();
  showWindow(frame); ❶
  PlanComponent planComponent =
      (PlanComponent)frame.planController.getView();
  assertEquals(540, planComponent.getWidth());
  final ArrayList<Wall> orderedWalls = new ArrayList<Wall>(); ❷

  frame.home.addWallListener(new WallListener () { ❸
    public void wallChanged(WallEvent ev) {
      if (ev.getType() == WallEvent.Type.ADD) {
        orderedWalls.add(ev.getWall()); ❹
      }
    }
  });

  frame.modeButton.doClick(); ❺
```

- Création d'une fenêtre de test.
- Affichage de la fenêtre.
- Vérification de la largeur du composant graphique.
- Création d'une liste des murs ordonnée dans l'ordre de leur ajout.
- Ajout à l'instance de Home d'un listener qui ajoute à la liste `orderedWalls` les murs dans l'ordre de leur création.
- Passage en mode *Création de mur*.

Vérification du mode actif dans le contrôleur.

```
assertEquals(PlanController.Mode.WALL_CREATION,
    frame.planController.getMode());
JComponentTester tester = new JComponentTester(); ❻
```

Clics aux points (30, 30), (270, 31), (269, 170), puis double-clic au point (30, 171).

```
tester.actionClick(planComponent, 30, 30); ❼
tester.actionClick(planComponent, 270, 31);
tester.actionClick(planComponent, 269, 170);
tester.actionClick(planComponent, 30, 171,
                   InputEvent.BUTTON1_MASK, 2); ❽
```

Vérification que trois murs reliant les points (20, 20), (500, 20), (500, 300) et (20, 300) ont été créés.

```
Wall wall1 = orderedWalls.get(0); ❾
assertCoordinatesEqualWallPoints(20, 20, 500, 20, wall1);
Wall wall2 = orderedWalls.get(1);
assertCoordinatesEqualWallPoints(500, 20, 500, 300, wall2);
Wall wall3 = orderedWalls.get(2);
assertCoordinatesEqualWallPoints(500, 300, 20, 300, wall3);
```

Vérification que les trois murs sont joints les uns aux autres à leurs extrémités.

```
assertWallsAreJoined(null, wall1, wall2);
assertWallsAreJoined(wall1, wall2, wall3);
assertWallsAreJoined(wall2, wall3, null);
```

Vérification que les murs créés sont sélectionnés.

```
assertSelectionContains(frame.home, wall1, wall2, wall3);
```

Clic au point (30, 170), puis double-clic au point (50, 50) en maintenant la touche *Majuscule* enfoncée.

```
tester.actionClick(planComponent, 30, 170);
tester.actionKeyPress(KeyEvent.VK_SHIFT); ❿
tester.actionClick(planComponent, 50, 50,
                   InputEvent.BUTTON1_MASK, 2);
tester.actionKeyRelease(KeyEvent.VK_SHIFT); ⓫
```

Vérification qu'un quatrième mur reliant les points (20, 300) et (60, 60) a été créé et qu'il est joint au troisième mur.

```
Wall wall4 = orderedWalls.get(orderedWalls.size() - 1); ⓬
assertCoordinatesEqualWallPoints(20, 300, 60, 60, wall4);
assertSelectionContains(frame.home, wall4);
assertWallsAreJoined(wall3, wall4, null);
```

Passage en mode *Sélection*.

```
frame.modeButton.doClick();
```

Vérification du mode *Sélection* dans le contrôleur.

```
assertEquals(PlanController.Mode.SELECTION,
    frame.planController.getMode());
```

Transfert du focus au composant du plan et enfoncement de la touche *Suppr* du clavier.

```
tester.actionFocus(planComponent);
tester.actionKeyStroke(KeyEvent.VK_DELETE);
```

Vérification que le logement ne contient plus que les trois premiers murs.

```
assertHomeContains(frame.home, wall1, wall2, wall3);
```

Passage en mode *Création de mur*.

```
frame.modeButton.doClick();
```

Clic au point (31, 29), puis double-clic au point (30, 170).

```
tester.actionClick(planComponent, 31, 29);
tester.actionClick(planComponent, 30, 170,
                   InputEvent.BUTTON1_MASK, 2);
```

Vérification que le nouveau quatrième mur relie les points (20, 20) et (20, 300) et qu'il est joint au troisième et au premier mur.

```
wall4 = orderedWalls.get(orderedWalls.size() - 1);
assertCoordinatesEqualWallPoints(20, 20, 20, 300, wall4);
assertWallsAreJoined(wall1, wall4, wall3);
```

Passage en mode *Sélection*.

```
frame.modeButton.doClick();
```

Appuyer sur le bouton de la souris au point (200, 100), et glisser-déposer le curseur au point (300, 180).

```
tester.actionMousePress(planComponent,
    new ComponentLocation(new Point(200, 100))); ⓭
tester.actionMouseMove(planComponent,
```

```
    new ComponentLocation(new Point(300, 180))); ⓮
tester.actionMouseRelease(); ⓯
assertSelectionContains(frame.home, wall2, wall3);

tester.actionKeyStroke(KeyEvent.VK_RIGHT); ⓰
tester.actionKeyStroke(KeyEvent.VK_RIGHT);
assertCoordinatesEqualWallPoints(20, 20, 504, 20, wall1);
assertCoordinatesEqualWallPoints(504, 20, 504, 300, wall2);
assertCoordinatesEqualWallPoints(504, 300, 24, 300, wall3);
assertCoordinatesEqualWallPoints(20, 20, 24, 300, wall4);

tester.actionKeyPress(KeyEvent.VK_SHIFT);
tester.actionClick(planComponent, 272, 40);
tester.actionKeyRelease(KeyEvent.VK_SHIFT);
assertSelectionContains(frame.home, wall3);

tester.actionMousePress(planComponent,
    new ComponentLocation(new Point(50, 30)));
tester.actionMouseMove(planComponent,
    new ComponentLocation(new Point(50, 50)));
assertSelectionContains(frame.home, wall1);
assertCoordinatesEqualWallPoints(20, 60, 504, 60, wall1);
tester.actionKeyStroke(KeyEvent.VK_TAB);
assertCoordinatesEqualWallPoints(20, 20, 504, 20, wall1);

for (int i = 0; i < 6; i++) {
  frame.undoButton.doClick();
}
assertHomeContains(frame.home); ⓱

for (int i = 0; i < 6; i++) {
  frame.redoButton.doClick();
}
assertHomeContains(frame.home, wall1, wall2, wall3, wall4);
assertWallsAreJoined(wall4, wall1, wall2);
assertWallsAreJoined(wall1, wall2, wall3);
assertWallsAreJoined(wall2, wall3, wall4);
assertWallsAreJoined(wall1, wall4, wall3);
assertSelectionContains(frame.home, wall2, wall3);
}
```

- Vérification que le deuxième et le troisième mur sont sélectionnés.
- Enfoncer la flèche droite du clavier deux fois.
- Vérification que les quatre murs relient les points (20, 20), (504, 20), (504, 300) et (24, 300).
- Clic au point (272, 40) en maintenant la touche *Majuscule* enfoncée.
- Vérification que le deuxième mur a été retiré de la sélection.
- Appuyer sur le bouton de la souris au point (50, 30), glisser le curseur en (50, 50).
- Vérification que le premier mur est sélectionné et qu'il a été déplacé.
- Enfoncer la touche de tabulation.
- Vérification que le premier mur n'a finalement pas été déplacé.
- Annulation des six opérations précédentes.
- Vérification que le logement ne contient aucun mur.
- Refaire les opérations annulées.
- Vérification que le logement contient tous les murs, joints les uns aux autres.
- Vérification que le second et le troisième mur sont sélectionnés.

Après avoir affiché une instance de la fenêtre de test ❶, Thomas utilise un objet de classe `JComponentTester` ❻ pour simuler les actions sur la souris et le clavier dans le composant du plan. Parmi ces dernières, on reconnaît les actions simples comme :

- l'enfoncement ⓭ et le relâchement ⓯ du bouton de la souris ;

- le déplacement ⓮ de la souris ;
- l'enfoncement ⓾ et le relâchement ⓫ d'une touche du clavier.

et les actions composites comme :

- le clic ❼ et le double-clic ❽ du bouton de la souris ;
- l'enfoncement ⓰ suivi du relâchement immédiat d'une touche du clavier.

SWING Simuler le clic sur un bouton

La méthode `doClick` ❺ provoque le clic sur un bouton à l'écran sans déplacer la souris. Thomas a utilisé cette méthode pour cliquer sur les boutons de la barre d'outils, car il cherche à tester graphiquement le composant du plan et pas le bon fonctionnement de ces boutons.

Notez aussi que, si la méthode `actionClick` est surchargée sous plusieurs formes ❼ ❽ pour faciliter la tâche du programmeur, aucune version des méthodes `actionMousePress` ⓭ et `actionMouseMove` ⓮ n'a été définie dans Abbot pour passer directement en paramètres les coordonnées d'un point à l'écran. Pour appeler ces méthodes, Thomas a donc dû instancier un objet de classe `ComponentLocation` qui se base sur des coordonnées spécifiées par une instance de `java.awt.Point`.

POUR ALLER PLUS LOIN
Tester le résultat graphique

Le programme du scénario de test vérifie presque tous les comportements possibles du contrôleur du composant du plan. Il teste aussi le positionnement correct des listeners AWT sur le composant graphique du plan. Pour qu'il soit plus complet, il faudrait finalement tester le résultat graphique du composant, par exemple avec la méthode `assertImage` de la classe `ComponentTester` pour comparer une capture d'écran faite au cours de l'exécution du test avec l'image d'une capture antérieurement générée.

Pour récupérer les murs dans l'ordre de leur ajout au logement ❾ ⓬, Thomas a positionné sur l'instance de `Home` un listener de type `WallListener` ❸ qui a pour rôle d'ajouter les murs créés ❹ dans une liste ordonnée ❷. Cette astuce, programmée ici pour contrecarrer le type `Collection<Wall>` non ordonné que renvoie la méthode `getWalls` de la classe `Home`, a un autre avantage : elle permet de tester si les notifications générées par la classe `Home` seront correctement développées.

Méthodes de vérification des murs et de la sélection

Thomas complète finalement les méthodes de vérification sur les murs et la sélection de la classe `PlanComponentTest`.

Méthodes d'outils de vérification de la classe PlanComponentTest

Vérifie que les coordonnées des extrémités du mur `wall` sont (`xStart`, `yStart`) et (`xEnd`, `yEnd`) à 1^{-10} près.

```
private void assertCoordinatesEqualWallPoints(float xStart,
    float yStart, float xEnd, float yEnd, Wall wall) {
  assertTrue(Math.abs(xStart - wall.getXStart()) < 1E-10);
  assertTrue(Math.abs(yStart - wall.getYStart()) < 1E-10);
  assertTrue(Math.abs(xEnd - wall.getXEnd()) < 1E-10);
  assertTrue(Math.abs(yEnd - wall.getYEnd()) < 1E-10);
}
```

Vérifie que le mur au point de départ et le mur au point d'arrivée de `wall` sont `wallAtStart` et `wallAtEnd`.

```
private void assertWallsAreJoined(
    Wall wallAtStart, Wall wall, Wall wallAtEnd) {
  assertSame(wallAtStart, wall.getWallAtStart());
  assertSame(wallAtEnd, wall.getWallAtEnd());
}
```

Vérifie que les murs du logement sont ceux en paramètres.

```
private void assertHomeContains(Home home, Wall ... walls) { ❶
  Collection <Wall> planWalls = home.getWalls();
  assertEquals(walls.length, planWalls.size());
  for (Wall wall : walls) { ❷
```

```
    assertTrue(planWalls.contains(wall));
  }
}

private void assertSelectionContains(Home home,
                                     Wall ... walls) { ❸
  List<Object> selectedItems = home.getSelectedItems();
  assertEquals(walls.length, selectedItems.size());
  for (Wall wall : walls) { ❹
    assertTrue(selectedItems.contains(wall));
  }
}
```

◂ Vérifie que les murs sélectionnés dans le logement sont ceux en paramètres.

JAVA 5 Liste d'arguments variable

Une liste d'arguments variable permet à une méthode de recevoir en dernier paramètre un nombre variable de valeurs. Ce type de liste est déclaré en précédant le dernier paramètre de trois points `...` ❶ ❸ ; ce paramètre est en fait un tableau Java que Thomas parcourt ici grâce à une boucle itérative ❷ ❹. Le nombre de valeurs passées en paramètres peut être éventuellement nul comme à l'appel de `assertHomeContains` ⓱ dans la méthode `testPlanComponent` développée dans la section précédente. Les méthodes `assertHomeContains` et `assertSelectionContains` n'ont donc qu'un seul paramètre obligatoire.

Gestion des murs dans la couche métier

Au cours de la rédaction du programme de test du scénario n° 5 avec Eclipse, Thomas n'a généré que très peu de méthodes dans les classes `PlanComponent` et `PlanController`, parce que ce programme interagit sur la fenêtre de test et ses boutons. Pour permettre à Margaux de développer la classe `PlanComponent` pendant qu'il programmera `PlanController`, ils décident de compléter tout d'abord les classes de la couche métier.

Modification des préférences de l'utilisateur

Les classes `UserPreferences` et `DefaultUserPreferences` sont décrites au chapitre 7, « Tableau des meubles du logement ».

Thomas ajoute à la classe `com.eteks.sweethome3d.model.UserPreferences` les champs `magnetismEnabled` de type `boolean`, et `newWallThickness` de type `float`, puis génère leur accesseur et leur mutateur avec le menu *Source>Generate Getters and Setters...* d'Eclipse.

Il initialise le champ `magnetismEnabled` à la valeur `true`, puis localise la valeur du champ `newWallThickness` en ajoutant l'instruction suivante au constructeur de la classe `com.eteks.sweethome3d.io.DefaultUserPreferences` :

```
setNewWallThickness(
  Float.parseFloat(resource.getString("newWallThickness")));
```

Il termine en ajoutant aux fichiers `DefaultUserPreferences.properties` et `DefaultUserPreferences_en_US.properties`, la propriété `newWallThickness` de valeurs respectives `7.5` et `7.62` (= 3 pouces).

Classe représentant un mur

Thomas modifie ensuite la classe `com.eteks.sweethome3d.model.Wall` :

1 Il y implémente les accesseurs `getXStart`, `getYStart`, `getXEnd`, `getYEnd`, `getWallAtStart` et `getWallAtEnd` créés pendant la programmation de test, pour renvoyer les valeurs des nouveaux champs qui leur correspondent.

2 Il génère les mutateurs de ces champs avec le menu *Source>Generate Getters and Setters...* d'Eclipse, en sélectionnant l'option *default* dans la zone *Access modifier* de cet outil, pour que les méthodes aient un modificateur d'accès protégé package.

3 Il ajoute à la classe `Wall` le champ `thickness` de type `float`, ainsi que son accesseur.

4 Il génère finalement un constructeur qui initialise les champs `xStart`, `yStart`, `xEnd`, `yEnd` et `thickness`, avec le menu *Source>Generate Constructor using Fields...*.

Les méthodes de calcul `getPoints`, `intersectsRectangle`, `containsPoint`, `containsWallStartAt` et `containsWallEndAt` ne sont pas nécessaires pour compiler le programme de test du scénario. Elles seront développées par la suite avec la classe `PlanComponent`.

Classe com.eteks.sweethome3d.model.Wall

```
package com.eteks.sweethome3d.model;

public class Wall {
  private float xStart;
  private float yStart;
  private float xEnd;
  private float yEnd;
  private Wall wallAtStart;
  private Wall wallAtEnd;
  private float thickness;

  public Wall(float xStart, float yStart, float xEnd, float yEnd,
              float thickness) {
    this.xStart = xStart;
    this.yStart = yStart;
    this.xEnd = xEnd;
    this.yEnd = yEnd;
    this.thickness = thickness;
  }

  // Accesseurs public
  // Mutateurs sans modificateur d'accès setXStart, setYStart,
  // setXEnd, setYEnd, setWallAtStart, setWallAtEnd
}
```

Interface du listener des murs et classe d'événement associée

L'interface `com.eteks.sweethome3d.model.WallListener` a été générée avec la programmation du test du scénario n° 5.

Interface com.eteks.sweethome3d.model.WallListener

```
package com.eteks.sweethome3d.model;

```

```
import java.util.EventListener;

public interface WallListener extends EventListener {
  void wallChanged(WallEvent ev);
}
```

Dans la classe `com.eteks.sweethome3d.model.WallEvent` partiellement implémentée, Thomas complète l'énumération `Type`. Il ajoute ensuite les champs `wall` et `type` initialisés dans le constructeur, et complète l'accesseur de ces champs.

Classe com.eteks.sweethome3d.model.WallEvent

```
package com.eteks.sweethome3d.model;

import java.util.EventObject;

public class WallEvent extends EventObject {
  public enum Type {ADD, DELETE, UPDATE}

  private Wall wall;
  private Type type;

  public WallEvent(Object source, Wall wall, Type type) {
    super(source);
    this.wall = wall;
    this.type = type;
  }

  public Wall getWall() {
    return this.wall;
  }

  public Type getType() {
    return this.type;
  }
}
```

Gestion des murs du logement

Thomas termine l'implémentation de la couche métier par la classe `com.eteks.sweethome3d.model.Home`. Il ajoute tout d'abord à cette classe les champs `walls` et `wallListeners`, les initialise dans son constructeur et implémente les méthodes `addWallListener` et `removeWallListener`.

Classe com.eteks.sweethome3d.model.Home

```
package com.eteks.sweethome3d.model;

import java.util.*;

public class Home {
```

```
  private List<HomePieceOfFurniture> furniture;
  private List<Object>               selectedItems;
  private List<FurnitureListener>    furnitureListeners;
  private List<SelectionListener>    selectionListeners;
  private Collection<Wall>           walls;
  private List<WallListener>         wallListeners;

  public Home() {
    this(new ArrayList<HomePieceOfFurniture>());
  }

  public Home(List<HomePieceOfFurniture> furniture) {
    // Gestion des meubles et de la sélection inchangée
    this.walls = new ArrayList<Wall>();
    this.wallListeners = new ArrayList<WallListener>();
  }

  // Méthodes de gestion des meubles et de la sélection inchangées

  public void addWallListener(WallListener listener) {
    this.wallListeners.add(listener);
  }

  public void removeWallListener(WallListener listener) {
    this.wallListeners.remove(listener);
  }

  // Méthodes de gestion de l'ensemble des murs
}
```

- Ensemble des murs.
- Ensemble des listeners notifiés après une modification des murs.
- Initialisation de l'ensemble des murs et de la liste des listeners `WallListener`.
- Ajoute au logement le listener de notification de modification des murs en paramètres.
- Retire du logement le listener de notification de modification des murs en paramètres.

Il programme ensuite les méthodes qui gèrent l'ensemble des murs. Dans les méthodes `addWall`, `deleteWall` qui altèrent la liste des murs ainsi que dans celles qui modifient les extrémités ou la jointure d'un mur particulier, il lui faut implémenter la modification attendue puis émettre une notification de changement de mur à tous les listeners enregistrés auprès d'une instance de `Home`.

Méthodes de gestion des murs de la classe Home

```
public Collection<Wall> getWalls() {
  return Collections.unmodifiableCollection(this.walls);
}

public void addWall(Wall wall) {
  this.walls = new ArrayList<Wall>(this.walls);
  this.walls.add(wall);
  fireWallEvent(wall, WallEvent.Type.ADD);
}

public void deleteWall(Wall wall) { ❶
```

- Renvoie une collection non modifiable des murs.
- Ajoute le mur `wall` à l'ensemble des murs du logement et notifie cet ajout aux listeners.
- Supprime le mur `wall` de l'ensemble des murs.

```
  deselectItem(wall);
```

Désélection éventuelle du mur.

```
  for (Wall otherWall : getWalls()) {
    if (wall.equals(otherWall.getWallAtStart())) {
      setWallAtStart(otherWall, null);
    } else if (wall.equals(otherWall.getWallAtEnd())) {
      setWallAtEnd(otherWall, null);
    }
  }
  this.walls = new ArrayList<Wall>(this.walls);
```

Suppression des jointures sur le mur `wall` dans l'ensemble des murs.

```
  this.walls.remove(wall);
  fireWallEvent(wall, WallEvent.Type.DELETE);
}
```

Suppression du mur `wall` de l'ensemble des murs et notification de cette suppression aux listeners.

```
public void moveWallStartPointTo(Wall wall, float x, float y) {
  if (x != wall.getXStart() || y != wall.getYStart()) {
    wall.setXStart(x);
    wall.setYStart(y);
    fireWallEvent(wall, WallEvent.Type.UPDATE);
  }
}
```

Déplace l'extrémité de départ du mur `wall` en (x, y) et notifie ce changement aux listeners.

```
public void moveWallEndPointTo(Wall wall, float x, float y) {
  if (x != wall.getXEnd() || y != wall.getYEnd()) {
    wall.setXEnd(x);
    wall.setYEnd(y);
    fireWallEvent(wall, WallEvent.Type.UPDATE);
  }
}
```

Déplace l'extrémité de fin du mur `wall` au point (x, y) et notifie ce changement aux listeners.

```
public void setWallAtStart(Wall wall, Wall wallAtStart) { ❷
```

Joint l'extrémité de départ du mur `wall` au mur `wallAtStart`.

```
  detachJoinedWall(wall, wall.getWallAtStart());
```

Suppression de la jointure existante à l'extrémité de départ du mur `wall`.

```
  wall.setWallAtStart(wallAtStart);
  fireWallEvent(wall, WallEvent.Type.UPDATE);
}
```

Modification de la jointure à l'extrémité de départ et notification de la modification du mur `wall`.

```
public void setWallAtEnd(Wall wall, Wall wallAtEnd) { ❸
```

Joint l'extrémité de fin du mur `wall` au mur `wallAtEnd`.

```
  detachJoinedWall(wall, wall.getWallAtEnd());
```

Suppression de la jointure existante à l'extrémité de fin du mur `wall`.

```
  wall.setWallAtEnd(wallAtEnd);
  fireWallEvent(wall, WallEvent.Type.UPDATE);
}
```

Modification de la jointure à l'extrémité de fin et notification de la modification du mur `wall`.

```
private void detachJoinedWall(Wall wall, Wall joinedWall) { ❹
  if (joinedWall != null) {
    if (wall.equals(joinedWall.getWallAtStart())) {
      joinedWall.setWallAtStart(null);
```

Supprime, si elle existe, la jointure entre le mur `wall` et le mur `joinedWall`, et notifie la modification du mur `joinedWall` aux listeners.

```
      fireWallEvent(joinedWall, WallEvent.Type.UPDATE);
    } else if (wall.equals(joinedWall.getWallAtEnd())) {
      joinedWall.setWallAtEnd(null);
      fireWallEvent(joinedWall, WallEvent.Type.UPDATE);
    }
  }
}
```

Notifie à tous les listeners un changement de type eventType sur le mur wall.

```
private void fireWallEvent(Wall wall, WallEvent.Type eventType) {
  if (!this.wallListeners.isEmpty()) {
    WallEvent wallEvent = new WallEvent(this, wall, eventType);
    WallListener [] listeners = this.wallListeners.
      toArray(new WallListener [this.wallListeners.size()]);
    for (WallListener listener : listeners) {
      listener.wallChanged(wallEvent);
    }
  }
}
```

La gestion des murs est testée dans la méthode testHomeWalls de la classe com.eteks.sweethome3d.junit.HomeTest, disponible avec les sources.

Les méthodes deleteWall ❶, setWallAtStart ❷ et setWallAtEnd ❸ qui doivent gérer les jointures entre les murs, sont les plus complexes de cette classe, et leurs traitements rappellent l'algorithmique de gestion des listes doublement chaînées. En effet, comme les murs joints se référencent réciproquement, il faut, à la suppression d'un mur ou au changement d'une de ses extrémités, détacher le mur ❹ qui lui était précédemment lié, avant de rattacher éventuellement son extrémité à un autre mur. Notez que cette classe ne prend pas en charge le déplacement des extrémités des murs joints les uns aux autres. Cette responsabilité sera prise par le contrôleur.

Création du composant du plan

Margaux s'attache maintenant à développer la classe PlanComponent du composant graphique du plan. Il va lui falloir dessiner dans ce composant les murs du logement, et positionner sur celui-ci des listeners AWT qui appelleront les méthodes de la classe PlanController, en fonction des interactions de l'utilisateur avec la souris et le clavier. Comme Margaux n'a pas l'intention d'adapter à tel ou tel look and feel ce nouveau type de composant, elle choisit d'implémenter la classe PlanComponent avec la solution qui consiste à :

- sous-classer PlanComponent à partir de la classe javax.swing.JComponent ;
- redéfinir la méthode paintComponent héritée de JComponent, afin de dessiner le contenu du composant à l'aide des méthodes de la classe java.awt.Graphics ;

- redéfinir la méthode getPreferredSize, et éventuellement les méthodes getMinimumSize et getMaximumSize, pour que le container du composant puisse gérer correctement ses dimensions, notamment quand le composant est inclus dans un panneau à ascenseurs ;
- ajouter un listener WallListener au logement pour recevoir les notifications sur les murs ;
- positionner les listeners AWT sur le composant ;
- définir les touches du clavier qui agissent sur le composant.

Brouillon de la classe com.eteks.sweethome3d.swing.PlanComponent

```
package com.eteks.sweethome3d.swing;

public class PlanComponent extends javax.swing.JComponent {
  public PlanComponent(/* params */) {
    // Positionnement des listeners sur le modèle
    // addWallListener(...);
    // Positionnement des listeners AWT
    // addMouseListener(...);
    // addMouseMotionListener(...);
    // installKeyboardActions();
  }

  @Override
  protected void paintComponent(java.awt.Graphics g) {
    // Dessin du composant avec l'instance de Graphics
  }

  @Override
  public java.awt.Dimension getPreferredSize() {
    // Renvoyer les dimensions préférées du composant
  }
}
```

> **ATTENTION N'appelez pas paintComponent**
>
> Vous n'avez ni à appeler la méthode paintComponent dans votre programme, ni à gérer l'instanciation de l'objet Graphics qu'elle reçoit en paramètres. C'est le *dispatch thread* de Java qui s'en occupe à la première visualisation du composant et chaque fois que le composant doit être mis à jour partiellement ou complètement, par exemple à la suite d'un appel à la méthode repaint qui avertit ce thread qu'un composant doit être redessiné aussitôt que possible.

Une fois cette classe de composant créée, il lui suffira d'en ajouter une instance à un container pour le visualiser et interagir avec.

> POUR ALLER PLUS LOIN
> **Méthodes de la famille paint**
>
> Le système n'appelle pas directement la méthode paintComponent, mais plutôt la méthode paint héritée de java.awt.Component et redéfinie dans la classe JComponent. Cette méthode se charge d'appeler la méthode paintComponent du composant, puis paintBorder pour dessiner son bord et finalement paintChildren pour dessiner ses composants enfants.

Dessin du composant

La classe java.awt.Graphics que doit utiliser Margaux pour dessiner les murs du logement comporte de très nombreuses méthodes réparties en deux catégories :

- les méthodes comme setColor et setFont qui modifient la couleur ou la police de caractères utilisées pour toutes les opérations de dessin ultérieures ;
- les méthodes de dessin comme drawLine, drawOval, drawString, drawImage, fillPolygon qui dessinent des formes, des textes, des images… ou les remplissent. Toutes ces opérations prennent en para-

mètres des coordonnées exprimées par défaut en pixels dans un repère dont le point (0, 0) est en haut à gauche du composant.

Java 2D

Bien que la longue liste des méthodes de `java.awt.Graphics` suffise pour dessiner des formes basiques, il n'empêche qu'il y manque de nombreuses fonctionnalités, comme la gestion de l'épaisseur d'un trait ou le remplissage d'une forme avec un motif. C'est pourquoi Java 2D a été conçue ; au lieu de compléter la classe `Graphics`, ou de remplacer `Graphics` par une nouvelle classe, les concepteurs de cette bibliothèque introduite dans Java 1.2, ont choisi d'ajouter des nouvelles méthodes dans la sous-classe `java.awt.Graphics2D` de `Graphics`, et de passer systématiquement à la méthode `paintComponent` une instance de cette sous-classe. Pour utiliser les méthodes de Java 2D, il suffit donc au programmeur de convertir dans le type `Graphics2D` la référence reçue en paramètre dans `paintComponent` (ou les autres méthodes qui prennent une référence de type `Graphics`) :

```
protected void paintComponent(Graphics g) {
  Graphics2D g2D = (Graphics2D)g;
  // Dessin du composant en Java 2D avec l'instance de Graphics2D
}
```

Le tableau 8-1 présente les méthodes les plus intéressantes ajoutées à `Graphics2D`.

Tableau 8–1 Quelques méthodes de Graphics2D

Méthode	Description
`public void setStroke(java.awt.Stroke s)`	Change le type de trait (épaisseur, pointillés...).
`public void setPaint(java.awt.Paint p)`	Change le remplissage (couleur, dégradé, motif...).

`public void scale(double sx, double sy)`
`public void shear(double shx, double shy)`
`public void rotate(double theta)`
`public void translate(double tx, double ty)`
`public void transform(java.awt.geom.AffineTransform t)`
	Modifie la transformation opérée sur les dessins (changement d'échelle, déformation, rotation, translation...).

`public void setRenderingHint(` `java.awt.RenderingHints.Key hintKey, Object hintValue)`	Modifie les indications relatives à la qualité du dessin.
`public void draw(java.awt.Shape shape)`	Dessine le contour de la forme `shape`.
`public void fill(java.awt.Shape shape)`	Remplit la forme `shape`.

Forme dessinée

Les deux méthodes `draw` et `fill` de `Graphics2D` prennent en paramètre une instance de type `java.awt.Shape`, qui représente la forme dessinée ou remplie. Cette interface est implémentée par les classes `java.awt.Rectangle` et `java.awt.Polygon`, et par les classes du package `java.awt.geom`, dont certaines sont représentées dans le diagramme de la figure 8-10.

Parmi ces classes, celles suffixées par `2D` s'utilisent de façon particulière : ces classes abstraites s'instancient par le biais de leurs sous-classes internes `Float` et `Double`, ce qui permet de gérer les coordonnées de chaque forme avec plus ou moins de précision. Pour créer une ligne reliant le point (0, 0) au point (100, 100) avec des coordonnées de type `float`, on obtient donc cette instruction :

```
Line2D line = new Line2D.Float(0, 0, 100, 100);
```

Toutes les classes de formes du package `java.awt.geom` mémorisent des valeurs décimales, pour permettre d'exprimer les coordonnées des objets graphiques dans l'espace à deux dimensions de votre choix. Par défaut, le repère d'un composant a pour origine son coin supérieur gauche avec un axe y orienté vers le bas ; si ce système de coordonnées ne convient pas, il faut définir quelle transformation appliquer aux formes pour obtenir un dessin aux coordonnées pixels. Cette transformation est spécifiée en appelant les méthodes `scale`, `rotate`, `translate`... de `Graphics2D`, avant d'appeler ses méthodes `draw` ou `fill`. Par exemple, les instructions suivantes afficheront la ligne reliant les points (0, 0) et (100, 100), sous la forme d'un trait de coordonnées pixels reliant les points (20, 20) et (70, 70), représenté dans la figure 8-11 :

```
g2D.translate(20, 20);
g2D.scale(0.5, 0.5);
g2D.draw(new Line2D.Float(0, 0, 100, 100));
```

POUR ALLER PLUS LOIN
Matrice de transformation

Le calcul de la transformation des points (x, y) d'une forme en coordonnées pixels est effectué par la multiplication des vecteurs (x, y) correspondants aux points, par la matrice 3×3 qui synthétise toutes les différentes transformations citées par le programmeur. Cette matrice a neuf valeurs pour permettre de cumuler des changements d'échelle, des déformations, des rotations et des translations. Java 2D permet de travailler directement sur les valeurs d'une matrice de transformation grâce à la classe `java.awt.geom.AffineTransform`.

ASTUCE **Transformation repère direct/repère indirect**

Pour afficher une forme avec des coordonnées exprimées dans un espace dont l'axe y va vers le haut, il faut utiliser un changement d'échelle négatif en y, et une translation pour positionner l'origine en bas du composant :

```
g2D.translate(0, getHeight());
g2D.scale(1, -1);
```

B.A.-BA **Notation des classes internes UML**

Une classe interne d'une autre est représentée en UML grâce à une ligne dont l'extrémité est un rond barré d'une croix. Par exemple, dans la figure 8-10, les classes `Float` sont des classes internes de `Point2D`, `Line2D`, `Rectangle2D` et `Ellipse2D`.

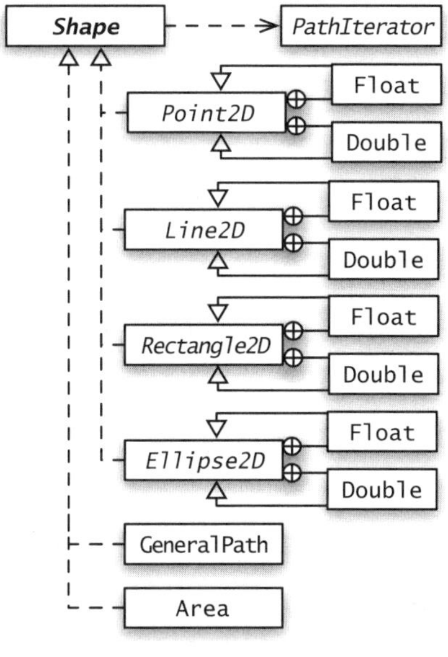

Figure 8–10 Diagramme des classes dépendantes de Shape

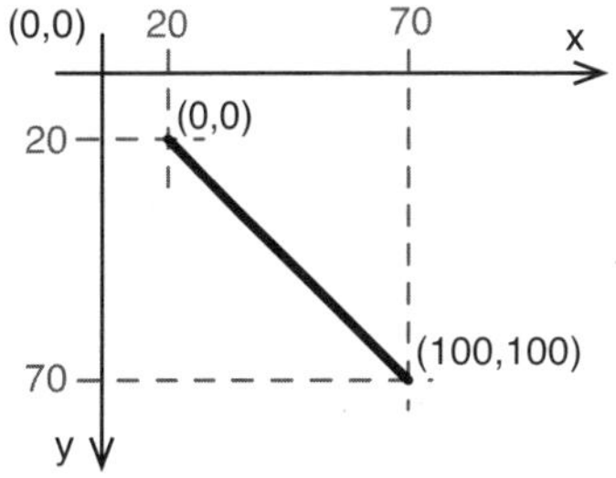

Figure 8–11 Transformation des coordonnées

> ATTENTION **Ordre des transformations**
>
> L'ordre des instructions de transformations a une importance sur le calcul des coordonnées pixels d'une forme, et ce calcul s'effectue dans l'ordre inverse des transformations citées. Ainsi, les deux instructions :
> ```
> g2D.translate(20, 20);
> g2D.scale(0.5, 0.5);
> ```
> appliqueront un changement d'échelle de 0,5 sur les coordonnées x, y des formes, puis une translation de (20, 20), ce qui transformera les coordonnées du point (100, 100) en (70, 70). Si vous inversez les deux instructions précédentes :
> ```
> g2D.scale(0.5, 0.5);
> g2D.translate(20, 20);
> ```
> les coordonnées du même point (100, 100) seront transformées en (60, 60) !

Type de trait

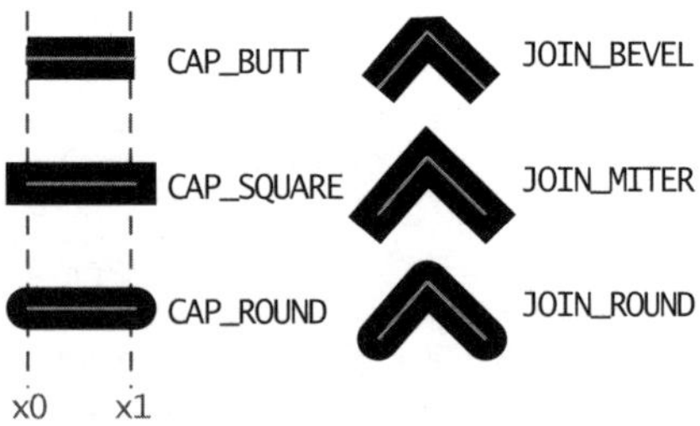

Figure 8–12 Types de trait

Le type de trait utilisé pour dessiner le contour d'une forme est spécifié avec la méthode `setStroke` de `Graphics2D` en lui passant une instance de `java.awt.BasicStroke`, la seule classe de Java 2D qui implémente le type `java.awt.Stroke` requis en paramètre par cette méthode. Cette classe dispose de plusieurs constructeurs qui permettent de préciser ou non les attributs des traits, à savoir :

- leur épaisseur exprimée dans l'espace de coordonnées utilisateur ;
- le mode de dessin, carré ou rond, de leurs terminaisons, spécifié par les constantes `CAP_BUTT`, `CAP_SQUARE` et `CAP_ROUND` ;
- le mode de leur jointure dans un polygone, spécifié par les constantes `JOIN_BEVEL`, `JOIN_MITER` et `JOIN_ROUND` ;
- la longueur de ses tirets, si le trait n'est pas continu.

Dessin des murs avec des lignes

Margaux va dessiner tout d'abord les murs avec des lignes d'épaisseur correspondante. Elle débute donc la programmation de la classe `com.eteks.sweethome3d.swing.PlanComponent` dans laquelle elle implémente les méthodes `getPreferredSize` et `paintComponent`.

Classe com.eteks.sweethome3d.swing.PlanComponent

```
package com.eteks.sweethome3d.swing;

import java.awt.*;
import java.awt.event.*;
import java.awt.geom.*;
import java.util.*;
import java.util.List;
import javax.swing.*;
import com.eteks.sweethome3d.model.*;

public class PlanComponent extends JComponent {
```

```
private static final float MARGIN = 40;
private Home               home;
private UserPreferences    preferences;
private float              scale = 0.5f;

public PlanComponent(Home home, UserPreferences preferences,
                     PlanController controller) {
  this.home = home;
  this.preferences = preferences;
  setOpaque(true); ❶
}

@Override
public Dimension getPreferredSize() { ❷
  if (isPreferredSizeSet()) {
    return super.getPreferredSize();
  } else {
    Insets insets = getInsets(); ❸
    Rectangle2D planBounds = getPlanBounds();
    return new Dimension(
      Math.round(((float)planBounds.getWidth() + MARGIN * 2)
        * this.scale) + insets.left + insets.right,
      Math.round(((float)planBounds.getHeight() + MARGIN * 2)
        * this.scale) + insets.top + insets.bottom);
  }
}

private Rectangle2D getPlanBounds() {
  Rectangle2D planBounds =
      new Rectangle2D.Float(0, 0, 1000, 1000);
  for (Wall wall : home.getWalls()) {
    planBounds.add(wall.getXStart(), wall.getYStart());
    planBounds.add(wall.getXEnd(), wall.getYEnd());
  }
  return planBounds;
}

@Override
protected void paintComponent(Graphics g) { ❹
  Graphics2D g2D = (Graphics2D)g.create(); ❺
  paintBackground(g2D);
  Insets insets = getInsets(); ❻
  g2D.clipRect(insets.left, insets.top,
      getWidth() - insets.left - insets.right,
      getHeight() - insets.top - insets.bottom); ❼
```

◂ Marge en centimètres autour du repère du plan.

◂ Échelle par défaut.

◂ Crée un composant qui affiche les murs du logement home.

◂ Rendre le composant opaque.

◂ Renvoie la taille préférée du composant.

◂ Si la taille préférée a été positionnée avec `setPreferredSize`, renvoyer cette taille.

◂ Sinon, calcul des dimensions préférées en tenant compte de la bordure du composant, de la marge MARGIN et du rectangle englobant tous les murs du plan.

◂ Renvoie le rectangle englobant les extrémités des murs du logement.

◂ Les dimensions du logement sont au minimum de 10 x 10 mètres.

◂ Agrandissement du rectangle pour contenir les extrémités de départ et de fin de chaque mur du logement.

◂ Dessine le composant.

◂ Création d'une copie du contexte graphique.

◂ Dessin du fond.

◂ Exclusion des bords du composant de la zone où sera dessiné son contenu.

Déplacement de l'origine du repère en tenant compte de la bordure du composant, de la marge et des coordonnées minimales des murs. ▸ 8

Changement d'échelle. ▸ 9

Dessin des murs.

Libération des ressources associées à l'objet `Graphics2D`. ▸ 10

Dessine le fond du composant s'il est opaque. ▸ 11

Récupération de la couleur de fond d'une fenêtre dans le look and feel. ▸ 12

Remplissage du composant avec la couleur de fond.

Dessine le contenu du plan.

Utilisation de la couleur d'écriture. ▸ 13

Pour chaque mur du logement...

...création d'une instance de `Line2D` aux mêmes coordonnées. ▸ 14

Utilisation d'une épaisseur de ligne égale à l'épaisseur du mur. ▸ 15

Dessin de la ligne correspondante au mur. ▸ 16

```
    Rectangle2D planBounds = getPlanBounds();
    g2D.translate(
        insets.left
        + (MARGIN - planBounds.getMinX()) * this.scale,
        insets.top
        + (MARGIN - planBounds.getMinY()) * this.scale); ❽
    g2D.scale(scale, scale); ❾

    paintContent(g2D);

    g2D.dispose(); ❿
  }

  private void paintBackground(Graphics2D g2D) {
    if (isOpaque()) { ⓫
      Color backgroundColor = UIManager.getColor("window"); ⓬

      g2D.setColor(backgroundColor);
      g2D.fillRect(0, 0, getWidth(), getHeight());
    }
  }

  private void paintContent(Graphics2D g2D) {
    g2D.setColor(getForeground()); ⓭

    for (Wall wall : this.home.getWalls()) {
      Line2D line = new Line2D.Float(wall.getXStart(),
          wall.getYStart(), wall.getXEnd(), wall.getYEnd()); ⓮

      g2D.setStroke(new BasicStroke(wall.getThickness(),
          BasicStroke.CAP_BUTT, BasicStroke.JOIN_MITER)); ⓯

      g2D.draw(line); ⓰
    }
  }
}
```

SWING Zone de clipping

Le rectangle en paramètre de la méthode `clipRect` ❼ de `Graphics` permet d'exclure toute modification ultérieure des pixels situés en dehors de ce rectangle. La méthode `paintComponent` d'un composant reçoit un objet `Graphics` avec une zone d'exclusion qui limite les modifications à un rectangle de mêmes coordonnées que celles du composant, bords y compris. Comme le bord autour d'un composant peut être une zone vide, l'application d'un rectangle d'exclusion avec `clipRect` évite d'avoir à calculer soi-même des coordonnées d'opérations de dessin qui ne débordent pas sur les bords de ce composant.

Bien qu'il manque à `PlanComponent` certaines fonctionnalités décrites dans le scénario n° 5, cette classe reprend les règles de bonne conception du tout nouveau composant Swing :

- dessiner le contenu du composant dans une méthode `paintComponent` ❹ en travaillant sur une copie ❺ de l'objet `Graphics` en paramètre, pour éviter que la modification des attributs ❼❽❾ de l'objet `Graphics` original influence les opérations de dessin effectuées ultérieurement par la classe `JComponent` ;
- gérer le fait qu'il soit opaque ou non pour dessiner le fond du composant ⓫, ce dernier étant ici opaque par défaut ❶ ;
- renvoyer la taille préférée ❷ du composant pour que son container puisse le disposer correctement en fonction de son layout ;

- prendre en compte la présence de bords ou non autour du composant, autant pour le dessin ❻ que pour le calcul de la taille préférée du composant ❸ ;
- utiliser les couleurs habituellement utilisées ⓬ ⓭ dans le look and feel en cours, sauf cas exceptionnel.

Outre ces caractéristiques, Margaux a implémenté dans la classe `PlanComponent` le dessin des murs du logement à l'aide d'instances de `Line2D.Float` ⓮ dessinées avec la méthode `draw` ⓰ de `Graphics2D`, en donnant à chaque ligne une épaisseur égale à celle du mur ⓯. Toutes ces opérations sont effectuées à l'échelle en cours ❽ ❾.

SWING Insets = zone réservée au bord

Les dimensions `left`, `top`, `bottom`, `right` de l'instance de `java.awt.Insets` (≈ *encarts*) renvoyée par la méthode `getInsets` de `JComponent` ❸ ❻ correspondent à l'espace réservé au dessin du bord du composant.

ATTENTION Libérer les ressources d'un objet Graphics

Les objets de classe `Graphics` sont associés à des ressources graphiques du système qui effectuent le dessin à l'écran. Comme ces ressources sont limitées, il vaut mieux les libérer en appelant la méthode `dispose` ❿ sur les objets `Graphics` que vous avez créés vous-même ❺, aussitôt que vous n'en avez plus besoin. Vous anticiperez ainsi la tâche de la méthode `finalize` d'une instance de `Graphics`, qui elle ne sera appelée qu'au moment où cet objet sera récupéré par le ramasse-miettes.

SWING Récupérer les couleurs du look and feel courant

La classe `java.awt.SystemColor` contient un ensemble de constantes `window`, `text`, `textHighlight`... qui représentent les couleurs du système. Au lieu de référencer directement ces couleurs, Margaux a préféré utiliser ici ⓬ la méthode `getColor` de la classe `javax.swing.UIManager`, car à la différence des constantes de `SystemColor`, `getColor` renvoie les couleurs associées au look and feel courant. Comme ces couleurs ne sont pas forcément les mêmes avec un look and feel comme Ocean, il vaut donc mieux utiliser cette méthode pour gérer les couleurs d'un composant, si on veut qu'il s'intègre parfaitement avec les autres composants Swing. Les valeurs des clés qu'il faut passer en paramètres à `getColor` sont des chaînes qui contiennent les mêmes caractères que les constantes de `SystemColor`.

Application de test du composant du plan

Pour tester le résultat graphique du composant `PlanComponent`, Margaux programme l'application `com.eteks.sweethome3d.test.SimplePlanTest` qui affiche dans une fenêtre un plan avec trois murs d'épaisseurs différentes dont certains ont des coordonnées négatives.

Classe com.eteks.sweethome3d.test.SimplePlanTest

```
package com.eteks.sweethome3d.test;

import javax.swing.*;
import com.eteks.sweethome3d.io.DefaultUserPreferences;
import com.eteks.sweethome3d.model.*;
import com.eteks.sweethome3d.swing.PlanComponent;

public class SimplePlanTest {
  public static void main(String [] args) {
    Wall wall1 = new Wall(-100, 0, 200, 0, 25);
    Wall wall2 = new Wall(200, 0, 500, 300, 25);
    Wall wall3 = new Wall(-100, 0, -100, 300, 10);
    Home home = new Home();
    home.addWall(wall1);
    home.addWall(wall2);
    home.addWall(wall3);
    home.setWallAtEnd(wall1, wall2); ❶
    home.setWallAtStart(wall2, wall1);
```

◂ Création de trois murs d'épaisseurs différentes.

◂ Ajout des trois murs au logement.

◂ Jointure entre le premier mur et le second mur.

Création d'une instance de `PlanComponent` qui affiche le plan des murs du logement.

Affichage du composant dans une fenêtre.

```
      PlanComponent planComponent = new PlanComponent(
          home, new DefaultUserPreferences(), null);

      JFrame frame = new JFrame("Plan Test");
      frame.add(planComponent);
      frame.setDefaultCloseOperation(JFrame.EXIT_ON_CLOSE);
      frame.pack();
      frame.setVisible(true);
    }
  }
```

En lançant cette application, elle obtient le dessin des murs représenté par la figure 8-13, où on distingue bien que la jointure entre les deux premiers murs ❶ n'est esthétiquement pas très heureuse.

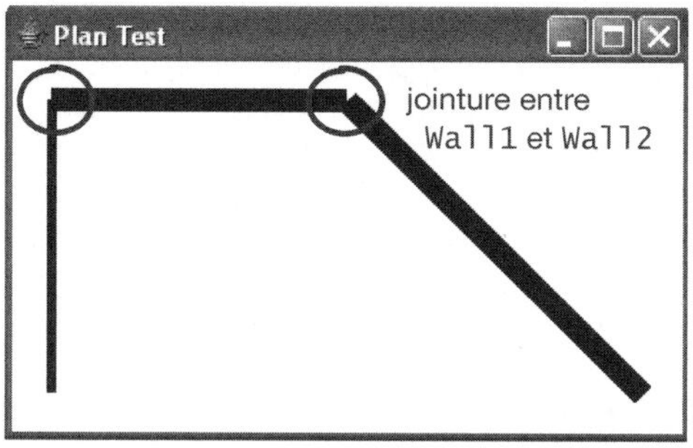

Figure 8–13
Dessin des murs avec des lignes

Margaux pourrait corriger ce problème en dessinant une seule polyligne (ou ligne brisée) à partir de chaque sous-ensemble de murs joints. Mais elle penche vers une autre solution, car le recours à la classe `java.awt.geom.GeneralPath` qui représente une polyligne, ne lui permet pas de dessiner des murs joints d'épaisseurs différentes (les traits d'une ligne brisée ont tous la même épaisseur).

SWING Classe GeneralPath

La classe `java.awt.geom.GeneralPath` représente un ou plusieurs chemins qui joignent des points. Ces points peuvent être reliés les uns aux autres soit avec la méthode `lineTo` pour former une ligne brisée, soit avec les méthodes `curveTo` ou `quadTo` pour former une courbe de Bézier ou une courbe quadratique. La position du premier point de chaque chemin doit être spécifiée par un appel à `moveTo`, et à la méthode `closePath` qui permet de fermer un chemin.

Dessin du contour de chaque mur

Margaux choisit plutôt d'utiliser la classe `GeneralPath` pour dessiner le contour de chaque mur à l'écran, dont il lui faut calculer les points en fonction de la jointure du mur avec ceux joints à ses extrémités.

Ce calcul représenté par la figure 8-14 s'effectue en deux étapes :

1. Il faut d'abord déterminer pour chaque mur `wall`, les coordonnées des quatre points `P0`, `P1`, `P2` et `P3` du rectangle de son contour en prenant en compte son épaisseur `thickness`.
2. Pour un mur joint à l'extrémité d'un autre `wall2`, il faut ensuite calculer les points d'intersection `P0i` et `P3i` entre les bords en commun de leur rectangle.

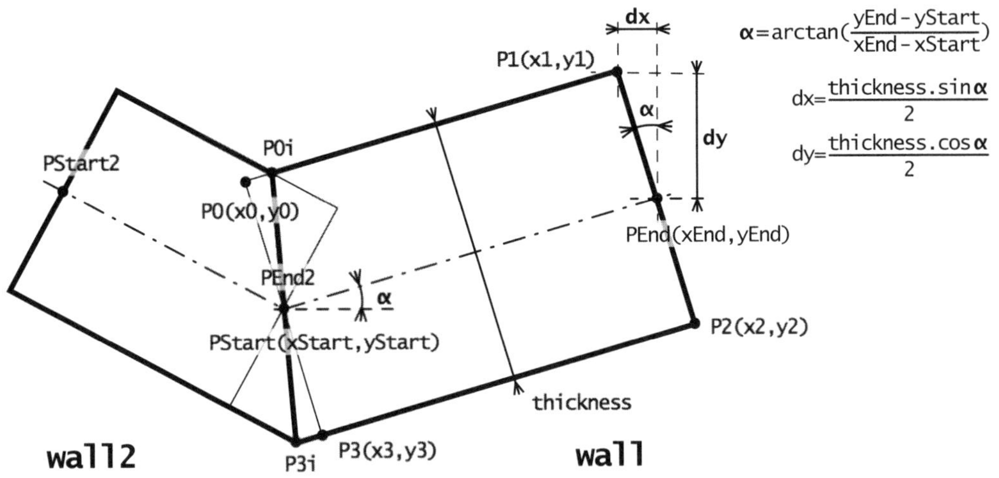

Figure 8–14
Calcul des points des murs

Margaux doit calculer les quatre points du contour d'un mur dans la méthode `getPoints` de la classe `Wall`. Avant de l'implémenter, elle modifie la méthode `paintContent` de `PlanComponent` pour construire et dessiner la forme de chaque mur à partir de ses quatre points.

Méthode paintContent de la classe PlanComponent

```
private void paintContent(Graphics2D g2D) {
  g2D.setColor(getForeground());
  g2D.setStroke(new BasicStroke(2 / this.scale));
  for (Wall wall : this.home.getWalls()) {
    float [][] wallPoints = wall.getPoints();
    g2D.draw(getShape(wallPoints));
  }
}

private Shape getShape(float [][] points) {
  GeneralPath wallPath = new GeneralPath();
  wallPath.moveTo(points [0][0], points [0][1]);
  for (int i = 1; i < points.length; i++) {
    wallPath.lineTo(points [i][0], points [i][1]);
  }
  wallPath.closePath();
  return wallPath;
}
```

◂ Dessine le contenu du plan.

◂ Utilisation d'une épaisseur de 2 pixels pour dessiner le contour de chaque mur.

◂ Dessin du contour du mur.

◂ Renvoie une forme reliant les points aux coordonnées `points`.

◂ Création d'un chemin qui relie le premier point aux autres points.

◂ Fermeture du chemin.

Elle implémente ensuite la méthode `getPoints` de calcul des points du contour d'un mur qu'elle a généré dans la classe `Wall` avec Eclipse.

Méthode getPoints de la classe Wall

Renvoie les coordonnées des quatre points décrivant le contour de ce mur.

Calcul des points du contour du rectangle de ce mur.

Si ce mur est joint à son extrémité de départ à un autre mur `wallAtStart`...

Si le mur `wallAtStart` est joint à ce mur à son extrémité de fin...

...calcul de l'intersection `P0i` de la ligne (P0, P1) de ce mur avec la ligne (P1, P0) du mur `wallAtStart`, et de l'intersection `P3i` de la ligne (P3, P2) de ce mur avec la ligne (P2, P3) du mur `wallAtStart`...

...si le mur `wallAtStart` est joint à ce mur à son extrémité de départ, faire le même calcul en inversant les points P0, P1, P2 et P3 du mur `wallAtStart`.

Si ce mur est joint à son extrémité de fin à un autre mur `wallAtEnd`...

Si le mur `wallAtEnd` est joint à ce mur à son extrémité de départ...

...calcul de l'intersection `P1i` de la ligne (P1, P0) de ce mur avec la ligne (P0, P1) du mur `wallAtEnd`, et de l'intersection `P2i` de la ligne (P2, P3) de ce mur avec la ligne (P3, P2) du mur `wallAtEnd`...

...si le mur `wallAtEnd` est joint à ce mur à son extrémité de fin, faire le même calcul en inversant les points P0, P1, P2 et P3 du mur `wallAtEnd`.

```
public float [][] getPoints() {

  float [][] wallPoints = getRectanglePoints(); ❶
  float limit = 2 * this.thickness;

  if (this.wallAtStart != null) { ❷
    float [][] wallAtStartPoints =
        this.wallAtStart.getRectanglePoints();
    if (this.wallAtStart.getWallAtEnd() == this) {

      computeIntersection(wallPoints [0], wallPoints [1],
          wallAtStartPoints [1], wallAtStartPoints [0], limit);
      computeIntersection(wallPoints [3], wallPoints [2],
          wallAtStartPoints [2], wallAtStartPoints [3], limit);

    } else if (this.wallAtStart.getWallAtStart() == this) {
      computeIntersection(wallPoints [0], wallPoints [1],
          wallAtStartPoints [2], wallAtStartPoints [3], limit);
      computeIntersection(wallPoints [3], wallPoints [2],
          wallAtStartPoints [0], wallAtStartPoints [1], limit);
    }
  }
  if (this.wallAtEnd != null) { ❸
    float [][] wallAtEndPoints =
        this.wallAtEnd.getRectanglePoints();
    if (this.wallAtEnd.getWallAtStart() == this) {

      computeIntersection(wallPoints [1], wallPoints [0],
          wallAtEndPoints [0], wallAtEndPoints [1], limit);
      computeIntersection(wallPoints [2], wallPoints [3],
          wallAtEndPoints [3], wallAtEndPoints [2], limit);

    } else if (this.wallAtEnd.getWallAtEnd() == this) {
      computeIntersection(wallPoints [1], wallPoints [0],
          wallAtEndPoints [3], wallAtEndPoints [2], limit);
      computeIntersection(wallPoints [2], wallPoints [3],
          wallAtEndPoints [0], wallAtEndPoints [1], limit);
    }
  }
  return wallPoints;
}
```

Renvoie les points du contour du rectangle de ce mur.

Calcul de l'angle du mur, et des différences dx, dy à appliquer aux coordonnées des extrémités de fin et de début de ce mur.

```
private float [][] getRectanglePoints() {

  double angle = Math.atan2(this.yEnd - this.yStart,
                            this.xEnd - this.xStart);
  float dx = (float)Math.sin(angle) * this.thickness / 2;
  float dy = (float)Math.cos(angle) * this.thickness / 2;
```

```
    return new float [][] {
        {this.xStart + dx, this.yStart - dy},
        {this.xEnd   + dx, this.yEnd   - dy},
        {this.xEnd   - dx, this.yEnd   + dy},
        {this.xStart - dx, this.yStart + dy}};
}

private void computeIntersection(float [] point1,
        float [] point2, float [] point3, float [] point4,
        float limit) { ❹
    float x = point1 [0];
    float y = point1 [1];
    float a1 = (point2 [1] - point1 [1])
               / (point2 [0] - point1 [0]);
    float b1= point2 [1] - a1 * point2 [0];
    float a2 = (point4 [1] - point3 [1])
               / (point4 [0] - point3 [0]);
    float b2= point4 [1] - a2 * point4 [0];
    if (a1 != a2) {
      if (point1 [0] == point2 [0]) {
        x = point1 [0];
        y = a2 * x + b2;
      } else if (point3 [0] == point4 [0]) {
        x = point3 [0];
        y = a1 * x + b1;
      } else {
        x = (b2 - b1) / (a1 - a2);
        y = a1 * x + b1;
      }
    }
    if (Point2D.distanceSq(x, y, point1 [0], point1 [1]) ❺
          < limit * limit) {
      point1 [0] = x;
      point1 [1] = y;
    }
}
```

Renvoi d'un tableau qui contient les coordonnées des quatre points P0, P1, P2 et P3 du rectangle du mur.

Calcule l'intersection entre la droite joignant les points `point1` et `point2` et la droite joignant les points `point3` et `point4`, puis stocke le résultat dans le point `point1`.

Calcul des coefficients `a1`, `b1` et `a2`, `b2` des équations des deux droites.

Si les deux droites ne sont pas parallèles...

...calcul de l'intersection si la première droite est verticale,

...calcul de l'intersection si la seconde droite est verticale,

...sinon calcul de l'intersection pour les autres types de droites.

Si la distance entre l'intersection et le point `point1` est inférieure à la limite fixée, stockage de l'intersection dans `point1`.

À partir du rectangle qui forme le contour d'un mur ❶, Margaux modifie les coordonnées de ses extrémités en fonction des murs joints à l'extrémité de départ ❷ et d'arrivée ❸ de ce mur. Chaque calcul d'intersection entre les lignes d'un mur ❹ n'est pas pris en compte quand la distance à cette intersection est trop grande ❺ pour éviter que des murs joints formant un angle trop obtus entre eux ne voient leur intersection affichée trop loin, comme le montre les figures suivantes. L'utilisateur ne créera probablement jamais de tels angles entre des murs, mais ce traitement évitera des artéfacts gênants au cours de la saisie des murs à la souris.

ATTENTION Calcul de distances et de points d'intersection

Aucune méthode des classes Java 2D ne propose de calculer le point d'intersection entre deux lignes. C'est pourquoi Margaux a été obligée de développer la méthode `computeIntersection` ❹. Quitte à développer elle-même une telle méthode, elle en a d'ailleurs profité pour en optimiser la gestion mémoire en ne créant aucun objet dans cette méthode.

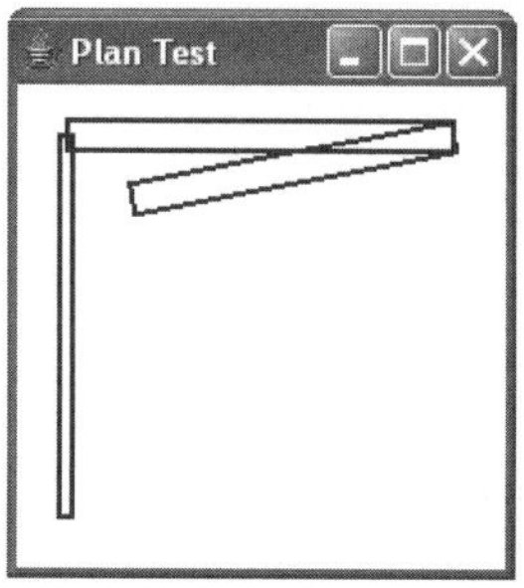

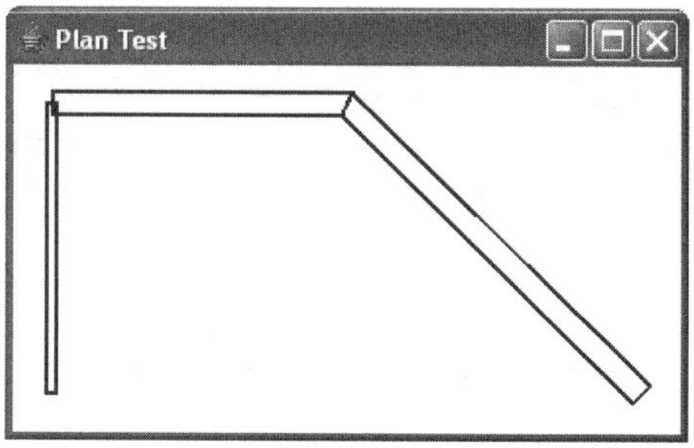

Figure 8–15
Dessin des murs avec des contours
(angle obtus et angle ouvert)

Motif de remplissage

Le motif utilisé pour remplir une forme avec la méthode `fill` de `Graphics2D` est spécifié avec la méthode `setPaint`. Le type `java.awt.Paint` du paramètre de cette méthode est une interface implémentée par les trois classes suivantes dans Java 2D :

- la classe `java.awt.Color` pour une couleur de remplissage unie ;
- la classe `java.awt.GradientPaint` pour remplir une forme avec un dégradé d'une couleur vers une autre, qui s'étale entre deux points ;
- la classe `java.awt.TexturePaint` pour remplir une forme avec une image utilisée comme motif de remplissage et répétée comme sur un papier peint, si l'image est plus petite que la forme à remplir.

Pour mettre en œuvre la classe `TexturePaint`, il est nécessaire de créer une image passée en paramètre à son constructeur. Cette image de type `java.awt.image.BufferedImage` peut être construite soit à partir d'une image existante lue en ressource ou dans un fichier, soit à partir d'une image dessinée par le programmeur. Comme pour un composant à l'écran, le dessin dans une image s'effectue à l'aide d'une instance de `Graphics2D` dont les ordres graphiques sont destinés à modifier l'image en mémoire. Cet objet s'obtient en appelant la méthode `getGraphics` sur une instance de classe `BufferedImage` :

```
BufferedImage image = new BufferedImage(width, height, type);
Graphics2D imageGraphics = (Graphics2D)image.getGraphics();
// Dessin dans l'image avec l'objet imageGraphics
imageGraphics.dispose();
```

SWING Type d'une image

Le constructeur le plus simple de la classe `BufferedImage` prend trois paramètres : la largeur et la hauteur de l'image exprimées en pixels et un type d'image qui est une des constantes préfixées par TYPE_ de cette classe. Ce type représente comment seront organisées les informations de couleur des pixels de l'image : bien qu'on utilise le plus souvent les types TYPE_INT_ARGB ou TYPE_INT_RGB pour créer des images en millions de couleurs transparente ou non, il est possible aussi de recourir à des types qui permettent à l'image d'occuper moins d'espace en mémoire comme le type TYPE_BYTE_INDEXED. Ce dernier type stocke chaque pixel sur un seul octet qui représente l'indice d'une couleur dans une palette de type `java.awt.image.IndexColorModel` limitée à 256 couleurs.

SWING Classe Area

La classe `java.awt.geom.Area` permet de construire une surface qui est le résultat de l'assemblage de plusieurs sous-surfaces. Chaque sous-surface, construite à partir d'une forme par un appel au constructeur d'`Area`, peut être ajoutée ou soustraite d'une surface existante avec les méthodes `add` ou `substract`.

Motif appliqué aux murs

Margaux modifie à nouveau la méthode `paintContent` pour dessiner les murs avec un motif de remplissage. Au lieu de représenter à l'écran le contour de chaque mur, elle choisit cette fois-ci de dessiner en une seule instruction toute la surface occupée par l'union de tous les contours des murs, en recourant à la classe `java.awt.geom.Area`.

Méthode paintContent de la classe PlanComponent

```
private void paintContent(Graphics2D g2D) {
  Shape wallsArea = getWallsArea(this.home.getWalls()); ❶
  g2D.setPaint(getWallPaint()); ❷
  g2D.fill(wallsArea); ❸
  g2D.setPaint(getForeground());
  g2D.setStroke(new BasicStroke(2 / this.scale)); ❹
  g2D.draw(wallsArea); ❺
}

private Paint getWallPaint() {
  BufferedImage image =
      new BufferedImage(10, 10, BufferedImage.TYPE_INT_RGB);
  Graphics2D imageGraphics = (Graphics2D)image.getGraphics();
  imageGraphics.setColor(UIManager.getColor("window"));
  imageGraphics.fillRect(0, 0, 10, 10);
  imageGraphics.setColor(getForeground());
  imageGraphics.drawLine(0, 9, 9, 0);
  imageGraphics.dispose();

  return new TexturePaint(image, new Rectangle2D.Float(
       0, 0, 10 / this.scale, 10 / this.scale)); ❻
}

private Area getWallsArea(Collection<Wall> walls) {
  Area area = new Area();
  for (Wall wall : walls) {
    area.add(new Area(getShape(wall.getPoints())));
  }
  return area;
}
```

- Dessine le contenu du plan.
- Récupération de l'aire à dessiner.
- Remplissage de l'aire avec un motif.
- Dessin du contour de l'aire avec un trait de 2 pixels d'épaisseur.
- Renvoie le motif utilisé pour dessiner les murs.
- Création d'une image de 10 x 10 pixels.
- Remplissage d'une image avec la couleur de fond des fenêtres.
- Dessin d'une ligne en diagonale de l'image.
- Libération des ressources associées à l'objet `Graphics2D`.
- Création d'un motif à partir de l'image.
- Renvoie l'aire des murs `walls`.
- Union entre toutes les formes des murs.

Une fois calculée la surface de toutes les formes des murs ❶, Margaux la remplit ❸ avec son motif ❷ puis en dessine le contour ❺ avec un trait de 2 pixels d'épaisseur ❹. Elle utilise ici un motif qui affiche des traits en diagonale. Comme le montre les figures suivantes, elle affiche finalement le plan construit dans l'application de test à deux échelles différentes, en changeant la valeur du champ `scale` de `PlanComponent`, afin de valider le calcul des dimensions des murs, des épaisseurs de trait et de la taille du motif quelle que soit l'échelle appliquée.

SWING

Rectangle associé à une image de motif

Le second paramètre du constructeur de `TexturePaint` représente le rectangle de base dans lequel sera dessiné l'image du motif. Comme les coordonnées de ce rectangle sont exprimées dans le système de coordonnées utilisateur, Margaux l'a calculé en y appliquant l'échelle courante ❻ afin que l'écart entre les diagonales du motif reste le même, quelle que soit l'échelle à laquelle le plan est dessiné.

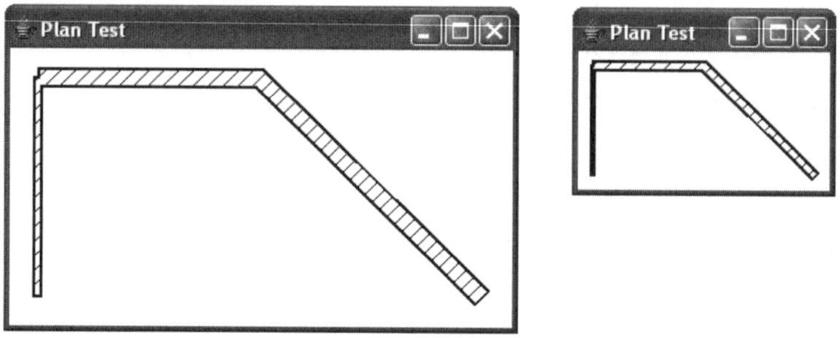

Figure 8–16
Dessin des murs avec un motif de remplissage (échelles ½ et ¼)

Dessin de la grille, des murs sélectionnés et du rectangle de sélection

Margaux doit finalement :

- dessiner la grille par-dessus le fond d'écran, en tenant compte de l'unité courante dans les préférences utilisateurs ;
- ajouter un contour coloré aux murs qui sont sélectionnés ;
- dessiner le rectangle de sélection, s'il est actif.

Dessin de la grille

Le dessin de la grille n'est pas compliqué en soit : il suffit d'afficher des lignes verticales et horizontales. La seule difficulté que Margaux doit affronter à l'écriture de la méthode `paintGrid` qu'elle ajoute à la classe `PlanComponent`, est le calcul de l'espacement entre ces lignes en fonction de l'unité de longueur en cours et de l'échelle, de façon à ce que ces lignes gardent toujours un certain espace entre elles.

Méthode paintGrid de la classe PlanComponent

Dessine une grille qui couvre le composant.

```
private void paintGrid(Graphics2D g2D) {
  float mainGridSize;
  float [] gridSizes;
```

Si l'unité en cours dans les préférences utilisateur est le pouce, utilisation d'une grille principale en pied (= 12 pouces) et d'une sous-grille dont les lignes sont espacées de 1, 2, 3 ou 4 pouces.

```
  if (this.preferences.getUnit() == UserPreferences.Unit.INCH) {
    mainGridSize = 2.54f * 12;
    gridSizes = new float [] {2.54f, 5.08f, 7.62f, 15.24f, 30.48f};
```

Pour une autre unité, utilisation d'une grille principale en mètre, et d'une sous-grille dont les lignes sont espacées de 1, 2, 5, 10, 20 ou 50 cm.

```
  } else {
    mainGridSize = 100;
    gridSizes = new float [] {1, 2, 5, 10, 20, 50, 100};
  }
```

Recherche de la taille de la sous-grille dont les lignes seront espacées d'au moins 10 pixels.

```
  float gridSize = gridSizes [0];
  for (int i = 1; i < gridSizes.length
                && gridSize * this.scale < 10; i++) {
    gridSize = gridSizes [i];
  }
```

```
  Insets insets = getInsets();
  Rectangle2D planBounds = getPlanBounds();
  float xMin = (float)planBounds.getMinX() - MARGIN;
  float yMin = (float)planBounds.getMinY() - MARGIN;
  float xMax = convertXPixelToModel(getWidth() - insets.right);
  float yMax = convertYPixelToModel(getHeight() - insets.bottom);
```

◄ Calcul des coordonnées entre lesquelles les lignes de la grille doivent être dessinées ; le maximum dépend de la taille de la fenêtre si jamais elle est plus grande que le plan.

```
  g2D.setColor(Color.LIGHT_GRAY);
```

◄ Dessin de la grille en gris clair.

```
  g2D.setStroke(new BasicStroke(1 / this.scale));
```

◄ Dessin de la sous-grille avec des lignes d'un pixel d'épaisseur.

```
  for (float x = (int)(xMin / gridSize) * gridSize;
       x < xMax; x += gridSize) {
    g2D.draw(new Line2D.Float(x, yMin, x, yMax));
  }
```

◄ Dessin des lignes verticales de la sous-grille, en prenant soin qu'une itération passe par l'origine du repère.

```
  for (float y = (int)(yMin / gridSize) * gridSize;
       y < yMax; y += gridSize) {
    g2D.draw(new Line2D.Float(xMin, y, xMax, y));
  }
```

◄ Dessin des lignes horizontales de la sous-grille.

```
  if (mainGridSize != gridSize) {
    g2D.setStroke(new BasicStroke(2 / this.scale,
      BasicStroke.CAP_BUTT, BasicStroke.JOIN_BEVEL));
```

◄ Si la grille principale est assez espacée de la sous-grille, dessin de la grille principale avec des lignes de 2 pixels d'épaisseur.

```
    for (float x = (int)(xMin / mainGridSize) * mainGridSize;
         x < xMax; x += mainGridSize) {
      g2D.draw(new Line2D.Float(x, yMin, x, yMax));
    }
```

◄ Dessin des lignes verticales de la grille principale, en prenant soin qu'une itération passe par l'origine du repère.

```
    for (float y = (int)(yMin / mainGridSize) * mainGridSize;
         y < yMax; y += mainGridSize) {
      g2D.draw(new Line2D.Float(xMin, y, xMax, y));
    }
  }
}
```

◄ Dessin des lignes horizontales de la grille principale.

```
private float convertXPixelToModel(int x) {
  Insets insets = getInsets();
  Rectangle2D planBounds = getPlanBounds();
  return (x - insets.left) / this.scale
         - MARGIN + (float)planBounds.getMinX();
}
```

◄ Convertit l'abscisse x exprimée en pixels en son abscisse équivalente dans le système de coordonnées du modèle.

```
private float convertYPixelToModel(int y) {
  Insets insets = getInsets();
  Rectangle2D planBounds = getPlanBounds();
  return (y - insets.top) / this.scale
         - MARGIN + (float)planBounds.getMinY();
}
```

◄ Convertit l'ordonnée y exprimée en pixels en son ordonnée équivalente dans le système de coordonnées du modèle.

Margaux modifie ensuite la méthode `paintComponent` pour appeler `paintGrid` avant de dessiner les murs :

```
protected void paintComponent(Graphics g) {
  // Début inchangé : dessin du fond et transformation
```

```
    paintGrid(g2D);
    paintContent(g2D);
    g2D.dispose();
  }
```

POUR ALLER PLUS LOIN Travailler avec la matrice de transformation

La conversion des coordonnées du système utilisateur vers le système de coordonnées en pixels programmée dans les méthodes `convertXPixelToModel` et `convertYPixelToModel`, peut aussi s'effectuer grâce à une matrice de transformation, comme celle renvoyée par la méthode `getTransform` de `Graphics2D`. Cette méthode renvoie un objet de classe `AffineTransform` qui dispose de méthodes `transform` capables d'appliquer une transformation à un point ou un ensemble de points. Pour obtenir les coordonnées du point (0, 0) dans le système utilisateur, vous auriez donc une suite d'instructions comme celles-ci :

```
Point2D topLeftPoint = new Point2D.Float(0, 0);
AffineTransform transform = g2D.
  getTransform().createInverse();
transform.transform(topLeftPoint, topLeftPoint);
```

Elle teste finalement le dessin de la grille avec l'application de classe `SimplePlanTest`, une première fois en tant qu'utilisatrice française, puis en tant qu'utilisatrice américaine (voir les figures suivantes).

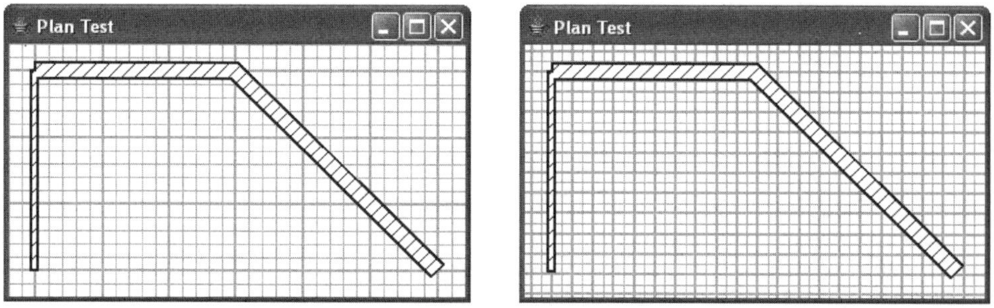

Figure 8–17
Dessin des murs avec la grille (unités en cm et en pouce)

Contour des murs sélectionnés

Pour le dessin du contour de sélection d'un mur, Margaux va dessiner son contour avec un trait de 6 pixels d'épaisseur, arrondi aux angles et de même couleur que celle de sélection du look and feel courant. Cette couleur sera rendue partiellement transparente pour laisser apparaître le dessin autour d'un mur. Margaux modifie la méthode `paintContent` en dessinant les contours de sélection, de façon à ce qu'ils apparaissent par-dessus la surface des murs mais en dessous de leur contour.

SWING Transparence et canal alpha

Pour créer une couleur de classe `Color` plus ou moins transparente, il faut utiliser l'un des constructeurs de cette classe qui prend un dernier paramètre appelé le canal alpha. La valeur entière du canal alpha peut varier entre 0, pour une couleur totalement transparente (donc inutile !) et 255 pour une couleur totalement opaque. Les pixels d'une image mémorisés sur un entier de 32 bits utilisent 3 x 8 = 24 bits pour les composantes Rouge, Vert, Bleu de la couleur d'un pixel et les 8 bits restant pour son canal alpha.

Méthode paintContent de la classe PlanComponent

```
private void paintContent(Graphics2D g2D) {

  Shape wallsArea = getWallsArea(this.home.getWalls());
  g2D.setPaint(getWallPaint());
  g2D.fill(wallsArea);
  Color selectionColor = UIManager.getColor("textHighlight");
  g2D.setPaint(new Color(selectionColor.getRed(),
      selectionColor.getGreen(), selectionColor.getBlue(), 128));
  g2D.setStroke(new BasicStroke(6 / this.scale,
      BasicStroke.CAP_ROUND, BasicStroke.JOIN_ROUND));
  for (Object item : this.home.getSelectedItems()) {
    if (item instanceof Wall) {
      g2D.draw(getShape(((Wall)item).getPoints()));
    }
  }
  g2D.setPaint(getForeground());
  g2D.setStroke(new BasicStroke(2 / this.scale));
  g2D.draw(wallsArea);
}
```

Dessine les murs du logement et le contour des murs sélectionnés.

Remplissage de la surface des murs.

Utilisation de la couleur de sélection du look and feel courant en la rendant partiellement transparente.

Dessin des murs sélectionnés avec un trait de 6 pixels d'épaisseur arrondi aux angles.

Dessin du contour de la surface des murs.

Pour tester le dessin des contours de sélection, Margaux ajoute dans l'application `SimplePlanTest` un appel à la méthode `setSelectedItems` sur le logement, pour sélectionner le second et le troisième mur :

```
home.setSelectedItems(
    Arrays.asList(new Wall [] {wall2, wall3}));
```

Elle obtient ainsi le dessin représenté par la figure 8-18.

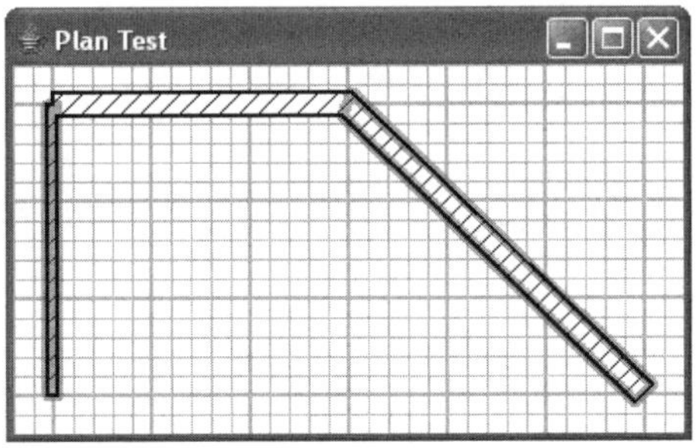

Figure 8–18
Dessin des murs sélectionnés

Gestion du rectangle de sélection

Pour le rectangle de sélection, Margaux ajoute un champ `rectangleFeedback` de type `Rectangle2D` à la classe `PlanComponent` qu'elle met à jour dans les méthodes `setRectangleFeedback` et `deleteRectangleFeedback`. Elle programme ensuite une méthode `paintRectangleFeedback` qui dessine le rectangle de sélection avec la couleur de sélection, et une couleur de remplissage presque entièrement invisible.

Méthodes de gestion du rectangle de sélection de la classe PlanComponent

- Modifie les coordonnées du rectangle de sélection.
- Création d'un rectangle incluant les points (x0, y0) et (x1, y1).
- Mise à jour du dessin à l'écran aussitôt que possible.

```
public void setRectangleFeedback(float x0, float y0,
                                 float x1, float y1) {
  this.rectangleFeedback = new Rectangle2D.Float(x0, y0, 0, 0);
  this.rectangleFeedback.add(x1, y1);

  repaint();
}
```

- Supprime le rectangle de sélection et met à jour le dessin à l'écran.

```
public void deleteRectangleFeedback() {
  this.rectangleFeedback = null;
  repaint();
}
```

- Dessine le rectangle de sélection s'il existe.
- Remplissage du rectangle avec la couleur de sélection du look and feel courant en la rendant presque transparente.
- Dessin du contour du rectangle avec un trait d'un pixel d'épaisseur de la couleur de sélection.

```
private void paintRectangleFeedback(Graphics2D g2D) {
  if (this.rectangleFeedback != null) {
    Color selectionColor = UIManager.getColor("textHighlight");
    g2D.setPaint(new Color(selectionColor.getRed(),
      selectionColor.getGreen(), selectionColor.getBlue(), 32));
    g2D.fill(this.rectangleFeedback);
    g2D.setPaint(selectionColor);
    g2D.setStroke(new BasicStroke(1 / this.scale));
    g2D.draw(this.rectangleFeedback);
  }
}
```

Margaux modifie ensuite la méthode `paintComponent` pour appeler la méthode `paintRectangleFeedback` après avoir dessiné les murs. Au passage, elle ajoute une petite touche finale aux opérations de dessin effectuées par `paintComponent`, en leur appliquant l'algorithme d'anti-crénelage (*anti-aliasing*), grâce à la méthode `setRenderingHint` de `Graphics2D`.

Méthode paintComponent de la classe PlanComponent

```
protected void paintComponent(Graphics g) {
  Graphics2D g2D = (Graphics2D)g.create();
  paintBackground(g2D);
  Insets insets = getInsets();
  g2D.clipRect(insets.left, insets.top,
      getWidth() - insets.left - insets.right,
      getHeight() - insets.top - insets.bottom); ❶
  Rectangle2D planBounds = getPlanBounds();
  g2D.translate(
      insets.left + (MARGIN - planBounds.getMinX()) * this.scale,
      insets.top + (MARGIN - planBounds.getMinY()) * this.scale);
  g2D.scale(scale, scale);
  g2D.setRenderingHint(RenderingHints.KEY_ANTIALIASING,
                       RenderingHints.VALUE_ANTIALIAS_ON);
  paintGrid(g2D);
  paintContent(g2D);
```

SWING

Indication de rendu et anti-crénelage

La méthode `setRenderingHint` de `Graphics2D` permet d'indiquer au moteur graphique de Java 2D quelle qualité appliquer au rendu des ordres graphiques que vous programmez. Cette méthode prend en premier paramètre une des constantes de clé `KEY_...` de la classe `RenderingHints` et en second paramètre une des valeurs `VALUE_...` associée à cette clé. Par exemple, pour adoucir l'effet du crénelage sur les lignes obliques, il faut utiliser la clé `KEY_ANTIALIASING` avec la valeur `VALUE_ANTIALIAS_ON`. L'anti-crénelage pour le dessin des chaînes de caractères se spécifie quant à lui avec la clé `KEY_TEXT_ANTIALIASING`.

Figure 8–19 Anti-crénelage inactif et actif

```
    paintRectangleFeedback(g2D);
    g2D.dispose();
}
```

Pour tester le dessin du rectangle de sélection, Margaux ajoute finalement dans l'application `SimplePlanTest` un appel à la méthode `setRectangleFeedback` sur le composant de plan.

```
PlanComponent planComponent = new PlanComponent(
    home, new DefaultUserPreferences(), null);
planComponent.setBorder(
        BorderFactory.createEmptyBorder(5, 5, 5, 5)); ❷
home.setSelectedItems(
    Arrays.asList(new Wall [] {wall2, wall3}));
planComponent.setRectangleFeedback(-125, 100, 700, 225); ❸
```

Elle a ajouté aussi un bord vide au composant du plan ❷, pour vérifier l'effet du rectangle d'exclusion ❶, positionné sur la zone de dessin du composant. En réduisant la taille de la fenêtre de test, elle obtient le dessin représenté par la figure 8-20, où on voit apparaître ce bord vide.

SWING Création de bord

Une classe de bord implémente l'interface `javax.swing.border.Border` et Swing propose de nombreuses classes de bord avec des effets de relief ou un titre, qui sont toutes dans le package `javax.swing.border`. La plupart du temps, on n'instancie pas directement ces classes et on utilise plutôt les méthodes `static` de la classe `javax.swing.BorderFactory` ❷.

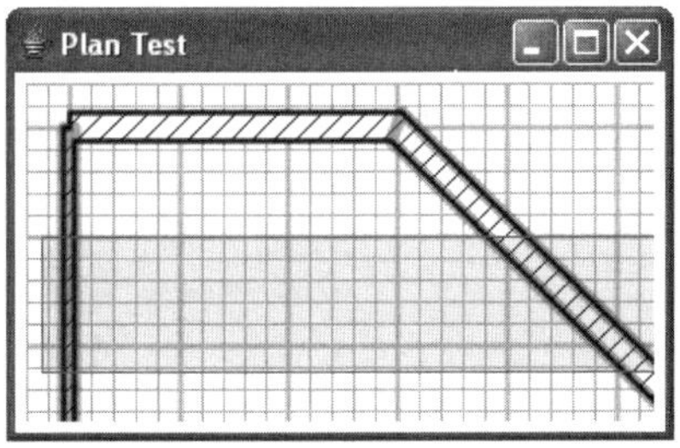

Figure 8–20 Composant PlanComponent avec sélection des murs et rectangle de sélection

Suivi des notifications de la couche métier

Margaux ajoute dans le constructeur de `PlanComponent` un appel à la méthode `addModelListeners` pour refléter les modifications faites dans le modèle du composant graphique à chaque notification de changement des murs et de la sélection.

Méthode addModelListeners de la classe PlanComponent

```
private void addModelListeners(Home home) {
  home.addWallListener(new WallListener () {
    public void wallChanged(WallEvent ev) {
      revalidate(); ❶
      repaint(); ❷
    }
  });
  home.addSelectionListener(new SelectionListener () {
    public void selectionChanged(SelectionEvent ev) {
      repaint(); ❸
    }
  });
}
```

Margaux implémente ces listeners en demandant au composant de se redessiner quel que soit le changement ❷ ❸. Comme les modifications sur les murs peuvent modifier la taille préférée d'une instance de `PlanComponent`, elle appelle aussi la méthode `revalidate` ❶ dans le listener `WallListener` pour que le container qui contient ce composant recalcule ses dimensions en fonction de son layout en cas de besoin. Si le composant est affiché dans un panneau à ascenseurs, ce calcul provoquera ainsi une mise à jour des ascenseurs.

Margaux programme dans la foulée la méthode `setScale` qui a le même comportement que l'implémentation du listener de type `WallListener`, car un changement d'échelle sur le composant affectera lui aussi les dimensions préférées du composant. La méthode `getScale` n'est quant à elle qu'un accesseur au champ `scale`.

Méthodes setScale et getScale de la classe PlanComponent

```
public void setScale(float scale) {
  if (this.scale != scale) {
    this.scale = scale;
    revalidate();
    repaint();
  }
}

public float getScale() {
  return this.scale;
}
```

SWING Taille des ascenseurs d'une instance de JScrollPane

La taille des ascenseurs horizontal et vertical d'un container `JScrollPane` est calculée proportionnellement aux dimensions préférées du composant qu'il affiche. Notez par ailleurs que la rotation de la roue de la souris est associé au déplacement des ascenseurs depuis Java 1.4.

SWING Recalcul du layout

Quand les dimensions préférées d'un composant changent, le layout de son container doit généralement être recalculé pour que ce composant apparaisse correctement à l'écran. Avec AWT, ce calcul est provoqué par un appel à la méthode `invalidate` sur le composant puis un appel à la méthode `validate` sur son container. Comme un container peut être lui-même enfant d'un autre container, il faut même invalider tous les containers intermédiaires d'un composant jusqu'à un container de premier niveau comme une fenêtre, puis appeler `validate` sur celui-ci si on veut que le layout de ce container soit recalculé ! Swing simplifie cette procédure avec la méthode `revalidate` de `JComponent` utilisée ici pour invalider le composant `PlanComponent` et les containers qui contiennent directement ou indirectement ce composant. Pour ne pas systématiquement provoquer un recalcul du layout de tous ces containers, `revalidate` invalide le composant et ses containers parents jusqu'à trouver un container dont la méthode `isValidateRoot` renvoie `true`, et appelle finalement la méthode `validate` sur ce container. La méthode `isValidateRoot` renvoie `false` par défaut sauf dans les classes `JScrollPane` et `JSplitPane`. Ainsi, le changement de la taille préférée d'un composant affiché dans un panneau à ascenseurs met bien à jour la taille de ses ascenseurs mais ne provoque pas de calcul du layout du container qui contient le panneau.

Gestion de la zone visible du composant

Le contrôleur du composant du plan aura besoin de deux méthodes pour modifier la zone visible du composant s'il est affiché dans un panneau à ascenseurs.

- la méthode `makeSelectionVisible` pour afficher les murs sélectionnés, et montrer ainsi à l'utilisateur quels murs sont affectés par une opération annulée ou refaite dans le plan ;
- la méthode `makePointVisible` pour rendre visible un point du plan. Cette méthode a pour but de montrer à l'utilisateur la position d'arrivée des murs déplacés à la souris pendant un glisser-déposer. En effet, si le pointeur sort du composant alors que le bouton de la souris est maintenu enfoncé, le composant continuera de recevoir des événements de déplacement de la souris. L'appel à la méthode `makePointVisible` rendra alors visible le point du plan où l'utilisateur déplace des murs à la souris, quand ce point est situé en dehors de la zone visible du composant à l'écran.

Ces deux méthodes doivent faire appel à la méthode `scrollRectToVisible` dont la classe `PlanComponent` hérite.

À RETENIR Événements reçus pendant un glisser-déposer

La méthode `mouseDragged` d'un listener `MouseMotionListener` positionné sur un composant continue de recevoir les événements de déplacement du pointeur de la souris, quand la position du pointeur à l'écran sort des limites du composant où le bouton de la souris a été enfoncé au départ.

La méthode `scrollRectToVisible` a été abordée dans la section « Gestion du déplacement des ascenseurs » du chapitre 6, « Modification du tableau des meubles avec MVC ».

Méthodes makeSelectionVisible et makePointVisible de la classe PlanComponent

```
public void makeSelectionVisible() {
  List<Wall> selectedWalls = new ArrayList<Wall>();
  for (Object item : this.home.getSelectedItems()) {
    if (item instanceof Wall) {
      selectedWalls.add((Wall)item);
    }
  }
  Shape wallsArea = getWallsArea(selectedWalls);
  scrollRectToVisible(getShapePixelBounds(wallsArea));
}
```

◄ Rend visibles les murs sélectionnés en déplaçant si nécessaire les ascenseurs du panneau dans lequel est visualisé le plan.

```
public void makePointVisible(float x, float y) {
  scrollRectToVisible(getShapePixelBounds(
    new Rectangle2D.Float(x, y, 1 / this.scale, 1 / this.scale)));
}
```

◄ Rend visible le point (x, y) en déplaçant si nécessaire les ascenseurs du panneau dans lequel est visualisé le plan.

```
private Rectangle getShapePixelBounds(Shape shape) {
  Insets insets = getInsets();
  Rectangle2D planBounds = getPlanBounds();
  Rectangle2D shapeBounds = shape.getBounds();
  return new Rectangle(
    (int)Math.round((shapeBounds.getMinX() - planBounds.getMinX()
                + MARGIN) * this.scale) + insets.left,
    (int)Math.round((shapeBounds.getMinY() - planBounds.getMinY()
               + MARGIN) * this.scale) + insets.top,
    (int)Math.round(shapeBounds.getWidth() * this.scale),
    (int)Math.round(shapeBounds.getHeight() * this.scale));
}
```

◄ Renvoie le rectangle en coordonnées pixels correspondant au rectangle englobant la forme `shape`.

Comme les coordonnées passées à la méthode `scrollRectToVisible` doivent être exprimées en pixels, Margaux a ajouté une méthode `getShapePixelBounds` qui convertit en pixels le rectangle englobant de la forme qu'elle reçoit en paramètre.

Positionnement des listeners AWT et des actions du clavier

Margaux termine le développement de la classe `PlanComponent` par le développement des méthodes `private` qui font le lien entre les interactions de l'utilisateur sur le composant et les méthodes de contrôle de la classe `PlanController`, soit :

1. `addMouseListeners` et `addFocusListener` qui ajoutent les listeners de la souris et du focus adéquats sur le composant ;
2. `installKeyboardActions` qui gère les entrées clavier spécifiées par Sophie.

Listener de la souris

Le listener de la souris doit appeler les méthodes `pressMouse`, `releaseMouse` et `moveMouse` du contrôleur en leur transmettant les coordonnées du pointeur de la souris converties dans le système de coordonnées du plan.

Méthode addMouseListeners de la classe PlanComponent

Ajoute au composant les listeners de la souris.

Si le composant est activé et l'événement n'est pas celui qui déclenche l'affichage du menu contextuel...

...demande du focus dans le composant.

Appel de la méthode `pressMouse` du contrôleur avec des coordonnées converties dans le système du plan.

Si le composant est activé et l'événement n'est pas celui qui déclenche l'affichage du menu contextuel, appel de la méthode `releaseMouse` du contrôleur avec des coordonnées converties dans le système du plan.

Appel de la méthode `moveMouse` du contrôleur avec des coordonnées converties dans le système du plan.

```
private void addMouseListeners(final PlanController controller) {
  MouseInputAdapter mouseListener = new MouseInputAdapter() { ❶
    public void mousePressed(MouseEvent ev) {
      if (isEnabled() && !ev.isPopupTrigger()) { ❷
        requestFocusInWindow(); ❸
        controller.pressMouse(convertXPixelToModel(ev.getX()),
            convertYPixelToModel(ev.getY()),
            ev.getClickCount(), ev.isShiftDown());
      }
    }

    public void mouseReleased(MouseEvent ev) {
      if (isEnabled() && !ev.isPopupTrigger()) { ❹
        controller.releaseMouse(convertXPixelToModel(ev.getX()),
            convertYPixelToModel(ev.getY()));
      }
    }

    public void mouseMoved(MouseEvent ev) {
      if (isEnabled()) {
        controller.moveMouse(convertXPixelToModel(ev.getX()),
            convertYPixelToModel(ev.getY()));
      }
    }
```

```
    public void mouseDragged(MouseEvent ev) {
      mouseMoved(ev);
    }
  };
  addMouseListener(mouseListener);
  addMouseMotionListener(mouseListener);
}
```

◄ Ajout du listener `mouseListener` au composant pour suivre les clics et les déplacements de la souris.

Margaux prend soin de ne déléguer au contrôleur que les événements qui le concernent en évitant notamment ❷❹ de lui transmettre les clics relatifs à l'affichage du menu contextuel du composant. Elle demande aussi à ce que le composant reçoive le focus ❸ quand l'utilisateur clique dans celui-ci, afin de pouvoir traiter ultérieurement les événements du clavier dans le composant.

SWING Classe MouseInputAdapter

La classe `java.awt.event.MouseInputAdapter` est un adaptateur qui implémente à vide les interfaces `MouseListener` et `MouseMotionListener`. Margaux y recourt ici pour implémenter tous les traitements des événements de la souris à l'aide d'une seule classe ❶.

Listener du focus

Le listener du focus doit simplement appeler la méthode `escape` sur le contrôleur quand le composant perd le focus.

Méthode addFocusListener de la classe PlanComponent

```
private void addFocusListener(final PlanController controller) {
  addFocusListener(new FocusAdapter() {
    public void focusLost(FocusEvent ev) {
      controller.escape();
    }
  });
}
```

Gestion des entrées clavier

Margaux doit transposer les événements des touches du clavier qui ont un effet dans le composant du plan en appels aux méthodes `deleteSelection`, `escape`, `toggleMagnetism` et `moveSelection` sur le contrôleur. Elle choisit de configurer ces entrées clavier dans la méthode `installKeyboardActions` avec un dictionnaire de type `InputMap`, comme le font les composants Swing pour traiter les événements des touches de caractères non imprimables.

REGARD DU DÉVELOPPEUR InputMap vs KeyListener

La mise en œuvre des dictionnaires `InputMap` est un peu complexe au premier abord mais elle est très utilisée dans la bibliothèque Swing, car elle facilite la réutilisation du dictionnaire des actions d'un composant et la configuration des entrées clavier associées à ce composant (par exemple, chaque entrée clavier pourrait être localisée dans un fichier en ressource). Il est pratique d'y recourir pour reconfigurer un composant existant et pour créer un nouveau composant constitué de l'assemblage de plusieurs autres composants : dans ce dernier cas, le dictionnaire `WHEN_ANCESTOR_OF_FOCUSED_COMPONENT` vous aidera à traiter les entrées clavier qui parviendront aux enfants de votre composant qui auront le focus. Par contre, positionnez plutôt un listener de type `KeyListener` pour gérer les touches des caractères imprimables dans un nouveau composant de saisie textuelle. Si vous combinez les deux, le listener `KeyListener` sera traité en premier.

SWING Dictionnaire des entrées clavier

La classe `JComponent` associe les touches du clavier aux actions d'un composant avec trois dictionnaires de classe `javax.swing.InputMap` qui sont renvoyés par la méthode `getInputMap`. Chacun de ces dictionnaires est représenté par une constante de `JComponent` qu'il faut passer en paramètre à la méthode `getInputMap`, et dont voici la liste :

- `WHEN_FOCUSED` pour le dictionnaire des entrées clavier utilisé quand le composant a le focus ;
- `WHEN_ANCESTOR_OF_FOCUSED_COMPONENT` pour le dictionnaire utilisé quand le composant est celui qui a le focus ou un ancêtre de celui qui a le focus (par exemple, la classe `JScrollPane` utilise ce dictionnaire pour gérer les flèches et déplacer en conséquence les ascenseurs quand le composant qu'il contient a le focus) ;
- `WHEN_IN_FOCUSED_WINDOW` pour le dictionnaire utilisé quand le composant est dans une fenêtre qui a le focus (par exemple, pour gérer des raccourcis claviers qui ne sont pas cités dans les menus).

La méthode `put` de la classe `InputMap` associe une entrée clavier de type `javax.swing.KeyStroke` à une clé de type `Object`. Pour que cette entrée clavier ait un effet, sa clé doit correspondre à celle d'une action enregistrée dans le dictionnaire `ActionMap` des actions du composant. La recherche de l'action associée à une entrée clavier reçue par une fenêtre Swing passe donc par une double indirection :

3. la recherche de la clé *`cleAction`* associée à cette entrée clavier en priorité dans les dictionnaires `WHEN_FOCUSED` puis `WHEN_ANCESTOR_OF_FOCUSED_COMPONENT` du composant qui a le focus, puis dans le dictionnaire `WHEN_ANCESTOR_OF_FOCUSED_COMPONENT` des ancêtres du composant qui a le focus, et finalement dans le dictionnaire `WHEN_IN_FOCUSED_WINDOW` d'un des composants activés de la fenêtre ;
4. si *`cleAction`* existe, la recherche de l'action associée à *`cleAction`* dans le dictionnaire des actions du composant où a été trouvée la clé *`cleAction`*.

ATTENTION Signalez les entrées consommées

Si vous choisissez de recourir à un listener `KeyListener` pour traiter toutes les entrées clavier, n'oubliez pas de signaler au système les entrées que vous avez pris en compte dans votre listener en appelant la méthode `consume` sur l'événement reçu, comme par exemple :

```
Listener l = new KeyAdapter() {
  public void keyPressed(KeyEvent ev) {
    switch (ev.getKeyCode()) {
      case KeyEvent.VK_RIGHT :
        controller. moveSelection(1 / scale, 0);
        ev.consume();
        break;
      // Autres case...
    }
  }
}
```

Si vous ne le faites pas, l'événement d'entrée clavier sera propagé au parent de votre composant qui pourra y réagir à son tour. Si Margaux avait plutôt choisi d'ajouter un listener `KeyListener` au composant `PlanComponent`, le fait de ne pas appeler `consume` pour les flèches du clavier aurait pu provoquer un déplacement des ascenseurs d'un panneau de type `JScrollPane`, dans lequel elle aurait placé le plan.

Méthode installKeyboardActions de la classe PlanComponent

Énumération des clés d'accès aux actions disponibles sur le composant. ▸

```
private enum ActionType {DELETE_SELECTION, ESCAPE,
  MOVE_SELECTION_LEFT, MOVE_SELECTION_UP,
  MOVE_SELECTION_DOWN, MOVE_SELECTION_RIGHT,
  TOGGLE_MAGNTISM_ON, TOGGLE_MAGNTISM_OFF} ❶

private void installKeyboardActions() {
```

Ajout des touches qui ont un effet sur le composant, au dictionnaire des entrées clavier utilisé quand le composant a le focus. ▸

```
  InputMap inputMap = getInputMap(WHEN_FOCUSED); ❷
  inputMap.put(KeyStroke.getKeyStroke("DELETE"),
      ActionType.DELETE_SELECTION); ❸
  inputMap.put(KeyStroke.getKeyStroke("BACK_SPACE"),
      ActionType.DELETE_SELECTION);
  inputMap.put(KeyStroke.getKeyStroke("ESCAPE"),
      ActionType.ESCAPE);
```

Clés associées aux touches des flèches du clavier. ▸

```
  inputMap.put(KeyStroke.getKeyStroke("LEFT"),
      ActionType.MOVE_SELECTION_LEFT);
  inputMap.put(KeyStroke.getKeyStroke("UP"),
      ActionType.MOVE_SELECTION_UP);
  inputMap.put(KeyStroke.getKeyStroke("DOWN"),
      ActionType.MOVE_SELECTION_DOWN);
  inputMap.put(KeyStroke.getKeyStroke("RIGHT"),
      ActionType.MOVE_SELECTION_RIGHT);
```

Clé associée à l'enfoncement de la touche *Majuscule*. ▸

```
  inputMap.put(KeyStroke.getKeyStroke("shift pressed SHIFT"),
      ActionType.TOGGLE_MAGNTISM_ON);
```

```
  inputMap.put(KeyStroke.getKeyStroke("released SHIFT"),
      ActionType.TOGGLE_MAGNTISM_OFF);
}
private void createActions(final PlanController controller) {
  Action deleteSelectionAction = new AbstractAction() {
      public void actionPerformed(ActionEvent e) {
        controller.deleteSelection();
      }
    };
  Action escapeAction = new AbstractAction() {
      public void actionPerformed(ActionEvent e) {
        controller.escape();
      }
    };
  class MoveSelectionAction extends AbstractAction {
    private final int dx;
    private final int dy;

    public MoveSelectionAction(int dx, int dy) {
      this.dx = dx;
      this.dy = dy;
    }

    public void actionPerformed(ActionEvent e) {
      controller.moveSelection(this.dx / scale, this.dy / scale);
    }
  }
  class ToggleMagnetismAction extends AbstractAction {
    private final boolean toggle;

    public ToggleMagnetismAction(boolean toggle) {
      this.toggle = toggle;
    }

    public void actionPerformed(ActionEvent e) {
      controller.toggleMagnetism(this.toggle);
    }
  }
  ActionMap actionMap = getActionMap(); ❹
  actionMap.put(ActionType.DELETE_SELECTION,
      deleteSelectionAction); ❺
  actionMap.put(ActionType.ESCAPE, escapeAction);
  actionMap.put(ActionType.MOVE_SELECTION_LEFT,
      new MoveSelectionAction(-1, 0));
  actionMap.put(ActionType.MOVE_SELECTION_UP,
      new MoveSelectionAction(0, -1));
  actionMap.put(ActionType.MOVE_SELECTION_DOWN,
      new MoveSelectionAction(0, 1));
  actionMap.put(ActionType.MOVE_SELECTION_RIGHT,
      new MoveSelectionAction(1, 0));
  actionMap.put(ActionType.TOGGLE_MAGNTISM_ON,
      new ToggleMagnetismAction(true));
  actionMap.put(ActionType.TOGGLE_MAGNTISM_OFF,
      new ToggleMagnetismAction(false));
}
```

◂ Clé associée au relâchement de la touche *Majuscule*.

◂ Crée le dictionnaire des actions du composant.

◂ Action de suppression.

◂ Action d'échappement.

◂ Action de déplacement de la sélection selon un vecteur (dx, dy).

◂ Action d'activation/désactivation de la bascule du magnétisme.

◂ Remplissage du dictionnaire des actions.

Margaux récupère tout d'abord le dictionnaire des entrées clavier utilisé par le composant du plan quand il a le focus ❷, et lui ajoute toutes les entrées qui ont un effet en les associant ❸ aux clés des actions du composant ❶. Elle implémente ensuite une méthode `createActions` qui associe ❺ dans le dictionnaire des actions du composant ❹ chacune de ces clés à l'action qui lui correspond.

> **ATTENTION Focus et événements clavier**
>
> Pour qu'un composant obtienne le focus et reçoive les événements clavier, l'appel à la méthode `requestFocusInWindow` n'est pas suffisant. Il faut aussi donner au composant la capacité de recevoir le focus en appelant sur ce composant la méthode `setFocusable` avec en paramètre la valeur `true`.

Installation des listeners et des entrées clavier

Margaux installe finalement dans le constructeur de `PlanComponent` les listeners développés précédemment ainsi que la gestion des entrées clavier.

Constructeur de la classe PlanComponent

```
public PlanComponent(Home home, UserPreferences preferences,
                     PlanController controller) {
  this.home = home;
  this.preferences = preferences;
  setOpaque(true);
  addModelListeners(home);
  if (controller != null) { ❶
    addMouseListeners(controller);
    addFocusListener(controller);
    createActions(controller);
    installKeyboardActions();
    setFocusable(true); ❷
    setAutoscrolls(true); ❸
  }
}
```

- Initialisation des champs non `null`.
- Ajout du listener sur le modèle.
- Ajout des listeners AWT liés au contrôleur.
- Création des actions associées aux touches du clavier.
- Modification des propriétés par défaut du composant.

Margaux a modifié le constructeur pour ajouter les listeners AWT et la gestion du clavier sur le composant uniquement si le contrôleur en paramètre existe ❶. Ainsi, le composant `PlanComponent` peut être utilisé seul comme vue d'un plan sur lequel l'utilisateur ne pourra interagir. Elle a positionné ensuite à vrai deux propriétés booléennes qui sont par défaut fausses dans la classe `JComponent` :

- la propriété `focusable` ❷ pour autoriser le composant à recevoir le focus ;
- la propriété `autoscrolls` ❸ pour que Swing simule le déplacement de la souris, quand le pointeur reste à une position fixe en dehors du composant au moment d'un glisser-déposer.

> **SWING Simuler des déplacements sur un pointeur à l'arrêt**
>
> La méthode `setAutoscrolls(boolean autoscrolls)` de `JComponent` permet à un composant de continuer à recevoir ou non des événements de déplacement de la souris dans la méthode `mouseDragged` d'un listener `MouseMotionListener`, si au cours d'un glisser-déposer, le pointeur reste à une position fixe en dehors du composant. Ce comportement est similaire à celui d'un ascenseur quand on maintient appuyé le bouton de la souris dans sa zone vide ; dans cette situation, l'ascenseur se déplace alors pas à pas.

Modification du curseur

La dernière méthode à implémenter dans la classe `PlanComponent` permet de changer le curseur de la souris en fonction du mode du contrôleur en paramètre.

Méthode setCursor de la classe PlanComponent

```
public void setCursor(PlanController.Mode mode) {
  if (mode == PlanController.Mode.WALL_CREATION) {
    setCursor(Cursor.getPredefinedCursor(Cursor.CROSSHAIR_CURSOR));
  } else {
    setCursor(Cursor.getDefaultCursor());
  }
}
```

Méthodes de détection des murs

Les opérations propres au dessin du composant terminées, Margaux implémente les méthodes de détection des murs de la classe `Wall`, en se basant sur la forme d'un mur renvoyée par la méthode `getPoints` développée précédemment. Ces méthodes seront testées indirectement par le test du scénario n° 5.

> **SWING Intersection de formes**
>
> L'interface `java.awt.Shape` propose plusieurs méthodes `contains` et `intersects` pour détecter si une forme contient une autre forme ou si l'intersection entre deux formes existe ou non.

Méthodes de détection de la classe Wall

```
public boolean intersectsRectangle(float x0, float y0,
                                   float x1, float y1) {
  Rectangle2D rectangle = new Rectangle2D.Float(x0, y0, 0, 0); ❶
  rectangle.add(x1, y1);
  return getShape().intersects(rectangle);
}
```

◄ Renvoie `true` si ce mur a une intersection non vide avec le rectangle de points opposés (x0, y0) et (x1, y1).

```
public boolean containsPoint(float x, float y, float margin) {
  return containsShapeAtWithMargin(getShape(), x, y, margin); ❷
}
```

◄ Renvoie `true` si le mur `wall` contient le point de coordonnées (x, y) avec une tolérance de `margin` cm.

```
public boolean containsWallStartAt(float x, float y, float margin)
{
```

◄ Renvoie `true` si l'extrémité de départ de ce mur contient le point (x, y).

```
  float [][] wallPoints = getPoints();
```

◄ Récupération des points du mur.

```
  Line2D startLine = new Line2D.Float(wallPoints [0][0],
      wallPoints [0][1], wallPoints [3][0], wallPoints [3][1]);
  return containsShapeAtWithMargin(startLine, x, y, margin); ❸
}
```

◄ Recherche avec une tolérance de `margin`, de l'intersection entre le point (x, y) et la ligne (P0, P3) qui correspond à l'extrémité de départ du mur.

```
public boolean containsWallEndAt(float x, float y, float margin) {
```

◄ Renvoie `true` si l'extrémité de fin de ce mur contient le point (x, y).

```
  float [][] wallPoints = getPoints();
```

◄ Récupération des points du mur.

```
  Line2D endLine = new Line2D.Float(wallPoints [1][0],
      wallPoints [1][1], wallPoints [2][0], wallPoints [2][1]);
  return containsShapeAtWithMargin(endLine, x, y, margin); ❹
}
```

◄ Recherche avec une tolérance de `margin`, de l'intersection entre le point (x, y) et la ligne (P1, P2) qui correspond à l'extrémité de fin du mur.

```
private boolean containsShapeAtWithMargin(Shape shape,
                               float x, float y, float margin) {
  return shape.intersects(x - margin, y - margin,
                          2 * margin, 2 * margin); ❺
}
```

◄ Renvoie `true` si la forme `shape` contient le point de coordonnées (x, y) avec une tolérance de 2 pixels.

Renvoie la forme de ce mur.

```
private Shape getShape() { ❻
  float [][] points = getPoints();
  GeneralPath wallPath = new GeneralPath();
  wallPath.moveTo(points [0][0], points [0][1]);
  for (int i = 1; i < points.length; i++) {
    wallPath.lineTo(points [i][0], points [i][1]);
  }
  wallPath.closePath();
  return wallPath;
}
```

ATTENTION Rectangle de largeur ou hauteur négative

Java 2D considère qu'un rectangle de largeur et/ou de hauteur négative est vide. Si vous voulez créer un rectangle à partir de ses points opposés (x1, y1) et (x0, y0) sans réordonner l'abscisse et l'ordonnée de ces points, il faut alors créer ce rectangle en deux étapes ❶.

Les trois méthodes `containsWallAt`, `containsWallStartAt` et `containsWallEndAt` doivent permettre de détecter avec une tolérance de `margin` cm, si un mur ou l'extrémité d'un mur contient un point (x, y). Pour implémenter cette tolérance, Margaux utilise ici ❷❸❹ une méthode `containsShapeAtWithMargin` qui vérifie ❺ si une forme et un carré de 2 × `margin` cm de côté centré en (x, y) s'entrecoupent. Même si la méthode `getShape` ❻ aurait pu servir dans la classe `PlanComponent`, Margaux a préféré ne pas la rendre `public`, pour garder une interface `public` neutre dans la couche métier et parce que les classes du package `java.awt.geom` qui implémentent l'interface `Shape` ne sont sérialisables que depuis Java 6.

Implémentation du contrôleur du composant du plan

Thomas débute l'implémentation de la classe `com.eteks.sweethome3d.swing.PlanController`, par la partie commune à tous les contrôleurs :

1. Il ajoute les champs `home`, `preferences` et `undoSupport` à la classe et les initialise avec les paramètres du constructeur généré au cours de la rédaction du programme de test.
2. Il ajoute un champ `resource` initialisé dans le constructeur afin de récupérer les intitulés des opérations annulables gérées par ce contrôleur.
3. Il crée à la fin du constructeur une instance de `PlanComponent` qu'il mémorise dans le champ `planView`, et dont il retourne la valeur dans la méthode `getView`.

Classe com.eteks.sweethome3d.swing.PlanController

```
package com.eteks.sweethome3d.swing;

import java.util.*;
import javax.swing.JComponent;
import javax.swing.undo.*;
import com.eteks.sweethome3d.model.*;

public class PlanController {
  public enum Mode {WALL_CREATION, SELECTION}
```

```
  private JComponent          planView;
  private Home                home;
  private UserPreferences     preferences;
  private UndoableEditSupport undoSupport;
  private ResourceBundle      resource;

  public PlanController(Home home, UserPreferences preferences,
                        UndoableEditSupport undoSupport) {
    this.home = home;
    this.preferences = preferences;
    this.undoSupport = undoSupport;
    this.resource = ResourceBundle.getBundle(
        PlanController.class.getName());
    this.planView = new PlanComponent(home, preferences, this);
  }

  public JComponent getView() {
    return this.planView;
  }

  // Autres méthodes implémentées à vide
}
```

Diagramme d'états-transitions du contrôleur

Thomas adapte ensuite les diagrammes d'états simplifiés des modes *Création de mur* et *Sélection* (voir figures 8-1 et 8-3 au début du chapitre), aux classes Home, PlanController et PlanComponent du scénario. Il construit ainsi un nouveau diagramme d'états-transitions à la norme UML, représenté figure 8-21. Ce diagramme constitue la feuille de route qui l'aidera à implémenter le contrôleur.

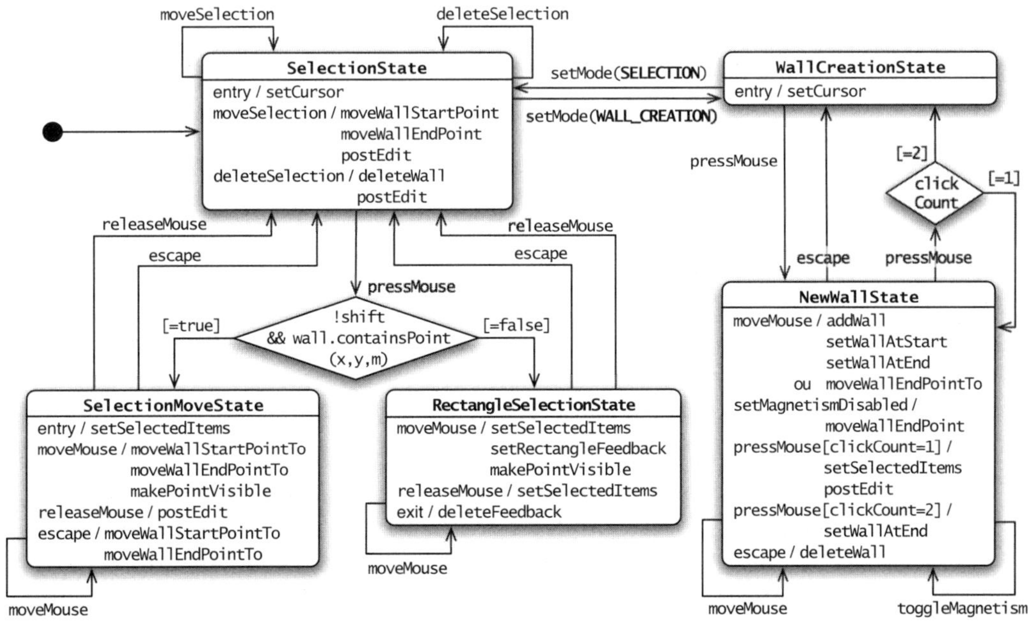

Figure 8–21
Diagramme d'états-transitions UML du contrôleur du plan

B.A.-BA
Diagramme UML d'états-transitions

Un diagramme d'états-transitions (*state machine* en anglais) représente le graphe d'un automate. Comme le montre la figure 8-21, les états et les transitions d'un automate y sont symbolisés sous la forme de rectangles à coins arrondis reliés par des flèches pleines. Un cercle plein optionnel y représente l'état de début et un cercle partiellement évidé l'état de fin. Chaque état peut être nommé dans la partie supérieure du rectangle, et peut décrire les actions propres à son état à l'aide des labels suivants :

- entry/*actionEntrée* : action exécutée à l'entrée dans l'état ;
- exit/*actionFin* : action exécutée à la sortie d'un état ;
- do/*actionARépéter* : action exécutée pendant l'état ;
- *transition*/*action* : action exécutée suite une transition donnée.

Une transition conditionnelle est symbolisée par un losange.

B.A.-BA **Design pattern état**

Le design pattern *état* permet de gérer le comportement d'un objet *contexte* grâce à un ensemble d'objets *état*, dont les méthodes implémentent ce comportement et les transitions entre chaque état. Dans la figure 8-22, l'objet contexte est représenté par une instance de la classe `PlanControler` et les objets états sont des instances des cinq sous-classes de `ControllerState`.

Dans ce diagramme, il a renseigné sur les transitions, les méthodes de `PlanController` et dans les états, les méthodes des classes `Home`, `PlanComponent` et `UndoableEditSupport` qui seront appelées au cours de ces transitions.

Implémentation du diagramme d'états-transitions

Thomas a le choix d'implémenter le diagramme de la figure 8-21 de deux façons :

- soit il ajoute à la classe `PlanControler` une énumération des cinq états possibles, puis programme ses méthodes `pressMouse`, `moseMouve`... en testant à chaque fois l'état en cours pour déterminer quelle action entreprendre ;
- soit il met en œuvre le design pattern *état* en créant une classe abstraite interne `ControllerState` qui reprend les méthodes `setMode`, `pressMouse`... des transitions du diagramme d'états ; chacun des cinq états sera alors représenté par une instance d'une sous-classe de `ControllerState`.

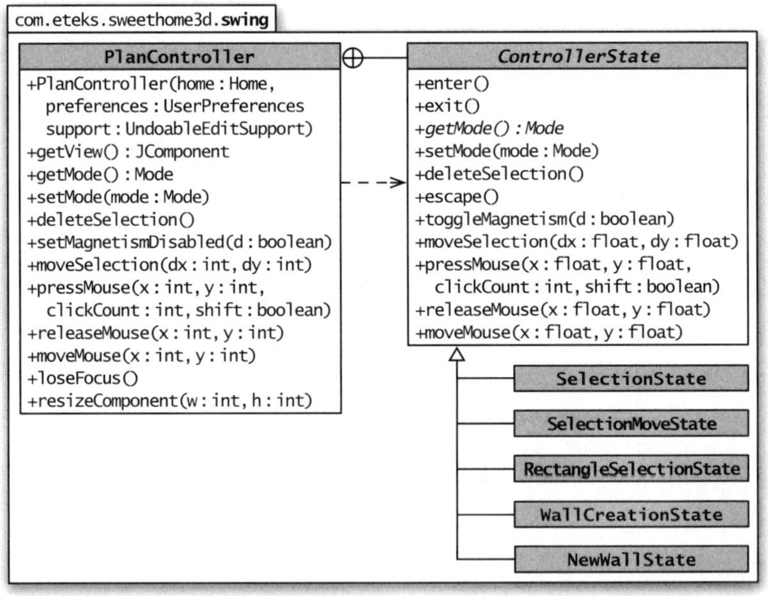

Figure 8–22
Diagramme des classes internes de PlanController

Le diagramme d'états-transitions spécifié pour ce scénario devra être modifié au cours du développement des scénarios suivants, notamment pour gérer le placement des meubles dans le plan du logement. C'est pour cette raison que Thomas préfère recourir à la seconde solution qui lui permettra de mieux contrôler les modifications à effectuer pour ces évolutions.

Application du pattern état dans la classe du contrôleur

Thomas met en place le pattern *état* dans la classe `PlanController` :

1. Il ajoute un champ `state` de type `ControllerState` à la classe et crée la classe interne `protected abstract ControllerState` avec l'outil de correction d'Eclipse.
2. Il ajoute à la classe `PlanController` une méthode `setState` qui permet de changer l'état en cours, après avoir appelé la méthode `exit` sur l'état précédent, et avant d'appeler la méthode `enter` sur le nouvel état actif.
3. Il déclare les cinq champs `selectionState`, `selectionMoveState`, `rectangleSelectionState`, `wallCreationState`, `newWallState` de type `ControllerState` ; chacun de ces champs représentera un des états possibles du contrôleur.
4. Il initialise à la fin du constructeur de `PlanController`, les cinq champs précédents avec l'instance de la sous-classe `ControllerState` qui lui correspond, en créant au fur et à mesure ces cinq classes internes avec l'outil de correction d'Eclipse.
5. Il positionne l'état courant sur `selectionState`.
6. Il change l'implémentation des méthodes `getMode`, `setMode`, `pressMouse`, `releaseMouse`, `moveMouse`, `deleteSelection`, `escape`, `toggleMagnetism` et `moveSelection`, en appelant les méthodes de même nom sur l'objet de l'état courant `state` ; cette opération lui permet au passage de générer avec Eclipse ces méthodes dans la classe `ControllerState`.
7. Il ajoute les champs `xLastMousePress`, `yLastMousePress`, `shiftDownLastMousePress` qu'il met à jour chaque fois que la méthode `pressMouse` est appelée.
8. Pour terminer, Thomas ajoute des accesseurs `protected` sur les champs `xLastMousePress`, `yLastMousePress`, `shiftDownLastMousePress` et sur chacun des cinq états.

> **ASTUCE Tester sans Abbot**
>
> L'interdiction d'utiliser le débogueur pendant l'exécution du test du scénario est très gênante pour mettre au point le contrôleur. Rien ne vous empêche cependant de tester les méthodes du contrôleur sans Abbot, en remplaçant par exemple les clics de souris par des appels aux méthodes du contrôleur appelées par les listeners AWT. Vous retrouverez dans le code source `la classe com.eteks.sweethome3d.PlanControllerTest` dont la méthode `testPlanContoller` effectue le test équivalent à celui de la classe `PlanComponentTest` de cette façon.

Classe com.eteks.sweethome3d.swing.PlanController (modifiée)

```
package com.eteks.sweethome3d.swing;

import java.util.*;
import javax.swing.JComponent;
import javax.swing.undo.UndoableEditSupport;
import com.eteks.sweethome3d.model.*;

public class PlanController {
  // Champs déclarés précédemment inchangés
  private ControllerState state;
```

◄ État actif courant.

États possibles.

```
private ControllerState selectionState;
private ControllerState selectionMoveState;
private ControllerState rectangleSelectionState;
private ControllerState wallCreationState;
private ControllerState newWallState;
```

Coordonnées du dernier point où le bouton de la souris a été enfoncé.

```
private float           xLastMousePress;
private float           yLastMousePress;
private boolean         shiftDownLastMousePress;

public PlanController(Home home, UserPreferences preferences,
                      UndoableEditSupport undoSupport) {
 // Début inchangé
```

Initialisation des cinq états possibles.

```
  this.selectionState = new SelectionState();
  this.selectionMoveState = new SelectionMoveState();
  this.rectangleSelectionState = new RectangleSelectionState();
  this.wallCreationState = new WallCreationState();
  this.newWallState = new NewWallState();
```

Attribution de l'état de sélection par défaut.

```
  setState(this.selectionState);
}

// Méthode getView inchangée
```

Change l'état actif en cours, en appelant tout d'abord la méthode `exit` sur l'état en cours, puis en appelant la méthode `enter` sur le nouvel état actif.

```
protected void setState(ControllerState state) {
  if (this.state != null) {
    this.state.exit();
  }
  this.state = state;
  this.state.enter();
}
```

Renvoie le mode `SELECTION` ou `WALL_CREATION` en cours.

```
public Mode getMode() {
  return this.state.getMode();
}
```

Modifie le mode en cours du contrôleur.

```
public void setMode(Mode mode) {
  this.state.setMode(mode);
}
```

Supprime les murs sélectionnés dans le composant du plan.

```
public void deleteSelection() {
  this.state.deleteSelection();
}
```

Abandonne l'opération en cours suite à une perte du focus, ou à l'enfoncement de la touche *Esc*.

```
public void escape() {
  this.state.escape();
}
```

Déplace de (dx, dy) cm les murs sélectionnés dans le composant du plan.

```
public void moveSelection(float dx, float dy) {
  this.state.moveSelection(dx, dy);
}
```

```
  public void toggleMagnetism(boolean magnetismToggled) {
    this.state.toggleMagnetism(magnetismToggled);
  }

  public void pressMouse(float x, float y,
                         int clickCount, boolean shiftDown) {
    this.xLastMousePress = x;
    this.yLastMousePress = y;
    this.shiftDownLastMousePress = shiftDown;
    this.state.pressMouse(x, y, clickCount, shiftDown);
  }

  public void releaseMouse(float x, float y) {
    this.state.releaseMouse(x, y);
  }

  public void moveMouse(float x, float y) {
    this.state.moveMouse(x, y);
  }

  // Accesseurs protected des champs
  // xLastMousePress, yLastMousePress, shiftDownLastMousePress,
  // et des états selectionState, selectionMoveState...

  private abstract class ControllerState {
    // Méthodes enter, exit, setMode, deleteSelection...
    // implémentées à vide
  }

  // Déclaration des classes WallCreationState, NewWallState,
  // SelectionState, SelectionMoveState et RectangleSelectionState
}
```

◂ Inverse temporairement l'état actif/inactif du magnétisme.

◂ Traite les événements d'enfoncement du bouton de la souris, survenus dans le composant du plan.

◂ Traite les événements de relâchement du bouton de la souris, survenus dans le composant du plan.

◂ Traite les événements de déplacement de la souris, survenus dans le composant du plan.

◂ Super-classe des classes d'état.

◂ Sous-classes de `ControlerState`.

Programmation des sous-classes d'état

Une fois ces modifications faites, Thomas doit redéfinir dans les sous-classes concrètes d'état les méthodes de `ControllerState` qui doivent avoir l'effet décrit dans le diagramme de la figure 8-21.

Code source complet de la classe PlanController

Le code source de la classe `PlanController` représente plus de 1 000 lignes de code, dont seules quelques parties apparaissent dans cet ouvrage. Si l'étude complète et détaillée de cette classe vous intéresse, référerez-vous à son code source disponible sur le site des éditions Eyrolles ou sur Sourceforge.net.

Méthodes et classes internes d'outils

Pour simplifier la programmation des classes d'état, Thomas ajoute tout d'abord un ensemble de méthodes et de classes internes `private` d'outils dans la classe `PlanController` :

- les méthodes d'outils présentées dans le tableau 8-2 pour gérer la création d'un mur, les jointures d'un mur avec ceux à ses extrémités, la suppression d'un mur, le déplacement d'un mur et la sélection de murs ;

La gestion des opérations annulables proposée par le package `javax.swing.undo` est décrite dans les sections « Gestion des opérations Annuler/Refaire dans Swing » et « Contrôleur de la vue du tableau » du chapitre précédent.

- les méthodes présentées dans le tableau 8-3, pour gérer les opérations annulables d'ajout, de suppression et de déplacement de murs ;
- les classes internes présentées dans le tableau 8-4, comme `JoinedWall` qui stocke les jointures d'un mur dont ont besoin les méthodes `undo` et `redo` du gestionnaire d'annulation, et la classe `PointWithMagnetism` qui gère la création d'un point auquel est appliqué le magnétisme.

Tableau 8–2 Méthodes d'outils de la classe PlanController

Méthode	Description	Méthodes appelées

`private Wall createNewWall(`
`    float xStart, float yStart,`
`    float xEnd, float yEnd,`
`    Wall wallStartAtStart,`
`    Wall wallEndAtStart)`
	Renvoie une nouvelle instance de `Wall` dont les extrémités sont en (`xStart`, `yStart`) et (`xEnd`, `yEnd`). L'extrémité de départ du mur renvoyé est jointe avec, soit l'extrémité de départ de `wallStartAtStart`, soit l'extrémité de fin de `wallEndAtStart`.	`addWall`
		`setWallAtEnd`
		`setWallAtStart`

`private void joinNewWallEndToWall(`
`    Wall wall,`
`    Wall wallStartAtEnd,`
`    Wall wallEndAtEnd)`
	Joint l'extrémité de fin du mur `wall` avec, soit l'extrémité de départ de `wallStartAtEnd`, soit l'extrémité de fin de `wallEndAtEnd`.	`setWallAtEnd`
		`setWallAtStart`

`private Object getItemAt(` `    float x, float y)`	Renvoie, s'il existe, le mur aux coordonnées (x, y).	`containsPoint`
`List getRectangleItems(float x0,` `    float y0, float x1, float y1)`	Renvoie les murs qui ont une intersection avec le rectangle en paramètre.	`intersectsRectangle`

`private Wall getWallStartAt(`
`    float x, float y,`
`    Wall ignoredWall)`
	Renvoie, s'il existe, le mur dont l'extrémité libre de départ est aux coordonnées (x, y), en ignorant le mur `ignoredWall`.	`containsWallStartAt`

`private Wall getWallEndAt(`
`    float x, float y,`
`    Wall ignoredWall)`
	Renvoie, s'il existe, le mur dont l'extrémité libre de fin est aux coordonnées (x, y), en ignorant le mur `ignoredWall`.	`containsWallEndAt`

`private void deleteItems(` `    List items)`	Supprime les murs `items` et envoie au gestionnaire de notification une opération annulable de suppression.	`deleteWall` `postEdit`

`private void moveAndShowSelectedItems(`
`    float dx, float dy)`
	Déplace les murs sélectionnés, les rend visibles et envoie au gestionnaire de notification une opération annulable de déplacement de la sélection.	`getSelectedItems`
		`moveWallStartPointTo`
		`moveWallEndPointTo`
		`makeSelectionVisible`
		`postEdit`

`private void moveItems(List items,` `    float dx, float dy)`	Déplace les murs `items` de (dx, dy) cm.	`moveWallStartPointTo` `moveWallEndPointTo`
`private void selectAndShowItems(` `    List items)`	Sélectionne les murs `items` et les rend visibles.	`setSelectedItems` `makeSelectionVisible`

`private void selectItems(List items)`
`private void selectItem(Object item)`
`private void deselectAll()`
	Sélectionne ou désélectionne des éléments dans le logement.	`setSelectedItems`

Tableau 8–3 Méthodes de gestion des opérations annulables de la classe PlanController

Méthode	Description	Méthodes appelées
`private void postAddWalls( List<Wall> newWalls, List oldSelection)`	Envoie au gestionnaire de notification une opération annulable d'ajout de murs concernant les murs `newWalls`.	`postEdit`

`private void doAddAndShowWalls( JoinedWall [] joinedNewWalls)`	Ajoute, sélectionne et rend visibles les murs référencés dans `joinedNewWalls`, en joignant leurs extrémités aux murs qui leur sont associés.	`addWall`
		`setWallAtEnd`
		`setWallAtStart`
		`setSelectedItems`
		`makeSelectionVisible`

`private void postDeleteItems( List deletedItems)`	Envoie au gestionnaire de notification une opération annulable de suppression des murs de `deletedItems`.	`postEdit`
`private void doDeleteWalls( JoinedWall [] joinedDeletedWalls)`	Supprime du logement les murs référencés dans `joinedDeletedWalls` et déselectionne tout.	`deleteWall` `setSelectedItems`
`private void postItemsMove( List movedItems, float dx, float dy)`	Envoie au gestionnaire de notification une opération annulable de déplacement des murs de `movedItems`.	`postEdit`

`private void doMoveAndShowItems( Object [] movedItems, float dx, float dy)`	Déplace les murs de `movedItems` de (dx, dy) cm, les sélectionnne et les rend visibles.	`moveWallStartPointTo`
		`moveWallEndPointTo`
		`setSelectedItems`
		`makeSelectionVisible`

Tableau 8–4 Classes internes d'outils de la classe PlanController

Classe	Champs	Description

`JoinedWall`	`Wall wall`
	`Wall wallAtStart`
	`Wall wallAtEnd`
	`boolean joinedAtStartOfWallAtStart`
	`boolean joinedAtEndOfWallAtStart`
	`boolean joinedAtStartOfWallAtEnd`
	`boolean joinedAtEndOfWallAtEnd`
		Stocke les murs joints au mur `wall`, et sur quelles extrémités ils sont joints.

`PointWithMagnetism`	`float xEnd` `float yEnd`	Calcule les coordonnées d'un point (`xEnd`, `yEnd`) auxquelles est appliqué le magnétisme autour d'un centre (`xStart`, `yStart`).

Calcul du magnétisme

Thomas implémente l'algorithme de calcul du magnétisme dans le constructeur de la classe interne `PointWithMagnetism`, en se basant sur la figure 8-23, soit le point `P` de coordonnées (`x`, `y`) qui correspond à la position de la souris au cours de la création d'un mur dont l'extrémité de départ est au point `PStart`. Il faut rechercher quel est le point `PEnd1` ou `PEnd2` le plus proche de `P`, qui sera utilisé comme extrémité de fin du mur, sachant que `PEnd1` et `PEnd2` doivent appartenir aux rayons dont le centre est `PStart` et dont l'angle est le multiple de 15° le plus proche de l'angle que forment `P` et `PStart`.

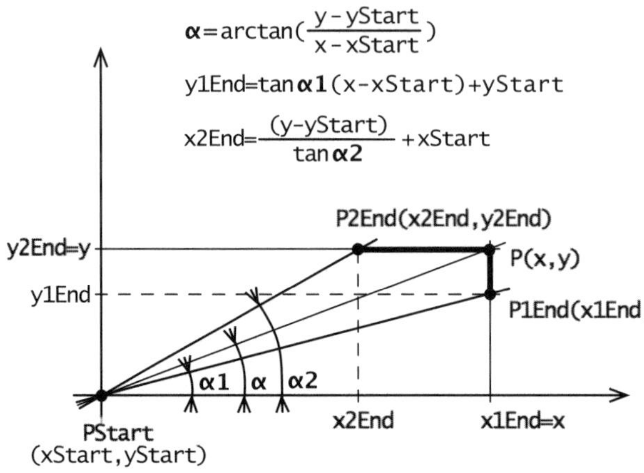

Figure 8–23
Calcul du magnétisme

Classe interne PointWithMagnetism de la classe PlanController

```
private static class PointWithMagnetism {

  private static final int STEP_COUNT = 24;

  private float xEnd;
  private float yEnd;


  public PointWithMagnetism(float xStart, float yStart,
                            float x, float y) {
    this.xEnd = x;
    this.yEnd = y;
    if (xStart != x && yStart != y) {
      double angleStep = 2 * Math.PI / STEP_COUNT;
      double angle = Math.atan2(yStart - y, x - xStart); ❶
      double previousStepAngle =
          Math.floor(angle / angleStep) * angleStep; ❷
      double tanAngle1;
      double tanAngle2;
      if (Math.tan(angle) > 0) {
        tanAngle1 = Math.tan(previousStepAngle); ❸
        tanAngle2 = Math.tan(previousStepAngle + angleStep);
      } else {
        tanAngle1 = Math.tan(previousStepAngle + angleStep);
        tanAngle2 = Math.tan(previousStepAngle);
      }
      double firstQuarterTanAngle1 = Math.abs(tanAngle1); ❹
      double firstQuarterTanAngle2 = Math.abs(tanAngle2);
      float xEnd1 = Math.abs(xStart - x);
      float yEnd2 = Math.abs(yStart - y);
      float xEnd2 = 0;
```

Nombre d'angles (360° / 24 = 15°)

Coordonnées du point calculées avec le magnétisme.

Crée un point magnétisé à partir du point (x, y). Les coordonnées (`xEnd`, `yEnd`) du point magnétisé sont celles du point le plus proche de (x, y), qui appartient à un des rayons d'angle multiple de 15° et centré en (`xStart`, `yStart`).

Calcul de l'angle α1 du rayon précédent celui d'angle α que forment les points (x, y) et (`xStart`, `yStart`).

Calcul des tangentes de α1 et α2, α2 correspondant à l'angle du rayon qui suit α1.

Si la pente des angles est négative inverser le calcul des tangentes.

Dans le premier quart du cercle trigonométrique, calcul des coordonnées (`xEnd1`, `yEnd1`) et (`xEnd2`, `yEnd2`) des points qui appartiennent au rayon d'angle α1 et α2.

```
    if (firstQuarterTanAngle2 > 1E-10) { ❺
      xEnd2 = (float)(yEnd2 / firstQuarterTanAngle2); ❻
    }
    float yEnd1 = 0;
    if (firstQuarterTanAngle1 < 1E10) { ❼
      yEnd1 = (float)(xEnd1 * firstQuarterTanAngle1); ❽
    }
    if (Math.abs(xEnd2 - xEnd1) < Math.abs(yEnd1 - yEnd2)) { ❾
      this.xEnd = xStart + (float)((yStart - y) / tanAngle2); ❿
    } else {
      this.yEnd = yStart - (float)((x - xStart) * tanAngle1);
    }
  }
}

// Accesseurs getXEnd et getYEnd
}
```

Si $\alpha 2$ est plus grand que 0, calcul de l'abscisse x2End du point P2End qui appartient au rayon d'angle $\alpha 2$.

Si $\alpha 2$ est plus petit que $\pi/2$, calcul de l'ordonnée y1End du point P1End qui appartient au rayon d'angle $\alpha 1$.

Appliquer le magnétisme au point (xEnd1, yEnd1) ou (xEnd2, yEnd2) le plus proche de (x, y).

Pour effectuer cette recherche, Thomas calcule d'abord les angles $\alpha 1$ et $\alpha 2$ multiples de 15° ❷ ❸ qui encadrent l'angle α ❶ que forment les points PStart et P avec l'axe des abscisses. Ensuite, il détermine l'ordonnée y1End du point P1 ❽ et l'abscisse x2End du point P2 ❻, dans le premier quart du cercle trigonométrique ❹ par symétrie. Le choix entre P1 et P2 s'effectue finalement en prenant la plus petite des distances qui séparent P de P1End et P2End ❾.

ATTENTION Sens des axes et erreurs d'approximation

Il faut prendre soin d'inverser l'axe des ordonnées du repère du plan ❶ ❿, et de traiter à part les angles de 0°et 90° ❺ ❼, pour éviter des erreurs d'approximation sur le calcul des tangentes.

Implémentation de l'état Sélection

Thomas débute la programmation des classes d'état par la classe SelectionState qui est l'état initial positionné dans le constructeur de PlanController.

Classe interne SelectionState de la classe PlanController

```
private class SelectionState extends ControllerState {
  public Mode getMode() {
    return Mode.SELECTION;
  }

  public void enter() {
    ((PlanComponent)getView()).setCursor(getMode());
  }

  public void setMode(Mode mode) {
    if (mode == Mode.WALL_CREATION) {
      setState(getWallCreationState()); ❶
    }
  }
```

Renvoie le mode SELECTION du contrôleur dans lequel cet état est actif.

Positionne le curseur correspondant au mode SELECTION.

Passe à l'état *Création de mur* si le mode demandé est WALL_CREATION.

Supprime les murs sélectionnés.

```
  public void deleteSelection() {
    deleteItems(home.getSelectedItems()); ❷
  }
```

Déplace les murs sélectionnés de (dx, dy) cm et les rend visibles.

```
  public void moveSelection(float dx, float dy) {
    moveAndShowSelectedItems(dx, dy); ❸
  }
```

Traite les événements d'enfoncement du bouton de la souris.

Si la touche *Majuscule* n'est pas enfoncée et si un mur existe au point (x, y), passage dans l'état *Sélection d'un mur et déplacement*...

...sinon passage dans l'état *Sélection d'un rectangle englobant*.

```
  public void pressMouse(float x, float y, int clickCount,
                         boolean shiftDown) {
    if (!shiftDown && getItemAt(x, y) != null) {
      setState(getSelectionMoveState()); ❹
    } else {
      setState(getRectangleSelectionState()); ❺
    }
  }
}
```

Comme indiqué dans le diagramme d'états-transitions de la figure 8-21, l'état de sélection gère les transitions vers les états *Création de mur* ❶, *Sélection d'un mur et déplacement* ❹ et *Sélection d'un rectangle englobant* ❺. Cet état gère aussi la suppression ❷ et le déplacement ❸ des murs en cours de sélection ❷, pour les transitions provoquées par l'enfoncement des touches *Suppr* ou *Retour arrière*, et des flèches.

Implémentation de l'état Création de mur

Thomas continue la programmation des classes d'état par la classe `WallCreationState` qui est un état intermédiaire qui permet de passer soit dans l'état *Sélection*, soit dans l'état *Ajout de mur*.

Classe interne WallCreationState de la classe PlanController

Renvoie le mode WALL_CREATION du contrôleur dans lequel cet état est actif.

Positionne le curseur correspondant au mode WALL_CREATION.

Passe à l'état *Sélection* si le mode demandé est SELECTION.

```
private class WallCreationState extends ControllerState {
  public Mode getMode() {
    return Mode.WALL_CREATION;
  }

  public void enter() {
    ((PlanComponent)getView()).setCursor(getMode());
  }

  public void setMode(Mode mode) {
    if (mode == Mode.SELECTION) {
      setState(getSelectionState());
    }
  }
```

```
  public void pressMouse(float x, float y, int clickCount,
                         boolean shiftDown) {
    setState(getNewWallState());
  }
}
```

Passe à l'état *Ajout de mur* pour débuter la saisie d'un mur ou d'une série de murs joints

Implémentation de l'état Sélection d'un mur et déplacement

Thomas programme ensuite l'état *Sélection d'un mur et déplacement* qui permet de sélectionner un mur et/ou de déplacer l'ensemble des murs sélectionnés.

Classe interne SelectionMoveState de la classe PlanController

```
private class SelectionMoveState extends ControllerState {
  private float   xLastMouseMove;
  private float   yLastMouseMove;
  private boolean mouseMoved;

  public Mode getMode() {
    return Mode.SELECTION;
  }

  public void enter() {
    this.xLastMouseMove = getXLastMousePress();
    this.yLastMouseMove = getYLastMousePress();
    this.mouseMoved = false;
    Object itemUnderCursor = getItemAt(getXLastMousePress(),
        getYLastMousePress());
    List<Object> selection = home.getSelectedItems();
    if (!selection.contains(itemUnderCursor)) { ❶
      selectItem(itemUnderCursor); ❷
    }
  }

  public void moveMouse(float x, float y) {
    moveItems(home.getSelectedItems(),
        x - this.xLastMouseMove, y - this.yLastMouseMove); ❸
    ((PlanComponent)getView()).makePointVisible(x, y);
    this.xLastMouseMove = x;
    this.yLastMouseMove = y;
    this.mouseMoved = true;
  }

  public void releaseMouse(float x, float y) {
    if (this.mouseMoved) {
      postItemsMove(home.getSelectedItems(),
          this.xLastMouseMove - getXLastMousePress(),
          this.yLastMouseMove - getYLastMousePress()); ❹
```

Dernière position du pointeur de la souris.

Repère si la souris a été déplacée durant l'activation de cet état.

Renvoie le mode SELECTION du contrôleur dans lequel cet état est actif.

À l'activation de l'état, récupération des coordonnées du pointeur de la souris.

Si la sélection ne contient pas le mur situé sous le pointeur de la souris, sélection de ce seul mur.

Déplace les murs sélectionnés en fonction de l'écart de déplacement de la souris, et assure que le point (x, y) est rendu visible à l'écran.

Au relâchement du bouton de la souris...

...si la souris a été déplacée pendant l'activation de cet état, envoi au gestionnaire d'annulation de l'opération de déplacement.

Sinon, sélection du mur situé sous le pointeur de la souris, et de lui seul.

Retour à l'état *Sélection*

Quand la touche *Esc* est enfoncée ou si le composant perd le focus...

...déplacement des murs à leur position initiale.

Retour à l'état *Sélection*.

```
      } else {
        Object itemUnderCursor = getItemAt(x, y);
        selectItem(itemUnderCursor); ❺
      }
      setState(getSelectionState());
    }

    public void escape() {
      if (this.mouseMoved) {
        moveItems(home.getSelectedItems(),
            getXLastMousePress() - this.xLastMouseMove,
            getYLastMousePress() - this.yLastMouseMove); ❻
      }
      setState(getSelectionState());
    }
  }
```

ERGONOMIE Gestion de la sélection

Si la gestion programmée pour la sélection vous semble un peu complexe, étudiez bien le comportement d'autres logiciels de dessin, car Thomas n'a en fait repris que ce qu'il a observé ailleurs.

Thomas implémente cet état en déplaçant les murs sélectionnés au fur et à mesure du déplacement de la souris ❸, et n'enregistre cette modification dans le gestionnaire d'annulation qu'une fois le bouton de la souris relâché ❹. Si entre-temps, le composant perd le focus ou si la touche *Esc* est enfoncée, il replace les murs sélectionnés à leur position initiale ❻ et passe immédiatement à l'état *Sélection*. La gestion de la sélection effectuée par cet état est plus subtile : si le bouton de la souris est enfoncé et relâché sur un mur sans que la souris ne soit déplacée, le seul mur sélectionné doit être celui-ci ❺ quel que soit le nombre de murs sélectionnés. Par contre, si à l'activation de cet état, le mur sous le pointeur de la souris n'appartient pas à la sélection ❶, il faut le sélectionner lui seul ❷ avant un éventuel déplacement.

Implémentation des autres états

Thomas programme finalement les deux autres états *Sélection d'un rectangle englobant* et *Ajout de mur* en continuant à se baser sur le diagramme d'états-transitions de la figure 8-21 et en utilisant les méthodes et les classes internes d'outils décrites dans les tableaux 8-2, 8-3 et 8-4 quand c'est possible.

Une fois terminée l'implémentation du contrôleur, chaque membre de l'équipe vérifie le bon fonctionnement du composant avec le test de `PlanComponentTest`.

Optimisation du composant du plan

Le composant `PlanComponent` a visuellement des performances tout à fait correctes même sur des machines avec des configurations anciennes. Thomas cherche tout de même à améliorer la vitesse d'exécution des méthodes qui consomment abusivement du temps processeur. Après une analyse des applications `SimplePlanTest` et `PlanComponentTest` avec un *profiler*, il réalise que le temps d'exécution pris par le composant du plan est essentiellement pris par Java 2D. Il choisit ici d'optimiser uniquement la méthode `getPlanBounds`, appelée dans de nombreuses méthodes pour connaître les limites du plan du logement.

Il suffit pour cela de stocker dans un champ le rectangle que renvoie cette méthode, et de ne le recalculer que si les dimensions du logement changent, c'est-à-dire à la réception d'une notification de la classe `Home`. Thomas opère donc les changements suivants dans la classe `PlanComponent` :

1. Il ajoute un champ `private planBoundsCache` de type `Rectangle2D` à la classe.
2. Il modifie la méthode `getPlanBounds` pour renvoyer la valeur du champ `planBoundsCache` qu'il met préalablement à jour avec les dimensions du plan quand ce champ est `null`.
3. Dans la méthode `wallChanged` du listener positionné sur la couche métier, il affecte `null` au champ `planBoundsCache`.

B.A.-BA Profiler

Un profiler est un outil qui mesure le temps et/ou la mémoire pris par un logiciel au cours de son exécution.

OUTILS JIP

JIP (*Java Interactive Profiler*) est l'outil Open Source qu'a utilisé Thomas pour mesurer la consommation du processeur prise par les différentes méthodes du composant du plan. Bien que très sommaire, cet outil effectue l'essentiel et est un des seuls profilers multi-plates-formes : il génère un fichier texte (nommé `profile.txt` par défaut) décrivant en millisecondes et en pourcentage le temps consacré à l'exécution des méthodes d'une application. Pour mettre en œuvre JIP, il faut au minimum extraire le fichier `profile.jar` de l'archive fourni en téléchargement, puis ajouter l'option `-javaagent:`*`/chemin/vers/`*`profile.jar` à la commande `java` de l'application que vous voulez analyser. À la fin de l'exécution de cette application, le fichier `profile.txt` est généré et vous n'avez plus qu'à l'analyser.

▸ http://jiprof.sourceforge.net/

REGARD DU DÉVELOPPEUR Mesurer les gains de performances

Avant de débuter toute optimisation, il faut déjà mesurer à l'aide d'un test unitaire quelles sont les parts de consommation processeur prises par les méthodes de votre application. Cette première analyse vous permettra alors de vous concentrer sur l'optimisation des méthodes les plus consommatrices. Après modification, il faut mesurer avec le même test unitaire les gains réellement obtenus, car si l'introduction d'un cache pour éviter les longs calculs est compensée par la gestion du cache elle-même, vous n'aurez réussi qu'à rendre votre programme plus complexe !

Méthodes getPlanBounds et addModelListeners de la classe PlanComponent (modifiées)

```
private Rectangle2D getPlanBounds() {
  if (this.planBoundsCache == null) {
    this.planBoundsCache = new Rectangle2D.Float(0, 0, 1000, 1000);
    for (Wall wall : home.getWalls()) {
      this.planBoundsCache.add(wall.getXStart(), wall.getYStart());
      this.planBoundsCache.add(wall.getXEnd(), wall.getYEnd());
    }
  }
```

◂ Mise à jour du rectangle `planBoundsCache` en cache avec les limites du plan, si la valeur de ce champ est `null`.

Renvoi de la valeur en cache.

Annulation du rectangle en cache, pour provoquer son recalcul au prochain appel à getPlanBounds.

```
    return this.planBoundsCache;
  }

  private void addModelListeners(Home home) {
    home.addWallListener(new WallListener () {
      public void wallChanged(WallEvent ev) {
        planBoundsCache = null;
        revalidate();
        repaint();
      }
    });
    // Ajout du listener de sélection inchangé
  }
```

Une fois ces dernières modifications faites, Margaux effectue un dernier test d'intégration et balise dans CVS la fin du cinquième scénario avec le numéro de version `V_0_5`.

JFACE Version SWT/JFace du composant du plan

Le tableau suivant présente les classes SWT/JFace équivalentes à celles d'AWT/Swing relatives à la création d'un nouveau composant.

La classe d'un nouveau type de composant JFace, dérive de la classe abstraite `org.eclipse.jface.viewers.Viewer` (ou d'une de ses sous-classes abstraites), en spécifiant quel est son modèle, quel est le contrôle SWT qui lui est associé, et comment gérer la sélection de ses éléments. La classe du modèle (l'*input* dans le jargon JFace) peut implémenter l'interface `IContentProvider` mais ça n'est pas obligatoire.

Si le contrôle SWT associé au composant JFace est un nouveau type de contrôle, ce doit être une instance de la classe `org.eclipse.swt.widgets.Canvas`, sur laquelle il faut positionner un listener de type `PaintListener` avec une méthode `paintControl`. Cette dernière reçoit en paramètre un événement dont le champ `gc` est utilisé pour dessiner. Seule la classe `GeneralPath` du package `java.awt.geom` a son équivalent dans SWT avec la classe `Path`, mais cette classe ne dispose pas de méthodes de calcul d'intersection. Si vous ne voulez pas effectuer ces calculs vous-même, vous pouvez toujours utiliser les classes de formes de `java.awt.geom` qui ne dépendent d'AWT que par l'interface `java.awt.Shape` qu'elles implémentent.

Pour comparer les différences d'implémentation entre les composants du plan Swing et JFace, consultez le code source de la classe `com.eteks.sweethome3d. jface.PlanViewer` qui est une implémentation SWT/JFace équivalente à celle de la classe Swing `PlanComponent` : enregistrée dans le dossier `test`, cette classe peut être testée à l'aide de l'application `com.eteks.sweethome3d.test.JFacePlanViewerTest`, qui donne le résultat de la figure 8-24. Ces classes sont basées sur l'architecture du package `com.eteks.sweethome3d.viewcontroller` de la figure 6-11 du chapitre 6, « Modification du tableau des meubles avec MVC », où ont été ajoutées la classe `PlanController`, l'interface `PlanView` implémentée par `PlanViewer` et la méthode `createPlanView` de `ViewFactory`.

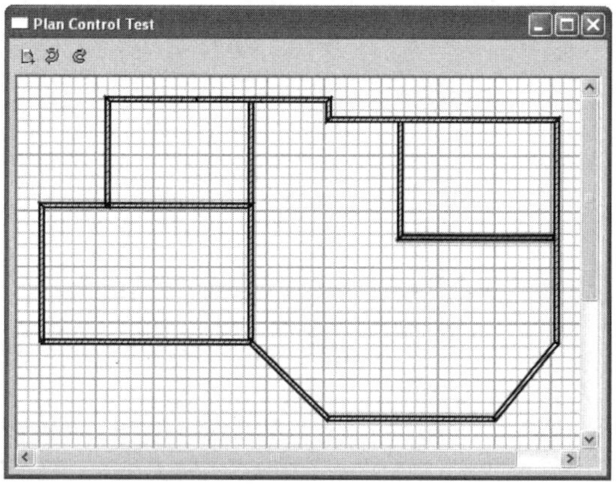

Figure 8–24 Version JFace du plan

Description	Swing	SWT/JFace
Classe de base	`JComponent`	Canvas/`Viewer`
Contexte graphique	`Graphics2D`	GC
Forme	`GeneralPath`	`Path`
Motif de remplissage	`TexturePaint`	`Pattern`
Curseur de la souris	`Cursor`	`Cursor`

Scénario n° 6

Sur la base du composant graphique du plan développé au cours du scénario précédent, Sophie énumère les règles que doit respecter ce composant pour afficher les meubles du logement :

- Tout meuble déclaré comme visible dans le tableau des meubles sera affiché à une certaine position dans le plan avec son icône sous la forme d'un rectangle, dont les dimensions seront à l'échelle du plan.
- Chaque meuble pourra être orienté selon un angle différent.
- La position initiale du coin supérieur gauche d'un meuble sera à l'origine du plan et son orientation de 0°.
- S'ils se chevauchent, les meubles apparaîtront dans le plan par-dessus les murs.
- Les meubles déclarés comme visibles dans le tableau et le plan du logement devront être à tout moment les mêmes, et toute modification de la sélection des meubles dans l'un ou l'autre des composants devra être répercutée dans l'autre composant.
- Toute modification de la position ou de l'orientation d'un meuble pourra être annulée puis refaite.

Comme les fonctionnalités apportées par le scénario n° 6 s'implémentent de façon similaire à celles des scénarios précédents, leur intérêt est pédagogiquement limité. Vous ne retrouverez donc dans cet ouvrage qu'une description de ces fonctionnalités ainsi que les diagrammes des classes qui ont été modifiées au cours de ce scénario. Le code source de ces modifications est disponible dans la version balisée V_0_6 de l'étude de cas.

Modification du mode de sélection dans le plan

Sophie ajoute les contraintes suivantes au mode *Sélection* du composant du plan :

- L'utilisateur pourra sélectionner soit des murs, soit des meubles et les déplacer avec les flèches du clavier ou avec une opération de glisser-déposer.
- L'orientation d'un meuble sélectionné individuellement s'effectuera grâce à une opération de glisser-déposer sur l'un des sommets du rectangle qui le représente à l'écran.
- Si le magnétisme est actif pendant la rotation d'un meuble, son orientation s'effectuera par paliers de 15°.
- Le curseur de la souris prendra une forme circulaire au survol de ces sommets pour suggérer cette opération à l'utilisateur.
- Pendant une opération de glisser-déposer, les modifications sur les meubles seront actualisées à l'écran à fur et à mesure de chaque déplacement de la souris ; un meuble ne pourra pas sortir des limites du plan.
- Si pendant une opération de glisser-déposer sur un meuble, le composant du plan perd le focus ou si la touche *Esc* est enfoncée, la modification en cours sera abandonnée.

ERGONOMIE **Angle de rotation**

L'angle de rotation appliqué correspondra à l'angle que forme la droite qui joint le centre du meuble et le sommet où l'utilisateur a cliqué, avec la droite qui joint le centre et la position courante du pointeur de la souris.

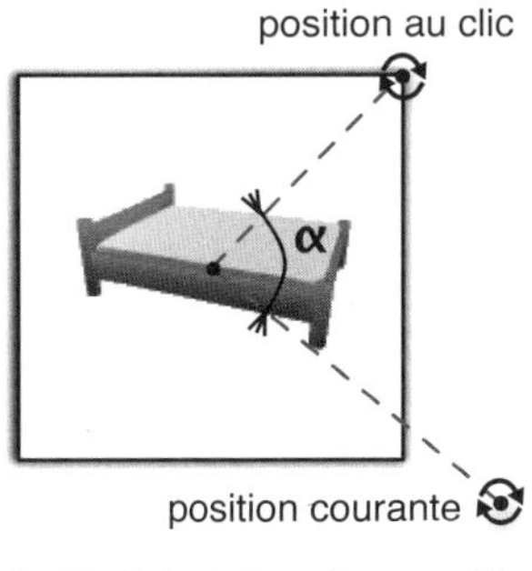

Figure 8–25 Orientation d'un meuble

Elle rédige ensuite un scénario de test que l'équipe de développement implémentera sous la forme d'un test Abbot dans la classe `com.eteks.sweethome3d.junit.PlanComponentWithFurnitureTest`. Pour améliorer la présentation de l'application, Sophie fournira à l'équipe de nouvelles icônes pour les boutons d'ajout et de suppression des meubles, ainsi que de création de murs.

Position et orientation d'un meuble

Chaque meuble du logement de classe `HomePieceOfFurniture` aura une position et une orientation qui seront modifiables et ces modifications devront être notifiées aux objets comme le composant du plan. Comme pour l'implémentation des modifications effectuées sur un mur, Thomas choisit de gérer ces notifications à partir de la classe `Home`. Comme le montre la figure 8-26, il propose donc :

1 D'ajouter à la classe `HomePieceOfFurniture` ❸ des attributs `x`, `y` et `angle` qui auront des accesseurs `public` et des mutateurs protégés package ;

2 D'initialiser les champs `x` et `y` dans le constructeur de `HomePieceOfFurniture` pour que le coin supérieur gauche d'un nouveau meuble soit en (0, 0) ;

3 D'enrichir la classe `Home` ❷ des méthodes `setPieceOfFurnitureLocation` et `setPieceOfFurnitureAngle` qui prendront en charge les modifications d'un meuble et notifieront ces modifications aux objets de type `FurnitureListener` enregistrés auprès du logement ;

4 D'ajouter à l'énumération `Type` de la classe `FurnitureEvent` ❶ une constante `UPDATE` pour les événements de modification d'un meuble ;

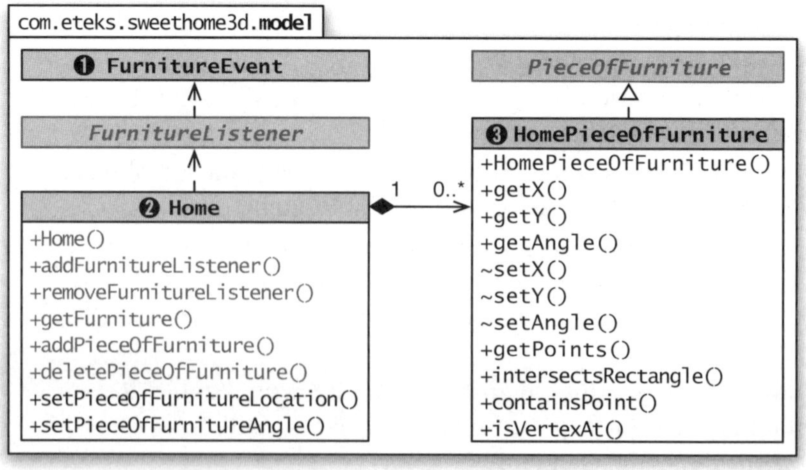

Figure 8–26
Diagramme des classes du logement et de meuble

5 De compléter la classe `HomePieceOfFurniture` ❸ des méthodes `getPoints` qui renverra les points du contour d'un meuble, et `intersectsRectangle` et `containsPoint` qui seront utilisées pour détecter les meubles. Comparativement à la classe `Wall`, la classe `HomePieceOfFurniture` comptera une autre méthode de détection `isVertexAt` qui renverra si oui ou non un des sommets (*vertex* en anglais) du contour d'un meuble est à une certaine position de la souris.

Composant graphique du plan du logement

La gestion graphique des meubles dans le plan du logement consiste à modifier la classe `PlanComponent` pour y dessiner les meubles et la classe `PlanController` pour y gérer la sélection, la rotation, le déplacement et la suppression des meubles.

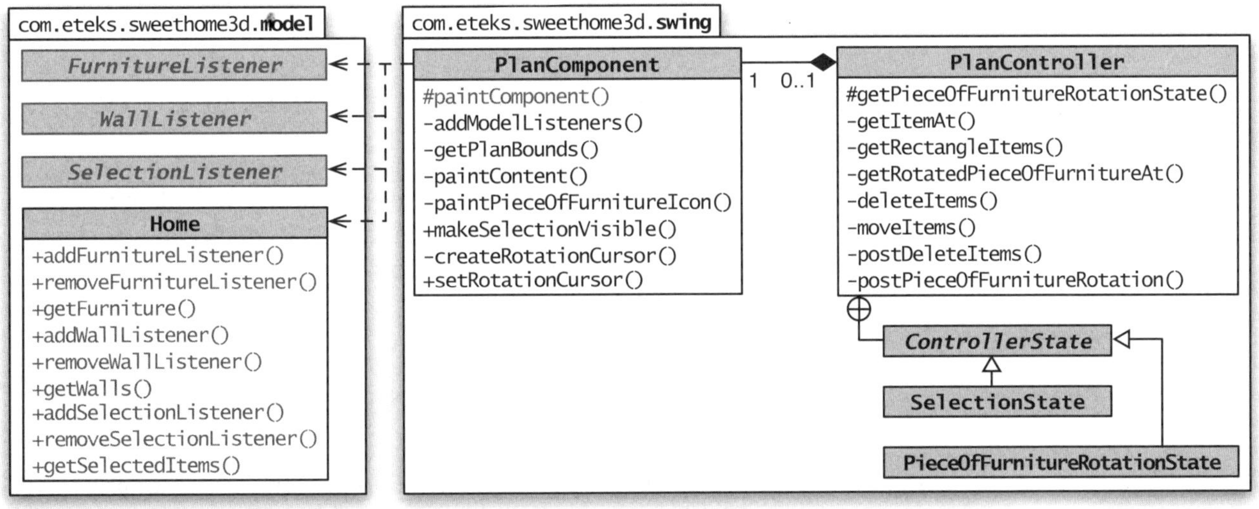

Figure 8–27 Diagramme des classes modifiées du plan du logement

Comme le montre la figure 8-27, ces modifications porteront sur certaines méthodes existantes de ces classes et l'ajout de nouvelles méthodes :

- Dans la classe `PlanComponent`, `addModelListeners` ajoutera un listener de type `FurnitureListener` sur le logement qui mettra à jour le composant à chaque modification des meubles.
- `getPlanBounds` et `makeSelectionVisible` seront modifiées pour calculer les dimensions du plan et de la sélection en tenant compte des murs et des meubles visibles.

- `paintContent` sera modifiée pour dessiner les meubles, à l'aide notamment de la méthode `paintPieceOfFurnitureIcon`.
- `createRotationCursor` et `setRotationCursor` permettront d'initialiser et d'utiliser un curseur de forme circulaire créé à partir d'une image.

SWING Curseur de souris personnalisé

La création d'un curseur à partir d'une image personnalisée s'effectue grâce à la classe `createCustomCursor` de la classe `java.awt.Toolkit`. Pour obtenir un curseur dont les dimensions sont celles utilisées sur le système en cours d'exécution, il faut aussi utiliser la méthode `getBestCursorSize` de cette classe.

Outre les méthodes `getItemAt`, `getRectangleItems`, `deleteItems`, `moveItems`, `postDeleteItems` de `PlanController` qui seront modifiées pour prendre en compte les meubles du logement, Thomas ajoutera aussi un nouvel état *Rotation d'un meuble* qui aura pour rôle de gérer l'orientation d'un meuble une fois que l'utilisateur aura cliqué sur un de ses sommets. Cet état représenté par la classe `PieceOfFurnitureRotationState` sera sélectionné dans la méthode `pressMouse` de la classe `SelectionState`, quand la nouvelle méthode `getRotatedPieceOfFurnitureAt` renverra un meuble dont l'un des sommets est sous le curseur de la souris. Finalement, une méthode `postPieceOfFurnitureRotation` sera ajoutée pour enregistrer une opération annulable d'orientation d'un meuble dans le gestionnaire d'annulation.

Intégration du composant du plan dans la vue de l'application

Comme l'ajout de meubles au logement s'effectue à l'aide du catalogue et du tableau des meubles, Thomas intégrera le composant du plan dans la vue de l'application pour le scénario de test n° 6 (voir figure 8-28).

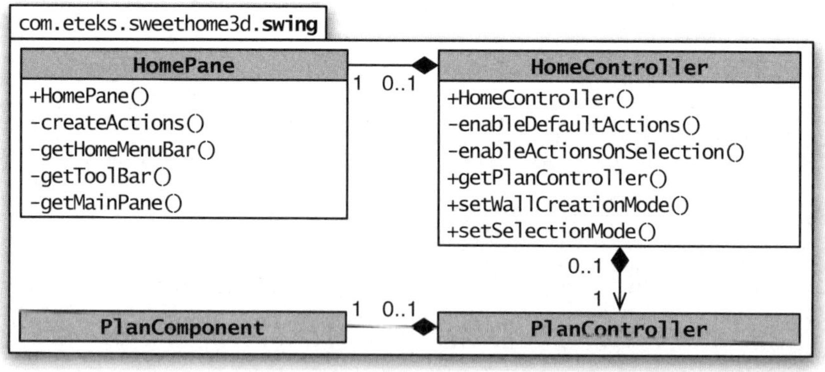

Figure 8–28
Diagramme des classes de la vue principale du logement et de son contrôleur

La classe `HomeController` aura ainsi la charge de créer une instance de `PlanController`, et la classe `HomePane` disposera à la droite de la vue le composant du plan. Dans la classe `HomePane`, deux actions supplémentaires seront associées aux constantes `WALL_CREATION` et `DELETE_SELECTION` ajoutées à l'énumération `ActionType` :

- L'action WALL_CREATION aura pour rôle de basculer entre les modes *Sélection* et *Création de murs* dans le composant du plan, et sera accessible à l'écran grâce à un bouton à bascule dans la barre d'outils et à l'élément *Créer les murs* du menu *Plan*. Le passage d'un mode à l'autre s'effectuera grâce aux méthodes setWallCreationMode et setSelectionMode de la classe HomeController qui appellera la méthode setMode du contrôleur du plan puis désactivera ou réactivera les autres actions.
- l'action DELETE_SELECTION supprimera la sélection en cours dans le composant du plan, et sera accessible à l'écran grâce à un bouton dans la barre d'outils et à l'élément *Supprimer la sélection* du menu *Plan*.

Résultat du scénario n° 6

Comme les développements du scénario n° 6 conduisent à enrichir la vue de l'application créée par la classe HomePane, l'équipe peut les tester interactivement à l'aide de l'application HomeControllerTest développée au cours du chapitre précédent. Sous le look and feel Windows, Margaux obtient ainsi la figure 8-29.

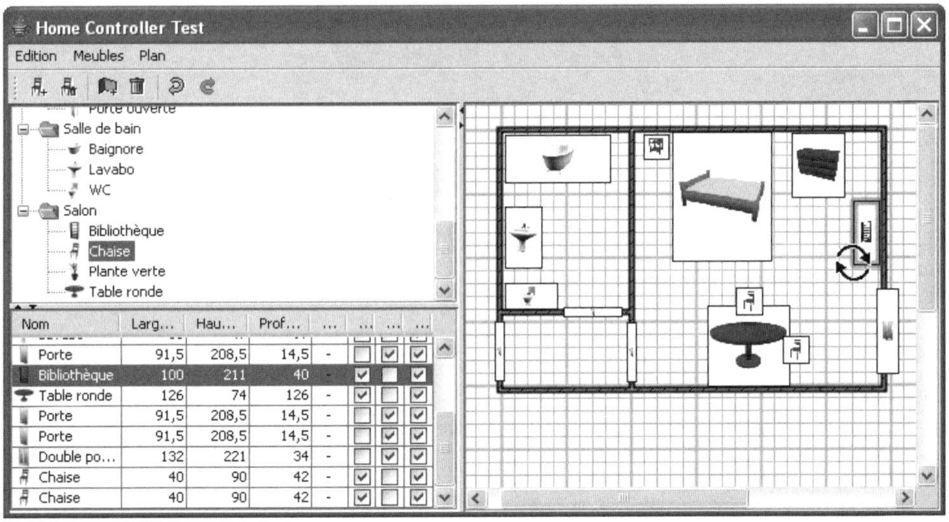

Figure 8–29
Vue de l'application avec le composant du plan

JFace Version SWT/JFace du scénario n°6

Vous retrouverez dans le dossier test du code source les modifications qui ont été apportées aux classes du package com.eteks.sweethome3d.jface par la version JFace du scénario n°6. Ces modifications peuvent être testées grâce à l'application com.eteks.sweethome3d.test.JFaceHomeControllerTest.

En résumé...

Ce chapitre vous a montré comment créer un nouveau composant Swing basé sur l'architecture MVC. Nous avons aussi abordé les fonctionnalités de dessin offertes par Java 2D et la gestion du comportement du contrôleur avec le design pattern *état*.

chapitre 9

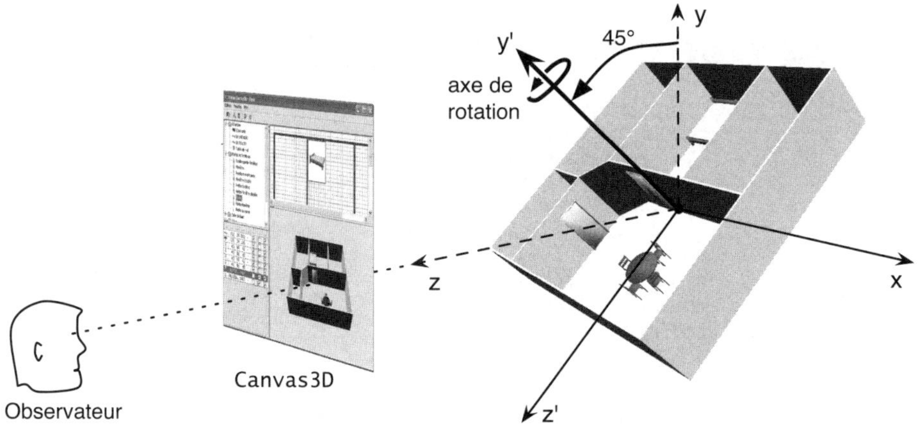

Vue 3D du logement

La vue en 2D du plan est idéale pour aider l'utilisateur néophyte à dessiner les murs d'un logement et y placer ses meubles. Passons maintenant dans la troisième dimension pour lui offrir une vue plus réaliste de son aménagement.

SOMMAIRE

MOTS-CLÉS

- Java 3D
- Arbre d'une scène
- Canvas3D
- BranchGroup
- TransformGroup
- Shape3D
- Geometry
- ObjectFile
- DirectionalLight
- MouseRotate
- Capacité

Scénario n° 7

Le septième scénario doit permettre à l'utilisateur de visualiser en 3D les actions d'ajout, de déplacement et de suppression de murs et de meubles qu'il effectue au fur et à mesure sur le logement. Techniquement, le développement de ce scénario nous permettra de mettre en œuvre la bibliothèque Java 3D avec Swing, pour en utiliser notamment les fonctionnalités suivantes :

- la création et la modification de formes en 3D à partir des coordonnées de leurs sommets et de fichiers 3D ;
- l'éclairage de ces formes pour leur donner du relief ;
- la navigation à la souris pour présenter le logement sous différents angles.

Spécifications de la vue 3D du logement

Sophie spécifie les caractéristiques du nouveau composant que Thomas et Margaux doivent intégrer à l'application au cours du scénario :

- Le composant de la vue 3D permettra de visualiser dans sa largeur un logement de 10 mètres de large sur un fond gris clair, vu sous un angle de 45°.
- Ce composant représentera chaque mur en 3D à l'aide d'une forme de couleur blanche dont la base sera le trapèze représenté dans le plan sur une hauteur unique pour tout le logement ; par défaut la hauteur des murs d'un nouveau logement sera de 96 pouces pour les Américains et de 2,5 mètres pour les autres.
- Chaque meuble visible y sera représenté à l'aide de son modèle 3D redimensionné puis placé à la taille et la position spécifiées par l'utilisateur ; le format des fichiers de modèle 3D supporté dans cette version sera le format Wavefront d'extension `.obj`.

> **REGARD DU DÉVELOPPEUR Scénario de test avec Java 3D**
>
> Les classes proposées par Java 3D simplifient la programmation d'une vue 3D, mais pas la récupération des coordonnées et des autres informations des objets 3D visualisés à l'écran. Une fois qu'une vue 3D est visualisée à l'écran, ces classes sont optimisées pour obtenir un affichage plus rapide, sauf si le programmeur a demandé au préalable d'accéder aux objets 3D. Ces raisons font qu'aucun programme n'a été développé pour tester le composant développé dans ce scénario : la façon de créer les objets 3D du logement, avec pour objectif de pouvoir tester et vérifier les coordonnées, aurait provoqué une surcharge que les développeurs ont préféré éviter. La vérification du comportement du composant s'effectuera donc de façon visuelle à l'aide de l'application et des tests précédents qui intégreront de fait ce composant dans la vue de classe `HomePane`.

- Toute modification des meubles et des murs du logement en cours d'édition sera reflétée immédiatement dans la vue 3D.
- L'utilisateur pourra faire tourner le logement autour de son axe vertical à l'aide de la souris pour en obtenir un point de vue différent.

Pendant que l'équipe développera ce composant, Sophie créera de nouveaux modèles 3D afin d'enrichir le catalogue des meubles par défaut.

Java 3D

Java 3D est une bibliothèque de classes de haut niveau destinée à créer rapidement des scènes 3D avec utilisation de formes complexes, d'éclairages, de textures, d'animations et même de sons... Développée initialement par Sun Microsystems, Java 3D est désormais un projet maintenu par la communauté Open Source `java.net`.

Installation

Afin de bénéficier des optimisations 3D offertes par la carte graphique installée sur une machine, Java 3D fait appel à la bibliothèque OpenGL. Comme il n'est pas possible d'accéder directement en Java à la DLL OpenGL du système, les concepteurs de Java 3D ont développé une partie des fonctionnalités de cette bibliothèque sous forme de DLL, auxquelles les classes Java 3D font appel avec JNI. Les fichiers de la bibliothèque Java 3D se répartissent donc en deux catégories :

- les fichiers JAR de classes `j3dcore.jar`, `vecmath.jar` et `j3dutils.jar` différents d'un système à l'autre ;
- les DLL `j3dcore-d3d.dll`, `j3dcore-ogl.dll` et `j3dutils.dll` sous Windows, `j3dcore-ogl.so` et `j3dutils.so` sous Linux et `libJ3D.jnilib`, `libJ3DAudio.jnilib` et `libJ3DUtils.jnilib` sous Mac OS X.

Sous Windows et Linux, il faut installer ces fichiers en décompressant un fichier ZIP obtenu sur le site http://java3d.dev.java.net/. Sous Mac OS X, Java 3D est préinstallé. Afin d'utiliser des versions homogènes de Java 3D sous Windows, Linux et Mac OS X, Margaux et Matthieu décident d'installer sur leur poste la dernière version **1.3** disponible sur la page https://java3d.dev.java.net/binary-builds-old.html. Une fois le fichier `java3d-1_3_2-`*`VERSION`*`.zip` téléchargé à destination de leur système respectif, ils en extraient le fichier `j3d-132-`*`VERSION`*`.zip` qu'ils décompressent dans le dossier d'installation du JRE, par exemple avec la commande :

```
jar xfv j3d-132-VERSION.zip
```

JAVA Déploiement de Java 3D

Même si l'installation de Java 3D n'est pas compliquée en soi, il n'est pas question de demander aux utilisateurs de Sweet Home 3D d'effectuer la même opération que celle effectuée par les développeurs. Dans le dernier chapitre, nous verrons qu'heureusement, il est possible d'associer à une application lancée avec Java Web Start des bibliothèques Java et des DLL qui varient d'un système à l'autre, ce qui évitera à l'utilisateur d'installer Java 3D.

SOUS MAC OS X Version 1.3.1 de Java 3D

Apple fournit la version 1.3.1 de Java 3D avec Mac OS X. Bien qu'Apple mentionne que cette implémentation de Java 3D ne soit pas compatible avec Mac OS 10.4, nous n'avons pas constaté de problèmes, autant sur des machines à base d'architecture PowerPC que sur celles à base de processeur Intel.

- www.apple.com/downloads/macosx/apple/java3dandjavaadvancedimagingupdate.html

Cette installation de Java 3D permet de l'utiliser comme une bibliothèque d'extension Java, immédiatement disponible dans toute application Java et dans Eclipse, une fois l'IDE relancé.

POUR ALLER PLUS LOIN Autres documentations

Cet ouvrage présente les principales fonctionnalités de Java 3D. Pour plus d'informations, outre la Javadoc que vous trouverez sur le site dédié à Java 3D, voici quelques tutoriaux plus complets :

- http://java.sun.com/developer/onlineTraining/java3d/
- http://www.eteks.com/coursjava/java3D.html
- http://deven3d.free.fr

Ajout des bibliothèques Java 3D dans Eclipse

Pour permettre aux classes que l'équipe va développer de compiler même sans effectuer l'installation précédente, Matthieu propose à l'équipe d'ajouter dans le projet Eclipse les fichiers JAR et les DLL des versions Windows et Linux. Une seule de ces deux versions pourrait suffire, mais Matthieu préfère intégrer les deux pour que l'équipe les ait à disposition au moment où ils prépareront le déploiement de l'application avec Java Web Start.

Thomas crée donc les sous-dossiers `lib/windows` et `lib/linux/i386` dans le projet Eclipse et y range les fichiers Java 3D des versions Windows et Linux. Il sélectionne ensuite le menu *Build Path>Add to Build Path* dans le menu contextuel des fichiers `j3dcore.jar`, `vecmath.jar` et `j3dutils.jar` de la version Windows (voir figure 9-1).

JAVA
Priorité des bibliothèques d'extension

En ajoutant les fichiers `j3dcore.jar`, `vecmath.jar` et `j3dutils.jar` de la version Windows au `classpath` du projet, les classes qu'ils contiennent vont faire doublon avec celles installées dans la section précédente sous Linux et Mac OS X, alors que certaines d'entre elles sont différentes. Ce n'est pas gênant à l'exécution des programmes Java 3D, car au moment de charger une classe, la JVM accorde une plus grande priorité aux classes des bibliothèques d'extension qui sont installées dans le dossier `lib/ext` du JRE, qu'à celles accessibles par le `classpath`. Les classes des bibliothèques d'extension sont par contre moins prioritaires que celles accessibles par le `bootclasspath` qui contient par défaut celles de la bibliothèque standard.

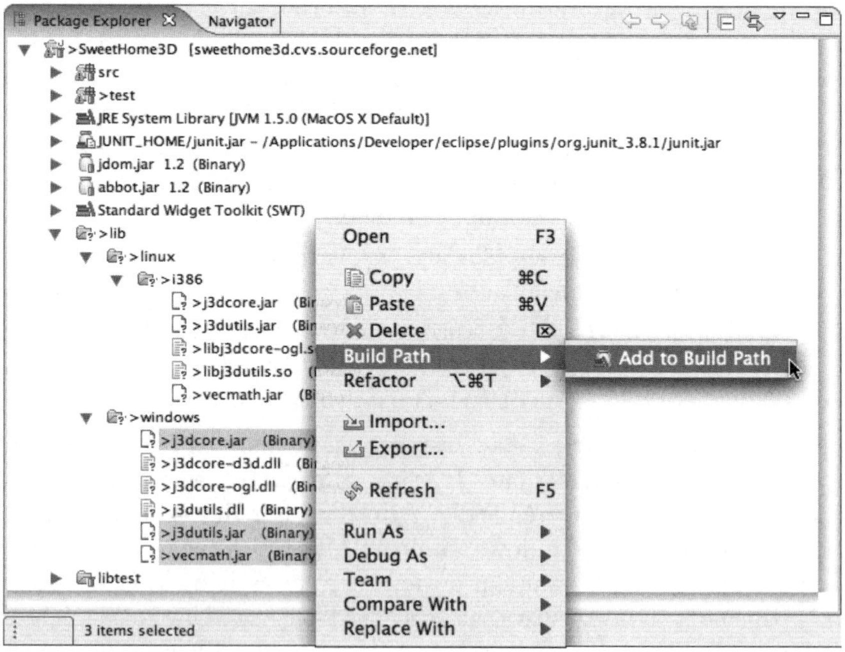

Figure 9–1
Ajout des bibliothèques Java 3D au projet

Test de Java 3D

Afin de vérifier leur installation de Java 3D, les membres de l'équipe exécutent l'application suivante dans Java 3D.

Classe com.eteks.sweethome3d.test.Java3DTest

```
package com.eteks.sweethome3d.test;

import javax.media.j3d.BranchGroup;
import javax.media.j3d.Canvas3D;
import javax.swing.JFrame;
import com.sun.j3d.utils.geometry.ColorCube;
import com.sun.j3d.utils.universe.SimpleUniverse;

public class Java3DTest {
  public static void main(String [] args) {
    BranchGroup root = new BranchGroup(); ❶
    ColorCube cube = new ColorCube(0.5);
    root.addChild (cube);

    viewSceneTree(root);
  }

  public static void viewSceneTree(BranchGroup root) { ❷
    Canvas3D component3D = new Canvas3D(
        SimpleUniverse.getPreferredConfiguration()); ❸

    SimpleUniverse universe = new SimpleUniverse(component3D); ❹
    universe.addBranchGraph(root); ❺
    universe.getViewingPlatform().
        setNominalViewingTransform(); ❻

    JFrame frame = new JFrame("Java 3D Test");
    frame.add(component3D);
    frame.setSize(200, 200);
    frame.setDefaultCloseOperation(JFrame.EXIT_ON_CLOSE);
    frame.setVisible(true);
  }
}
```

Les instructions de création de la fenêtre et des instances de `Canvas3D` et `SimpleUniverse` ont été isolées dans la méthode `viewSceneTree` ❷ afin d'être réutilisées dans les autres exemples de ce chapitre.

◂ Création de l'arbre de la scène 3D qui affiche de face un cube d'une unité de côté.

◂ Affichage de la scène dans une fenêtre.

◂ Création du composant Java 3D affiché dans la fenêtre.

◂ Création d'un univers lié au composant 3D et à la scène visualisée.

◂ Création d'une fenêtre contenant le composant 3D.

Cette application affiche un cube avec six faces de couleurs différentes dans une fenêtre. Comme aucune rotation n'est effectuée sur ce cube, le résultat n'est pas impressionnant puisque vous n'en voyez qu'une seule face (voir figure 9-2) ! Néanmoins, cet exemple met en œuvre les classes de base que l'on retrouve dans toute application Java 3D :

- Une scène 3D à visualiser : cette scène est composée d'une ou de plusieurs formes (*shape* en anglais) et d'autres objets Java 3D. L'ensemble de ces objets est représenté par un arbre dont la racine est une instance de `BranchGroup` ❶.
- Une instance de `Canvas3D` ❸ : ce composant AWT qui dérive de la classe `java.awt.Canvas`, est la zone de l'écran où est visualisée une scène 3D. Cette zone peut être vue comme la pellicule d'un appareil photo : elle ne permet pas de capturer tous les objets autour de

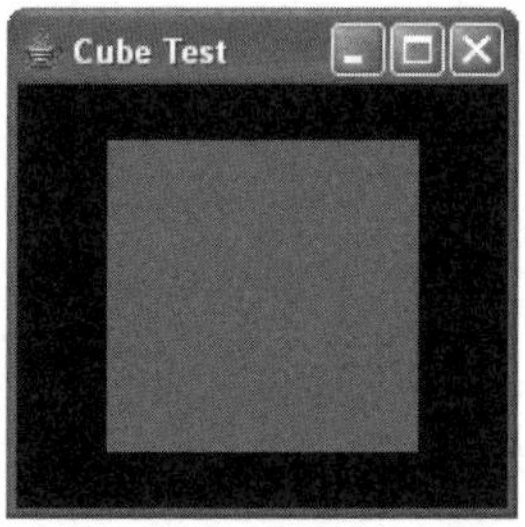

Figure 9–2 Application Java3DTest

l'appareil mais juste d'avoir une vue plus ou moins large sur un ensemble d'objets en 3D.

- Une instance de SimpleUniverse : cet objet relie l'instance de Canvas3D ❹ avec la scène 3D à visualiser ❺. Il modélise l'espace dans lequel l'appareil photo est positionné.

> **ATTENTION Orientation du repère 3D**
>
> En 3D, l'axe y est orienté vers le haut et non vers le bas comme généralement en dessin 2D sur ordinateur.

Repère 3D

Chacune des formes d'une scène 3D est construite par un assemblage de triangles ou de quadrilatères plans, décrits grâce aux coordonnées (x, y, z) de leurs sommets. Pour s'orienter correctement dans la scène 3D à laquelle vous ajoutez des formes 3D, il faut donc connaître comment est positionné le repère 3D sous-jacent à tout espace 3D.

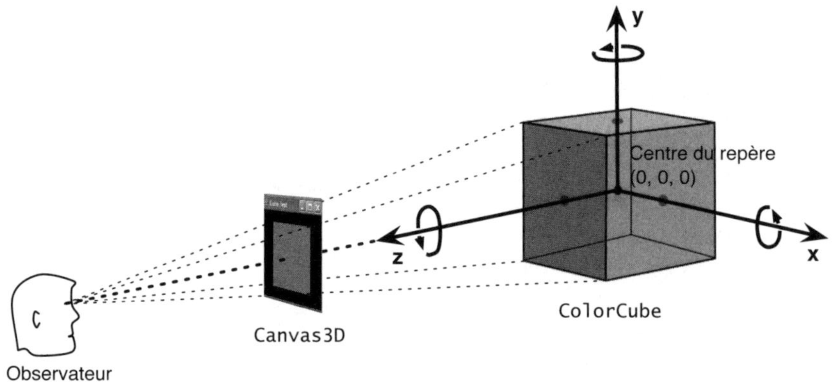

Figure 9–3
Orientation d'un repère 3D

Quand vous recourez à la méthode setNominalViewingTransform de la classe ViewingPlatform associée à SimpleUniverse, le centre du repère 3D est dans l'axe du centre du composant Canvas3D. L'axe x va vers la droite, l'axe y vers le haut. Pour que le repère soit direct, l'axe z est orienté vers l'observateur. Sur la figure 9-3, les flèches circulaires indiquent le sens positif de rotation autour de chaque axe.

> **JAVA 3D Point de vue standard**
>
> La méthode setNominalViewingTransform appelée dans l'application CubeTest ❺ positionne l'instance de Canvas3D à une certaine distance sur l'axe z. Ce point de vue permet alors de voir dans la largeur du composant Canvas3D les points de coordonnées (-1, 0, 0) et (1, 0, 0) dans le plan z=0. Ce paramétrage peut être changé pour avoir une ou plusieurs vues différentes sur une scène 3D.

Transformation 3D

Les transformations sont utilisées en 3D pour positionner une forme dans l'espace. Avec Java 3D, ces transformations requièrent de créer des objets des deux classes suivantes :

- javax.media.j3d.Transform3D qui décrit à l'aide d'une matrice 4 × 4 interne une opération de translation, de rotation ou de changement d'échelle ;

- `javax.media.j3d.TransformGroup` qui permet d'appliquer à une ou plusieurs formes une transformation de type `Transform3D`.

Par exemple, l'application suivante pivote un cube de π/4 radian (= 45°) autour de l'axe x.

Java 3D Classe Transform3D

Les méthodes `rotX`, `rotY`, `rotZ`, `setScale` et `setTranslation` permettent de décrire la transformation d'une instance de `Transform3D` sans avoir à connaître les arcanes des calculs matriciels sous-jacents. Ces méthodes ne sont pas cumulatives quand elles sont appelées sur une même instance de `Transform3D`. Il faut donc créer deux instances différentes des classes `Transform3D` et `TransformGroup` pour cumuler deux transformations, ou multiplier les matrices 3D des objets `Transform3D` avec la méthode `mul`.

Classe com.eteks.sweethome3d.test.Rotation3DTest

```
package com.eteks.sweethome3d.test;

import javax.media.j3d.*;
import com.sun.j3d.utils.geometry.ColorCube;

public class Rotation3DTest {
  public static void main(String [] args) {
    BranchGroup root = new BranchGroup();
    ColorCube cube = new ColorCube(0.5);
    Transform3D rotationX = new Transform3D();
    rotationX.rotX(Math.PI / 4); ❶
    TransformGroup rotationXGroup =
        new TransformGroup(rotationX); ❷
    rotationXGroup.addChild (cube); ❸
    root.addChild(rotationXGroup); ❹

    Java3DTest.viewSceneTree(root);
  }
}
```

❶ Création d'une transformation de 45° autour de l'axe x.

❸ Application de la transformation au cube.

❹ Ajout du groupe de transformation à la racine de l'arbre.

Une fois affectée une opération de rotation ❶ à un groupe de transformation ❷, il faut spécifier la forme sur laquelle la transformation s'applique ❸ et ajouter l'objet `TransformGroup` à l'arbre de la scène ❹.

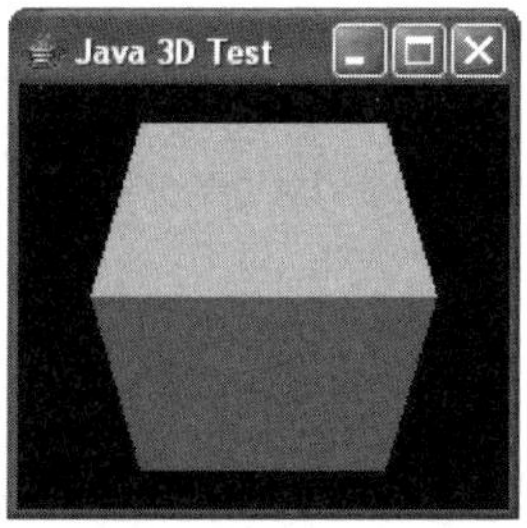

Figure 9–4 Application Rotation3DTest

Arbre d'une scène 3D

L'arbre qui représente une scène 3D est constitué de nœuds reliés entre eux par une relation parent-enfant. Ces nœuds sont soit des feuilles sans enfant, soit des groupes qui peuvent avoir un ou plusieurs enfants. Les relations parent-enfant entre les nœuds d'un arbre sont toujours créées avec la méthode `addChild` des sous-classes de `javax.media.j3d.Group`, grâce à l'instruction :

```
group.addChild(child);
```

L'arbre d'une scène 3D contient des formes, mais aussi d'autres types de nœuds qui n'ont pas toujours de représentation à l'écran, par exemple des lumières et des comportements (animation et réaction aux événements, *behavior* en anglais). Comme l'arbre d'une scène 3D contient tous les objets qui ont un effet sur la vue affichée à l'écran, Java 3D propose une

JAVA 3D Hiérarchie des classes de nœud

Toutes les classes utilisées dans l'arbre d'une scène 3D dérivent des classes abstraites `javax.media.j3d.SceneGraphObject` et `javax.media.j3d.Node`. Les classes qui représentent un groupe dérivent de `javax.media.j3d.Group`, et les classes qui représentent une feuille dérivent de `javax.media.j3d.Leaf`.

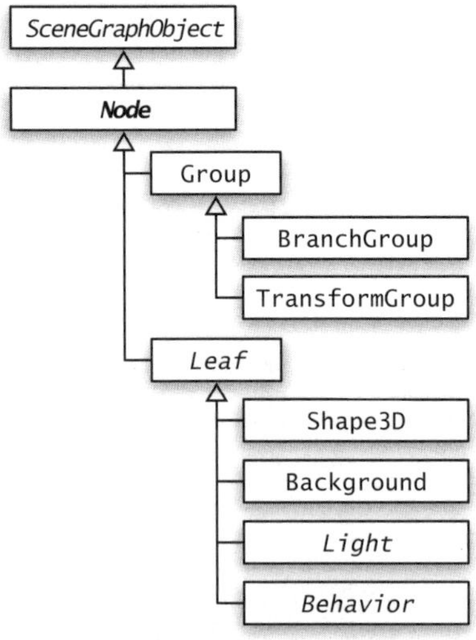

Figure 9–5 Hiérarchie des principales classes de nœuds

À RETENIR Arbre d'une scène 3D

Globalement, une scène 3D est documentée par la représentation graphique de son arbre. Il est vivement conseillé de dessiner cet arbre : ceci permet d'effectuer mentalement l'assemblage des différentes formes d'une scène 3D, et ce type de documentation est bien plus lisible que des centaines de lignes de programme. Par ailleurs, un programme Java 3D doit compter autant d'appels à la méthode `addChild` que de relations parent-enfant dans l'arbre.

notation pour documenter cet arbre sur papier, à l'aide de ronds pour les groupes et de triangles pour les feuilles (ou des sous-arbres), reliés entre eux par des flèches. Par exemple, l'arbre de la scène créée dans l'application `Rotation3DTest` et représenté dans la figure 9-6, est constitué d'une seule branche avec les nœuds suivants :

- La feuille au bout de la branche, symbolisée par un triangle avec la lettre S, est une forme (*shape*) qui est une instance de la classe `ColorCube`, une sous-classe de `javax.media.j3d.Shape3D`.
- Le groupe, symbolisé par un rond avec les lettres BG et rattaché à l'instance de la classe `SimpleUniverse`, est une instance de la classe `javax.media.j3d.BranchGroup`.
- Entre ces deux nœuds, un groupe de transformation symbolisé par un rond avec les lettres TG, a été inséré pour appliquer à ses enfants une rotation de π/4 radian autour de l'axe x.

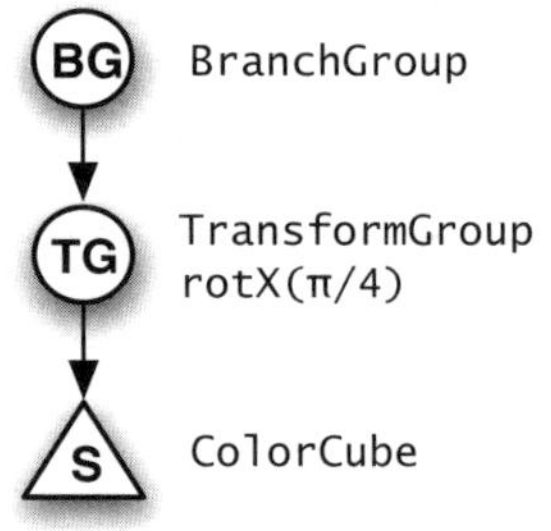

Figure 9–6
Arbre d'un cube vu de côté

ATTENTION Cohérence de l'arbre d'une scène 3D

Si vous tentez d'affecter deux parents à un nœud, Java 3D déclenchera une exception de classe `javax.media.j3d.MultipleParent Exception`. Si vous créez des branches sans feuille terminale, Java 3D ne signalera aucune erreur à l'exécution et le résultat ne correspondra pas à vos attentes : ce type d'erreur survient quelquefois à la suite d'un copier/coller trop rapide d'une instruction `addChild` pour ajouter un groupe de transformation à une branche existante.

Objets 3D

Les objets 3D affichés avec Java 3D sont manipulés soit sous forme de feuilles ajoutées à l'arbre d'une scène 3D, soit sous forme de groupes contenant des feuilles. Ces feuilles sont des formes 3D de classe `javax.media.j3d.Shape3D` qui décrit la construction géométrique de l'objet et ses différents attributs d'apparence.

La construction géométrique d'une forme est constituée d'un ensemble de points, de triangles ou de quadrilatères plans gérés par une instance d'une sous-classe de `javax.media.j3d.Geometry`. Pour simplifier la création des formes d'une scène 3D, Java 3D propose différentes classes :

- la classe `ColorCube`, utilisée pour débuter en Java 3D ;
- les classes `Box`, `Sphere`, `Cylinder` et `Cone` du package `com.sun.j3d.utils.geometry` qui représentent des objets de forme parallélépipédique, sphérique, cylindrique ou conique ;
- la classe `com.sun.j3d.utils.geometry.GeometryInfo` qui simplifie la création de la construction géométrique d'une forme 3D à partir d'un ensemble de points ;
- la classe `javax.media.j3d.Text3D` qui représente un texte en 3D en lui donnant une certaine épaisseur ;
- les classes `com.sun.j3d.loaders.objectfile.ObjectFile` et `com.sun.j3d.loaders.lw3d.Lw3dLoader` qui permettent d'importer des objets ou des scènes enregistrées dans des fichiers OBJ (format Wavefront) et LWS (format Lightwave 3D).

Parmi ces classes, l'équipe aura besoin de la classe `GeometryInfo` pour créer les murs à partir du trapèze que forme leur base, et de la classe `ObjectFile` pour lire le modèle 3D des meubles à partir de leur fichier OBJ.

B.A.-BA Attributs d'apparence

Les attributs d'apparence d'une forme 3D, gérés par la classe `javax.media.j3d.Appearance`, permettent de modifier les couleurs, la transparence, les paramètres de rendu et la texture d'une forme.

Construction d'une forme 3D

La classe `GeometryInfo` permet de générer la construction géométrique d'une forme 3D à partir des coordonnées des sommets de ses facettes ; ces sommets peuvent former soit un ensemble de triangles, soit un ensemble de quadrilatères plans, soit un polygone que cette classe décompose en triangles. Margaux teste cette classe dans une application où elle construit les six faces d'un parallélépipède à partir de ces huit sommets A, B, C, D, E, F, G et H (voir figure 9-7). Pour apercevoir au moins trois faces de cette forme, elle la fait pivoter de 45° autour de l'axe x puis de 30° autour de l'axe y.

ATTENTION Orientation des facettes

L'ordre dans lequel sont cités les sommets des facettes est important. Pour qu'une facette soit visible, ses sommets doivent respecter le sens direct, c'est-à-dire qu'ils doivent être cités dans le sens inverse des aiguilles d'une montre quand la facette est face à l'observateur.

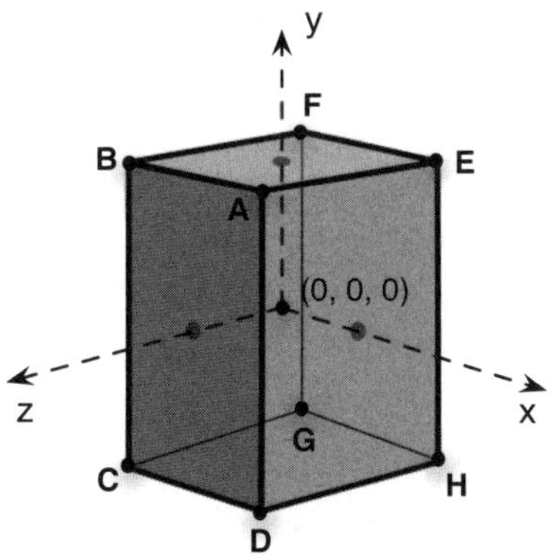

Figure 9–7
Parallélépipède construit dans l'application Rotation3DTest

Classe com.eteks.sweethome3d.test.BoxGeometryTest

Crée une forme dont la construction géométrique est un parallélépipède de coins opposés de coordonnées (-x, -y, -z) et (x, y, z).

Description des sommets des six quadrilatères de la forme.

Création d'un générateur de construction géométrique.

Création de la forme avec sa construction géométrique.

Création d'un groupe de transformation qui applique à ses enfants une rotation de π/6 radian autour de l'axe y.

Création d'un groupe de transformation qui applique à ses enfants une rotation de π/4 radian autour de l'axe x.

Création des relations parent-enfant dans l'arbre.

Visualisation de la scène dans une fenêtre.

```
package com.eteks.sweethome3d.test;

import javax.media.j3d.*;
import javax.vecmath.Point3f;
import com.sun.j3d.utils.geometry.GeometryInfo;

public class BoxGeometryTest {
  public static Shape3D createBox(float x, float y, float z) {
    Point3f a = new Point3f(x, y, z);
    Point3f b = new Point3f(-x, y, z);
    Point3f c = new Point3f(-x, -y, z);
    Point3f d = new Point3f(x, -y, z);
    Point3f e = new Point3f(x, y, -z);
    Point3f f = new Point3f(-x, y, -z);
    Point3f g = new Point3f(-x, -y, -z);
    Point3f h = new Point3f(x, -y, -z);
    Point3f [] boxCoodinates = {a, b, c, d,   e, h, g, f,
                                a, e, f, b,   c, d, h, g,
                                a, d, h, e,   b, f, g, c}; ❶

    GeometryInfo geometryInfo =
      new GeometryInfo(GeometryInfo.QUAD_ARRAY); ❷
    geometryInfo.setCoordinates(boxCoodinates); ❸
    return new Shape3D(geometryInfo.getIndexedGeometryArray()); ❹
  }

  public static void main(String [] args) {
    BranchGroup root = new BranchGroup();
    Transform3D rotationY = new Transform3D();
    rotationY.rotY(Math.PI / 6);
    TransformGroup rotationYGroup =
        new TransformGroup(rotationY);
    Transform3D rotationX = new Transform3D();
    rotationX.rotX(Math.PI / 4);
    TransformGroup rotationXGroup =
        new TransformGroup(rotationX);
    rotationXGroup.addChild(createBox(0.3f, 0.6f, 0.5f)); ❺
    rotationYGroup.addChild(rotationXGroup);
    root.addChild(rotationYGroup);

    Java3DTest.viewSceneTree(root);
  }
}
```

Comme le parallélépipède est formé de quadrilatères, Margaux crée une instance de `GeometryInfo` en spécifiant la constante correspondante `QUAD_ARRAY` ❷. Elle donne ensuite à cet objet ❸ un tableau de 24 sommets qui forment les six quadrilatères ❶, puis obtient la construction géométrique d'une nouvelle forme en appelant la méthode `getIndexedGeometryArray` ❹.

Pour appliquer au parallélépipède les deux rotations, elle crée finalement un arbre constitué de deux groupes de transformation auquel elle ajoute une instance de la forme renvoyée par `createBox` ❺.

Avec un arbre ainsi créé (représenté sur la figure 9-8), elle obtient à l'écran un parallélépipède de 0,6 unité de large, 1,2 unité de haut et 1 unité de profondeur. Toutes les facettes de cette forme sont blanches, la couleur utilisée par défaut quand on n'attribue aucune couleur à ses sommets et qu'aucune lumière n'est ajoutée à la scène.

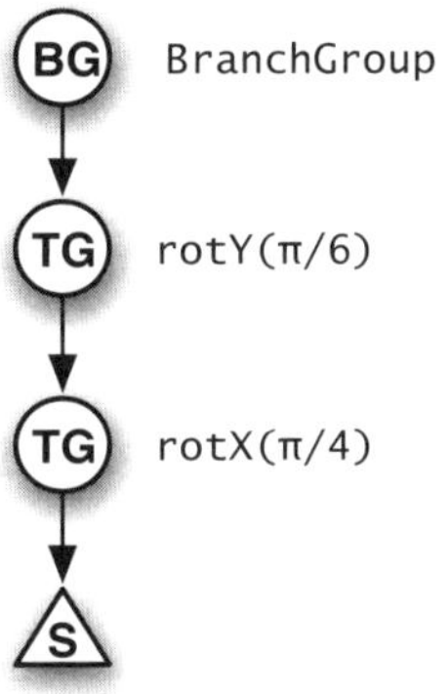

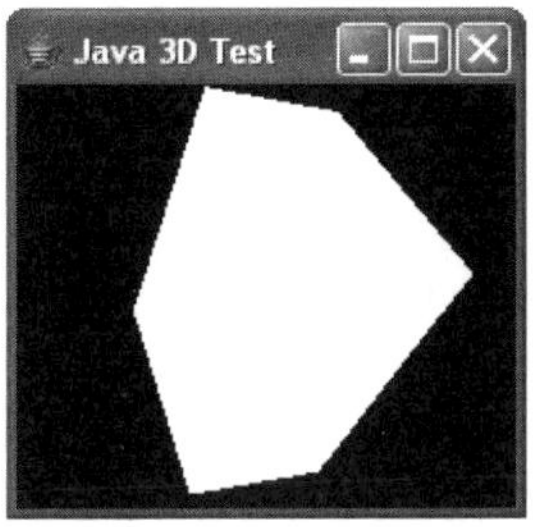

Figure 9–9 Scène de l'application BoxGeometryTest

Lecture d'un modèle 3D

Pour importer des fichiers d'objets 3D créés avec d'autres logiciels comme des modeleurs, Java 3D fournit les interfaces `Loader` et `Scene` du package `com.sun.j3d.loaders` et les deux classes `com.sun.j3d.loaders.objectfile.ObjectFile` et `com.sun.j3d.loaders.lw3d.Lw3dLoader` qui implémentent ces interfaces. Margaux vérifie l'importation des modèles de meubles que Sophie a créés au format OBJ avec le logiciel Art Of Illusion, en programmant une application où elle affiche un de ces fichiers dans une scène 3D grâce à la classe `ObjectFile`.

Classe com.eteks.sweethome3d.test.ObjectFileTest

```
package com.eteks.sweethome3d.test;

import java.io.FileNotFoundException;
import java.net.URL;
import javax.media.j3d.*;
import com.sun.j3d.loaders.Scene;
import com.sun.j3d.loaders.objectfile.ObjectFile;

public class ObjectFileTest {
  public static BranchGroup loadObjectFile(URL url)
                              throws FileNotFoundException { ❶
    ObjectFile loader = new ObjectFile(); ❷
```

◂ Renvoie la racine de l'objet 3D contenu dans un fichier OBJ accessible par la ressource `url`.

JAVA 3D Package javax.vecmath

Le package `javax.vecmath` contient un ensemble de classes qui représentent les points, les vecteurs ou les matrices requis par certaines méthodes de Java 3D. Ces classes ont un suffixe qui représente le nombre et le type Java des coordonnées qu'elles stockent. Par exemple, la classe `Point3f` mémorise trois valeurs `x`, `y` et `z` de type `float`.

ATTENTION Ordre des transformations

L'ordre dans lequel sont effectuées les transformations a une importance. Si vous inversez l'ordre des rotations sur les axes x et y dans l'arbre de l'application `BoxGeometryTest`, vous obtiendrez le résultat représenté figure 9-9. L'ordre dans lequel Java 3D applique des transformations successives à une forme, va de sa feuille vers la racine de l'arbre.

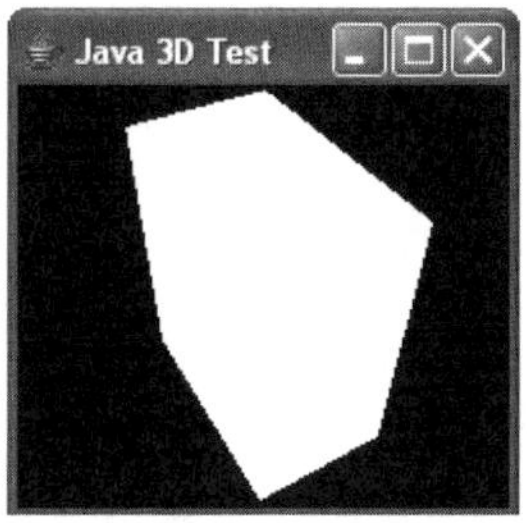

Figure 9–8 Ordre inversé des rotations

POUR ALLER PLUS LOIN
Formats de fichiers 3D supportés

La bibliothèque Java 3D ne supporte que les deux formats de fichiers OBJ et LWS. Pour importer des fichiers d'autres formats comme VRML, DXF ou 3DS, référez-vous au site de `j3d.org` qui maintient une liste de bibliothèques développées par d'autres éditeurs. Dans cette liste, nous avons testé avec succès la bibliothèque *Microcrowd Java3DSLoader* distribué sous licence GNU LGPL, pour importer des fichiers au format 3DS.

- http://java3d.j3d.org/utilities/loaders.html
- http://www.microcrowd.com/

```
      Scene scene = loader.load(url); ❸
      return scene.getSceneGroup(); ❹
    }

    public static void main(String [] args)
                                  throws FileNotFoundException {
      BranchGroup root = new BranchGroup();
```

Ajout à la scène de l'objet du fichier `plant.obj`.

```
      root.addChild(loadObjectFile(ObjectFileTest.class.
          getResource("resources/plant.obj"))); ❺
```

Ajout d'un fond d'écran gris clair.

```
      Background background = new Background(0.9f, 0.9f, 0.9f); ❻
      background.setApplicationBounds(new BoundingBox()); ❼
      root.addChild(background);
```

Visualisation de la scène dans une fenêtre.

```
      Java3DTest.viewSceneTree(root);
    }
  }
```

Le chargement d'un fichier OBJ s'effectue en appelant la méthode `load` ❸ sur une instance de la classe `ObjectFile` ❷. La méthode `getSceneGroup` de l'objet `scene` que renvoie `load` permet alors d'accéder à la racine de l'objet lu ❹ et d'ajouter le (ou les) objets à la scène en cours de construction ❺. Comme la forme d'un fichier OBJ et le fond de l'écran sont noirs quand il n'y a pas de lumière dans la scène, Margaux a ajouté à la scène un fond d'écran gris clair ❻ pour distinguer la forme de l'objet 3D. Elle a choisi ici ❻ le fichier en ressource `plant.obj` que l'on peut distinguer facilement à l'écran sans appliquer une transformation de rotation ou d'échelle (voir figures suivantes).

JAVA 3D
Exceptions sur la lecture d'un modèle

La méthode `load` de l'interface `Loader` implémentée par la classe `ObjectFile` déclenche des exceptions de classe `FileNotFoundException`, `IncorrectFormatException` ou `ParsingErrorException`, si le fichier qui contient un modèle est inaccessible ou d'un format incorrect. Parmi celles-ci seule `FileNotFoundException` est une classe d'exception contrôlée ❶.

JAVA 3D
Fond d'écran

La classe `javax.media.j3d.Background` représente le fond d'écran d'une scène 3D, de couleur noire par défaut. Ce fond est toujours dessiné en premier avant le reste de la scène 3D, et peut être une image ou une couleur unie définie avec des composantes RVB comprises entre 0 et 1. Dans l'arbre d'une scène 3D, il est représenté par un triangle avec les lettres BG.

JAVA 3D
Exceptions sur la lecture d'un modèle

La méthode `load` de l'interface `Loader` implémentée par la classe `ObjectFile` déclenche des exceptions de classe `FileNotFoundException`, `IncorrectFormatException` ou `ParsingErrorException`, si le fichier qui contient un modèle est inaccessible ou d'un format incorrect. Parmi celles-ci seule `FileNotFoundException` est une classe d'exception contrôlée ❶.

ATTENTION
Limite d'application d'un fond d'écran

Un fond d'écran s'applique à un espace limité. Cette limite (*application bounds*), `null` par défaut, permet d'avoir plusieurs fonds d'écran actifs sur des zones différentes. Il faut obligatoirement déterminer cette limite en appelant la méthode `setApplicationBounds` pour que le fond d'écran soit pris en compte par Java 3D. Margaux a choisi ici ❼ une limite qui correspond à une cube de deux unités de côté centré à l'origine.

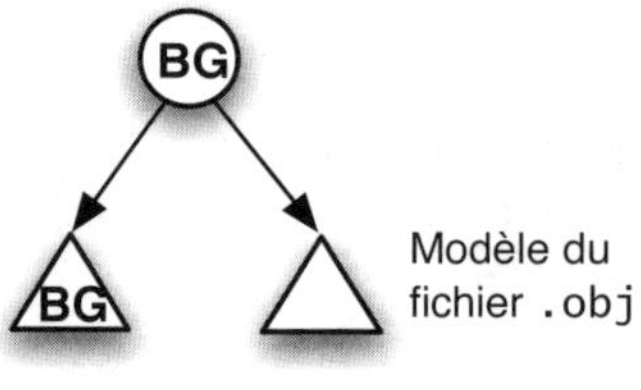

Figure 9–10
Scène de l'application ObjectFileTest

Éclairage d'une scène 3D

Il suffit d'ajouter n'importe où dans l'arbre d'une scène 3D une instance d'une des quatre sous-classes de `javax.media.j3d.Light` pour activer l'éclairage des formes de cette scène. Dans l'arbre d'une scène 3D, une source lumineuse est représentée par un triangle avec la lettre L.

Tableau 9–1 Sources lumineuses Java 3D

Classe	Effet	Description
AmbientLight		Une *source lumineuse ambiante* est utilisée pour éclairer un minimum les facettes des formes d'une scène 3D ne recevant aucune lumière des autres types de sources lumineuses.
DirectionalLight	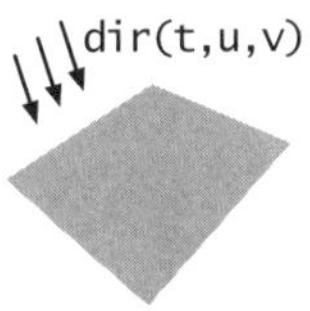	Une *source lumineuse directionnelle* rayonne dans une direction unique `dir`. Ceci correspond à une approximation d'une source lumineuse ponctuelle située à une distance très éloignée, comme le soleil éclairant une scène. Les facettes d'une forme 3D réfléchissent cette lumière en fonction de leur orientation par rapport à la direction de la lumière. Toutes les facettes qui ne sont pas orientées vers la source lumineuse ne sont pas éclairées.
PointLight	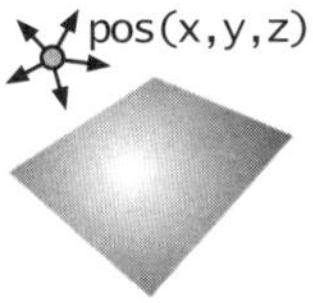	Comme pour une ampoule, une *source lumineuse ponctuelle* rayonne à partir d'un point `pos` de l'espace dans toutes les directions, l'intensité de ce type de source lumineuse diminuant avec l'éloignement. Les facettes d'une forme 3D réfléchissent cette lumière en fonction de leur orientation et de leur distance par rapport à la source lumineuse.
SpotLight	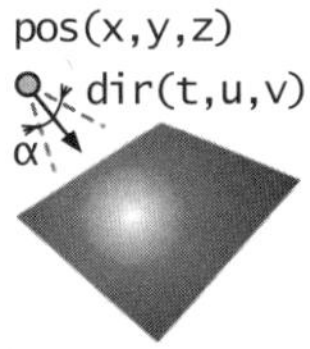	Comme une source lumineuse ponctuelle, une *source spot* rayonne à partir d'un point `pos` de l'espace mais les directions des rayons sont conscrits dans un cône d'angle `alpha` et d'axe `dir`.

Une scène 3D est souvent éclairée par au moins une source lumineuse ambiante de classe `AmbientLight` et des sources lumineuses des trois autres classes. La source ambiante permet d'apercevoir la forme de tous les objets et évite que certaines de leurs facettes restent complètement dans l'ombre. Les sources lumineuses ont un effet sur les formes affichées à l'écran mais ne sont pas représentées graphiquement.

Pour tester l'effet des lumières avec Java 3D, Margaux crée l'application `com.eteks.sweethome3d.test.Light3DTest` qui éclaire le modèle du fichier `plant.obj`.

POUR ALLER PLUS LOIN Calcul des ombres

Le modèle d'éclairage utilisé par Java 3D ne calcule pas ni les ombres des objets les uns sur les autres, ni leur reflet (pas de *ray tracing* ou d'algorithmes du même genre) : si vous tenez à donner une touche très réaliste à vos scènes sous Java 3D, c'est à vous de calculer les ombres et d'ajouter à la scène 3D les objets représentant ces ombres.

Classe com.eteks.sweethome3d.test.Light3DTest

```
package com.eteks.sweethome3d.test;

import java.io.FileNotFoundException;
import javax.media.j3d.*;
import javax.vecmath.Vector3f;
import javax.vecmath.Color3f;

public class Light3DTest {
  public static void main(String [] args)
                          throws FileNotFoundException {
    BranchGroup root = new BranchGroup();
    root.addChild(ObjectFileTest.loadObjectFile(
        Light3DTest.class.getResource("resources/plant.obj"))); ❶

    Light ambientLight = new AmbientLight(
        new Color3f(0.8f, 0.8f, 0.8f)); ❷
    ambientLight.setInfluencingBounds(new BoundingBox()); ❸
    root.addChild(ambientLight);

    Light light1 = new DirectionalLight(
        new Color3f(1, 1, 1), new Vector3f(1, -1, -1)); ❹
    light1.setInfluencingBounds(new BoundingBox()); ❺
    root.addChild(light1);

   // ambientLight.setEnable(false); ❻
   // light1.setEnable(false); ❼
    Java3DTest.viewSceneTree(root);
  }
}
```

Ajout à la scène de l'objet du fichier `plant.obj`.

Ajout à la scène d'une lumière d'ambiance grise.

Ajout d'une lumière directionnelle blanche qui éclaire la scène.

Visualisation de la scène dans une fenêtre.

À la scène 3D où apparaît l'objet du fichier `plant.obj` ❶, Margaux a ajouté une source lumineuse d'ambiance ❷ et une source lumineuse directionnelle ❹. Elle ajoute ensuite au programme des appels à la méthode `setEnable(false)` sur l'objet `ambientLight` ❻ puis sur l'objet `light1` ❼, pour éteindre les lumières et visualiser leur effet. Avec uniquement la lumière d'ambiance, elle obtient alors la première image des figures suivantes, avec la lumière directionnelle la seconde image, et avec les deux lumières la troisième image.

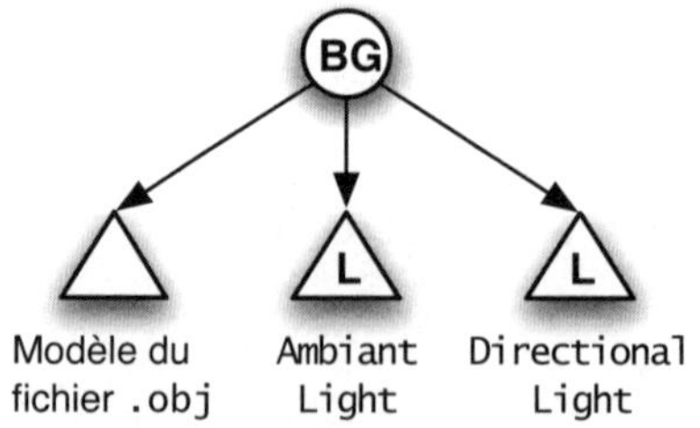

Figure 9–11
Arbre de la scène de l'application Light3DTest

ATTENTION **Limite d'influence d'une source lumineuse**

Toute source lumineuse a une limite d'influence (*influencing bounds*), `null` par défaut. Cette limite permet de contraindre l'effet d'une lumière à une zone comme la pièce d'un logement, car Java 3D ne prend pas en compte le fait qu'un objet soit opaque. Il faut obligatoirement déterminer cette limite en appelant la méthode `setInfluencingBounds` ❸ ❺ pour qu'une source lumineuse ait un effet.

Figure 9–12
Tests des lumières avec l'application Light3DTest

JAVA 3D **Couleur des facettes d'une forme 3D**

Java 3D dessine les facettes d'une forme 3D éclairée en combinant les couleurs de la forme et des sources lumineuses présentes dans la scène, puis en fonction des normales associées aux sommets des facettes et de la direction des sources lumineuses. Le fichier d'un modèle 3D contient les coordonnées des sommets d'un ensemble de formes, mais aussi leur couleur et les coordonnées des normales de ses sommets, ce qui permet de les afficher dans une scène éclairée. Par contre, une forme 3D conçue entièrement avec Java 3D comme le parallélépipède créé dans l'application `BoxGeometryTest`, ne contient par défaut aucune information décrivant les normales de ses sommets et sa couleur dans une scène éclairée. Cette couleur est déterminée en affectant un attribut d'apparence de classe `javax.media.j3d.Material` à la forme, et les normales peuvent être calculées grâce à la méthode `generateNormals` de la classe `com.sun.j3d.utils.geometry.NormalGenerator`. Nous reviendrons sur ces points au cours de l'implémentation de la classe représentant la forme d'un mur.

Interaction sur une scène 3D

Java 3D permet d'afficher des scènes statiques, mais fournit aussi un ensemble de classes qui interagissent sur une scène pour l'animer à l'écran. Ces classes qui héritent de `javax.media.j3d.Behavior` décrivent un *comportement* en réponse à un ou plusieurs stimuli (événements AWT, temps écoulé, collisions entre objets...) de classe `javax.media.j3d.WakeupCriterion`. Une fois paramétré un nœud de comportement, il faut l'ajouter à l'arbre d'une scène 3D pour le rendre actif. Dans un arbre, un comportement est représenté par un triangle avec la lettre B.

Parmi les comportements que propose Java 3D, les classes suivantes modifient la transformation 3D d'un groupe de transformation quand l'utilisateur agit sur la souris et le clavier, ce qui permet de modifier interactivement l'orientation et la position de tous les nœuds enfants de ce groupe :

- les classes `MouseRotate`, `MouseTranslate` et `MouseZoom` du package `com.sun.j3d.utils.behaviors.mouse` pour gérer les interactions souris ;
- la classe `KeyNavigatorBehavior` du package `com.sun.j3d.utils.behaviors.keyboard` pour gérer les interactions clavier.

Ces comportements peuvent éventuellement s'accumuler dans une scène. Les mouvements de la souris et les touches des flèches du clavier modifient la transformation d'un groupe selon la figure 9-13.

POUR ALLER PLUS LOIN Autres comportements

Parmi les sous-classes de `Behavior`, existent celles qui dérivent d'`Interpolator` : ces classes permettent de programmer en quelques lignes des animations, comme des déplacements, des rotations, des oscillations, des changements d'échelle ou de couleur. Il est possible aussi de réagir aux événements souris et clavier, ou d'animer les objets d'une scène, sans recourir à une classe de comportement.

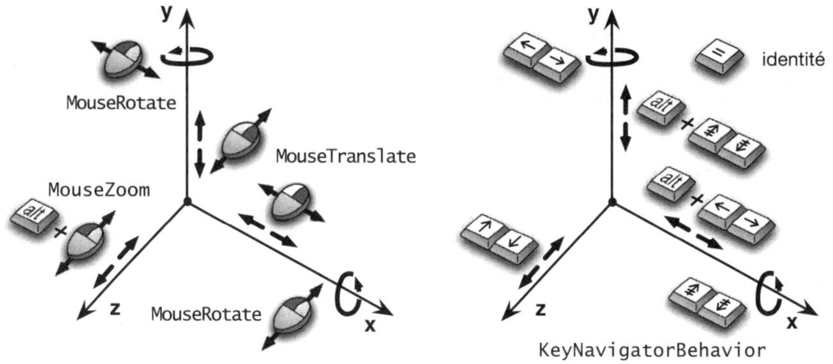

Figure 9–13 Mouvements de souris et touches affectées aux translations et rotations

Capacité d'un nœud

Pour des raisons d'optimisation, le moteur de rendu Java 3D ne permet pas par défaut de modifier et même d'interroger les propriétés des nœuds *vivants* de l'arbre d'une scène 3D. Pour permettre à un comportement de modifier un nœud de l'arbre, le programmeur doit informer Java 3D **avant** d'afficher une scène, quelles sont les propriétés du nœud qui auront la *capacité* de changer. Cette capacité est donnée à un nœud grâce à la méthode `setCapability`, en lui passant la constante de capacité `ALLOW_..._READ`, `ALLOW_..._WRITE` ou `ENABLE_...` qui correspond à la propriété du nœud lue ou modifiée. Pour autoriser par exemple la modification d'un groupe de transformation vivant, il faut appeler `setCapability(TransformGroup.ALLOW_TRANSFORM_WRITE)` sur celui-ci : cette capacité permet d'appeler la méthode `setTransform` pour changer la transformation 3D de ce groupe.

B.A.-BA Nœud vivant

Un nœud vivant est un nœud qui appartient à un arbre d'une scène dont la racine est attachée à un univers ; autrement dit, c'est un nœud d'une scène affichée à l'écran.

À RETENIR Capacité d'un nœud

Une capacité est donnée à un nœud pour modifier ou interroger une de ses propriétés, une fois qu'il est vivant. Toutes les sous-classes de `SceneGraphObject` définissent un ensemble de constantes de capacité qui correspondent aux propriétés présentes dans ces classes. Si un programme tente d'accéder à une propriété d'un nœud vivant sans lui en avoir donné la capacité, une exception de classe `CapabilityNotSetException` sera déclenchée.

Orientation d'une forme avec la souris

Margaux crée une dernière application pour tester la rotation d'une forme à l'écran avec la souris.

Classe com.eteks.sweethome3d.test.MouseRotateTest

```
package com.eteks.sweethome3d.test;

import java.io.FileNotFoundException;
import javax.media.j3d.*;
import javax.vecmath.*;
import com.sun.j3d.utils.behaviors.mouse.MouseRotate;

public class MouseRotateTest {
  public static void main (String [] args)
                            throws FileNotFoundException {
    BranchGroup root = new BranchGroup();
    TransformGroup transformGroup = new TransformGroup();
    transformGroup.setCapability(
        TransformGroup.ALLOW_TRANSFORM_READ);
    transformGroup.setCapability(
        TransformGroup.ALLOW_TRANSFORM_WRITE);
    MouseRotate mouseBehavior = new MouseRotate(transformGroup); ❶
    mouseBehavior.setSchedulingBounds(new BoundingBox());
    transformGroup.addChild(mouseBehavior);
    root.addChild(transformGroup);

    transformGroup.addChild(ObjectFileTest.loadObjectFile(
      MouseRotateTest.class.getResource("resources/plant.obj"))); ❷

    Light light1 = new DirectionalLight(
        new Color3f(1, 1, 1), new Vector3f(1, -1, -1));
    light1.setInfluencingBounds(new BoundingBox());
    transformGroup.addChild(light1); ❸

    Java3DTest.viewSceneTree(root);
  }
}
```

◂ Création d'un groupe dont la transformation peut être lue et modifiée une fois le nœud vivant.

◂ Création d'un comportement qui modifie la transformation de `transformGroup`.

◂ Ajout du groupe et du comportement à la scène.

◂ Ajout au groupe de transformation de l'objet du fichier `plant.obj`.

◂ Ajout d'une lumière directionnelle qui éclaire la scène.

◂ Visualisation de la scène dans une fenêtre.

Margaux met en œuvre ici un comportement de classe `MouseRotate` ❶ qui permet à l'utilisateur de faire pivoter avec la souris des objets autour des axes x et y. Ce comportement agit sur la transformation du groupe `transformGroup`, parent de l'objet du fichier `plant.obj` ❷ et d'une source lumineuse directionnelle ❸. Notez qu'avec un tel arbre de scène, la modification de cette transformation modifiera aussi la direction de la lumière ; si Margaux avait rattaché la source lumineuse directement à la racine de l'arbre, elle n'aurait pas eu cet effet.

> ATTENTION **Limite d'activation d'un comportement**
>
> Les comportements définissent une zone limite d'activation (*scheduling bounds*), `null` par défaut. Un comportement n'est actif qu'au moment où sa zone d'activation a une intersection avec la zone vue à l'écran. Il faut obligatoirement déterminer la zone limite du comportement en appelant la méthode `setSchedulingBounds` pour l'activer.

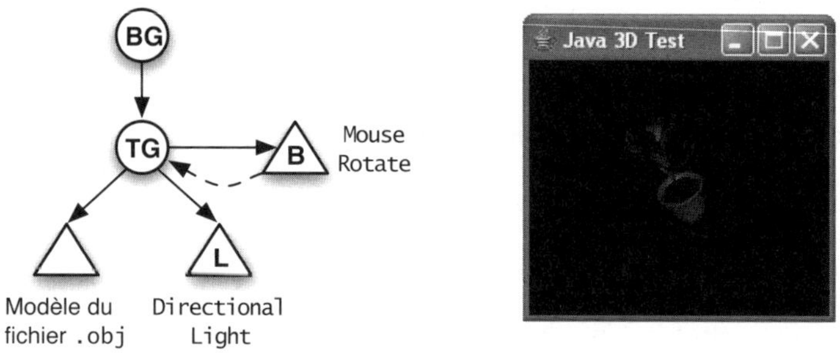

Figure 9–14
Scène de l'application MouseRotateTest

> JAVA 3D **Représentation du nœud lié à un comportement**
>
> Dans l'arbre d'une scène, le nœud sur lequel agit un comportement est représenté par une flèche en pointillés dont la pointe désigne le nœud modifié (voir figure 9-14). Comme un comportement doit être ajouté à la scène pour être actif, cette représentation aboutit souvent à ce que ces nœuds se référencent l'un l'autre avec des flèches différentes. Mais ça n'est pas toujours le cas, car un nœud de comportement peut être ajouté à n'importe quel autre groupe de la scène pour être actif.

Arbre de la scène 3D du logement

Après cette étude des classes nécessaires à la vue 3D de Sweet Home 3D, Margaux dessine l'arbre de la scène que l'application devra construire pour représenter les murs et les meubles du logement (voir figure 9-15).

À la racine de l'arbre ❶ seront rattachés le groupe de transformation ❷ qui gérera l'orientation globale du logement, un fond d'écran ❸, deux sources lumineuses directionnelles et une lumière d'ambiance ❹. L'utilisateur gérera la rotation du logement autour de son axe vertical grâce à un comportement de type `MouseRotate` ❺ rattaché à un groupe de transformation ❻ ; ce groupe sera parent du sous-arbre du logement ❼, auquel seront rattachées les branches des murs et des meubles. Un mur ❾ sera une forme créée à partir des coordonnées mémorisées dans une instance de la classe `Wall`, tandis qu'un meuble sera un objet 3D créé à partir de son modèle ⓭, mis à l'échelle, orienté et positionné ⓫ à partir des propriétés d'une instance de la classe `HomePieceOfFurniture`. Pour obtenir un modèle aux bonnes dimensions quelles que soient celles de l'objet lu dans un fichier OBJ, celui-ci sera d'abord centré sur l'origine et mis à l'échelle ⓬ pour tenir dans un cube d'une unité de côté. Le groupe de transformation ❼ à la racine du logement appliquera une transformation similaire pour qu'un logement de 10 × 10 mètres tienne dans une boîte d'une unité de côté.

> ATTENTION **Ajouter et retirer un nœud d'un groupe vivant**
>
> Seuls des nœuds de classe `BranchGroup` peuvent être ajoutés ou retirés d'un groupe vivant. Comme l'utilisateur peut interactivement créer ou supprimer des murs et des meubles, la racine de leur branche ❽ ❿ doit donc être de classe `BranchGroup` pour pouvoir être ajoutée ou retirée de la racine du logement ❼. Le retrait d'une branche s'effectue soit avec la méthode `detach` de `BranchGroup`, soit avec la méthode `removeChild` de la classe `Group`.

Regard du développeur TransformGroup et Behavior

Il vaut mieux ne pas initialiser avec une transformation l'instance de `TransformGroup` ❻ associée à un comportement ❺ car le cumul de la transformation initiale avec celle qui sera affectée par le comportement donne souvent une transformation qui ne correspond pas à l'effet recherché. Ainsi, si vous avez plusieurs transformations à effectuer sur une scène, il vaut mieux décomposer celles-ci à l'aide de plusieurs groupes de transformations ❷ ❻ ❼ en isolant le groupe ❻ géré par un comportement. Ce choix permet par ailleurs de réinitialiser facilement la transformation du groupe associé au comportement avec la matrice identifiée pour replacer la scène à sa position initiale.

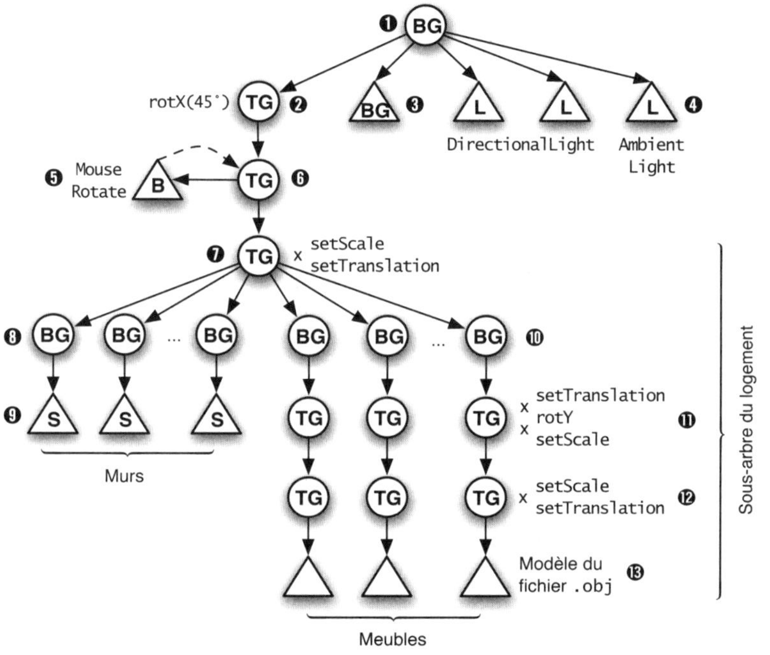

Figure 9–15
Arbre de la vue 3D de Sweet Home 3D

Pour rendre possible les modifications du logement et les interactions de l'utilisateur sur la scène 3D à l'écran, certains des nœuds de cet arbre devront avoir les capacités données dans le tableau 9-2.

Tableau 9–2 Capacités des nœuds de l'arbre de la scène 3D

Nœud	Capacités
`TransformGroup` ❻	`ALLOW_TRANSFORM_READ` `ALLOW_TRANSFORM_WRITE`
`TransformGroup` ❼	`ALLOW_CHILDREN_WRITE` `ALLOW_CHILDREN_EXTEND`

Nœud	Capacités
`BranchGroup` ❽ ❿	`ALLOW_CHILDREN_READ` `ALLOW_DETACH`
`Shape3D` ❾	`ALLOW_GEOMETRY_WRITE`
`TransformGroup` ⓫	`ALLOW_TRANSFORM_WRITE`

Diagramme UML des classes du scénario

Comme le montre la figure 9-16, l'ajout d'une vue 3D dans l'étude de cas ne nécessite que très peu de modifications dans les classes existantes. Il faut :

- gérer dans la classe `Home` une propriété `wallHeight` pour la hauteur des murs du logement ;
- ajouter la propriété localisée `newHomeWallHeight` à la classe `UserPreferences` ;
- intégrer dans la classe `HomePane` une instance du composant `com.eteks.sweethome3d.HomeComponent3D` de la vue 3D.

Ce nouveau composant sera une sous-classe de `JComponent` qui contiendra une instance de `Canvas3D` couvrant toute sa surface. Il dépendra des classes `Home`, `HomePieceOfFurniture`, `Wall` du modèle dont il utilisera les propriétés pour créer les objets de la scène 3D. Il recourra aussi aux listeners `FurnitureListener` et `WallListener` pour mettre à jour ces objets dans la scène. Aucun contrôleur ne sera associé à ce composant, car ce dernier représente une vue du logement toujours activée et ne permet pas de modifier un logement.

REGARD DU DÉVELOPPEUR **Composant AWT intégré dans Swing**

Le fait que la classe Swing `JComponent` hérite des classes AWT `Component` et `Container` permet notamment d'intégrer dans une application Swing des composants AWT comme la classe `Canvas3D`. Mais cette intégration a ses limites : comme un composant AWT n'hérite pas de `JComponent`, vous n'y disposerez pas de certaines fonctionnalités Swing, comme les infobulles ou l'association au composant d'un menu contextuel affiché automatiquement après un appel à `setComponentPopupMenu`. Par ailleurs, les différences d'implémentation entre AWT et Swing font qu'il n'est pas possible de contrôler l'ordre d'affichage et la transparence des composants AWT, quand ils sont ajoutés à une fenêtre Swing. Cette limitation est due au fait que chaque composant AWT est géré à l'écran par un composant existant dans le système de la machine (on dit que les composants AWT sont *heavyweight*, par opposition aux composants *lightweight* Swing). Elle est surtout gênante pour l'affichage des menus Swing (contextuels ou autres) par-dessus les composants AWT, c'est pourquoi il faut programmer un appel à `JPopupMenu.setDefaultLightWeightPopupEnabled(false);` avant toute création de menu pour afficher correctement les menus dans une application AWT/Swing.

▸ http://java.sun.com/products/jfc/tsc/articles/mixing/

La classe `HomeComponent3D` comportera les deux classes internes `private` suivantes :

- la classe `Wall3D` qui correspondra à la branche d'un mur ;
- la classe `HomePieceOfFurniture3D` pour gérer la branche d'un meuble.

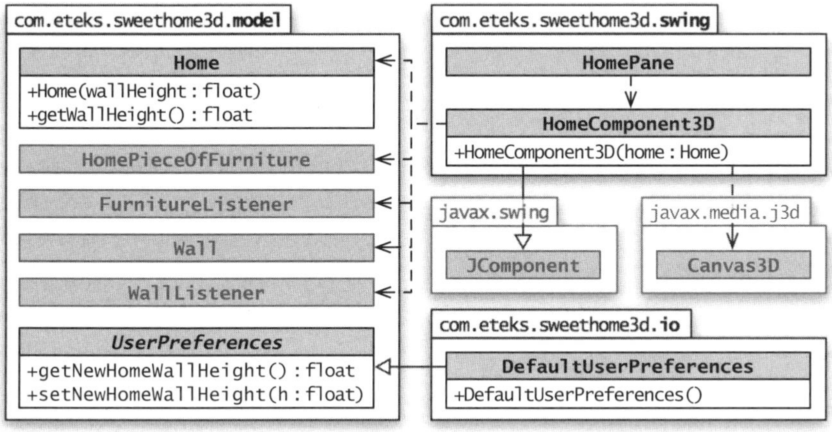

Figure 9–16
Diagramme des classes du scénario n° 7

Ces deux classes disposeront d'une méthode `update` héritée d'une classe intermédiaire abstraite `ObjectBranch`. Cette méthode sera appelée pour mettre à jour la branche de leur objet 3D quand une notification de type `UPDATE` sera reçue du modèle.

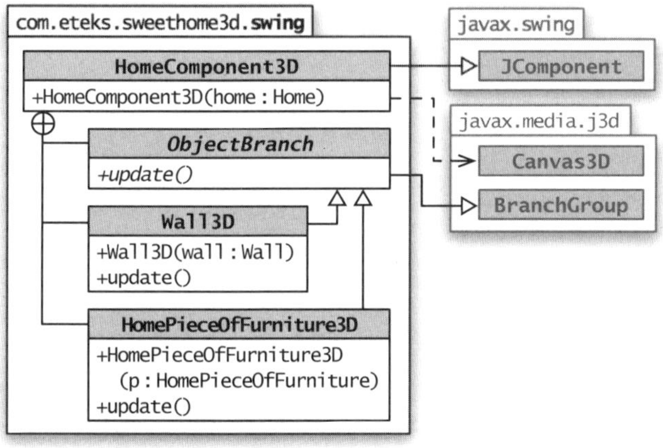

Figure 9–17
Diagramme des classes internes du composant 3D

Gestion de la hauteur des murs du logement

Thomas ajoute à la classe `com.eteks.sweethome3d.model.UserPreferences` le champ `newHomeWallHeight` de type `float`, puis génère son accesseur et son mutateur. Il localise ensuite la valeur du champ `newHomeWallHeight` en ajoutant l'instruction suivante au constructeur de la classe com.eteks.sweethome3d.io.DefaultUserPreferences :

```
setNewHomeWallHeight(
  Float.parseFloat(resource.getString("newHomeWallHeight")));
```

Les classes UserPreferences et DefaultUserPreferences sont décrites aux chapitres « Tableau des meubles du logement » et « Composant graphique du plan ».

et complète les fichiers DefaultUserPreferences.properties et DefaultUserPreferences_en_US.properties avec la propriété newHomeWallHeight à laquelle il attribue les valeurs 250 et 243.84 (= 96 pouces).

Finalement, il ajoute à la classe com.eteks.sweethome3d.model.Home le champ wallHeight de type float avec son accesseur, et l'initialise dans un constructeur supplémentaire.

Classe com.eteks.sweethome3d.model.Home (modifiée)

```
package com.eteks.sweethome3d.model;

import java.util.*;

public class Home {
  private List<HomePieceOfFurniture> furniture;
  private List<Object>               selectedItems;
  private List<FurnitureListener>    furnitureListeners;
  private List<SelectionListener>    selectionListeners;
  private Collection<Wall>           walls;
  private List<WallListener>         wallListeners;
  private float                      wallHeight;

  public Home() {
    this(250); ❶
  }

  public Home(float wallHeight) {
    this(new ArrayList<HomePieceOfFurniture>(), wallHeight); ❷
  }

  public Home(List<HomePieceOfFurniture> furniture) {
    this(furniture, 250); ❸
  }

  private Home(List<HomePieceOfFurniture> furniture,
               float wallHeight) { ❹
    this.furniture =
       new ArrayList<HomePieceOfFurniture>(furniture);
    this.furnitureListeners = new ArrayList<FurnitureListener>();
    this.selectedItems = new ArrayList<Object>();
    this.selectionListeners = new ArrayList<SelectionListener>();
    this.walls = new ArrayList<Wall>();
    this.wallListeners = new ArrayList<WallListener>();
    this.wallHeight = wallHeight;
  }
```

```
  // Accesseur getWallHeight et autres méthodes
}
```

REGARD DU DÉVELOPPEUR Factorisez la construction d'un objet

Pensez à recourir à l'instruction `this(params);` ❶ ❷ ❸ pour regrouper les instructions qui initialisent un objet, et si nécessaire, programmez cette factorisation avec un constructeur `private` ❹ ou une méthode `init`.

Ajout de la vue 3D dans la vue du logement

Margaux modifie la classe `com.eteks.sweethome3d.swing.HomePane` pour intégrer une instance du futur composant `HomeComponent3D` dans un panneau partagé avec la vue du plan. Elle ajoute à `HomePane` une méthode `getPlanView3DPane` qui renvoie ce panneau, puis modifie la méthode `getMainPane` développée au cours du scénario précédent pour ajouter ce panneau à la droite du panneau principal.

La méthode `getMainPane` est appelée à la fin du constructeur de la classe `HomePane` pour modifier le panneau central de la vue principale :

```
getContentPane().add(
  getMainPane(home, controller));
```

Méthodes getMainPane et getPlanView3DPane de la classe HomePane

Renvoie le panneau principal ajouté au centre du composant `HomePane` dans son constructeur.

```
private JComponent getMainPane(Home home,
                               HomeController controller) {
  JSplitPane mainPane =
      new JSplitPane(JSplitPane.HORIZONTAL_SPLIT,
          getCatalogFurniturePane(controller),
          getPlanView3DPane(home, controller));
  mainPane.setContinuousLayout(true);
  mainPane.setOneTouchExpandable(true);
  mainPane.setResizeWeight(0.3);
  return mainPane;
}
```

Renvoie le panneau qui contient la vue du plan et la vue 3D du logement.

Création du composant de la vue 3D du logement.

Ajout des deux composants dans un panneau partagé.

```
private JComponent getPlanView3DPane(Home home,
                                     HomeController controller) {
  JComponent planView = controller.getPlanController().getView();
  JComponent view3D = new HomeComponent3D(home);
  view3D.setPreferredSize(planView.getPreferredSize()); ❶
  view3D.setMinimumSize(new Dimension(0, 0));

  JSplitPane planView3DPane = new JSplitPane(
      JSplitPane.VERTICAL_SPLIT,
      new JScrollPane(planView), view3D); ❷
  planView3DPane.setContinuousLayout(true);
  planView3DPane.setOneTouchExpandable(true);
  planView3DPane.setResizeWeight(0.5); ❸
  return planView3DPane;
}
```

SWING Classe ToolTipManager

La classe `javax.swing.ToolTipManager` gère la création des infobulles, le délai avant que celles-ci apparaissent à l'écran et la durée de leur affichage. De façon similaire à la méthode `setDefaultLightWeightPopupEnabled` de `JPopupMenu`, la méthode `setLightWeightPopupEnabled` de `ToolTipManager` permet d'autoriser ou non l'affichage des infobulles dans un composant *lightweight* dessiné dans la fenêtre Swing ou dans une pop-up heavyweight, c'est-à-dire une fenêtre du système séparée sans décoration. Le résultat est visuellement le même, mais par défaut Swing préfère recourir à un composant lightweight pour des raisons de performance. Margaux fait appel à cette méthode dans le constructeur `HomePane` pour que les infobulles associées aux éléments de menus s'affichent dans une pop-up heavyweight par-dessus celle d'un menu.

Contrairement aux composants de l'arbre du catalogue, du tableau des meubles et du plan affichés dans le panneau principal, Margaux n'inclut pas cette fois-ci le composant de la vue 3D dans un panneau à ascenseurs ❷. En effet, ces ascenseurs sont inutiles puisque le composant `Canvas3D` que contient une instance de `HomeComponent3D` adapte l'échelle de la scène 3D affichée à la largeur du composant. Par ailleurs, pour qu'à l'affichage initial de l'application, le plan et la vue 3D se partagent équitablement ❸ l'espace du panneau partagé en vertical, Margaux a affecté au composant 3D une taille préférée égale à celle du plan ❶ et une taille minimale nulle. Enfin, pour afficher correctement les menus et les infobulles par-dessus l'instance de `Canvas3D` gérée par la classe `HomeComponent3D`, elle ajoute finalement les appels suivants au début de constructeur de `HomePane` :

```
JPopupMenu.setDefaultLightWeightPopupEnabled(false);
ToolTipManager.sharedInstance().setLightWeightPopupEnabled(false);
```

Implémentation du composant 3D

Margaux s'attache maintenant au développement de la classe `com.eteks.sweethome3d.swing.HomeComponent3D` qui doit construire l'arbre de la scène 3D du logement défini par la figure 9-15 et l'afficher dans un composant de classe `Canvas3D` :

1. Elle ajoute à la classe le champ `homeObjects` qui mémorise un dictionnaire associant un mur ou un meuble à la racine de sa branche dans l'arbre de la scène.
2. Elle implémente dans le constructeur la création et la disposition d'une instance de `Canvas3D`, liée à un univers qui référence la racine de l'arbre.
3. Elle décompose la création de l'arbre en plusieurs méthodes qui renvoient les nœuds qu'elle doit assembler dans l'arbre de la scène.

Classe com.eteks.sweethome3d.swing.HomeComponent3D

```
package com.eteks.sweethome3d.swing;

import java.awt.*;
import java.io.*;
import java.util.*;
import javax.media.j3d.*;
import javax.swing.JComponent;
import javax.vecmath.*;
import com.eteks.sweethome3d.model.*;
import com.sun.j3d.loaders.*;
import com.sun.j3d.loaders.objectfile.ObjectFile;
import com.sun.j3d.utils.behaviors.mouse.MouseRotate;
import com.sun.j3d.utils.geometry.*;
import com.sun.j3d.utils.universe.SimpleUniverse;
```

```
public class HomeComponent3D extends JComponent {
  private Map<Object, ObjectBranch> homeObjects =
      new HashMap<Object, ObjectBranch>();

  public HomeComponent3D(Home home) {
    Canvas3D canvas3D = new Canvas3D(
        SimpleUniverse.getPreferredConfiguration());

    SimpleUniverse universe = new SimpleUniverse(canvas3D);
    universe.getViewingPlatform().setNominalViewingTransform();

    universe.addBranchGraph(getSceneTree(home));

    setLayout(new GridLayout(1, 1));
    add(canvas3D);
  }

  private BranchGroup getSceneTree(Home home) {
    // TODO Return scene root
    return null;
  }

  private Node getHomeTree(Home home) {
    // TODO Return home subtree root
    return null;
  }

  private void addHomeListeners(final Home home,
                                final Group homeRoot) {
    // TODO Add listeners to update 3D home view
  }

  // Autres méthodes private

  private static abstract class ObjectBranch
                          extends BranchGroup {
    public abstract void update();
  }

  private static class Wall3D extends ObjectBranch {
    public Wall3D(Wall wall, Home home) {
      // TODO Create wall branch
    }

    public void update() {
      // TODO Update wall geometry
    }
  }

  private static class HomePieceOfFurniture3D
                      extends ObjectBranch {
    public HomePieceOfFurniture3D(HomePieceOfFurniture piece) {
      // TODO Create piece branch from its model
    }

    public void update() {
      // TODO Update piece size, angle and location
    }
  }
}
```

- Dictionnaire des branches des objets 3D.
- Création du composant Java 3D affiché par ce composant.
- Création de l'univers lié au composant 3D.
- Ajout à l'univers de la racine de l'arbre de la scène.
- Ajout du composant 3D qui occupe tout l'espace du composant Swing.
- Renvoie la racine de l'arbre de la scène 3D, avec les nœuds de fond d'écran, de lumières et le sous-arbre du logement.
- Renvoie la racine du sous-arbre de la scène 3D qui représente le logement.
- Ajoute des listeners de types `WallListener` et `FurnitureListener` au logement, pour mettre à jour les objets de la scène 3D.
- Super-classe des branches des murs et des meubles.
- Classe des branches représentant un mur.
- Classe des branches représentant un meuble.

Création des nœuds du comportement, du fond d'écran et des lumières

Margaux s'occupe ensuite d'implémenter les méthodes qui créent la racine de l'arbre de la scène et ses nœuds enfants, à savoir les nœuds du comportement, du fond d'écran et des lumières (voir figure 9-18).

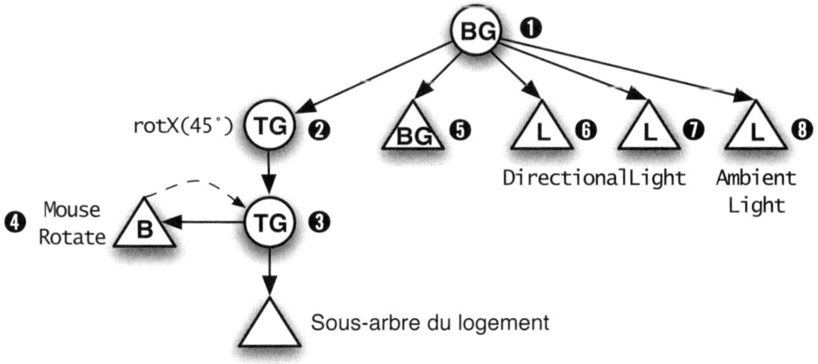

Figure 9–18
Nœuds rattachés à la racine de l'arbre

Méthode getSceneTree de la classe HomeComponent3D

Renvoie la racine de l'arbre de la scène 3D.

Construction de l'arbre.

Renvoie le groupe de transformation qui pivote le logement de 45° autour de l'axe x.

Renvoie le groupe géré par le comportement de la souris.

Attribution des capacités de lecture et de modification de la transformation du groupe, que modifie le comportement.

```
private BranchGroup getSceneTree(Home home) {
  BranchGroup root = new BranchGroup(); ❶
  Group mainGroup = getMainGroup();
  Group behaviorGroup = getBehaviorGroup();

  behaviorGroup.addChild(getHomeTree(home));
  mainGroup.addChild(behaviorGroup);
  root.addChild(mainGroup);
  root.addChild(getBackgroundNode());
  for (Light light : getLights()) {
    root.addChild(light);
  }
  return root;
}

private Group getMainGroup() {
  Transform3D rotationX = new Transform3D();
  rotationX.rotX(Math.PI / 4);
  return new TransformGroup(rotationX); ❷
}

private Group getBehaviorGroup() {
  TransformGroup transformGroup = new TransformGroup(); ❸

  transformGroup.setCapability(
      TransformGroup.ALLOW_TRANSFORM_READ);
  transformGroup.setCapability(
      TransformGroup.ALLOW_TRANSFORM_WRITE);
```

```
  MouseRotate mouseBehavior = new MouseRotate(transformGroup); ❹
  mouseBehavior.setFactor(mouseBehavior.getXFactor(), 0);
  Bounds schedulingBounds = new BoundingBox();
  mouseBehavior.setSchedulingBounds(schedulingBounds);

  transformGroup.addChild(mouseBehavior);
  return transformGroup;
}

private Node getBackgroundNode() {
  Background background = new Background(0.9f, 0.9f, 0.9f); ❺
  background.setApplicationBounds(new BoundingBox());
  return background;
}

private Light [] getLights() {
  Light [] lights = {
      new DirectionalLight(new Color3f(1, 1, 1),
                           new Vector3f(1, -1, -1)), ❻
      new DirectionalLight(new Color3f(1, 1, 1),
                           new Vector3f(-1, -1, -1)), ❼
      new AmbientLight(new Color3f(0.6f, 0.6f, 0.6f))}; ❽
  for (Light light : lights) {
    light.setInfluencingBounds(
        new BoundingSphere(new Point3d(), 1000000));
  }
  return lights;
}
```

◄ Création d'un comportement qui n'agit que sur la rotation autour de l'axe y.

◄ Ajout du comportement au groupe de transformation pour qu'il soit actif quand ce groupe sera ajouté à la scène.

◄ Renvoie un nœud de fond d'écran gris clair.

◄ Renvoie le tableau des lumières à ajouter à la scène.

◄ Modification de la zone d'influence des sources lumineuses.

Margaux a considéré que les objets du logement seront placés en 3D dans le plan (x, z) et que les murs s'élèveront en hauteur dans la direction de l'axe y. Si aucune transformation n'était appliquée au sous-arbre du logement, l'utilisateur verrait donc le logement de côté. Pour obtenir un point de vue de haut (voir figure 9-19), elle applique une rotation de 45° autour de l'axe x aux objets du logement ❷. Dans cette première version du composant 3D, l'utilisateur doit par ailleurs pouvoir pivoter le logement autour de son axe vertical. Pour que le comportement de rotation de la souris ❹ ne s'applique qu'autour de l'axe y, elle a fait appel ici à la méthode `setFactor` en passant une valeur nulle en second paramètre. Enfin, Margaux a ajouté à la scène deux sources lumineuses directionnelles qui viennent d'en haut à gauche ❻ et d'en haut à droite ❼, ce qui donne un rendu plus agréable.

ATTENTION Cumul des capacités

Il n'est pas possible de passer en paramètre à la méthode `setCapability` la combinaison de plusieurs capacités, et ce n'est pas parce qu'un nœud a une capacité en modification (`ALLOW_..._WRITE`) qu'il a la même capacité en lecture (`ALLOW_..._READ`).

CONVENTIONS Direction d'élévation

L'axe y est souvent utilisé en 3D comme direction dans laquelle s'élèvent les objets en hauteur. Tous les modèles de meuble dessinés par Sophie ont été créés ainsi.

À RETENIR Direction de la lumière

La coordonnée en z de la direction d'une source lumineuse directionnelle ❻ ❼ est généralement négative, car la lumière doit être dirigée vers les objets de la scène pour que l'utilisateur puisse voir les facettes éclairées des objets.

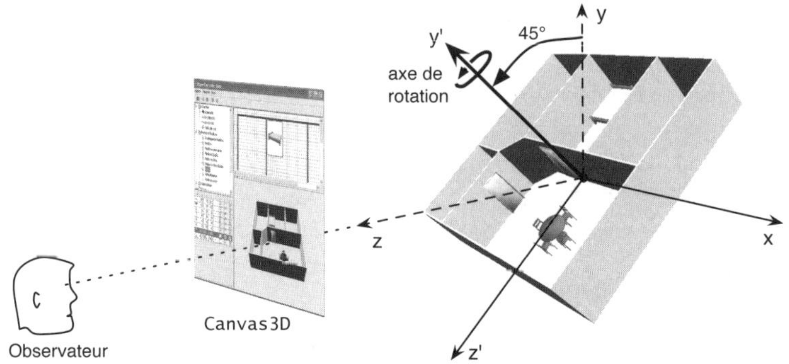

Figure 9–19
Orientation 3D du logement

> POUR ALLER PLUS LOIN **Autres comportements de souris**
>
> Si vous voulez déplacer avec la souris le logement suivant les axes x, y et z, il vous suffit d'ajouter des comportements de classes `MouseTranslate` et `MouseZoom` au groupe `transformGroup` créé dans la méthode `getBehaviorGroup`, en programmant les lignes suivantes :
>
> ```
> MouseBehavior translate =
>     new MouseTranslate(transformGroup);
> translate.setSchedulingBounds(schedulingBounds);
> MouseBehavior zoom =
>     new MouseZoom(transformGroup);
> zoom.setSchedulingBounds(schedulingBounds);
> transformGroup.addChild(translate);
> transformGroup.addChild(zoom);
> ```
>
> L'équipe a préféré ne pas implémenter ces comportements car la classe `MouseTranslate` requiert d'utiliser le bouton droit de la souris normalement réservé aux menus contextuels, et parce que ces comportements ne permettent pas de limiter les déplacements dans l'espace. Ils programmeront un système de navigation plus adapté au cours du scénario n° 16.

Création du sous-arbre du logement

Pour représenter le logement en 3D, Margaux construit un sous-arbre à la racine duquel elle ajoute les branches des murs et des meubles. Comme les objets du logement peuvent changer au cours de l'exécution de l'application, elle implémente des listeners de type `WallListener` et `FurnitureListener` qui mettent à jour les branches de ce sous-arbre à chaque notification de la classe `Home`.

> ATTENTION
> **Rotation et changement d'échelle**
>
> Les rotations et les changements d'échelle sont toujours appliqués relativement au centre du repère des enfants d'un groupe de transformation. Margaux déplace ici les objets du logement avec une translation de vecteur (-500, 0, -500) ❶, pour que le centre de la rotation appliquée par le comportement de la souris soit au centre d'un logement de 10 mètres de côté.

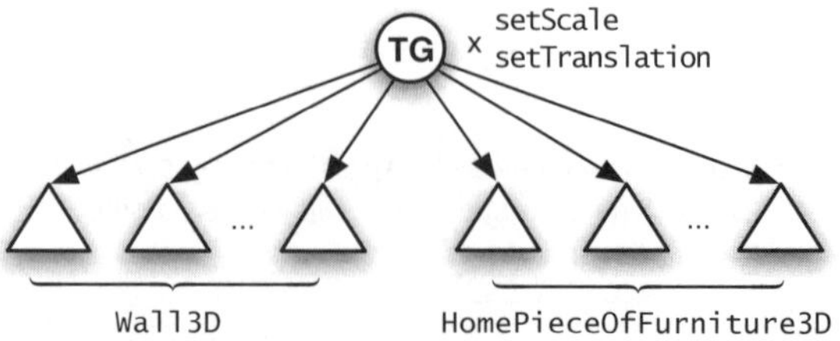

Figure 9–20
Sous-arbre du logement

Méthodes getHomeTree et addHomeListeners de la classe HomeComponent3D

```
private Node getHomeTree(Home home) {
  Group homeRoot = getHomeRoot();
  for (Wall wall : home.getWalls())
    addWall(homeRoot, wall, home);
  for (HomePieceOfFurniture piece : home.getFurniture())
    addPieceOfFurniture(homeRoot, piece);

  addHomeListeners(home, homeRoot);
  return homeRoot;
}

private Group getHomeRoot() {
  Transform3D translation = new Transform3D(); ❶
  translation.setTranslation(new Vector3f(-500, 0, -500));
  Transform3D homeTransform = new Transform3D(); ❷
  homeTransform.setScale(0.001);
  homeTransform.mul(translation); ❸
  TransformGroup homeTransformGroup =
      new TransformGroup(homeTransform); ❹

  homeTransformGroup.setCapability(Group.ALLOW_CHILDREN_WRITE); ❺
  homeTransformGroup.setCapability(Group.ALLOW_CHILDREN_EXTEND);
  return homeTransformGroup;
}

private void addHomeListeners(final Home home,
                              final Group homeRoot) {
  home.addWallListener(new WallListener() {
    public void wallChanged(WallEvent ev) {
      Wall wall = ev.getWall(); ❻
      switch (ev.getType()) {
        case ADD : ❼
          addWall(homeRoot, wall, home);
          break;
        case UPDATE : ❽
          updateWall(wall);
          break;
        case DELETE : ❾
          deleteObject(wall);
          break;
      }
    }
  });
  home.addWallListener(new WallListener() {
    public void wallChanged(WallEvent ev) {
      Wall wall = ev.getWall(); ❻
      switch (ev.getType()) {
        case ADD : ❼
          addWall(homeRoot, wall, home);
          break;
```

- Renvoie la racine du sous-arbre du logement.
- Ajout au groupe des branches des murs et des meubles existants dans le logement.
- Ajout des listeners de mise à jour.
- Renvoie le groupe de transformation à la racine du sous-arbre, avec une transformation qui déplace le logement d'un vecteur (-500, 0, -500), puis le met à l'échelle 1/1000.
- Attribution au groupe des capacités qui permettent de modifier la liste de ses enfants.
- Ajoute au logement `home` les listeners qui mettent à jour les branches de `homeRoot`.
- Listener qui ajoute, met à jour ou supprime la branche du mur référencé par l'événement `ev`.
- Listener qui ajoute, met à jour ou supprime la branche du mur référencé par l'événement `ev`.

```
        case UPDATE : ❽
          updateWall(wall);
          break;
        case DELETE : ❾
          deleteObject(wall);
          break;
      }
    }
  });
```

Listener qui ajoute, met à jour ou supprime la branche du meuble référencé par l'événement ev.

```
  home.addFurnitureListener(new FurnitureListener() {
    public void pieceOfFurnitureChanged(FurnitureEvent ev) {
      HomePieceOfFurniture piece =
        (HomePieceOfFurniture)ev.getPieceOfFurniture(); ❿
      switch (ev.getType()) {
        case ADD : ⓫
          addPieceOfFurniture(homeRoot, piece);
          break;
        case UPDATE : ⓬
          updatePieceOfFurniture(piece);
          break;
        case DELETE : ⓭
          deleteObject(piece);
          break;
      }
    }
  });
}
```

Ajoute à homeRoot une branche de mur construite à partir du mur wall.

```
private void addWall(Group homeRoot, Wall wall, Home home) {
  Wall3D wall3D = new Wall3D(wall, home);
  this.homeObjects.put(wall, wall3D); ⓮
  homeRoot.addChild(wall3D); ⓯
}
```

Met à jour les branches des objets 3D qui correspondent au mur wall et aux murs qui lui sont rattachés

```
private void updateWall(Wall wall) {
  this.homeObjects.get(wall).update(); ⓰
  if (wall.getWallAtStart() != null) {
    this.homeObjects.get(wall.getWallAtStart()).update();
  }
  if (wall.getWallAtEnd() != null) {
    this.homeObjects.get(wall.getWallAtEnd()).update();
  }
}
```

Supprime la branche qui correspond à l'objet du logement homeObject.

```
private void deleteObject(Object homeObject) {
  this.homeObjects.get(homeObject).detach(); ⓱
  this.homeObjects.remove(homeObject);
}
```

Ajoute à homeRoot une branche de meuble construite à partir du meuble piece.

```
private void addPieceOfFurniture(Group homeRoot,
                    HomePieceOfFurniture piece) {
  HomePieceOfFurniture3D piece3D =
      new HomePieceOfFurniture3D(piece);
```

```
    this.homeObjects.put(piece, piece3D); ⓲
    homeRoot.addChild(piece3D); ⓳
  }

  private void updatePieceOfFurniture(HomePieceOfFurniture piece) {
    this.homeObjects.get(piece).update(); ⓴
  }
```

Met à jour la branche de l'objet 3D qui correspond au meuble piece.

Au lieu de créer deux groupes de transformation pour gérer l'échelle et la position du logement, Margaux a préféré en utiliser un seul ❹ dont la transformation est construite par multiplication ❸ des deux transformations requises ❶ ❷. Elle alloue ensuite à ce groupe les capacités ❺ qui lui permettront d'ajouter ⓯ ⓳ ou de retirer ⓱ du groupe des branches de mur ou de meuble. Les notifications reçues du logement qu'elle doit prendre en compte sont de trois types : des ajouts de mur ❼ ou de meuble ⓫, les modifications sur ces objets ❽ ⓬ et la suppression de ces objets ❾ ⓭. Comme le logement lui notifie quel est l'objet de la couche métier ❻ ❿ qui a été modifié mais pas la branche de l'objet 3D qui lui correspond, elle mémorise dans le dictionnaire `homeObjects` la nouvelle branche associée à un mur ⓮ ou un meuble ⓲ à chaque notification d'ajout. Ce dictionnaire lui permet ensuite de retrouver quelle branche doit être mise à jour ⓰ ⓴ ou retirée du sous-arbre du logement.

JAVA 3D Multiplication de transformations

La méthode `mul` de la classe `Transform3D` multiplie la matrice d'une transformation avec celle d'une autre transformation. Comme le montre la figure 9-21, un groupe de transformation utilisant la multiplication des deux matrices des transformations `transform1` et `transform2` a le même effet que celui de chaîner deux groupes de transformation utilisant les transformations `transform1` et `transform2`. Attention à l'ordre des multiplications car la multiplication de matrice n'est pas commutative ; la transformation `transform2` sera appliquée ici aux enfants du groupe de transformation avant `transform1`.

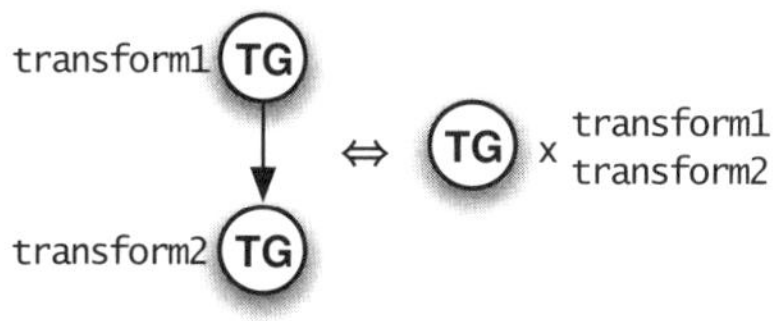

Figure 9–21
Multiplication de transformations

Branches des murs

Margaux doit maintenant implémenter les classes internes `Wall3D` et `HomePieceOfFurniture3D` qui représentent les branches des murs et des meubles dans la scène 3D. La branche d'un mur est constituée d'une forme 3D rattachée à une instance de `BranchGroup` dont la classe `Wall3D` hérite, et il lui faut créer la construction géométrique de cette forme en fonction des coordonnées du mur dessiné dans le plan. Elle doit associer aussi à cette forme un attribut d'apparence de type `Material` qui donnera au mur une couleur blanche dans la scène éclairée du logement.

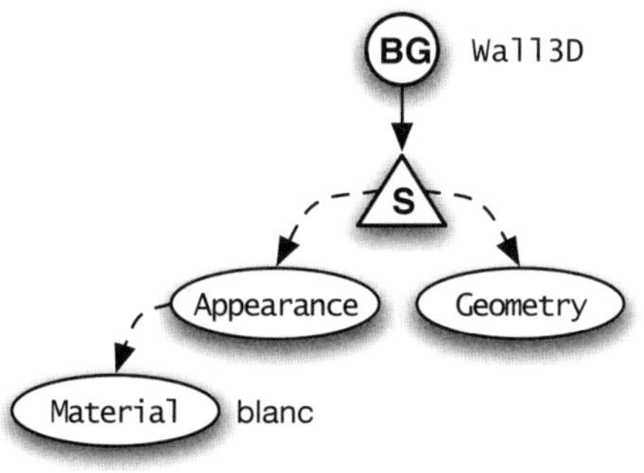

Figure 9–22
Branche d'un mur

JAVA 3D Classes de composant de nœud

La classe `javax.media.j3d.SceneGraphObject` est la super-classe de deux grandes hiérarchies de classes :

- les sous-classes de `javax.media.j3d.Node` pour les nœuds de l'arbre d'une scène 3D (voir figure 9-5) ;
- les sous-classes de `javax.media.j3d.NodeComponent` pour les objets *référencés* par les nœuds de l'arbre (voir figure 9-23).

Ces composants de nœuds servent à décrire les propriétés d'une forme de classe `Shape3D`, comme sa construction géométrique, sa couleur, sa texture... Dans l'arbre d'une scène, ils sont représentés par un ovale et pointés par une flèche en pointillés qui part de la forme qui les référence. Contrairement aux nœuds d'un arbre, un composant de nœud peut être référencé et donc partagé par plusieurs formes.

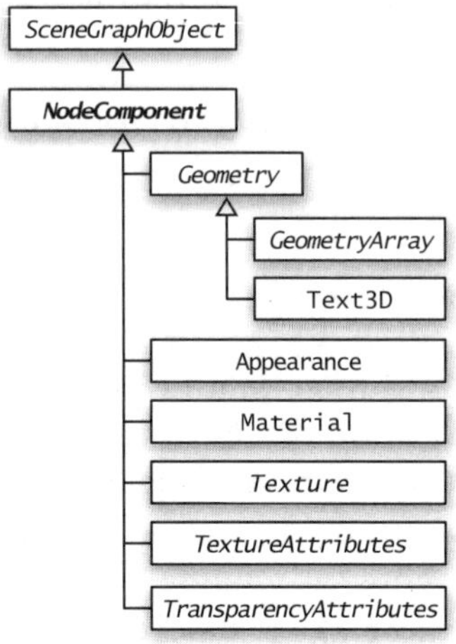

Figure 9–23 Hiérarchie des principales classes de composants de nœuds

Classe interne Wall3D de la classe HomeComponent3D

- Association du nœud avec son mur. (1)
- Attribution au groupe des capacités qui permettent de le détacher de son parent et d'accéder à ses enfants. (3)
- Ajout de la forme du mur à la branche. (4)
- Modification de la construction géométrique de la forme et de ses attributs d'apparence. (5)
- Renvoie la forme initialement vide pour le mur.
- Attribution à la forme de la capacité de modifier sa construction géométrique. (6)

```
private static class Wall3D extends ObjectBranch {
  private Home home;

  public Wall3D(Wall wall, Home home) {
    setUserData(wall); ❶
    this.home = home; ❷

    setCapability(BranchGroup.ALLOW_DETACH); ❸
    setCapability(BranchGroup.ALLOW_CHILDREN_READ);

    addChild(getWallShape()); ❹

    updateWallGeometry(); ❺
    updateWallAppearance();
  }

  private Node getWallShape() {
    Shape3D wallShape = new Shape3D();

    wallShape.setCapability(Shape3D.ALLOW_GEOMETRY_WRITE); ❻
    return wallShape;
  }

  @Override
  public void update() {
    updateWallGeometry(); ❼
  }
```

```
  private void updateWallGeometry() {
    float [][] wallPoints = ((Wall)getUserData()).getPoints();

    Point3f [] bottom = new Point3f [4];
    Point3f [] top    = new Point3f [4];
    for (int i = 0; i < bottom.length; i++) {
      bottom [i] = new Point3f(
          wallPoints[i][0], 0, wallPoints[i][1]);
      top [i] = new Point3f(wallPoints[i][0],
          this.home.getWallHeight(), wallPoints[i][1]); ⑧
    }
    Point3f [] wallCoordinates = {
        bottom [0], bottom [1], bottom [2], bottom [3],
        bottom [1], bottom [0], top [0], top [1],
        bottom [2], bottom [1], top [1], top [2],
        bottom [3], bottom [2], top [2], top [3],
        bottom [0], bottom [3], top [3], top [0],
        top [3],    top [2],    top [1], top [0]}; ⑨

    GeometryInfo geometryInfo =
        new GeometryInfo(GeometryInfo.QUAD_ARRAY);
    geometryInfo.setCoordinates(wallCoordinates);

    new NormalGenerator(0).generateNormals(geometryInfo); ⑩

    ((Shape3D)getChild(0)).setGeometry(
        geometryInfo.getIndexedGeometryArray()); ⑪
  }

  private void updateWallAppearance() {
    Appearance wallAppearance = new Appearance();

    Material material = new Material(); ⑫
    wallAppearance.setMaterial(material);

    ((Shape3D)getChild(0)).setAppearance(wallAppearance); ⑬
  }
}
```

- Met à jour la construction géométrique de la forme du mur.
- Création des points des sommets qui forment les trapèzes du bas et du haut du mur.
- Liste des six quadrilatères qui forment les facettes du mur.
- Création d'un générateur de construction géométrique.
- Génération des normales.
- Modification de la construction géométrique de la forme du mur.
- Met à jour les attributs d'apparence de la forme du mur.
- Création d'un attribut `Material` blanc.
- Modification des attributs d'apparence de la forme du mur.

Margaux a besoin des instances des classes `Wall` et `Home` reçues dans le constructeur de `Wall3D` pour calculer la construction géométrique de la forme du mur ⑧, lors de la création de sa branche ⑤ et de sa mise à jour ⑦. Pour mémoriser ces deux objets, elle recourt pour le mur à la propriété `userData` de la classe `SceneGraphObject` ①, et pour le logement à un simple champ `home` ②. Elle attribue ensuite à la racine de la branche les capacités ③ qui lui permettront de retirer cette branche de la scène, et d'accéder avec la méthode `getChild` ⑪ ⑬ au nœud de la forme du mur ajoutée à la branche ④. Elle attribue au nœud de cette forme la capacité `ALLOW_GEOMETRY_WRITE` ⑥ pour être autorisé à modifier la construction géométrique du mur au cours des mises à jour ⑪.

Elle crée la construction géométrique d'un mur, en décrivant dans un tableau les 24 sommets de ses six facettes quadrilatérales ⑨, puis en

ASTUCE
Déterminer l'orientation des facettes

Trouver le bon ordre des sommets d'une facette est une tâche quelquefois compliquée, surtout si vous devez passer comme ici d'un système de coordonnées à deux dimensions indirect à un repère 3D direct. Pour vous aider à déterminer l'ordre des sommets d'une facette, générez un côté de la facette en citant ces sommets dans un sens puis dans l'autre, si vous ne la voyez pas. Si vous ne voyez ni l'une ni l'autre, vérifiez le calcul des coordonnées des sommets et la couleur de la forme.

générant l'instance de `Geometry` associée à la forme grâce à la classe `GeometryInfo` ⑪. Pour que Java 3D puisse moduler la luminosité des facettes du mur en fonction de la direction des sources lumineuses qui les éclairent, elle a utilisé la méthode `generateNormals` de la classe `com.sun.j3d.utils.geometry.NormalGenerator` qui calcule les normales aux sommets de la construction géométrique ⑩.

Après avoir programmé la classe `Wall3D`, Margaux en vérifie l'implémentation avec l'application de test `com.eteks.sweethome3d.junit.HomeControllerTest`, où elle peut désormais voir en 3D les murs qu'elle dessine dans le composant du plan.

JAVA 3D **Couleurs de l'attribut de type Material**

La classe `javax.media.j3d.Material` définit un ensemble de couleurs utilisées par Java 3D pour déterminer la couleur des facettes éclairées d'une forme 3D. Parmi celles-ci les plus importantes sont :

- la couleur d'ambiance (propriété `ambientColor`) qui donne la couleur d'une forme reflétée par les sources lumineuses de classe `AmbientLight` ;
- la couleur de diffusion (propriété `diffuseColor`) qui donne la couleur des facettes d'une forme qui sont illuminées par les sources lumineuses de classes `DirectionalLight`, `PointLight` et `SpotLight` ;
- la couleur de brillance (propriété `specularColor`) utilisée pour colorer les facettes qui appartiennent au « point de brillance » d'une forme.

Ces couleurs sont combinées avec celle des sources lumineuses pour donner la couleur finale des facettes. Ainsi, une forme de couleur rouge éclairée par une lumière bleue, sera de couleur violette à l'écran. Le constructeur par défaut de la classe `Material` qu'utilise Margaux ⑫ affecte une couleur grise foncée à la couleur d'ambiance et une couleur blanche aux couleurs de diffusion et de brillance.

Branches des meubles

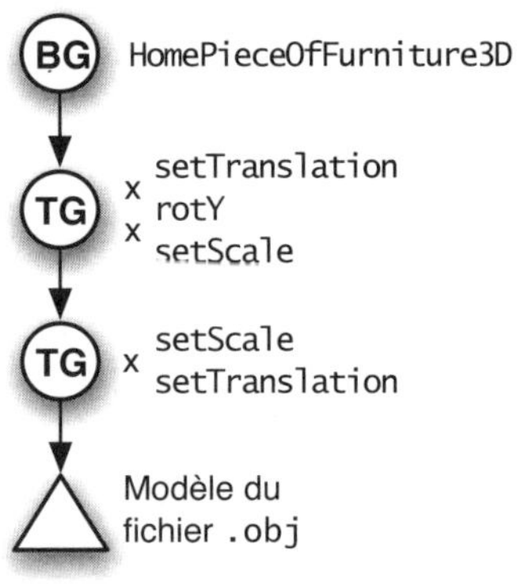

Figure 9–24 Branche d'un meuble

Il ne reste plus à Margaux qu'à implémenter la classe interne `HomePieceOfFurniture3D` qui représente la branche d'un meuble dans la scène 3D. Comme le montre la figure 9-24, cette branche est constituée à sa racine d'une instance de `BranchGroup` dont la classe `HomePieceOfFurniture3D` hérite, de deux groupes de transformation et du modèle 3D du meuble. Le groupe de transformation rattaché au modèle 3D a pour rôle de centrer sur l'origine ce modèle et de le mettre à l'échelle pour qu'il tienne dans un cube d'une unité de côté. L'autre groupe modifiera la position, l'orientation et les dimensions du modèle, en fonction des propriétés correspondantes d'une instance de `HomePieceOfFurniture`.

Classe interne HomePieceOfFurniture3D de la classe HomeComponent3D

```
private static class HomePieceOfFurniture3D
                     extends ObjectBranch {
  public HomePieceOfFurniture3D(HomePieceOfFurniture piece) {
    setUserData(piece); ❶
    setCapability(BranchGroup.ALLOW_DETACH);
    setCapability(BranchGroup.ALLOW_CHILDREN_READ);

    addChild(getPieceOfFurnitureNode());
    updatePieceOfFurnitureTransform();
  }

  private Node getPieceOfFurnitureNode() {
    TransformGroup pieceTransformGroup = new TransformGroup();
    pieceTransformGroup.setCapability(
        TransformGroup.ALLOW_TRANSFORM_WRITE); ❷
    pieceTransformGroup.addChild(getModelNode());
    return pieceTransformGroup;
  }

  @Override
  public void update() {
    updatePieceOfFurnitureTransform();
  }

  private void updatePieceOfFurnitureTransform() {
    HomePieceOfFurniture piece =
      (HomePieceOfFurniture)getUserData(); ❸
    Transform3D scale = new Transform3D();
    scale.setScale(new Vector3d(
        piece.getWidth(), piece.getHeight(), piece.getDepth()));
    Transform3D orientation = new Transform3D();
    orientation.rotY(-piece.getAngle());
    Transform3D pieceTransform = new Transform3D();
    pieceTransform.setTranslation(new Vector3f(
        piece.getX(), piece.getHeight() / 2, piece.getY()));

    pieceTransform.mul(orientation);
    pieceTransform.mul(scale);
    ((TransformGroup)getChild(0)).setTransform(pieceTransform);
  }

  private Node getModelNode() {
    PieceOfFurniture piece = (PieceOfFurniture)getUserData(); ❹
    Reader modelReader = null;
    try {
```

- Association du nœud avec son meuble.
- Attribution au groupe des capacités qui permettent de le détacher de son parent et d'accéder à la liste de ses enfants.
- Ajout de la sous-branche du meuble.
- Modification de la position, de l'orientation et de la taille initiales du meuble.
- Renvoie le groupe de transformation attaché au modèle du meuble.
- Attribution de la capacité de modification de la transformation du groupe.
- Ajout du modèle du meuble au groupe.
- Mise à jour de la transformation appliquée au meuble.
- Mise à l'échelle du meuble en fonction de ses dimensions.
- Rotation du meuble autour de l'axe y en fonction de son angle.
- Translation du meuble à sa position dans le plan.
- Multiplication des transformations pour les cumuler.
- Mise à jour de la transformation du groupe parent du modèle du meuble.
- Renvoie la racine du modèle 3D du meuble.

Lecture du modèle 3D du meuble à partir de son fichier OBJ.

Récupération des dimensions de la boîte englobante du modèle du meuble.

Translation du modèle au centre de sa boîte englobante.

Changement d'échelle du modèle pour qu'il tienne dans un cube d'une unité de côté.

Création d'un groupe de transformation pour redimensionner le modèle.

Ajout du modèle au groupe de transformation.

En cas de problème pendant la lecture du fichier renvoyer une boîte de couleur rouge.

Fermeture du flux de lecture du fichier du modèle.

Renvoie une boîte d'une unité de côté de couleur `color`.

Modification des couleurs de diffusion et d'ambiance.

```
      modelReader = new InputStreamReader(
          piece.getModel().openStream()); ❺
      ObjectFile loader = new ObjectFile();
      Scene scene = loader.load(modelReader); ❻

      BranchGroup modelScene = scene.getSceneGroup();
      BoundingBox modelBounds = getBounds(modelScene); ❼
      Point3d lower = new Point3d();
      modelBounds.getLower(lower); ❽
      Point3d upper = new Point3d();
      modelBounds.getUpper(upper); ❾

      Transform3D translation = new Transform3D();
      translation.setTranslation(
          new Vector3d(-lower.x - (upper.x - lower.x) / 2,
              -lower.y - (upper.y - lower.y) / 2,
              -lower.z - (upper.z - lower.z) / 2));
      Transform3D modelTransform = new Transform3D();
      modelTransform.setScale(
          new Vector3d(1 / (upper.x -lower.x),
              1 / (upper.y - lower.y),
              1 / (upper.z - lower.z)));
      modelTransform.mul(translation);
      TransformGroup modelTransformGroup =
          new TransformGroup(modelTransform); ❿
      modelTransformGroup.addChild(modelScene);
      return modelTransformGroup;
    } catch (IOException ex) { ⓫
      return getModelBox(Color.RED);
    } catch (IncorrectFormatException ex) {
      return getModelBox(Color.RED);
    } catch (ParsingErrorException ex) {
      return getModelBox(Color.RED);
    } finally {
      try {
        if (modelReader != null) {
          modelReader.close();
        }
      } catch (IOException ex) {
        throw new RuntimeException(ex);
      }
    }
  }

  private Node getModelBox(Color color) {
    Material material = new Material();
    material.setDiffuseColor(new Color3f(color));
    material.setAmbientColor(new Color3f(color.darker()));
    Appearance boxAppearance = new Appearance();
    boxAppearance.setMaterial(material);
    return new Box(0.5f, 0.5f, 0.5f, boxAppearance);
```

```
    return new Box(0.5f, 0.5f, 0.5f, boxAppearance);
  }

  private BoundingBox getBounds(Node node) {
    BoundingBox objectBounds = new BoundingBox(
        new Point3d(Double.POSITIVE_INFINITY,
            Double.POSITIVE_INFINITY, Double.POSITIVE_INFINITY),
        new Point3d(Double.NEGATIVE_INFINITY,
            Double.NEGATIVE_INFINITY, Double.NEGATIVE_INFINITY));
    computeBounds(node, objectBounds);
    return objectBounds;
  }

  private void computeBounds(Node node, BoundingBox bounds) {
   if (node instanceof Group) {
     Enumeration enumeration = ((Group)node).getAllChildren();
     while (enumeration.hasMoreElements ()) {
       computeBounds((Node)enumeration.nextElement (), bounds);
     }
   } else if (node instanceof Shape3D) {
      Bounds shapeBounds = ((Shape3D)node).getBounds(); ⓬
      bounds.combine(shapeBounds); ⓭
   }
  }
}
```

◄ Renvoie la boîte englobante de la forme ou des formes qui dépendent de `node`.

◄ Calcul récursif de la boîte englobante.

◄ Si le nœud est un groupe, calculer la boîte englobante de ses enfants.

◄ Si le nœud est une forme, combiner les dimensions de sa boîte englobante avec celles de la boîte `bounds`.

De façon similaire à la classe `Wall3D`, Margaux mémorise dans la propriété `userData` ❶ l'instance de `HomePieceOfFurniture` qui correspond à une branche de meuble, pour accéder aux propriétés de cet objet au moment de lecture de son modèle 3D ❹ et de la mise à jour de sa position ❸. Comme la transformation du groupe qui place et oriente un meuble peut être modifiée une fois qu'un modèle 3D est affiché à l'écran, elle attribue à ce groupe la capacité `ALLOW_TRANSFORM_WRITE` ❷. La transformation du groupe ❿ qui contraint le modèle 3D d'un meuble dans un cube d'une unité de côté, est quant à elle calculée à partir des coordonnées des sommets opposés ❽ ❾ de sa boîte englobante ❼. Si l'ouverture ❺ ou la lecture ❻ de la source de données qui contient le modèle déclenche une exception ⓫, Margaux choisit de remplacer le modèle du meuble par une boîte rouge.

ASTUCE

Dimensions hors tout d'une branche

L'appel de la méthode `getBounds` sur une instance de `BranchGroup` renvoie la sphère englobante des formes enfants de cet objet, et non une boîte englobante. Pour obtenir une telle boîte, l'astuce consiste à combiner ⓭ l'une après l'autre les boîtes englobantes des formes renvoyées par la méthode `getBounds` ⓬ de la classe `Shape3D`.

Test de la vue 3D du logement

Margaux intègre les nouveaux meubles créés par Sophie au cours du scénario, et teste l'affichage des meubles dans la vue 3D avec l'application de classe `com.eteks.sweethome3d.junit.HomeControllerTest`. Elle obtient ainsi le résultat de la figure 9-25.

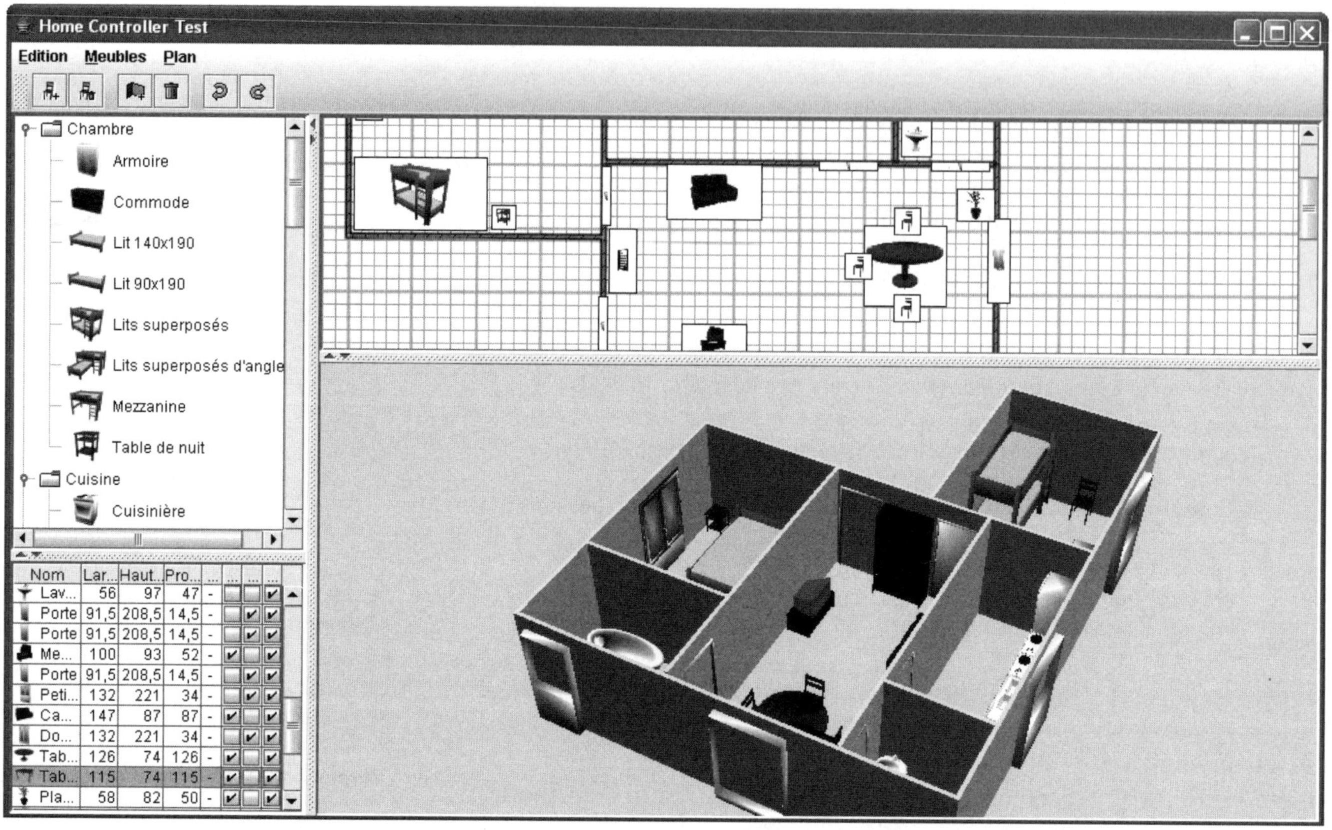

Figure 9–25 Test de la vue 3D avec l'application HomeControllerTest

Optimisation du chargement des modèles 3D

Le composant de la vue 3D fonctionne sans problème, et l'ajout de cette vue dans Sweet Home 3D lui donne un aspect bien plus utile, voire ludique. Mais l'équipe remarque que l'application se fige pendant le chargement du modèle 3D des meubles, et que le délai d'attente commence à se prolonger beaucoup trop quand plusieurs meubles du catalogue sont ajoutés d'un coup au logement. Margaux propose de corriger ce problème en affichant dans la vue 3D une boîte temporaire qui représentera un meuble ajouté, pendant que le chargement de son modèle s'effectuera dans un thread séparé. Elle modifie en conséquence la branche des meubles qu'elle représente dans la figure 9-26 :

- à la création de la branche d'un meuble et pendant le chargement de son modèle, une sous-branche ❶ affichera une boîte blanche ;
- une fois le chargement terminé, une sous-branche ❷ qui affichera le modèle remplacera la première sous-branche.

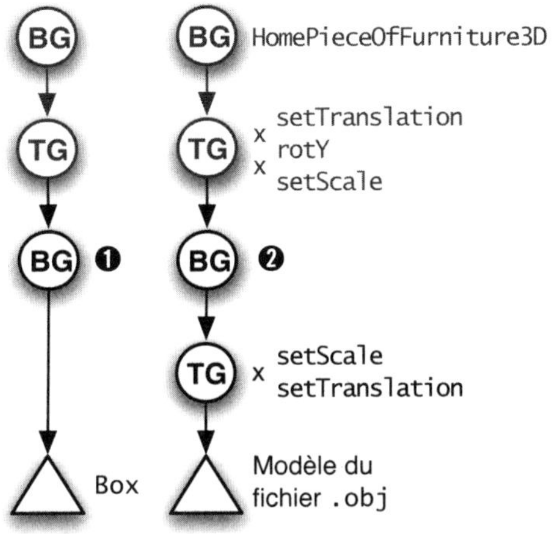

Figure 9–26
Branche d'un meuble pendant et après le chargement de son modèle

Margaux intègre cette modification dans la méthode getPieceOfFurnitureNode de la classe interne HomePieceOfFurniture3D.

Méthode getPieceOfFurnitureNode de la classe interne HomePieceOfFurniture3D

```
private static Executor modelLoader =
    Executors.newSingleThreadExecutor(); ❶

private Node getPieceOfFurnitureNode() {
  final TransformGroup pieceTransformGroup = new TransformGroup();
  pieceTransformGroup.setCapability(
      TransformGroup.ALLOW_TRANSFORM_WRITE);
  pieceTransformGroup.setCapability(Group.ALLOW_CHILDREN_WRITE); ❷
  pieceTransformGroup.setCapability(Group.ALLOW_CHILDREN_EXTEND);

  final BranchGroup waitBranch = new BranchGroup(); ❸
  waitBranch.setCapability(BranchGroup.ALLOW_DETACH);
  waitBranch.addChild(getModelBox(Color.WHITE)); ❹
  pieceTransformGroup.addChild(waitBranch); ❺

  modelLoader.execute(new Runnable() { ❻
    public void run() {
      BranchGroup modelBranch = new BranchGroup(); ❼

      modelBranch.addChild(getModelNode()); ❽
```

◄ Obtention d'un exécuteur de tâche monothread.

◄ Attribution au groupe des capacités qui permettent de modifier la liste de ses enfants.

◄ Ajout d'une branche temporaire d'attente qui affiche une boîte blanche.

◄ Lancement du chargement du modèle par l'exécuteur de tâche.

◄ Création de la branche qui affiche le modèle 3D du meuble.

◄ Chargement du modèle 3D.

Ajout de la branche du modèle et suppression de la branche temporaire d'attente. ▸

```
      pieceTransformGroup.addChild(modelBranch); ❾
      waitBranch.detach(); ❿
    }
  });

  return pieceTransformGroup;
}
```

Après avoir attribué au groupe de transformation les capacités qui permettront de modifier la liste de ses enfants ❷, Margaux lui ajoute ❺ une sous-branche ❸ qui affiche une boîte blanche ❹. Elle lance ensuite une tâche dans un thread séparé ❻, qui crée la sous-branche du modèle 3D ❼ et lance le chargement du modèle ❽. Une fois le chargement terminé, Margaux ajoute la sous-branche du modèle au groupe de transformation ❾ puis supprime la sous-branche de la boîte ❿. Après des essais avec l'application de test, elle constate qu'il vaut mieux charger les modèles 3D l'un après l'autre, c'est pourquoi elle choisit d'utiliser un exécuteur de tâche monothread ❶ qui exécutera ses tâches l'une après l'autre ❻.

JAVA 3D

Modification d'un arbre en multithread

D'après le peu de documentation disponible sur le Web au sujet de la programmation multithread en Java 3D, les nœuds vivants de l'arbre d'une scène 3D peuvent être modifiés à partir d'un autre thread, comme Margaux l'a programmé au chargement du modèle d'un meuble ❻.

POUR ALLER PLUS LOIN **Intégration des portes et des fenêtres**

Si vous voulez qu'une forme comme un mur soit évidée à l'endroit où une fenêtre ou une porte y est intégrée, c'est à vous de calculer la construction géométrique du mur équivalente. Le recours aux classes du package `java.awt.geom` et notamment à la classe `Area`, simplifie la programmation de ce calcul. La méthode `intersect` de cette classe vous permettra de déterminer quels sont les murs qui ont une intersection avec une porte ou une fenêtre, puis la méthode `exclusiveOr` vous aidera à calculer la base des pans de mur de chaque côté d'une porte ou d'une fenêtre.

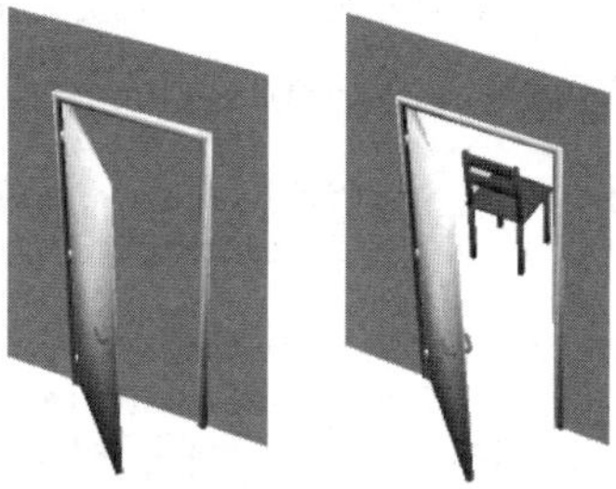

Figure 9–27 Porte ouverte sans et avec calcul d'intersection avec le mur

Une fois cette modification faite, Margaux effectue un test d'intégration et balise dans CVS la fin du septième scénario avec le numéro de version `V_0_7`.

En résumé...

Ce chapitre vous a donné un aperçu des nombreuses possibilités de Java 3D. Une fois le principe d'arbre d'une scène 3D assimilé, vous pourrez explorer les autres classes de cette bibliothèque et construire des scènes complexes. Attention toutefois à bien organiser et documenter vos classes, car même si Java 3D simplifie la programmation 3D, le nombre de lignes nécessaires à la création d'une scène peut devenir rapidement important et indigeste.

> SWT **Inclure un composant AWT dans une application SWT**
>
> La classe `org.eclipse.swt.awt.SWT_AWT` fait office de pont entre les bibliothèques SWT/JFace et AWT/Swing. Elle dispose de la méthode `static new_Frame` et de son inverse `new_Shell`. `new_Frame` permet de récupérer une fenêtre de classe `java.awt.Frame` liée à un composite SWT passé en paramètre. Tout ajout de composant AWT/Swing à cette fenêtre est en fait ajouté au composite à laquelle elle est liée ; c'est grâce à cette fonctionnalité que VE peut prévisualiser la construction d'une interface utilisateur Swing dans Eclipse. En recourant à la classe `SWT_AWT`, il est ainsi possible d'ajouter une instance de la classe `HomeComponent3D` conçue dans ce scénario à la fenêtre d'application `com.eteks.sweethome3d.jface.HomeApplicationWindow` développée au cours des scénarios précédents. Cette modification peut être testée grâce à l'application `com.eteks.sweethome3d.test.JFaceHomeControllerTest` enregistrée dans le dossier `test` du code source. Même si actuellement la classe `SWT_AWT` n'est supportée que partiellement sous Mac OS X, l'ajout d'un composant `HomeComponent3D` dans une fenêtre SWT fonctionne sous ce système avec la version 3.2 de SWT.

chapitre 10

* Sans titre - Sweet Home 3D
Fichier
Edition
Enregistrer
Enregistrer dans :
Mes maisons
Mes documents récents
Bureau
Mes documents
Poste de travail
Favoris réseau
Nom de fichier :
Ma maison
Fichiers du type :
Sweet Home 3D
Enregistrer
Annuler
Salon
Nom
Lavabo
Meuble TV
Plante verte
Table ronde
Chaise
Chaise
Porte
Porte
Lit 140x190

Enregistrement et lecture du logement

L'enregistrement du document édité par l'utilisateur et sa relecture sont essentiels dans une application. En s'aidant de la sérialisation, l'équipe va donc programmer ces fonctionnalités, puis les intégrer dans leur application.

SOMMAIRE

MOTS-CLÉS

- Sérialisation
- ZIP
- JFileChooser
- JOptionPane
- JFrame
- com.apple.eawt

Scénario n° 8

Le huitième scénario doit permettre d'enregistrer dans un fichier un logement, pour le relire ultérieurement ou l'échanger avec d'autres utilisateurs de Sweet Home 3D. Techniquement, le développement de ce scénario nous permettra d'aborder les sujets suivants :

- la sérialisation des objets métier ;
- comment organiser les classes afin de rendre la couche métier indépendante de la technologie utilisée pour enregistrer les objets métier ;
- l'utilisation des boîtes de dialogue standards `javax.swing.JFileChooser` et `javax.swing.JOptionPane` ;
- comment personnaliser une application Swing pour qu'elle s'intègre mieux dans Mac OS X.

Spécifications des opérations d'enregistrement et de lecture

Sophie spécifie les nouvelles fonctionnalités de l'application offertes à l'utilisateur pour enregistrer et lire un logement :

- L'utilisateur pourra à tout moment sauvegarder dans un fichier le logement édité ; ce fichier aura l'extension `.sh3d`.
- Au premier enregistrement, il lui sera demandé de choisir le nom et le dossier de destination de ce fichier, à l'aide d'une boîte de dialogue adéquate ; s'il a déjà choisi un nom de fichier, il pourra l'enregistrer dans un autre fichier.
- À l'aide d'une boîte de dialogue d'ouverture de fichier, l'utilisateur pourra choisir le fichier d'un logement précédemment enregistré, pour l'afficher dans une nouvelle fenêtre.
- Le fichier d'un logement devra être indépendant du catalogue de l'utilisateur pour lui permettre de partager ses fichiers avec d'autres utilisateurs.
- Le format du fichier retenu devra être compatible avec les futures versions du logiciel.
- L'utilisateur pourra créer un nouveau logement vide dans une nouvelle fenêtre.
- L'application devra proposer à l'utilisateur de sauvegarder un logement modifié quand il désirera fermer la fenêtre d'un logement ou quitter l'application.

L'accès à ces fonctionnalités se fera grâce aux éléments localisés des éléments *Nouveau*, *Ouvrir...*, *Fermer*, *Enregistrer, Enregistrer sous...* et *Quitter* d'un nouveau menu *Fichier*. Les éléments *Nouveau*, *Ouvrir...* et *Enregistrer* de menu auront leur équivalent dans la barre d'outils. La barre de titre de la fenêtre devra afficher le nom du logement qui sera *Sans titre* (ou *Untitled* en anglais) à la création d'un logement, puis le nom du fichier choisi par l'utilisateur ; ce titre sera précédé d'une étoile quand le logement affiché dans la fenêtre ne correspondra plus au fichier enregistré.

Enfin, Matthieu demande à l'équipe de créer la classe d'application qui sera utilisée comme point d'entrée du programme final.

> ATTENTION **Signaler un logement modifié**
>
> Un logement est considéré comme non modifié juste après qu'il a été enregistré, mais aussi quand son état correspond à celui qui a été enregistré après l'annulation d'une opération.

Scénario de test

À partir des spécifications précédentes, Sophie rédige le scénario de test suivant :

1. Créer un logement vide auquel seront ajoutés un mur et un meuble du catalogue par défaut.
2. Enregistrer le logement dans le fichier `test.sh3d` du dossier courant, et vérifier que le fichier existe bien.
3. Lire le fichier `test.sh3d` dans un nouveau logement et vérifier que les propriétés des meubles et des murs qu'il contient ont les mêmes valeurs que celles du premier logement.

Le test d'intégration des fonctionnalités d'enregistrement et de lecture de fichiers dans les nouveaux menus de l'application ne sera pas automatisé.

Architecture des classes du scénario

Pour assurer l'indépendance des classes des couches métier et présentation vis-à-vis du système de sauvegarde, les fonctionnalités d'enregistrement et de lecture d'un logement doivent être implémentées dans la couche persistance. Thomas décide donc :

- de créer une nouvelle interface `com.eteks.sweethome3d.model.HomeRecorder` qui présentera les méthodes `writeHome`, `readHome` et `exists` à la couche présentation, `exists` étant nécessaire pour vérifier si oui ou non un logement existe déjà ;
- d'implémenter cette interface dans la classe `com.eteks.sweethome3d.io.HomeFileRecorder` qui se chargera d'écrire un logement et de le lire dans un fichier.

Sérialisation des objets

Comme le suggère la figure 10-1, l'équipe décide de recourir à la sérialisation Java pour enregistrer et lire un logement. Non seulement ce système est simple à mettre en œuvre, mais en plus, il permet dans une certaine mesure de continuer à lire des fichiers écrits avec des versions antérieures d'une classe.

Pour écrire les objets d'une classe par sérialisation, il faut au minimum que cette classe et celles dont elle dépend implémentent l'interface `java.io.Serializable`. Thomas en déduit que pour enregistrer un logement, il faut donc que les classes `Home` et `Wall` implémentent `Serializable` et que les interfaces `PieceOfFurniture` et `Content` en dérivent, sans autre modification puisque l'interface `Serializable` ne contient aucune méthode. Il propose ensuite que la nouvelle classe d'exception contrôlée `com.eteks.sweethome3d.model.RecorderException` sera celle susceptible d'être déclenchée par les méthodes `writeHome`, `readHome` et `exists` de l'interface `HomeRecorder`. Afin de garder une trace de l'exception qui est à l'origine d'une erreur (par exemple une exception de type `IOException`), cette classe disposera notamment d'un constructeur prenant un objet de type `Throwable`.

JAVA Chaînage d'exceptions

La classe `Throwable` peut lier une exception à une autre considérée comme la cause de cette exception. Cette cause renvoyée par la méthode `getCause`, peut être initialisée avec la méthode `initCause`, ou de manière plus pratique, avec le constructeur des classes `Throwable`, `Exception` et `RuntimeException` adéquat. La méthode `printStackTrace` d'une exception reproduit la trace de la pile d'exécution d'une exception et récursivement de toutes les exceptions qui lui sont chaînées.

B.A.-BA Sérialisation

La sérialisation permet en une instruction d'écrire et de lire sur un flux de données l'état d'un objet qui implémente l'interface `java.io.Serializable` et les états des objets qu'il référence. Ces opérations s'effectuent grâce aux méthodes `writeObject` et `readObject` des classes de filtres `java.io.ObjectOutputStream` et `java.io.ObjectInputStream`. C'est ce système qui est utilisé dans RMI (*Remote Method Invocation*) pour transmettre des objets en paramètres à une méthode appelée sur une JVM distante et récupérer les objets renvoyés. La sérialisation permet à une classe d'évoluer tout en restant compatible avec des flux de données écrits avec une version antérieure de cette classe, dans des conditions assez souples. Il est possible par exemple d'ajouter des champs à cette classe, ou d'ajouter de nouvelles classes dont elle dépend.

- http://java.sun.com/j2se/1.5.0/docs/guide/serialization/spec/version.html

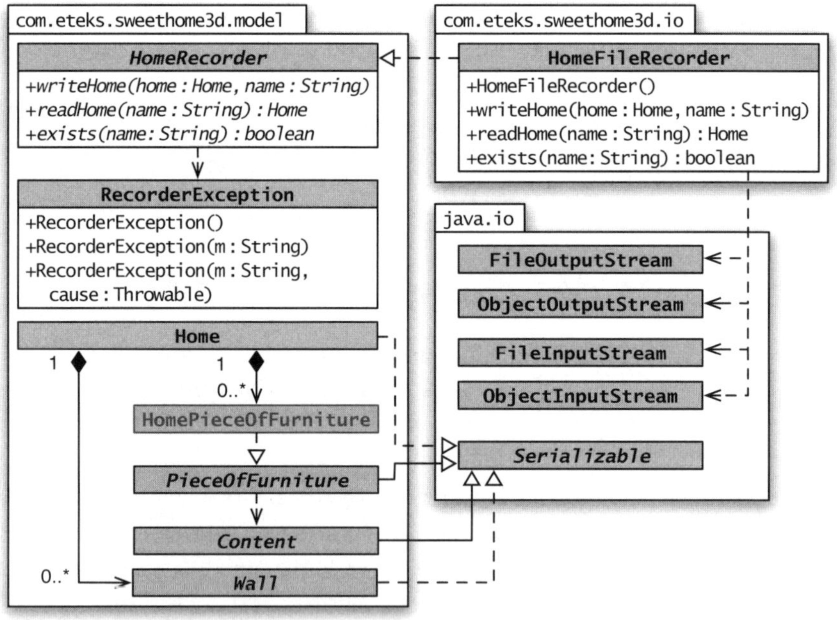

Figure 10–1
Diagramme des classes de gestion de l'enregistrement d'un logement

Intégration de l'enregistrement dans l'interface utilisateur

Thomas s'occupe ensuite de détailler comment l'interface utilisateur aura accès au système d'enregistrement, et comment sera architecturée la classe principale de l'application (voir figure 10-2).

- Il créera une nouvelle classe abstraite `com.eteks.sweethome3d.model.HomeApplication` ❹, qui regroupera l'ensemble des logements créés dans l'application, les préférences utilisateur ❺ et l'accès au système d'enregistrement ❻. Le nouveau type de listener `HomeListener` ❸ ❷ sera lié à cette classe pour notifier la création et la suppression d'un logement dans l'application.
- La classe `com.eteks.sweethome3d.SweetHome3D` ⓫ implémentera les deux méthodes abstraites `getUserPreferences` et `getHomeRecorder` de la classe `HomeApplication` dont elle héritera, et servira comme point d'entrée de l'application. Cette classe instanciera les classes de gestion des préférences ⓬ et du système d'enregistrement ⓭. À la notification d'un nouveau logement, la classe `SweetHome3D` se chargera aussi d'instancier le contrôleur de la fenêtre de ce logement ⓰ pour créer la vue qui lui est associée ⓾ et l'afficher dans une fenêtre ⓯.

JAVA Listener PropertyChangeListener

L'interface `java.beans.PropertyChangeListener` ❾ et sa classe d'événement `java.beans.PropertyChangeEvent` ❽ permettent de notifier le changement de valeur d'une propriété d'un objet. Le package `java.beans` met aussi à disposition la classe d'outil `PropertyChangeSupport`, dont les méthodes `addPropertyChangeListener`, `removePropertyChangeListener` et `firePropertyChange` facilitent la gestion des listeners de ce type.

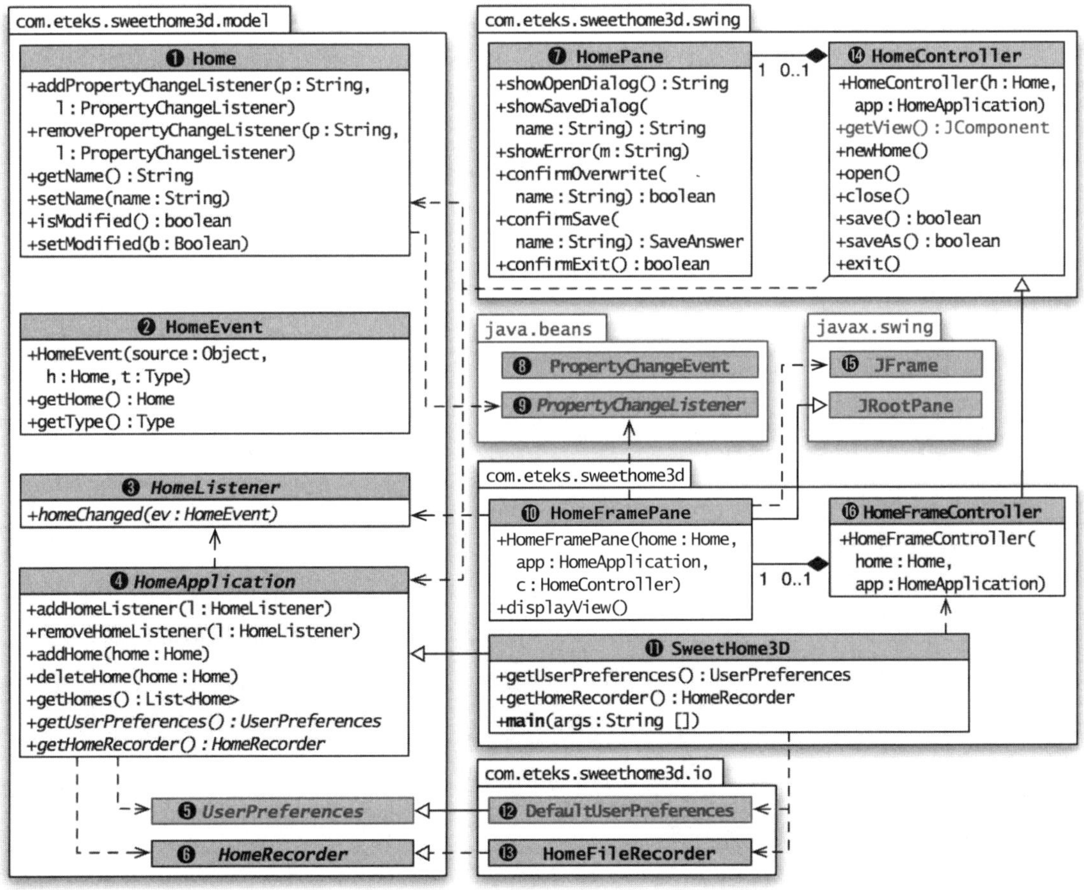

Figure 10–2 Diagramme des classes de gestion de l'application

POUR ALLER PLUS LOIN

Changer de système de persistance

Si vous voulez par exemple remplacer le système d'enregistrement et de lecture retenu par une base de données, il vous faudra implémenter une classe `HomeDatabaseRecorder`, dans laquelle vous implémenterez des méthodes `readHome` et `writeHome` capables d'accéder à l'enregistrement d'un logement, dont la clé sera son nom. Cette classe sera instanciée à la place de `HomeFileReader` ⑬ dans la classe `SweetHome3D` ⑪. Afin de présenter des boîtes de dialogue d'ouverture et d'enregistrement d'un logement adaptées à une base de données, il faudra aussi redéfinir les méthodes `showOpenDialog` et `showSaveDialog` dans une sous-classe de `HomePane` ⑦, puis renvoyer une instance de cette classe dans la méthode `getView` d'une sous-classe de contrôleur de `HomeController` ⑭.

- La classe `HomeController` ⑭ sera enrichie des méthodes qui contrôleront l'action des nouveaux menus. Ces menus et les boutons de la barre d'outils qui leur correspondent seront créés comme dans les scénarios précédents avec les méthodes `private createActions`, `getHomeMenuBar` et `getToolBar` de la classe `HomePane` ⑦ ; cette dernière disposera par ailleurs de six nouvelles méthodes qui géreront le dialogue avec l'utilisateur.
- Il ajoutera les propriétés modifiables `name` et `modified` à la classe `Home` ①, pour enregistrer le nom de la ressource (fichier ou autre) dans laquelle un logement sera enregistré, et son état modifié ou non. Un listener de type `PropertyChangeListener` ⑨ sera lié à cette classe pour gérer les notifications de modification de ces propriétés.

Le diagramme de séquence de la figure 10-3 montre par quelles étapes passera la création de la fenêtre d'un nouveau logement, quand l'utilisateur sélectionnera le menu *Nouveau* :

1. Le listener d'action associé au menu appellera la méthode `newHome` sur le contrôleur ⑭ ⑯ de la vue du logement en cours d'édition.
2. Cette méthode créera une nouvelle instance de `Home` qui sera ajoutée à l'ensemble des logements édités ④.
3. L'ajout d'un nouveau logement sera notifié au listener ③ positionné par l'application ⑪ sur l'ensemble des logements.
4. Cette notification provoquera la création d'un contrôleur ⑭ ⑯ associé au nouveau logement.
5. Ce contrôleur instanciera la vue ⑩ qui lui est associée et demandera à cette vue de s'afficher dans une fenêtre.

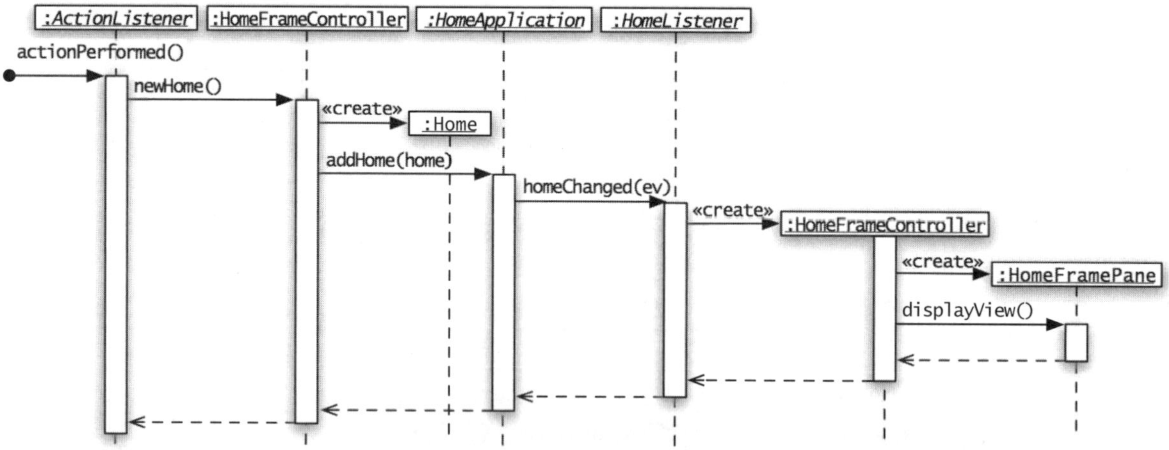

Figure 10–3 Diagramme de séquence de création d'un logement

Programme de test de l'enregistrement

Thomas rédige la classe com.eteks.sweethome3d.junit.HomeFileRecorderTest, et sa méthode testWriteReadHome dans laquelle il implémente le scénario n° 8 avec les classes spécifiées dans le diagramme de la figure 10-1.

L'implémentation des deux méthodes assertEquals et assertContentEquals de la classe HomeFileRecorderTest n'ont pas été reproduites par manque d'intérêt. Vous pouvez les retrouver dans le code source de cette classe.

Classe com.eteks.sweethome3d.junit.HomeFileRecorderTest

```
package com.eteks.sweethome3d.junit;

import java.io.*;
import junit.framework.TestCase;
import com.eteks.sweethome3d.io.*;
import com.eteks.sweethome3d.model.*;

public class HomeFileRecorderTest extends TestCase {
  public void testWriteReadHome() throws RecorderException { ❶
    Home home1 = new Home(); ❷
    Wall wall = new Wall(0, 10, 100, 80, 10);
    home1.addWall(wall); ❸
    Catalog catalog = new DefaultCatalog();
    HomePieceOfFurniture piece = new HomePieceOfFurniture(
        catalog.getCategories().get(0).getFurniture().get(0));
    home1.addPieceOfFurniture(piece); ❹

    HomeRecorder recorder = new HomeFileRecorder();
    String testFile = new File("test.sh3d").getAbsolutePath();
    recorder.writeHome(home1, testFile); ❺
    assertTrue(recorder.exists(testFile));


    Home home2 = recorder.readHome(testFile); ❻
    assertNotSame(home1, home2);
    assertEquals(home1.getWallHeight(), home2.getWallHeight());
    assertEquals(home1.getWalls().size(),
          home2.getWalls().size());
    assertEquals(wall, home2.getWalls().iterator().next());
    assertEquals(home1.getFurniture().size(),
          home2.getFurniture().size());
    assertEquals(piece, home2.getFurniture().get(0));

    if (!new File(testFile).delete()) { ❼
      fail("Couldn't delete file " + testFile);
    }
  }
```

❶ Méthode testant le scénario n° 8.

❷ Création d'un logement vide.

Ajout d'un mur au logement.

Ajout du premier meuble du catalogue au logement.

Création d'un enregistreur de logement.

Enregistrement du logement dans le fichier test.sh3d.

Vérification que le fichier existe.

Lecture du fichier dans un nouveau logement.

Vérification que home1 et home2 ne sont pas les mêmes références.

Vérification des murs des logements.

Vérification des meubles des logements.

Si la suppression du fichier de test n'a pas fonctionné, provoquer une erreur dans le test.

Vérifie que les murs `wall1` et `wall2` ont les mêmes propriétés.

Vérifie que les meubles `piece1` et `piece2` ont les mêmes propriétés.

Vérifie que les contenus des flux accessibles par `content1` et `content2` sont les mêmes.

```
  private void assertEquals(Wall wall1, Wall wall2) {
    // ...
  }

  private void assertEquals(HomePieceOfFurniture piece1,
                            HomePieceOfFurniture piece2) {
    // ...
  }

  private void assertContentEquals(String message,
      Content content1, Content content2) {
    // ...
  }
}
```

Thomas crée un logement ❷ auquel il ajoute un mur ❸ et un meuble ❹. Il enregistre ce logement ❺ dans le fichier `test.sh3d` du dossier courant et le relit aussitôt ❻ pour vérifier si la lecture lui renvoie un logement identique. Finalement, il supprime le fichier de test ❼. Pour simplifier son programme, il choisit de ne pas y gérer les exceptions contrôlées de type `RecorderException` ❶ que peuvent déclencher les méthodes `writeHome` et `readHome`, en laissant JUnit les intercepter.

Implémentation de l'enregistrement et de la lecture

Pour que le test `testWriteReadHome` de la classe `HomeFileRecorderTest` passe, Thomas doit rendre sérialisables les classes dépendantes d'un logement, puis implémenter les classes `RecorderException` et `HomeFileRecorder`.

Classes sérialisables

Thomas implémente tout d'abord l'interface `java.io.Serializable` dans les classes `Home` et `Wall` de la couche métier, puis dérive les interfaces `PieceOfFurniture` et `Content` de `Serializable`. Il ajoute ensuite un champ `static serialVersionUID` égal à `1` aux classes `Home`, `Wall`, `HomePieceOfFurniture`, `CatalogPieceOfFurniture` et `URLContent`. Il vérifie au passage que les types de la bibliothèque standard qu'il utilise pour les champs de ces classes, c'est-à-dire `java.lang.String`, `java.lang.Integer`, `java.net.URL` et `java.util.ArrayList` sont bien sérialisables eux aussi.

JAVA Version d'une classe sérialisable

Le champ constant `serialVersionUID` d'une classe est utilisé par la sérialisation Java pour repérer la version d'une classe. Aussitôt que ce numéro change, une classe est considérée comme incompatible avec les objets sérialisés grâce à la version précédente de cette classe.
Normalement, il faut donc changer la valeur de `serialVersionUID` uniquement quand vous faites des changements incompatibles sur une classe. Si vous ne déclarez pas ce champ dans une classe sérialisable, le compilateur lui attribuera une valeur calculée en fonction de l'identificateur de la classe et de ceux de ses champs et de ses méthodes. Si vous ajoutez une méthode ou un champ qui n'altère pas la compatibilité de la classe, ce champ aura alors une valeur différente, et vous ne pourrez plus lire des objets sérialisés précédemment.

Notification des modifications des propriétés du logement

Thomas s'occupe ensuite de la classe `com.eteks.sweethome3d.model.Home` :

1 Il y ajoute les champs `propertyChangeSupport`, `name` et `modified` de type `boolean`.
2 Il génère l'accesseur et le mutateur des champs `name` et `modified`.
3 Il ajoute le modificateur `transient` aux champs `selectedItems`, `furnitureListeners`, `selectionListeners`, `wallListeners`, `modified`, `propertyChangeSupport` qu'il ne veut pas sérialiser.
4 Il modifie le constructeur principal de la classe et les méthodes qui utilisent les champs `transient` pour initialiser ces champs à la volée, c'est-à-dire de façon différée quand ils sont utilisés la première fois.
5 Il implémente les méthodes `addPropertyChangeListener` et `removePropertyChangeListener`.
6 Enfin, il notifie aux listeners de type `PropertyChangeListener` enregistrés les changements des propriétés `name` et `modified` dans le mutateur de ces champs.

JAVA transient

Le modificateur `transient` qualifie un champ qui n'est pas sérialisé. Comme à la lecture d'un objet sérialisé, un tel champ prend sa valeur par défaut, il faut l'initialiser soit à la volée, soit en définissant une méthode `readObject` qui se chargera entre autres choses d'initialiser ces champs. Voir la Javadoc de l'interface `java.io.Serializable` pour plus d'informations.

Classe com.eteks.sweethome3d.model.Home (modifiée)

```
package com.eteks.sweethome3d.model;

import java.beans.*;
import java.io.Serializable;
import java.util.*;
import java.util.List;

public class Home implements Serializable {
  private static final long serialVersionUID = 1L;

  private List<HomePieceOfFurniture>        furniture;
  private transient List<Object>            selectedItems;
  private transient List<FurnitureListener> furnitureListeners;
  private transient List<SelectionListener> selectionListeners;
  private Collection<Wall>                  walls;
  private transient List<WallListener>      wallListeners;
  private float                             wallHeight;
  private String                            name;
  private transient boolean                 modified;
  private transient PropertyChangeSupport   propertyChangeSupport;

  // Constructeurs public inchangés

  private Home(List<HomePieceOfFurniture> furniture,
           float wallHeight) {
```

◄ Version de la classe.

◄ Ajout du modificateur `transient` aux champs qui ne seront pas enregistrés par sérialisation.

Initialisations des listes transient supprimées. Ces listes sont crées à la volée dans les méthodes où elles sont utilisées.

Ajoute au logement un listener de notification de modification de la propriété property.

Création à la volée de l'objet référencé par le champ transient propertyChangeSupport.

Retire du logement un listener de notification de modification de la propriété property.

Modifie la propriété name du logement et notifie aux listeners de type PropertyChangeListener ce changement de valeur.

Notification du changement de la valeur de propriété name.

Modifie la propriété modified du logement et notifie aux listeners de type PropertyChangeListener ce changement de valeur.

Notification du changement de la valeur de propriété modified.

```
    this.furniture =
        new ArrayList<HomePieceOfFurniture>(furniture);
    this.walls = new ArrayList<Wall>();
    this.wallHeight = wallHeight;
  }

  // Initialisation à la volée des champs selectedItems,
  // furnitureListeners, selectionListeners et wallListeners
  // dans les méthodes créées précédemment

  public void addPropertyChangeListener(String property,
      PropertyChangeListener listener) {
    if (this.propertyChangeSupport == null) {
      this.propertyChangeSupport =
          new PropertyChangeSupport(this);
    }
    this.propertyChangeSupport.addPropertyChangeListener(
        property, listener);
  }

  public void removeProrertyChangeistener(String property,
      PropertyChangeListener listener) {
    if (this.propertyChangeSupport != null) {
      this.propertyChangeSupport.removePropertyChangeListener(
          property, listener);
    }
  }

  public void setName(String name) {
    if (name != this.name
        || (name != null && !name.equals(this.name))) {
      String oldName = this.name;
      this.name = name;
      if (this.propertyChangeSupport != null) {
        this.propertyChangeSupport.firePropertyChange(
            "name", oldName, name);
      }
    }
  }

  public void setModified(boolean modified) {
    if (modified != this.modified) {
      this.modified = modified;
      if (this.propertyChangeSupport != null) {
        this.propertyChangeSupport.firePropertyChange(
            "modified", !modified, modified);
      }
    }
  }

  // Accesseurs getName et isModified
}
```

Comme Thomas a modifié plusieurs méthodes existantes de la classe `Home`, il vérifie que son implémentation de l'initialisation à la volée des champs `selectedItems`, `furnitureListeners`, `selectionListeners` et `wallListeners` est correcte en exécutant un test d'intégration.

Classe d'exception de la couche métier

Thomas doit ajouter les constructeurs de la classe `com.eteks.sweethome3d.model.RecorderException` qu'il a générés à l'écriture du programme de test. Comme cette classe reprend des constructeurs similaires à ceux de sa super-classe `java.lang.Exception`, il a recours au menu *Source>Add Constructors from Superclass...* pour générer les trois constructeurs souhaités.

Figure 10–4
Ajout des constructeurs à partir de la super-classe

Classe com.eteks.sweethome3d.model.RecorderException

```
package com.eteks.sweethome3d.model;

public class RecorderException extends Exception {
  private static final long serialVersionUID = 1L;

  public RecorderException() {
    super();
  }

  public RecorderException(String message) {
    super(message);
  }
```

```
  public RecorderException(String message,
                           Throwable cause) {
    super(message, cause);
  }
}
```

Enregistrement et lecture d'un logement

Thomas complète maintenant les méthodes `writeHome`, `readHome` et `exists` de la classe `com.eteks.sweethome3d.io.HomeFileRecorder`, générées avec l'interface `com.eteks.sweethome3d.model.HomeRecorder` au cours de la rédaction du programme de test. Comme le fichier créé par cette classe doit être indépendant du catalogue de meubles présent dans l'application, il lui faut y enregistrer le logement et le contenu de tous les objets de type `Content` que ses meubles référencent. Il choisit donc d'implémenter un format de fichier qui contiendra la description d'un logement par sérialisation, suivi du contenu de chacun des objets `Content` de l'icône et du modèle 3D de ses meubles.

Pour rendre ce fichier plus compact (les fichiers des modèles sont quelquefois d'assez grande taille), il va recourir à la classe `java.util.zip.ZipOutputStream` capable de créer un flux de données qui contient un ensemble de fichiers au format ZIP. Il aura ainsi un fichier composé d'une entrée `Home` suivie d'entrées de contenu qu'il numérotera dans l'ordre (voir figure 10-5). La lecture d'un logement s'effectuera par désérialisation de l'entrée `Home` du fichier dont les références aux objets de contenu seront remplacées par des instances de `com.eteks.sweethome.tools.URLContent`. L'URL de ces objets sera de la forme `jar:`*`fichier.sh3d`*`!`*`numéro`* et référencera l'entrée du fichier `numéro`, ce qui permettra aux classes qui accèdent aux objets de contenu de fonctionner sans modification.

> **ATTENTION Sérialisation d'une URL**
>
> La sérialisation d'une instance de `java.net.URL` utilisée dans la classe `URLContent` n'enregistre pas le contenu de cette URL.

> **JAVA Protocole jar**
>
> Java propose le protocole `jar` pour référencer une entrée contenue dans un fichier au format ZIP (ou au format JAR). L'URL de cette entrée est de la forme `jar:`*`url`*`!`*`entry`* où *`url`* est l'URL du fichier ou de la ressource au format ZIP et *`entry`* l'entrée recherchée, par exemple `jar:file:/test.zip!fichier.txt`, pour l'entrée `fichier.txt` du fichier `/test.zip`. Comme ce protocole est accepté par la classe `java.net.URL`, l'accès à une entrée d'un fichier ZIP peut se programmer simplement ainsi :
> `InputStream in = new URL("jar:`*`url`*`!`*`entry`*`").openStream();`

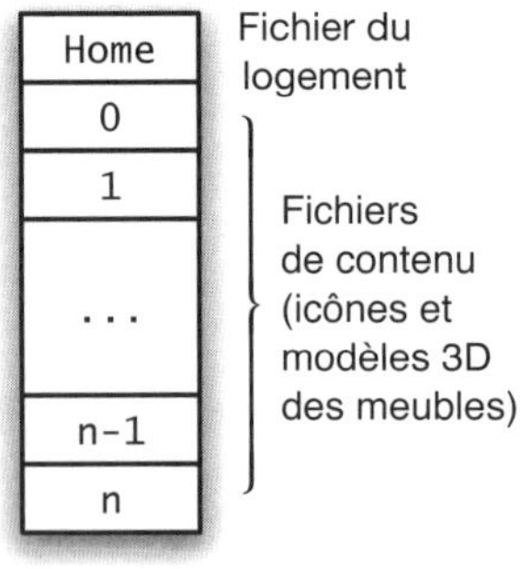

Figure 10–5 Format des fichiers SH3D

> **REGARD DU DÉVELOPPEUR Avantages du format retenu**
>
> Le format de fichier retenu par l'équipe a pour avantage de réduire la taille des fichiers et de permettre la réutilisation de la classe `URLContent` pour référencer les fichiers de contenu des meubles à la lecture d'un logement. Il facilite aussi la mise au point des méthodes d'enregistrement car le fichier créé par la classe `ZipOutputStream` est au format standard ZIP. Une fois généré un premier fichier, il suffit donc d'utiliser n'importe quel outil de décompression de fichiers ZIP pour en vérifier la structure et le contenu.

Implémentation de l'enregistreur de logement

Thomas répartit les traitements d'enregistrement et de lecture d'un fichier de logement entre les méthodes `writeHome` et `readHome` de la classe `HomeFileRecorder`, et deux sous-classes internes `static` de filtre `HomeOutputStream` et `HomeInputStream`.

Classe com.eteks.sweethome3d.io.HomeFileRecorder

```
package com.eteks.sweethome3d.io;

import java.io.*;
import java.net.URL;
import java.util.*;
import java.util.zip.*;
import com.eteks.sweethome3d.model.*;
import com.eteks.sweethome3d.tools.URLContent;

public class HomeFileRecorder implements HomeRecorder {
  public void writeHome(Home home, String name)
                              throws RecorderException {
    HomeOutputStream out = null;
    try {
      out = new HomeOutputStream(new FileOutputStream(name)); ❶
      out.writeHome(home); ❷
    } catch (IOException ex) {
      throw new RecorderException(
          "Can't save home " + name, ex);
    } finally {
      try {
        if (out != null)
          out.close(); ❸
      } catch (IOException ex) {
        throw new RecorderException(
            "Can't close file " + name, ex);
      }
    }
  }

  public Home readHome(String name) throws RecorderException {
    HomeInputStream in = null;
    try {
      in = new HomeInputStream(new FileInputStream(name)); ❹
      Home home = in.readHome();
      return home;
    } catch (IOException ex) {
      throw new RecorderException(
          "Can't read home from " + name, ex);
    } catch (ClassNotFoundException ex) {
      throw new RecorderException(
          "Missing classes to read home " + name, ex);
```

- Écrit les données du logement `home` dans le fichier `name`.
- ❶ Ouverture du fichier `name`.
- ❷ Écriture du logement.
- En cas d'exception, déclencher une exception de type `RecorderException`.
- ❸ Fermeture du fichier s'il a été ouvert.
- Renvoie le logement contenu dans le fichier `name`.
- ❹ Ouverture du fichier `name`.
- Lecture du logement.
- En cas d'exception, déclencher une exception de type `RecorderException`.

Fermeture du fichier s'il a été ouvert.

Renvoie `true` si le fichier name existe.

Filtre de flux de données capable d'écrire un logement au format SH3D.

Écrit le logement home dans le flux de données.

Filtre de flux de données capable de lire un logement au format SH3D.

Lit le logement home contenu dans le flux de données.

```
    } finally {
      try {
        if (in != null)
          in.close();
      } catch (IOException ex) {
        throw new RecorderException(
             "Can't close file " + name, ex);
      }
    }
  }

  public boolean exists(String name) throws RecorderException {
    return new File(name).exists();
  }

  private static class HomeOutputStream
                extends FilterOutputStream { ❺
    public HomeOutputStream(OutputStream out) throws IOException {
      super(out);
    }

    public void writeHome(Home home) throws IOException {
      // TODO Write home
    }
  }

  private static class HomeInputStream
                extends FilterInputStream { ❻
    public HomeInputStream(InputStream in) throws IOException {
      super(in);
    }

    public Home readHome() throws IOException,
                                  ClassNotFoundException {
      // TODO Read home
      return null;
    }
  }
}
```

Dans la méthode `writeHome` de la classe `HomeFileRecorder`, Thomas obtient un flux de données en écriture sur le fichier en paramètre, puis passe ce flux de données au filtre d'écriture de type `HomeOutputStream` ❶ ❺ dont la méthode `writeHome` lui permettra d'écrire le logement au format retenu ❷. Il ferme le flux une fois l'écriture terminée ❸. La méthode `readHome` de `HomeFileRecorder` fonctionne similairement avec cette fois-ci un flux de données en lecture sur un fichier, filtré avec une instance de `HomeInputStream` ❹ ❻.

REGARD DU DÉVELOPPEUR Utilisation des filtres de flux

Le recours au filtre de données pour écrire ou lire un logement permet d'élargir le champ d'utilisation des classes `HomeOutputStream` et `HomeInputStream`. Cette dernière permettrait par exemple de lire un logement sur un flux lié à une ressource sur un serveur web, ou d'inclure des fichiers d'exemple en ressources de l'application.

Écriture du logement dans un flux de données compressé

La méthode `writeHome` de la classe interne `HomeOutputStream` doit écrire dans un flux au format ZIP, l'entrée du logement par sérialisation, suivie d'autant d'entrées que d'objets de contenu référencés par le logement. Pour déterminer la liste de ces objets, Thomas sérialise le logement à l'aide d'une classe `HomeObjectOutputStream` qui dérive de `ObjectOutputStream` et où il redéfinit la méthode `replaceObject`.

Classe interne HomeOutputStream de HomeFileRecorder

```
private static class HomeOutputStream
             extends FilterOutputStream {
  private List<Content> contents = new ArrayList<Content>();

  public HomeOutputStream(OutputStream out) throws IOException {
    super(out);
  }

  public void writeHome(Home home) throws IOException {
    ZipOutputStream zipOut = new ZipOutputStream(this.out); ❶
    zipOut.putNextEntry(new ZipEntry("Home")); ❷
    ObjectOutputStream objectOut =
         new HomeObjectOutputStream(zipOut); ❸
    objectOut.writeObject(home); ❹
    objectOut.flush();
    zipOut.closeEntry();
    byte [] buffer = new byte [8096]; ❺
    for (int i = 0, n = contents.size(); i < n; i++) { ❻
      InputStream contentIn = null;
      try {
        zipOut.putNextEntry(new ZipEntry(String.valueOf(i))); ❼
        contentIn = contents.get(i).openStream();
        int size;
        while ((size = contentIn.read(buffer)) != -1) {
          zipOut.write(buffer, 0, size); ❽
        }
        zipOut.closeEntry(); ❾
      } finally {
```

◂ Filtre d'écriture d'un logement.

◂ Liste des objets de contenu référencés par le logement enregistré.

◂ Écrit le logement home.

◂ Filtrage avec un compresseur.

◂ Création d'une entrée Home.

◂ Écriture de l'entrée du logement avec un filtre de sérialisation qui garde une trace de tous les objets de contenu.

◂ Mémoire tampon de lecture.

◂ Écriture de chaque objet de contenu dans une entrée numérotée.

◂ Recopie de l'objet de contenu dans l'entrée courante.

```
          if (contentIn != null) {
            contentIn.close();
          }
        }
      }
      zipOut.finish(); ⑩
    }

    private class HomeObjectOutputStream
                  extends ObjectOutputStream {
      public HomeObjectOutputStream(OutputStream out)
          throws IOException {
        super(out);
        enableReplaceObject(true); ⑪
      }

      @Override
      protected Object replaceObject(Object obj)
                                    throws IOException { ⑫
        if (obj instanceof Content) {
          contents.add((Content)obj); ⑬
          return new URLContent(
             new URL("jar:file:temp!/" + (contents.size() - 1))); ⑭
        } else {
          return obj;
        }
      }
    }
}
```

Fermeture du flux de données sur le contenu.

Fin de l'écriture du flux compressé, sans fermer le flux.

Filtre de sérialisation qui recherche tous les objets de contenu à enregistrer.

Provoque l'appel à la méthode `replaceObject` à chaque nouvel objet écrit.

Remplace les objets de contenu par une URL temporaire relative à un fichier compressé.

Ne pas remplacer les autres objets.

Après la mise en place d'un filtre de classe `ZipOutputStream` sur le flux de sortie ❶, Thomas crée l'entrée `Home` du logement ❷, et ajoute au flux compressé un filtre de sérialisation ❸ pour écrire les données du logement ❹. Pendant cette sérialisation, il enregistre dans la liste `contents` chaque objet de contenu rencontré ⓭, puis le remplace par une instance de la classe `URLContent` dont l'URL temporaire référence l'entrée de contenu numérotée ⓮, `temp` étant destiné à être remplacé par un vrai nom de fichier à la lecture. Après la sérialisation du logement, il enregistre le contenu de chaque objet de la liste `contents` ❻ dans une entrée séparée nommée d'après son numéro d'ordre ❼.

JAVA Classe ZipOutputStream

L'écriture dans un flux au format ZIP s'effectue grâce à la classe de filtre `java.util.zip.ZipOutputStream`. Chaque entrée y est délimitée par des appels aux méthodes `putNextEntry` ❼ et `closeEntry` ❾, et le contenu d'une entrée s'écrit avec une des méthodes classiques `write` ❽. Enfin, le descripteur des entrées est écrit dans le flux soit avec la méthode `finish` ⑩, soit en fermant le flux avec `close`.

ATTENTION Écriture dans un flux au format ZIP

L'ajout d'une mémoire tampon ❺ ❽ pendant la recopie des objets de contenu dans le flux au format ZIP permet d'obtenir des performances bien meilleures que si vous écrivez un par un les octets de ces objets. D'après nos tests, un fichier SH3D avec 40 meubles de types différents est généré 10 fois plus rapidement !

JAVA Méthodes replaceObject / enableReplaceObject

La méthode `replaceObject` de la classe `ObjectOutputStream` peut être redéfinie ⑫ dans une sous-classe pour remplacer un objet par un autre. Cette méthode sera appelée par `writeObject` ❹ uniquement si vous passez la valeur `true` à la méthode `enable ReplaceObject` ⑪ avant de faire appel à `writeObject`. Les méthodes `resolveObject` et `enableResolveObject` de la casse `ObjectInput Stream` ont un rôle symétrique au moment de la désérialisation.

Lecture du flux de données compressé du logement

La méthode `readHome` de la classe interne `HomeInputStream` doit lire à partir d'un flux au format ZIP l'entrée du logement par désérialisation, et remplacer le fichier `temp` des URL des objets de contenu par le nom d'un fichier valide. Pour effectuer ce remplacement, Thomas désérialise le logement à l'aide d'une classe `HomeObjectInputStream` qui dérive de `ObjectInputStream` et où il redéfinit la méthode `resolveObject`.

Classe interne HomeInputStream de HomeFileRecorder

```
private static class HomeInputStream extends FilterInputStream {
  private File tempFile;

  public HomeInputStream(InputStream in) throws IOException {
    super(in);
  }

  public Home readHome() throws IOException,
                                ClassNotFoundException {
    this.tempFile = File.createTempFile("open", ".sh3d"); ❶
    this.tempFile.deleteOnExit(); ❷
    OutputStream tempOut = null;
    try {
      tempOut = new FileOutputStream(this.tempFile);
      byte [] buffer = new byte [8096];
      int size;
      while ((size = this.in.read(buffer)) != -1) { ❸
        tempOut.write(buffer, 0, size);
      }
    } finally {
      if (tempOut != null) {
        tempOut.close(); ❹
      }
    }

    ZipInputStream zipIn = null;
    try {
      zipIn = new ZipInputStream(
          new FileInputStream(this.tempFile)); ❺
      zipIn.getNextEntry();
      ObjectInputStream objectStream =
          new HomeObjectInputStream(zipIn);
      return (Home)objectStream.readObject(); ❻
    } finally {
      if (zipIn != null) {
        zipIn.close();
      }
    }
  }
```

◂ Filtre de lecture d'un logement à partir d'un flux de données écrit avec la classe `HomeOutputStream`.

◂ Renvoie le logement contenu dans le flux de données.

◂ Copie des données du logement dans un fichier temporaire qui sera celui à partir duquel le logement et le contenu de ses meubles seront lus.

◂ Ouverture du fichier temporaire avec un décompresseur.

◂ Positionnement sur la première entrée.

◂ Lecture de l'entrée du logement avec un filtre de sérialisation qui met à jour l'URL des objets de contenu.

Filtre de sérialisation qui met à jour les URL des objets de contenu.

Provoque l'appel à la méthode `resolveObject` à chaque nouvel objet lu.

Remplace les objets de contenu avec une URL fausse, par des objets avec une URL valide.

Remplacement dans l'URL du mot `temp` par le nom du fichier temporaire.

Ne pas remplacer les autres objets.

```
  private class HomeObjectInputStream
          extends ObjectInputStream {
    public HomeObjectInputStream(InputStream in)
                                    throws IOException {
      super(in);
      enableResolveObject(true);
    }

    @Override
    protected Object resolveObject(Object obj)
                                    throws IOException {
      if (obj instanceof URLContent) {
        URL tmpURL = ((URLContent)obj).getURL();
        URL fileURL = new URL(tmpURL.toString().
            replace("temp", tempFile.toString())); ❼
        return new URLContent(fileURL); ❽
      } else {
        return obj;
      }
    }
  }
}
```

L'origine (fichier ou autre) du flux d'où le logement sera lu et d'où les icônes et les modèles 3D des meubles seront récupérés, doit être isolée pour permettre d'enregistrer un logement modifié. Thomas copie donc tout d'abord le contenu du flux ❸ dans un fichier temporaire ❶ qui sera supprimé à la fermeture de l'application ❷. Il accède ensuite à ce fichier en lecture avec un filtre de classe `ZipInputStream` ❺ pour en désérialiser ❻ la première entrée qui contient le logement. Pendant cette désérialisation, il remplace ❽ chaque objet de contenu du logement par une instance de la classe `URLContent`, dont l'URL désigne une entrée du fichier temporaire ❼.

Une fois terminée la classe `HomeFileRecorder`, Thomas vérifie que le programme de test de l'enregistrement passe sans problème.

Classes de gestion de l'application

L'équipe s'occupe maintenant d'intégrer dans l'application finale les fonctionnalités d'enregistrement et de lecture d'un logement, ainsi que toutes celles relatives au menu *Fichier*.

Classe principale de l'application Sweet Home 3D

Thomas débute par le développement de la classe `com.eteks.sweethome3d.SweetHome3D`, à partir de laquelle il peut générer avec Eclipse plusieurs nouvelles classes du scénario. Cette sous-classe de `com.eteks.sweethome3d.model.HomeApplication` doit spécifier avec quels objets de la couche persistance l'application aura accès aux préférences et au système d'enregistrement des logements. `SweetHome3D` contient aussi le point d'entrée du programme, où Thomas doit créer l'application et un premier logement.

Classe com.eteks.sweethome3d.SweetHome3D

```
package com.eteks.sweethome3d;

import javax.swing.UIManager;
import com.eteks.sweethome3d.io.*;
import com.eteks.sweethome3d.model.*;

public class SweetHome3D extends HomeApplication { ❶
  private HomeRecorder    homeRecorder;
  private UserPreferences userPreferences;

  private SweetHome3D() {
    this.homeRecorder = new HomeFileRecorder(); ❷
    this.userPreferences = new DefaultUserPreferences(); ❸
  }

  @Override
  public HomeRecorder getHomeRecorder() { ❹
    return this.homeRecorder;
  }

  @Override
  public UserPreferences getUserPreferences() { ❺
    return this.userPreferences;
  }

  public static void main(String [] args) {
    try {
      UIManager.setLookAndFeel(
          UIManager.getSystemLookAndFeelClassName()); ❻
    } catch (Exception e) {
    }
    final HomeApplication application = new SweetHome3D(); ❼

    application.addHomeListener(new HomeListener() { ❽
        public void homeChanged(HomeEvent ev) {
          switch (ev.getType()) {
```

- ◄ Enregistreur des logements et préférences utilisateur de l'application.
- ◄ Constructeur `private` instancié uniquement dans la méthode `main`.
- ◄ Renvoie l'enregistreur de l'application.
- ◄ Renvoie les préférences utilisateur de l'application.
- ◄ Point d'entrée.
- ◄ Utiliser le look and feel dédié au système en cours.
- ◄ En cas d'erreur, garder le look and feel par défaut.
- ◄ Création de l'application qui regroupe les logements.
- ◄ Ajout d'un listener à l'application pour gérer l'ajout et la suppression des logements.

À l'ajout d'un logement à l'application, création d'un contrôleur associé au logement.

Quitte le programme quand le dernier logement est retiré de l'application.

Création d'un logement par défaut.

Ajout du logement créé à l'application.

```
          case ADD :
            Home home = ev.getHome();
            new HomeFrameController(home, application); ❾
            break;
          case DELETE :
            if (application.getHomes().isEmpty()) {
              System.exit(0); ❿
            }
            break;
        }
      };
    });

    Home firstHome = new Home(
        application.getUserPreferences().getNewHomeWallHeight());
    application.addHome(firstHome); ⓫
  }
}
```

SWING Arrêt de la JVM

Le dispatch thread et les autres threads AWT qui lui sont liés s'arrêtent d'eux-mêmes quand toutes les fenêtres et les boîtes de dialogue d'un programme ont été supprimées. Si ce programme ne compte plus aucun autre thread ou uniquement des threads qui fonctionnent en tâches de fond (threads dont la méthode `isDaemon` renvoie `true`), il s'arrête alors de lui-même. Ici, Thomas est obligé de provoquer l'arrêt de la JVM ❿ pour quitter le programme, car les threads des exécuteurs de tâches créés dans le programme ne fonctionnent pas en tâches de fond.

▸ http://java.sun.com/j2se/1.5/docs/api/java/awt/doc-files/AWTThreadIssues.html

Thomas instancie les classes `DefaultUserPreferences` ❶ et `HomeFileRecorder` ❷ de la couche persistance dans le constructeur de `SweetHome3D`, et renvoie ces objets dans les méthodes `getHomeRecorder` ❸ et `getUserPreferences` ❹ spécifiées par la classe `HomeApplication` ❶. Dans la méthode `main`, il positionne le look and feel par défaut sur le système ❻, puis crée une instance de l'application ❼ à laquelle il ajoute un nouveau logement vide ⓫. L'ajout de ce logement et des autres logements créés ultérieurement provoquera la création du contrôleur de la vue pour chacun des logements ❾, grâce à un listener ajouté à l'application ❿. Enfin, à la suppression du dernier logement de l'application, Thomas quitte le programme ❿.

Classe d'application de la couche métier

Le développement de la classe `SweetHome3D` a permis à Thomas de créer la classe `com.eteks.sweethome3d.model.HomeApplication` et les types `HomeListener` et `HomeEvent` qui lui sont rattachés. Il complète la classe abstraite `HomeApplication` qui gère l'ensemble des logements d'une application et permet d'accéder aux préférences utilisateur ainsi qu'au système d'enregistrement par des méthodes abstraites.

Classe com.eteks.sweethome3d.model.HomeApplication

```
package com.eteks.sweethome3d.model;

import java.util.ArrayList;
import java.util.Collections;
import java.util.List;
```

```java
public abstract class HomeApplication {
  private List<Home> homes = new ArrayList<Home>();
  private List<HomeListener> homeListeners =
      new ArrayList<HomeListener>();

  public void addHomeListener(HomeListener listener) {
    this.homeListeners.add(listener);
  }

  public void removeHomeListener(HomeListener listener) {
    this.homeListeners.remove(listener);
  }

  public List<Home> getHomes() {
    return Collections.unmodifiableList(this.homes);
  }

  public void addHome(Home home) {
    this.homes = new ArrayList<Home>(this.homes);
    this.homes.add(home);
    fireHomeEvent(home, HomeEvent.Type.ADD);
  }

  public void deleteHome(Home home) {
    this.homes = new ArrayList<Home>(this.homes);
    this.homes.remove(home);
    fireHomeEvent(home, HomeEvent.Type.DELETE);
  }

  private void fireHomeEvent(Home home,
                             HomeEvent.Type eventType) {
    if (!this.homeListeners.isEmpty()) {
      HomeEvent homeEvent = new HomeEvent(this, home, eventType);
      HomeListener [] listeners = this.homeListeners.
          toArray(new HomeListener [this.homeListeners.size()]);
      for (HomeListener listener : listeners) {
        listener.homeChanged(homeEvent);
      }
    }
  }

  public abstract HomeRecorder getHomeRecorder();

  public abstract UserPreferences getUserPreferences();
}
```

◂ Liste des logements et des listeners de modification de la liste des logements.

◂ Ajoute le listener en paramètre à la liste des listeners notifiés sur l'ajout ou la suppression d'un logement.

◂ Retire le listener en paramètre de la liste des listeners de l'application.

◂ Renvoie une liste non modifiable des logements.

◂ Ajoute le logement home à l'ensemble des logements de l'application et notifie cet ajout aux listeners.

◂ Supprime le logement home de l'ensemble des logements.

◂ Notifie l'ajout ou la suppression d'un logement aux listeners enregistrés auprès de l'application.

◂ Renvoie l'enregistreur des logements.

◂ Renvoie les préférences utilisateur de l'application.

Contrôleur de la fenêtre d'un logement

Thomas programme ensuite la classe `com.eteks.sweethome3d.HomeFrameController` qui crée la vue de la fenêtre d'un logement.

Comme dans les programmes de test, celui-ci reste simple : son constructeur crée un objet de classe `HomeFramePane`, puis lui demande de s'afficher à l'écran.

Classe com.eteks.sweethome3d.HomeFrameController

```
package com.eteks.sweethome3d;

import com.eteks.sweethome3d.model.*;
import com.eteks.sweethome3d.swing.HomeController;

public class HomeFrameController extends HomeController {
   public HomeFrameController(Home home,
                              HomeApplication application) {
    super(home, application);
    new HomeFramePane(home, application, this).displayView();
  }
}
```

Création et affichage de la vue de la fenêtre du nouveau logement.

Intégration de la lecture et de l'enregistrement dans le contrôleur

Thomas s'occupe maintenant d'implémenter dans la classe `com.eteks.sweethome3d.swing.HomeController` la gestion de l'état modifié d'un logement et les méthodes associées aux actions des éléments du menu *Fichier* :

1 Il réorganise les constructeurs de la classe pour implémenter celui qui prend en paramètre un logement et une instance de type `HomeApplication`.

2 Il ajoute à la classe un champ `application` de type `HomeApplication` initialisé avec le paramètre du constructeur correspondant, un champ `resource` pour accéder aux fichiers de propriétés de la famille `HomeContoller` accessibles en ressource et un champ entier `savedUndoLevel` initialisé à zéro. Ce dernier permet de repérer dans la pile des opérations annulables le niveau de l'opération où a été effectuée la sauvegarde.

3 Il modifie le listener `UndoableEditListener` positionné dans la méthode `addUndoSupportListener` afin d'incrémenter la valeur de `savedUndoLevel` et passer la propriété `modified` du logement à la valeur `true`.

4 Il modifie les méthodes `undo` et `redo` pour décrémenter ou incrémenter la valeur de `savedUndoLevel` et rendre la propriété `modified` du logement égale à `false`, quand la valeur de `savedUndoLevel` est nulle.

Les méthodes `addUndoSupportListener`, `undo` et `redo` de la classe `HomeController` ont été développées dans le chapitre 7 « Gestion des actions annulables ».

5 Il implémente les nouvelles méthodes `newHome`, `open`, `close`, `save`, `saveAs` et `exit`.

Méthodes newHome, open, close, save, saveAs et exit de la classe HomeController

```
public void newHome() {
  this.application.addHome(
      new Home(this.preferences.getNewHomeWallHeight()));
}
```

Crée un nouveau logement et l'ajoute à l'ensemble des logements de l'application.

```
public void open() {
```

Ouvre un logement existant.

```
  String homeName = ((HomePane)getView()).showOpenDialog();
  if (homeName != null) {
    try {
```

Affichage du dialogue d'ouverture d'un logement dans la vue.

```
      Home openedHome =
         this.application.getHomeRecorder().readHome(homeName);
```

Lecture du logement.

```
      openedHome.setName(homeName);
```

Modification du nom du logement.

```
      this.application.addHome(openedHome);
```

Ajout du logement à l'application

```
    } catch (RecorderException ex) {
      String message = String.format(
          this.resource.getString("openError"), homeName);
      ((HomePane)getView()).showError(message);
    }
  }
}
```

En cas d'erreur de lecture, afficher un message d'erreur dans la vue.

```
public void close() {
  boolean willClose = true;
```

Ferme le logement associé au contrôleur.

```
  if (this.home.isModified()) {
    switch (((HomePane)getView()).
        confirmSave(this.home.getName())) {
      case SAVE   : willClose = save();
                    break;
      case CANCEL : willClose = false;
                    break;
    }
  }
```

Si le logement est modifié, confirmer dans la vue si ce logement doit être enregistré avant de le fermer.

```
  if (willClose) {
    this.application.deleteHome(home);
  }
}
```

Si le logement doit être fermé, le supprimer de l'ensemble des logements de l'application.

```
public boolean save() {
```

Enregistre le logement.

```
  if (this.home.getName() == null) {
    return saveAs();
```

Si le logement n'a pas de nom, le nommer puis l'enregistrer.

```
  } else {
    return save(this.home.getName());
  }
}
```

Sinon l'enregistrer.

Enregistre le logement sous le nom homeName.

Enregistrement du logement avec l'enregistreur de l'application.

Modification du nom du logement.

Mettre à zéro le niveau dans la pile des opérations annulables, et considérer que le logement n'est pas modifié.

En cas d'erreur pendant l'enregistrement du logement, afficher un message d'erreur dans la vue.

```
private boolean save(String homeName) {
  try {
    this.application.getHomeRecorder().
        writeHome(this.home, homeName);

    this.home.setName(homeName);

    this.savedUndoLevel = 0;
    this.home.setModified(false);
    return true;

  } catch (RecorderException ex) {
    String message = String.format(
        this.resource.getString("saveError"), homeName);
    ((HomePane)getView()).showError(message);
    return false;
  }
}
```

Quitte l'application.

Si un des logements de l'application est modifié, confirmer l'opération d'arrêt.

Supprimer tous les logements de l'application, et laisser cette dernière décider comment quitter le programme quand il n'y a plus de logements.

```
public void exit() {
  for (Home home : this.application.getHomes()) {
    if (home.isModified()) {
      if (((HomePane)getView()).confirmExit()) {
        break;
      } else {
        return;
      }
    }
  }
  for (Home home : this.application.getHomes()) {
    this.application.deleteHome(home);
  }
}
```

Thomas ajoute ensuite les valeurs des propriétés `openError` et `saveError` dans le fichier de ressources `HomeController.properties` :

```
openError=Can't open home\n"%s"
saveError=Can't save home in\n"%s"
```

La méthode `enableDefaultActions` ajoutée à la classe `HomeController` au cours du scénario n° 6 est appelée à la fin du constructeur principal de cette classe pour activer les actions que l'utilisateur peut utiliser à l'initialisation de la vue.

et les traduit dans le fichier `HomeController_fr.properties`. Pour terminer, il active les nouvelles actions associées aux constantes `NEW_HOME`, `CLOSE`, `OPEN`, `SAVE`, `SAVE_AS` et `EXIT` dans la méthode `enableDefaultActions`.

Méthode enableDefaultActions de la classe HomeController

```
private void enableDefaultActions(HomePane homeView) {
  homeView.setEnabled(HomePane.ActionType.NEW_HOME, true);
  homeView.setEnabled(HomePane.ActionType.OPEN, true);
  homeView.setEnabled(HomePane.ActionType.CLOSE, true);
  homeView.setEnabled(HomePane.ActionType.SAVE, true);
```

```
    homeView.setEnabled(HomePane.ActionType.SAVE_AS, true);
    homeView.setEnabled(HomePane.ActionType.EXIT, true);
    homeView.setEnabled(HomePane.ActionType.WALL_CREATION, true);
}
```

Gestion des dialogues avec l'utilisateur

C'est au tour de Margaux de créer dans la classe `HomePane` les actions du menu *Fichier* et des nouveaux boutons de la barre d'outils, puis de compléter les nouvelles méthodes de dialogue.

Actions du menu Fichier

Grâce à la classe `com.eteks.sweethome3d.swing.ControllerAction` et à la méthode `createAction` que Margaux a implémentées à la fin du scénario n° 4, l'ajout de six nouvelles actions au dictionnaire d'actions de la classe `HomePane` est très simple à programmer : il lui suffit de créer les actions associées aux nouvelles constantes de l'énumération `ActionType`, en citant la méthode du contrôleur à laquelle elles correspondent.

Gestion des actions du menu Fichier dans la classe HomePane

```
public enum ActionType {
    NEW_HOME, CLOSE, OPEN, SAVE, SAVE_AS, EXIT,
    UNDO, REDO, ADD_HOME_FURNITURE, DELETE_HOME_FURNITURE,
    WALL_CREATION, DELETE_SELECTION}

private void createActions(final HomeController controller) {
  createAction(ActionType.NEW_HOME, controller, "newHome");
  createAction(ActionType.OPEN, controller, "open");
  createAction(ActionType.CLOSE, controller, "close");
  createAction(ActionType.SAVE, controller, "save");
  createAction(ActionType.SAVE_AS, controller, "saveAs");
  createAction(ActionType.EXIT, controller, "exit");
  // Création des autres actions inchangée
}
```

◄ Liste des clés d'accès aux actions dans le dictionnaire des actions de `HomePane`.

◄ Ajout au dictionnaire des six nouvelles actions qui appelleront une méthode sur l'objet `controller`.

Ensuite, Margaux renseigne les valeurs des propriétés associées aux actions `NEW_HOME`, `CLOSE`, `OPEN`, `SAVE`, `SAVE_AS` et `EXIT`, dans les fichiers `HomePane.properties` et `HomePane_fr.properties`. Enfin, elle ajoute dans les méthodes `getHomeMenuBar` et `getToolBar` les instructions qui permettront de créer le menu *Fichier* et les nouveaux boutons de la barre d'outils, tels qu'ils apparaissent dans les figures suivantes.

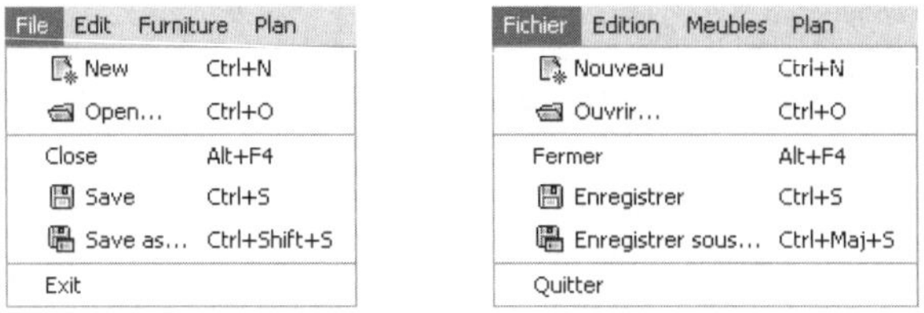

Figure 10–6
Éléments du menu Fichier en anglais et en français

Figure 10–7
Boutons de la barre d'outils

Boîtes de dialogue de choix de fichier

Les méthodes `showOpenDialog` et `showSaveDialog` ont des comportements similaires, l'une servant à sélectionner un fichier SH3D à ouvrir, et l'autre à choisir le nom du fichier à enregistrer. Ces deux méthodes vont recourir à la classe Swing `JFileChooser` qui permet d'afficher une boîte de dialogue de choix de fichier en mode ouverture ou enregistrement, avec des intitulés localisés. Afin de faciliter la navigation de l'utilisateur dans le système de fichiers, Margaux choisit d'ajouter un filtre sur les fichiers SH3D et de mémoriser le dernier dossier choisi au cours des affichages successifs de cette boîte. Elle mémorise ce filtre dans la constante `SWEET_HOME_3D_FILTER` ajoutée à la classe `HomePane` et le dossier courant dans un champ `static currentDirectory`, puis implémente les méthodes `showOpenDialog` et `showSaveDialog`.

SWING Classe JFileChooser

La classe `javax.swing.JFileChooser` est un panneau de choix de fichiers qui s'intègre automatiquement dans une boîte de dialogue à l'appel des méthodes `showOpenDialog` ou `showOpenDialog`. Les boutons, le titre, le filtre... affichés par ce composant sont configurables, et on peut même lui ajouter un système de prévisualisation de fichier avec la méthode `setFileView`.

Gestion des boîtes de dialogue de choix de fichier dans la classe HomePane

```
private static final String SWEET_HOME_3D_EXTENSION = ".sh3d";
```

Création du filtre sur les fichiers d'extension `.sh3d`.

```
private static final FileFilter SWEET_HOME_3D_FILTER =
  new FileFilter() {
    @Override
```

Accepter d'afficher les dossiers et les fichiers dont l'extension est `.sh3d` en majuscules ou en minuscules.

```
    public boolean accept(File file) {
      return file.isDirectory()
             || file.getName().toLowerCase().
                  endsWith(SWEET_HOME_3D_EXTENSION);
    }

    @Override
```

Description associée au filtre.

```
    public String getDescription() {
      return "Sweet Home 3D";
    }
  };
```

Dernier répertoire choisi dans la boîte de choix de fichier.

```
private static File currentDirectory;
```

```
public String showOpenDialog() {
  return showFileChooser(false, null);
}

public String showSaveDialog(String name) {
  String file = showFileChooser(true, name);
  if (file != null
      && !file.toLowerCase().endsWith(SWEET_HOME_3D_EXTENSION)) {
    file += SWEET_HOME_3D_EXTENSION;
  }
  return file;
}

private String showFileChooser(boolean save, String name) {
  JFileChooser fileChooser = new JFileChooser();
  if (save && name != null) {
    fileChooser.setSelectedFile(new File(name));
  }
  fileChooser.setFileFilter(SWEET_HOME_3D_FILTER);
  if (currentDirectory != null) {
    fileChooser.setCurrentDirectory(currentDirectory);
  }

  int option;
  if (save) {
    option = fileChooser.showSaveDialog(this);
  } else {
    option = fileChooser.showOpenDialog(this);
  }
  if (option == JFileChooser.APPROVE_OPTION) {
    currentDirectory = fileChooser.getCurrentDirectory();
    return fileChooser.getSelectedFile().toString();
  } else {
    return null;
  }
}
```

◄ Affiche une boîte de dialogue d'ouverture de fichier et renvoie le fichier choisi ou `null`.

◄ Affiche une boîte de dialogue d'enregistrement.

◄ Ajouter l'extension `.sh3d` au fichier, si le fichier choisi ne se termine pas par `.sh3d`.

◄ Renvoie le fichier choisi par l'utilisateur.

◄ Sélectionner le fichier `name`, s'il existe en mode enregistrement.

◄ Filtre sur les fichiers SH3D.

◄ Si la boîte a déjà été affichée, mettre à jour le répertoire affiché dans la boîte de dialogue.

◄ Affichage de la boîte de choix de fichier en mode enregistrement ou ouverture de fichier.

◄ Si l'utilisateur a confirmé son choix, récupérer le répertoire courant et renvoyer le fichier sélectionné.

◄ Sinon renvoyer `null`.

ATTENTION Filtre sur les dossiers

Les méthodes `accept` et `getDescription` de la classe `javax.swing.filechooser.FileFilter` doivent renvoyer les fichiers qu'un filtre accepte d'afficher dans un panneau `JFileChooser` et les descriptions associées dans la liste déroulante *Fichiers du type* (voir figure 10-8). Si vous n'acceptez pas les dossiers dans l'implémentation de la méthode `accept`, ils n'apparaîtront pas la liste, ce qui empêchera l'utilisateur de naviguer dans le système de fichiers ! Notez par ailleurs qu'il est possible de proposer plusieurs filtres, avec la méthode `addChoosableFileFilter`.

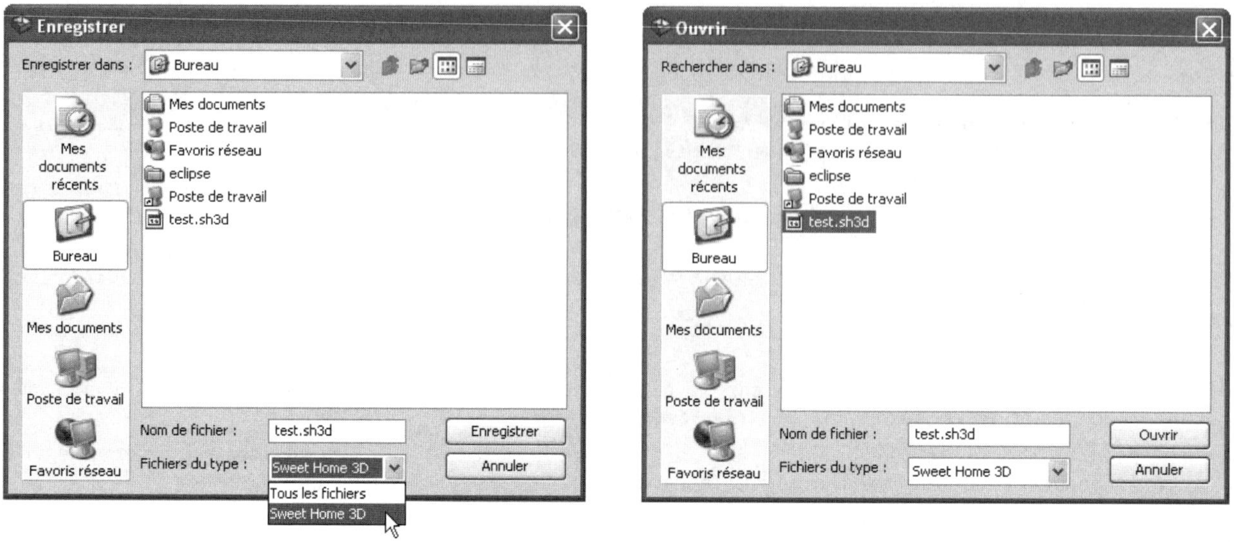

Figure 10–8 Boîtes d'enregistrement et d'ouverture de fichier

Boîtes de message et de confirmation

Pour les méthodes `showError`, `confirmOverwrite`, `confirmSave` et `confirmExit` de `HomePane` qu'il lui reste à implémenter, Margaux recourt aux méthodes `static` préfixées par `show` de la classe `JOptionPane`. Ces méthodes qui permettent d'afficher des messages et des boîtes de dialogue de confirmation (il en existe 14 pour les boîtes filles d'une fenêtre et 11 pour les boîtes gérées dans une interface MDI !), prennent toujours comme premiers paramètres le composant dont la boîte de dialogue sera enfant, et le message à y afficher. Ce message étant de type `Object`, la classe `JOptionPane` le présente différemment suivant son type, comme indiqué dans le tableau 10-1.

Tableau 10–1 Messages affichés par la classe JOptionPane

Type du message	Message affiché
`Object []`	Les éléments du tableau les uns en dessous des autres, chacun en fonction des types qui suivent.
`java.awt.Component`	Le composant lui-même. Ce peut être un container ou un composant Swing.
`javax.swing.Icon`	L'icône affichée dans un label. Si l'icône provient d'un fichier GIF animé, l'icône sera animée à l'écran.
`java.lang.String` et autre type	Texte renvoyé par leur méthode `toString`. Si la chaîne contient des retours à la ligne, le message est réparti sur autant de lignes. Si la chaîne débute par `<html>`, le message est affiché au format HTML.

Certaines méthodes `show...` prennent des paramètres supplémentaires comme :

- le titre de la boîte de dialogue ;
- l'icône affichée à gauche de la boîte, représentée par une des constantes `ERROR_MESSAGE`, `INFORMATION_MESSAGE`, `WARNING_MESSAGE`, `QUESTION_MESSAGE` ou `PLAIN_MESSAGE`, cette dernière indiquant que vous ne voulez pas d'icône ;
- le type des boutons affichés en bas de la boîte, représentés par les constantes `YES_NO_OPTION`, `YES_NO_CANCEL_OPTION` et `OK_CANCEL_OPTION`, le texte de ces boutons étant localisé par Swing ;
- les textes à afficher dans ces boutons, si les textes par défaut ne conviennent pas, et le bouton associé par défaut à la touche de retour à la ligne.

> ATTENTION **Fenêtre parente d'une boîte de dialogue modale**
>
> Les méthodes `show...` de la classe `JOptionPane` et `JFileChooser` tolèrent que vous leur passiez la valeur `null` en premier paramètre, auquel cas elles affichent une boîte de dialogue modale enfant d'une fenêtre invisible, qui n'apparaît pas dans la barre des tâches sous Windows. Ce comportement est très pratique pour faire des tests, mais devient problématique quand vous naviguez entre des applications dont les fenêtres recouvrent la boîte de dialogue ouverte : le seul moyen d'accéder à nouveau à la boîte consiste alors à cliquer dans la boîte après avoir caché les fenêtres qui la recouvrent ! Par conséquent, renseignez toujours le composant parent de la boîte de dialogue pour qu'elle apparaisse à l'activation de la fenêtre dont elle dépend.

Boîte de message d'erreur

Margaux programme tout d'abord l'affichage du message d'erreur avec la méthode `showMessageDialog` qui affiche le message en paramètre, un titre localisé dans les fichiers en ressources et une icône d'erreur.

Méthode showError de la classe HomePane

```
public void showError(String message) {
  String title = this.resource.getString("error.title");
  JOptionPane.showMessageDialog(this, message, title,
      JOptionPane.ERROR_MESSAGE);
}
```

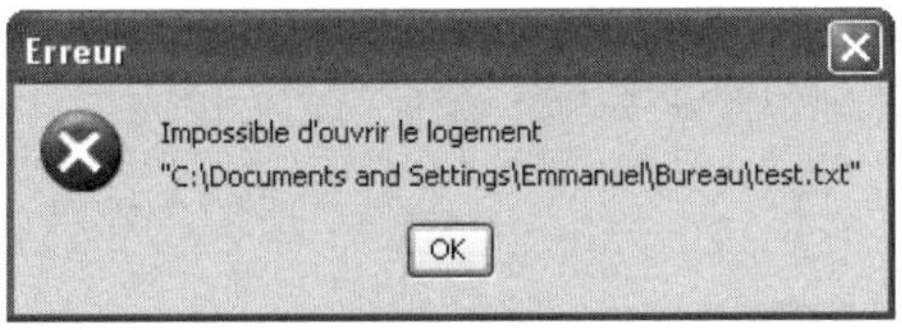

Figure 10–10
Message d'erreur
à l'ouverture d'un mauvais fichier

Boîtes de dialogue de confirmation

Margaux programme ensuite les trois méthodes de confirmation :

1. Dans la méthode `confirmExit`, elle affiche une boîte de dialogue standard *Ok/Annuler* avec la méthode `showConfirmDialog` et renvoie `true` si l'utilisateur a cliqué sur le bouton *Ok*.
2. Dans la méthode `confirmOverwrite`, elle préfère remplacer le texte du bouton *Ok* par *Remplacer* qui est plus explicite, et choisit en conséquence d'appeler la méthode `showOptionDialog`.
3. Dans la méthode `confirmSave`, elle remplace de façon similaire le texte des boutons *Oui* et *Non* par *Enregistrer* et *Ne pas enregistrer*.

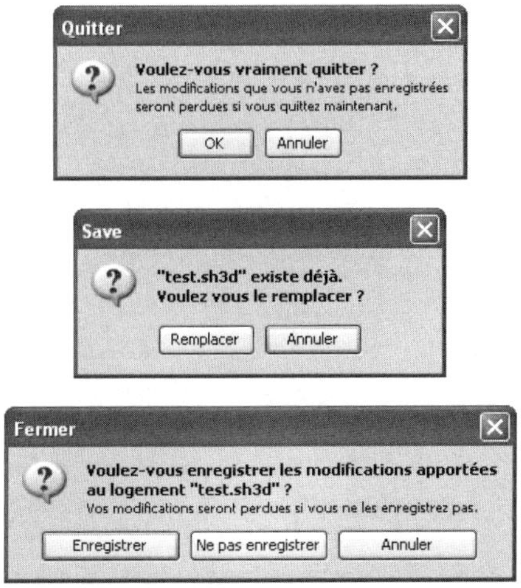

Figure 10–9
Boîtes de dialogue de confirmation

Méthodes de dialogue de confirmation de la classe HomePane

Récupération du texte et du titre du message.

Afficher la boîte de dialogue de confirmation et renvoyer `true` si l'utilisateur a cliqué sur le bouton *Ok*.

Construction du message avec le nom du fichier contenu dans le chemin en paramètre.

Récupération du titre de la boîte de dialogue.

Récupération des textes affichés dans les boutons *Ok* et *Cancel*.

Afficher la boîte de dialogue de confirmation et renvoyer `true` si l'utilisateur a confirmé le choix proposé.

Réponses renvoyées par `confirmSave`.

Construction du message avec le nom du fichier contenu dans le chemin en paramètre.

Titre de la boîte de dialogue.

Récupération des textes affichés dans les boutons *Yes*, *No* et *Cancel*.

Afficher la boîte de dialogue avec les trois boutons...

...et convertir la réponse envoyée sous forme de constantes de l'énumération `SaveAnswer`.

```
public boolean confirmExit() {

  String message = this.resource.getString("confirmExit.message");
  String title = this.resource.getString("confirmExit.title");

  return JOptionPane.showConfirmDialog(this, message, title,
      JOptionPane.OK_CANCEL_OPTION) == JOptionPane.OK_OPTION;
}

public boolean confirmOverwrite(String name) {
  String messageFormat =
      this.resource.getString("confirmOverwrite.message");
  String message =
      String.format(messageFormat, new File(name).getName());

  String title =
      this.resource.getString("confirmOverwrite.title");

  String replace =
      this.resource.getString("confirmOverwrite.overwrite");
  String cancel =
      this.resource.getString("confirmOverwrite.cancel");

  return JOptionPane.showOptionDialog(this, message, title,
      JOptionPane.OK_CANCEL_OPTION, JOptionPane.QUESTION_MESSAGE,
      null, new Object [] {replace, cancel}, cancel)
       == JOptionPane.OK_OPTION;
}

public enum SaveAnswer {SAVE, CANCEL, DO_NOT_SAVE}

public SaveAnswer confirmSave(String name) {
  String messageFormat =
      this.resource.getString("confirmSave.message");
  String message;
  if (name != null) {
    message = String.format(messageFormat,
        "\"" + new File(name).getName() + "\"");
  } else {
    message = String.format(messageFormat, "");
  }

  String title = this.resource.getString("confirmSave.title");

  String save = this.resource.getString("confirmSave.save");
  String doNotSave =
      this.resource.getString("confirmSave.doNotSave");
  String cancel = this.resource.getString("confirmSave.cancel");

  switch (JOptionPane.showOptionDialog(this, message, title,
      JOptionPane.YES_NO_CANCEL_OPTION,
      JOptionPane.QUESTION_MESSAGE,
      null, new Object [] {save, doNotSave, cancel}, save)) {
    case JOptionPane.YES_OPTION :
      return SaveAnswer.SAVE;
    case JOptionPane.NO_OPTION :
      return SaveAnswer.DO_NOT_SAVE;
```

```
      default : return SaveAnswer.CANCEL;
    }
  }
```

Une fois ces méthodes programmées, Margaux ajoute dans le fichier `HomePane.properties` les valeurs des propriétés affichées dans les boîtes de dialogue :

```
error.title=Error
confirmOverwrite.message=<html><b>"%s" already exists.\
                         <br>Do you want to overwrite it ?</b>
confirmOverwrite.title=Save
confirmOverwrite.overwrite=Overwrite
confirmOverwrite.cancel=Cancel
confirmSave.message=<html><b>Do you want to save home %s ?</b>\
                    <br><font size="-2">Modifications will be \
                    lost if you don't save them.
confirmSave.title=Close
confirmSave.save=Save
confirmSave.doNotSave=Do not save
confirmSave.cancel=Cancel
confirmExit.message=<html><b>Do you really really want \
              to quit ?</b>\
              <br><font size="-2">Modifications on unsaved homes\
              <br>will be lost if you exit now.
confirmExit.title=Exit
```

puis elle les traduit dans le fichier `HomePane_fr.properties`.

SWING Valeur renvoyée par showConfirmDialog et showOptionDialog

Les méthodes `showConfirmDialog` et `showOptionDialog` renvoient le choix qu'a effectué l'utilisateur sous la forme d'une des constantes `OK_OPTION`, `CANCEL_OPTION`, `YES_OPTION`, `NO_OPTION` ou `CLOSE_OPTION`. Ces valeurs logiques correspondent aux types des boutons `YES_NO_OPTION`, `YES_NO_CANCEL_OPTION` et `OK_CANCEL_OPTION` qui leur est demandé d'afficher à l'appel de ces méthodes.

Vue de la fenêtre d'un logement

Margaux termine par l'implémentation de la classe `HomeFramePane` qui doit afficher la vue du logement dans une fenêtre, et mettre à jour la barre de titre de cette fenêtre pour refléter le nom du logement et son état modifié ou non.

Classe com.eteks.sweethome3d.HomeFramePane

```
package com.eteks.sweethome3d;
import java.awt.*;
import java.awt.event.*;
import java.beans.*;
import java.io.File;
import java.util.ResourceBundle;
import javax.swing.*;
import com.eteks.sweethome3d.model.*;
public class HomeFramePane extends JRootPane {
  private static int          newHomeCount;
  private int                 newHomeNumber;
  private Home                home;
```

◄ Nombre de nouveaux logements créés et numéro d'ordre de ce logement utilisé dans le titre de la fenêtre.

```
  private HomeApplication     application;
  private HomeFrameController controller;
  private ResourceBundle      resource;

  public HomeFramePane(Home home,
                       HomeApplication application,
                       HomeFrameController controller) {
    this.home = home;
    this.controller = controller;
    this.application = application;
    this.resource =
        ResourceBundle.getBundle(HomeFramePane.class.getName());
    if (home.getName() == null) {
     this.newHomeNumber = ++newHomeCount;
    }
    setContentPane(controller.getView()); ❶
  }

  public void displayView() {
    JFrame homeFrame = new JFrame() { ❷
      {
        setRootPane(HomeFramePane.this);
      }
    };
    homeFrame.setIconImage(new ImageIcon(
        HomeFramePane.class.getResource(
            "resources/frameIcon.png")).getImage()); ❸
    updateFrameTitle(homeFrame, home); ❹
    computeFrameBounds(homeFrame);
    getToolkit().setDynamicLayout(true); ❺
    addListeners(this.home, this.application,
                 this.controller, homeFrame); ❻
    homeFrame.setVisible(true); ❼
  }

  private void addListeners(final Home home,
                            final HomeApplication application,
                            final HomeFrameController controller,
                            final JFrame frame) {
    frame.setDefaultCloseOperation(JFrame.DO_NOTHING_ON_CLOSE);
    frame.addWindowListener(new WindowAdapter () {
        @Override
        public void windowClosing(WindowEvent ev) { ❽
          controller.close();
        }
      });
    application.addHomeListener(new HomeListener() {
        public void homeChanged(HomeEvent ev) {
          if (ev.getHome() == home
              && ev.getType() == HomeEvent.Type.DELETE) { ❾
```

Si le logement est nouveau, attribution d'un numéro d'ordre à la fenêtre.

❶ Utilisation de la vue du logement comme panneau de cette vue.

❷ Création d'une fenêtre dont le panneau principal est cette vue.

❸ Mise à jour de l'icône de la fenêtre.

❹ Mise à jour de son titre.

Calcul de ses dimensions et de sa position.

❺ Calculer le layout des fenêtres pendant leur redimensionnement.

❻ Ajoute les listeners de suivi de la fermeture de la fenêtre et de changement du logement.

❼ Afficher la fenêtre.

❽ À la demande de fermeture de la fenêtre, laisser la méthode `close` du contrôleur gérer la fermeture du logement.

❾ Quand le logement édité par la fenêtre est supprimé de l'application...

```
        application.removeHomeListener(this);
        frame.dispose(); ⑩
      }
    };
  });
  home.addPropertyChangeListener("name", ⑪
    new PropertyChangeListener () {
      public void propertyChange(PropertyChangeEvent ev) {
        updateFrameTitle(frame, home);
      }
    });
  home.addPropertyChangeListener("modified", ⑫
    new PropertyChangeListener () {
      public void propertyChange(PropertyChangeEvent ev) {
        updateFrameTitle(frame, home);
      }
    });
}

private void computeFrameBounds(JFrame frame) {
  frame.setLocationByPlatform(true); ⑬
  frame.pack();
  Dimension screenSize = getToolkit().getScreenSize();
  Insets screenInsets =
     getToolkit().getScreenInsets(getGraphicsConfiguration()); ⑭
  screenSize.width -= screenInsets.left + screenInsets.right;
  screenSize.height -= screenInsets.top + screenInsets.bottom;
  frame.setSize(Math.min(screenSize.width * 4 / 5, getWidth()),
        Math.min(screenSize.height * 4 / 5, getHeight())); ⑮
}

private void updateFrameTitle(JFrame frame, Home home) {
  String name = home.getName();
  if (name == null) {
    name = this.resource.getString("untitled"); ⑯
    if (newHomeNumber > 1) {
      name += " " + newHomeNumber; ⑰
    }
  } else {
    name = new File(name).getName(); ⑱
  }
  String title = name + " - Sweet Home 3D"; ⑲
  if (home.isModified()) {
    title = "* " + title; ⑳
  }
  frame.setTitle(title);
}
}
```

⑩ ...retirer ce listener de l'application et supprimer la fenêtre à l'écran.

⑪ ⑫ Mettre à jour le titre de la fenêtre quand les propriétés `name` ou `modified` du logement édité changent.

⑬ Affichage en cascade de la fenêtre.

⑭ Calcul de la taille de la zone utile de l'écran, en fonction de la taille de l'écran et des marges réservées à l'écran par le système.

⑮ Modification de la taille de la fenêtre pour qu'elle occupe au maximum 80 % de la zone utile en largeur et en hauteur.

Met à jour le titre de la fenêtre en fonction du logement édité.

⑯ ⑰ ⑱ Si le logement n'a pas de nom, utiliser le nom *Sans titre*, suivi du numéro d'ordre du logement.

⑲ Ajouter *Sweet Home 3D* au titre.

⑳ Si le logement est modifié, ajouter un indicateur * de modification.

Afficher le titre calculé.

À l'instanciation de la vue de la fenêtre, Margaux remplace son panneau par la vue créée par le contrôleur du logement ❶. Pour l'afficher à l'écran, elle crée une fenêtre ❷ avec cette vue, puis configure cette fenêtre avant de l'afficher ❼ :

1 Elle affecte à la fenêtre une icône ❸ accessible en ressource.
2 Elle met à jour le titre de la fenêtre ❹.
3 Elle calcule la position et les dimensions pour que la fenêtre soit affichée en cascade ⓭ et occupe au plus 80 % ⓯ de la zone utile de l'écran.
4 Elle demande aux fenêtres Swing de recalculer leur layout pendant leur redimensionnement ❺.
5 Enfin, Margaux ajoute à la fenêtre les listeners ❻ qui lui permettent de contrôler la demande de fermeture de la fenêtre ❽, de la supprimer ❿ quand le logement qui est associé à la vue est retiré de l'application ❾, et de mettre à jour son titre quand le nom ⓫ ou l'état modifié ⓬ du logement change.

Margaux construit le titre de la fenêtre à partir du nom du logement visualisé ⓲, suivi du nom de l'application ⓳ et précédé d'une étoile si le logement est modifié ⓴. Pour gérer le titre des fenêtres des nouveaux logements, elle crée une famille de fichiers `HomeFramePane` accessibles en ressource, dans laquelle elle lit la propriété `untitled` ⓰ qu'elle fait suivre d'un numéro d'ordre ⓱, afin de distinguer les fenêtres *Sans titre* l'une de l'autre.

ASTUCE Placer les fenêtres en cascade

La méthode `setLocationByPlatform` ⓭ calcule la position d'une fenêtre de telle manière que les fenêtres multiples d'une même application s'affichent en cascade au moment où elles sont affichées.

JAVA
Marge de l'écran réservée au système

La méthode `getScreenInsets` ⓮ de la classe `Toolkit` renvoie la marge de l'écran réservée au système. Sous Windows, cette marge comprend la barre des tâches, et sous Mac OS X, la barre de menus et les dimensions du dock.

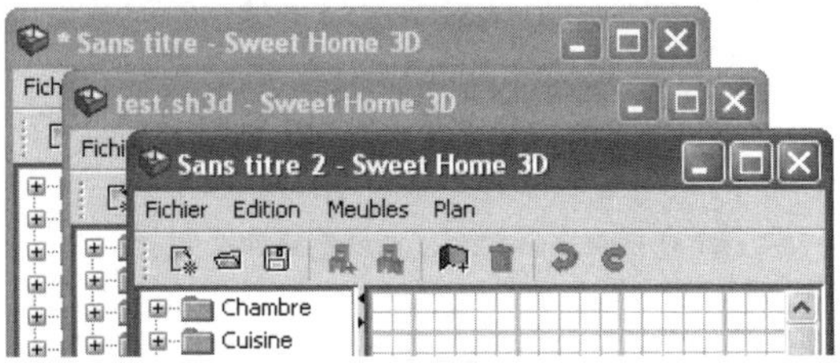

Figure 10–11
Titres de fenêtres de logements

À RETENIR Classe Toolkit

La classe `java.awt.Toolkit` regroupe des méthodes très variées : on y trouve des méthodes comme `getMenuShortcutKeyMask`, `createCustomCursor`, `setDynamicLayout`, `getScreenSize` ou `getScreenInsets` abordées dans cet ouvrage, mais aussi `beep` ou `getLockingKeyState`, qui renvoie l'état verrouillé ou non des touches *majuscule*, *défilement*... Si besoin, l'instance courante de `Toolkit` s'obtient en dehors d'un composant grâce à la méthode `static getDefaultToolkit`.

Optimisation

Au cours de leurs essais, l'équipe a remarqué quelques problèmes qui méritent d'être améliorés :

- En incluant dans un logement les 40 modèles de meubles fournis par Sophie, l'enregistrement dure plusieurs secondes, même sur des machines récentes.
- Sous Mac OS X, le menu *Quitter* de l'application fait doublon avec celui du menu *Fichier* et la barre de menus de l'application n'est pas intégrée en haut de l'écran.

Optimisation de la vitesse d'enregistrement

L'idée de Thomas de compresser les données d'un fichier SH3D pour en réduire la taille a pour inconvénient de ralentir la vitesse d'enregistrement. Sans modifier le format retenu, il choisit finalement de ne pas compresser le flux de données enregistré par la classe interne `HomeOutputStream` de `HomeFileRecorder`. Il lui suffit pour cela de passer une valeur nulle à la méthode `setLevel` sur l'instance de `ZipOutputStream`, qu'il crée dans la méthode `writeHome` de `HomeOutputStream` (voir la section « Écriture du logement dans un flux de données compressé » dans ce chapitre).

Méthode writeHome de la classe HomeOutputStream

```
public void writeHome(Home home) throws IOException {
  ZipOutputStream zipOut = new ZipOutputStream(this.out);
  zipOut.setLevel(0);
  zipOut.putNextEntry(new ZipEntry("Home"));
  // Suite inchangée...
}
```

Après cette modification, il obtient un fichier de 11 Mo pour un logement qui comprend les 40 modèles du catalogue, au lieu des 3 Mo avec la compression par défaut, mais l'enregistrement d'un tel logement va au moins trois fois plus vite ! Il conclut que ce taux de compression sera une option future à placer dans les préférences par exemple.

Intégration de l'application dans Mac OS X

Sous Mac OS X, toute application dispose d'un menu placé à gauche de la barre de menus qui comporte entre autres choses les éléments *À propos*, *Quitter* et *Préférences* (en option).

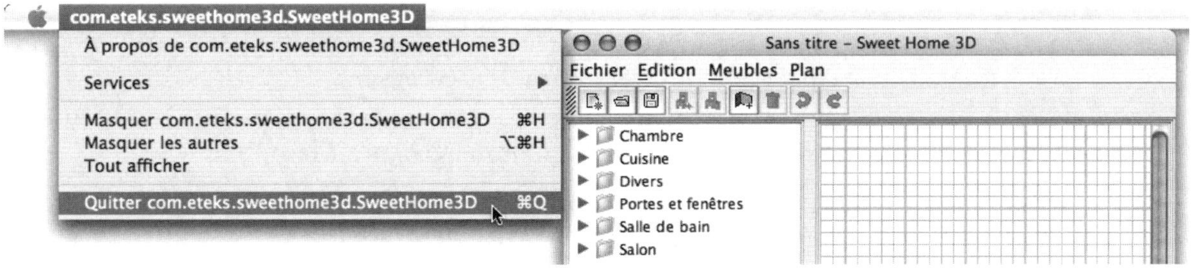

Figure 10–12 Menu application d'un programme Java sous Mac OS X

Quand un programme Java est lancé avec la commande `java`, l'intitulé de ce menu appelé *menu application* porte le nom de la classe principale, son élément *À propos* affiche une boîte de dialogue avec un label « java » et son élément *Quitter* est actif. Si comme ici, vous avez positionné un menu *Quitter* avec le même raccourci clavier *Cmd+Q* dans l'application Java, l'action lancée sur ce raccourci ne sera pas celle programmée dans le logiciel, mais celle du menu application qui provoque par défaut l'arrêt du logiciel sans dialogue avec l'utilisateur.

Apple fournit plusieurs solutions pour modifier l'intitulé du menu application d'un programme Java :

- l'option `-Xdock:name="`*NomApplication*`"` de la commande Java (à utiliser avec l'option `-Xdock:icon=`*cheminIcone* qui permet de changer l'icône de l'application affichée dans le dock) ;
- la propriété système `com.apple.mrj.application.apple.menu.about.name` ;
- l'outil *Jar Bundler* fourni avec les outils de développement pour Mac OS X, qui permet de paramétrer une application Mac OS X à partir d'une application Java en quelques minutes ;
- l'intégration de l'application dans Java Web Start, auquel cas l'intitulé est remplacé par le nom de l'application spécifié dans le fichier JNLP.

B.A.-BA Dock Mac OS X

Le dock est l'équivalent de la barre des tâches Windows : il regroupe les applications ouvertes (représentées avec un triangle à côté de leur icône), et les raccourcis vers les applications, les dossiers ou les fichiers favoris. Comme le montre la figure 10-13, un programme Java y est représenté par une icône avec une tasse de café, sauf si vous avez utilisé l'option `-Xdock:icon=`*cheminIcone*, créé une application Mac OS X avec l'outil *Jar Bundler* ou spécifié une icône dans le fichier JNLP d'une application Java Web Start.

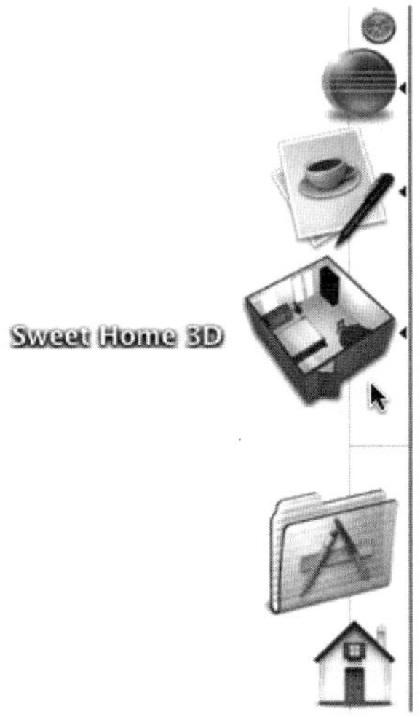

Figure 10–13 Dock Mac OS X

Mais aucune solution non programmatique ne permet de modifier le comportement des menus *À propos* et *Quitter*, et il faut alors recourir à des classes Java spécifiques à Mac OS X pour manipuler ces menus. Thomas va donc utiliser ces classes pour remplacer le menu *Quitter* que Margaux a programmé par celui du menu *application*, puis il fera les modifications suivantes spécifiques à Mac OS X :

- intégrer la barre de menus de l'application dans la barre de menus de Mac OS X ;
- supprimer du titre d'une fenêtre le nom de l'application qui fait doublon avec celui du menu *application* ;
- remplacer l'étoile qui indique qu'un document est modifié par un indicateur dans l'icône de fermeture d'une fenêtre ;
- utiliser pour les boîtes de dialogue de choix de fichier la classe `java.awt.FileDialog` plus riche en fonctionnalités sous Mac OS X que la classe `javax.swing.JFileChooser` ;
- placer systématiquement des ascenseurs sur les panneaux à ascenseurs comme le conseille le guide de référence Mac OS X.

SOUS MAC OS X Intégration d'une application Java

Le guide de développement d'applications Java dont l'adresse est mentionnée ci-dessous, regroupe les informations à connaître pour développer une application Java sous Mac OS X. La section « Mac OS X Integration for Java » y décrit notamment les nuances que doit prendre en compte un développeur s'il veut intégrer correctement une application dans ce système.

▸ http://developer.apple.com/documentation/Java/Conceptual/Java14Development/

Configuration du menu application

L'intégration du menu *Quitter* dans la barre de menus oblige Thomas à utiliser des classes du package `com.apple.eawt` présentes sous Mac OS X, mais absentes sous les autres systèmes. Pour permettre aux programmeurs Java d'autres systèmes de compiler leurs applications, Apple fournit les souches (*stub* en anglais) de ces classes à la page http://developer.apple.com/samplecode/Java/idxPorting-date.html. Thomas y télécharge le fichier `AppleJavaExtensions.zip`, en extrait le fichier `AppleJavaExtensions.jar`, ajoute cet archive dans le dossier `libtest` du projet sous Eclipse et sélectionne le menu *Build Path>Add to Build Path...* dans le menu contextuel du fichier.

Les classes de cette archive ne doivent être chargées à l'exécution que sous Mac OS X. Thomas crée donc une classe `com.eteks.sweethome3d.MacOSXConfiguration` séparée, liée aux classes du package `com.apple.eawt`, qui sera chargée à l'exécution uniquement si le système en cours est Mac OS X.

SOUS MAC OS X Classes du package com.apple.eawt

La package `com.apple.eawt` contient l'interface `ApplicationListener` et les cinq classes `Application`, `ApplicationAdapter`, `ApplicationBeanInfo`, `ApplicationEvent`, `CocoaComponent`. La classe `Application` représente sous Mac OS X un programme et son menu application ; elle permet de manipuler les éléments de ce menu et de recevoir des notifications sur la sélection de ces éléments par le biais d'un listener de type `ApplicationListener`.

- http://developer.apple.com/documentation/Java/Reference/1.5.0/appledoc/api/

Classe com.eteks.sweethome3d.MacOSXConfiguration

```
package com.eteks.sweethome3d;

import java.awt.event.*;
import javax.swing.JFrame;
import com.apple.eawt.Application;
import com.apple.eawt.ApplicationAdapter;
import com.apple.eawt.ApplicationEvent;
import com.eteks.sweethome3d.swing.HomeController;

class MacOSXConfiguration {
  private static Application    application = new Application();
  private static HomeController currentController;

  static {
   application.addApplicationListener(new ApplicationAdapter() {
       @Override
       public void handleQuit(ApplicationEvent ev) { ❶
         currentController.exit(); ❷
       }
     });

   application.setEnabledAboutMenu(false); ❸
  }

  public static void bindControllerToApplicationMenu(
      final JFrame frame, final HomeController controller) { ❹
```

- Application Mac OS X.
- Contrôleur de la vue de la dernière fenêtre activée.
- Bloc d'initialisation `static`.
- Ajout d'un listener pour recevoir les notifications de sélection du menu *Quitter*.
- Traitement du menu *Quitter* par le contrôleur de la fenêtre active.
- Désactivation du menu *À propos*.
- Lie le contrôleur de la fenêtre `frame` au menu application.

Ajout d'un listener sur la fenêtre qui met à jour le contrôleur actif courant, quand la fenêtre est activée.

```
    frame.addWindowListener(new WindowAdapter () {
        @Override
        public void windowActivated(WindowEvent ev) {
          currentController = controller; ❺
        }
      });
  }
}
```

Partant sur le principe que la sélection d'un élément du menu application ne peut être sélectionné que si une fenêtre est active, Thomas a implémenté dans la classe `MacOSXConfiguration` une méthode `static bindControllerToApplicationMenu` ❹ qui lui permet de repérer le contrôleur de la dernière fenêtre activée ❺. Grâce à ce contrôleur, il peut traiter l'arrêt de l'application ❷ quand l'utilisateur sélectionne le menu *Quitter* ❶. Il désactive par ailleurs le menu *À propos* ❸ dont le traitement n'a pas encore été implémenté dans l'étude de cas.

Thomas ajoute ensuite l'instruction suivante à la fin de la méthode `addListeners` de la classe interne `HomeFramePane` de `SwingHome3D` :

Si le système en cours est Mac OS X, lier le contrôleur au menu application.

```
if (System.getProperty("os.name").startsWith("Mac OS X")) {
  MacOSXConfiguration.bindControllerToApplicationMenu(
      frame, controller);
}
```

Pour éviter que l'élément *Quitter* du menu *Fichier* ne fasse doublon, il ajoute un test à la création de cet élément dans la méthode `getHomeMenuBar` de la classe `HomePane` :

```
if (!System.getProperty("os.name").startsWith("Mac OS X")) {
  fileMenu.addSeparator();
  fileMenu.add(actions.get(ActionType.EXIT));
}
```

Finalement, il change l'intitulé du menu application en ajoutant l'instruction suivante au début de la méthode `main` de la classe `SweetHome3D` :

```
System.setProperty(
    "com.apple.mrj.application.apple.menu.about.name",
    "Sweet Home 3D");
```

REGARD DU DÉVELOPPEUR Propriétés système

Le dictionnaire des propriétés de la classe `System` est très pratique pour configurer une application et n'interfère pas avec des classes spécifiques au système d'exploitation.

Intégration de la barre de menus de l'application

L'intégration de la barre de menus d'une fenêtre Java dans celle de Mac OS X s'effectue en attribuant la valeur `true` à la propriété `apple.laf.useScreenMenuBar`. Thomas ajoute ainsi l'instruction suivante à la suite de celle qui change l'intitulé du menu application :

```
System.setProperty("apple.laf.useScreenMenuBar", "true");
```

Malheureusement, en testant Sweet Home 3D, il se rend compte que rien ne change ! Dans la méthode `displayView` de la classe `HomeFramePane`, il lui faut en fait demander au panneau principal de la fenêtre d'utiliser la barre de menus de la vue du logement, en ajoutant les instructions suivantes, avant d'afficher la fenêtre :

```
HomePane homeView = (HomePane)controller.getView();
setJMenuBar(homeView.getJMenuBar());
homeView.setJMenuBar(null);
```

En effet, le look and feel Mac OS X accepte d'intégrer la barre de menus d'une fenêtre dans celle de l'écran uniquement si celle-ci provient de son panneau `JRootPane`. Cette modification révèle le type de la vue associée au contrôleur, mais c'est un moindre mal puisqu'il n'affecte pas l'architecture MVC programmée dans les autres packages `com.eteks.sweethome3d.model` et `com.eteks.sweethome3d.swing`.

Figure 10–14
Intégration de la barre de menus de la fenêtre dans celle de Mac OS X

Modification du titre de la fenêtre

Sous Mac OS X, l'icône rouge à l'extrême gauche de la barre de titre d'une fenêtre sert à la fermer. Cette icône peut éventuellement contenir un point noir, qui indique à l'utilisateur si le contenu de la fenêtre est dans un état modifié ou non. Pour afficher ce point, il suffit de modifier la valeur booléenne de la propriété cliente `windowModified` sur l'instance de `JRootPane` associée à la fenêtre. Thomas modifie en conséquence la méthode `updateTitle` de `HomeFramePane`, et supprime au passage le suffixe du nom de l'application sous Mac OS X :

> SWING **Propriétés clientes des composants**
>
> De façon similaire à la classe `System`, tous les composants Swing qui héritent de la classe `JComponent` disposent d'un dictionnaire de propriétés. Ce dictionnaire, accessible par les méthodes `putClientProperty` et `getClientProperty`, est généralement utilisé pour transmettre au look and feel des informations annexes sur un composant.

Figure 10–15
États non modifié et modifié d'une fenêtre

Méthode updateFrameTitle de la classe HomeFramePane (modifiée)

Sous Mac OS X, utiliser un point dans l'icône de fermeture pour indiquer l'état modifié.

Sous les autres systèmes, ajouter au titre le nom de l'application et un indicateur textuel pour l'état modifié.

```
private void updateFrameTitle(JFrame frame, Home home) {
  String name = home.getName();
  if (name == null) {
    name = this.resource.getString("untitled");
    if (newHomeNumber > 1) {
      name += " " + newHomeNumber;
    }
  } else {
    name = new File(name).getName();
  }

  String title = name;
  if (System.getProperty("os.name").startsWith("Mac OS X")) {
    putClientProperty("windowModified",
        Boolean.valueOf(home.isModified()));
  } else {
    title += " - Sweet Home 3D";
    if (home.isModified()) {
      title = "* " + title;
    }
  }
  frame.setTitle(title);
}
```

Utilisation de la boîte de dialogue de choix de fichier native

Si le look and feel de la classe `JFileChooser` reproduit à l'identique la boîte de dialogue standard de choix de fichier sous Windows, son implémentation sous Mac OS X offre une boîte bien moins riche en fonctionnalités que la boîte standard du système (voir figure 10-16). Thomas choisit donc d'afficher cette dernière avec la classe `java.awt.FileDialog` sous Mac OS X, dans une méthode `showFileDialog` supplémentaire de `HomePane`.

Méthode showFileDialog de la classe HomePane

Création d'une boîte dépendante de la fenêtre du composant.

En mode enregistrement, sélectionner le fichier `name`, s'il existe.

Filtre sur les fichiers d'extension `.sh3d`.

```
private String showFileDialog(boolean save, String name) {
  FileDialog fileDialog =
    new FileDialog(JOptionPane.getFrameForComponent(this));
  if (save && name != null) {
    fileDialog.setFile(new File(name).getName());
  }
  fileDialog.setFilenameFilter(new FilenameFilter() {
      public boolean accept(File dir, String name) {
        return name.toLowerCase().
            endsWith(SWEET_HOME_3D_EXTENSION);
      }
    });
```

```
  if (currentDirectory != null) {
    fileDialog.setDirectory(currentDirectory.toString());
  }

  if (save) {
    fileDialog.setMode(FileDialog.SAVE);
    fileDialog.setTitle(
        this.resource.getString("fileDialog.saveTitle"));
  } else {
    fileDialog.setMode(FileDialog.LOAD);
    fileDialog.setTitle(
        this.resource.getString("fileDialog.openTitle"));
  }

  fileDialog.setVisible(true);
  String selectedFile = fileDialog.getFile();

  if (selectedFile != null) {
    currentDirectory = new File(fileDialog.getDirectory());
    return currentDirectory + File.separator + selectedFile;

  } else {
    return null;
  }
}
```

◄ Si la boîte a déjà été affichée, mettre à jour son répertoire.

◄ Sélectionner le mode enregistrement ou ouverture de fichier de la boîte, et mettre à jour son titre.

◄ Affichage de la boîte et récupération du fichier choisi.

◄ Si l'utilisateur a confirmé son choix, récupérer le répertoire courant et renvoyer le fichier sélectionné.

◄ Sinon renvoyer `null`.

Dans les méthodes `showOpenDialog` et `showSaveDialog`, Thomas sélectionne ensuite la méthode `showFileChooser` ou `showFileDialog` en fonction du système d'exploitation en cours.

Méthodes showOpenDialog et showSaveDialog de la classe HomePane (modifiées)

```
public String showOpenDialog() {
  if (System.getProperty("os.name").startsWith("Mac OS X")) {
    return showFileDialog(false, null);
  } else {
    return showFileChooser(false, null);
  }
}

public String showSaveDialog(String name) {
  String file;
  if (System.getProperty("os.name").startsWith("Mac OS X")) {
    file = showFileDialog(true, name);
  } else {
    file = showFileChooser(true, name);
  }
  if (file != null &&
      !file.toLowerCase().endsWith(SWEET_HOME_3D_EXTENSION)) {
    file += SWEET_HOME_3D_EXTENSION;
  }
  return file;
}
```

SWING JFileChooser vs FileDialog

Contrairement à `FileDialog`, la classe `JFileChooser` est plus personnalisable grâce à des fonctionnalités supplémentaires (filtres multiples, prévisualisation de fichiers), mais aussi parce qu'en tant que composant Swing, une instance de `JFileChooser` peut être intégrée dans n'importe quel container. Dans une utilisation de base comme ici, ces deux classes disposent de méthodes comparables à quelques nuances près.

ATTENTION Retrouver la fenêtre parente d'un composant

La méthode `static getFrameForComponent` de la classe `JOptionPane` permet de retrouver la fenêtre parente d'un composant qu'il est nécessaire de fournir au constructeur de `FileDialog`. Assez bizarrement, cette méthode n'est pas dans la classe `SwingUtilities`, qui regroupe un ensemble de méthodes `static` très utiles pour effectuer des conversions de coordonnées, calculer des tailles, rechercher un composant dans une hiérarchie de composants...

Figure 10–16 JFileChooser et FileDialog sous Mac OS X

SWING Option d'affichage de JScrollPane

Les zones où sont affichés les ascenseurs d'une instance de `JScrollPane` peuvent être affichées systématiquement (constantes ..._SCROLLBAR_ALWAYS), jamais (constantes ..._SCROLLBAR_NEVER), ou en fonction de la taille de la vue affichée dans le panneau à ascenseurs (constantes ..._SCROLLBAR_AS_NEEDED). Cette dernière option est celle par défaut.

Panneaux à ascenseurs

L'affichage systématique des zones où sont affichés les ascenseurs d'un panneau de type `JScrollPane` est simple à mettre en place. Il faut appeler les méthodes `setHorizontalScrollBarPolicy` et `setVerticalScrollBarPolicy` de cette classe en leur passant la valeur des constantes `HORIZONTAL_SCROLLBAR_ALWAYS` et `VERTICAL_SCROLLBAR_ALWAYS` respectivement. Comme la classe `HomePane` crée plusieurs instances de `JScrollPane`, Thomas factorise cette modification dans la sous-classe `HomeScrollPane` de `JScrollPane`.

Classe interne HomeScrollPane de la classe HomePane

Panneau à ascenseurs dont les zones où sont affichés les ascenseurs sont systématiquement visibles sous Mac OS X.

```
private static class HomeScrollPane extends JScrollPane {
  public HomeScrollPane(JComponent view) {
    super(view);
    if (System.getProperty("os.name").startsWith("Mac OS X")) {
      setHorizontalScrollBarPolicy(HORIZONTAL_SCROLLBAR_ALWAYS);
      setVerticalScrollBarPolicy(VERTICAL_SCROLLBAR_ALWAYS);
    }
  }
}
```

Finalement, Thomas remplace la classe `JScrollPane` par `HomeScrollPane` dans les trois instructions de création des panneaux à ascenseurs de la classe `HomePane`.

Test des modifications

Thomas doit vérifier l'indépendance des fichiers SH3D vis-à-vis du catalogue de meubles courant et l'indépendance du programme vis-à-vis des classes du package `com.apple.eawt` sous les systèmes différents de Mac OS X. Pour réaliser ce test, il choisit de :

1. créer un fichier `test.sh3d` avec le catalogue existant ;
2. effacer (temporairement) le contenu des fichiers `DefaultCatalog.properties` et `DefaultCatalog_fr.properties` ;
3. générer une archive `SweetHome3D.jar` de l'application qu'il transmettra aux autres avec le fichier `test.sh3d`.

Création d'une archive JAR exécutable

Pour se simplifier la tâche, Thomas crée l'archive `SweetHome3D.jar` avec les outils d'exportation d'Eclipse (voir figure 10-17) :

1. Comme Sweet Home 3D dispose désormais d'une classe avec un point d'entrée dans le dossier `src`, il sélectionne ce dossier dans la vue *Package Explorer*.
2. Il sélectionne le menu *File>Export...*
3. Dans la boîte de dialogue *Export* qui s'affiche, il choisit l'option *JAR File* ❶ dans la liste *Select an export destination* puis clique sur le bouton *Next*.
4. Dans l'écran suivant, il saisit le nom de l'archive `SweetHome3D.jar` ❸, vérifie que les options *Export generated class files and resources* ❷ et *Compress the contents of the JAR file* ❹ sont cochées, puis clique sur le bouton *Next*.
5. Il saute l'écran suivant, et dans la dernière boîte, il sélectionne l'option *Generate the manifest file* ❺, saisit l'identificateur `com.eteks.sweethome3d.SweetHome3D` de la classe principale de l'application ❻, avant de cliquer finalement sur le bouton *Finish*.

> JAVA **Fichier manifeste**
>
> Le fichier `META-INF/MANIFEST.MF` d'un fichier *`file.jar`* permet de décrire en autres choses la classe principale de l'application à lancer, quand l'utilisateur double-clique sur le fichier *`file.jar`* ou qu'il lance la commande :
>
> ```
> java -jar file.jar
> ```
>
> Pour information, le fichier manifeste généré par Eclipse pour Sweet Home 3D contient :
>
> ```
> Manifest-Version: 1.0
> Main-Class: com.eteks.sweethome3d.SweetHome3D
> ```

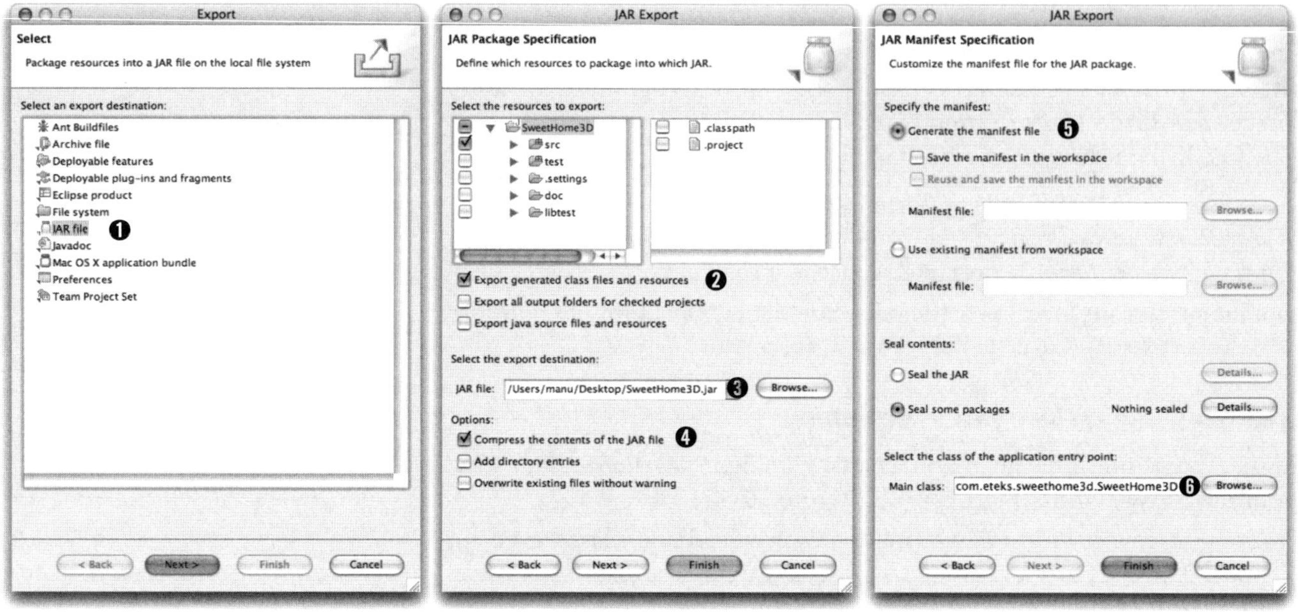

Figure 10–17 Création d'une archive sous Eclipse

Test de l'archive

Sophie, Margaux et Matthieu testent l'application avec les fichiers `SweetHome3D.jar` et `test.sh3d` que leur fournit Thomas, et obtiennent des résultats concluants comme le montre les figures suivantes.

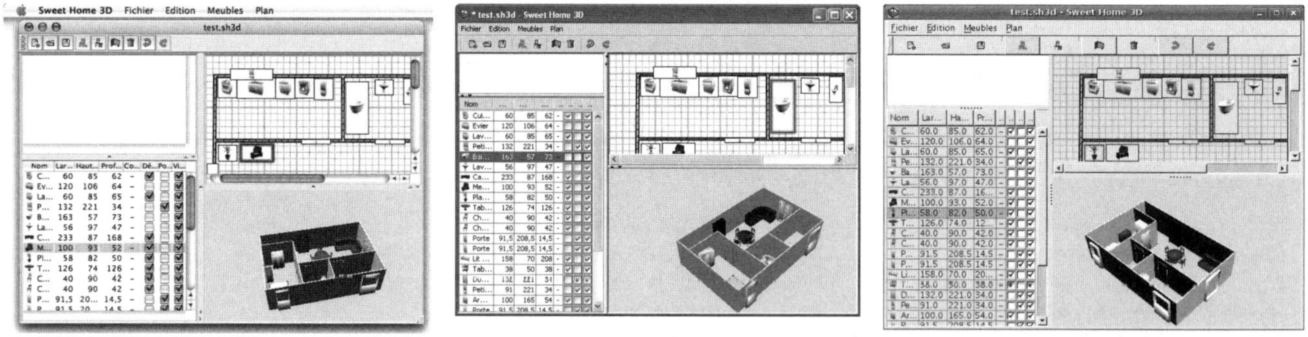

Figure 10–18 Sweet Home 3D sous Mac OS X, Windows XP et Linux/Ubuntu

Margaux effectue finalement un test d'intégration et balise dans CVS la fin du huitième scénario avec le numéro de version `V_0_8`.

En résumé...

Ce chapitre vous a montré comment mettre en œuvre la sérialisation Java pour obtenir rapidement un système d'enregistrement/lecture des objets d'une application, et sans empêcher leurs classes d'évoluer dans le temps. Nous avons dans un second temps intégré ces fonctionnalités dans l'interface utilisateur de l'étude de cas, ce qui nous a permis d'aborder les classes `JFileChooser` et `JOptionPane`. Finalement, nous avons abordé comment personnaliser l'étude de cas sous Mac OS X, tout en partageant le même code quel que soit le système d'exploitation.

JFACE Boîtes de dialogue standards

La classe `org.eclipse.swt.widgets.FileDialog` offre des fonctionnalités similaires à la classe `java.awt.FileDialog`, tandis que la classe `org.eclipse.jface.dialogs.MessageDialog` est le pendant de la classe `javax.swing.JOptionPane` (mais sans support du format HTML pour les messages). Du côté de l'intégration de SWT/JFace avec Mac OS X, les fenêtres SWT utilisent bien la barre de menu du système pour leurs menus, mais comme la classe `com.apple.eawt.Application` ne fonctionne qu'avec AWT/Swing, il vous faudra recourir à d'autres moyens pour lier le menu application avec votre programme. Pour comparer les différences d'implémentation entre les versions Swing et JFace de ce scénario, consultez les modifications effectuées sur les classes du package `com.eteks.sweethome3d.jface` enregistrées dans le dossier `test` du code source. Ces classes peuvent être testées avec l'application `com.eteks.sweethome3d.jface.SweetHome3D`, équivalent JFace de la classe `com.eteks.sweethome3d.SweetHome3D`. Pour information, les versions équivalentes SWT/JFace des scénarios n° 9 et 10 qui suivent n'ont pas été développées.

chapitre 11

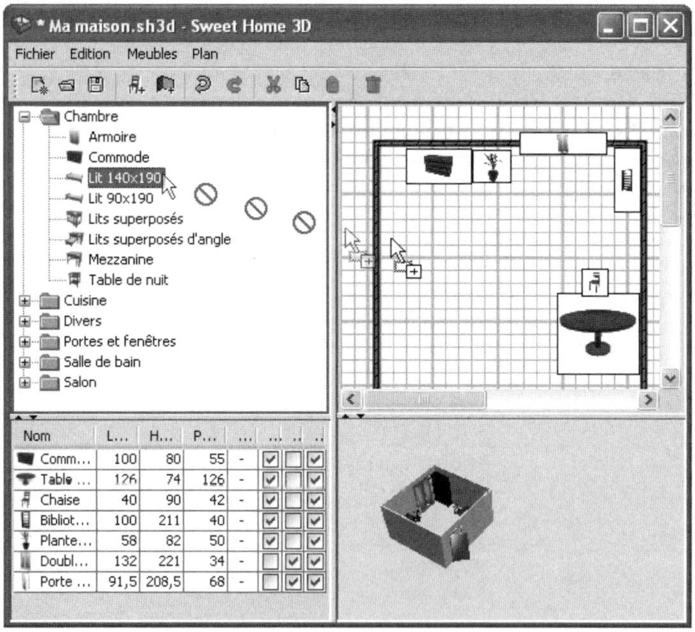
* Ma maison.sh3d - Sweet Home 3D
Fichier
Edition
Meubles
Plan
Chambre
Armoire
Commode
Lit 140x190
Lit 90x190
Lits superposés
Lits superposés d'angle
Mezzanine
Table de nuit
Cuisine
Divers
Portes et fenêtres
Salle de bain
Salon
Nom
L...
H...
P...
Comm... 100 80 55 -
Table ... 126 74 126 -
Chaise 40 90 42 -
Bibliot... 100 211 40 -
Plante... 58 82 50 -
Doubl... 132 221 34 -
Porte ... 91,5 208,5 68 -

Glisser-déposer et copier-coller

Au cours de leurs tests, les membres de l'équipe ont ressenti une tentation trop forte de glisser-déposer les meubles du catalogue dans le plan. Ils décident donc de mettre en place cette fonctionnalité dès maintenant.

SOMMAIRE

MOTS-CLÉS

- TransferHandler
- DataFlavor
- DnD
- Clipboard

Scénario n° 9

Le neuvième scénario doit permettre de glisser-déposer des meubles du catalogue dans le plan ou le tableau, et de copier-coller les meubles dans le tableau et le plan. Techniquement, le développement de ce scénario va nous permettre d'aborder la mise en œuvre de la classe `javax.swing.TransferHandler` dédiée à ce type d'opérations, ainsi que la gestion du focus sur les composants.

Spécifications du glisser-déposer et des opérations de couper/copier/coller

Sophie spécifie ainsi les nouvelles fonctionnalités de l'application offertes à l'utilisateur pour glisser-déposer ou copier-coller des meubles :

- L'utilisateur pourra glisser-déposer les meubles sélectionnés de l'arbre du catalogue dans le composant du plan ou dans le tableau des meubles.
- Après cette opération, les meubles déposés seront ajoutés à la liste des meubles du logement ; si l'utilisateur les dépose dans le plan, leur position correspondra à celle du pointeur de la souris au moment du relâchement du bouton de cette dernière.
- L'utilisateur pourra copier les objets sélectionnés de l'arbre, du tableau ou du plan dans le Presse-papiers, puis les coller dans le tableau ou le plan ; similairement, il pourra couper les objets sélectionnés dans le tableau ou le plan.
- L'origine d'une opération de copier ou couper, et la destination d'une opération de coller seront signalées à l'utilisateur par un rectangle de couleur entourant celui des trois composants qui aura le focus.
- Afin de faciliter la navigation au clavier dans l'application, les seuls composants d'une fenêtre capables d'obtenir le focus seront l'arbre, le tableau ou le plan, où le recours au clavier est utile. Le transfert du focus d'un composant à l'autre s'effectuera au clavier dans l'ordre où ils sont cités, grâce aux touches *Tabulation* pour passer au composant suivant et *Majuscule+Tabulation* pour passer au composant précédent. Le composant de l'arbre sera celui qui aura le focus à la création d'une fenêtre.

Les éléments localisés *Couper*, *Copier*, *Coller* du menu *Edition* et trois boutons de la barre d'outils, permettront d'effectuer les opérations qui leur correspondent. Ces opérations seront annulables et ne seront actives que si le composant du plan est en mode *Sélection*. Par ailleurs, maintenant que l'utilisateur pourra identifier quel composant a le focus à l'écran, un seul élément *Supprimer* sera affiché dans le menu *Edition* et dans la barre d'outils ; il remplacera ceux des menus *Meubles* et *Plan* créés au cours des scénarios précédents.

ATTENTION Glisser-déposer d'un composant à l'autre

Effectuer une opération de glisser d'un composant à l'autre ne met pas en œuvre les mêmes concepts qu'une simple opération de glisser-déposer au sein d'un même composant que l'équipe a programmé pour déplacer les meubles dans le plan (voir le chapitre 8, « Composant graphique du plan »).

ERGONOMIE Focus et navigation au clavier

Entourer le composant qui a le focus d'un rectangle coloré aide l'utilisateur à comprendre sur quel composant les touches du clavier et certaines actions ont un effet. Pour permettre à l'utilisateur de donner le focus à ces composants sans cliquer dessus, une application navigable au clavier doit prévoir cette décoration et quelle touche ou quelle combinaison de touches permet de transférer le focus au composant suivant. Pour les composants non textuels, cette touche de transfert de focus est généralement la touche de tabulation.

Scénario de test

À partir des spécifications précédentes, Sophie rédige le scénario de test suivant :

1. Créer une fenêtre contenant la vue d'un logement ; vérifier que l'arbre du catalogue a le focus et que les boutons *Copier*, *Couper*, *Coller* et *Supprimer* sont désactivés.
2. Sélectionner le premier meuble dans l'arbre du catalogue et vérifier que seul le bouton *Copier* est activé.
3. Glisser-déposer le meuble sélectionné de l'arbre au point de coordonnées pixels (120, 120) dans le composant du plan, vérifier qu'un nouveau meuble de coordonnées (200, 200) a été ajouté au logement.
4. Transférer le focus au plan en enfonçant deux fois la touche *Tabulation* et vérifier que les boutons *Copier*, *Couper* et *Supprimer* y sont activés.
5. Passer en mode *Création de mur* et vérifier que les boutons *Copier*, *Couper*, *Coller* et *Supprimer* sont désactivés.
6. Créer un mur dans le plan entre les points de coordonnées pixels (20, 20) et (100, 20), repasser en mode *Sélection* et vérifier que les boutons *Copier*, *Couper* et *Supprimer* sont activés.
7. Sélectionner le mur et le meuble du logement, et couper la sélection dans le composant du plan ; vérifier que le logement est vide et que seul le bouton *Coller* est activé.
8. Coller la sélection dans le plan et vérifier que le logement contient un mur et un meuble.

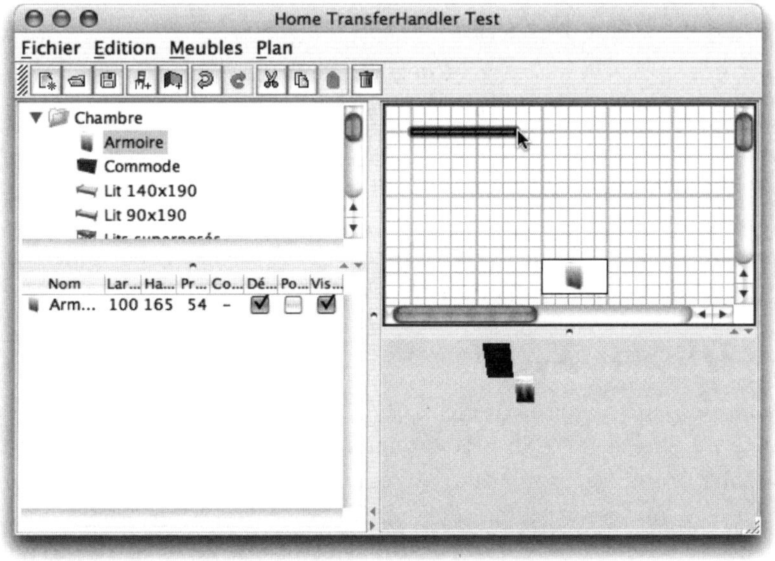

Figure 11–1
Logement créé au sixième point du scénario n° 9

9 Transférer le focus au tableau avec la combinaison de touches *Majuscule+Tabulation* et y supprimer la sélection ; vérifier que le logement contient toujours le mur et que seul le bouton *Coller* est activé.

10 Coller le contenu du Presse-papiers dans le tableau et vérifier que le logement contient un mur et un meuble.

Gestion du glisser-déposer dans Swing

Margaux explore tout d'abord le fonctionnement des classes Java dédiées au glisser-déposer. Celles-ci se répartissent en deux catégories :

- les classes des packages `java.awt.dnd` et `java.awt.datatransfer` qui représentent le socle de la gestion du glisser-déposer dans AWT ;
- la classe `javax.swing.TransferHandler` qui simplifie la mise en œuvre des classes précédentes et la gestion des opérations de couper/copier/coller dans un composant Swing.

Gestionnaire de transfert de données

La classe `TransferHandler` est basée sur le principe que les opérations de glisser-déposer comme celles de couper/copier/coller permettent de transférer des données d'un composant à un autre :

- dans une opération de glisser-déposer, ce transfert s'effectue à l'aide de la souris ;
- dans une opération de couper-coller ou de copier-coller, il s'effectue via le Presse-papiers du système (*clipboard* en anglais) qui stocke toutes les informations copiées.

Pour que les composants source et destination s'entendent sur les informations transférées, deux autres types du package `java.awt.datatransfer` complètent la classe `TransferHandler` :

- la classe `DataFlavor` qui décrit le format de ces données en lui associant un type MIME ;
- l'interface `Transferable` dont la méthode `getTransferData` permet d'accéder aux informations transférées.

B.A.-BA Type MIME

Un type MIME décrit sous forme textuelle le type d'une information transférée, comme `image/jpeg` pour un contenu au format JPEG. Il est utilisé notamment par les navigateurs web pour déterminer quel traitement appliquer aux ressources reçues d'un serveur web qui n'ont pas d'extension.

POUR ALLER PLUS LOIN
TransferHandler vs java.awt.dnd

Le package `java.awt.dnd` est dédié aux opérations de glisser-déposer, et la classe `javax.swing.TransferHandler` y a recours pour l'implémentation Swing du glisser-déposer. Les types du package `java.awt.dnd` séparent clairement la source des données (types préfixés par `DragSource`) de leur destination (types préfixés par `DropTarget`) et offrent plus de fonctionnalités que la classe `TransferHandler`.

- http://www.javaworld.com/javaworld/jw-03-1999/jw-03-dragndrop.html

Principe de fonctionnement

Chaque composant Swing peut être associé à un gestionnaire de transfert de données. Celui-ci est utilisé autant pour préparer les données émises par un composant au moment d'un copier ou de l'initialisation d'un glisser-déposer, que pour traiter des données reçues après un coller ou à la fin d'un glisser-déposer. Un programmeur associe à un composant une instance d'une sous-classe de `TransferHandler`, dans laquelle il redéfinit généralement soit les méthodes `createTransferable` et `exportDone` pour gérer les données à transférer, soit les méthodes `canImport` et `importData` pour gérer la réception des données, soit les quatre. Le diagramme de séquence simplifié de la figure 11-2 montre comment ces méthodes sont mises en œuvre dans Swing lors d'un glisser-déposer :

1. À la première notification d'un déplacement de la souris avec le bouton enfoncé dans le composant source, un programmeur doit initier le transfert de données en appelant la méthode `exportAsDrag` sur l'instance de `TransferHandler` associée à ce composant. Cette méthode prend en dernier paramètre une des constantes `COPY` ou `MOVE` pour indiquer si le glisser-déposer est une copie ou un déplacement.
2. Cette opération va provoquer un appel à la méthode `createTransferable` que le programmeur redéfinit pour renvoyer les données transférées sous la forme d'un objet `Transferable`.
3. Au cours du survol de la souris au-dessus d'un autre composant, Swing récupère l'instance de `TransferHandler` qui lui est associée et appelle sa méthode `canImport` pour déterminer si ce composant accepte ou non le format des données transférées. Suivant la valeur renvoyée, Swing modifie le curseur de la souris pour notifier à l'utilisateur s'il a le droit ou non de relâcher le bouton de la souris sur ce composant.

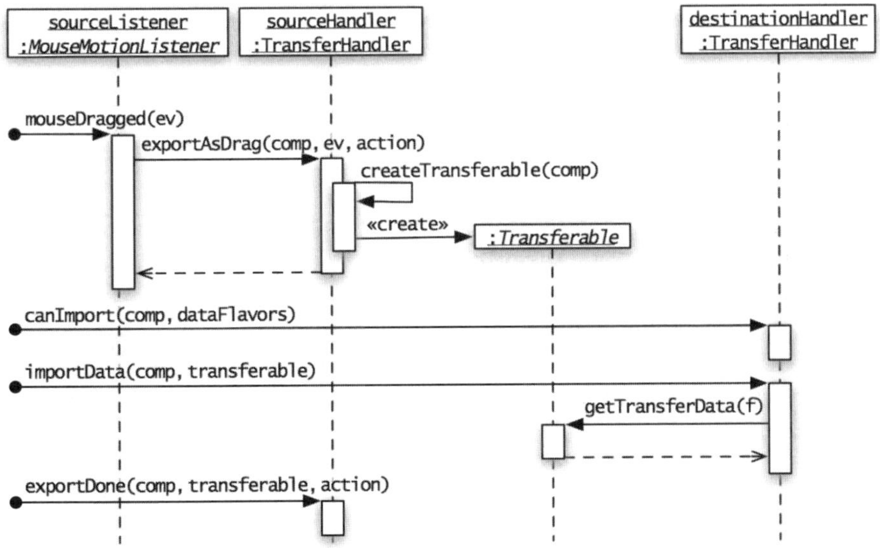

Figure 11–2
Diagramme de séquence d'un glisser-déposer avec la classe TransferHandler

4. Quand l'utilisateur relâche le bouton de la souris sur un composant qui accepte ce format, Swing appelle la méthode `importData` de son gestionnaire de transfert de données pour qu'il traite les données transférées.

5 Une fois l'importation terminée, Swing appelle finalement la méthode `exportDone` du gestionnaire de transfert associé au composant d'où proviennent les données transférées. Quand l'opération est un déplacement, le programmeur redéfinit cette méthode pour y effacer les données transférées dans ce composant.

SWING Autres méthodes de TransferHandler

Outre les méthodes dont le comportement est décrit dans la figure 11-2, la classe `TransferHandler` comprend aussi les méthodes suivantes :

- La méthode `getSourceActions` doit être redéfinie dans un gestionnaire de transfert de données pour renvoyer une des valeurs COPY, MOVE, COPY_OR_MOVE ou NONE. Ces constantes déterminent si un composant est capable d'initier un glisser-déposer pour copier des données et/ou pour les déplacer dans un autre composant. Elles déterminent également si un composant est capable d'exporter des données dans le Presse-papiers pour les opérations de copier (COPY), couper (MOVE), ou les deux (COPY_OR_MOVE).
- Les méthodes `static getCopyAction` et `getCutAction` renvoient un objet de type `Action`. Il suffit d'appeler la méthode `actionPerformed` de cet objet pour provoquer une copie dans le Presse-papiers des données renvoyées par la méthode `createTransferable` du gestionnaire de transfert d'un composant. Ce composant est la source mémorisée dans l'événement passé en paramètre à la méthode `actionPerformed`.
- La méthode `static getPasteAction` renvoie un objet de type `Action` dont la méthode `actionPerformed` provoque un appel à la méthode `importData` du gestionnaire de transfert d'un composant pour coller des données du Presse-papiers.
- La méthode `exportToClipboard` a un effet similaire à la méthode `exportAsDrag` mais s'adresse au Presse-papiers.
- La méthode `getVisualRepresentation` qui permet de renvoyer une icône associée à un glisser-déposer n'est malheureusement pas utilisée.

SWING Composants Swing prêts pour le glisser-déposer

Les sous-classes de `javax.swing.text.JTextComponent` de composant textuel et les classes `JList`, `JTree`, `JTable`, `JColorChooser`, `JFileChooser` sont programmées pour initier d'elles-mêmes un glisser-déposer une fois qu'on a appelé leur méthode `setDragEnabled` avec la valeur `true` en paramètre. Elles disposent même d'un gestionnaire de transfert de données par défaut qui correspond au type des objets que ces classes manipulent (par exemple pour glisser-déposer un texte dans un champ de saisie).

La gestion des opérations de couper/copier/coller utilise les mêmes méthodes `createTransferable`, `exportDone` et `canImport`, `importData` du gestionnaire de transfert des composants entre lesquelles vous voulez effectuer de telles opérations. Pour lancer ces opérations, il suffit de récupérer les objets de type `Action` renvoyés par les méthodes `static getCopyAction`, `getCutAction` et `getPasteAction` de `TransferHandler`, et d'appeler leur méthode `actionPerformed`.

Glisser-déposer un fichier dans une fenêtre

Margaux programme un test de glisser-déposer sur un label d'une fenêtre capable d'afficher l'image d'un fichier qui y est déposé. Comme ce label ne permet pas d'initier un glisser-déposer, elle n'a donc qu'à implémenter un gestionnaire de transfert de données capable de traiter les données reçues par le label.

Classe com.eteks.sweethome3d.test.DropImageFileTest

```
package com.eteks.sweethome3d.test;

import java.awt.datatransfer.DataFlavor;
import java.awt.datatransfer.Transferable;
import java.awt.datatransfer.UnsupportedFlavorException;
import java.io.*;
import java.util.*;
import javax.swing.*;
import com.eteks.sweethome3d.swing.IconManager;
import com.eteks.sweethome3d.tools.URLContent;

public class DropImageFileTest {
  public static void main(String [] args) {
    JLabel label = new JLabel("Drop a file here",
        JLabel.CENTER);
    label.setTransferHandler(new LabelIconTransferHandler()); ➊
    JFrame frame = new JFrame("Image preview");
    frame.add(label);
    frame.setSize(200, 200);
    frame.setDefaultCloseOperation(JFrame.EXIT_ON_CLOSE);
    frame.setVisible(true);
  }

  private static class LabelIconTransferHandler
                extends TransferHandler { ➋
    public boolean canImport(JComponent destinationComponent,
                             DataFlavor [] flavors) { ➌
      return destinationComponent instanceof JLabel➍
             && Arrays.asList(flavors).contains(
                 DataFlavor.javaFileListFlavor); ➎
    }

    public boolean importData(JComponent destinationComponent,
                              Transferable transferedFiles) { ➏
      try {
        List<File> files = (List<File>)transferedFiles.
            getTransferData(DataFlavor.javaFileListFlavor); ➐
        URLContent imageContent =
           new URLContent(files.get(0).toURL()); ➑
        Icon icon = IconManager.getInstance().getIcon(
            imageContent, 128, destinationComponent); ➒
        JLabel label = (JLabel)destinationComponent;
        label.setIcon(icon); ➓
        label.setText("");
        return true;
```

Types AWT représentant les données transférées par glisser-déposer nécessaires à l'implémentation d'une sous-classe de `TransferHandler`.

Création d'un label centré capable de visualiser le fichier d'une image déposée sur celui-ci.

Affichage du label dans une fenêtre.

Gestionnaire de transfert gérant le transfert d'une image dans un label.

Renvoie `true` si le composant `destinationComponent` est un label et si le type des données transférées est une liste de fichiers.

Traite l'importation des données déposées sur le composant `destinationComponent`.

Récupération de la liste des fichiers déposés.

Récupération de l'image contenue dans le premier fichier de la liste sous la forme d'une icône de 128 pixels de haut.

Modification de l'icône du label.

Effacement du texte initial.

```
        } catch (UnsupportedFlavorException ex) {
          return false;
        } catch (IOException ex) {
          return false;
        }
      }
    }
}
```

Le gestionnaire de transfert de données que Margaux a associé au label ❶ ne redéfinit ici que les méthodes `canImport` ❸ et `importData` ❻ de la classe `TransferHandler` dont il hérite. Dans la méthode `canImport`, elle accepte le dépôt des données en cours de transfert uniquement si ces données sont destinées à un label ❹ et si elles sont disponibles sous la forme d'une liste de fichiers ❺. Dans la méthode `importData`, elle récupère la liste des fichiers déposés ❼, crée une icône de 128 pixels de haut ❾ à partir du premier fichier de cette liste ❽ et affecte cette icône au label ❿.

Margaux teste ensuite son application en glissant-déposant des fichiers du bureau sur le label. Elle constate que son programme fonctionne même en prenant des fichiers depuis la vue *Package Explorer* d'Eclipse (voir figure 11-3) !

La classe `IconManager` qui prend en charge le chargement du fichier a été abordée à la fin du chapitre 4, « Arbre du catalogue des meubles ».

SWING Formats de données prédéfinis

La classe `DataFlavor` prédéfinit quelques formats pour faciliter l'échange de données entre applications :

- `stringFlavor` pour des textes de type `String` ;
- `imageFlavor` pour des images de type `java.awt.Image` ;
- `javaFileListFlavor` pour une liste de fichiers de type `List<File>`.

SWT Classes de gestion du glisser-déposer

Le package `org.eclipse.swt.dnd` propose des classes similaires à celles des packages AWT `java.awt.dnd` et `java.awt.datatransfer` pour gérer le Presse-papiers et les opérations de glisser-déposer dans SWT.

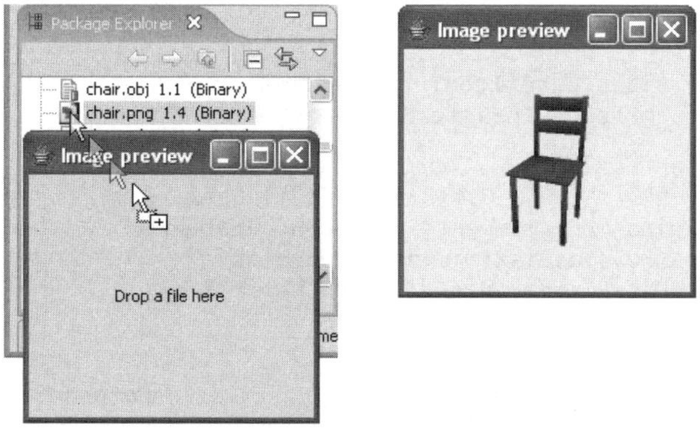

Figure 11–3 Application com.eteks.sweethome3d.test.DropImageFileTest

Architecture des classes du scénario

Pour gérer les opérations de glisser-déposer et de couper/copier/coller, Thomas et Margaux doivent ajouter des gestionnaires de transfert de données différents à l'arbre, au tableau et au plan :

- L'arbre doit gérer la copie dans le Presse-papiers et l'initialisation d'un glisser-déposer en créant un objet qui contient la liste des meubles sélectionnés dans l'arbre du catalogue.

- Le tableau doit gérer la copie dans le Presse-papiers des meubles qui sont sélectionnés dans le logement et l'ajout des meubles reçus par glisser-déposer ou par une opération de coller.
- Le plan doit gérer la copie dans le Presse-papiers des murs et des meubles qui sont sélectionnés dans le logement, et l'ajout de ceux reçus par glisser-déposer avant de les placer au point où le bouton de la souris aura été relâché.

Gestionnaires de transfert de données

Comme le montre le diagramme de classes de la figure 11-4, Margaux ajoutera les classes suivantes au package `com.eteks.sweethome3d.swing` :

- Les classes `CatalogTransferHandler` ❽, `FurnitureTransferHandler` ⓬, `PlanTransferHandler` ⓭ pour les trois gestionnaires décrits précédemment ; la classe `CatalogTransferHandler` dérivera de `TransferHandler` ❻, tandis que les deux autres dériveront d'une classe abstraite intermédiaire `LocatedTransferHandler` ❾ capable de localiser le point où le pointeur de la souris est relâché à la fin d'un glisser-déposer.
- La classe `HomeTransferableList` ❼ qui implémentera l'interface `java.awt.datatransfer.Transferable` ❺ représentera la liste des données transférées. Pour ce format de données non standard, il faudra créer un objet de classe `DataFlavor` ❹ associé au type `HomeTransferableList`, et accessible par la constante `HOME_FLAVOR`.

Dans le diagramme de classe de la figure 11-4, les classes `FurnitureTransferHandler` et `PlanTransferHandler` ont été superposées pour des commodités de présentation. Elles contiennent la même liste de méthodes.

SWING Formats de données Java

Pour créer un format de données représentant des objets de classe Java quelconque transférables au sein d'une même JVM, il faut créer un objet de classe `DataFlavor` en passant à son constructeur un type MIME défini ainsi :

```
DataFlavor.
  javaJVMLocalObjectMimeType
+ ";class=" + className
```

Modifications des classes existantes

En complément de ces nouvelles classes, Margaux et Thomas devront apporter les modifications suivantes aux classes existantes :

- Les classes `Wall` ❶ et `HomePieceOfFurniture` ❷ seront dotées de constructeurs par recopie que la classe `HomeTransferableList` ❼ utilisera pour créer des copies des objets transférés.
- La classe `Home` ❸ disposera de méthodes `static` qui permettront d'extraire d'une liste des sous-listes de meubles et de murs.
- Les gestionnaires de transfert `FurnitureTransferHandler` ⓬ et `PlanTransferHandler` ⓭ feront appel aux méthodes `cut`, `paste` et `drop` de la classe `HomeController` ⓮. L'implémentation de ces méthodes nécessitera de rendre `public` certaines méthodes de la classe `PlanController` ⓯, et d'y implémenter une méthode d'ajout de murs dans le logement.

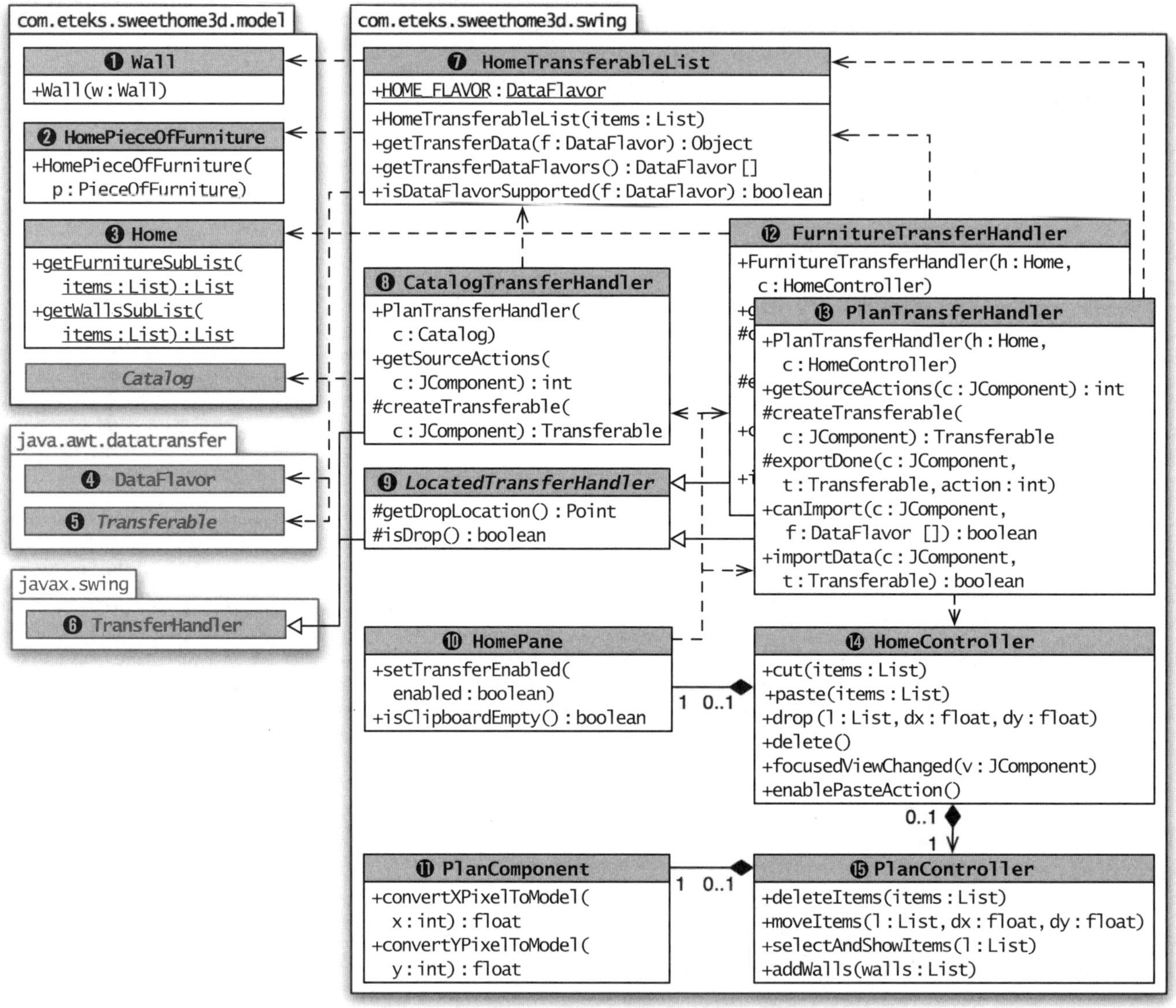

Figure 11–4 Diagramme des classes du scénario n° 9

- La classe `HomePane` ❿ sera modifiée pour gérer les actions associées aux nouveaux éléments *Couper*, *Copier*, *Coller*, *Supprimer* du menu *Edition*, et pour positionner les gestionnaires de transfert sur les composants de l'arbre, du tableau et du plan que cette classe dispose dans son panneau. Elle devra aussi gérer l'affichage d'un rectangle de couleur autour du composant qui a le focus, et notifier à son contrôleur ⓮ quand une vue obtient le focus, afin que celui-ci active ou désactive les actions qui dépendent de cette vue.

- Enfin, les méthodes de conversion des coordonnées pixels en coordonnées du modèle de la classe `PlanComponent` ⓫ seront rendues `public` pour que le gestionnaire du glisser-déposer du plan ⓭ puisse les appeler.

Programme de test du glisser-déposer et du copier-coller

Thomas implémente le scénario de test n° 9 dans la méthode `testTransferHandler` de la classe `com.eteks.sweethome3d.junit.TransferHandlerTest`. Il en fait une sous-classe de `ComponentTestFixture`, pour tester visuellement l'opération de glisser-déposer avec Abbot.

ATTENTION Glisser-déposer avec Abbot

Pour simuler un glisser-déposer entre composants avec Abbot, il faut recourir aux méthodes `actionDrag` ❹ et `actionDrop` ❺.

Classe com.eteks.sweethome3d.junit.TransferHandlerTest

```
package com.eteks.sweethome3d.junit;
import java.awt.*;
import java.awt.event.*;
import javax.swing.*;
import junit.extensions.abbot.ComponentTestFixture;
import abbot.finder.*;
import abbot.tester.*;
import com.eteks.sweethome3d.io.DefaultUserPreferences;
import com.eteks.sweethome3d.model.*;
import com.eteks.sweethome3d.swing.*;
public class TransferHandlerTest extends ComponentTestFixture {
  public void testTransferHandler()
      throws ComponentSearchException {
    UserPreferences preferences = new DefaultUserPreferences();
    Home home = new Home();
    HomeController controller =
        new HomeController(home, preferences);
    CatalogTree catalogTree = (CatalogTree)findComponent(
        controller.getView(), CatalogTree.class); ❶
    FurnitureTable furnitureTable = (FurnitureTable)findComponent(
        controller.getView(), FurnitureTable.class); ❷
    PlanComponent planComponent = (PlanComponent)findComponent(
        controller.getView(), PlanComponent.class); ❸
    JFrame frame = new JFrame("Home TransferHandler Test");
    frame.add(controller.getView());
    frame.pack();
    showWindow(frame);
    assertTrue(catalogTree.isFocusOwner());
    assertActionsEnabled(controller, false, false, false, false);
```

◂ Test du scénario n° 9.

◂ Création des objets du modèle.

◂ Création du contrôleur du logement.

◂ Récupération de l'arbre, du tableau et du plan disposés dans la vue du contrôleur.

◂ Affichage d'une fenêtre qui contient la vue associée au contrôleur du logement.

◂ Vérification du focus sur l'arbre du catalogue.

◂ Vérification que toutes les actions sont désactivées.

Sélection du premier meuble dans l'arbre du catalogue.

```
catalogTree.expandRow(0);
catalogTree.addSelectionInterval(1, 1);
```

Vérification que seule l'action *Copier* est activée quand l'arbre du catalogue a le focus.

```
assertActionsEnabled(controller, false, true, false, false);
```

Glisser-déposer le meuble de la seconde ligne de l'arbre dans le composant du plan aux coordonnées (120, 120).

```
JComponentTester tester = new JComponentTester();
Rectangle selectedRowBounds = catalogTree.getRowBounds(1);
tester.actionDrag(catalogTree, new ComponentLocation(
    new Point(selectedRowBounds.x, selectedRowBounds.y))); ❹
tester.actionDrop(planComponent, new ComponentLocation(
    new Point(120, 120))); ❺
```

Vérification qu'un meuble a été ajouté au logement et que le coin supérieur gauche de ce meuble a pour coordonnées (200, 200).

```
assertEquals(1, home.getFurniture().size());
HomePieceOfFurniture piece = home.getFurniture().get(0);
assertTrue(Math.abs(200 - piece.getX()
                        + piece.getWidth() / 2) < 1E-10);
assertTrue(Math.abs(200 - piece.getY()
                        + piece.getDepth() / 2) < 1E-10);
```

Transférer le focus au composant du plan.

```
tester.actionKeyStroke(KeyEvent.VK_TAB);
tester.actionKeyStroke(KeyEvent.VK_TAB);
assertTrue(planComponent.isFocusOwner());
```

Vérification que les actions *Couper*, *Copier* et *Supprimer* sont activées dans le plan.

```
assertActionsEnabled(controller, true, true, false, true);
```

Passer en mode *Création de mur* et vérifier que toutes les actions sont désactivées.

```
controller.setWallCreationMode();
assertActionsEnabled(controller, false, false, false, false);
```

Créer un mur dans le composant du plan entre les points (20, 20) et (100, 20).

```
tester.actionClick(planComponent, 20, 20);
tester.actionClick(planComponent, 100, 20,
    InputEvent.BUTTON1_MASK, 2);
```

Repasser en mode *Sélection* et vérifier que les actions *Couper*, *Copier* et *Supprimer* sont activées.

```
controller.setSelectionMode();
assertActionsEnabled(controller, true, true, false, true);
```

Ajouter le meuble à la sélection qui contient déjà le mur créé.

```
tester.actionKeyPress(KeyEvent.VK_SHIFT);
tester.actionClick(planComponent, 120, 120);
tester.actionKeyRelease(KeyEvent.VK_SHIFT);
```

Couper la sélection et vérifier que le logement est vide.

```
runAction(controller, HomePane.ActionType.CUT); ❻
assertEquals(0, home.getFurniture().size());
assertEquals(0, home.getWalls().size());
```

Vérification que seule l'action *Coller* est activée.

```
assertActionsEnabled(controller, false, false, true, false);
```

Coller les objets du Presse-papiers dans le plan et vérifier que le logement contient un mur et un meuble.

```
runAction(controller, HomePane.ActionType.PASTE); ❼
assertEquals(1, home.getFurniture().size());
assertEquals(1, home.getWalls().size());
```

Transférer le focus au tableau et y supprimer le meuble sélectionné.

```
tester.actionKeyStroke(KeyEvent.VK_TAB,
                       InputEvent.SHIFT_MASK);
assertTrue(furnitureTable.isFocusOwner());
runAction(controller, HomePane.ActionType.DELETE); ❽
```

Vérification que le logement contient un mur et aucun meuble.

```
assertEquals(0, home.getFurniture().size());
assertEquals(1, home.getWalls().size());
```

Vérification que seule l'action *Coller* est activée.

```
assertActionsEnabled(controller, false, false, true, false);
```

```
    runAction(controller, HomePane.ActionType.PASTE);
    assertEquals(1, home.getFurniture().size());
    assertEquals(1, home.getWalls().size());

    assertActionsEnabled(controller, true, true, true, true);
  }

  private Component findComponent(Container container,
                                  final Class componentClass)
                    throws ComponentSearchException { ❾
    return new BasicFinder().find(container, new Matcher () { ❿
        public boolean matches(Component component) { ⓫
          return componentClass.isInstance(component);
        }
      });
  }

  private void runAction(HomeController controller,
                         HomePane.ActionType actionType) {
    getAction(controller, actionType).actionPerformed(null); ⓬
  }

  private Action getAction(HomeController controller,
                           HomePane.ActionType actionType) {
    return controller.getView().getActionMap().get(actionType);
  }

  private void assertActionsEnabled(HomeController controller,
      boolean cutActionEnabled, boolean copyActionEnabled,
     boolean pasteActionEnabled, boolean deleteActionEnabled) ⓭
    assertTrue(cutActionEnabled == getAction(controller,
        HomePane.ActionType.CUT).isEnabled());
    assertTrue(copyActionEnabled == getAction(controller,
        HomePane.ActionType.COPY).isEnabled());
    assertTrue(pasteActionEnabled == getAction(controller,
        HomePane.ActionType.PASTE).isEnabled());
    assertTrue(deleteActionEnabled == getAction(controller,
        HomePane.ActionType.DELETE).isEnabled());
  }
}
```

◂ Coller les objets du Presse-papiers dans le tableau et vérifier que le logement contient un mur et un meuble.

◂ Vérification que les actions *Couper*, *Copier*, *Coller* et *Supprimer* sont activées.

◂ Renvoie le composant enfant de `container` qui est une instance de `componentClass`.

◂ Appelle la méthode `actionPerformed` sur l'action de clé `actionType`.

◂ Renvoie l'action associée à la clé `actionType` dans le dictionnaire des actions de la vue du contrôleur.

◂ Vérifie que l'état activé/désactivé des quatre actions correspond aux valeurs booléennes reçues en paramètres.

Pour simplifier l'implémentation du scénario de test n° 9, Thomas reprend le principe du programme du scénario n° 4 : au lieu de simuler avec Abbot le clic sur les boutons de la vue du logement, il appelle la méthode `actionPerformed` ⓬ de l'instance de type `Action` qui leur est associé ❻ ❼ ❽. Il vérifie aussi l'activation ou la désactivation des boutons et des éléments de menus grâce à une méthode `assertActionsEnabled` ⓭ qui teste si l'état activé/désactivé des actions de clés `CUT`, `COPY`, `PASTE` et `DELETE` correspond aux paramètres reçus. Pour rechercher les composants de l'arbre ❶, du tableau ❷ et du plan ❸ enfants de la vue du logement, Thomas a programmé cette fois-ci une méthode `findComponent` qui utilise la classe `abbot.finder.BasicFinder` ❿ proposée par Abbot.

OUTILS

Rechercher un composant avec Abbot

Les méthodes `find` ❿ de la classe `abbot.finder.BasicFinder` permettent de rechercher un composant particulier dans une hiérarchie de composants, en respectant un critère de recherche spécifié par la méthode `match` ⓫ d'un objet dont la classe implémente l'interface `abbot.finder.Matcher`. Si cette recherche aboutit à ne trouver aucun composant ou à en trouver plus d'un, ces méthodes déclenchent une exception de classe `ComponentNotFoundException` ou `MultipleComponentsFoundException`, toutes deux filles de la classe `ComponentSearchException` ❾.

Création des gestionnaires de transfert de données et de focus

Margaux débute l'implémentation des classes du scénario n° 9 par les modifications sur la classe `HomePane`.

Actions du menu Edition

Margaux modifie tout d'abord la méthode `createActions` de `HomePane` pour créer les quatre nouvelles actions associées aux constantes `CUT`, `COPY`, `PASTE`, et `DELETE`.

Gestion des actions du menu Edition dans la classe HomePane

Liste des clés d'accès aux actions dans le dictionnaire des actions de `HomePane`.

Champ du dernier composant qui a obtenu le focus.

Ajout au dictionnaire des trois nouvelles actions liées au Presse-papiers.

Ajout au dictionnaire de l'action qui appellera la méthode `delete` sur l'objet `controller`.

Ajoute au dictionnaire une action liée à la méthode `actionPerformed` de l'action `clipboardAction`.

Création d'un événement dont la source est le composant qui a le focus.

Délégation de l'action à la méthode `actionPerformed` de l'action `clipboardAction`.

```
public enum ActionType {
    NEW_HOME, CLOSE, OPEN, SAVE, SAVE_AS, EXIT,
    UNDO, REDO, CUT, COPY, PASTE, DELETE,
    ADD_HOME_FURNITURE, DELETE_HOME_FURNITURE,
    WALL_CREATION, DELETE_SELECTION}

private JComponent focusedComponent; ❶

private void createActions(final HomeController controller) {
  createClipboardAction(ActionType.CUT,
      TransferHandler.getCutAction()); ❷
  createClipboardAction(ActionType.COPY,
      TransferHandler.getCopyAction()); ❸
  createClipboardAction(ActionType.PASTE,
      TransferHandler.getPasteAction()); ❹
  createAction(ActionType.DELETE, controller, "delete");
  // Création des autres actions inchangée
}
private void createClipboardAction(ActionType actionType,
                                   final Action clipboardAction) {
  getActionMap().put(actionType,
      new ResourceAction (this.resource, actionType.toString()) { ❺
        public void actionPerformed(ActionEvent ev) {
          ev = new ActionEvent(focusedComponent,
              ActionEvent.ACTION_PERFORMED, null); ❻
          clipboardAction.actionPerformed(ev); ❼
        }
      });
}
```

Pour ajouter les actions liées au Presse-papiers ❷ ❸ ❹ au dictionnaire des actions du panneau, Margaux a créé une méthode `createClipboardAction`. Cette dernière crée une action dont les propriétés localisées sont lues dans des fichiers en ressources ❺ et dont la méthode `actionPerformed` délègue son traitement à une action existante sur le Presse-papiers ❼. Les trois actions renvoyées par les méthodes `getCutAction` ❷, `getCopyAction` ❸ et `getPasteAction` ❹ font appel au gestionnaire de transfert de données associé au composant indiqué par la source de l'événement reçu dans leur méthode `actionPerformed` ❼. Margaux passe donc à cette méthode un nouvel événement ❻ dont la source est le composant mémorisé par le nouveau champ `focusedComponent` ❶. Ce champ mémorisera quel composant a le focus parmi l'arbre du catalogue, le tableau des meubles ou le composant du plan.

> ATTENTION **Actions du Presse-papiers**
>
> Les méthodes `static getCutAction` ❷, `getCopyAction` ❸ et `getPasteAction` ❹ de la classe `TransferHandler` renvoient des objets d'actions dont seule la propriété NAME a une valeur et dont la source de l'événement ne convient généralement pas (ce peut-être par exemple l'élément de menu qui a provoqué cet événement). Il faut donc les décorer dans un autre objet d'action ❺ pour obtenir une action qui puisse être réellement associée à un élément de menu et à un bouton.

Margaux renseigne ensuite les valeurs des propriétés associées aux actions `CUT`, `COPY`, `PASTE`, et `DELETE` dans les fichiers `HomePane.properties` et `HomePane_fr.properties`. Dans les méthodes `getHomeMenuBar` et `getToolBar`, elle ajoute les éléments *Couper*, *Copier*, *Coller*, *Supprimer* au menu *Edition* et les boutons correspondants à la barre d'outils tels qu'ils apparaissent dans les figures 11-5 et 11-6. Elle supprime finalement les menus *Meubles>Supprimer* et *Plan>Supprimer la sélection* et les boutons de la barre d'outils correspondants, car ceux-ci font doublon avec le menu *Edition>Supprimer*.

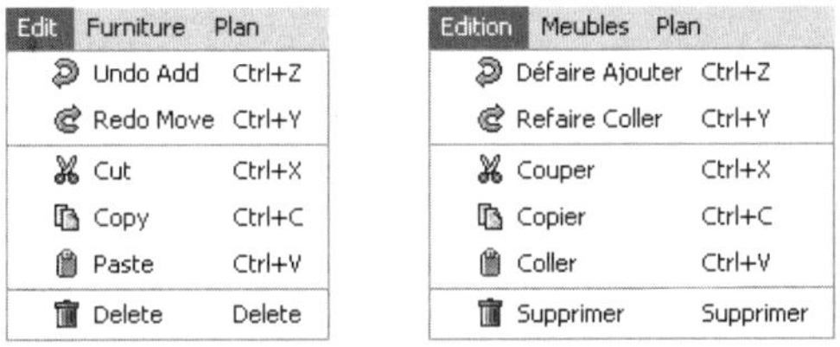

Figure 11–5
Éléments du menu Edition en anglais et en français

Figure 11–6
Boutons de la barre d'outils

Gestion du focus sur les vues

Margaux s'occupe maintenant de dessiner le rectangle de focus qui doit entourer les vues de l'arbre, du tableau et du plan, et de gérer le transfert du focus entre ces composants avec les touches *Tabulation* et *Majuscule+Tabulation*. Elle modifie donc les méthodes `getCatalogFurniturePane` et `getPlanView3DPane` de `HomePane` comme suit.

Gestion du rectangle de suivi du focus dans la classe HomePane

```
private JComponent catalogView; ❶
private JComponent furnitureView;
private JComponent planView;
```

◄ Champs des vues de l'arbre du catalogue, du tableau des meubles du logement et du plan.

```
private JComponent getCatalogFurniturePane(
                                   HomeController controller) {
```

◄ Renvoie un panneau partagé qui dispose la vue du catalogue et le tableau des meubles.

```
  this.catalogView = controller.getCatalogController().getView();
  JScrollPane catalogScrollPane =
      new HomeScrollPane(this.catalogView);
```

Ajout d'un listener de gestion du focus à la vue du catalogue.

```
  this.catalogView.addFocusListener(new FocusableViewListener(
      controller, catalogScrollPane)); ❷

  this.furnitureView =
     controller.getFurnitureController().getView();
  JScrollPane furnitureScrollPane =
      new HomeScrollPane(this.furnitureView);
```

Récupération du gestionnaire de focus actif.

```
  KeyboardFocusManager focusManager =
      KeyboardFocusManager.getCurrentKeyboardFocusManager(); ❸
```

Attribution au tableau de la touche par défaut (*Tabulation*) pour transférer le focus au composant suivant.

```
  this.furnitureView.setFocusTraversalKeys(
      KeyboardFocusManager.FORWARD_TRAVERSAL_KEYS,
      focusManager.getDefaultFocusTraversalKeys(
          KeyboardFocusManager.FORWARD_TRAVERSAL_KEYS)); ❹
```

Attribution au tableau de la touche par défaut (*Majuscule+Tabulation*) pour transférer le focus au composant précédent.

```
  this.furnitureView.setFocusTraversalKeys(
      KeyboardFocusManager.BACKWARD_TRAVERSAL_KEYS,
      focusManager.getDefaultFocusTraversalKeys(
          KeyboardFocusManager.BACKWARD_TRAVERSAL_KEYS)); ❺
```

Ajout d'un listener de gestion du focus à la vue du tableau des meubles.

```
  this.furnitureView.addFocusListener(new FocusableViewListener(
      controller, furnitureScrollPane)); ❻

  // Création du panneau partagé inchangée
}
```

Renvoie un panneau partagé qui dispose la vue du plan et la vue 3D du logement.

```
private JComponent getPlanView3DPane(Home home,
                                     HomeController controller) {
  this.planView = controller.getPlanController().getView();
  JScrollPane planScrollPane = new HomeScrollPane(this.planView);
```

Ajout d'un listener de gestion du focus à la vue du plan du logement.

```
  this.planView.addFocusListener(new FocusableViewListener(
      controller, planScrollPane)); ❼

  // Créations de la vue 3D et du panneau partagé inchangées
}
```

Bord vide utilisé quand une vue n'a pas le focus.

```
private static final Border UNFOCUSED_BORDER = BorderFactory.
  createEmptyBorder(2, 2, 2, 2);
```

Bord de même couleur que celle utilisée pour mettre en valeur la sélection.

```
private static final Border FOCUSED_BORDER = BorderFactory.
  createLineBorder(UIManager.getColor("textHighlight"), 2);
```

Listener qui gère l'obtention du focus des trois vues disposant d'un gestionnaire de transfert de données.

```
private class FocusableViewListener implements FocusListener { ❽
  private HomeController   controller;
  private JComponent       feedbackComponent;

  public FocusableViewListener(HomeController controller,
                               JComponent feedbackComponent) {
    this.controller = controller;
    this.feedbackComponent = feedbackComponent;
```

Attribution d'un bord vide autour du composant à l'initiation.

```
    feedbackComponent.setBorder(UNFOCUSED_BORDER); ❾
  }
```

```
  public void focusGained(FocusEvent ev) {
    this.feedbackComponent.setBorder(FOCUSED_BORDER); ⓾
    focusedComponent = (JComponent)ev.getComponent(); ⑪

    this.controller.focusedViewChanged(focusedComponent); ⑫
  }

  public void focusLost(FocusEvent ev) {
    this.feedbackComponent.setBorder(UNFOCUSED_BORDER); ⑬
  }
}
```

◂ Quand le composant obtient le focus, affichage d'un bord coloré autour du composant qui l'englobe.

◂ Notification au contrôleur du changement de focus de la vue.

◂ Quand le composant perd le focus, affichage d'un bord vide.

Margaux extrait tout d'abord dans des champs ❶ les vues du catalogue, du tableau des meubles et du plan, car elle en aura besoin au moment où il faudra leur affecter un gestionnaire de transfert de données. Après leur création, elle leur affecte ❷ ❻ ❼ un listener de focus de classe `FocusableViewListener` ❽. Ce listener affiche soit un bord vide ❾ ⑬ autour du panneau à ascenseurs où sont disposées ces vues, soit un bord coloré ⓾ quand une de ces vues a le focus. À cette occasion, Margaux met à jour aussi le champ `focusedComponent` ⑪ du composant associé aux actions sur le Presse-papiers, et elle appelle la méthode `focusedViewChanged` du contrôleur de la vue principale pour lui notifier quelle vue a obtenu le focus ⑫.

Tous les composants disposés dans un panneau de classe `HomePane` sont configurés par défaut pour transférer le focus avec les touches *Tabulation* et *Majuscule+Tabulation*, sauf le tableau des meubles où ces touches permettent de passer d'une cellule à l'autre. Pour changer ce comportement, Margaux recherche les touches de transfert par défaut avec le gestionnaire de focus Java ❸, et les affecte ensuite au tableau à l'aide de la méthode `setFocusTraversalKeys` ❹ ❺ disponible sur tout composant Swing.

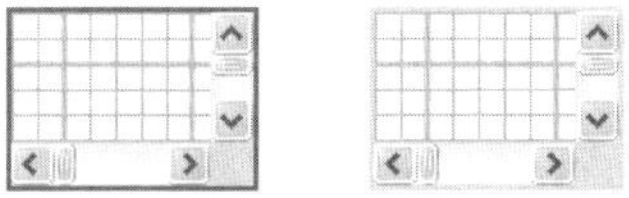

Figure 11–7
Vues du plan avec et sans bord de focus

SWING **Classe KeyboardFocusManager**

Depuis Java 1.4, la classe abstraite `java.awt.KeyboardFocusManager` est celle dédiée à la gestion du focus dans une application AWT ou Swing. Elle dispose de méthodes qui permettent de :

- passer le focus à un composant ;
- récupérer la fenêtre et le composant qui ont le focus ;
- suivre les changements de focus dans l'application ;
- d'interroger ou de modifier les touches de transfert de focus utilisées par défaut ;
- rediriger des événements clavier sur d'autres composants.

Pour récupérer le gestionnaire de focus en cours, on utilise la méthode `getCurrentKeyboardFocusManager`.

▸ http://java.sun.com/j2se/5/docs/api/java/awt/doc-files/FocusSpec.html

Limitation du focus aux vues du catalogue, des meubles et du plan

> **ATTENTION Focus sur un bouton de la barre d'outils**
>
> Si vous préférez laisser les boutons de la barre d'outils obtenir le focus, il vous faudra alors gérer sur ces boutons le dessin d'un rectangle de focus, car Swing n'en dessine pas par défaut. Si vous ne le faites pas, l'utilisateur ne verra pas visuellement quel bouton a le focus, et il devra alors agir en aveugle sur la touche *Entrée* pour lancer l'action d'un de ces boutons.

Seuls les trois composants de l'arbre du catalogue, du tableau des meubles et du plan du logement doivent pouvoir obtenir le focus dans l'application. En effet, la navigation au clavier parmi les boutons d'une barre d'outils est inutile, puisque tous ces boutons doivent avoir leur équivalent sous forme de menus qui eux sont accessibles au clavier. Comme en Java les boutons de la barre d'outils peuvent obtenir le focus par défaut, Margaux ajoute à la fin de la méthode `getToolBar` de `HomePane` des instructions qui leur retirent cette faculté.

Méthode getToolBar de la classe HomePane (modifiée)

```
private JToolBar getToolBar() {
  JToolBar toolBar = new JToolBar();
  // Ajout des boutons associés aux actions inchangé

  for (int i = 0, n = toolBar.getComponentCount(); i < n; i++) {
    toolBar.getComponentAtIndex(i).setFocusable(false);
  }

  return toolBar;
}
```

Retirer à chaque composant de la barre d'outils la faculté d'obtenir le focus.

De façon similaire, Margaux retire aussi à la vue 3D la faculté d'obtenir le focus. Elle modifie la classe `HomeComponent3D`, car le composant de type `Canvas3D` qu'elle dispose n'a pas besoin en fait de gérer le clavier (pour l'instant en tout cas). Elle ajoute donc l'instruction suivante à la fin du constructeur de `HomeComponent3D` :

```
canvas3D.setFocusable(false);
```

> **SWING Cycle de focus**
>
> Le cycle de focus définit dans quel ordre les composants obtiennent le focus quand l'utilisateur navigue au clavier dans une fenêtre à l'aide des touches de transfert de focus. Pour modifier le cycle de focus positionné par défaut sur une fenêtre, il faut appeler la méthode `setFocusTraversalPolicy` sur un container en lui passant en paramètre une instance d'une sous-classe de `java.awt.FocusTraversalPolicy` qui implémente les cinq méthodes `getComponentAfter`, `getComponentBefore`, `getFirstComponent`, `getLastComponent` et `getDefaultComponent`. Pour que ce cycle de focus soit effectivement utilisé sur le container, il faut ensuite appeler sa méthode `setFocusCycleRoot` en lui passant la valeur `true`.

Après ces modifications, les seuls composants d'une fenêtre Sweet Home 3D capables d'obtenir le focus sont comme convenu les vues du catalogue, du tableau des meubles et du plan. Comme plus aucun bouton de la barre d'outils ne peut obtenir le focus, le cycle de focus installé par défaut par Swing le donnera par défaut à l'arbre du catalogue, et le transférera d'un composant à l'autre dans l'ordre prévu.

Création des gestionnaires de transfert de données

Margaux termine les modifications sur la classe `HomePane` par la création et l'activation des gestionnaires de transfert de données associés aux vues capables d'obtenir le focus.

Création des gestionnaires de transfert dans la classe HomePane

```
private TransferHandler catalogTransferHandler;
private TransferHandler furnitureTransferHandler;
private TransferHandler planTransferHandler;
```

Champs des gestionnaires de transfert de données des vues.

```
private void createTransferHandlers(Home home,
      UserPreferences preferences, HomeController controller) {
  this.catalogTransferHandler =
      new CatalogTransferHandler(preferences.getCatalog());
  this.furnitureTransferHandler =
      new FurnitureTransferHandler(home, controller);
  this.planTransferHandler =
      new PlanTransferHandler(home, controller);
}
```

Crée les gestionnaires de transfert de données.

Margaux instancie les gestionnaires de transfert de données dans la méthode `createTransferHandlers`, puis appelle cette méthode dans le constructeur de la classe `HomePane` en y ajoutant l'instruction :

```
createTransferHandlers(home, preferences, controller);
```

Elle implémente ensuite les méthodes `public setTransferEnabled` et `isClipoardEmpty`, dont aura besoin le contrôleur de la vue principale :

- `setTransferEnabled` activera ou désactivera le transfert de données par glisser-déposer ou copier-coller ;
- `isClipoardEmpty` renverra `true` si le Presse-papiers ne contient aucune donnée exploitable dans Sweet Home 3D, afin d'activer ou non l'action *Coller*.

SWING Classe Clipboard

La classe `java.awt.datatransfer.Clipboard` représente le Presse-papiers, et la méthode `getSystemClipboard` de la classe `Toolkit` renvoie celui associé au système. Les méthodes `setContents` et `getContents` de `Clipboard` permettent de modifier ou de récupérer le contenu du Presse-papiers. Ce sont ces méthodes qui sont appelées par les actions renvoyées par les méthodes `getCutAction`, `getCopyAction` et `getPasteAction` de la classe `TransferHandler`. Comme pour une opération de glisser-déposer, le contenu du Presse-papiers est à un certain format, et la méthode `isDataFlavorAvailable` appelée ici (1) renvoie si oui ou non des données d'un certain format sont disponibles.

ATTENTION Contenu du Presse-papiers

Le Presse-papiers peut contenir des données copiées depuis d'autres applications, qui ne sont pas forcément exploitables dans la vôtre.

Méthodes setTransferEnabled et isClipboardEmpty dans la classe HomePane

```
public void setTransferEnabled(boolean enabled) {

  if (enabled) {
    this.catalogView.setTransferHandler(
        this.catalogTransferHandler);
    this.furnitureView.setTransferHandler(
        this.furnitureTransferHandler);
    this.planView.setTransferHandler(
        this.planTransferHandler);
  } else {
    this.catalogView.setTransferHandler(null);
    this.furnitureView.setTransferHandler(null);
    this.planView.setTransferHandler(null);
  }
}
```

Active ou désactive les gestionnaires de transfert.

Pour l'activation, attribution de leur gestionnaire de transfert de données aux vues du catalogue, du tableau des meubles et du plan.

Pour la désactivation, suppression des gestionnaires de transfert de données sur ces vues.

Renvoie `true` si le Presse-papiers ne contient pas de données transférables dans Sweet Home 3D.

```
public boolean isClipboardEmpty() {
  return !getToolkit().getSystemClipboard().
      isDataFlavorAvailable(HomeTransferableList.HOME_FLAVOR); ❶
}
```

Implémentation des gestionnaires de transfert de données

Margaux s'attache maintenant à programmer les trois classes `CatalogTransferHandler`, `FurnitureTransferHandler`, `PlanTransferHandler` de gestion du transfert de données, ainsi que la classe `HomeTransferableList` qui représente la liste des données transférées.

Liste des données transférées

Elle commence par l'implémentation de la classe `com.eteks.sweethome3d.swing.HomeTransferableList` qui représente les données transférées.

Classe com.eteks.sweethome3d.swing.HomeTransferableList

Format de données associé au type de données transférables `HomeTransferableList`.

Création du type MIME associé à la classe `HomeTransferableList`.

Création du format de données HOME_FLAVOR.

Liste des objets transférés.

Crée un objet transférable qui contient une copie des données du paramètre `items`.

```
package com.eteks.sweethome3d.swing;

import java.awt.datatransfer.*;
import java.util.ArrayList;
import java.util.List;
import com.eteks.sweethome3d.model.*;

public class HomeTransferableList implements Transferable {
  public final static DataFlavor HOME_FLAVOR; ❶

  static { ❷
    try {
      String homeFlavorMimeType =
        DataFlavor.javaJVMLocalObjectMimeType
        + ";class=" + HomeTransferableList.class.getName();
      HOME_FLAVOR = new DataFlavor(homeFlavorMimeType); ❸
    } catch (ClassNotFoundException ex) {
      throw new RuntimeException(ex);
    }
  }

  private List<Object> transferedItems;

  public HomeTransferableList(List<? extends Object> items) {
    this.transferedItems = deepCopy(items); ❹
  }
```

```
  private List<Object> deepCopy(List<? extends Object> items) {
    List<Object> list = new ArrayList<Object>();
    for (Object item : items) {
      if (item instanceof PieceOfFurniture) {
        list.add(new HomePieceOfFurniture(
            (PieceOfFurniture)item));
      } else if (item instanceof Wall) {
        list.add(new Wall((Wall)item));
      } else {
        throw new RuntimeException("HomeTransferableList can't"
            + " contain " + item.getClass().getName());
      }
    }
    return list;
  }

  public Object getTransferData(DataFlavor flavor)
                throws UnsupportedFlavorException {
    if (flavor.equals(HOME_FLAVOR)) {
      return deepCopy(this.transferedItems); ❺
    } else {
      throw new UnsupportedFlavorException(flavor);
    }
  }

  public DataFlavor [] getTransferDataFlavors() { ❻
    return new DataFlavor [] {HOME_FLAVOR};
  }

  public boolean isDataFlavorSupported(DataFlavor flavor) {
    return HOME_FLAVOR.equals(flavor);
  }
}
```

◂ Renvoie une copie de la liste `items` et des objets qu'elle contient.

◂ Renvoie une copie des objets transférés.

◂ Si le format requis est celui utilisé par cet objet transférable, renvoyer la copie.

◂ Sinon déclencher une exception.

◂ Renvoie l'ensemble des formats supportés par cet objet transférable.

◂ Renvoie `true` si le format en paramètre est supporté par cet objet transférable.

Margaux instancie ❸ dans un bloc d'initialisation `static` ❷ la constante `HOME_FLAVOR` ❶ qui représente le format de données associé à la classe `HomeTransferableList`. Elle copie ❹ ensuite dans le constructeur de cette classe la liste des objets à transférer, pour conserver l'état des objets transférées quelles que soient les opérations qui suivront l'instanciation de l'objet transférable. Dans la méthode `getTransferData`, elle renvoie à nouveau une copie ❺ des objets transférés pour permettre d'effectuer plusieurs opérations de coller.

À l'occasion de l'implémentation de cette copie, Margaux ajoute à la classe `Wall` un constructeur par recopie, capable de créer une nouvelle instance de cette classe à partir d'un autre mur. Pour simplifier l'implémentation de la copie, elle ne recopie pas dans le nouveau mur les liens vers les murs aux extrémités du mur original.

ERGONOMIE Copier des données dans le Presse-papiers

Dans toute application capable d'effectuer des opérations de copier/couper/coller, l'état des informations copiées dans le Presse-papiers est inchangé tant que l'utilisateur n'effectue pas une autre copie, et ce, quelles que soient les opérations effectuées ultérieurement.

Constructeur par recopie de la classe Wall

```
public Wall(Wall wall) {
  this(wall.getXStart(), wall.getYStart(),
       wall.getXEnd(), wall.getYEnd(), wall.getThickness());
}
```

Elle complète ensuite le constructeur existant de la classe `HomePieceOfFurniture` qui prend en paramètre une référence de type `PieceOfFurniture`, et y recopie l'état complet d'un meuble quand la classe de l'objet référencé est de type `HomePieceOfFurniture`.

SWING Autoriser plusieurs formats de données

Un même objet transférable peut éventuellement supporter plusieurs formats de données, dont l'ensemble doit être renvoyé par la méthode `getTransferDataFlavors` ❻. Pour la copie d'une liste qui ne contient qu'un meuble, Margaux aurait pu par exemple supporter en plus un format image qui correspondrait à l'icône de ce meuble.

Gestionnaire de transfert de données du catalogue

La classe `com.eteks.sweethome3d.swing.CatalogTransferHandler` du gestionnaire de transfert du catalogue est la plus simple à implémenter, car elle ne permet d'effectuer que des copies des meubles du catalogue vers le Presse-papiers ou pour initier un glisser-déposer.

Classe com.eteks.sweethome3d.swing.CatalogTransferHandler

Catalogue à partir duquel les meubles seront copiés.

Renvoie la liste des actions supportées par ce gestionnaire de transfert de données.

Renvoie les données à transférer dans le Presse-papiers ou à un autre composant par glisser-déposer.

```
package com.eteks.sweethome3d.swing;

import java.awt.datatransfer.Transferable;
import javax.swing.*;
import com.eteks.sweethome3d.model.Catalog;

public class CatalogTransferHandler extends TransferHandler {
  private Catalog catalog;

  public CatalogTransferHandler(Catalog catalog) {
    this.catalog = catalog;
  }

  @Override
  public int getSourceActions(JComponent source) {
    return COPY; ❶
  }

  @Override
  protected Transferable createTransferable(JComponent source) {
    return new HomeTransferableList(
        catalog.getSelectedFurniture()); ❷
  }
}
```

Margaux autorise dans ce gestionnaire uniquement la copie ❶ des données transférées qu'elle crée à partir de la liste des meubles sélectionnés dans le catalogue ❷. Pour initier l'opération d'un glisser-déposer à partir de l'arbre du catalogue, elle ajoute ensuite un appel à la méthode `setDragEnabled` dans le constructeur de la classe `CatalogTree` :

```
setDragEnabled(true);
```

Ceci lui évite d'implémenter un appel à `exportAsDrag` dans un listener de souris.

Gestionnaires de transfert de données du tableau et du plan

Pour pouvoir prendre en compte le point précis où l'utilisateur dépose un meuble du catalogue dans le plan, Margaux doit enrichir la classe `TransferHandler` de fonctionnalités dont elle ne dispose pas dans Java 5. Elle décide d'implémenter la recherche de ce point dans une sous-classe `LocatedTransferHandler` de `TransferHandler` en recourant aux classes du package `java.awt.dnd` avec lesquelles elle pourra récupérer les coordonnées de ce point.

POUR ALLER PLUS LOIN
TransferHandler dans Java 6

La classe `TransferHandler`, et de manière plus générale la gestion du glisser-déposer dans les composants Swing, ont été enrichies de nouvelles fonctionnalités dans Java 6. Par exemple, le programmeur peut désormais obtenir la position où le curseur de la souris a été déposé à fin d'un glisser-déposer, sans faire appel aux classes du package `java.awt.dnd`. Shannon Hickey a consacré plusieurs articles à ces nouveautés dans son blog.

▸ http://weblogs.java.net/blog/shan_man/

Classe com.eteks.sweethome3d.swing.LocatedTransferHandler

```
package com.eteks.sweethome3d.swing;

import java.awt.Point;
import java.awt.dnd.*;
import javax.swing.TransferHandler;

public abstract class LocatedTransferHandler
                extends TransferHandler {
  private static Point dropLocation; ❶

  static {
    DragSourceAdapter listener = new DragSourceAdapter() {
      @Override
      public void dragDropEnd(DragSourceDropEvent ev) {
        dropLocation = ev.getLocation(); ❷
      }
    };

    DragSource dragSource = DragSource.getDefaultDragSource(); ❸
    dragSource.addDragSourceListener(listener); ❹
  }

  protected Point getDropLocation() {
    return new Point(dropLocation); ❺
  }
}
```

❶ Position du point où la dernière opération de glisser-déposer s'est terminée.

❷ Création d'un listener de glisser-déposer qui mémorise la position du pointeur à la fin d'une opération de glisser-déposer.

❸ ❹ Ajout du listener à la source par défaut des opérations de glisser-déposer.

❺ Renvoie une copie du point où a été relâché le pointeur de la souris.

> **ATTENTION Un seul DropTagetListener par composant**
>
> Lors de ses essais, Margaux a tenté aussi de positionner un listener de type `java.awt.dnd.DropTargetListener` sur le composant de destination pour récupérer la position du curseur dans la méthode `drop` de ce listener. Mais la classe `DropTarget` qui permet de positionner ce type de listener ne supporte qu'un seul listener de ce type par composant. Comme la classe `TransferHandler` en positionne un pour gérer le glisser-déposer, il n'est pas possible du coup d'en positionner un autre sans perdre les traitements de celui de `TransferHandler`.

Margaux tente d'abord de récupérer la position finale du pointeur en ajoutant ❹ à la source des opérations de glisser-déposer par défaut ❸ un listener de type `DragSourceListener`. Dans la méthode `dragDropEnd` de ce listener, elle mémorise la position du pointeur ❶ au moment où le curseur est déposé ❷, pour la mettre à disposition ❺ de la méthode `importData` des sous-classes de `LocatedTransferHandler`. Mais la classe `TransferHandler` positionne elle aussi des listeners sur les classes du package `java.awt.dnd`, pour gérer les opérations de glisser-déposer dans Swing. Ces listeners ont notamment pour rôle d'appeler la méthode `importData` du gestionnaire de transfert de données où a été déposé le curseur de la souris. Comme ces listeners sont notifiés en premier, les sous-classes de `LocatedTransferHandler` ne pourront pas encore obtenir la position du curseur, puisque la méthode `dragDropEnd` du listener de Margaux ne sera appelée qu'en second.

Elle modifie donc la classe `LocatedTransferHandler`, en se basant sur cet ordre d'appel.

Classe com.eteks.sweethome3d.swing.LocatedTransferHandler (version finale)

```
package com.eteks.sweethome3d.swing;

import java.awt.Point;
import java.awt.dnd.*;
import javax.swing.TransferHandler;

public abstract class LocatedTransferHandler
                extends TransferHandler {
  private static Point dropLocation; ❶

  static {
    DragSourceAdapter listener = new DragSourceAdapter() {
      @Override
      public void dragMouseMoved(DragSourceDragEvent ev) {
        dropLocation = ev.getLocation(); ❷
      }

      @Override
      public void dragDropEnd(DragSourceDropEvent ev) {
        dropLocation = null; ❸
      }
    };

    DragSource dragSource = DragSource.getDefaultDragSource();
    dragSource.addDragSourceMotionListener(listener); ❹
    dragSource.addDragSourceListener(listener); ❺
  }
```

> ▸ Position du point où la dernière opération de glisser-déposer s'est terminée.

> ▸ Création d'un listener de glisser-déposer qui met à jour la position courante du pointeur à chaque déplacement de la souris.

> ▸ Annulation de la position mémorisée quand l'opération de glisser-déposer est terminée

> ▸ Ajout du listener à la source par défaut des opérations de glisser-déposer.

```
  protected Point getDropLocation() {
    if (dropLocation != null) {
      return new Point(dropLocation);
    } else {
      throw new IllegalStateException(
           "Operation isn't a drag and drop"); ❻
    }
  }

  protected boolean isDrop() {
    return dropLocation != null; ❼
  }
}
```

Renvoie une copie du point où a été relâché le pointeur de la souris.

Déclenchement d'une exception si l'opération en cours n'est pas un glisser-déposer.

Renvoie `true` si l'opération en cours est un glisser-déposer.

Cette fois-ci, Margaux ajoute à la source des opérations de glisser-déposer un listener de type `DragSourceMotionListener` ❹ dont la méthode `dragMouseMoved` met à jour la position courante du pointeur ❶ à chaque déplacement de la souris ❷. Elle ajoute aussi à la source des opérations de glisser-déposer un listener de type `SourceMotionListener` ❺ dont la méthode `dragDropEnd` annule le point mémorisé ❸. Cette astuce lui permet de repérer ❻ ❼ si l'opération de transfert de données en cours est un glisser-déposer ou une opération de coller : comme au cours d'une action coller les listeners liés au glisser-déposer ne seront pas appelés, la variable `dropLocation` n'aura pas de valeur pour ce type d'opération.

> REGARD DU DÉVELOPPEUR **Un seul dropLocation par application**
>
> Afin d'éviter que les listeners `DragSourceMotionListener` et `SourceMotionListener` de la source du glisser-déposer soient liés à une instance particulière de `LocatedTransferHandler`, et par enchaînement à tous les objets visualisés dans une fenêtre Swing, Margaux a positionné un seul listener de chaque type ❹ ❺ par application dans un bloc d'initialisation `static`, ce qui l'oblige à déclarer `static` le champ `dropLocation` ❶. Comme un seul glisser-déposer ne peut survenir à la fois dans l'application, ce n'est pas gênant au final, et surtout bien plus simple que de gérer la suppression de ce listener lors de la fermeture de la fenêtre d'un logement.

Gestionnaires de transfert de données du tableau des meubles

La classe `com.eteks.sweethome3d.swing.FurnitureTransferHandler` du gestionnaire de transfert du tableau des meubles doit permettre :

- d'effectuer des opérations de copier/couper/coller sur les meubles du logement vers et depuis le Presse-papiers ;
- de gérer les meubles qui sont déposés sur le composant après un glisser-déposer.

REGARD DU DÉVELOPPEUR Ordre d'appel des listeners

Il est fortement déconseillé d'implémenter un listener dont la logique dépend de l'ordre dans lequel les listeners d'une application seront créés. Si la classe `TransferHandler` a recours actuellement aux classes `DragSource` et `DropTarget` pour gérer le glisser-déposer dans Swing, rien n'interdit en effet à Sun Microsystems (même si c'est fort peu probable) de gérer dans une version future de Java cette opération avec d'autres classes ou d'ajouter des listeners à `DragSource` et `DropTarget` à un autre moment.

Classe com.eteks.sweethome3d.swing.FurnitureTransferHandler

Logement dans lequel sont gérés les meubles copiés.

Liste des meubles copiés ou coupés à supprimer en cas d'opération de couper.

Renvoie la liste des actions supportées par ce gestionnaire de transfert de données.

Renvoie les meubles sélectionnés dans le logement à transférer dans le Presse-papiers.

Supprime les meubles copiés à la fin d'une opération de couper, et active si nécessaire l'élément de menu *Coller*.

```
package com.eteks.sweethome3d.swing;
import java.awt.Point;
import java.awt.datatransfer.*;
import java.io.IOException;
import java.util.*;
import javax.swing.JComponent;
import com.eteks.sweethome3d.model.*;
public class FurnitureTransferHandler
       extends LocatedTransferHandler {
  private Home                           home;
  private HomeController                 homeController;
  private List<HomePieceOfFurniture> copiedFurniture;
  public FurnitureTransferHandler(Home home,
                          HomeController homeController) {
    this.home = home;
    this.homeController = homeController;
  }
  @Override
  public int getSourceActions(JComponent source) {
    return COPY_OR_MOVE;
  }
  @Override
  protected Transferable createTransferable(JComponent source) {
    this.copiedFurniture =
       Home.getFurnitureSubList(this.home.getSelectedItems()); ❶
    return new HomeTransferableList(this.copiedFurniture);
  }
  @Override
  protected void exportDone(JComponent source,
                            Transferable data, int action) {
    if (action == MOVE) { ❷
      this.homeController.cut(copiedFurniture); ❸
    }
    this.copiedFurniture = null;
    this.homeController.enablePasteAction();
  }
```

```
  @Override
  public boolean canImport(JComponent destination,
                           DataFlavor [] flavors) {
    return Arrays.asList(flavors).contains(
        HomeTransferableList.HOME_FLAVOR);
  }
  @Override
  public boolean importData(JComponent destination,
                            Transferable transferable) {
    if (canImport(destination,
              transferable.getTransferDataFlavors())) { ❹
      try {
        List<Object> items = (List<Object>)transferable.
            getTransferData(HomeTransferableList.HOME_FLAVOR);
        List<HomePieceOfFurniture> furniture =
            Home.getFurnitureSubList(items); ❺
        if (isDrop()) {
          homeController.drop(furniture, 0, 0); ❻
        } else {
          homeController.paste(furniture); ❼
        }
        return true;
      } catch (UnsupportedFlavorException ex) {
        throw new RuntimeException("Can't import", ex);
      } catch (IOException ex) {
        throw new RuntimeException("Can't access to data", ex);
      }
    } else {
      return false;
    }
  }
}
```

Renvoie `true` si la liste des formats `flavors` contient le format HOME_FLAVOR supporté dans l'application.

Importe les données transférées.

Si les données transférées sont disponibles au format HOME_FLAVOR...

...récupérer les meubles des données transférées.

Pour un glisser-déposer, ajouter les meubles sans les déplacer.

Pour une opération de coller, ajouter les meubles au logement avec un intitulé d'annuler *Coller*.

En cas d'erreur à l'importation (ce qui ne devrait pas arriver puisque les données sont traitées au sein d'une même JVM), déclencher à nouveau une exception non contrôlée.

Comme la sélection et le Presse-papiers peuvent contenir des meubles et des murs, Margaux extrait de la sélection ❶ et des données importées ❺ uniquement les objets qui sont des meubles. À la fin d'une opération de couper caractérisée par la constante d'action `TransferHandler.MOVE` ❷, elle supprime les meubles du logement ❸ copiés dans le Presse-papiers. À la fin d'un glisser-déposer ou pour une opération de coller, elle récupère les meubles transférés ❺ qu'elle ajoute dans le logement en appelant suivant l'opération en cours les méthodes `drop` ❻ ou `paste` ❼ sur le contrôleur du logement.

> **ATTENTION canImport n'est pas appelée par l'action paste**
>
> Si, pendant un glisser-déposer, Swing appelle régulièrement la méthode `canImport` pour vérifier qu'un composant est capable d'importer des données transférées, l'action retournée par `getPasteAction` ne le fait pas. C'est pourquoi il vaut mieux appeler à nouveau la méthode `canImport` ❹ au début de la méthode `importData`.

Extraction d'une sous-liste de meubles ou de murs

Margaux implémente les méthodes `static getFurnitureSubList` et `getWallsSubList` de la classe `Home` à l'aide d'une méthode `getSubList` capable de créer des sous-listes dont la classe `T` des éléments est paramétrable.

Méthodes getFurnitureSubList et getWallsSubList de la classe Home

```
public static List<HomePieceOfFurniture> getFurnitureSubList(
                                List<? extends Object> items) {
  return getSubList(items, HomePieceOfFurniture.class);
}

public static List<Wall> getWallsSubList(
                                List<? extends Object> items) {
  return getSubList(items, Wall.class);
}

private static <T> List<T> getSubList(
      List<? extends Object> items, Class<T> subListClass) {
  List<T> subList = new ArrayList<T>();
  for (Object item : items) {
    if (subListClass.isInstance(item)) {
      subList.add((T)item);
    }
  }
  return subList;
}
```

JAVA 5 **Classes et méthodes génériques**

Le ou les identificateurs placés entre <> après celui d'une classe ou avant le type de retour d'une méthode permettent de spécifier un type variable dans une classe ou une méthode, comme le font les classes de collection de la bibliothèque standard. Un type variable ne peut être un type primitif. Par convention, les types variables sont symbolisés par une lettre majuscule T, U, V...

Par exemple, une classe dont un des champs est de type variable se déclare :

```
class GenericClass<T> {
  private T data;

  public T getData() {
  return this.data;
}
```

Le type du champ est alors spécifié à l'instanciation de la classe :

```
GenericClass<Integer> var1 = new GenericClass<Integer>();
GenericClass<URL> var2 = new GenericClass<URL>();
```

N'en abusez pas, car si le recours à la généricité pour ses propres classes ou méthodes peut améliorer le contrôle de type, il obscurcit le code pour les débutants en Java. Par exemple, entre la déclaration de la méthode `asList` de la classe `java.util.Arrays` dans Java 1.4 :

```
static List asList(Object[] a)
```

et la même déclarée avec les types génériques dans Java 5 :

```
static <T> List<T> asList(T... a)
```

laquelle croyez-vous qu'il soit plus simple de comprendre ?

Gestionnaires de transfert de données du composant du plan

Margaux termine l'implémentation des gestionnaires de transfert de données par celui du plan qui est représenté par la classe `com.eteks.sweethome3d.swing.PlanTransferHandler`. Très proche de celui du gestionnaire du tableau des meubles, celui-ci doit permettre :

- d'effectuer des opérations de copier/couper/coller sur les meubles **et** les murs du logement vers et depuis le Presse-papiers ;
- de gérer les meubles qui sont déposés sur le composant après un glisser-déposer.

Classe com.eteks.sweethome3d.swing.PlanTransferHandler

```
package com.eteks.sweethome3d.swing;

import java.awt.Point;
import java.awt.datatransfer.*;
import java.io.IOException;
import java.util.*;
import javax.swing.*;
import com.eteks.sweethome3d.model.Home;

public class PlanTransferHandler extends LocatedTransferHandler
{
  private Home             home;
  private HomeController   homeController;
```

◄ Logement dans lequel sont gérés les objets copiés.

```
  private List<Object>     copiedItems;
```

◄ Liste des meubles et des murs copiés ou coupés qu'il faut supprimer en cas d'opération de couper.

```
  public PlanTransferHandler(Home home,
                             HomeController homeController) {
    this.home = home;
    this.homeController = homeController;
  }

  @Override
  public int getSourceActions(JComponent source) {
    return COPY_OR_MOVE;
  }
```

◄ Renvoie la liste des actions supportées par ce gestionnaire de transfert de données.

```
  @Override
  protected Transferable createTransferable(JComponent source) {
    this.copiedItems = this.home.getSelectedItems();
    return new HomeTransferableList(this.copiedItems); ❶
  }
```

◄ Renvoie les meubles et les murs sélectionnés dans le logement à transférer dans le Presse-papiers.

```
  @Override
  protected void exportDone(JComponent source,
                            Transferable data, int action) {
    if (action == MOVE) {
      this.homeController.cut(this.copiedItems);
    }
```

◄ Supprime les meubles et les murs copiés à la fin d'une opération de couper, et active si nécessaire l'élément de menu *Coller*.

```
    this.copiedItems = null;
    this.homeController.enablePasteAction();
  }

  @Override
  public boolean canImport(JComponent destination,
                           DataFlavor [] flavors) {
    return Arrays.asList(flavors).contains(
        HomeTransferableList.HOME_FLAVOR);
  }

  @Override
  public boolean importData(JComponent destination,
                            Transferable transferable) {
    if (canImport(destination,
            transferable.getTransferDataFlavors())) {
      try {
        List<Object> items = (List<Object>)transferable.
            getTransferData(HomeTransferableList.HOME_FLAVOR); ❷
        if (isDrop()) {
          float x = 0;
          float y = 0;
          if (destination instanceof PlanComponent) {
            PlanComponent planView = (PlanComponent)destination;
            Point dropLocation = getDropLocation(); ❸
            SwingUtilities.convertPointFromScreen(
                dropLocation, planView); ❹
            x = planView.convertXPixelToModel(dropLocation.x); ❺
            y = planView.convertYPixelToModel(dropLocation.y);
          }
          homeController.drop(items, x, y); ❻
        } else {
          homeController.paste(items);
        }
        return true;
      } catch (UnsupportedFlavorException ex) {
        throw new RuntimeException("Can't import", ex);
      } catch (IOException ex) {
        throw new RuntimeException("Can't access to data", ex);
      }
    } else {
      return false;
    }
  }
}
```

Renvoie `true` si la liste des formats `flavors` contient le format HOME_FLAVOR supporté dans l'application.

Importe les données transférées.

Si les données transférées sont disponibles au format HOME_FLAVOR...

...récupérer les données transférées.

Pour une opération de glisser-déposer...

...si le composant de destination est de classe `PlanComponent`...

...récupérer le point où le pointeur de la souris a été déposé et convertir ses coordonnées dans le plan.

Convertir les coordonnées du point dans le système de coordonnées du logement.

Ajouter les données en (x, y).

Pour une opération de coller, ajouter les données au logement avec un intitulé d'annuler *Coller*.

En cas d'erreur à l'importation (ce qui ne devrait pas arriver puisque les données sont traitées au sein d'une même JVM), déclencher à nouveau une exception non contrôlée.

À la différence du gestionnaire du tableau des meubles, Margaux utilise tous les objets sélectionnés dans le logement ❶ et tous ceux des données importées ❷. Il lui faut en plus récupérer ici le point où le pointeur de la souris a été relâché ❸, convertir ses coordonnées écran dans l'espace de coordonnées du plan ❹, puis dans l'espace de coordonnées du logement ❺. Ainsi, elle obtient le décalage qu'il faut appliquer aux meubles du catalogue ajoutés dans le logement après un glisser-déposer ❻.

Les méthodes de conversion `convertXPixelToModel` et `convertYPixelToModel` de la classe `PlanComponent` ont été créées au cours du scénario n° 5. Il suffit ici à Margaux de les rendre `public` pour pouvoir y faire appel.

Gestion du couper/coller/déposer dans le contrôleur

Thomas doit maintenant implémenter les méthodes `cut`, `drop` et `paste` de la classe `HomeController` pour rendre les gestionnaires de transfert de données fonctionnels. Afin de bénéficier de la gestion des opérations annulables déjà programmées, ces méthodes font appel aux méthodes existantes des classes `HomeController` et `PlanController`.

La classe `PlanController` a été implémentée au cours des scénarios n° 5 et n° 6, développés dans le chapitre 8, « Composant graphique du plan ».

Couper

Thomas débute par la méthode cut qui doit supprimer la liste des objets en paramètres et remplacer le complément de l'intitulé des actions `UNDO` et `REDO` par *Cut* en anglais et *Couper* en français.

Méthode cut de la classe HomeController

```
public void cut(List<? extends Object> items) {
  this.undoSupport.beginUpdate(); ❶
  getPlanController().deleteItems(items); ❷
  this.undoSupport.postEdit(new AbstractUndoableEdit() {
      @Override
      public String getPresentationName() {
        return resource.getString("undoCutName"); ❸
      }
    });
  this.undoSupport.endUpdate(); ❹
}
```

❶ Débuter une opération annulable groupée.

❷ Suppression des objets `items`.

❸ Ajout d'une dernière opération annulable sans effet dont le rôle est de changer le complément d'intitulé des actions UNDO et REDO.

❹ Fin de l'opération annulable groupée.

Thomas rend `public` la méthode `deleteItems` de la classe `PlanController` pour y faire appel dans la méthode `cut` ❷. Au lieu d'ajouter à cette méthode un paramètre qui spécifie l'intitulé des actions `UNDO` et `REDO`, Thomas choisit de créer une opération annulable qui regroupe ❶ ❹ la suppression des objets ❷ avec une opération annulable fictive ❸ dont le seul but est de renseigner le nouvel intitulé localisé en ressource.

SWING Opérations annulables groupées

Les méthodes `beginUpdate` ❶ et `endUpdate` ❹ de la classe `UndoableEditSupport` permettent de baliser le début et la fin d'un ensemble d'opérations annulables qui doivent être regroupées. Le complément d'intitulé de cette opération groupée est alors celui de la dernière opération annulable ajoutée au groupe ❸.

Coller et déposer

Thomas implémente ensuite les méthodes `paste` et `drop`. Comme elles ont un effet similaire, il factorise leur code dans une troisième méthode `addItems` qui prend en dernier paramètre le complément de l'intitulé des actions UNDO et REDO correspondant à ces opérations.

Méthodes paste et drop de la classe HomeController

- Ajoute les objets `items` avec un complément d'intitulé *Coller* et en les décalant de 20 cm sur chaque axe.
- Ajoute les objets `items` au logement avec un complément d'intitulé *Ajouter*.
- Ajoute les objets `items` au logement et les déplace de `dx`, `dy` cm.
- Débuter une opération annulable groupée.
- Ajout des meubles et des murs au logement.
- Déplacement des objets.
- Sélection des objets ajoutés.
- Ajout d'une dernière opération annulable qui sélectionne les éléments pour une opération de refaire et qui change le complément d'intitulé des actions UNDO et REDO.
- Fin de l'opération annulable groupée.

```
public void paste(final List<? extends Object> items) {
  addItems(items, 20, 20, resource.getString("undoPasteName")); ❶
}

public void drop(final List<? extends Object> items,
                 float dx, float dy) {
  addItems(items, dx, dy, resource.getString("undoDropName")); ❷
}

private void addItems(final List<? extends Object> items,
           float dx, float dy, final String presentationName) {
  if (!items.isEmpty()) {
    this.undoSupport.beginUpdate(); ❸
    getFurnitureController().addFurniture(
        Home.getFurnitureSubList(items)); ❹
    getPlanController().addWalls(Home.getWallsSubList(items)); ❺
    getPlanController().moveItems(items, dx, dy); ❻
    getPlanController().selectAndShowItems(items); ❼

    this.undoSupport.postEdit(new AbstractUndoableEdit() {
        @Override
        public void redo() throws CannotRedoException {
          super.redo();
          getPlanController().selectAndShowItems(items);
        }
        @Override
        public String getPresentationName() {
          return presentationName; ❽
        }
      });
    this.undoSupport.endUpdate(); ❾
  }
}
```

La méthode `addItems` ajoute au logement les meubles ❹ et les murs ❺ de la liste en paramètre, les déplace de (`dx`, `dy`) centimètres ❻, puis les sélectionne tous ❼. Comme toutes ces opérations doivent apparaître à l'utilisateur sous la forme d'une seule opération annulable d'intitulé *Coller* ❶ ou *Ajouter* ❷, Thomas les regroupe ❸ ❾ en spécifiant cet intitulé ❽ dans une dernière opération annulable. Il rend `public` les méthodes moveItems et selectAndShowItems puis ajoute la méthode addWalls suivante à la classe PlanController :

Méthode addWalls de la classe PlanController

```
public void addWalls(List<Wall> newWalls) {
  for (Wall wall : newWalls) {
    this.home.addWall(wall);
  }
  postAddWalls(newWalls, this.home.getSelectedItems());
}
```

ERGONOMIE Montrer l'effet du coller à l'utilisateur

Pour que l'utilisateur puisse distinguer les objets copiés des objets ajoutés après une opération de coller, Thomas a décalé arbitrairement les nouveaux meubles de 20 cm dans la méthode paste ❶. Ainsi, ils ne se superposeront pas dans le plan.

Suivi du changement de focus

Thomas complète la méthode focusedViewChanged appelée par la classe HomePane à chaque fois qu'une vue obtient le focus.

Méthode focusedViewChanged de la classe HomeController

```
public void focusedViewChanged(JComponent focusedView) {
  this.focusedView = focusedView; ❶
  enableActionsOnSelection(); ❷
  enablePasteAction(); ❸
}
```

Il y mémorise la vue qui a obtenu le focus dans un nouveau champ de type JComponent ❶, puis active ou désactive les actions sensibles à la sélection ❷. Il vérifie aussi s'il faut activer l'action coller ❸, dans le cas où une vue aurait obtenu le focus après une opération de copier effectuée dans une autre fenêtre.

Méthode enablePasteAction de la classe HomeController

```
public void enablePasteAction() {
  HomePane view = ((HomePane)getView());
  if (this.focusedView == getFurnitureController().getView()
      || this.focusedView == getPlanController().getView()) {
    boolean wallCreationMode = getPlanController().getMode()
        == PlanController.Mode.WALL_CREATION;
    view.setEnabled(HomePane.ActionType.PASTE,
        !wallCreationMode && !view.isClipboardEmpty());
  } else {
    view.setEnabled(HomePane.ActionType.PASTE, false);
  }
}
```

◂ Quand la vue qui a le focus est le tableau des meubles ou le plan du logement, activer l'action PASTE si le plan n'est pas en mode de création de murs et si le Presse-papiers n'est pas vide.

◂ Pour les autres vues, désactiver l'action PASTE.

Thomas met ensuite à jour la méthode enableActionsOnSelection pour activer ou désactiver les actions associées aux nouvelles constantes COPY, CUT et DELETE. Dans les méthodes enableDefaultAction et setSelectionMode, il active les gestionnaires de transfert de données avec la méthode `setTransferEnabled` de `HomePane`, et les désactive dans la méthode `setWallCreationMode`.

REGARD DU DÉVELOPPEUR Activation/désactivation des actions

Si l'activation et la désactivation des actions dans une application peuvent sembler une tâche rébarbative pour le développeur, ceci lui évite de multiplier les contrôles de cohérence dans les méthodes du contrôleur appelées par les actions. Notez aussi que ces activations aident grandement l'utilisateur à comprendre ce qu'il peut faire ou ne pas faire dans les composants d'une application.

Pour terminer, Thomas implémente la méthode `delete` associée à la constante d'action `DELETE`.

Méthode delete de la classe HomeController

Supprime la sélection dans la vue active.

Si la vue qui a le focus est le tableau, ne supprimer que les meubles sélectionnés.

Si la vue qui a le focus est le plan, supprimer du logement tous les objets qui y sont sélectionnés.

```
public void delete() {
  if (this.focusedView == getFurnitureController().getView()) {
    getFurnitureController().deleteSelection();
  }
  else if (this.focusedView == getPlanController().getView()) {
    getPlanController().deleteSelection();
  }
}
```

ATTENTION
Limitations du transfert d'objets Java

Les objets transférables basés sur le type MIME `DataFlavor.javaJVMLocalObjectMimeType` sont simples à mettre en œuvre mais ne peuvent pas être transférés à une autre machine virtuelle qui fait fonctionner la même application. Sans utiliser un autre type d'objet transférable, la solution consisterait ici à empêcher l'application de s'exécuter plusieurs fois, en démarrant au début du `main` un service réseau qui attendrait les requêtes de création de nouvelles fenêtres des autres JVM qui lancent la même application. Dans Java 5, Java Web Start propose aussi via l'interface `javax.jnlp.SingleInstanceService` un service qui permet à une application de fonctionner dans une seule JVM, quelque soit le nombre de fois où elle est lancée (voir le dernier chapitre).

Test du glisser-déposer et du copier-coller dans l'application

Thomas et Margaux vérifient que le programme du scénario de test passe, puis testent l'application Sweet Home 3D directement.

L'ajout des nouvelles fonctionnalités développées dans le scénario n° 9 apporte un réel plus à l'application qui commence à se comporter comme l'équipe l'avait imaginée au départ. Pendant leurs tests, ils constatent que les opérations de copier-coller et de glisser-déposer fonctionnent même entre plusieurs fenêtres de l'application ! Par contre, ils remarquent deux défauts qui ne sont pas évoqués dans le scénario de test :

- Pour glisser-déposer un meuble depuis l'arbre du catalogue, ils doivent d'abord cliquer sur celui-ci pour le sélectionner.
- Il est impossible de glisser-déposer des meubles dans la partie vide d'un tableau moins haut que son panneau à ascenseurs.

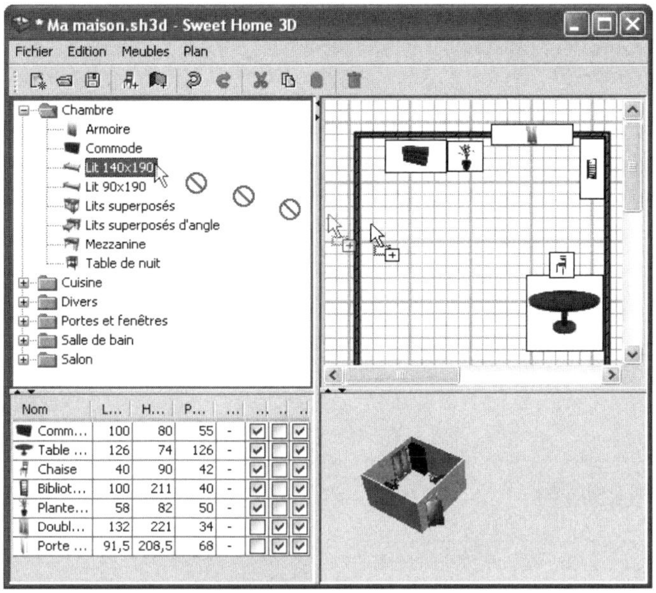

Figure 11–8
Glisser-déposer d'un meuble du catalogue dans le plan

Glisser-déposer sans présélection

Pour plus d'informations au sujet de cette amélioration, voir le document suivant :
- http://weblogs.java.net/blog/shan_man/archive/2005/06/improved_drag_g.html

Si la possibilité de glisser-déposer un élément d'un arbre sans le présélectionner est disponible d'office dans Java 6, il faut par contre l'activer programmatiquement dans Java 5, où cette fonctionnalité n'y est disponible que depuis la version corrective 5.0_05. Pour cela, il faut donner la valeur `true` à la propriété système `sun.swing.enableImprovedDragGesture`. Thomas ajoute donc la ligne suivante dans la méthode `main` de la classe `SweetHome3D` :

```
System.setProperty("sun.swing.enableImprovedDragGesture", "true");
```

Glisser-déposer dans un tableau vide

SWING Classe JViewport

Une instance de `javax.swing.JViewport` représente la partie centrale d'un panneau à ascenseurs où est affichée le composant sur lequel agissent les ascenseurs. Il est parent de ce composant et enfant du panneau à ascenseurs.

Quand un tableau est visualisé dans un panneau à ascenseurs, soit il est plus grand que le panneau et l'utilisateur n'en voit qu'une partie, soit il est plus petit et dans ce cas, le panneau remplit d'une couleur unie la partie inoccupée par le tableau. Cette partie est en fait gérée par un vrai composant de classe `javax.swing.JViewport` qui est inclus d'office dans tout panneau à ascenseurs. Comme Margaux n'a pas positionné de gestionnaire de transfert de données sur ce composant, il est impossible d'y glisser-déposer un meuble, ce qui est surtout gênant quand le tableau est vide (voir figure 11-9). Margaux lui ajoute donc le gestionnaire de transfert du tableau existant, en modifiant ainsi la méthode `setTransferEnabled` de la classe `HomePane` :

Méthode setTransferEnabled de HomePane

Ajout du gestionnaire de transfert de données du tableau au composant parent du tableau.

Suppression du gestionnaire de transfert du composant parent du tableau.

```
public void setTransferEnabled(boolean enabled) {
  if (enabled) {
    // Ajout des gestionnaires de transfert de données
    // à l'arbre, au tableau et au plan inchangé
    ((JViewport)this.furnitureView.getParent()).
        setTransferHandler(this.furnitureTransferHandler);
  } else {
    // Suppression des gestionnaires de transfert de données
    // de l'arbre, du tableau et du plan inchangée
    ((JViewport)this.furnitureView.getParent()).
        setTransferHandler(null);
  }
}
```

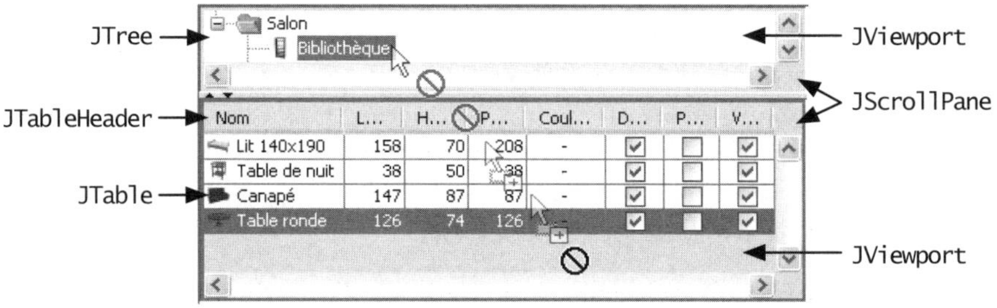

Figure 11–9
Composants Swing mis en œuvre dans un panneau à ascenseurs

Si cette correction fonctionne parfaitement, elle ne corrige pas un autre problème : quand on clique dans la partie vide du panneau à ascenseurs, le tableau n'obtient pas le focus. Margaux doit donc ajouter aussi au composant parent du tableau un listener `MouseListener` dont la méthode `mouseClicked` donnera le focus au tableau. Elle implémente ce listener dans la méthode `getCatalogFurniturePane` de la classe `HomePane` après la création du panneau à ascenseurs associé au tableau.

Méthode setTransferEnabled de HomePane

Ajout d'un listener au composant parent du tableau qui donne le focus à ce dernier quand l'utilisateur clique dans son parent.

```
private JComponent getCatalogFurniturePane(
                               HomeController controller) {
  // Création des composants de l'arbre et du tableau avec
  // leur panneau à ascenseurs respectif inchangée
  ((JViewport)this.furnitureView.getParent()).addMouseListener(
      new MouseAdapter() {
        @Override
        public void mouseClicked(MouseEvent ev) {
          furnitureView.requestFocusInWindow();
        }
      });

  // Création du panneau partagé inchangée
}
```

POUR ALLER PLUS LOIN Hauteur du tableau dans un panneau à ascenseurs

Une autre solution consiste à ordonner au tableau d'occuper tout l'espace central du panneau à ascenseurs quand il est trop petit. Dans Java 6, il suffit pour cela d'appeler la nouvelle méthode `setFillsViewportHeight` sur le tableau en lui passant la valeur `true`. Dans Java 5, il faut redéfinir la méthode `getScrollableTracksViewportHeight` dans une classe de tableau comme la classe `FurnitureTable`. Cette méthode provient de l'interface `javax.swing.Scrollable` qu'implémente la classe `JTable`. Son implémentation doit renvoyer `true` ou `false` pour indiquer si un composant visualisé dans un panneau à ascenseurs doit oui ou non avoir la même hauteur que la partie centrale du panneau à ascenseurs. Pour plus d'informations au sujet de ces méthodes, voir le document suivant :

- http://weblogs.java.net/blog/shan_man/archive/2006/01/enable_dropping.html

Une fois ces dernières modifications implémentées, Margaux exécute un dernier test d'intégration et balise dans CVS la fin du neuvième scénario avec le numéro de version `V_0_9`.

En résumé...

Ce chapitre vous a montré comment mettre en œuvre la classe `TransferHandler` pour gérer le glisser-déposer entre composants et les opérations de couper/copier/coller liées au Presse-papiers.

chapitre 12

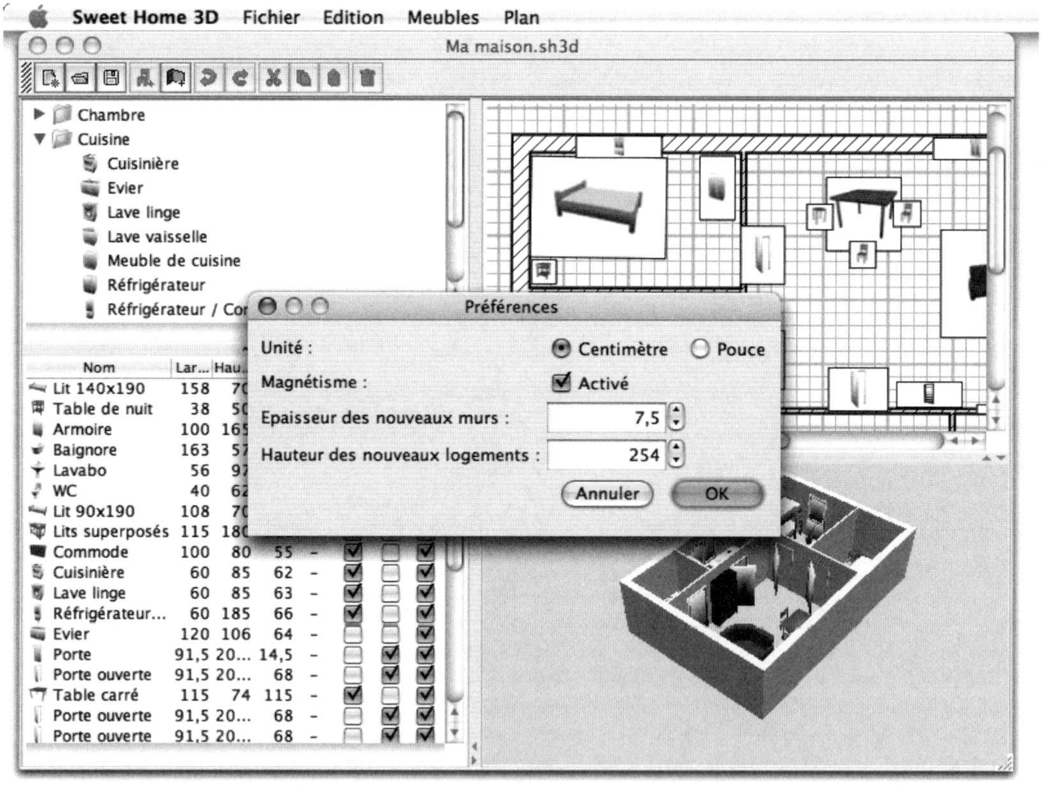

Sweet Home 3D Fichier Edition Meubles Plan
Ma maison.sh3d
Chambre
Cuisine
Cuisinière
Evier
Lave linge
Lave vaisselle
Meuble de cuisine
Réfrigérateur
Préférences
Unité :
Centimètre
Pouce
Magnétisme :
Activé
Epaisseur des nouveaux murs :
7,5
Hauteur des nouveaux logements :
254
Annuler
OK
Nom
Lit 140x190
Table de nuit
Armoire
Baignore
Lavabo
WC
Lit 90x190
Lits superposés
Commode
Cuisinière
Lave linge
Réfrigérateur...
Evier
Porte
Porte ouverte
Table carré
Porte ouverte
Porte ouverte

Édition des préférences utilisateur

Localiser les options générales d'une application à l'aide de préférences c'est bien, que l'utilisateur puisse personnaliser leur valeur c'est encore mieux...

SOMMAIRE

- Scénario de test n° 10
- Enregistrement et lecture des préférences
- Modification des préférences
- Déploiement avec Java Web Start

MOTS-CLÉS

- java.util.pref
- JOptionPane
- JDialog
- GridBagLayout
- JNLP
- Ant

Scénario n° 10

Le dernier scénario décrit dans cet ouvrage doit permettre à l'utilisateur d'éditer les préférences de l'application et d'enregistrer leur modification. Techniquement, le développement de ce scénario nous permettra d'aborder les sujets suivants :

- la création de boîtes de dialogue avec des composants de saisie ;
- l'enregistrement et la lecture des préférences avec les classes du package `java.util.pref` ;
- le déploiement d'une application avec Java Web Start.

Spécifications de l'édition des préférences utilisateur

Sophie spécifie les nouvelles fonctionnalités de l'application liées à l'édition des préférences utilisateur :

- L'utilisateur pourra activer ou désactiver le magnétisme dans le composant du plan, choisir l'unité en cours (cm ou pouce), sélectionner l'épaisseur par défaut des nouveaux murs et la hauteur des murs d'un nouveau logement.
- Ces quatre préférences seront modifiables à l'aide d'une boîte de dialogue localisée disposée comme dans la figure 12-1.
- La modification de l'unité dans la boîte de dialogue devra provoquer une mise à jour de l'épaisseur et de la hauteur qui y sont affichées.
- Quand l'utilisateur fermera cette boîte de dialogue en confirmant ses choix, les préférences modifiées devront être enregistrées sur le disque, et celles-ci seront utilisées dans les logements en cours d'édition.
- Les valeurs des préférences à l'ouverture de l'application seront celles enregistrées au cours d'une session précédente, quand elles ont été modifiées.

POUR ALLER PLUS LOIN Modification du catalogue

La modification du catalogue, qui dépend lui aussi des préférences utilisateur, sera effectuée au cours du scénario n° 17, lequel n'est pas développé dans cet ouvrage.

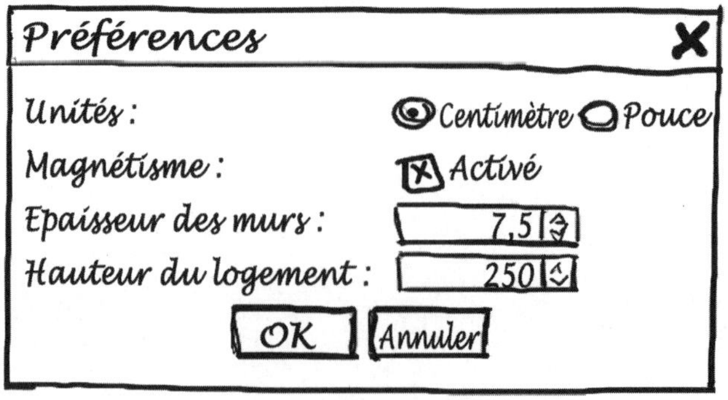

Figure 12–1
Maquette de la boîte de dialogue des préférences

Les modifications effectuées sur les préférences ne seront pas annulables et l'accès à la boîte de dialogue des préférences s'effectuera par le nouvel élément de menu localisé *Préférences*. Cet élément sera intégré au menu *Fichier* sous Windows et Linux et au menu *application* sous Mac OS X.

L'équipe décide par ailleurs qu'à l'issue de ce scénario, il sera proposé aux internautes une première version de Sweet Home 3D sous la forme d'une application Java Web Start accessible par une page web décrivant leur logiciel. Cette version leur permettra de récupérer les premières impressions des utilisateurs et de corriger les bogues que ceux-ci pourraient signaler. Matthieu demande donc qu'une boîte de dialogue de copyrights soit ajoutée à l'application, laquelle sera accessible par l'élément de menu *A propos de*. Cet élément sera intégré au nouveau menu *Aide* sous Windows et Linux et au menu application sous Mac OS X. Enfin, Matthieu demande à Sophie de concevoir une icône et une image pour l'écran d'accueil (*splash screen* en anglais) de l'application, ainsi que la page web qui présentera Sweet Home 3D.

ERGONOMIE Quel menu pour les préférences ?

En dehors de Mac OS X, l'accès aux préférences d'une application n'est malheureusement pas homogène d'un programme à l'autre. Quelquefois accessible par un élément du menu *Options*, d'autres fois par un élément *Préférences*, le tout très souvent rangé dans des menus différents, on ne s'étonnera pas si les utilisateurs ont parfois du mal à les retrouver et en comprendre la portée !

Le menu *application* disponible sous Mac OS X est décrit à la fin du chapitre 10, « Enregistrement et lecture du logement ».

Scénario de test

À partir des spécifications précédentes, Sophie rédige le scénario de test suivant :

1. Réinitialiser les préférences utilisateur enregistrées sur le disque à partir des préférences par défaut d'un utilisateur qui utilise le centimètre comme unité.
2. Créer le panneau d'une boîte de dialogue de préférences initialisées avec les préférences utilisateur précédentes ; vérifier si les valeurs des composants du panneau correspondent à celles espérées.
3. Modifier les valeurs des composants du panneau.
4. Recopier les valeurs affichées par le panneau dans les préférences utilisateur, et vérifier que ces préférences correspondent aux valeurs qu'ont reçues les composants du panneau.
5. Enregistrer les préférences sur le disque et vérifier que les préférences utilisateur sont correctement enregistrées.

ATTENTION Modification des préférences

Ce scénario de test est basé sur le fait que les préférences utilisateur sont enregistrées sur le disque à un seul endroit pour un même utilisateur. Comme un développeur peut avoir modifié ces préférences au cours d'autres tests, il faut donc les réinitialiser pour débuter le test sur des bases saines.

Disposition des composants d'une boîte de dialogue

Aussitôt qu'une boîte de dialogue ou une fenêtre affiche plusieurs composants de saisie de types différents, il est généralement impossible d'obtenir un résultat satisfaisant en mettant en page ces composants à

POUR ALLER PLUS LOIN **Layouts non standards**

En se basant sur l'interface `java.awt.LayoutManager` ou sa sous-interface `java.awt.LayoutManager2` que toute classe de layout doit implémenter, de nombreux éditeurs ont créé de nouvelles classes de layout auxquelles vous pouvez recourir.

▸ http://leepoint.net/notes-java/GUI/layouts/90independent-managers.html

ERGONOMIE **Sélection multiple vs deux listes**

La présentation d'un choix de valeurs à l'aide de deux listes a plusieurs avantages sur le recours à une seule liste :

- Elle évite à l'utilisateur de connaître la combinaison de touches permettant de sélectionner un ensemble disjoint de valeurs dans une liste (*Ctrl+clic* ou *Cmd+Clic*).
- L'utilisateur peut voir dans la seconde liste l'ensemble des valeurs qu'il a choisies sans utiliser les ascenseurs, sauf si bien sûr il en choisit beaucoup.

l'aide d'un layout simple (c'est-à-dire de classe `FlowLayout`, `GridLayout`, `BorderLayout` ou `BoxLayout`). Un développeur doit alors disposer ces composants :

- soit dans des panneaux intermédiaires assemblés dans le panneau principal de la boîte de dialogue ;
- soit à l'aide des classes de layout `GridBagLayout` ou `SpringLayout` plus complexes à appréhender mais bien plus riches en fonctionnalités.

Si la classe `SpringLayout` est plutôt dédiée aux constructeurs d'IHM, le recours à la classe `GridBagLayout` pour disposer programmatiquement les composants est courant.

Disposer des composants avec la classe GridBagLayout

Même si la boîte de dialogue des préférences est simple dans ce scénario, Margaux envisage de disposer ses composants avec la classe `GridBagLayout`, car il lui semble que ce layout lui facilitera l'intégration de composants supplémentaires à l'avenir. Elle s'entraîne donc à mettre en page avec cette classe une boîte de dialogue classique comme celle de la figure 12-2, qui permet de choisir un ensemble de valeurs à l'aide de deux listes :

- une première liste où sont proposées toutes les valeurs possibles ;
- une seconde liste qui affiche les valeurs choisies dans la première liste par l'utilisateur, ce dernier faisant passer les valeurs d'une liste à l'autre à l'aide de boutons > et < disposés entre les deux listes.

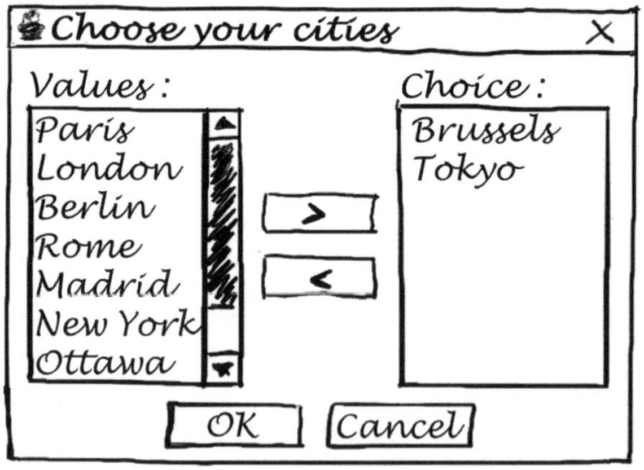

Figure 12–2
Maquette d'une boîte de dialogue de choix avec deux listes

Pour que l'utilisateur puisse apercevoir le plus de valeurs possible dans les deux listes de cette boîte, il est intéressant de lui laisser le choix de la redimensionner. Quand la boîte est plus grande, le plus d'espace possible doit alors être accordé aux deux listes. Pour que le résultat soit esthétiquement convenable, celles-ci doivent conserver la même largeur, et l'espace qu'occupent en largeur les deux boutons > et < doit être constant (voir figure 12-3). Comme il est impossible d'obtenir ce résultat en recourant à une combinaison de panneaux qui utilisent des layouts simples, il vaut mieux recourir à un layout de classe `GridBagLayout`.

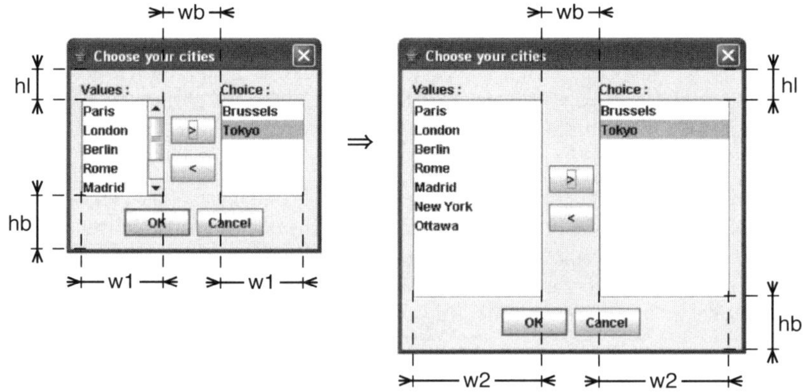

Figure 12–3
Contraintes appliquées aux dimensions pendant le redimensionnement

Contraintes sur les composants

La position des composants d'un container mis en page avec une instance de `GridBagLayout` dépend de l'instance de classe `java.awt.GridBagConstraints` associée à chaque composant. Les nombreux paramètres de cette classe sont présentés dans le tableau 12-1.

ASTUCE **Paramétrer les contraintes d'un composant**

Le meilleur moyen pour comprendre comment les différents paramètres de `GridBagConstraints` agissent sur la position et les dimensions d'un composant, est de les tester avec un constructeur d'IHM. Sous Visual Editor, une fois que vous avez choisi `GridBagLayout` comme valeur dans la propriété *layout* d'un container, les contraintes de chaque composant peuvent être modifiées dans leur propriété constraint comme le montre la figure 12-4.

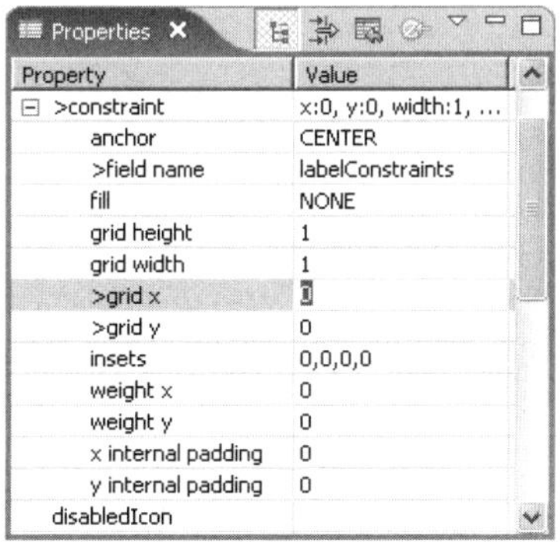

Figure 12–4 Contraintes GridBagConstraints d'un composant

Tableau 12–1 Paramètres de GridBagConstraints

Paramètre/ champ	Valeurs possibles	Description
`gridx` `gridy`	Une valeur entière ou la constante RELATIVE	Position logique de la cellule qu'occupe le composant, par rapport au coin supérieur gauche du container dont la position est (0, 0). Si `gridx` ou `gridy` est égal à RELATIVE, le composant sera placé à la suite en horizontal ou en vertical du composant précédemment ajouté au container avec la méthode add.
`gridwidth` `gridheight`	Une valeur entière ou une des constantes RELATIVE ou REMAINDER	Nombre de cellules en largeur et en hauteur qu'occupe le composant. Si `gridwith` ou `gridheight` est égal à REMAINDER, le composant sera le dernier sur une ligne ou sur une colonne. Si `gridwith` ou `gridheight` est égal à RELATIVE, le composant sera placé avant le dernier composant d'une ligne ou d'une colonne.
`weightx` `weighty`	Un nombre décimal	Poids du composant utilisé pour occuper l'espace libre en horizontal ou en vertical, quand la taille du container est plus grande que celle de la taille préférée de ce dernier. Si tous les composants d'un container ont leurs contraintes `weightx` et `weighty` égales à 0, l'ensemble des composants est disposé au centre de leur container en ne prenant en compte que leur taille préférée.
`anchor`	Une des constantes CENTER, NORTH, NORTHEAST, EAST, SOUTHEAST, SOUTH, SOUTHWEST, WEST, NORTHWEST, PAGE_START, PAGE_END, LINE_START, LINE_END, FIRST_LINE_START, FIRST_LINE_END, LAST_LINE_START, LAST_LINE_END	Position du composant dans la cellule qu'il occupe, quand il est plus petit que celle-ci.
`fill`	Une des constantes NONE, HORIZONTAL, VERTICAL ou BOTH	Spécifie si le composant est redimensionné ou non pour occuper la cellule qu'il occupe. Si `fill` est égal à NONE, le composant prend sa taille préférée. Si `fill` est égal BOTH, le composant est redimensionné pour occuper tout l'espace de la cellule.
`insets`	Une instance de `java.awt.Insets`	Bordure vide à gauche, en haut, en bas et à droite autour du composant dans sa cellule.
`ipadx` `ipady`	Une valeur entière	Nombre de pixels supplémentaires à accorder en largeur et en hauteur à la taille préférée du composant.

Pour bien débuter avec les paramètres de `GridBagConstraints`, il vaut mieux ne pas utiliser les valeurs `RELATIVE` et `REMAINDER` de ses champs `gridx`, `gridy`, `gridwidth` et `gridheight`. Sans ses valeurs, il suffit alors de concevoir la disposition logique des composants dans les cellules d'un tableau, puis d'affecter aux composants leur objet de contrainte en fonction de leur position dans le tableau. C'est ce que Margaux effectue quand elle imagine la disposition des composants du panneau de choix représentée dans la figure 12-5.

Elle n'y a pas représenté les boutons *OK* et *Cancel* car c'est la classe `JOptionPane` qu'elle utilisera pour afficher le panneau de choix qui s'en

POUR ALLER PLUS LOIN Localiser le layout

Les constantes RELATIVE, REMAINDER, PAGE_START, PAGE_END, LINE_START, LINE_END, FIRST_LINE_START, FIRST_LINE_END, LAST_LINE_START, LAST_LINE_END sont utiles pour localiser le layout dans des langues dont le sens d'écriture ne va pas de la gauche vers la droite.

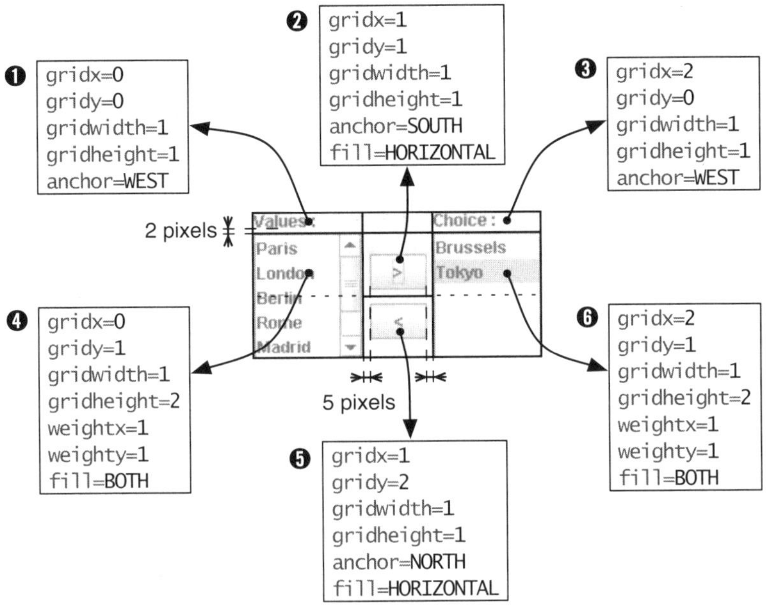

Figure 12–5
Contraintes GridBagConstraints du panneau de choix

Le tableau 12-1 présente les paramètres qu'il faut passer au constructeur de `GridBagConstraints` dans le même ordre.

chargera. Pour obtenir la disposition qu'elle recherche, elle obtient donc les contraintes suivantes sur les six autres composants :

- Les labels *Values* ❶ et *Choice* ❸ occuperont les cellules (0, 0) et (2, 0) et seront alignés sur la gauche de leur cellule.
- Les boutons > ❷ et < ❺ occuperont les cellules centrales (1, 1) et (1, 2) qu'ils rempliront dans leur largeur ; ils seront alignés respectivement sur le bas et le haut de leur cellule.
- La liste de gauche ❹ occupera tout l'espace des cellules (0, 1) et (0, 2), tandis que celle de droite ❻ occupera l'espace des cellules (2, 1) et (2, 2) ; ce seront ces composants qui occuperont tout l'espace vide du panneau quand ce dernier sera agrandi.

Pour que tous ces composants ne soient pas collés les uns aux autres, les labels auront une bordure vide de 2 pixels en bas de leur cellule et les boutons seront entourés par une bordure vide de 5 pixels.

Implémentation de la disposition des composants dans le panneau

Une fois les contraintes des composants du panneau de choix fixées, Margaux implémente la classe `com.eteks.sweethome3d.test.ChoicePanel` qui lui correspond.

Classe com.eteks.sweethome3d.test.ChoicePanel

Modèle de la liste qui affiche les valeurs choisies par l'utilisateur.

Choix du layout du panneau.

Création du modèle de la liste qui affiche les valeurs proposées à l'utilisateur.

Création de la liste utilisant ce modèle.

Création de la liste du choix de l'utilisateur avec un modèle vide.

Création des boutons > et < dont l'action fait passer les éléments sélectionnés d'une liste à l'autre.

Disposition du label *Values* dans la cellule (0, 0).

Disposition du label *Choice* dans la cellule (2, 0).

Disposition du panneau à ascenseurs de la liste de gauche dans les cellules (0, 1) et (0, 2).

Disposition du panneau à ascenseurs de la liste de droite dans les cellules (2, 1) et (2, 2).

Disposition du bouton > dans la cellule (1, 1).

Disposition du bouton < dans la cellule (1, 2).

```
package com.eteks.sweethome3d.test;

import java.awt.*;
import java.awt.event.ActionEvent;
import javax.swing.*;

public class ChoicePanel extends JPanel {
  private DefaultListModel choiceModel;

  public ChoicePanel(Object [] values) {
    super(new GridBagLayout());

    DefaultListModel valuesModel = new DefaultListModel(); ❶
    for (Object value : values) {
      valuesModel.addElement(value); ❷
    }
    JList valuesList = new JList(valuesModel); ❸
    JScrollPane valuesScrollPane = new JScrollPane(valuesList);

    this.choiceModel = new DefaultListModel(); ❹
    JList choiceList = new JList(this.choiceModel); ❺
    JScrollPane choiceScrollPane = new JScrollPane(choiceList);

    JButton addToChoiceButton = new JButton(
        new MoveAction(">", valuesList, choiceList)); ❻
    JButton removeFromChoiceButton = new JButton(
        new MoveAction("<", choiceList, valuesList)); ❼

    Insets labelInsets = new Insets(0, 0, 2, 0);
    add(new JLabel("Values :"), new GridBagConstraints(
        0, 0, 1, 1, 0, 0, GridBagConstraints.WEST,
        GridBagConstraints.NONE, labelInsets, 0, 0)); ❽
    add(new JLabel("Choice :"), new GridBagConstraints(
        2, 0, 1, 1, 0, 0, GridBagConstraints.WEST,
        GridBagConstraints.NONE, labelInsets, 0, 0));
    Insets emptyInsets = new Insets(0, 0, 0, 0);
    add(valuesScrollPane, new GridBagConstraints(
        0, 1, 1, 2, 1, 1, GridBagConstraints.CENTER,
        GridBagConstraints.BOTH, emptyInsets, 0, 0));
    add(choiceScrollPane, new GridBagConstraints(
        2, 1, 1, 2, 1, 1, GridBagConstraints.CENTER,
        GridBagConstraints.BOTH, emptyInsets, 0, 0));
    Insets buttonInsets = new Insets(5, 5, 5, 5);
    add(addToChoiceButton, new GridBagConstraints(
        1, 1, 1, 1, 0, 0.5, GridBagConstraints.SOUTH,
        GridBagConstraints.HORIZONTAL, buttonInsets, 0, 0));
    add(removeFromChoiceButton, new GridBagConstraints(
        1, 2, 1, 1, 0, 0.5, GridBagConstraints.NORTH,
        GridBagConstraints.HORIZONTAL, buttonInsets, 0, 0));
  }
```

```
  public Object [] getChoice() {
    return this.choiceModel.toArray();
  }

  private static class MoveAction extends AbstractAction { ❾
    private JList sourceList;
    private JList destinationList;

    MoveAction(String name, JList sourceList,
        JList destinationList) {
      super(name);
      this.sourceList = sourceList;
      this.destinationList = destinationList;
    }

    public void actionPerformed(ActionEvent ev) {
      DefaultListModel sourceModel =
        (DefaultListModel)sourceList.getModel();
      DefaultListModel destinationModel =
        (DefaultListModel)destinationList.getModel();
      this.destinationList.clearSelection();

      for (Object value : sourceList.getSelectedValues()) { ❿

        sourceModel.removeElement(value); ⓫
        destinationModel.addElement(value); ⓬

        int index = destinationModel.indexOf(value);
       this.destinationList.addSelectionInterval(index, index); ⓭
      }
    }
  }
}
```

◂ Renvoie les valeurs choisies par l'utilisateur.

◂ Action qui passe les éléments sélectionnés de la liste `sourceList` dans la liste `destinationList`.

◂ Récupération des modèles des deux listes.

◂ Effacement de la sélection dans la liste de destination.

◂ Pour chaque élément sélectionné dans la liste source...

◂ ...supprimer l'élément de la liste source pour l'ajouter à la liste de destination.

◂ Ajouter à la sélection l'élément déplacé.

Comme Margaux doit permettre au contenu des listes de changer, elle crée tout d'abord un modèle modifiable pour chaque liste ❶ ❹ avant de l'affecter aux instances de `JList` ❸ ❺ affichées par le panneau. Elle crée ensuite les deux boutons > et < ❻ ❼ à partir de la classe interne d'action `MoveAction` ❾, dont la méthode `actionPerformed` supprime ⓫ les éléments sélectionnés ❿ dans une liste source pour les ajouter ⓬ et les sélectionner ⓭ dans une liste de destination. Finalement, elle ajoute les composants dans le panneau en leur associant leurs contraintes ❽.

Affichage du panneau dans une boîte de dialogue

Margaux programme ensuite l'application `com.eteks.sweethome3d.test.ChoicePanelTest` pour tester la classe `ChoicePanel` précédente, en affichant un panneau de ce type dans une boîte de dialogue que l'utilisateur peut redimensionner.

SWING Modèle d'une liste

Similairement aux classes `JTree` et `JTable` mises en œuvre au cours des premiers scénarios, la classe `JList` affiche les données gérées par un modèle dont la classe implémente l'interface `javax.swing.ListModel`. Les constructeurs de la classe `JList` qui prennent en paramètre un tableau Java ou une instance de `Vector` ne permettent pas d'ajouter des éléments à une liste ou d'en retirer. Si vous voulez changer le contenu de cette liste, il vous faut alors implémenter l'interface `ListModel` dans une classe de modèle, ou recourir comme ici à la classe `javax.swing.DefaultListModel`, en appelant ses méthodes `addElement` ❷ ⓬ et `removeElement` ⓫.

Classe com.eteks.sweethome3d.test.ChoicePanelTest

Création d'un panneau de choix avec des noms de villes. ▸ ①

Création d'un panneau de boîte de dialogue *OK/Cancel* sans icône. ▸ ②

Création de la boîte de dialogue à ses dimensions préférées. ▸ ③

Autorisation du redimensionnement de la boîte. ▸ ④

Taille minimale de la boîte. ▸ ⑤

Affichage de la boîte de dialogue. ▸ ⑥

Suppression de la boîte cachée. ▸ ⑦

Si l'utilisateur a cliqué sur *OK*, affichage des valeurs choisies dans une boîte de dialogue. ▸ ⑧ ⑨

```
package com.eteks.sweethome3d.test;

import javax.swing.*;

public class ChoicePanelTest {
  public static void main(String [] args) {
    ChoicePanel choicePanel = new ChoicePanel(
        new String [] {"Paris", "London", "Berlin", "Rome",
          "Madrid", "Brussels", "New York", "Ottawa", "Tokyo"}); ①
    JOptionPane choiceOptionPane = new JOptionPane(choicePanel,
      JOptionPane.PLAIN_MESSAGE, JOptionPane.OK_CANCEL_OPTION); ②
    JDialog choiceDialog = choiceOptionPane.createDialog(
        JOptionPane.getRootFrame(), "Choose your cities"); ③
    choiceDialog.setResizable(true); ④
    choiceDialog.setMinimumSize(choiceDialog.getSize()); ⑤
    choiceDialog.setVisible(true); ⑥

    choiceDialog.dispose(); ⑦
    if (new Integer(JOptionPane.OK_OPTION).equals(
            choiceOptionPane.getValue())) { ⑧
      JOptionPane.showMessageDialog(null,
         new Object [] {"You chose :", choicePanel.getChoice()}); ⑨
    }
  }
}
```

ATTENTION Paramètres du constructeur de JOptionPane

L'ordre des paramètres `messageType` et `optionType` du constructeur de `JOptionPane` est inversé par rapport aux mêmes paramètres des méthodes `showConfirmDialog` et `showOptionDialog`. Comme ce sont tous deux des entiers, le compilateur ne vous avertira pas, si vous n'y prenez pas garde !

Margaux crée un panneau de choix ① puis l'intègre dans un panneau de type `JOptionPane` avec des boutons *OK/Annuler* et sans icône ②. Elle crée ensuite une boîte de dialogue modale fille d'une fenêtre par défaut ③, et change son comportement par défaut en l'autorisant à être redimensionnée ④. Une fois la taille minimale de cette boîte ⑤ fixée, elle l'affiche à l'écran ⑥ ce qui bloque la méthode `main` jusqu'à ce que la boîte soit fermée. Pour terminer, elle supprime la boîte ⑦ et affiche le choix de l'utilisateur ⑨ quand il a cliqué sur *OK* ⑧.

Test du panneau

Margaux teste son application, et n'obtient malheureusement pas toujours le résultat escompté. Quand la liste de choix est vide, elle obtient dans certains cas le résultat de la figure 12-6, car la largeur préférée d'une liste vide est plus grande que celle de la liste des valeurs. Par ailleurs, le positionnement de taille minimale sur la boîte de dialogue n'a d'effet que sous Java 6 !

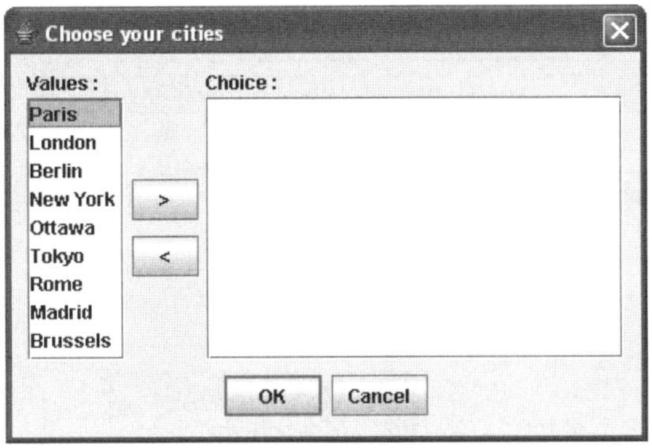

Figure 12–6
Résultat avec une liste vide

Elle corrige le problème sur la taille préférée des listes vides, en fixant une fois pour toutes la taille préférée des deux listes. Elle ajoute donc à la fin du constructeur de `ChoicePanel` les instructions suivantes :

```
valuesScrollPane.setPreferredSize(
        valuesScrollPane.getPreferredSize());
choiceScrollPane.setPreferredSize(
        valuesScrollPane.getPreferredSize());
```

La première instruction a pour effet d'empêcher la taille préférée de la liste de gauche de changer au cas où elle devienne vide ; la seconde permet d'affecter la même taille préférée à la liste de droite et à la liste de gauche.

À RETENIR Poids des composants

La taille des cellules des composants dont les contraintes de poids `weightx` ou `weighty` sont différentes de zéro est calculée en fonction de leur poids et de leur taille préférée. Quand un container contient plus d'un composant avec ce type de contraintes, il vaut mieux ne pas trop jouer sur les valeurs de ces dernières, et fixer une fois pour toutes la taille préférée des composants.

Architecture des classes du scénario

Comme pour la gestion de la persistance des logements, l'enregistrement et la lecture des préférences utilisateur doivent être programmés dans la couche persistance. Comme le montre la figure 12-7, Thomas décide donc :

- d'ajouter à la classe `com.eteks.sweethome3d.model.UserPreferences` ❶ une méthode abstraite `write` ;
- d'implémenter cette méthode dans la sous-classe `com.eteks.sweethome3d.io.FileUserPreferences` ❸ de `UserPreferences`. Le constructeur de cette nouvelle classe se chargera de lire les préférences utilisateur enregistrées au cours des sessions précédentes ou d'initialiser les préférences à leur valeur par défaut ❷, si cet enregistrement n'a jamais été effectué. L'enregistrement et la lecture des préférences s'effectueront à l'aide de la classe `java.util.prefs.Preferences` ❹ de la bibliothèque standard Java.
  La classe principale `SweetHome3D` ❽ se chargera d'instancier la classe `FileUserPreferences` en remplacement de la classe `DefaultUserPreferences` utilisée jusqu'à maintenant.

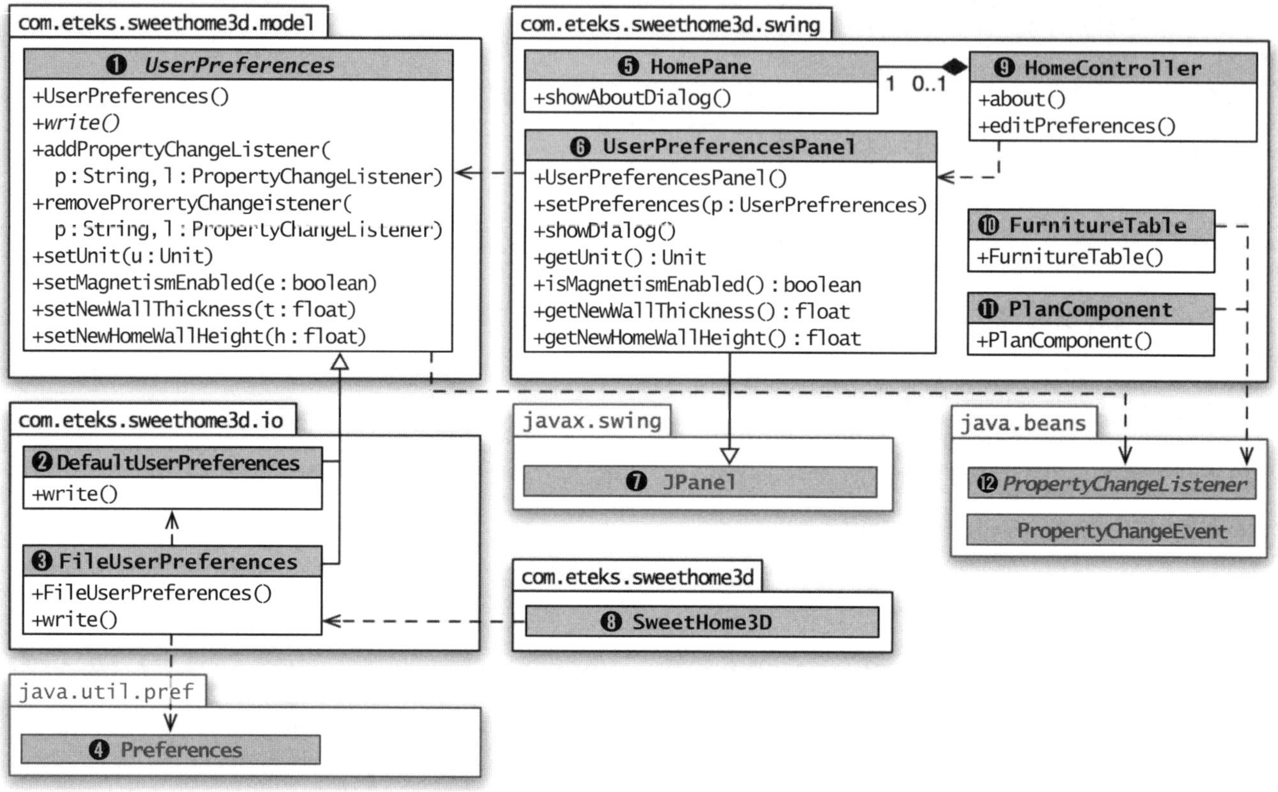

Figure 12–7 Diagramme des classes du scénario n° 10

La modification des préférences s'effectuera grâce à la classe de panneau `UserPreferencesPanel` ❻ qui héritera de `JPanel` ❼. Ce panneau sera affiché dans une boîte de dialogue grâce à sa méthode `showDialog` à laquelle fera appel le contrôleur ❾ de la vue d'un logement ❺. Enfin, la mise à jour des composants liés aux préférences comme le tableau des meubles ❿ et le plan du logement ⓫ s'effectuera suite aux notifications de type `PropertyChangeListener` ⓬ qu'émettra la classe `UserPreferences` ❶.

Programme de test de modification des préférences

Thomas implémente le scénario de test n° 10 dans la méthode `testUserPreferencesPanel` de la classe `com.eteks.sweethome3d.junit.UserPreferencesPanelTest`.

Classe com.eteks.sweethome3d.junit.UserPreferencesPanelTest

```
package com.eteks.sweethome3d.junit;
import java.lang.reflect.Field;
import java.util.Locale;
import javax.swing.*;
import junit.framework.TestCase;
import com.eteks.sweethome3d.io.*;
import com.eteks.sweethome3d.model.*;
import com.eteks.sweethome3d.swing.UserPreferencesPanel;
public class UserPreferencesPanelTest extends TestCase {
  public void testUserPreferencesPanel() throws RecorderException,
          NoSuchFieldException, IllegalAccessException {
    Locale.setDefault(Locale.FRANCE);
    UserPreferences defaultPreferences =
        new DefaultUserPreferences();
    UserPreferences preferences = new FileUserPreferences();
    preferences.setUnit(defaultPreferences.getUnit());
    preferences.setMagnetismEnabled(
        defaultPreferences.isMagnetismEnabled());
    preferences.setNewWallThickness(
        defaultPreferences.getNewWallThickness());
    preferences.setNewHomeWallHeight(
        defaultPreferences.getNewHomeWallHeight());

    UserPreferencesPanel panel = new UserPreferencesPanel(); ❶
    panel.setPreferences(preferences);
    JRadioButton centimeterRadioButton =
       (JRadioButton)getField(panel, "centimeterRadioButton"); ❷
    JRadioButton inchRadioButton =
        (JRadioButton)getField(panel, "inchRadioButton");
    JCheckBox magnetismCheckBox =
        (JCheckBox)getField(panel, "magnetismCheckBox");
    JSpinner newWallThicknessSpinner =
        (JSpinner)getField(panel, "newWallThicknessSpinner");
    JSpinner newHomeWallHeightSpinner =
        (JSpinner)getField(panel, "newHomeWallHeightSpinner");
    assertTrue(centimeterRadioButton.isSelected()); ❸
    assertFalse(inchRadioButton.isSelected());
    assertTrue(magnetismCheckBox.isSelected());
    assertEquals(newWallThicknessSpinner.getValue(),
        defaultPreferences.getNewWallThickness());
    assertEquals(newHomeWallHeightSpinner.getValue(),
        defaultPreferences.getNewHomeWallHeight());

    inchRadioButton.setSelected(true); ❹
    magnetismCheckBox.setSelected(false);
    newWallThicknessSpinner.setValue(1);
    newHomeWallHeightSpinner.setValue(100);
    preferences.setUnit(panel.getUnit());
    preferences.setMagnetismEnabled(panel.isMagnetismEnabled());
    preferences.setNewWallThickness(panel.getNewWallThickness());
```

- Test du scénario n° 10.
- Création de préférences initialisées à partir des valeurs par défaut d'un pays qui utilise le centimètre comme unité.
- Réinitialisation des préférences utilisateurs enregistrées sur le disque en y recopiant les valeurs des préférences par défaut.
- Création d'un panneau d'édition des préférences.
- Récupération des champs `private` manipulés dans la classe `UserPreferencesPanel`.
- Vérifier si les valeurs des composants correspondent à celles mémorisées dans les préférences.
- Modifier les valeurs des composants du panneau.
- Récupérer les valeurs mémorisées par le panneau dans les préférences utilisateur.

```
    preferences.setNewHomeWallHeight(
        panel.getNewHomeWallHeight());
    assertPreferencesEqual(UserPreferences.Unit.INCH, false,
        UserPreferences.Unit.inchToCentimer(1),
        UserPreferences.Unit.inchToCentimer(100), preferences);

    preferences.write();
    UserPreferences readPreferences = new FileUserPreferences();
    assertPreferencesEqual(preferences.getUnit(),
        preferences.isMagnetismEnabled(),
        preferences.getNewWallThickness(),
        preferences.getNewHomeWallHeight(), readPreferences);
  }

  private void assertPreferencesEqual(UserPreferences.Unit unit,
                                      boolean magnetism,
                                      float newWallThickness,
                                      float newHomeWallHeight,
                                 UserPreferences preferences) {
    assertEquals(unit, preferences.getUnit());
    assertEquals(magnetism, preferences.isMagnetismEnabled());
    assertEquals(newWallThickness,
        preferences.getNewWallThickness());
    assertEquals(newHomeWallHeight,
        preferences.getNewHomeWallHeight());
  }

  private Object getField(Object instance, String fieldName)
      throws NoSuchFieldException, IllegalAccessException { ❺
    Field field =
        instance.getClass().getDeclaredField(fieldName); ❻
    field.setAccessible(true); ❼
    return field.get(instance);
  }
}
```

▸ Vérifier que les préférences utilisateur mémorisées correspondent aux valeurs qu'ont reçu les composants du panneau.

▸ Enregistrer les préférences sur le disque, et vérifier que les préférences utilisateur enregistrées sont correctes en les comparant avec un autre objet de préférences utilisateur initialisé avec les données enregistrées sur le disque

▸ Vérifie que les quatre premières valeurs passées en paramètres sont égales à celles mémorisées par l'objet `preferences`.

▸ Renvoie une référence accessible vers le champ déclaré `fieldName` dans l'objet `instance`.

JAVA Modifier l'accès aux membres d'une classe

Les trois classes `Constructor`, `Field` et `Method` du package `java.lang.reflect` héritent de la classe `AccessibleObject`. La méthode `setAccessible` de cette super-classe permet à un développeur de supprimer ❼ le contrôle sur le modificateur d'accès d'un constructeur, d'un champ ou d'une méthode programmé dans une classe. Vous pouvez ainsi accéder par réflexion à n'importe quel membre d'une classe, si le gestionnaire de sécurité Java vous le permet. Cette astuce est très pratique pour les programmes de test, car elle évite de programmer des méthodes d'accès aux champs qui seraient utiles uniquement pour les tests. Comme un programme de test est très lié à l'implémentation des classes testées et qu'il évolue avec les changements qu'elles subissent, le fait de référencer un champ par son nom n'est pas plus gênant pour la maintenance du test que de rechercher un composant particulier dans la hiérarchie des composants, comme Thomas l'a programmé dans les autres tests.

Thomas a choisi de programmer ce test sans afficher le panneau des préférences à l'écran avec Abbot. Pour vérifier ❸ et modifier ❹ les valeurs des composants de ce panneau ❶, il lui faut accéder aux champs que Margaux gérera dans la classe `UserPreferencesPanel`. Comme chacun de ces champs seront privés, il a donc créé une méthode `getField` ❺ qui lui renvoie par réflexion une référence accessible ❼ vers le champ d'un objet à partir de son identificateur ❻. Il lui suffit alors de convertir la référence renvoyée par cette méthode dans le type effectif du champ ❷ pour appeler les méthodes sur ce champ ❸ ❹ !

Implémentation de l'enregistrement des préférences

Thomas débute l'implémentation des classes du scénario par celles associées aux préférences dans les couches métier et persistance.

Lecture et enregistrement des préférences

Thomas complète tout d'abord le constructeur et la méthode `write` de la classe `com.eteks.sweethome3d.io.FileUserPreferences` qu'il a générée au cours de la rédaction du programme de test.

Classe com.eteks.sweethome3d.io.FileUserPreferences

```
package com.eteks.sweethome3d.io;

import java.util.prefs.BackingStoreException;
import java.util.prefs.Preferences;
import com.eteks.sweethome3d.model.*;

public class FileUserPreferences extends UserPreferences {
  public FileUserPreferences() {
    DefaultUserPreferences defaultPreferences =
        new DefaultUserPreferences(); ❶

    setCatalog(defaultPreferences.getCatalog());

    Preferences preferences = getPreferences(); ❷

    Unit unit = Unit.valueOf(preferences.get("unit",
        defaultPreferences.getUnit().toString())); ❸
    setUnit(unit);
    setMagnetismEnabled(preferences.getBoolean(
        "magnetismEnabled", true)); ❹
    setNewWallThickness(
        preferences.getFloat("newWallThickness",
        defaultPreferences.getNewWallThickness())); ❺
    setNewHomeWallHeight(
        preferences.getFloat("newHomeWallHeight",
        defaultPreferences.getNewHomeWallHeight())); ❻
  }

  @Override
  public void write() throws RecorderException {
    Preferences preferences = getPreferences(); ❼

    preferences.put("unit", getUnit().toString()); ❽
    preferences.putBoolean(
        "magnetismEnabled", isMagnetismEnabled()); ❾
    preferences.putFloat(
        "newWallThickness", getNewWallThickness()); ❿
    preferences.putFloat(
        "newHomeWallHeight", getNewHomeWallHeight()); ⓫
    try {
      preferences.sync(); ⓬
    } catch (BackingStoreException ex) {
      throw new RecorderException(
          "Couldn't write preferences", ex);
    }
  }
```

❶ Récupération des préférences par défaut utilisées comme valeurs initiales des préférences.

Utilisation du catalogue par défaut.

❷ Récupération des préférences Java.

❸ Lecture en mémoire des préférences Java.

❼ Récupération des préférences Java.

❽ Écriture des préférences utilisateurs dans les préférences Java.

⓬ Écriture immédiate des préférences Java sur le disque.

Renvoie les préférences Java associées au package de la classe FileUserPreferences.

```
  private Preferences getPreferences() {
    return Preferences.userNodeForPackage(
        FileUserPreferences.class); ⓭
  }
}
```

Dans le constructeur de cette classe, Thomas récupère ❷ une instance de `Preferences` pour accéder aux préférences du package `com.eteks.sweethome3d.io` ⓭. Avec cet objet, il lit les valeurs des quatre clés `unit` ❸, `magnetismEnabled` ❹, `newWallThickness` ❺ et `newHomeWallHeight` ❻, pour les mémoriser dans les préférences utilisateur. Si l'une de ces clés n'existe pas, il sélectionne comme valeur par défaut celle lue en ressource ❶. Dans la méthode `write`, Thomas effectue l'opération inverse en écrivant avec une instance de `Preferences` ❼ les valeurs des clés `unit` ❽, `magnetismEnabled` ❾, `newWallThickness` ❿ et `newHomeWallHeight` ⓫ mémorisées dans les préférences utilisateur. Finalement, il appelle la méthode `sync` ⓬ pour s'assurer que ces valeurs soient bien écrites dans le système de fichiers. Notez que Thomas ne lit pas et n'écrit pas les meubles du catalogue dans les préférences, car le logiciel ne permet pas pour l'instant de modifier le catalogue par défaut.

JAVA Classe java.util.pref.Preferences

L'accès aux préférences enregistrées dans le système s'effectue avec l'une des quatre méthodes `static` `systemRoot`, `systemNodeForPackage`, `userRoot` et `userNodeForPackage` de la classe `java.util.prefs.Preferences`. Les méthodes préfixées par `system` font référence aux préférences partagées entre tous les utilisateurs du système, tandis que les méthodes préfixées par `user` ⓭ font référence aux préférences du compte de l'utilisateur qui exécute le programme Java. Les méthodes suffixées par `forPackage` permettent d'organiser les préférences par package, ce qui évite les conflits sur les clés synonymes utilisées par différentes applications. Ces quatre méthodes renvoient une instance de `Preferences`, sur laquelle il suffit d'appeler les méthodes préfixées par `get` ❸ et `put` ❽ pour lire et écrire la valeur associée à une clé dans les préférences. Si la clé n'existe pas encore, les méthodes `get` renvoient la valeur par défaut passée en second paramètre.

JAVA Où sont enregistrées les préférences ?

Sous Windows, les préférences sont enregistrées dans la base de registre, dans une arborescence dont la racine est le nœud `HKEY_LOCAL_MACHINE\SOFTWARE\JavaSoft\Prefs` pour les préférences système, et le nœud `HKEY_CURRENT_USER\Software\JavaSoft\Prefs` pour les préférences utilisateur. Sous Mac OS X, elles sont enregistrées dans les fichiers `Library/Preferences/com.apple.java.util.prefs.plist`, à la racine du système ou dans le dossier de l'utilisateur. Sous Linux, elles sont enregistrées sous forme de fichiers XML dans le dossier `.systemPrefs` du JRE ou dans le dossier `.java/.userPrefs` de l'utilisateur.

Notification des modifications des préférences

Comme pour les autres classes de la couche métier, toute modification des préférences dans la classe `UserPreferences` doit être notifiée aux objets qui suivent ces modifications. Ces notifications seront effectuées par le biais de la méthode `propertyChange` des listeners de type `PropertyChangeListener` qui se seront enregistrés auprès de la classe.

L'interface de listener `PropertyChangeListener` et la classe `PropertyChangeSupport` qui lui est associée ont été abordées plus en détail dans le chapitre 10 « Enregistrement et lecture du logement ».

Classe com.eteks.sweethome3d.model.UserPreferences (modifiée)

```
package com.eteks.sweethome3d.model;

import java.beans.PropertyChangeListener;
```

```
import java.beans.PropertyChangeSupport;

public abstract class UserPreferences {
  // Déclaration de l'énumération Unit et des champs catalog,
  // unit, magnetismEnabled, newWallThickness et newHomeWallHeight

  private PropertyChangeSupport propertyChangeSupport;

  public UserPreferences() {
   this.propertyChangeSupport = new PropertyChangeSupport(this);
  }

  public abstract void write() throws RecorderException;

  public void addPropertyChangeListener(String property,
                      PropertyChangeListener listener) {
    this.propertyChangeSupport.addPropertyChangeListener(
        property, listener);
  }

  public void removeProrertyChangeistener(String property,
                        PropertyChangeListener listener) {
    this.propertyChangeSupport.removePropertyChangeListener(
        property, listener);
  }

  // Accesseurs et méthode setCatalog inchangés

  public void setUnit(Unit unit) {
    if (this.unit != unit) {
      Unit oldUnit = this.unit;
      this.unit = unit;
      this.propertyChangeSupport.firePropertyChange("unit",
          oldUnit, unit);
    }
  }

  // Modifications des mutateurs setMagnetismEnabled,
  // setNewWallThickness et setNewHomeWallHeight
  // sur le même modèle que setUnit
}
```

Création de l'instance de `PropertyChangeSupport` qui mémorise les listeners de type `PropertyChangeListener`.

Méthode redéfinie dans les sous-classes pour enregistrer les préférences.

Ajoute aux préférences un listener de notification de modification de la propriété `property`.

Retire des préférences un listener de notification de modification de la propriété `property`.

Modifie la propriété `unit` des préférences et notifie aux listeners de type `PropertyChangeListener` ce changement de valeur.

Enfin, dans la classe `DefaultUserPreferences` qui hérite elle aussi de `UserPreferences`, Thomas est obligé d'implémenter la méthode `write` pour que cette classe ne soit pas abstraite. Comme cette méthode n'a pas de raison d'être appelée sur une instance de cette classe, il y déclenche une exception.

Méthode write de la classe DefaultUserPreferences

```
public void write() throws RecorderException {
  throw new RecorderException(
      "Default user preferences can't be written");
}
```

Utilisation des préférences enregistrées dans l'application

Pour mettre en œuvre dans l'application la classe nouvelle `FileUserPreferences` de gestion des préférences, Thomas n'a qu'à remplacer l'instruction qui instancie les préférences dans le constructeur de la classe `SweetHome3D` :

```
this.userPreferences = new DefaultUserPreferences();
```

par celle-ci :

```
this.userPreferences = new FileUserPreferences();
```

Intégration de la gestion des préférences dans le contrôleur

Thomas termine ses développements par l'implémentation des méthodes `editPreferences` et `about` dans la classe `HomeController`, qui gèrent l'affichage des boîtes de dialogue des préférences et de copyrights.

Méthode editPreferences de la classe HomeController

Création du panneau des préférences.

Affichage du panneau dans une boîte de dialogue et modification des préférences si l'utilisateur a confirmé la modification.

Écriture des préférences.

```
public void editPreferences() {
  UserPreferencesPanel preferencesPanel =
      new UserPreferencesPanel(); ❶
  preferencesPanel.setPreferences(preferences);
  if (preferencesPanel.showDialog(getView())) { ❷
    this.preferences.setUnit(preferencesPanel.getUnit()); ❸
    this.preferences.setMagnetismEnabled(
        preferencesPanel.isMagnetismEnabled());
    this.preferences.setNewWallThickness(
        preferencesPanel.getNewWallThickness());
    this.preferences.setNewHomeWallHeight(
        preferencesPanel.getNewHomeWallHeight());
    try {
      this.preferences.write();
```

```
    } catch (RecorderException ex) {
      ((HomePane)getView()).showError(
          this.resource.getString("savePreferencesError"));
    }
  }
}
```

En cas d'erreur, afficher un message d'erreur à l'écran.

La méthode `editPreferences` crée un panneau d'édition des préférences ❶, l'affiche dans une boîte de dialogue ❷, puis modifie les valeurs des quatre préférences éditées ❸ si l'utilisateur confirme son choix.

La méthode `about` affiche la boîte de dialogue de copyrights en faisant appel à la méthode `showAboutDialog` qu'implémentera Margaux dans la classe `HomePane`.

Méthode about de la classe HomeController

```
public void about() {
  ((HomePane)getView()).showAboutDialog();
}
```

Les méthodes `editPreferences` et `about` seront associées aux constantes `PREFERENCES` et `ABOUT` de l'énumération `ActionType` déclarée dans la classe `HomePane`. Comme ces actions seront actives dès le départ, Thomas ajoute finalement les lignes suivantes à la méthode `enableDefaultActions` de `HomeController` :

```
homeView.setEnabled(HomePane.ActionType.PREFERENCES, true);
homeView.setEnabled(HomePane.ActionType.ABOUT, true);
```

Modification des préférences dans l'interface utilisateur

Margaux doit maintenant créer les boîtes de dialogue de modification des préférences et de copyrights.

Actions des éléments de menus Préférences et A propos

Margaux commence par la mise en place dans la classe `HomePane` des actions associées aux nouvelles constantes `PREFERENCES` et `ABOUT` de l'énumération `ActionType`. Comme pour les actions précédentes, elle crée ces deux actions dans la méthode `createActions`, en y ajoutant les deux instructions suivantes :

```
createAction(ActionType.PREFERENCES,
    controller, "editPreferences");
createAction(ActionType.ABOUT, controller, "about");
```

Margaux renseigne les valeurs des propriétés associées aux actions PREFERENCES et ABOUT, dans les fichiers HomePane.properties et HomePane_fr.properties. Puis elle modifie la méthode getHomeMenuBar pour ajouter les éléments de menu de ces actions au menu *Fichier* et au nouveau menu *Aide*. Comme ces éléments doivent être intégrés au menu application sous Mac OS X, elle ne crée ces éléments que pour les autres systèmes comme Thomas l'avait fait pour l'élément de menu *Quitter* au cours du scénario n° 8.

Méthode getHomeMenuBar de la classe HomePane (modifiée)

```
private JMenuBar getHomeMenuBar() {
  ActionMap actions = getActionMap();
  JMenu fileMenu = new JMenu(
      new ResourceAction(this.resource, "FILE_MENU"));
  // Ajout des actions NEW_HOME, OPEN, CLOSE, SAVE et SAVE_AS
  if (!System.getProperty("os.name").startsWith("Mac OS X")) {
    fileMenu.addSeparator();
    fileMenu.add(actions.get(ActionType.PREFERENCES));
    fileMenu.addSeparator();
    fileMenu.add(actions.get(ActionType.EXIT));
  }

  // Création des menus editMenu, furnitureMenu et planMenu

  JMenu helpMenu = null;
  if (!System.getProperty("os.name").startsWith("Mac OS X")) {
    helpMenu = new JMenu(
        new ResourceAction(this.resource, "HELP_MENU"));
    helpMenu.setEnabled(true);
    helpMenu.add(actions.get(ActionType.ABOUT));
  }

  JMenuBar menuBar = new JMenuBar();
  menuBar.add(fileMenu);
  menuBar.add(editMenu);
  menuBar.add(furnitureMenu);
  menuBar.add(planMenu);
  if (helpMenu != null) {
    menuBar.add(helpMenu);
  }
  return menuBar;
}
```

Si le système est différent de Mac OS X, ajouter les éléments de menu *Préférences* et *Quitter*.

Si le système est différent de Mac OS X, créer le menu *Aide* avec son élément *A propos*.

Ajout des menus à la barre de menus.

La classe MacOSXConfiguration a été développée à la fin de chapitre 10 « Enregistrement et lecture du logement ».

Pour Mac OS X, Margaux active les menus *À propos* et *Préférences* du menu application dans la classe MacOSXConfiguration, où elle redéfinit les méthodes handleAbout et handlePreferences du listener ajouté à l'instance de la classe com.apple.eawt.Application.

Classe com.eteks.sweethome3d.MacOSXConfiguration (modifiée)

```
package com.eteks.sweethome3d;

import java.awt.event.*;
import javax.swing.JFrame;
import com.apple.eawt.*;
import com.eteks.sweethome3d.swing.HomeController;

class MacOSXConfiguration {
  private static Application    application = new Application();
  private static HomeController currentController;

  static {
    application.addApplicationListener(new ApplicationAdapter() {
      @Override
      public void handleQuit(ApplicationEvent ev) {
        currentController.exit();
      }

      @Override
      public void handleAbout(ApplicationEvent ev) {
        currentController.about();
        ev.setHandled(true);
      }

      @Override
      public void handlePreferences(ApplicationEvent ev) {
        currentController.editPreferences();
      }
    });
    application.setEnabledAboutMenu(true);
    application.setEnabledPreferencesMenu(true);
  }

  // Méthode bindControllerToApplicationMenu inchangée
}
```

Gère l'élément *Quitter* du menu *application*.

Gère l'élément *À propos* du menu *application*.

Avertissement que l'événement a été pris en compte pour éviter que Mac OS X n'affiche aussi la boîte *À propos* par défaut.

Gère l'élément *Préférences* du menu *application*.

Activation des éléments de menu *À propos* et *Préférences*.

Figure 12–8
Menu application de Sweet Home 3D sous Mac OS X

Panneau des préférences utilisateur

Margaux complète maintenant la classe de panneau `com.eteks.sweethome3d.swing.UserPreferencesPanel` qui permettra à l'utilisateur de modifier les préférences. Elle y déclare les composants qui seront disposés dans le panneau, puis décompose la construction de l'interface utilisateur en trois méthodes `createComponents`, `setMnemonics` et `layoutComponents`.

Classe com.eteks.sweethome3d.swing.UserPreferencesPanel

```
package com.eteks.sweethome3d.swing;

import java.awt.*;
import java.util.ResourceBundle;
import javax.swing.*;
import javax.swing.event.*;
import com.eteks.sweethome3d.model.UserPreferences;

public class UserPreferencesPanel extends JPanel {
  private ResourceBundle resource;
  private JLabel         unitLabel;
  private JRadioButton   centimeterRadioButton;
  private JRadioButton   inchRadioButton;
  private JLabel         magnetismEnabledLabel;
  private JCheckBox      magnetismCheckBox;
  private JLabel         newWallThicknessLabel;
  private JSpinner       newWallThicknessSpinner;
  private JLabel         newHomeWallHeightLabel;
  private JSpinner       newHomeWallHeightSpinner;

  public UserPreferencesPanel() {
    super(new GridBagLayout());
    this.resource = ResourceBundle.getBundle(
            UserPreferencesPanel.class.getName());
    createComponents();
    setMnemonics();
    layoutComponents();
  }

  private void createComponents() {
    // TODO Create components
  }

  private void setMnemonics() {
    // TODO Apply mnemonics on text components
  }

  private void layoutComponents() {
    // TODO Layout components with their constraints
  }
```

```
   // Méthodes public setPreferences, showDialog, getUnit,
   // isMagnetismEnabled, getNewWallThickness, getNewHomeWallHeight
}
```

Ce panneau doit disposer sur une grille de 4 lignes par 3 colonnes, quatre labels en regard de boutons radio pour le choix des unités, d'une boîte à cocher pour l'activation du magnétisme et de deux toupies +/- pour l'épaisseur et la hauteur des murs (voir figure 12-9). Les boutons *OK* et *Annuler* seront affichés par la méthode `showConfirmDialog` de la classe `JOptionPane`, que Margaux appellera dans `showDialog`.

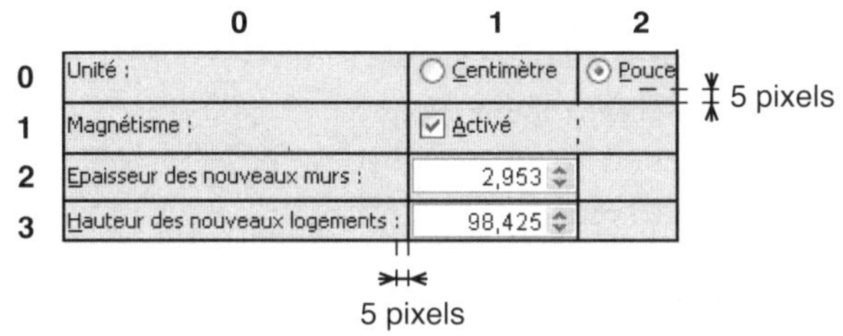

Figure 12–9
Disposition des composants dans le panneau des préférences

Création des composants

Margaux crée tout d'abord les neufs composants du panneau dans la méthode `createComponents`.

Méthode createComponents de la classe UserPreferencesPanel

```
private void createComponents() {
  unitLabel = new JLabel(
    this.resource.getString("unitLabel.text")); ❶
  this.centimeterRadioButton = new JRadioButton(
   this.resource.getString("centimeterRadioButton.text"), true); ❷
  this.inchRadioButton = new JRadioButton(
    this.resource.getString("inchRadioButton.text")); ❸
```

◄ Création du label et des boutons radio qui gèrent le choix de l'unité.

```
  ButtonGroup unitButtonGroup = new ButtonGroup(); ❹
  unitButtonGroup.add(this.centimeterRadioButton);
  unitButtonGroup.add(this.inchRadioButton);
```

◄ Regroupement logique des deux boutons radio.

```
  this.magnetismEnabledLabel = new JLabel(
      this.resource.getString("magnetismLabel.text"));
  this.magnetismCheckBox = new JCheckBox(
      this.resource.getString("magnetismCheckBox.text")); ❺
```

◄ Création du label et de la boîte à cocher qui gère l'activation ou la désactivation du magnétisme.

```
  this.newWallThicknessLabel = new JLabel(
      this.resource.getString("newWallThicknessLabel.text"));
  this.newWallThicknessSpinner = new JSpinner(
      new SpinnerLengthModel(0.5f, 0.125f,
      this.centimeterRadioButton)); ❻
```

◄ Création du label et de la toupie qui permet de modifier l'épaisseur des nouveaux murs.

Création du label et de la toupie qui permet de modifier la hauteur des murs des nouveaux logements.

```
    this.newHomeWallHeightLabel = new JLabel(
        this.resource.getString("newHomeWallHeightLabel.text"));
    this.newHomeWallHeightSpinner = new JSpinner(
        new SpinnerLengthModel(10f, 2f,
        this.centimeterRadioButton)); ❼
}
```

Sous-classe de modèle de toupie dédiée à l'affichage d'une longueur en centimètres ou en pouces.

```
private static class SpinnerLengthModel
                extends SpinnerNumberModel { ❽
  private UserPreferences.Unit unit =
    UserPreferences.Unit.CENTIMETER;

  public SpinnerLengthModel(final float centimeterStepSize,
            final float inchStepSize,
            final AbstractButton centimeterButton) {
```

Initialisation de la valeur, du minimum, du maximum et du pas.

```
    super(1, 0, 100000, centimeterStepSize);
```

Ajout au bouton d'un listener qui met à jour la longueur affichée en fonction de l'unité choisie.

```
    centimeterButton.addChangeListener(
      new ChangeListener () {
        public void stateChanged(ChangeEvent ev) {
```

Si le bouton est sélectionné et que l'unité en cours est le pouce...

```
          if (centimeterButton.isSelected()) { ❾
            if (unit == UserPreferences.Unit.INCH) {
```

...utiliser un pas adéquat pour le centimètre et convertir en centimètres la valeur affichée dans la toupie.

```
              setStepSize(centimeterStepSize); ❿
              setValue(UserPreferences.Unit.inchToCentimer(
                  getNumber().floatValue()));
              unit = UserPreferences.Unit.CENTIMETER; ⓫
            }
```

Si le bouton est déselectionné et que l'unité en cours est le centimètre...

```
          } else { ⓬
            if (unit == UserPreferences.Unit.CENTIMETER) {
```

...utiliser un pas adéquat pour le pouce et convertir en pouces la valeur affichée dans la toupie.

```
              setStepSize(inchStepSize); ⓭
              setValue(UserPreferences.Unit.centimerToInch(
                  getNumber().floatValue())); ⓮
              unit = UserPreferences.Unit.INCH;
            }
          }
        }
      });
  }
```

Renvoie la longueur en centimètres mémorisée par ce modèle de toupie.

```
  public float getLength() {
    if (unit == UserPreferences.Unit.INCH) {
      return UserPreferences.Unit.inchToCentimer(
        getNumber().floatValue());
    } else {
      return getNumber().floatValue();
    }
  }
```

```
  public void setLength(float length) {
    if (unit == UserPreferences.Unit.INCH) {
      length = UserPreferences.Unit.centimerToInch(length);
    }
    setValue(length);
  }
}
```

◀ Modifie la longueur mémorisée par ce modèle en convertissant en pouces le paramètre `length` quand l'unité en cours est le pouce.

Comme les composants affichés dans le panneau doivent être localisés, Margaux lit le texte des labels ❶, des boutons radio ❷ ❸ et de la boîte à cocher ❺ à partir des fichiers de propriétés `UserPreferencesPanel.properties` et `UserPreferencesPanel_fr.properties`. Pour que les deux boutons radio s'excluent l'un l'autre, elle les ajoute à une instance de `ButtonGroup`. Enfin, elle crée les deux toupies à partir d'une sous-classe de `SpinnerNumberModel` ❽ qui convertit la longueur mémorisée en centimètres ⓫ ou en pouces ⓮, chaque fois que le bouton radio *Centimètre* est sélectionné ❾ ou désélectionné ⓬. Au cours du changement, elle modifie aussi le pas de la toupie pour l'adapter à l'unité en cours ❿ ⓭.

ATTENTION Ensemble de boutons radio

Il faut ajouter les boutons radio qui appartiennent au même groupe à une instance de `javax.swing.ButtonGroup` ❹, sinon ils ne s'excluront pas les uns les autres.

SWING Modèle d'une toupie JSpinner

Une toupie obtient ses données à partir d'un modèle dont la classe implémente l'interface `javax.swing.SpinnerModel`. Cette interface compte les six méthodes suivantes :

```
public Object getValue()
public void setValue(Object value)
public Object getNextValue()
public Object getPreviousValue()
public void addChangeListener(ChangeListener l)
public void removeChangeListener(ChangeListener l)
```

Les méthodes `getValue` et `setValue` permettent à la toupie d'obtenir et de modifier la valeur affichée, tandis que `getNextValue` et `getPreviousValue` renvoient la valeur suivante ou la valeur précédente de la valeur en cours d'affichage. Ce sont ces deux méthodes qui sont appelées par une toupie quand l'utilisateur interagit sur les boutons -/+ qui lui sont associés. Ce modèle permet d'énumérer des nombres avec un certain pas comme le fait la classe `SpinnerNumberModel`, mais aussi des dates ou les valeurs d'une liste comme le font les classes `SpinnerDateModel` et `SpinnerListModel`.

Mnémoniques des composants textuels

Les mnémoniques facilitent la navigation au clavier dans une application. Pour les sous-classes d'`AbstractButton` comme `JCheckBox` et `JRadioButton`, Margaux les positionne avec la méthode `setMnemonic`, tandis que pour les labels elle recourt à la méthode `setDisplayedMnemonic`, en passant à ces méthodes un caractère.

Méthode setMnemonics de la classe UserPreferencesPanel

Si le système en cours n'est pas Mac OS X. ▸

Affecter le mnémonique des boutons radio de choix de l'unité. ▸

Affecter le mnémonique de la boîte à cocher. ▸

Modification du mnémonique du label associé à la toupie de choix d'épaisseur des nouveaux murs. ▸

Modification du mnémonique du label associé à la toupie de choix de hauteur des murs des nouveaux logements. ▸

```
private void setMnemonics() {
  if (!System.getProperty("os.name").startsWith("Mac OS X")) { ❶
    this.centimeterRadioButton.setMnemonic(this.resource.getString(
        "centimeterRadioButton.mnemonic").charAt(0));
    this.inchRadioButton.setMnemonic(this.resource.getString(
        "inchRadioButton.mnemonic").charAt(0));

    this.magnetismCheckBox.setMnemonic(this.resource.getString(
        "magnetismCheckBox.mnemonic").charAt(0));

    this.newWallThicknessLabel.setDisplayedMnemonic(
        this.resource.getString(
             "newWallThicknessLabel.mnemonic").charAt(0));
    this.newWallThicknessLabel.setLabelFor(
        this.newWallThicknessSpinner); ❷

    this.newHomeWallHeightLabel.setDisplayedMnemonic(
        this.resource.getString(
             "newHomeWallHeightLabel.mnemonic").charAt(0));
    this.newHomeWallHeightLabel.setLabelFor(
        this.newHomeWallHeightSpinner); ❸
  }
}
```

Apple déconseille le recours aux mnémoniques dans une application graphique, sur le principe que ce type d'informations surcharge inutilement l'interface utilisateur ; sous Windows XP, elles sont d'ailleurs invisibles tant que l'utilisateur n'enfonce pas la touche *Alt*. Si les mnémoniques des menus n'apparaissent pas quand la barre de menus d'une application est intégrée à celle de Mac OS X, le look and feel de ce système les laisse apparaître sur les autres composants textuels. Pour respecter les recommandations d'Apple, Margaux teste donc le système en cours ❶ avant de positionner les mnémoniques. Elle prend aussi soin d'associer les labels des toupies à leur composant ❷ ❸ pour que leur mnémonique ait un effet.

Disposition des composants

Dans la méthode `layoutComponents`, Margaux dispose les composants en leur associant des contraintes qui les placent dans leur cellule et espacent les composants entre eux (voir figure 12-9).

Méthode layoutComponents de la classe UserPreferencesPanel

```
private void layoutComponents() {
  Insets labelInsets = new Insets(0, 0, 5, 5);
```

```
    add(this.unitLabel, new GridBagConstraints(
        0, 0, 1, 1, 0, 0, GridBagConstraints.WEST,
        GridBagConstraints.NONE, labelInsets, 0, 0));
    add(this.centimeterRadioButton, new GridBagConstraints(
        1, 0, 1, 1, 0, 0, GridBagConstraints.WEST,
        GridBagConstraints.NONE, labelInsets, 0, 0));
    Insets rightComponentInsets = new Insets(0, 0, 5, 0);
    add(this.inchRadioButton, new GridBagConstraints(
        2, 0, 1, 1, 0, 0, GridBagConstraints.WEST,
        GridBagConstraints.NONE, rightComponentInsets , 0, 0));

    add(this.magnetismEnabledLabel, new GridBagConstraints(
        0, 1, 1, 1, 0, 0, GridBagConstraints.WEST,
        GridBagConstraints.NONE, labelInsets, 0, 0));
    add(this.magnetismCheckBox, new GridBagConstraints(
        1, 1, 2, 1, 0, 0, GridBagConstraints.WEST,
        GridBagConstraints.NONE, rightComponentInsets, 0, 0));

    add(this.newWallThicknessLabel, new GridBagConstraints(
        0, 2, 1, 1, 0, 0, GridBagConstraints.WEST,
        GridBagConstraints.NONE, labelInsets, 0, 0));
    add(this.newWallThicknessSpinner, new GridBagConstraints(
        1, 2, 1, 1, 0, 0, GridBagConstraints.WEST,
        GridBagConstraints.HORIZONTAL, rightComponentInsets,
        0, 0)); ❶

    add(this.newHomeWallHeightLabel, new GridBagConstraints(
        0, 3, 1, 1, 0, 0, GridBagConstraints.WEST,
        GridBagConstraints.NONE, new Insets(0, 0, 0, 5), 0, 0));
    add(this.newHomeWallHeightSpinner, new GridBagConstraints(
        1, 3, 1, 1, 0, 0, GridBagConstraints.WEST,
        GridBagConstraints.HORIZONTAL, new Insets(0, 0, 0, 0),
        0, 0)); ❷
}
```

- Ajout du label *Unité* dans la cellule (0, 0) avec une bordure de 5 pixels en bas et à droite.
- Ajout du bouton radio *Centimètre* dans la cellule (1, 0) avec la même bordure.
- Ajout du bouton radio *Pouce* dans la cellule (2, 0) avec une bordure de 5 pixels en bas.
- Ajout du label *Magnétisme* dans la cellule (0, 1) avec une bordure de 5 pixels en bas et à droite.
- Ajout de la boîte à cocher dans la cellule (1, 1) qui s'étale sous les 2 cellules des boutons radio.
- Ajout du label *Epaisseur des nouveaux murs* dans la cellule (0, 2).
- Ajout de la toupie qui gère l'épaisseur dans la cellule (1, 2) avec un remplissage de la cellule par le composant.
- Ajout du label *Hauteur des nouveaux logements* dans la cellule (0, 3).
- Ajout de la toupie qui gère la hauteur dans la cellule (1, 3) avec un remplissage de la cellule par le composant.

Les contraintes des composants sont très similaires les unes aux autres, chaque composant étant collé au bord gauche de sa cellule avec la contrainte `WEST`. Pour que les deux toupies aient la même largeur, Margaux leur demande d'occuper ici toute la largeur de leur cellule avec la contrainte `HORIZONTAL` ❶ ❷. Enfin, elle ne donne de poids à aucun composant car le panneau n'a pas de raison d'être agrandi.

Affichage du panneau dans une boîte de dialogue

Margaux termine l'implémentation de la classe `UserPreferencesPanel` par la méthode `setPreferences` qui permet d'initialiser les composants avec les valeurs des préférences, la méthode `showDialog` qui affiche le panneau dans une boîte de dialogue et les accesseurs `getUnit`, `isMagnetismEnabled`, `getNewWallTickness`, `getNewHomeWallHeight`.

Regard du développeur GridBagLayout vs GridLayout

Si le recours à un layout de classe `GridBagLayout` peut sembler complexe au premier abord, il simplifie très souvent la disposition des composants, même pour les boîtes de dialogue simples comme celle des préférences. Si Margaux avait choisi un layout de classe `GridLayout`, l'implémentation de la méthode `layoutComponents` aurait été plus simple, mais elle aurait obtenu un panneau mal proportionné, comme le montre la figure 12-10. En effet, la taille préférée de ce panneau aurait été dictée par celle du plus grand de ses composants, car toutes les cellules d'un panneau qui utilise un layout de type `GridLayout` ont toutes les mêmes dimensions. Pour améliorer cette présentation, Margaux aurait alors été obligée de recourir à une combinaison de panneaux utilisant des layouts différents.

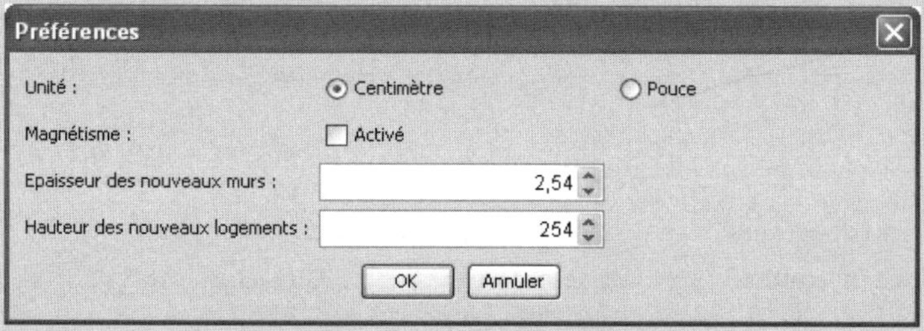

Figure 12–10 Panneau mis en page avec un layout de type GridLayout

Méthodes public de la classe UserPreferencesPanel

Met à jour les valeurs affichées par les composants en fonction des préférences en paramètres.

Initialisation des longueurs affichées dans les toupies par la méthode `setLength` de leur modèle.

Affiche ce panneau dans une boîte de dialogue de confirmation *OK/Annuler*, et renvoie `true` si l'utilisateur a cliqué sur le bouton *OK*.

```
public void setPreferences(UserPreferences preferences) {
  if (preferences.getUnit() == UserPreferences.Unit.INCH) {
    this.inchRadioButton.setSelected(true);
  } else {
    this.centimeterRadioButton.setSelected(true);
  }
  this.magnetismCheckBox.setSelected(
      preferences.isMagnetismEnabled());
  ((SpinnerLengthModel)this.newWallThicknessSpinner.getModel()).
      setLength(preferences.getNewWallThickness());
  ((SpinnerLengthModel)this.newHomeWallHeightSpinner.getModel()).
      setLength(preferences.getNewHomeWallHeight());
}

public boolean showDialog(JComponent parent) {
  String dialogTitle = resource.getString("preferences.title");
  return JOptionPane.showConfirmDialog(parent, this, dialogTitle,
      JOptionPane.OK_CANCEL_OPTION,
      JOptionPane.PLAIN_MESSAGE) == JOptionPane.OK_OPTION;
}
```

```
public UserPreferences.Unit getUnit() {
  if (this.inchRadioButton.isSelected()) {
    return UserPreferences.Unit.INCH;
  } else {
    return UserPreferences.Unit.CENTIMETER;
  }
}
```

◄ Renvoie l'unité choisie dans le panneau.

```
public boolean isMagnetismEnabled() {
  return this.magnetismCheckBox.isSelected();
}
```

◄ Renvoie `true` si le magnétisme est activé dans le panneau.

```
public float getNewWallThickness() {
  return ((SpinnerLengthModel)this.newWallThicknessSpinner.
      getModel()).getLength();
}
```

◄ Renvoie l'épaisseur en centimètres des nouveaux murs saisie dans le panneau.

```
public float getNewHomeWallHeight() {
  return ((SpinnerLengthModel)this.newHomeWallHeightSpinner.
      getModel()).getLength();
}
```

◄ Renvoie la hauteur en centimètres des nouveaux logements saisie dans le panneau.

Margaux teste ensuite le panneau des préférences en anglais et en français, et obtient les boîtes de dialogue représentées sur les figures suivantes.

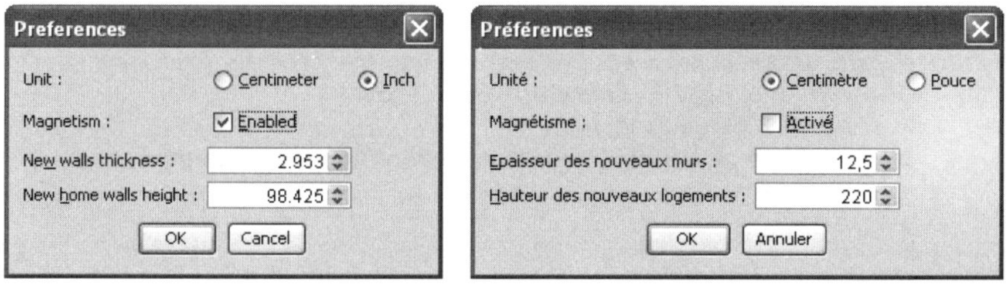

Figure 12–11 Boîtes de dialogue des préférences

Cette boîte de dialogue lui permet désormais de créer des murs d'épaisseur différente dans des logements plus ou moins hauts, comme celui qu'elle dessine dans la figure 12-12.

POUR ALLER PLUS LOIN

Gestion des erreurs de saisie

Si la valeur saisie par l'utilisateur est invalide dans le champ de saisie d'une toupie Swing, cette dernière reprend sa valeur précédente quand le composant perd le focus. Ce comportement peut être modifié pour signaler à l'utilisateur son erreur de saisie. De façon similaire, l'utilisation conjointe des classes `JOptionPane` et `JDialog` permet aussi d'accepter ou de refuser la fermeture d'une boîte de dialogue en fonction de la cohérence des valeurs saisies dans un panneau.

- http://java.sun.com/docs/books/tutorial/uiswing/components/dialog.html

Suivi des modifications des préférences dans le tableau des meubles et le plan

La modification des préférences doit provoquer un réaffichage du tableau des meubles et du plan quand l'unité choisie a été modifiée. Ainsi, Margaux ajoute à la classe `FurnitureTable` la méthode `addUserPreferencesListener` suivante qu'elle appelle dans le constructeur de la classe.

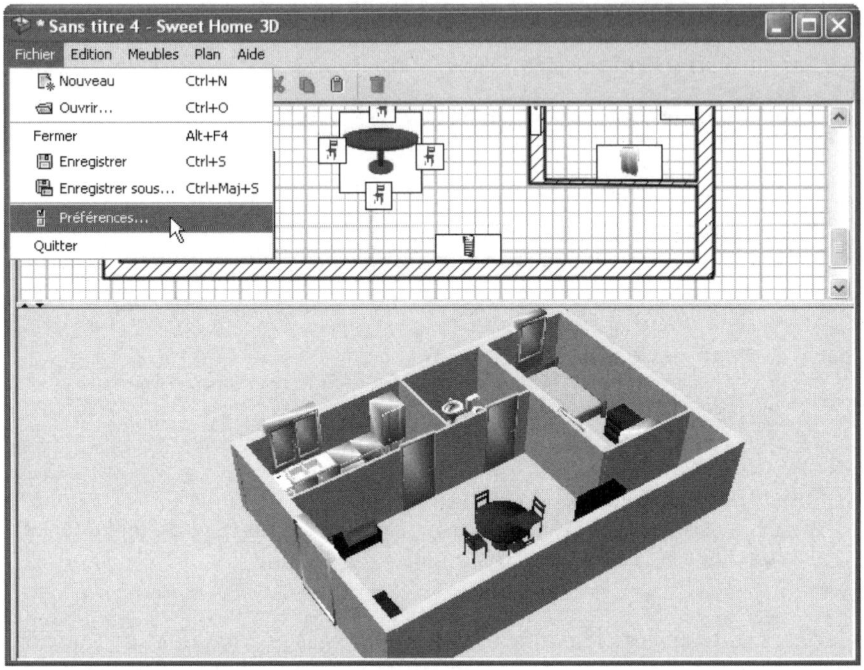

Figure 12–12
Logement avec des épaisseurs de murs différentes

Méthode addUserPreferencesListener de la classe FurnitureTable

```
private void addUserPreferencesListener(UserPreferences preferences) {
  preferences.addPropertyChangeListener("unit",
    new PropertyChangeListener() {
      public void propertyChange(PropertyChangeEvent ev) {
        repaint();
      }
    });
}
```

Margaux positionne ensuite le même listener dans la méthode `addModelListeners` de la classe `PlanComponent`.

Boîte de dialogue A propos avec liens hypertextes

Margaux implémente finalement la méthode `showAboutDialog` dans la classe `HomePane`, en affichant avec la méthode `showMessageDialog` de `JOptionPane` un texte de copyrights au format HTML et l'icône qu'a créée Sophie.

Méthode showAboutDialog de la classe HomePane

```
public void showAboutDialog() {
  JEditorPane messagePane = new JEditorPane("text/html",
      this.resource.getString("about.message")); ❶
  messagePane.setOpaque(false);
  messagePane.setEditable(false);
  messagePane.addHyperlinkListener(new HyperlinkListener() { ❷
    public void hyperlinkUpdate(HyperlinkEvent ev) {
      if (ev.getEventType() ==
          HyperlinkEvent.EventType.ACTIVATED) {
        viewURL(ev.getURL());
      }
    }
  });
  String title   = this.resource.getString("about.title");
  Icon   icon = new ImageIcon(HomePane.class.getResource(
         this.resource.getString("about.icon")));
  JOptionPane.showMessageDialog(this, messagePane, title,
      JOptionPane.INFORMATION_MESSAGE, icon);
}

private void viewURL(URL url) {
  try {
     BasicService service = (BasicService)
         ServiceManager.lookup("javax.jnlp.BasicService"); ❸
    service.showDocument(url); ❹
  } catch (UnavailableServiceException ex) {
  }
}
```

- Création d'un panneau de texte au format HTML transparent non éditable à partir du texte de la propriété `about.message`.
- Ajout au panneau d'un listener capable de réagir au clic sur les liens hypertextes qu'il contient.
- Création de l'icône affichée dans la boîte de dialogue *A propos*.
- Affichage à l'écran de la boîte de dialogue.
- Visualise l'URL en paramètre avec le programme adéquat du système.
- Recherche du service JNLP qui permet d'afficher une URL.
- Afficher l'URL en paramètre.
- En cas d'exception, ignorer l'URL.

Au lieu d'afficher le texte de la propriété `about.message` dans un simple label, Margaux a recours ici à la classe `JEditorPane` ❶ pour permettre à l'utilisateur de sélectionner et de copier le texte affiché dans la boîte de dialogue, et même de cliquer sur les liens hypertextes qu'il contient. Pour gérer les clics sur ces liens, elle ajoute un listener de type `HyperlinkListener` ❷ au composant HTML dont la méthode `hyperlinkUpdate` provoquera le lancement de l'application du système adéquate, c'est-à-dire un navigateur web ou un outil de messagerie (si le lien débute par `mailto:`). Comme l'application sera distribuée avec Java Web Start, Margaux fait appel à la méthode `showDocument` ❹ du service JNLP de type `BasicService` ❸.

Bien que Java Web Start soit disponible avec le JDK, le package `javax.jnlp` d'où proviennent la classe `ServiceManager` et l'interface `BasicService` ne fait pas partie de la bibliothèque standard. Pour faire appel à ces types, Margaux doit ajouter au `classpath` le fichier `jnlp.jar` fourni dans le dossier `sample/jnlp/servlet` du JDK (sous Mac OS X, les types JNLP font partie de l'archive `javaws.jar` située dans le dossier `/Applications/Utilities/Java/J2SE 5.0/Java Cache Viewer.app/Contents/MacOS/lib`). Elle copie donc ce fichier `jnlp.jar` dans le dossier `libtest` du projet sous Eclipse, et sélectionne le menu *Build Path>Add to Build Path...* dans le menu contextuel du fichier. Une fois cette opération effectuée, la classe `HomePane` compile correctement, mais Margaux ne peut tester le service JNLP mis en place qu'une fois l'application déployée avec Java Web Start.

Après avoir renseigné les propriétés nécessaires à la boîte de dialogue *A propos* dans les fichiers `HomePane.properties` et `HomePane_fr.properties`, elle peut tout de même constater que les liens hypertextes qu'elle a écrits en HTML sont prêts à fonctionner (voir figure 12-14).

POUR ALLER PLUS LOIN
Lancer une application dans Java 6

Les méthodes `browse`, `mail`, `edit`, `open` et `print` de la nouvelle classe `java.awt.Desktop` de Java 6 permettent aussi de lancer un navigateur, un outil de messagerie et d'ouvrir un document avec son application dédiée.
- http://java.sun.com/developer/technicalArticles/J2SE/Desktop/javase6/desktop_api/

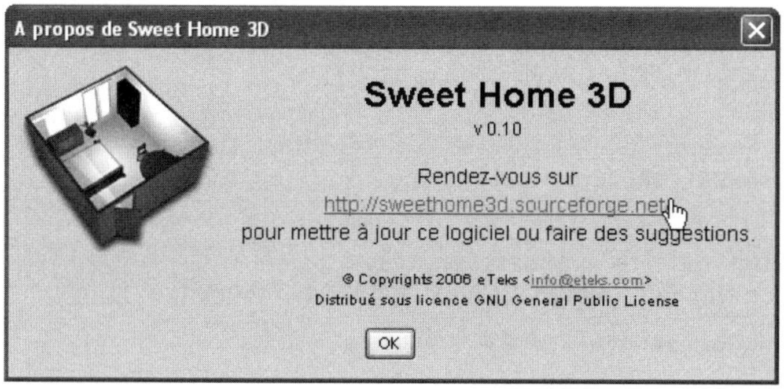

Figure 12–13
Boîte de dialogue A propos

JAVA **Services JNLP**

Java Web Start propose un ensemble de classes et d'interfaces dans le package `javax.jnlp` qui permettent d'accéder à des services protégés du système dans une application Java Web Start non signée. Parmi ces services, on trouve par exemple les interfaces `FileOpenService`, `FileSaveService` qui permettent à l'application d'afficher des boîtes de dialogue de choix de fichier, ou les types `PersistenceService` et `FileContents` qui permettent d'écrire ou de lire des fichiers dans le système local. Une instance sur un service s'obtient en passant le type du service recherché à la méthode `lookup` de la classe `ServiceManager` :

```
InterfaceService service =
   (InterfaceService)ServiceManager
   .lookup("InterfaceService");
```

À l'exécution, l'appel aux méthodes des services protégés fonctionne uniquement si l'utilisateur l'autorise quand un avis de sécurité lui présentant le service est affiché. Par exemple, la figure 12-13 montre le message affiché par Java Web Start quand vous appelez la méthode `openFileDialog` sur un service de type `FileOpenService`.
- http://java.sun.com/j2se/1.5/docs/guide/javaws/

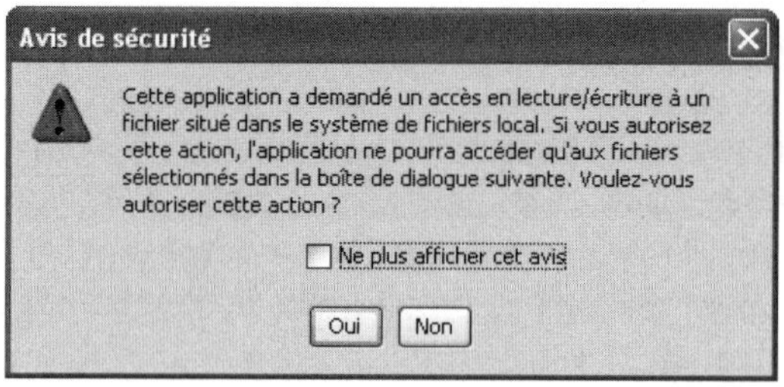

Figure 12–14 Avis de sécurité Java Web Start

Déploiement avec Java Web Start

Thomas s'occupe maintenant de préparer le déploiement de la dernière version de Sweet Home 3D avec Java Web Start. Comme Sweet Home 3D est une application, il lui faut créer un fichier JNLP `SweetHome3D.jnlp` sur la base du fichier suivant :

Fichier SweetHome3D.jnlp

```
<?xml version="1.0"?>

<jnlp spec="1.0+"
      codebase="http://sweethome3d.sourceforge.net/"
      href="SweetHome3D.jnlp">
  <information>
    <title>Sweet Home 3D</title>
    <vendor>eTeks</vendor>
    <icon href="SweetHome3DIcon.gif"/>
  </information>
  <resources>
    <j2se version="1.5+"/>
    <jar href="SweetHome3D.jar"/>
  </resources>
  <application-desc
     main-class="com.eteks.sweethome3d.SweetHome3D"/>
</jnlp>
```

- Balise racine d'un fichier JNLP qui référence l'adresse de ce fichier.
- Informations sur l'application.
- Titre de l'application.
- Éditeur de l'application.
- Icône associée à l'application.
- Ressources nécessaires.
- Version Java minimale requise.
- Archive des classes et des ressources de l'application.
- Description de la classe principale de l'application.

Thomas teste cette première version de son application Java Web Start : il génère un fichier `SweetHome3D.jar`, puis télécharge les fichiers `SweetHome3D.jnlp`, `SweetHome3D.jar` et `SweetHome3DIcon.gif` sur le serveur web du projet chez sourceforge.net, en suivant les instructions proposées par la page http://sourceforge.net/docs/E07 :

```
thomas$SFTP puybaret@shell.sourceforge.net
Connecting to shell.sourceforge.net...
puybaret@shell.sourceforge.net's password:
sftp>cd /home/groups/s/sw/sweethome3d/htdocs
sftp>putSweetHome3D.jnlp
stfp>putSweetHome3D.jar
stfp>putSweetHome3DIcon.gif
sftp>quit
```

OUTILS

Mise à jour des pages web du projet

SourceForge.net propose de mettre à jour les pages web du projet sur le serveur `shell.sourceforge.net` en utilisant SCP (*Secure CoPy*), SFTP (*Secure FTP*) ou Rsync over SSH. Sur ce serveur, le dossier racine des pages web d'un projet comme Sweet Home 3D est `/home/groups/s/sw/sweethome3d/htdocs` (la lettre s correspond à l'initiale du projet, et les lettres sw à ses deux premières lettres). L'URL des pages web d'un projet est `http://`*`projet`*`.sourceforge.net`.

Il télécharge ensuite dans un navigateur le fichier JNLP d'adresse http://sweethome3d.sourceforge.net/SweetHome3D.jnlp, puis double-clique sur le fichier `SweetHome3D.jnlp`, car son navigateur n'est pas configuré pour lancer automatiquement l'application associée à un fichier. Java Web Start démarre et affiche pendant le chargement du fichier

`SweetHome3D.jar` une boîte de dialogue comme celle de la figure 12-15, où il voit apparaître les informations sur l'application qu'il a renseignée dans la balise `information` du fichier JNLP.

Figure 12–15
Téléchargement des ressources nécessaires à l'application

> ATTENTION **Pas de service JNLP pour accéder aux préférences ou aux DLL**
>
> À l'heure actuelle, il n'existe pas de service JNLP qui permette d'accéder aux préférences gérées avec la classe `java.util.pref.Preferences`, ou d'utiliser des DLL dans une application Java Web Start.

Une fois le chargement terminé, Java Web Start affiche un message d'erreur annonçant que l'application ne peut se lancer, car elle demande l'accès au système de fichiers pour lire les préférences.

Figure 12–16
Erreur d'exécution d'une application qui accède aux préférences

En effet, Java Web Start accepte d'exécuter une application non signée qui accède au système de fichiers ou à un serveur différent de celui dont elle provient, uniquement à l'aide des services JNLP correspondants. Par ailleurs, une telle application n'a pas le droit de charger des DLL supplémentaires ou de lancer des applications locales.

Application signée

Pour que Java Web Start lève les restrictions appliquées à l'application, son fichier JNLP doit en demander l'autorisation avec une balise `security` et les fichiers référencés en ressources doivent être signés avec la commande `jarsigner`. Si vous ne possédez pas de clé attribuée par un organisme de certification comme Verisign, il est possible de signer vos fichiers JAR en respectant les deux étapes suivantes :

1 Création une fois pour toutes d'un certificat signé par soi-même grâce à la commande `keytool` du JDK :

```
keytool -genkey -keystore keysFile -alias aliasUser -storepasswd password
```

où *keysFile* est le chemin du fichier où sera stocké le certificat et *aliasUser / password* un alias et un mot de passe vous représentant (peu importe ce nom, il est juste utile pour la commande `jarsigner`). Cette commande vous demandera de saisir différents renseignements vous concernant, qui permettront aux utilisateurs de déterminer la provenance de l'application.

2 Signature du fichier JAR grâce à la commande `jarsigner` :

```
jarsigner -keystore keysFile -storepass password fichier.jar aliasUser
```

Thomas exécute donc ces deux commandes dans une fenêtre de terminal :

```
thomas$keytool-genkey -keystore keys.keytool -alias SweetHome3D
Tapez le mot de passe du Keystore : xxxxxx
Quels sont vos prénom et nom ?
  [Unknown] : Emmanuel Puybaret
Quel est le nom de votre unité organisationnelle ?
  [Unknown] :
Quel est le nom de votre organisation ?
  [Unknown] : eTeks
Quel est le nom de votre ville de résidence ?
  [Unknown] : Paris
Quel est le nom de votre état ou province ?
  [Unknown] :
Quel est le code de pays à deux lettres pour cette unité ?
  [Unknown] : FR
Est-ce CN=Emmanuel Puybaret, OU=Unknown, O=eTeks, L=Paris,
ST=Unknown, C=FR ?
  [non] : oui

Spécifiez le mot de passe de la clé pour <thomas>
  (appuyez sur Entrée s'il s'agit du mot de passe du Keystore) :
thomas$jarsigner -keystore keys.keytool SweetHome3D.jar
SweetHome3D
Enter Passphrase for keystore: xxxxxx

Warning: The signer certificate will expire within six months.
```

La commande `keytool` lui demande des renseignements personnels, puis crée le fichier `keys.keytool` dans le dossier courant. La commande `jarsigner` signe le fichier `SweetHome3D.jar` et avertit Thomas que le certificat expirera dans six mois.

> **ATTENTION Certificat non authentifié**
>
> Créer soi-même un certificat a comme inconvénient majeur de ne pas pouvoir être authentifié par un organisme tiers, situation qui risque de ne pas mettre en confiance l'utilisateur au moment de l'installation de l'application. Dans ce cas, une application Java Web Start qui réclame la permission d'écrire sur le disque de l'utilisateur affiche une boîte de dialogue l'avertissant que le certificat n'a pu être authentifié. Pour pallier cet inconvénient, vous pouvez acheter un certificat auprès d'un organisme habilité, proposer au téléchargement la même application sous forme d'exécutable (l'utilisateur court le même risque mais aucune boîte de dialogue ne l'en avertit), ou modifier votre application pour que toutes les données soient lues et enregistrées sur le serveur.

Il ajoute ensuite la balise `security` suivante avant la balise `resources` dans le fichier `SweetHome3D.jnlp` :

```
<security>
  <all-permissions/>
</security>
```

Enfin, il télécharge à nouveau les fichiers `SweetHome3D.jnlp` et `SweetHome3D.jar` sur le serveur web du projet, et vérifie que l'application se lance correctement, une fois accepté le certificat qui lui est désormais présenté (voir figure 12-17).

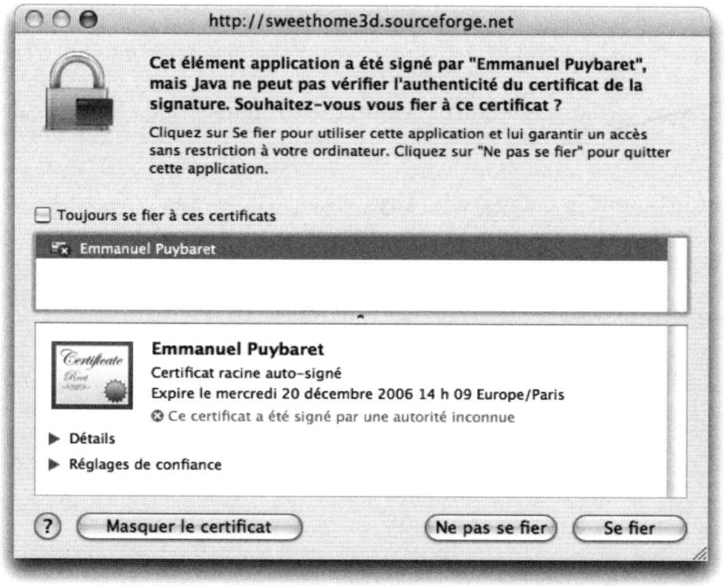

Figure 12–17
Présentation du certificat du fichier signé

> **SOUS LINUX Lancer Java Web Start**
>
> Sous Linux, la plupart des navigateurs (notamment Firefox) ne savent que faire du fichier JNLP après son téléchargement. Il suffit généralement de leur indiquer le chemin vers la commande `javaws` située dans le dossier `jre/javaws` du `jdk`.

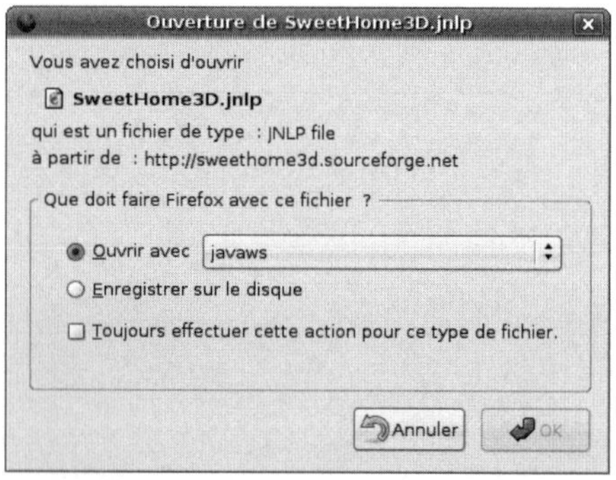

Distribution de la bibliothèque Java 3D

Les autres membres de l'équipe essaient avec succès la solution développée par Thomas. Mais s'ils ne rencontrent aucun problème, c'est parce qu'ils ont installé la bibliothèque Java 3D sur leur machine ! Comme cette solution n'est pas envisageable pour l'utilisateur final, Thomas doit ajouter les fichiers signés de la bibliothèque Java 3D en ressources dans le fichier JNLP.

Ressources Java 3D pour Java Web Start

Thomas place dans le dossier `deploy` du projet le fichier `SweetHome3D.jnlp` qu'il a créé précédemment, et y ajoute les balises `resources` suivantes dédiées à Windows et Linux sous Intel.

Ressources Java 3D du fichier deploy/SweetHome3D.jnlp

```
<resources os="Windows">
  <jar href="windows/j3dcore.jar"/>
  <jar href="windows/vecmath.jar"/>
  <jar href="windows/j3dutils.jar"/>
  <nativelib href="windows/java3d.jar"/>
</resources>

<resources os="Linux" arch="i386">
  <jar href="linux/i386/j3dcore.jar"/>
  <jar href="linux/i386/vecmath.jar"/>
  <jar href="linux/i386/j3dutils.jar"/>
  <nativelib href="linux/i386/java3d.jar"/>
</resources>
```

◂ Ressources supplémentaires pour Windows.

◂ Bibliothèque qui contient les DLL Windows.

◂ Ressources supplémentaires pour Linux sous architecture Intel.

◂ Bibliothèque qui contient les DLL Linux.

Les deux balises `resources` référencent les fichiers `j3dcore.jar`, `vecmath.jar` et `j3dutils.jar` propres à leur système respectif, ainsi que des fichiers `java3d.jar` cités dans une balise `nativelib` qui doit contenir les DLL Java 3D pour Windows et Linux. Comme les fichiers `j3dcore.jar`, `vecmath.jar` et `j3dutils.jar` font appel aux DLL de `java3d.jar`, Thomas doit signer tous les fichiers JAR référencés dans les nouvelles balises `resources`.

SWT Déploiement d'une application SWT

Comme pour Java 3D, le déploiement d'une application SWT avec Java Web Start requiert de livrer en ressource le fichier signé `swt.jar` de chaque système et les DLL SWT que ceux-ci référencent. Nous vous invitons à consulter à ce sujet les pages suivantes :

- http://lfe.developpez.com/Java/SWT/WebStart/
- http://www.ibm.com/developerworks/opensource/library/os-jws/

Génération des fichiers déployés avec Ant

Pour automatiser la création du fichier `SweetHome3D.jar` et la signature des fichiers en ressources, Thomas choisit de créer un script Ant avec le fichier `build.xml` qu'il ajoute à la racine du projet.

OUTILS Ant

Ant est un outil très utilisé pour construire les applications Java, quand vous ne voulez pas recourir à un IDE particulier, ou comme ici, pour créer dans cet IDE des scripts de construction spécifiques. Un script Ant est décrit dans un fichier XML (nommé `build.xml` par défaut) structuré autour d'une balise `project` qui contient une ou plusieurs balises `target` décrivant des tâches à effectuer. Ces tâches sont soit des opérations sur le système de fichiers représentées par les balises `mkdir`, `copy` ou `delete`, soit des commandes Java représentées par les balises `javac`, `jar` ou `signjar` (équivalente à la commande `jarsigner`), soit d'autres opérations comme celles décrites dans la documentation de cet outil.

- http://ant.apache.org/

📖 *Cahier du programmeur J2EE*, Jérôme Molière, Eyrolles 2005

Fichier build.xml

```
<?xml version="1.0"?>
<project basedir="." default="deploy" name="SweetHome3D">
```

◂ Balise racine d'un fichier Ant.

Cible pour le déploiement.

```
<target name="deploy">
```

Création du dossier `deploy/classes`.

```
  <mkdir dir="deploy/classes"/>
```

Compilation des fichiers du dossier `src` dans le dossier `deploy/classes`, avec ajout au `classpath` des fichiers JAR de Java 3D, des extensions pour Mac OS X et des services JNLP.

```
  <javac srcdir="src" destdir="deploy/classes"> ❶
    <classpath>
      <pathelement location="lib/windows/vecmath.jar"/>
      <pathelement location="lib/windows/j3dutils.jar"/>
      <pathelement location="lib/windows/j3dcore.jar"/>
      <pathelement location="libtest/AppleJavaExtensions.jar"/>
      <pathelement location="libtest/jnlp.jar"/>
    </classpath>
  </javac>
```

Copie des fichiers de ressources du dossier `src` dans le dossier `deploy/classes`.

```
  <copy todir="deploy/classes"> ❷
    <fileset dir="src">
      <exclude name="**/*.java"/>
      <exclude name=".*"/>
    </fileset>
  </copy>
```

Création du fichier `SweetHome3D.jar` à partir du contenu du dossier `deploy/classes`, puis suppression du dossier `deploy/classes`.

```
  <jar destfile="deploy/SweetHome3D.jar"
      basedir="deploy/classes"/> ❸
  <delete dir="deploy/classes"/>

  <mkdir dir="deploy/windows" />
```

Création du fichier `deploy/windows/java3d.jar` qui contient les DLL Java 3D pour Windows.

```
  <jar destfile="deploy/windows/java3d.jar"> ❹
    <fileset dir="lib/windows">
       <include name="**/*.dll"/> ❺
    </fileset>
  </jar>

  <mkdir dir="deploy/linux/i386"/>
```

Création du fichier `deploy/linux/i386/java3d.jar` qui contient les DLL Java 3D pour Linux.

```
  <jar destfile="deploy/linux/i386/java3d.jar"> ❻
    <fileset dir="lib/linux/i386">
       <include name="**/*.so"/> ❼
    </fileset>
  </jar>
```

Copie dans le dossier `deploy` des autres fichiers JAR Java 3D du dossier `lib`.

```
  <copy todir="deploy"> ❼
    <fileset dir="lib">
       <include name="**/*.jar"/>
    </fileset>
  </copy>
```

Saisie dans la propriété `password` du mot de passe d'accès au fichier des clés `keys.keytool`.

```
  <input message="Enter Passphrase for keystore:"
         addproperty="password"/> ❽
```

Signature de tous les fichiers JAR que contient le dossier `deploy`.

```
  <signjar keystore="keys.keytool"
           alias="SweetHome3D" storepass="${password}"> ❾
    <fileset dir="deploy">
       <include name="**/*.jar"/> ❿
```

```
      </fileset>
    </signjar>
    <echo message="deploy dir ready for ftp"/>
  </target>
</project>
```

◂ Message de fin.

Le fichier `keys.keytool` n'est pas archivé dans CVS. Pour exécuter le script Ant du fichier `build.xml`, il vous suffit d'en recréer un avec la commande `keytool` décrite dans la section « Application signée » précédente.

Dans ce script Ant, Thomas compile ❶ tout d'abord les fichiers du dossier `src` du projet dans le dossier temporaire `deploy/classes`, y copie ❷ tous les fichiers de ressources nécessaires à l'application, et crée ❸ le fichier `deploy/SweetHome3D.jar` à partir du dossier `deploy/classes`. Il génère ensuite les fichiers `deploy/windows/java3d.jar` ❹ et `deploy/linux/i386/java3d.jar` ❻ qui contiennent les DLL Java 3D pour Windows ❺ et Linux ❼, et copie les fichiers JAR de Java 3D du dossier `lib` dans le dossier `deploy`. Finalement, il signe ❾ tous les fichiers JAR ❿ du dossier `deploy` après avoir demandé ❽ à l'utilisateur le mot de passe d'accès au fichier des clés de signature, ce qui évite de le révéler dans le fichier `build.xml`.

Thomas exécute ce script dans Eclipse en sélectionnant le menu *Run As>Ant Build* dans le menu contextuel du fichier `build.xml`, et obtient les fichiers JAR représentés figure 12-18.

ATTENTION Tâches Ant requérant l'accès aux outils du JDK

Certaines tâches Ant comme `javac` ❶ ou `signjar` ❾ ont besoin des outils du JDK pour fonctionner. Pour pouvoir exécuter le script Ant décrit ici, il vous faudra définir la variable d'environnement JAVA_HOME en lui donnant pour valeur le chemin d'accès au JDK (par exemple, `C:\Program files\Java\jdk1.5.0_05`), et ajouter à la variable d'environnement PATH le chemin d'accès au dossier `bin` du JDK (par exemple, `C:\Program files\Java\jdk1.5.0_05\bin`). Il est rappelé que sous Windows XP, la modification des variables d'environnement s'effectue grâce à la boîte de dialogue affichée en cliquant sur le bouton *Variables d'environnement* dans l'onglet *Avancé* du module *Système* du *Panneau de configuration*.

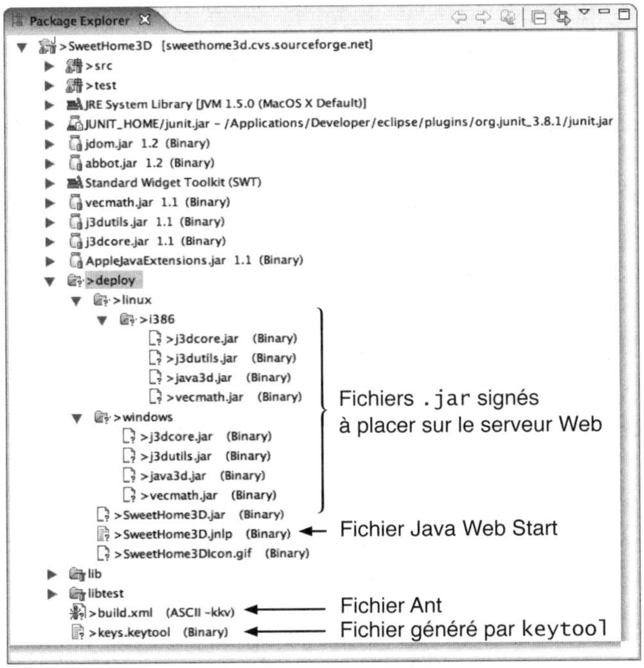

Figure 12–18
Fichiers nécessaires au déploiement de Sweet Home 3D

Test de l'application Java Web Start

Thomas place tous les fichiers du dossier `deploy` sur le serveur web du projet, et demande à nouveau aux autres membres de l'équipe de tester si Sweet Home 3D fonctionne toujours, une fois supprimés dans leur système les fichiers Java 3D installés.

> POUR ALLER PLUS LOIN **Ressources d'extension Java 3D**
>
> Thomas aurait aussi pu référencer les ressources d'extension Java 3D proposées par le site http://j3d-webstart.dev.java.net, ce qui lui aurait évité de créer et d'héberger les fichiers signés de la bibliothèque Java 3D. Il lui aurait suffi d'ajouter la balise suivante dans le fichier `SweetHome3D.jnlp`.
>
> ```
> <resources>
>   <extension href="http://download.java.net/media/java3d/
>                    ➥ webstart/release/java3d-1.3.2.jnlp"/>
> </resources>
> ```
>
> Au lancement de l'application, cette solution provoque malheureusement l'affichage d'un second certificat relatif aux fichiers référencés par la balise `extension`, car ces fichiers sont signés par Sun Microsystems. Il n'a pas retenu cette solution pour ne pas abuser de la patience des futurs utilisateurs.

Installation de l'application avec Java Web Start

Java Web Start propose différentes balises filles de la balise `information` pour configurer l'installation d'une application sur le système de l'utilisateur, ce qui lui évite de recourir constamment à un navigateur pour la lancer :

- La balise `shortcut` permet de créer un raccourci sur le Bureau et dans le menu des programmes Windows.
- La balise `association` décrit l'extension de fichier associée à l'application.
- La balise `offline-allowed` autorise une application à fonctionner sans connexion à Internet.

> JAVA 5 **Nouveautés Java Web Start**
>
> Les balises `shorcut`, `assocation` et la possibilité de spécifier une image comme écran d'accueil sont des nouveautés de la version de Java Web Start incluse dans Java 5.

Par ailleurs, la balise `information` peut contenir des balises documentaires, comme :

- Des balises `description` qui décrivent l'application de façon textuelle.
- Une balise `homepage` qui associe l'application à une page web particulière.
- La balise `icon` avec un attribut `kind` égal à `splash` pour spécifier l'écran d'accueil de l'application.

Enfin, tout ce que décrit la balise `information` peut être localisé dans des balises `information` supplémentaires qui utilisent l'attribut `locale`. Thomas met en œuvre toutes ces balises pour Sweet Home 3D, et obtient finalement le fichier `SweetHome3D.jnlp` suivant.

Fichier deploy/SweetHome3D.jnlp

```
<?xml version="1.0"?>
<jnlp spec="1.5+"
      codebase="http://sweethome3d.sourceforge.net/"
      href="SweetHome3D.jnlp">
  <information>
    <title>Sweet Home 3D</title>
    <vendor>eTeks</vendor>
    <homepage href="http://sweethome3d.sourceforge.net/"/> ❶
    <description>Sweet Home 3D</description> ❷
    <description kind="short"
        >Arrange the furniture of your house</description> ❸
    <icon href="SweetHome3DIcon.gif"/>
    <icon kind="splash" href="SweetHome3DSplashScreen.jpg"/> ❹
    <offline-allowed/> ❺
    <shortcut online="false"> ❻
      <desktop/>
      <menu submenu="eTeks Sweet Home 3D"/>
    </shortcut>
    <association extensions="sh3d"
                 mime-type="application/SweetHome3D"/> ❼
  </information>
  <information locale="fr"> ❽
    <title>Sweet Home 3D</title> ❾
    <description kind="short"
        >Amenagez les meubles de votre logement</description> ❿
    <offline-allowed/> ⓫
  </information>

  <security>
    <all-permissions/>
  </security>

  <resources>
    <j2se version="1.5+"/>
    <jar href="SweetHome3D.jar"/>
    <property name="apple.laf.useScreenMenuBar" value="true"/> ⓬
    <property name="sun.swing.enableImprovedDragGesture"
              value="true"/>
  </resources>

  <resources os="Windows">
    <jar href="windows/j3dcore.jar"/>
    <jar href="windows/vecmath.jar"/>
    <jar href="windows/j3dutils.jar"/>
    <nativelib href="windows/java3d.jar"/>
  </resources>
```

Information par défaut de l'application.

❶ Page web associée à l'application.

❷ Description par défaut.

❸ Description courte de l'application.

❹ Écran d'accueil de l'application.

❺ Fonctionnement sans connexion.

❻ Demande de création de raccourcis sur le Bureau et dans le menu des programmes.

❼ Demande d'association des fichiers d'extension `sh3d` avec l'application.

❽ Localisation de la description courte en français.

Autorisation de lever les restrictions d'accès au système de fichiers local et aux DLL.

⓬ Définition des propriétés qui doivent être modifiées avant le lancement de l'application.

Ressources supplémentaires Java 3D pour Windows.

Ressources supplémentaires Java 3D pour Linux sous Intel.

Ressources supplémentaires Java 3D pour Solaris.

```
<resources os="Linux" arch="i386">
  <jar href="linux/i386/j3dcore.jar"/>
  <jar href="linux/i386/vecmath.jar"/>
  <jar href="linux/i386/j3dutils.jar"/>
  <nativelib href="linux/i386/java3d.jar"/>
</resources>
<resources os="SunOS" arch="sparc"> ⓭
  <extension href="http://download.java.net/media/java3d/
                   ➥ webstart/release/java3d-1.3.2.jnlp"/>
</resources>

<application-desc
    main-class="com.eteks.sweethome3d.SweetHome3D"/>
</jnlp>
```

Thomas a donc ajouté une référence à la page d'accueil du projet ❶, des descriptions par défaut ❷, courtes ❸ et localisées en français ❽, ainsi qu'un écran d'accueil pour l'application ❹. Il a permis à cette dernière de fonctionner sans connexion à Internet ❺, puis il a ajouté les balises qui permettent à l'utilisateur d'installer des raccourcis sur le Bureau et dans le menu des programmes ❻, et d'associer les fichiers SH3D à Sweet Home 3D ❼. En testant le fichier `SweetHome3D.jnlp`, il constate par ailleurs qu'il faut initialiser les propriétés système `apple.laf.useScreenMenuBar` et `sun.swing.enableImprovedDragGesture` ⓬ avant le lancement de l'application pour qu'elles aient un effet. Finalement, même s'il ne s'était pas fixé comme but de faire fonctionner l'application sous Solaris au départ, il ajoute tout de même les ressources Java 3D pour Solaris ⓭ par le biais de l'extension JNLP proposée par le site http://j3d-webstart.dev.java.net.

ATTENTION Document JNLP mal formé

Faites attention à bien former le contenu XML de votre fichier JNLP, car l'analyseur XML de Java Web Start ne détecte que très peu d'erreurs XML. Par ailleurs, sous la version actuelle de Java 5 :

- répétez la balise `<title>` dans les balises `<information>` localisées ❾, sinon le nom de l'application sera remplacé par le texte `(null)` dans le menu application sous Mac OS X ;
- répétez la balise `<offline-allowed/>` dans les balises `<information>` localisées ⓫, pour que l'application puisse fonctionner sans connexion à Internet ;
- n'utilisez pas de lettre accentuée dans les descriptions ❸ ❿, sinon sous Mac OS X, le raccourci de l'application sur le Bureau ne pourra être créé ;
- n'utilisez pas d'attribut `encoding="ISO-8859-1"` dans le prologue XML, car il empêche l'affichage d'un écran d'accueil !

Lecture des fichiers associés à l'application

Quand l'utilisateur ouvre sur le Bureau un fichier dont l'extension est associée à un programme Java Web Start, ce programme est automatiquement lancé et sa méthode `main` reçoit en argument la chaîne `-open` et ce fichier. Thomas doit donc modifier la méthode `main` de la classe `SweetHome3D` pour traiter ces arguments. Il choisit aussi de faire appel au service `javax.jnlp.SingleInstanceService` de Java Web Start pour s'assurer que le programme fonctionnera toujours dans la même JVM, ce qui permettra à l'utilisateur de toujours transférer des données entre différents logements ouverts.

JAVA 5 Service SingleInstanceService

Le service JNLP proposé par l'interface `javax.jnlp.SingleInstanceService` permet à un programme d'utiliser toujours la même JVM, quel que soit le nombre de fois où il est lancé. Pour utiliser cette fonctionnalité, il faut récupérer une instance de ce service avec la méthode `lookup` de `ServiceManager`, puis lui ajouter un listener de type `SingleInstanceListener` dont la méthode `newActivation` sera appelée en remplacement de la méthode `main` du programme. Ainsi, si au premier lancement d'un programme Java Web Start sa méthode `main` est appelée normalement, tout lancement successif du programme sera notifié par un appel à `newActivation`. Comme pour la méthode `main`, `newActivation` reçoit en paramètre le tableau Java des arguments passés au programme, et ces arguments peuvent contenir les chaînes `-open` et le nom du fichier que l'utilisateur désire ouvrir.

Classe com.eteks.sweethome3d.SweetHome3D (modifiée)

```
package com.eteks.sweethome3d;

import java.util.ResourceBundle;
import javax.jnlp.*;
import javax.swing.*;
import com.eteks.sweethome3d.io.*;
import com.eteks.sweethome3d.model.*;
import com.eteks.sweethome3d.swing.HomeController;

public class SweetHome3D extends HomeApplication {
  private HomeRecorder    homeRecorder;
  private UserPreferences userPreferences;

  private SweetHome3D() {
    this.homeRecorder = new HomeFileRecorder();
    this.userPreferences = new FileUserPreferences();
  }

  // Accesseurs getHomeRecoder, getUserPreferences inchangés

  private static HomeApplication application;

  public static void main(String [] args) {
    if (application == null) { ❶
      initLookAndFeel();
      application = createApplication(); ❷
    }

    if (args.length == 2 && args [0].equals("-open")) { ❸
      try {
        Home home =
            application.getHomeRecorder().readHome(args [1]); ❹
        application.addHome(home);
       } catch (RecorderException ex) {
         ResourceBundle resource = ResourceBundle.getBundle(
             HomeController.class.getName());
         String message = String.format(
             resource.getString("openError"), args [1]);
```

◂ Application unique gérée par le programme.

◂ Au premier appel de `main`, initialisation du look and feel et création de l'instance unique de l'application.

◂ Si le programme a reçu l'argument `-open` suivi d'un autre argument considéré comme le fichier d'un logement, créer un logement à partir de ce fichier.

◂ En cas de problème à l'ouverture du fichier, afficher un message d'erreur.

```
        JOptionPane.showMessageDialog(null, message,
            "Sweet Home 3D", JOptionPane.ERROR_MESSAGE);
      }
    } else {
      Home home = new Home(
        application.getUserPreferences().getNewHomeWallHeight()); ❺
      application.addHome(home);
    }
  }

private static void initLookAndFeel() {
  System.setProperty(
      "sun.swing.enableImprovedDragGesture", "true");
  System.setProperty(
      "com.apple.mrj.application.apple.menu.about.name",
      "Sweet Home 3D");
  System.setProperty("apple.laf.useScreenMenuBar", "true");
  try {
    UIManager.setLookAndFeel(
        UIManager.getSystemLookAndFeelClassName());
  } catch (Exception e) {
  }
}

private static HomeApplication createApplication() { ❻
  SingleInstanceService service = null;
  final SingleInstanceListener singleInstanceListener =
    new SingleInstanceListener() {
      public void newActivation(String [] args) {
        main(args); ❼
      }
    };
  try {
    service = (SingleInstanceService)ServiceManager.lookup(
        "javax.jnlp.SingleInstanceService"); ❽
    service.addSingleInstanceListener(singleInstanceListener); ❾
  } catch (UnavailableServiceException ex) {
  }

  final SingleInstanceService singleInstanceService = service;
  final HomeApplication application = new SweetHome3D();
  application.addHomeListener(new HomeListener() {
      public void homeChanged(HomeEvent ev) {
        switch (ev.getType()) {
          case ADD :
            Home home = ev.getHome();
            new HomeFrameController(home, application);
            break;
          case DELETE :
            if (application.getHomes().isEmpty()) {
```

- Sinon, créer un logement par défaut.
- Initialisation des propriétés nécessaires au fonctionnement du programme quand il fonctionne en dehors de Java Web Start.
- Modification du look and feel.
- Création d'un listener pour la gestion de l'instance unique du programme.
- Quand Java Web Start réactive le programme, appel du point d'entrée du programme.
- Récupération du service Java Web Start qui gère l'instance unique du programme, pour lui ajouter son listener.
- Ignorer les erreurs si le service n'est pas disponible, pour permettre au programme de fonctionner sans Java Web Start.
- Création de l'application.
- Ajout d'un listener à l'application pour gérer l'ajout et la suppression des logements.
- À l'ajout d'un logement à l'application, création d'un contrôleur associé au logement.
- À la suppression du dernier logement de l'application...

```
              if (singleInstanceService != null) {
                singleInstanceService.
                    removeSingleInstanceListener(
                        singleInstanceListener); ⑩
              }
              System.exit(0);
            }
            break;
        }
      };
    });
    return application;
  }
}
```

...retrait du listener qui gère l'instance unique du programme.

Quitter le programme.

Thomas crée désormais une seule application ❶ ❷ par JVM dans la méthode `main` de `SweetHome3D`, quel que soit le nombre de fois où elle est appelée. Ainsi, la méthode `main` peut servir comme point d'entrée du programme, ou comme point de réentrée quand l'utilisateur demande l'ouverture d'un fichier, alors que le programme est déjà lancé ❼. Si les arguments contiennent l'option `-open` ❸, il ouvre le fichier en second argument ❹, tandis que si aucun argument n'est reçu, il crée comme précédemment un logement par défaut ❺. À la création de l'application ❻, Thomas tente d'utiliser le service JNLP `SingleInstanceService` ❽ pour lui ajouter un listener ❾ qui fait appel au point d'entrée du programme ❼. Finalement, il retire ce listener avant de quitter l'application ❿.

ERGONOMIE Réouverture de fichier

Le comportement du programme mériterait quelques améliorations : en l'état, rien n'empêche l'utilisateur d'ouvrir le même fichier dans deux fenêtres différentes, ce qui n'est pas très ergonomique. Par ailleurs, quand l'utilisateur ouvre le programme dans le Bureau alors qu'il est déjà lancé, un nouveau logement est créé au lieu de simplement afficher une fenêtre de l'application.

JAVA Sécurité sur les fichiers signés

La boîte de dialogue de sécurité qui apparaît avant l'exécution des fichiers signés, est affichée tant que vous n'aurez pas coché l'option *Toujours faire confiance au contenu provenant de cet éditeur*, que ce soit au cours des téléchargements successifs de fichiers signés par le même organisme, ou que ce soit au lancement du programme une fois qu'il est installé.

Test de l'installation de l'application Java Web Start

Thomas met à jour le fichier `SweetHome3D.jar`, puis le télécharge sur le serveur web avec le fichier `SweetHome3D.jnlp` et l'image de l'écran d'accueil `SweetHome3DSplashScreen.jpg` qu'a créée Sophie. Il demande ensuite à chaque membre de l'équipe de tester si Sweet Home 3D s'installe correctement. Les résultats ne sont malheureusement pas parfaits sous tous les systèmes...

Sous Windows

Sous Windows, Margaux constate que tout fonctionne comme prévu. Après le téléchargement des fichiers JAR signés (voir figure 12-19), Java Web Start lui propose bien d'associer l'extension `.sh3d` à l'application Sweet Home 3D, puis d'installer les raccourcis d'accès à l'application comme le montre la figure 12-20.

ATTENTION Autorisation de créations des raccourcis

La création de raccourcis et/ou l'association avec une extension sont contrôlées par le module *Java* du *Panneau de configuration* Windows ou par le menu *Edition> Préférences...* du Visualiseur de cache de Java Web Start (programme `javaws` du JRE). Suivant les valeurs choisies dans l'onglet *Avancé* de ce module, il est possible d'autoriser ou d'interdire la création de raccourcis et/ou d'associations, sans même en faire la requête auprès de l'utilisateur. Notez aussi que c'est dans cet onglet qu'un développeur peut demander l'affichage de la console Java, et contrôler certains paramètres de sécurité.

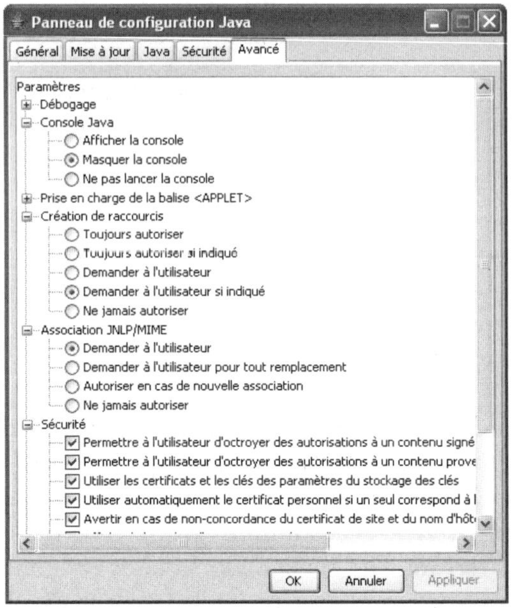

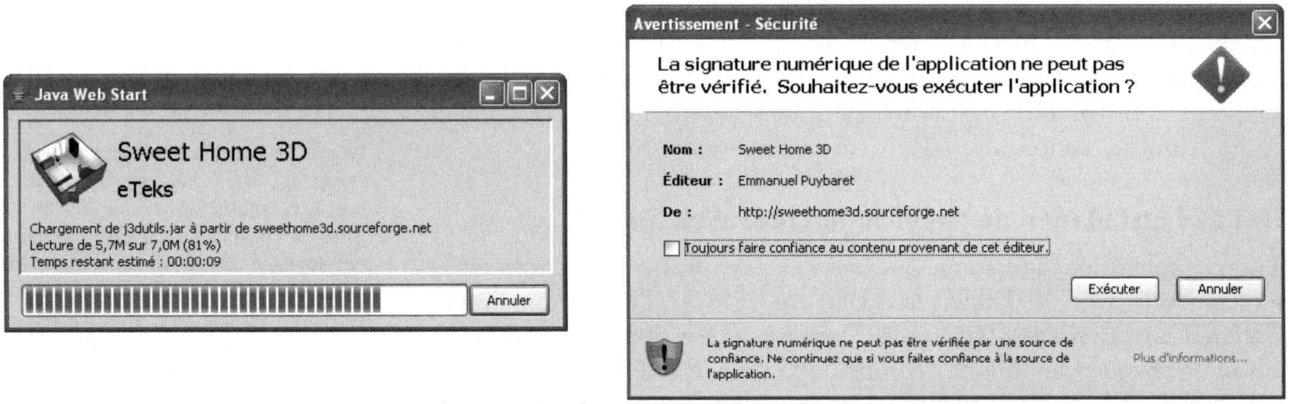

Figure 12–19 Téléchargement des fichiers signés sous Windows

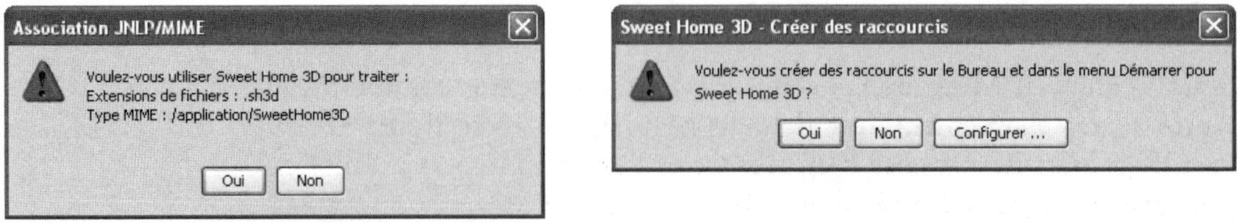

Figure 12–20 Installation des raccourcis et de l'extension .sh3d sous Windows

Une fois l'application installée et lancée, Margaux constate qu'elle dispose de raccourcis sur le Bureau et dans le menu des programmes. Comme le montrent les figures 12-21 et 12-22, les icônes de ces raccourcis ont été construites à partir du fichier `SweetHome3DIcon.gif`, et l'infobulle associée à l'application affiche le texte contenu dans la balise `<description kind="short">` du fichier JNLP.

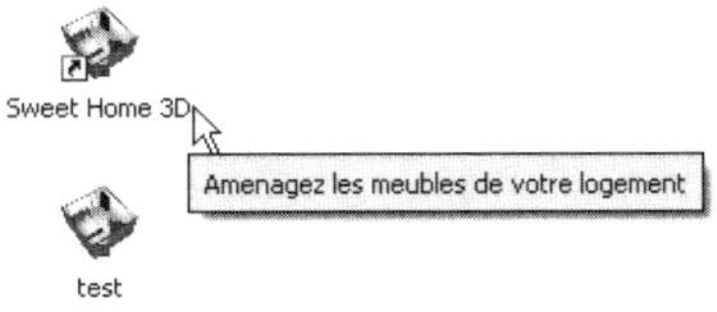

Figure 12–21
Raccourci vers Sweet Home 3D sur le Bureau Windows

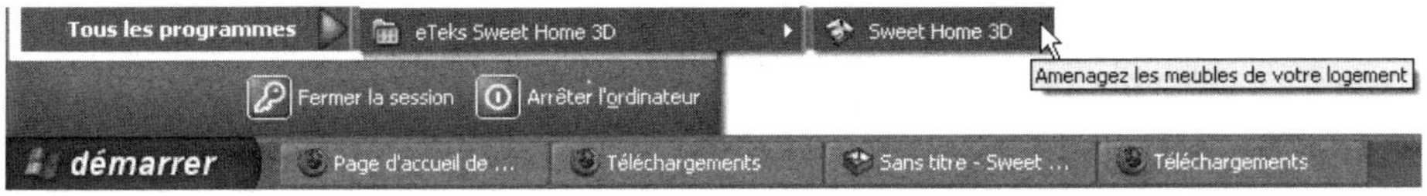

Figure 12–22
Raccourci vers Sweet Home 3D dans le menu des programmes Windows

C'est au second lancement de Sweet Home 3D, que Margaux découvre l'écran d'accueil qu'a conçu Sophie (voir figure 12-23). Elle enregistre un logement dans un fichier, et constate qu'elle peut ouvrir à nouveau ce fichier en double-cliquant sur son icône.

Figure 12–23
Écran d'accueil de l'application

Finalement, Margaux teste la désinstallation de l'application qui est même disponible par le module *Ajout/Suppression de programmes* du *Panneau de configuration* Windows (voir figure 12-24).

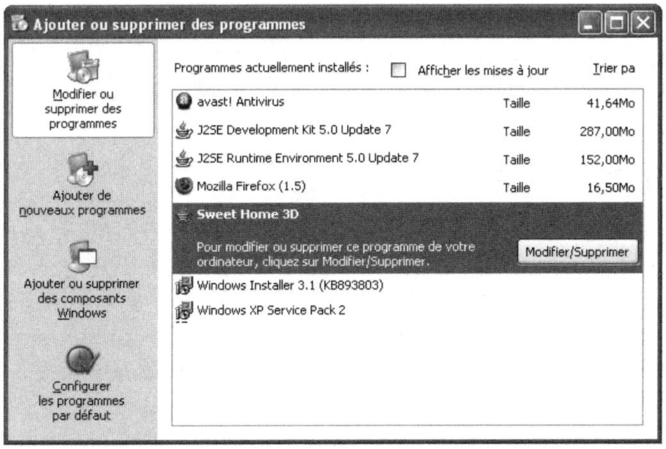

Figure 12–24
Désinstallation d'une application Java Web Start avec le module Ajout/Suppression de programmes

POUR ALLER PLUS LOIN Installation automatique de Java Web Start

Si sous Windows Java Web Start fonctionne comme promis, il n'empêche que l'utilisateur doit avoir installé au préalable Java 5 pour que la procédure puisse démarrer. Sun Microsystems propose à l'adresse suivante des scripts qui lanceront automatiquement l'installation de Java si nécessaire.

- http://java.sun.com/developer/technicalArticles/JavaLP/javawebstart/AutoInstall.html

Sous Linux

▸ http://java.sun.com/j2se/1.5/docs/guide/javaws/developersguide/faq.html

L'installation et l'exécution de l'application s'effectuent correctement sous Linux à l'exception de la gestion des extensions, qui, d'après la FAQ Java Web Start, ne peut fonctionner que si vous avez installé la bibliothèque `libgnomevfs-2.so` au préalable.

La désinstallation complète de l'application s'effectue avec le programme `javaws` du JRE.

Sous Mac OS X

SOUS MAC OS X Gérer l'ouverture de fichier

L'ouverture d'un fichier associé à une application Java se gère sous Mac OS X dans la méthode `handleOpenFile` d'un listener de type `com.apple.eawt.ApplicationListener`. Pour gérer l'ouverture d'un fichier SH3D, Thomas implémente ainsi cette méthode dans le listener existant de la classe `MacOSXConfiguration` :

```
@Override
public void handleOpenFile(
    ApplicationEvent ev) {
  SweetHome3D.main(new String []
     {"-open", ev.getFilename()});
}
```

L'installation et l'exécution de l'application s'effectuent correctement sous Mac OS X, sauf que dans la version actuelle de Java 5, l'écran d'accueil n'est pas affiché et que l'ouverture d'un fichier SH3D n'est pas transmise à l'application avec l'argument `-open`. Java Web Start crée en fait le dossier `Sweet Home 3D.app` d'une vraie application Mac OS X, dans lequel les informations du fichier `SweetHome3D.jnlp` sont reprises sous la forme d'un fichier `Info.plist` placé dans un sous-dossier `Contents`.

La désinstallation complète de l'application s'effectue avec l'application *Java Cache Viewer*, située dans le dossier `/Applications/Utilities/Java/J2SE 5.0/`. Cette application correspond au programme `javaws` du JRE sous les autres systèmes.

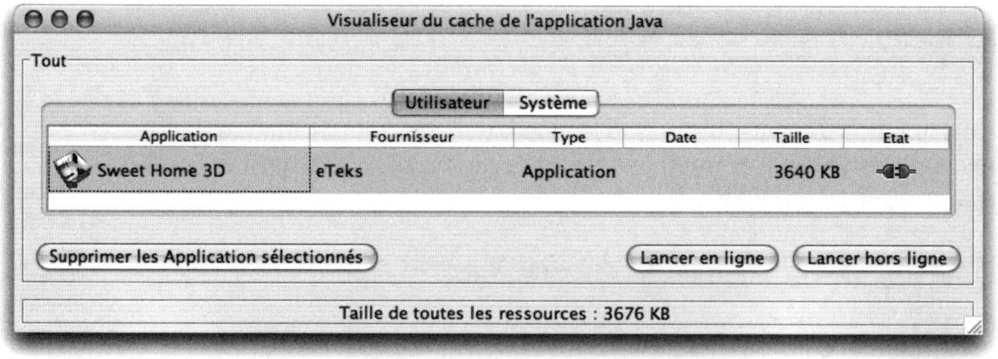

Figure 12–25
Java Cache Viewer/javaws

Page d'accueil du site web

Maintenant que l'application fonctionne sous Java Web Start, Margaux vérifie que les deux liens qu'elle a créés dans la boîte de dialogue *A propos*, lancent bien son navigateur préféré et l'outil de messagerie. Elle découvre ainsi la page web qu'a conçue Sophie. Elle balise finalement dans CVS la fin du dixième scénario avec le numéro de version `V_0_10`.

Figure 12–26
Page http://sweethome3d.sourceforge.net

Il ne reste plus à l'équipe qu'à annoncer l'arrivée de leur nouveau logiciel avec les outils habituels de communication du Web, sans oublier ceux fournis par SourceForge.net.

En résumé…

Ce dernier chapitre vous a montré comment intégrer de nouvelles boîtes de dialogue dans une application et comment enregistrer les préférences utilisateur avec le package `java.util.prefs`. Finalement, bien que de nombreuses fonctionnalités prévues dans Sweet Home 3D ne soient pas encore développées, nous vous avons présenté comment distribuer et installer une application avec Java Web Start.

En conclusion, nous espérons qu'à travers le développement d'un vrai logiciel, cet ouvrage vous aura fourni les clés qui vous permettront de développer des applications Swing ergonomiques, fiables et évolutives.

POUR ALLER PLUS LOIN **Nouveautés AWT/Swing dans Java 6**

Voici en résumé les nouveautés les plus intéressantes de Java 6 qui concernent Swing et AWT :

- l'amélioration de la gestion du glisser-déposer dans la classe `TransferHandler` ;
- l'intégration du tri et des filtres sur les lignes des tableaux de classe `JTable` ;
- l'ajout de la classe `javax.swing.SwingWorker` dédiée à la gestion multithread dans Swing ;
- l'incorporation de différents niveaux de modalités aux boîtes de dialogue AWT ;
- l'ajout de la classe `java.awt.SplashScreen` et d'options qui lui sont associées pour simplifier la création d'écrans d'accueil ;
- l'ajout de la classe `java.awt.TrayIcon` pour créer dans la barre des tâches une icône et son menu contextuel ;
- l'ajout de la classe `java.awt.Desktop` pour faciliter le lancement des applications classiques comme un navigateur ou un gestionnaire d'e-mails.

▸ http://java.sun.com/developer/technicalArticles/J2SE/Desktop/javase6/

Certaines de ces améliorations proviennent de développements effectués à l'origine par les équipes du projet SwingLabs.

▸ http://swinglabs.org/

Bibliographie

annexe

1 *The JFC Swing Tutorial* - Kathy Walrath, Mary Campione, Addison-Wesley Professional 2004

Version imprimée de la partie du tutorial Java Sun consacrée à Swing. Un bon ouvrage pour débuter en Swing ou compléter le présent ouvrage sur certaines des classes Swing qui n'y sont pas détaillées.

2 *The Definitive Guide to SWT and JFace* - Robert Harris et Rob Warner, Apress 2004

Un livre de référence volumineux dédié à SWT et JFace (accompagné de vrais exemples), comme on en a toujours besoin pour développer…

3 *Swing Hacks - Tips and Tools for Killer GUIs* - Joshua Marinacci & Chris Adamson, O'Reilly 2005

Une centaine d'astuces intéressantes sur Swing, mais dont l'effet n'est pas toujours convaincant (notamment ceux simulant la transparence de fenêtres et certains effets visuels propres à Mac OS X).

4 *Design Patterns Tête la première* - Eric et Elisabeth Freeman, O'Reilly 2005

Une très bonne introduction aux design patterns, parsemée d'exemples réalistes et de comparaisons entre les patterns.

5 *Cocoa par la pratique* - Aaron Hilegass, Eyrolles 2003

Ce livre explique comment débuter avec la bibliothèque Cocoa qui permet de créer des applications sous Mac OS X, une des références en termes d'interface utilisateur. En vous ouvrant à d'autres technologies comme Cocoa dont les classes ressemblent à celles de Swing et de Java, vous apprécierez d'autant plus les qualités et les faiblesses de ces technologies.

6 *Ergonomic Criteria for the Evaluation of Human-Computer Interfaces* - J.M. Christian Bastien & Dominique L. Scapin, INRIA 1993 (disponible en ligne en anglais et en français à l'adresse : ftp://ftp.inria.fr/INRIA/publication/publi-pdf/RT/RT-0156.pdf)

Un petit guide assez théorique qui rappelle les critères essentiels que devrait respecter l'interface utilisateur de toute application.

7 *L'eXtreme Programming* - J.-L. Bénard, L. Bossavit, R. Médina et D. Williams, Eyrolles 2002

L'eXtreme Programming ne se résume pas uniquement à l'écriture de tests unitaires ! Parsemé de retours d'eXPérience, ce livre détaille les différents aspects de XP, de l'organisation des différents rôles d'une équipe aux méthodes de programmation.

8 *La javadoc et les sources du JDK* - Collectif, Sun Microsystems

Selon XP, le code source des programmes est la documentation principale d'un logiciel. Rendons donc hommage aux équipes de développement de Sun Microsystems pour la clarté de leur code et leurs commentaires javadoc, sources de très nombreuses informations !

Index

K

T

U

V

W

X

Z

Dans la collection
Cahiers du programmeur

Dans la collection Accès libre...

Autres parutions...

Dépôt légal : novembre 2006 - N° d'éditeur : 7558 - IMPRIMÉ EN FRANCE
Achevé d'imprimer le 20 novembre 2006 sur les presses de l'imprimerie « La Source d'Or » - 63200 Marsat - Imprimeur n° 11611